국어의 중요성은 아무리 강조해도 지나치지 않다. 국어가 학교 내신이나 대입 수학 능력시험에서 차지하는 비중이 매우 크기도 하지만, 더 나아가 국어 과목은 말하기, 읽기, 듣기, 쓰기 등 커뮤니케이션 능력을 배양하는 과목이기 때문이다.

대체로 국어는 시간 대비 효율이 높지 않은 과목으로 알려져 있다. 열심히 공부해도 그다지 성과가 잘 나오지 않아 고등학교에 가서 아무리 열심히 공부해도 국어 성적 향상은 기대하기 어렵다는 게 정설처럼 받아들여지고 있기까지 하다. 일리가 있다. 하지만 반드시 그런 것은 아니다.

흔히 국어 공부를 하겠다고 하는 학생들이 쉽게 간과하는 것은 바로 문학 공부를 소홀히 하는 것이다. 읽어 보면 다 아는 이야기라는 것이 이들의 생각이다. 하지만 문학이야말로 체계적으로 공부를 해야 하는 영역이다. 수능 등의 시험을 볼 때 단순히 문학 작품을 읽고, 감상하는 것만으로는 문제를 해결할 수 없는 경우가 많기 때문이다. 문학 작품을 읽고 그 작품이 우리에게 전달하는 바를 정확히 이해할 때 우리는 비로소 그 문학 작품과 관련된 문제를 해결할 수 있을 뿐만 아니라, 문학 작품을 쉽고 재미 있게 감상할 수 있게 된다.

그렇다면 문학 독해는 어떻게 시작해야 할까? 시, 소설·극 문학, 수필 등의 문학 작품들은 갈래별로 특징이 다르고, 확인해야 하는 것도 다르다. 단순하게 말하자면 시에서는 화자가 무엇을 말하고 있는지를 파악해야 하고, 소설에서는 중심인물이 무엇을 하고 있는지를 파악하는 것이 중요하다.

이번에 자이스토리에서 국어의 문학 영역인 시, 소설·극 문학, 수필 등을 체계적으로 학습할 수 있는 책이 나왔다. 이 책에 제시된 방법으로 독해 훈련을 한다면 탄탄한 국어 능력을 배양할 수 있으리라 확신한다. 교과서와 관련된 문학 작품, 학생들의 흥미와 수준에 맞춘 문학 작품을 읽다 보면 문학 작품을 이해하는 능력과 문제를 해결하는 능력도 눈에 띄게 향상될 것이다. 더불어 이러한 노력을 기울이다 보면 지문을 읽고 질문에 대답하는 형태의 면접 시험에서도 남다른 역량을 갖추게 될 것이다.

지니국어논술 학원(대치, 반포, 분당, 압구정) 대표　윤 진 성

자이스토리 국어 공부 로드맵

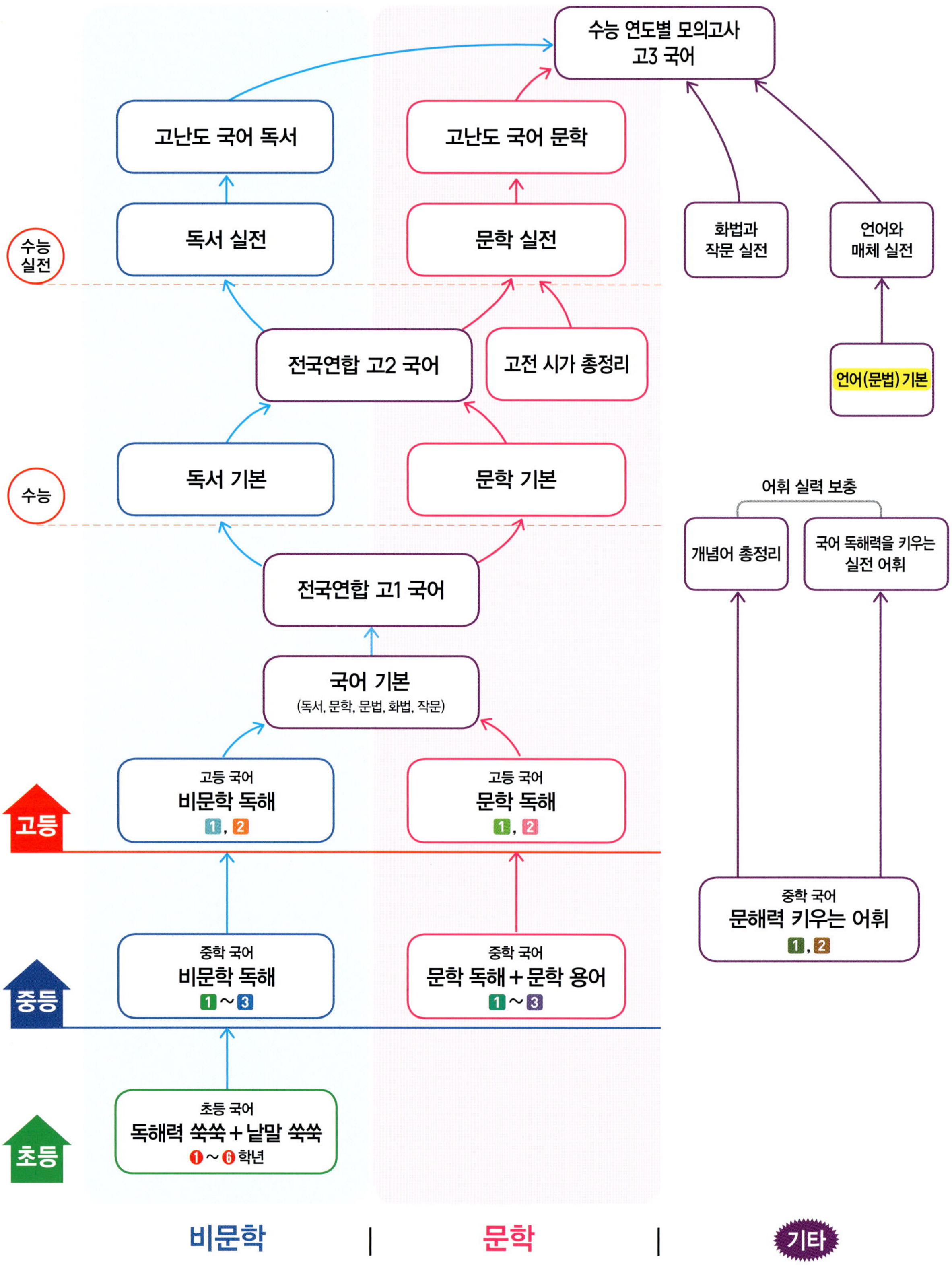

자이스토리

중학 국어 문학 독해 + 문학 용어 ②

[시, 소설·극 문학, 수필]

수경출판사

왜 문학 독해를 공부해야 할까요?

문학이란 사람의 감정을 언어로 표현한 예술로, 우리가 흔히 알고 있는 시, 소설, 극 문학, 수필을 의미합니다.

우리는 문학 작품을 읽으면서 '나'를 비롯한 인간에 대해 이해하고 세상의 다양한 측면을 접함으로써 좀 더 성숙한 인간으로 발전하게 됩니다. 그래서 우리는 문학 작품을 읽어야 합니다.

문학 작품을 읽고 그 작품이 우리에게 전달하는 바를 정확하게 감상할 수 있어야 문학 작품을 올바로 이해했다고 할 수 있습니다. 문학 작품을 쉽고 재미있게, 그리고 정확하게 감상하기 위해서는 문학 작품을 읽는 방법, 즉 문학 독해를 공부해야 합니다.

문학 독해는 어떻게 시작해야 할까요?

우리가 읽는 시, 소설, 극 문학, 수필 등의 문학 작품들은 각각 특징이 다릅니다. '시'에서는 누가 무엇을 말하고 있는지 파악해야 하고, '소설'과 '극 문학'에서는 누구에게 어떠한 사건이 일어나고 있는지 파악해야 하지요.

이처럼 문학 작품은 갈래에 따라 특성이 다르기 때문에 중심적으로 파악해야 하는 것이 무엇인지를 생각하면서 작품을 읽는 연습을 해야 합니다.

또, '화자', '서술자', '직유법', '의인법'…….

시나 소설의 내용은 다 알겠는데 '화자'나 '서술자'가 무엇인지 모르면 어떻게 될까요?

시험을 볼 때 문제의 의미를 이해하지 못하고, 출제자가 원하는 바를 바로 파악할 수 없어 어려움을 겪게 될 것입니다. 그러므로 실제 작품을 통해 '화자', '서술자', '직유법', '의인법'과 같은 용어가 의미하는 바가 무엇인지를 익혀야 합니다. 즉, 문학 용어들을 익히면 진정한 문학 독해를 할 수 있습니다.

 **자이스토리** 중학 국어 **문학 독해** + 문학 용어

문학 작품을 단계별로 쉽게 독해할 수 있어요!

'시'를 읽을 때는
❶ 화자, 중심 대상을 먼저 찾고,
❷ 상황, 정서, 태도를 파악한 후
❸ 표현상 특징을 파악해야 합니다.

이렇게 하면 어려운 시의 내용도 쉽고 정확하게 이해할 수 있습니다.

'소설·극 문학'을 읽을 때는
❶ 중심인물, 배경을 찾아서,
❷ 중심 사건, 갈등을 파악한 후
❸ 서술상 특징을 파악해야 합니다.

이렇게 하면 복잡한 소설·극 문학의 내용도 쉽고 정확하게 이해할 수 있습니다.

'수필'을 읽을 때는
❶ 중심 대상을 찾고,
❷ 글쓴이의 생각, 태도를 파악한 후
❸ 서술상 특징을 파악해야 합니다.

이렇게 하면 수필에 담긴 글쓴이의 생각을 쉽고 정확하게 이해할 수 있습니다.

지문 이해 특강 에서는 마치 과외 선생님이 옆에서 나의 수준에 맞춰 설명해 주듯이 각 STEP별로 학습할 사항을 안내하고 있어요. 시, 소설, 극 문학, 수필에서 무엇을 확인하며 읽어야 작품을 쉽게 이해할 수 있는지, 그 이후에는 어떤 과정을 거쳐야 작품을 정확하게 이해할 수 있는지를 차근차근 설명해 줍니다.

문제 풀이 특강 에서는 이 문제가 의미하는 바가 무엇인지, 이 문제를 해결하기 위한 근거는 작품의 어느 부분에서 찾을 수 있는지를 안내하고 있어요. 문제 풀이 특강에서 알려 주는 대로 함께 문제를 풀어 나가다 보면 어느새 작품을 이해하는 능력뿐만 아니라, 어려운 문제도 손쉽게 해결할 수 있게 되지요.

문학 용어 특강 에서는 문학 시험 문제에 출제되는 문학 용어의 개념을 제시하고 있어요. 문학 용어를 정확하게 익히면 어려운 문제도 쉽게 이해할 수 있어 국어 성적이 쑥쑥 오릅니다.

구성과 특징

❶ 하루 2개 작품으로 재미있게 감상 시작!

▶ 흥미로운 작품 구성
중학 국어 교과서 작품을 중심으로 중학생이 꼭 알아야 하는 작품을 난이도에 따라 구성했습니다.

▶ STEP별 독해 틀 제공
각 단계에 따라 확인해야 하는 학습 요소를 작품 옆에 기본 틀로 제공하였습니다.

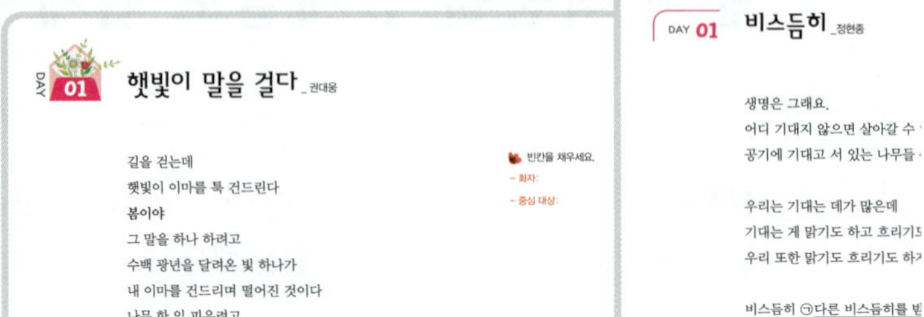

❷ 독해 방법을 단계별로 훈련하는 '지문 이해 특강', '문제 풀이 특강'

▶ 지문 이해 특강
작품을 쉽고 빠르게 독해하기 위해서 STEP별로 제시된 학습 내용을 어떻게 적용해야 하는지 구체적인 방법을 알려 줍니다.

▶ 문제 풀이 특강
문제가 무엇을 의미하는지, 선택지의 적절성을 판단하는 기준이 무엇인지를 제시함으로써 문제에 접근하는 방법을 체계적으로 알려 줍니다.

❸ 기초부터 차근차근, 문학 독해력 향상 STEP ❶~❸

각 STEP을 따라가며 독해를 할 때 무엇에 집중하며 읽어야 하는지를 익혀 보세요.
어느새 독해력이 쑥쑥 길러집니다.

Ⅰ 시	STEP ❶	화자, 중심 대상 찾기
	❷	상황, 정서, 태도 파악하기
	❸	표현상 특징 파악하기
Ⅱ 소설·극	STEP ❶	중심인물, 배경 파악하기
	❷	중심 사건, 갈등 파악하기
	❸	서술상 특징 파악하기
Ⅲ 수필	STEP ❶	중심 대상 찾기
	❷	글쓴이의 생각, 태도 파악하기
	❸	서술상 특징 파악하기

4 개념과 어휘를 동시에 문학 용어 특강 + 어휘 테스트

▶ 문학 용어 특강

각 갈래별로 반드시 알아야 하는 문학 용어를 제시했습니다. 구체적인 예를 통해 문학 용어의 쓰임을 쉽고 재미있게 익힐 수 있습니다.

▶ 문학 용어 + 어휘 테스트

Day별 문학 용어와 어휘를 다양한 유형의 문제로 테스트해 봄으로써 쉽고 정확하게 문학 용어와 어휘를 익힐 수 있습니다.

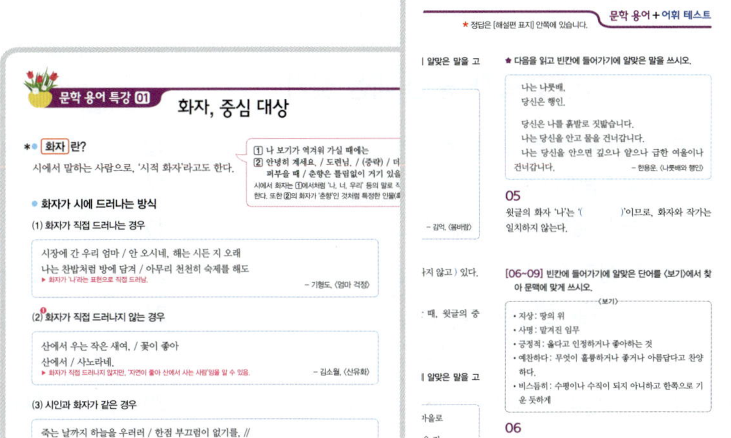

5 다시는 틀리지 않게 완벽히 이해시키는 입체 첨삭 해설

시 이해
시의 내용을 정확하게 파악할 수 있도록 구체적인 해설을 제시했습니다.

표현 방법
시에 사용된 표현 방법을 상세히 안내했습니다.

❶ 화자, 중심 대상
시의 화자, 중심 대상에 표시했습니다.

❷ 상황, 정서, 태도
화자가 처해 있는 상황과 그 상황에서 화자가 느끼는 정서를 비롯해 화자의 태도를 알 수 있는 부분에 표시했습니다.

❸ 표현상 특징
주제를 효과적으로 전달하기 위해 사용된 표현상 특징이 드러난 부분에 표시했습니다.

★ 독해 공식
각 갈래별로 반드시 확인해야 하는 STEP별 확인 요소를 제시했습니다.

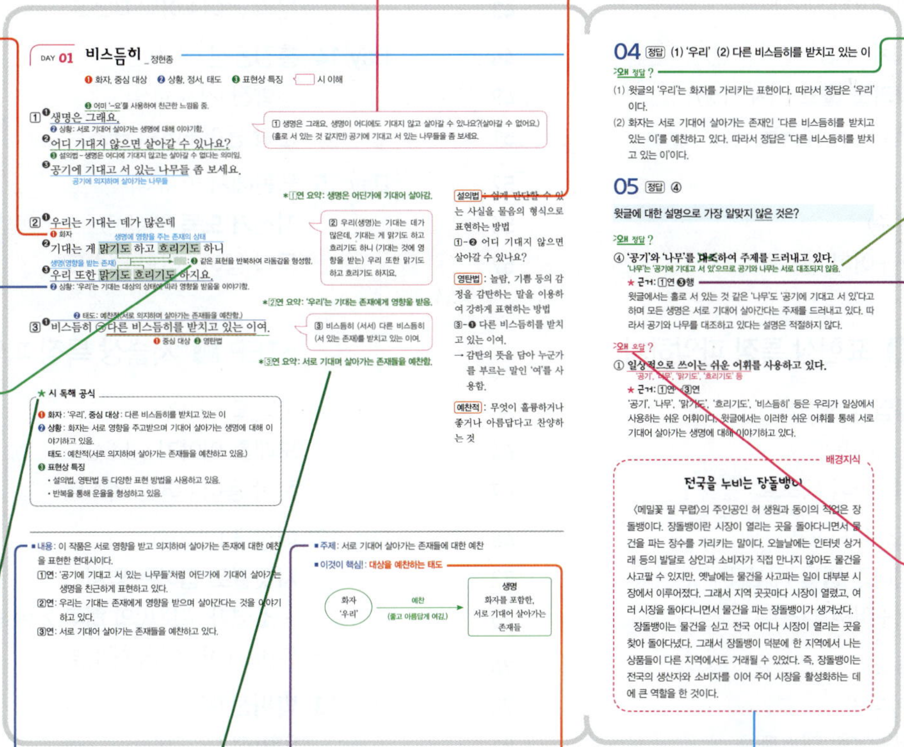

왜 정답?
정답이 되는 핵심 이유와 문제의 풀이를 알기 쉽도록 자세히 설명했습니다.

첨삭 해설
작품과 문제를 깊이 있게 이해할 수 있도록 해설을 자세히 수록했습니다.

근거
문제 풀이의 근거가 되는 부분을 구체적으로 제시했습니다.

왜 오답?
틀린 문제에 대한 이해뿐만 아니라 선택지 출제 원리까지 터득할 수 있습니다.

내용
해당 작품이 어떠한 내용이고, 무슨 갈래에 해당하는지를 한 문장으로 요약했습니다.

요약
각 연이나 장면의 내용을 요약해 전체적인 내용을 파악할 수 있게 했습니다.

주제
작품의 주제를 정리했습니다.

이것이 핵심!
작품에서 가장 핵심이 되는 내용을 한눈에 볼 수 있게 제시했습니다.

배경지식
작품과 관련 있는 다양한 자료를 수록하여 학습과 생각의 깊이를 더할 수 있게 하였습니다.

이 책의 차례

Ⅲ 수필

★ 문학 용어 특강

꾸준함이 문학 독해력을 길러 줍니다.

1. Day별 일정 분량을 꾸준히 공부하세요!

- 매일 2개의 작품을 읽으며 문학 작품과 친숙해져 보세요.
- 아무리 작품을 많이 읽어도 눈으로만 읽으면 무엇을 말하고 있는지 정확하게 이해할 수 없어요. 글쓴이가 말하고자 하는 것이 무엇인지 집중해서 읽고 스스로 정리해 보아야 해요.

2. 문제를 풀면서 글쓴이의 생각을 확인해 봐요!

- 작품을 읽고 문제를 푸는 것은 작품을 통해 글쓴이가 전달하고자 하는 바를 제대로 이해했는지 점검하는 과정이에요.
- 문제를 풀면서 내가 이해한 것이 맞는지, 어떤 부분을 잘못 이해했는지 등을 꼼꼼히 확인하세요.

3. 글을 읽다가 궁금한 점은 찾아봐요!

- 잘 모르는 어휘는 풀이를 보고 문맥을 고려하여 그 뜻을 다시 생각해 보세요.
- 모르는 내용을 짐작만 하지 말고 정확하게 이해할 수 있도록 노력해 보세요.
- 글쓴이가 무슨 이야기를 하고 있는지 곰곰이 생각해 보세요.

4. STEP Ⅰ～Ⅲ에 맞춰 연습하면 글을 더 쉽게 이해할 수 있어요!

- 각 갈래별로 STEP Ⅰ～Ⅲ에서는 작품을 읽을 때 어떤 부분에 집중해야 하는지 안내해 줍니다.
- 갈래에 맞게 각 STEP에 따라 무엇을 중심으로 읽어야 하는지 연습해 보세요.
- 지문 이해 특강에서 STEP Ⅰ～Ⅲ의 과정을 자세하게 설명하고 있어서 스스로 작품을 읽고 쉽게 독해할 수 있는 힘이 생겨요!

학습 계획표 [21일 완성]

- 매일 작품을 읽고 정리하며, 문학 용어 + 어휘 테스트를 통해 복습하는 학습 계획표입니다.
- 계획표대로 공부한 날은 '날짜' 칸에 공부한 날짜를 써 보세요. 날짜가 채워질수록 독해력이 쑥쑥 높아질 거예요.

Day	틀린 문제 / 헷갈리는 문제 번호 적기	날짜		복습 날짜	
01		월	일	월	일
02		월	일	월	일
03		월	일	월	일
04		월	일	월	일
05		월	일	월	일
06		월	일	월	일
07		월	일	월	일
08		월	일	월	일
09		월	일	월	일
10		월	일	월	일
11		월	일	월	일
12		월	일	월	일
13		월	일	월	일
14		월	일	월	일
15		월	일	월	일
16		월	일	월	일
17		월	일	월	일
18		월	일	월	일
19		월	일	월	일
20		월	일	월	일
21		월	일	월	일

I

시

- 현대시
- 고전 시가

'시'란 시인이 자신의 생각을 운율이 있는 말로 표현한 글입니다. 시를 잘 이해하고 시인의 감정을 느끼려면,

❶ 화자, 중심 대상을 찾고,

❷ 상황, 정서, 태도를 파악하고,

❸ 표현상 특징을 파악해야 합니다.

★ 교과서와 시험에 자주 나오는 필수 작품들을 '현대시'와 '고전 시가'로 구분하여 시 독해 훈련을 할 수 있도록 수록했습니다.

- 현대시: 우리나라에 근대식 문화가 들어오면서부터 지어진 시를 통틀어 현대시라고 합니다.
- 고전 시가: 옛날부터 전해져 내려오는 고대 가요, 향가, 고려 속요, 가사, 악장, 민요, 무가, 한시 등 다양한 갈래가 있습니다.

STEP Ⅰ

화자, 중심 대상 찾기

★ 화자란?

시 속에서 말하는 사람입니다. ('나', 우리, …)

● **화자를 찾는 이유**

시인은 시를 읽는 사람에게 자신이 말하고자 하는 바를 전달하기 위해 화자를 내세워 어떠한 이야기를 전합니다. 즉, 시의 내용은 화자가 전하는 이야기입니다. 따라서 시의 내용을 이해하고 주제를 파악하기 위해서는 가장 먼저 '누가' 이야기를 하고 있는지, 즉 화자를 파악해야 합니다.

● **화자를 찾는 방법**

❶ '나' 혹은 '우리'를 찾기
❷ '나' 혹은 '우리'가 보이지 않으면, 시에서 누가 무엇을 하고 있는지 생각해 보기

★ 중심 대상이란?

화자가 주로 이야기하고 있는 대상입니다.

● **중심 대상을 찾는 이유**

시 속에서 화자는 어떠한 사물이나 인물, 상황 등에 대한 자신의 생각을 이야기합니다. 따라서 화자가 주로 이야기하는 대상, 즉 중심 대상이 무엇인지 찾으면 시의 전체 내용을 쉽게 파악할 수 있어요.

● **중심 대상을 찾는 방법**

❶ 시의 제목 확인하기
❷ 시에서 자주 등장하는 말 찾기
❸ 화자가 무엇에 대해 이야기하고 있는지 찾기

햇빛이 말을 걸다 _ 권대웅

길을 걷는데

햇빛이 이마를 툭 건드린다

봄이야

그 말을 하나 하려고

수백 광년을 달려온 빛 하나가

내 이마를 건드리며 떨어진 것이다

나무 한 잎 피우려고

잠든 꽃잎의 눈꺼풀 깨우려고

지상에 내려오는 햇빛들

나에게 사명을 다하며 떨어진 햇빛을 보다가

문득 나는 이 세상의 모든 햇빛이

이야기를 한다는 것을 알았다

강물에게 나뭇잎에게 세상의 모든 플랑크톤들에게

말을 걸며 내려온다는 것을 알았다

반짝이며 날아가는 물방울들

초록으로 **빨강**으로 답하는 풀잎들 꽃들

눈부심으로 가득 차 서로 통하고 있었다

봄이야

라고 말하며 떨어지는 햇빛에 귀를 기울여 본다

그의 소리를 듣고 푸른 귀 하나가

땅속에서 솟아오르고 있었다

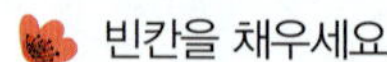

🍂 빈칸을 채우세요.

– 화자:

– 중심 대상:

- **광년**: 행성, 위성 등 우주에 있는 물체와 물체 사이의 거리를 나타내는 단위
- **지상**: 땅의 위
- **사명**: 맡겨진 임무
- **플랑크톤**: 물속에서 물결에 따라 떠다니는 작은 생물을 통틀어 이르는 말

STEP I 화자, 중심 대상 찾기

시의 내용을 이해하려면 우선 말하는 이가 누구인지, 무엇에 대해 말하는지를 알아야 해요.

'화자'는 시에서 말하는 사람을 의미해요. 화자는 시인이 읽는 사람에게 어떠한 이야기를 전달하기 위해 시인을 대신하여 내세운 사람이지요.

시에서 화자를 찾으려면 '나', '우리'라는 표현을 찾으면 돼요. 시에 화자가 직접 드러나지 않는 경우도 있어요. 이때는 화자가 '무엇을 하고 있는 사람(혹은 사물)'인지 생각해 보세요.

'중심 대상'은 화자가 주로 이야기하는 대상이에요. 중심 대상은 시에 등장하는 인물이나 사물, 화자가 이야기하는 어떠한 상황 등으로 다양하게 나타나지요.

❀ 〈햇빛이 말을 걸다〉의 화자를 찾아볼까요?

❻행에서는 '내 이마를 건드리며', ❿행에서는 '나에게 사명을 다하며', ⓫행에서는 '문득 나는 이 세상의 모든 햇빛이'라고 했어요. 이때 화자를 가리키는 '나'라는 표현을 찾을 수 있어요.

따라서 윗글의 화자는 '나'입니다.

❀ 〈햇빛이 말을 걸다〉의 내용을 자세히 살펴봅시다.

❶, ❷행의 '길을 걷는데 / 햇빛이 이마를 툭 건드린다'는 화자의 이마에 햇빛이 비춰진 상황을 나타내요.

그리고 ❸~❻행에서 화자는 햇빛이 '봄이야'라는 말을 하려고 '수백 광년을 달려'왔다고 했어요. 이는 화자가 먼 우주로부터 온 태양의 빛, 즉 햇빛을 통해 봄이 왔음을 느끼고 있는 것이에요.

봄이 오고 햇빛을 받으면 꽃잎과 나뭇잎이 돋아나죠? 이를 ❼~❾행에서는 '나무 한 잎 피우려고 / 잠든 꽃잎의 눈꺼풀 깨우려고' '햇빛들'이 '지상에 내려'온다고 표현하고 있어요.

❿~⓬행에서 화자는 '햇빛을 보다가 / 이 세상의 모든 햇빛이 / 이야기를 한다는 것을' 깨닫고 있어요. 봄이 오면 온 세상에 따뜻한 햇빛이 비치죠? '햇빛'이 화자에게 '봄이야'라고 말했던 것처럼, 온 세상에 햇빛이 비치는 모습을 '모든 햇빛이 / 이야기를 한다'라고 표현한 것이에요.

마찬가지로 ⓭, ⓮행에서는 햇빛이 '강물'과 '나뭇잎', '플랑크톤들'을 비추는 것을 그것들에게 '말을 걸며 내려온다'라고 표현한 것이지요.

⓯~⓱행의 '반짝이며 날아가는 물방울들'과 '초록으로 빨강으로 답하는 풀잎들 꽃들'은 자연의 생동감 넘치는 모습을 나타내고 있어요. 이는 '물방울들'과 '풀잎들 꽃들'이 '눈부심' 즉, 햇빛을 가득 받아 봄에 어울리는 상태로 '통하고 있'는 모습이에요.

⓲, ⓳행에서 화자는 '봄이야'라고 말하는 '햇빛에 귀를 기울'이고 있어요. 이는 화자가 봄날에 내리쬐는 '햇빛'을 느끼고 있는 모습이지요.

그러다 화자는 ⓴, ㉑행에서 '그의 소리를 듣고' '땅속에서 솟아오르'는 '푸른 귀 하나'를 발견하고 있어요. '푸른 귀 하나'는 새싹을 가리켜요. 즉, 화자는 햇빛이 비치는 봄날에 새싹이 돋아나는 모습을 바라보고 있는 것이지요.

❀ 〈햇빛이 말을 걸다〉의 중심 대상을 찾아볼까요?

화자는 자신의 이마를 비춘 '햇빛'을 느끼고 있어요. 그리고 햇빛이 '봄이야'라는 말을 건네며 '강물'과 '나뭇잎'과 '세상의 모든 플랑크톤들'에게도 말을 건다고 했어요. 즉, 화자는 온 세상에 봄이 왔음을 알리는 '햇빛'에 대해 이야기하고 있어요.

따라서 윗글의 중심 대상은 '햇빛'입니다.

다음 물음에 가장 알맞은 답을 〈보기〉에서 찾아 쓰시오.

〈보기〉

| 햇빛 | 눈꺼풀 | '나' | 나뭇잎 | 강물 | 귀 |

(1) 윗글의 화자는 누구인가? (   )
(2) 윗글의 중심 대상은 무엇인가? (   )

02 시어 및 구절의 의미 파악하기

윗글의 내용으로 가장 알맞지 않은 것은?

① '나'는 햇빛의 말에 귀를 기울이고 있다.
② '나'는 이마를 건드리는 햇빛을 피하고 있다.
③ '나'는 햇빛이 이야기를 한다는 것을 깨닫고 있다.
④ 햇빛은 '봄이야'라는 말을 전하고 있다.
⑤ 햇빛은 나뭇잎과 꽃잎을 피우기 위해 지상에 내려오고 있다.

02
윗글에서 '나'와 '햇빛'이 무엇을 하고 있는지 살펴보세요.

03 화자의 정서와 태도 파악하기

윗글의 화자에 대한 설명으로 가장 알맞은 것은?

① 화자는 사명을 다한 햇빛을 안타까워하고 있다.
② 화자는 수백 광년을 달려온 햇빛을 위로하고 있다.
③ 화자는 햇빛과 같은 존재가 되기 위해 노력하고 있다.
④ 화자는 강물에게 이야기하는 햇빛을 부러워하고 있다.
⑤ 화자는 봄이 왔음을 알리는 햇빛을 긍정적으로 느끼고 있다.

03
화자가 햇빛을 어떻게 생각하고 있는지 살펴보세요.
• **긍정적**: 옳다고 인정하거나 좋아하는 것
  예 비 한 방울 나리잖는 그 땅에도 / 오히려 꽃은 빌긜게 피지 않는가
  비가 내리지 않는 땅에서도 피어나는 꽃을 긍정적으로 여기고 있음.

01 화자, 중심 대상 찾기

(1) 윗글의 '나'는 화자를 가리키는 표현이에요. 따라서 정답은 __'나'__ 입니다.

(2) 화자는 봄이 왔음을 알리는 '햇빛'에 대해 이야기하고 있어요. 따라서 정답은 __햇빛__ 입니다.

02 시어 및 구절의 의미 파악하기

윗글의 내용으로 가장 알맞지 <u>않은</u> 것은?

① '나'는 햇빛의 말에 귀를 기울이고 있다. (○)

★ 근거: ⓲, ⓳행

> 봄이야
> 라고 말하며 떨어지는 햇빛에 귀를 기울여 본다

🍃 윗글에서 '나'는 '봄이야'라고 말하는 햇빛의 말에 귀를 기울이고 있어요.

② '나'는 이마를 건드리는 햇빛을 ~~피하고~~ 있다. (×)

★ 근거: ❷행

> 햇빛이 이마를 툭 건드린다

🍃 윗글에서 '나'는 이마에 닿은 햇빛을 느끼고 있을 뿐, 이를 피하고 있지 않아요. **그러므로 정답은 ②!**

③ '나'는 햇빛이 이야기를 한다는 것을 깨닫고 있다. (○)

★ 근거: ⓫, ⓬행

> 문득 나는 이 세상의 모든 햇빛이
> 이야기를 한다는 것을 알았다

🍃 윗글에서 '나'는 '이 세상의 모든 햇빛'이 '이야기를 한다는 것'을 알았다고 했어요.

④ 햇빛은 '봄이야'라는 말을 전하고 있다. (○)

★ 근거: ❸~❺행

> 봄이야
> 그 말을 하나 하려고
> 수백 광년을 달려온 빛 하나가

🍃 윗글에서 '봄이야'라는 말을 하려고 '수백 광년을 달려온 빛'은 햇빛을 가리켜요. 즉, 햇빛이 '봄이야'라는 말을 전하고 있는 것이에요.

⑤ 햇빛은 나뭇잎과 꽃잎을 피우기 위해 지상에 내려오고 있다. (○)

★ 근거: ❼~❾행

> 나무 한 잎 피우려고
> 잠든 꽃잎의 눈꺼풀 깨우려고
> 지상에 내려오는 햇빛들

🍃 윗글에서는 햇빛이 '나무 한 잎'을 피우고 '꽃잎'을 깨우기 위해 지상에 내려온다고 했어요. 꽃잎을 깨운다는 것은 꽃잎을 피운다는 의미예요. 즉, 햇빛은 나뭇잎과 꽃잎을 피우기 위해 지상에 내려오고 있어요.

03 화자의 정서와 태도 파악하기

윗글의 화자에 대한 설명으로 가장 알맞은 것은?

• **윗글의 화자** : 화자인 '나'는 봄이 왔음을 알리는 '햇빛'과 햇빛을 받은 자연을 생동감 넘치는 모습으로 나타내고 있습니다.

즉 '햇빛'과 관련된 화자의 정서와 태도에 대한 설명으로 알맞은 것을 고르는 문제입니다.

① 화자는 사명을 다한 햇빛을 ~~안타까워하고~~ 있다. (×)

🍃 윗글에 화자가 햇빛을 안타까워하는 모습은 나타나지 않아요.

② 화자는 수백 광년을 달려온 햇빛을 ~~위로하고~~ 있다. (×)

🍃 윗글에 화자가 햇빛을 위로하는 모습은 나타나지 않아요.

③ 화자는 햇빛과 같은 존재가 되기 위해 ~~노력하고~~ 있다. (×)

🍃 화자는 햇빛을 긍정적으로 느끼고 있지만, 햇빛과 같은 존재가 되기 위해 노력하고 있지는 않아요.

④ 화자는 강물에게 이야기하는 햇빛을 ~~부러워하고~~ 있다. (×)

🍃 윗글에 화자가 햇빛을 부러워하는 모습은 나타나지 않아요.

⑤ 화자는 봄이 왔음을 알리는 햇빛을 긍정적으로 느끼고 있다. (○)

★ 근거: ⓲, ⓳행

> 봄이야
> 라고 말하며 떨어지는 햇빛에 귀를 기울여 본다

🍃 화자가 온 세상에 봄이 왔음을 알리는 '햇빛에 귀를 기울'이는 모습에서 햇빛을 긍정적으로 느끼고 있음을 알 수 있어요. **그러므로 정답은 ⑤!**

비스듬히 _정현종

생명은 그래요.
어디 기대지 않으면 살아갈 수 있나요?
공기에 기대고 서 있는 나무들 좀 보세요.

우리는 기대는 데가 많은데
기대는 게 맑기도 하고 흐리기도 하니
우리 또한 맑기도 흐리기도 하지요.

비스듬히 ㉠다른 비스듬히를 받치고 있는 이여.

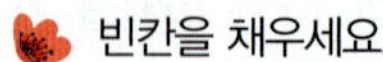

빈칸을 채우세요.

- 화자:

- 중심 대상:

• **비스듬히**: 수평이나 수직이 되지 아니하고 한쪽으로 기운 듯하게
• **기대다**: 몸이나 물건을 무엇에 의지하면서 비스듬히 대다.

04 화자, 중심 대상 찾기

다음 물음에 가장 알맞은 답을 〈보기〉에서 찾아 쓰시오.

〈보기〉

| 생명 | 공기 | 나무 | '우리' | 다른 비스듬히를 받치고 있는 이 |

(1) 윗글의 화자는 누구인가? (   )
(2) 윗글의 중심 대상은 무엇인가? (   )

05 표현상의 특징 파악하기

윗글에 대한 설명으로 가장 알맞지 <u>않은</u> 것은?

① 일상적으로 쓰이는 쉬운 어휘를 사용하고 있다.
② 의문의 형식으로 화자의 생각을 강조하고 있다.
③ 어미 '−요'를 사용하여 친근감 있게 말하고 있다.
④ '공기'와 '나무'를 대조하여 주제를 드러내고 있다.
⑤ '맑기도'와 '흐리기도'를 반복하여 리듬감을 형성하고 있다.

05

윗글에서 어떤 말을 반복하고, 어떤 어미를 사용하고 있는지 살펴보세요.
• **일상적**: 날마다 볼 수 있는 것
• **의문의 형식**: 질문을 통해 의미를 드러내는 방식

06 시어 및 구절의 의미 파악하기

다음 중 ㉠의 의미로 가장 알맞은 것은?

① 하루 종일 서 있는 사람들
② 생명의 소중함을 아는 사람들
③ 공기가 맑은 곳에 사는 사람들
④ 서로 의지하며 살아가는 사람들
⑤ 자신의 잘못을 반성하는 사람들

06

화자가 '기대다'라는 표현을 통해 어떠한 삶의 모습을 이야기하고 있는지 생각해 보세요.
• **의지하다**: 다른 것에 마음을 기대어 도움을 받다.

07 [단답형] 표현상의 특징 파악하기

윗글에서 〈보기〉의 밑줄 친 부분과 가장 관련이 있는 행을 찾아 쓰시오.

〈보기〉

영탄적 표현이란 감탄사나 감탄형 어미, 조사 등을 이용하여 기쁨 · 슬픔 · 놀라움과 같은 감정을 나타내는 표현을 말한다. 〈비스듬히〉에서는 <u>영탄적 표현을 활용하여 서로에게 기대고 있는 존재를 예찬</u>하고 있다.

07

윗글에서 감탄사나 감탄형 어미를 사용한 부분을 찾아보세요.
• **감탄형 어미**: '−구나', '−도다' 등 감탄의 뜻을 나타내는 어미
• **예찬하다**: 무엇이 훌륭하거나 좋거나 아름답다고 찬양하다.

화자, 중심 대상

* ● 화자 란?

시에서 말하는 사람으로, '시적 화자'라고도 한다.

> ① 나 보기가 역겨워 가실 때에는
> ② 안녕히 계세요. / 도련님. / (중략) / 더구나 그 구름이 소나기가 되어 퍼부을 때 / 춘향은 틀림없이 거기 있을 거예요.
>
> 시에서 화자는 ①에서처럼 '나, 너, 우리' 등의 말로 직접 드러나기도 하고, 드러나지 않기도 한다. 또한 ②의 화자가 '춘향'인 것처럼 특정한 인물(혹은 사물)로 나타나기도 한다.

● 화자가 시에 드러나는 방식

(1) 화자가 직접 드러나는 경우

> 시장에 간 우리 엄마 / 안 오시네, 해는 시든 지 오래
>
> 나는 찬밥처럼 방에 담겨 / 아무리 천천히 숙제를 해도
> ▶ 화자가 '나'라는 표현으로 직접 드러남.
>
> — 기형도, 〈엄마 걱정〉

(2) ❶ 화자가 직접 드러나지 않는 경우

> 산에서 우는 작은 새여, / 꽃이 좋아
>
> 산에서 / 사노라네.
> ▶ 화자가 직접 드러나지 않지만, '자연이 좋아 산에서 사는 사람'임을 알 수 있음.
>
> — 김소월, 〈산유화〉

(3) 시인과 화자가 같은 경우(시인＝화자)

> 죽는 날까지 하늘을 우러러 / 한점 부끄럼이 없기를, //
>
> 잎새에 이는 바람에도 / 나는 괴로워했다.
> ▶ 윗글을 쓴 시인 윤동주는 일제 강점기에 끊임없이 스스로를 반성했던 사람이므로, 윗글의 화자 '나'는 시인과 같다고 볼 수 있음.
>
> ❷ — 윤동주, 〈서시〉

(4) 시인과 화자가 다른 경우(시인≠화자)

> 엄마야 누나야 강변 살자. / 뜰에는 반짝이는 금모래 빛,
> 어린아이가 쓸 법한 말투
> 뒷문 밖에는 갈잎의 노래 / 엄마야 누나야 강변 살자.
> ▶ '엄마야 누나야'라는 말투를 통해 윗글의 시인 김소월이 어린 사내아이를 화자로 내세우고 있음을 알 수 있음. 따라서 윗글의 화자는 시인과 일치하지 않음.
>
> 
>
> — 김소월, 〈엄마야 누나야〉

* ❸ 중심 대상 이란?

화자가 시 속에서 이야기의 주된 대상으로 삼는 것이다. 중심 대상은 시에 등장하는 소재, 인물, 상황, 화자가 말을 건네는 사람 등으로 다양하게 나타난다.

> 풀이 눕는다 / 비를 몰아오는 동풍에 나부껴
>
> 풀은 눕고 / 드디어 울었다 / 날이 흐려서 더 울다가
>
> 다시 누웠다 // 풀이 눕는다
> ▶ 화자는 풀의 모습을 바라보며 풀에 대해 이야기하므로, 윗글의 중심 대상은 '풀'임.
>
> — 김수영, 〈풀〉

---

❶ 화자가 직접 드러나지 않는 경우

화자가 직접 등장하지 않는 시를 읽을 때는, 화자가 '무엇을 하고 있는 사람인지' 생각해 보면 됨. 만약 화자를 전혀 추측할 수 없는 경우에는 중심 대상에 집중하여 시를 읽는 것이 좋음.

❷ 시인 윤동주

일제 강점기에 짧게 살다 간 젊은 시인으로, 고통받는 나라의 현실과 나약한 자신의 내면을 끊임없이 돌아보고 고민하였음. 그래서 윤동주의 시에서 화자는 시대를 고민하는 시인의 모습과 일치할 때가 많음.

❸ 중심 대상과 제목

일반적으로 시의 제목이 중심 대상이 되는 경우가 많음. 중심 대상을 찾기 어려울 때는 제목을 보면 좋음.

★ 정답은 [해설편 표지] 안쪽에 있습니다.

[01~02] 다음을 읽고 빈칸에 들어가기에 알맞은 말을 고르시오.

> 하늘 하늘
> 꽃송이와 입 맞춥니다.
>
> 하늘 하늘
> 어디론지 떠나갑니다.
>
> 하늘 하늘
> 정처 없이 도는 바람은
>
> 그대 잃은
> 이내 맘의 넋두리외다.　　　　　– 김억, 〈봄바람〉

01

윗글에는 화자가 직접 (드러나고 / 드러나지 않고) 있다.

02

윗글의 제목과 내용을 바탕으로 이해할 때, 윗글의 중심 대상은 (하늘 / 봄바람)이다.

[03~04] 다음을 읽고 빈칸에 들어가기에 알맞은 말을 고르시오.

> 내를 건너서 숲으로 / 고개를 넘어서 마을로
>
> 어제도 가고 오늘도 갈 / 나의 길 새로운 길
>
> 민들레가 피고 까치가 날고
> 아가씨가 지나고 바람이 일고
>
> 나의 길은 언제나 새로운 길
> 오늘도…… 내일도……　　　　　– 윤동주, 〈새로운 길〉

03

윗글의 화자는 '(아가씨 / 나)'이다.

04

윗글의 중심 대상은 (새로운 길 / 고개)이다.

★ 다음을 읽고 빈칸에 들어가기에 알맞은 말을 쓰시오.

> 나는 나룻배,
> 당신은 행인.
>
> 당신은 나를 흙발로 짓밟습니다.
> 나는 당신을 안고 물을 건너갑니다.
> 나는 당신을 안으면 깊으나 얕으나 급한 여울이나
> 건너갑니다.　　　　　– 한용운, 〈나룻배와 행인〉

05

윗글의 화자 '나'는 '(　　　　　)'이므로, 화자와 작가는 일치하지 않는다.

[06~09] 빈칸에 들어가기에 알맞은 단어를 〈보기〉에서 찾아 문맥에 맞게 쓰시오.

> 〈보기〉
> • 지상: 땅의 위
> • 사명: 맡겨진 임무
> • 긍정적: 옳다고 인정하거나 좋아하는 것
> • 예찬하다 : 무엇이 훌륭하거나 좋거나 아름답다고 찬양하다.
> • 비스듬히 : 수평이나 수직이 되지 아니하고 한쪽으로 기운 듯하게

06

비가 그치자 지렁이들이 (　　　　　)(으)로 나왔다.

07

외국인들은 한복을 선이 아름다운 옷이라고 (　　　　　) 한다.

08

그는 나의 제안에 (　　　　　)(으)로 답했다.

09

독립운동가들은 '대한 독립'이라는 (　　　　　)을/를 위해 목숨을 바쳤다.

단심가 _정몽주

이 몸이 죽고 죽어 일백 번 고쳐 죽어
백골이 진토 되어 넋이라도 있고 없고
㉠임 향한 일편단심이야 가실 줄이 있으랴

💗 빈칸을 채우세요.
– 화자:

– 중심 대상:

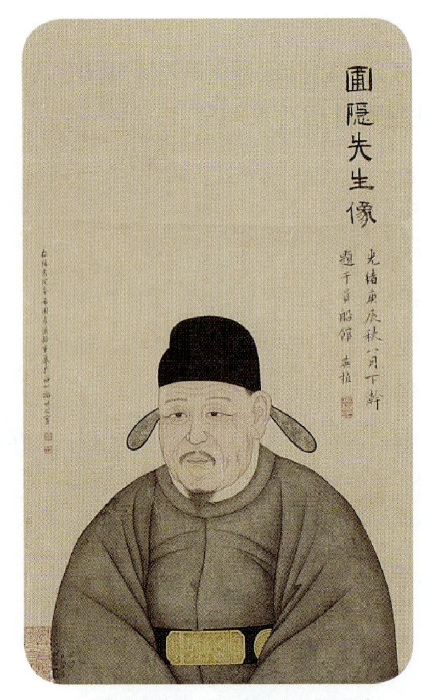

▲ 정몽주의 초상화 (출처: e뮤지엄)

• **일백**: 숫자 100
• **백골**: 죽은 사람의 몸이 썩고 남은 뼈
• **진토**: 티끌과 흙을 통틀어 이르는 말
• **넋**: 사람의 몸에 있으면서 몸을 거느리고 정신을 다스리는 비물질적인 것(= 영혼)
• **일편단심**: 한 조각의 붉은 마음이라는 뜻으로, 진심에서 우러나오는 변치 아니하는 마음을 이르는 말

STEP I 화자, 중심 대상 찾기

〈단심가〉는 고려 시대가 끝날 무렵에 쓰인 시조입니다. 시조란 고려 시대 말부터 조선 시대에 가장 활발하게 쓰였던 우리나라 고유의 시로, 대부분 3행으로 이루어져 있어요. 시조의 첫 번째 행을 초장, 두 번째 행을 중장, 세 번째 행을 종장이라고 해요.

✿ 〈단심가〉의 화자를 찾아볼까요?

〈단심가〉에서는 '나', '우리'라는 말을 찾을 수 없어요. 그런데 초장에서 '이 몸'이라는 표현을 사용하고 있지요? '이 몸'은 화자가 자기 자신을 가리키는 표현이에요. 이처럼 고전 시가에서는 '이 몸'이라는 표현으로 화자를 나타내기도 해요.

따라서 윗글의 화자는 '이 몸'입니다.

✿ 〈단심가〉의 내용을 자세히 살펴봅시다.

초장에서 화자는 '이 몸이 죽고 죽어 일백 번 고쳐 죽어'라면서 자신이 죽고 또 죽는 상황을 이야기하고 있어요. 이미 죽었는데 어떻게 또 죽을 수 있냐고요? 이것이 실제 상황이라면 불가능하겠지요. 화자는 죽은 후에 또다시 죽음을 맞을 만큼 극단적인 상황을 가정하고 있는 것이에요.

중장의 '백골이 진토 되어'는 죽은 후에 남은 뼈가 '진토', 즉 먼지과 흙이 될 만큼 부서진다는 의미예요. 화자는 죽고 또 죽어 남은 뼈가 다 부서지고, '넋(영혼)'도 있는지 없는지 알 수 없게 되는 상황을 이야기하고 있어요.

종장에서 화자는 이러한 극단적인 상황일지라도 '임 향한 일편단심이야 가실 줄이 있으랴'라고 했어요. '일편단심'은 진심에서 우러나오는 변치 않는 마음을 이르는 말이에요. 화자는 임을 향한 변함없는 마음이 절대 사라지지 않을 것이라고 다짐하고 있는 것이지요.

한편, 〈단심가〉가 쓰인 당시의 배경을 바탕으로 이해하면 종장의 '임'은 고려 왕조라고 볼 수 있어요. 작가는 고려가 망해 가던 시기에 조선을 세우려는 무리가 자신을 같은 편으로 만들려고 설득하자 〈단심가〉를 지어서 고려에 대한 충성심을 드러냈어요. 따라서 '임 향한 일편단심'은 고려 왕조에 대한 변함없는 충성심을 의미한다고 볼 수 있지요.

✿ 중심 대상을 찾아볼까요?

'중심 대상'을 찾으려면 화자가 주로 무엇을 이야기하고 있는지 살펴봐야 한다고 했죠? 화자가 자신이 '죽고 죽어' '백골'이 먼지와 흙이 되어 다 사라지고, '넋'조차 사라지는 상황을 가정한 이유는 '임 향한 일편단심'을 강조하기 위해서예요. 또한 제목인 '단심가'의 '단심'은 바로 이 '일편단심'을 이르는 말이지요. 이를 통해 화자가 가장 이야기하고 싶었던 것이 '임 향한 일편단심'임을 알 수 있어요.

따라서 윗글의 중심 대상은 '임 향한 일편단심'입니다.

01 화자, 중심 대상 찾기

다음 물음에 가장 알맞은 답을 〈보기〉에서 찾아 쓰시오.

〈보기〉

이 몸　　　백골　　　진토　　　넋　　　임 향한 일편단심

(1) 윗글의 화자는 누구인가? (　　　　　　　　)
(2) 윗글의 중심 대상은 무엇인가? (　　　　　　　　　　)

02 화자의 정서와 태도 파악하기

윗글의 화자에 대한 설명으로 가장 알맞은 것은?

① 화자는 죽음을 두려워하고 있다.
② 화자는 떠나간 임을 원망하고 있다.
③ 화자는 임의 죽음을 믿지 않고 있다.
④ 화자는 이별을 차분하게 받아들이고 있다.
⑤ 화자는 임에 대한 변함없는 마음을 드러내고 있다.

03 표현상 특징 파악하기

㉠을 중심으로 윗글을 알맞게 이해한 사람을 모두 고른 것은?

유주: 죽음이 반복되는 상황을 통해 ㉠을 강조하고 있어.
루빈: 의문형 문장을 통해 ㉠을 효과적으로 드러내고 있어.
소리: 말의 순서를 바꾸어 ㉠이 눈에 띄도록 표현하고 있어.
보라: 사물을 사람처럼 표현해 ㉠에 특별한 의미를 너하고 있어.

① 유주, 루빈　　　② 유주, 소리　　　③ 루빈, 소리
④ 루빈, 보라　　　⑤ 소리, 보라

02
종장에 드러나 있는 화자의 정서가 무엇인지 살펴보세요.
- **원망하다**: 못마땅하게 여기어 탓하거나 불평을 품고 미워하다.
- **차분하다**: 마음이 가라앉아 조용하다.

03
윗글에서 ㉠을 효과적으로 전달하기 위해 어떤 표현 방법을 사용하고 있는지 살펴보세요.
- **의문형 문장**: '–느냐', '–ㄴ가' 따위를 활용하여 질문을 하는 문장
　㉐ 오늘은 / 또 몇 십 리 / 어디로 갈까.
　어디로 얼마나 가야 할지 질문하는 의문형 문장

01 화자, 중심 대상 찾기

(1) 윗글의 '이 몸'은 화자를 가리키는 표현이에요. 따라서 정답은 　이 몸　입니다.

(2) 화자는 어떠한 일이 있어도 '임 향한 일편단심'이 변하지 않을 것이라고 다짐하고 있어요.
따라서 정답은 　임 향한 일편단심　입니다.

02 화자의 정서와 태도 파악하기

윗글의 화자에 대한 설명으로 가장 알맞은 것은?

- **윗글의 화자**: 화자는 죽음이라는 극단적인 상황을 가정하여 임에 대한 마음을 드러내고 있습니다.

즉 임과 관련된 화자의 정서와 태도에 대한 설명으로 알맞은 것을 고르는 문제입니다.

① 화자는 죽음을 ~~두려워하고 있다.~~ (×)
- 화자는 '일백 번 고쳐 죽어'도 임을 향한 마음이 변하지 않을 것이라며 죽음을 두려워하지 않는 태도를 보이고 있어요.

② 화자는 ~~떠나간 임을 원망하고 있다.~~ (×)
- 윗글에서 임이 화자를 떠나갔는지는 알 수 없어요. 또한 화자는 '임 향한 일편단심이야 가실 줄이 있으랴'라면서 임에 대한 변함없는 마음을 드러내고 있을 뿐, 임을 원망하고 있지 않아요.

③ 화자는 ~~임의 죽음을 믿지 않고 있다.~~ (×)
- 윗글에서 임의 죽음은 드러나지 않아요. 화자는 임을 향한 마음을 강조하기 위해 자신의 죽음이라는 극단적인 상황을 가정하고 있을 뿐이에요.

④ 화자는 ~~이별을 차분하게 받아들이고 있다.~~ (×)
- 윗글에서 화자가 이별을 했는지는 알 수 없어요. 화자는 임을 향한 변함없는 마음을 드러내고 있을 뿐이에요.

⑤ **화자는 임에 대한 변함없는 마음을 드러내고 있다.** (○)

★ **근거: 종장**

> 임 향한 일편단심이야 가실 줄이 있으랴

- '일편단심'은 변하지 않는 마음을 이르는 말이에요. 화자는 임을 향한 변함없는 마음이 사라지지 않을 것이라고 다짐하고 있어요. **그러므로 정답은 ⑤!**

03 표현상 특징 파악하기

㉠을 중심으로 윗글을 알맞게 이해한 사람을 모두 고른 것은?

- **㉠**: ㉠은 '임 향한 일편단심'을 가리키며, 윗글에서 여러 가지 표현법을 활용하여 이를 강조하고 있어요.

즉 '임 향한 일편단심'을 효과적으로 드러내기 위해 사용된 표현법으로 알맞은 것을 고르는 문제입니다.

유주: 죽음이 반복되는 상황을 통해 ㉠을 강조하고 있어.
(○)

★ **근거: 초장**

> 이 몸이 죽고 죽어 일백 번 고쳐 죽어

- 화자는 죽고 또 죽고, 백 번이나 죽는 상황에도 임을 향한 마음이 변하지 않는다고 하며 '임 향한 일편단심'(㉠)을 강조하고 있어요.

루빈: 의문형 문장을 통해 ㉠을 효과적으로 드러내고 있어. (○)

★ **근거: 종장**

> 임 향한 일편단심이야 가실 줄이 있으랴

- 의문형 문장이란 질문을 하는 형태의 문장을 의미해요. 화자가 '가실 줄이 있으랴'라고 물어보는 것은 '임 향한 일편단심'(㉠)이 가시지 않는다는 것을 강조하기 위해서예요.
그러므로 정답은 ①(유주, 루빈)!

소리: ~~말의 순서를 바꾸어 ㉠이 눈에 띄도록 표현하고 있어.~~ (×)
- 윗글에서 말의 순서를 바꾼 부분은 찾을 수 없어요.

보라: ~~사물을 사람처럼 표현해 ㉠에 특별한 의미를 더하고 있어.~~ (×)
- 화자가 '백골', '진토(먼지와 흙)'라는 사물에 대해 이야기하고 있기는 하지만, 이러한 사물을 사람처럼 표현하고 있지는 않아요.

DAY 02 십 년을 경영하여 _송순

십 년을 경영하여 초려삼간 지어 내니
나 한 칸 달 한 칸에 청풍 한 칸 맡겨 두고
강산은 들일 데 없으니 둘러 두고 보리라

🦋 빈칸을 채우세요.

– 화자:

– 중심 대상:

- **경영하다**: 계획을 세워 집을 짓다.
- **초려삼간**: 세 칸밖에 안 되는 작은 초가집
- **청풍**: 부드럽고 맑은 바람
- **강산**: 강과 산이라는 뜻으로, 자연의 경치를 이르는 말

04 화자, 중심 대상 찾기

다음 물음에 가장 알맞은 답을 〈보기〉에서 찾아 쓰시오.

〈보기〉

| 십 년 | ‘나’ | 달 | 한 칸 | 청풍 | 강산 |

(1) 윗글의 화자는 누구인가? (　　　　　　　)
(2) 윗글의 중심 대상은 무엇인가? (　　　　　), (　　　　　), (　　　　　)

05 화자, 중심 대상 파악하기

윗글의 내용으로 가장 알맞은 것은?

① 화자는 달을 보며 산책을 했다.
② 화자는 집 앞을 청풍으로 꾸몄다.
③ 화자는 세 칸짜리 초가집을 지었다.
④ 화자는 십 년 동안 나라를 이끌어 왔다.
⑤ 화자는 강산과 멀리 떨어진 곳에 집을 지었다.

05
화자는 가난한 생활을 하면서도 만족하며 편안하게 살아가는 ‘안분지족’, ‘안빈낙도’의 태도를 보이고 있어요.

06 시어 및 구절의 의미 파악하기

다음 소재가 갖는 의미로 가장 알맞은 것은?

	달, 청풍	강산
①	약한 존재	승리의 공간
②	친근한 존재	자연 친화적 공간
③	평범한 존재	기다림의 공간
④	그리운 존재	가족이 있는 공간
⑤	부러운 존재	풍요로운 공간

06
화자가 ‘달’과 ‘청풍’에게 집 한 칸씩을 맡기는 이유와, ‘강산’을 둘러 두려는 이유를 생각해 보세요.
• **친근하다**: 사귀어 지내는 사이가 아주 가깝다.
• **자연 친화적**: 자연을 좋아하고 즐기며 가까이하려는 것
• **풍요롭다**: 흠뻑 많아서 넉넉함이 있다.

07 [단답형] 화자의 정서와 태도 파악하기

윗글에서 〈보기〉와 가장 관련이 있는 소재를 찾아 4글자로 쓰시오.

〈보기〉

욕심이 없는 화자의 태도가 드러나는 공간

07
윗글의 내용이 전개되고 있는 주된 공간이 어디인지 생각해 보세요.

고전 시가 – 시조

✽ ● 고전 시가 란?

옛날부터 전해져 내려오는 우리나라의 오래된 시와 노래를 이르는 말이다.

> 고전 시가에는 고대 가요, 향가, 고려 속요, 시조, 가사, 악장, 민요, 무가, 한시 등이 있다.

✽ ● 시조 란?

고려 시대 말부터 발달하여 온 우리나라 고유의❶ 정형시. 주로 양반들이 창작하였으며 기생과 평민들이 창작하는 경우도 있었다. 대부분 3행으로 구성되어 있고 시를 쓸 때 정해진 규칙을 엄격히 지킨다.

● 시조의 형식

– 일반적으로❷ 3장 6구 45자 내외의 규칙을 지킨다.
– 3·4조, 4·4조의❸ 음수율, 4음보의 음보율을 가진다.
– 종장의 첫 음보는❹ 3음절로 고정되어 있다.

초장	[묏버들 ∨ 가려 꺾어]∨[보내노라 ∨ 임의 손에] ▶ 4음보[음보율]
	3글자　　4글자　　4글자　　4글자　　▶ 3·4조, 4·4조[음수율]
중장	[자시는 ∨ 창밖에]∨[심어 두고 ∨ 보소서] ▶ 4음보[음보율]
종장	[밤비에 ∨ 새잎이 나거든]∨[나인가 ∨ 여기소서] ▶ 4음보[음보율]
	종장의 첫 음보가 3글자임.　　　　　 [ ]: 6개의 구

– 홍랑

● 시조의 종류

길이에 따라	단시조	하나의 시조로만 이루어진 시조
	연시조	두 개 이상의 평시조가 하나의 제목으로 묶여 있는 시조
형식에 따라	평시조	3장 6구 45자 내외의 기본적인 형태의 시조
	사설시조	평시조의 형태에서 어느 한 장 이상이 길어진 시조. 보통 중장이 길어짐.

– 사설시조: 조선 시대 중기 이후에 주로 평민, 기생 등 일반 백성들이 지었던 시조이다. 이전까지 양반들이 지었던 시조에 비해 형식이 자유롭고 내용도 일반 백성들의 삶을 많이 다루었다.

초장	개를 여남은이나 기르되 요 개같이 얄미우랴
중장	미운 임 오면은 꼬리를 홰홰 치며 내리 뛰며 치뛰락 내리뛰락 반겨서 내닫고
	고운 임 오면은 뒷발을 버동버동 무르락 나으락 캉캉 짖어서 돌아가게 한다
종장	쉰밥이 그릇그릇 난들 너 먹일 줄이 있으랴

▶ 중장의 길이가 길게 늘어짐.(형식)
▶ 임을 쫓아 보낸 개에 대한 얄미움을 드러냄.(내용)

– 작자 미상

---

❶ 정형시
일정한 형식에 맞추어 쓴 시

❷ 시조의 규칙
- 3장: 초장, 중장, 종장(3행)
- 6구: 장을 두 번에 끊어 읽는 단위인 '구'가 6개로 이루어짐.
- 45자 내외: 총 글자 수가 45자 정도가 되어야 함.

❸ 음수율, 음보율
- 음수율: 단어를 이루는 글자 수가 일정한 것에서 오는 운율
  예 이 몸이 죽고 죽어
  　 3글자　 4글자
  　 ▶ 3·4조[음수율]
- 음보율: 쉬지 않고 한번에 말할 수 있는 단위를 음보라고 하고, 이 음보를 일정하게 반복하면 생기는 운율을 음보율이라고 함.
  예 이 몸이 ∨ 죽고 죽어 ∨
  　 일백 번 ∨ 고쳐 죽어
  　 ▶ 4음보[음보율]

❹ 음절
'아침'의 '아'와 '침'처럼 한 뭉치로 이루어진 소리의 덩어리를 말함.

★ 정답은 [해설편 표지] 안쪽에 있습니다.

[01~02] 다음을 읽고 빈칸에 들어가기에 알맞은 말을 고르시오.

> 천만리 머나먼 길에 고운 임 이별하고
> 내 마음 둘 데 없어 냇가에 앉았더니
> 저 냇물도 내 마음 같아서 울면서 밤길을 흐르는구나
> – 왕방연

01

윗글은 고려 시대 말부터 발달하여 온 우리나라 고유의 정형시인 (시조 / 고려 가요)이다.

02

윗글은 초장 , 중장, (결장 / 종장)으로 이루어져 있다.

[03~05] 다음을 읽고 맞으면 ○, 틀리면 ✕에 표시하시오.

> 개미 불개미 허리가 부러진 불개미
> 앞발에 피부병이 나고 뒷발에 종기 난 불개미가, 광릉 샘고개 넘어 들어가 호랑이의 허리를 가로 물어 추켜들고 북해를 건너갔다는 말이 있습니다. 임아 임아,
> 온 놈이 백 가지 말을 한다 해도 임께서 짐작해 주소서.
> – 작자 미상

03

윗글은 3장 6구 45자 내외의 규칙을 지키고 있다.
(○ , ✕)

04

윗글은 조선 시대에 양반들이 엄격한 규칙에 따라 지은 평시조이다. (○ , ✕)

05

윗글은 사설시조로, 중장이 두 줄 이상으로 길게 늘어져 있다. (○ , ✕)

[06~07] 다음의 빈칸에 들어가기에 알맞은 말을 쓰시오.

> 꽃은 무슨 일로 피자마자 빨리 지고
> 풀은 어이하여 푸르다가 누래지는가
> 아마도 변치 않는 것은 바위뿐인가 하노라   〈3수〉
>
> 작은 것이 높이 떠서 만물을 다 비추니
> 밤중의 밝은 것이 너만 한 이 또 있느냐
> 보고도 말 아니 하니 내 벗인가 하노라   〈6수〉
> – 윤선도, 〈오우가〉

06

윗글은 두 개 이상의 평시조가 하나의 제목으로 묶여 있으므로 (   )이다.

07

윗글은 시조의 규칙을 지켜 종장의 첫 음보가 (   ) 음절로 고정되어 있다.

[08~10] 빈칸에 들어가기에 알맞은 단어를 〈보기〉에서 찾아 문맥에 맞게 쓰시오.

> ─────〈보기〉─────
> • 넋 : 사람의 몸에 있으면서 몸을 거느리고 정신을 다스리는 비물질적인 것(=영혼)
> • 원망하다 : 못마땅하게 여기어 탓하거나 불평을 품고 미워하다.
> • 일편단심 : 한 조각의 붉은 마음이라는 뜻으로, 진심에서 우러나오는 변치 아니하는 마음을 이르는 말

08

나라를 위해 돌아가신 분들의 (   )을/를 위로하자.

09

이 소설의 주인공은 사랑하는 사람을 향한 (   )을/를 보인다.

10

아들은 자신의 꿈을 반대하는 부모님을 (   )했다.

모진 소리 _황인숙

모진 소리를 들으면
내 입에서 나온 소리가 아니더라도
내 귀를 겨냥한 소리가 아니더라도
모진 소리를 들으면
가슴이 쩌엉한다
온몸이 쿡쿡 아파 온다
누군가의 온몸을
가슴속부터 쩡 금 가게 했을
모진 소리

나와 헤어져
덜컹거리는 지하철에서
고개를 수그리고
내 모진 소리를 자꾸 생각했을
내 모진 소리에 무수히 정 맞았을
누군가를 생각하면
모진 소리,
늑골에 정을 친다
쩌어엉 세상에 금이 간다.

🌹 빈칸을 채우세요.

– 화자:

– 중심 대상:

- **모질다**: 마음씨가 몹시 매섭고 독하다.
- **겨냥하다**: 행동의 대상으로 삼다.
- **정**: 돌에 구멍을 뚫거나 돌을 쪼아서 다듬는, 쇠로 만든 연장
- **늑골**: 가슴을 구성하는 뼈

01 화자, 중심 대상 찾기

다음 물음에 가장 알맞은 답을 〈보기〉에서 찾아 쓰시오.

〈보기〉

모진 소리   온몸   누군가   '나'   금   지하철

(1) 윗글의 화자는 누구인가? (　　　　　　　)
(2) 윗글의 중심 대상은 무엇인가? (　　　　　　　)

02 시어 및 구절의 의미 파악하기

윗글의 '모진 소리'에 대한 설명으로 가장 알맞지 <u>않은</u> 것은?

① 모진 소리는 상처를 주는 말을 의미한다.
② 모진 소리는 '나'의 가슴을 아프게 하는 것이다.
③ 모진 소리는 '누군가'의 온몸에 금이 가게 만든다.
④ '나'는 '누군가'에게 모진 소리를 했던 적이 있다.
⑤ '누군가'는 '나'에게 모진 소리를 했던 일을 후회하고 있다.

02
1연에서는 '모진 소리'에 대한 화자의 생각을, 2연에서는 화자가 했던 '모진 소리'에 대한 이야기를 다루고 있어요.

03 화자의 정서와 태도 파악하기

〈보기〉의 ㉠과 ㉡에 해당하는 구절이 <u>아닌</u> 것은?

〈보기〉

〈모진 소리〉의 화자는 ㉠자신을 향한 모진 소리가 아님에도 아픔을 느끼고, ㉡자신이 내뱉은 모진 소리로 인해 타인이 받았을 상처에 공감하고 있다.

① ㉠ – 가슴이 쩌엉한다　　　　② ㉠ – 온몸이 쿡쿡 아파 온다
③ ㉠ – 고개를 수그리고　　　　④ ㉡ – 무수히 정 맞았을
⑤ ㉡ – 늑골에 정을 친다

03
윗글은 연의 구분에 따라 중심 내용이 달라지고 있어요. ㉠과 ㉡은 1연과 2연 중 어느 부분과 관련이 있는지 생각해 보세요.
• **공감하다**: 남의 감정, 의견, 주장 따위에 대하여 자기도 그렇다고 느끼다.

04 [단답형] 표현상의 특징 파악하기

윗글에서 〈보기〉의 설명과 가장 관련이 있는 시어 3가지를 찾아 쓰시오.

〈보기〉

• 청각적 심상을 활용한 것
• 모진 소리에 상처받는 마음을 표현한 것

04
윗글에서 소리를 흉내 낸 표현을 찾아보세요.
• **청각적 심상**: 귀로 소리를 듣는 듯한 느낌이 떠오르는 것
⑩ 새벽 새가 울며 지새는 그늘로
새의 울음소리를 귀로 듣는 듯한 느낌을 줌.

딸기 _이재무

오십 리 길 짐차에 실려 왔어유

멀미도 가시기 전에

낯선 거리 쏴댕기면서

지 몸 살 사람 찾고 있지유

목마름은 이냥저냥 견딜 수 있슈

헌디, 볼기짝 쥐어뜯으며

살결이 거칠다느니

단맛이 무르다느니 허진 말어유

지 몸이 그냥 지 몸인가유

이만한 몸띵이 하나 살리기 위해서두

하느님 손 농부 손 고루 탔어유

그러니께 지폐 한 장으루다

우리 식구 사돈에 팔촌까지 두루 사 가는 선상님들

몸값이나 후하게 쳐주셔야겠슈

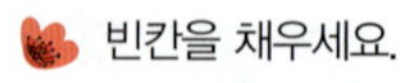

빈칸을 채우세요.

– 화자:

– 중심 대상:

- **짐차**: '화물 자동차'를 일상적으로 이르는 말
- **볼기짝**: 뒤쪽 허리 아래, 허벅다리 위의 양쪽으로 살이 불룩한 부분을 낮잡아 이르는 말
- **고루**: 차이가 없이 엇비슷하거나 같게
- **사돈**: 혼인한 두 집안의 부모들 사이에 서로 상대편을 이르는 말
- **팔촌**: 아버지 육촌의 자녀와의 촌수

05　화자, 중심 대상 찾기

다음 물음에 가장 알맞은 답을 〈보기〉에서 찾아 쓰시오.

〈보기〉

　　　‘지’　　　짐차　　　하느님　　　농부　　　선상님들　　　딸기

(1) 윗글에서 화자를 가리키는 표현은 무엇인가? (　　　　　　　)
(2) 윗글의 중심 대상은 무엇인가? (　　　　　　)

06　시어 및 구절의 의미 파악하기

윗글을 읽고 떠올릴 수 있는 장면으로 가장 알맞지 <u>않은</u> 것은?

① 농부가 딸기를 기르는 장면
② 사람들이 딸기를 만지는 장면
③ 짐차에 딸기가 실려 있는 장면
④ 온 식구가 딸기를 사 먹는 장면
⑤ 사람들이 딸기의 모양과 맛에 대해 평가하는 장면

07　화자의 정서와 태도 파악하기

윗글의 화자에 대한 설명으로 가장 알맞지 <u>않은</u> 것은?

① 화자는 ‘목마름’을 견디며 ‘지 몸’이 팔리지 않기를 바라고 있다.
② 화자는 ‘하느님 손 농부 손’을 통해 자신의 가치를 강조하고 있다.
③ 화자는 ‘오십 리 길’, ‘멀미’를 통해 이동의 고단함을 드러내고 있다.
④ 화자는 자신의 ‘살결’과 ‘단맛’을 평가하는 말에 서운함을 드러내고 있다.
⑤ 화자는 ‘실려 왔어유’, ‘찾고 있지유’를 통해 자신의 상황을 재치 있게 표현하고 있다.

08　[단답형] 시어 및 구절의 의미 파악하기

윗글에서 〈보기〉의 설명이 가장 잘 드러나는 행을 찾아 쓰시오.

〈보기〉

　농작물의 가치가 인정받기를 바라는 농부의 마음을 해학적으로 표현한 것

06

화자는 자신(딸기)을 ‘지 몸’으로, 다른 딸기는 ‘식구’로 표현하고 있어요.
- **평가하다**: 사물의 가치나 수준 따위를 평하다.

07

화자가 사람들에게 자신의 이야기를 하는 이유를 생각해 보세요.
- **고단하다**: 몸이 지쳐 느른하다.
- **서운하다**: 마음에 모자라 아쉽거나 섭섭한 느낌이 있다.

08

화자(딸기)가 자신을 사려는 사람들에게 무엇을 바라고 있는지 살펴보세요.
- **농작물**: 논밭에 심어 가꾸는 곡식이나 채소
- **해학적**: 어떠한 대상을 익살스럽게 표현하는 것

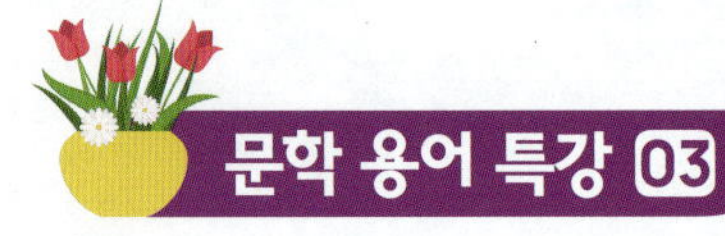

시의 특징, 운율

*● 시의 특징

(1) **음악성**: 시는 말에서 가락과 리듬이 느껴진다.

(2) **회화성**: 시를 읽으면 마음속에 어떠한 감각적인 장면이 떠오른다.

(3) **함축성**: 시는 겉으로 보이는 뜻 외에도 더 많은 의미를 갖고 있는 경우가 많다.

*● 운율 이란?

시를 읽을 때 느껴지는 말의 리듬

- '십 년을 ∨ 경영하여 ∨ 초려삼간 ∨ 지어 내니' ▶ 4음보
  3글자　　4글자　　　4글자　　　4글자　▶ 3·4조, 4·4조
  '십 년 동안 계획하여 세 칸짜리 초가집을 지었다'라는 내용을 3·4조, 4·4조의 음수율과 4음보의 음보율을 가진 시조로 표현하고 있다.

- '앞강물, 뒷강물, / 흐르는 물은 / 어서 따라오라고 따라가자고'
  '강물'과 '따라'를 반복함으로써 운율을 만들고 있다.

● 운율의 종류

외형률 : 일정한 형식으로 인해 겉으로 드러나는 규칙적인 운율. 주로 시조, 한시 등의[1] 정형시에서 나타난다.

- 음수율: 글자 수가 일정하게 반복되어 생기는 운율
- 음보율: 한번에 말할 수 있는 단위인 음보가 규칙적으로 반복되어 생기는 운율

> 나 보기가 ∨ 역겨워 ∨ 가실 때에는 ▶ 3음보[음보율]
> 　7글자　　　5글자　▶ 7·5조[음수율]
> 말없이 ∨ 고이 보내 ∨ 드리오리다 ▶ 3음보[음보율]
> 　7글자　　　5글자　▶ 7·5조[음수율]
> — 김소월, 〈진달래꽃〉[2]

내재율 : 겉으로 드러나지 않고 자유롭게 생기는 운율[3]. 자유시나[4] 산문시 등 정해진 형식이 없는 대부분의 현대시에서 나타나며, 여러 가지 반복을 통해 운율을 이룬다.

(1) 시어 또는 시구의 반복

> 곧은 소리는 소리이다 / 곧은 소리는 곧은 / 소리를 부른다
> ▶ '소리'라는 시어와, '곧은 소리'라는 시구를 반복함.
> — 김수영, 〈폭포〉

(2) 비슷한 문장 구조의 반복

> 내를 건너서 숲으로 / 고개를 넘어서 마을로 (중략)
> '∼를 ∼(에)서 ∼(으)로'의 문장 구조를 반복함.
> 민들레가 피고 까치가 날고 / 아가씨가 지나고 바람이 일고
> '∼가/이 ∼고'의 문장 구조를 반복함.
> — 윤동주, 〈새로운 길〉

(3) 음성 상징어의 반복[5]

> 봄바람 하늘하늘 넘노는 길에 / (중략) / 나비는 너훌너훌 춤을 춥니다
> 음성 상징어(의태어)　　　　음성 상징어(의태어)
> — 김억, 〈연분홍〉

---

❶ 정형시
일정한 형식에 맞추어 쓴 시

❷ 김소월, 〈진달래꽃〉
현대시이지만 3음보 7·5조의 외형률을 갖고 있음. 우리나라의 민요가 이러한 운율을 갖는 경우가 많음.

❸ 자유시
전통적인 형식을 벗어나 자유로운 가락으로 이루어진 모든 형태의 현대시를 말함.

❹ 산문시
행을 나누지 않고 자유로운 문장으로 쓴 시

❺ 음성 상징어
말소리와 뜻의 관계가 긴밀하게 관련이 있는 단어로, 의성어와 의태어를 함께 이르는 말
- **의성어**: 사람이나 사물의 소리를 흉내 낸 말
  예 멍멍, 탕탕
- **의태어**: 사람이나 사물의 모양이나 움직임을 흉내 낸 말
  예 아장아장, 엉금엉금

✽ 시의 개념, 형식, 요소

1. 시의 개념

마음속에 떠오르는 생각이나 느낌을 운율이 있는 말로 표현한 글

2. 시의 형식

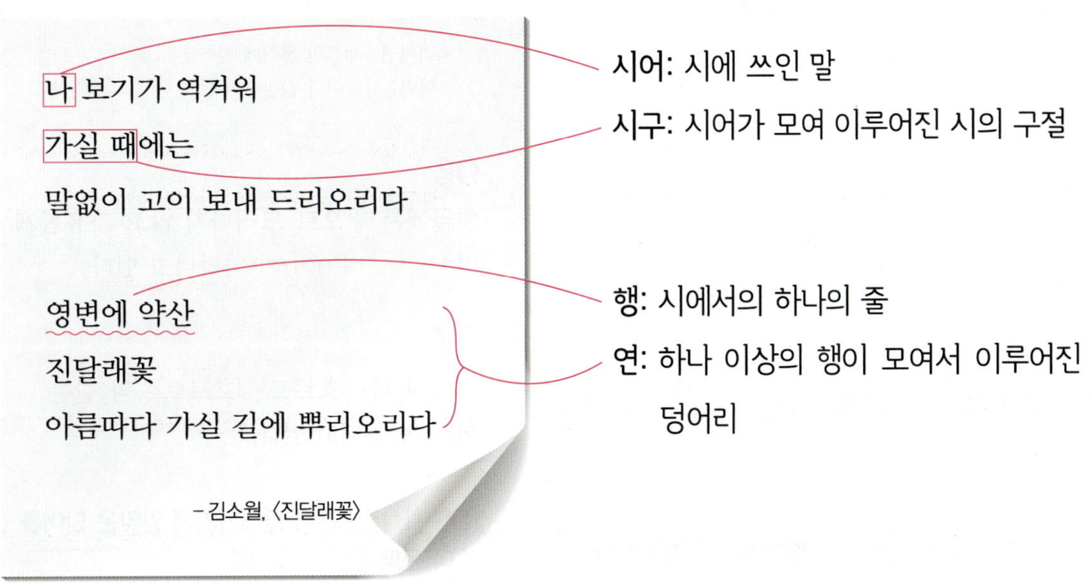

시어: 시에 쓰인 말

시구: 시어가 모여 이루어진 시의 구절

행: 시에서의 하나의 줄

연: 하나 이상의 행이 모여서 이루어진 덩어리

3. 시 구성의 3요소

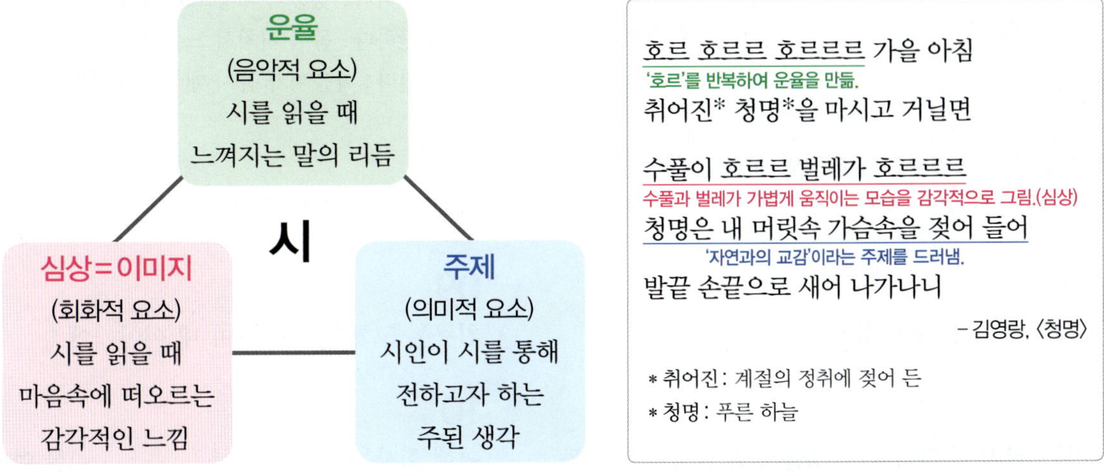

[01~02] 다음을 읽고 빈칸에 들어가기에 알맞은 말을 고르시오.

> 우물 속에는 달이 밝고 구름이 흐르고 하늘이 펼치고 파아란 바람이 불고 가을이 있습니다.
>
> 그리고 한 사나이가 있습니다.
> 어쩐지 그 사나이가 미워져 돌아갑니다.
>
> 돌아가다 생각하니 그 사나이가 가엾어집니다.
> 도로 가 들여다보니 사나이는 그대로 있습니다.
>
> – 윤동주, 〈자화상〉

01

윗글에서는 '-가 -ㅂ니다', '-니 -ㅂ니다'라는 비슷한 문장 구조를 반복함으로써 (운율 / 의미)을/를 만들어 내고 있다.

02

'우물'은 화자가 자신을 성찰하게 하는 소재로, (음악성 / 함축성)을 가진 시어이다.

[03~05] 다음을 읽고 맞으면 ○, 틀리면 ✕에 표시하시오.

> 맑은 바람을 좋게 여겨 창문을 아니 닫았노라
> 밝은 달을 좋게 여겨 잠을 아니 들었노라
> 옛사람 이 두 가지를 두고 어디 혼자 갔는가 〈제1수〉
>
> – 이정, 〈풍계육가〉

03

윗글에는 겉으로 드러나는 규칙적인 운율인 외형률이 나타나고 있다. (○ , ✕)

04

윗글은 4음보의 음보율을 갖고 있다. (○ , ✕)

05

윗글에서는 글자 수가 7글자 · 5글자로 일정하게 반복되고 있다. (○ , ✕)

[06~07] 다음의 빈칸에 들어가기에 가장 알맞은 말을 쓰시오.

> 호르 호르르 호르르르 가을 아침
> 취어진* 청명을 마시며 거닐면
> 수풀이 호르르 벌레가 호르르르
> 청명은 내 머릿속 가슴속을 젖어 들어
> 발끝 손끝으로 새어 나가나니
> 온 살결 터럭* 끝은 모두 눈이요 입이라
>
> – 김영랑, 〈청명〉
>
> * 취어진 : 계절의 정취에 젖어 든
> * 터럭 : 사람이나 길짐승의 몸에 난 길고 굵은 털

06

윗글에는 겉으로 드러나지 않고 자유롭게 생기는 운율인 (　　　　)이/가 나타나고 있다.

07

윗글에서는 '호르르', '호르르르'와 같은 (　　　　)이/가 반복되고 있다.

[08~10] 빈칸에 들어가기에 알맞은 단어를 〈보기〉에서 찾아 문맥에 맞게 쓰시오.

> 〈보기〉
> • 공감하다 : 남의 감정, 의견, 주장 따위에 대하여 자기도 그렇다고 느끼다.
> • 겨냥하다 : 행동의 대상으로 삼다.
> • 고단하다 : 몸이 지쳐서 느른하다.
> • 모질다 : 마음씨가 몹시 매섭고 독하다.

08

하루종일 걸었더니 너무 (　　　　)하다.

09

친구는 고개를 끄덕이며 내 이야기에 (　　　　)했다.

10

여행 회사는 이번 휴가를 (　　　　)한 여행 상품을 선보였다.

STEP Ⅱ
상황, 정서, 태도 파악하기

★ 상황이란?

시 속에서 화자가 놓여 있는 환경을 말합니다.

● **상황을 파악하는 이유**

시인은 화자가 시를 읽는 사람에게 이야기를 잘 전달할 수 있도록 어떠한 상황을 정합니다. 따라서 시의 상황을 파악하면 시인이 이야기하려는 것이 무엇인지 쉽게 이해할 수 있어요.

● **상황을 파악하는 방법**

❶ 화자가 무엇을 하고 있는지 살펴보기
❷ 화자의 행동이 드러나 있지 않으면, 화자가 무엇에 대해 이야기하고 있는 상황인지 살펴보기

★ 정서, 태도란?

• **정서**: 화자가 중심 대상에 대해 느끼는 감정을 말합니다.
• **태도**: 화자가 자신이 처한 상황과 정서에 대해 보이는 어떠한 자세를 말합니다.

● **정서, 태도를 파악하는 이유**

화자의 정서와 태도를 파악하면 시의 핵심 내용을 파악할 수 있어요.

● **정서, 태도를 파악하는 방법**

❶ '기쁘다, 외롭다' 등 화자의 감정을 드러내는 말 찾기
❷ 화자가 중심 대상을 좋게 여기는지(긍정적), 나쁘게 여기는지(부정적) 파악하기
❸ 화자의 말투(어조)를 통해 드러나는 자세 파악하기

우리가 눈발이라면 _안도현

우리가 눈발이라면
허공에서 쭈빗쭈빗 흩날리는
㉠진눈깨비는 되지 말자.
세상이 바람 불고 춥고 어둡다 해도
사람이 사는 마을
가장 낮은 곳으로
따뜻한 ㉡함박눈이 되어 내리자.
우리가 눈발이라면
잠 못 든 이의 창문가에서는
편지가 되고
그이의 ㉢깊고 붉은 상처 위에 돋는
새살이 되자.

빈칸을 채우세요.

– 화자:

– 중심 대상:

– 상황:

– 정서, 태도:

- **눈발**: 눈이 힘차게 내려 줄이 죽죽 져 보이는 상태
- **허공**: 텅 빈 공중
- **진눈깨비**: 비가 섞여 내리는 눈
- **함박눈**: 굵고 탐스럽게 내리는 눈
- **새살**: 부스럼이나 상처가 난 자리에 새로 돋아난 살

STEP Ⅱ 상황, 정서, 태도 파악하기

DAY 04

화자와 중심 대상을 찾았다면 이제 화자가 어떤 상황에서 무슨 이야기를 하고 있는지 알아야 해요.

'**상황**'이란 화자가 처한 환경을 의미해요. 화자는 어떠한 상황 속에서 중심 대상에 대한 생각이나 감정을 이야기하죠. 바로 이 생각과 감정이 화자의 정서와 태도라고 볼 수 있어요.

'**정서**'란 화자가 중심 대상에 대해 느끼는 감정을, '**태도**'란 화자가 자신이 처한 상황과 정서에 대응하는 자세를 의미해요.

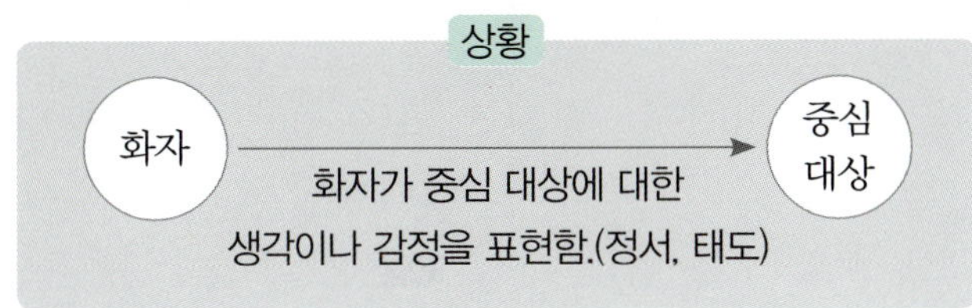

상황과 정서, 태도를 파악하려면 화자가 무엇을 하고 있는지, 어떠한 감정을 느끼고 무슨 생각을 하는지 살펴보면 돼요.

🌸 **먼저, 〈우리가 눈발이라면〉의 화자와 중심 대상을 찾아볼게요.**

❶행과 ❽행에서 화자인 '우리'가 드러나고 있어요.

한편 시의 제목이 '우리가 눈발이라면'이고, 화자는 '우리'가 눈발이라면 함박눈이 되고 싶다고 이야기하고 있어요.

따라서 **윗글의 화자는 '우리'이고, 중심 대상은 '눈발'과 '함박눈'입니다.**

🌸 **화자의 상황, 정서, 태도를 살펴볼까요?**

❶행에서 화자는 '우리가 눈발이라면'이라면서 '우리'가 눈발이라는 상황을 가정하고 있어요. 그리고 ❸행에서 '진눈깨비는 되지 말자.'라고 했지요. 화자는 '허공에서 쭈빗쭈빗 흩날리는' 진눈깨비가 좋지 않다고 생각하는 것이에요. '쭈빗쭈빗'이란 머뭇거리는 모양을 나타내는 말입니다. 이를 통해 화자가 진눈깨비를 머뭇거리며 사람들에게 다가가지 못하는 존재로 생각한다는 것을 알 수 있어요.

그렇다면 화자가 되고 싶은 것은 무엇일까요? 바로 '함박눈'이에요. ❹~❼행에서 화자는 춥고 어두운 세상에서도 '사람이 사는 마을 / 가장 낮은 곳으로' 내리는 '따뜻한 함박눈'이 되자고 했어요. 화자에게 함박눈은 힘든 사람들에게 위로와 희망이 되는 존재인 것이죠. 반대로 진눈깨비는 사람들을 위로하지 못하는 존재이고요. 그래서 화자는 '함박눈이 되어 내리자.'라면서 사람들에게 위로와 희망을 주는 존재가 되겠다는 의지를 드러내고 있는 것이에요.

이러한 화자의 생각은 ❽~❿행에 더 잘 드러나 있어요. 화자는 '우리가 눈발이라면' '편지'와 '새살'이 되자고 이야기하고 있지요. 함박눈이 '잠 못 든 이의 창문가'에 내리면 힘든 일로 고민하는 사람을 위로하는 '편지'가 되고, '깊고 붉은 상처 위'에 내리면 '새살'이 되어 고통받는 사람에게 희망을 주는 것이에요.

따라서 윗글에 드러난 화자의 상황과 정서, 태도를 정리하면 다음과 같아요.

- **화자의 상황:** 우리가 눈발이라고 가정하고 있음.
- **화자의 정서:** 함박눈처럼 사람들에게 위로와 희망을 주는 존재가 되고 싶어 함.
- **화자의 태도:** 의지적(사람들에게 위로와 희망이 되고자 하는 의지를 드러내고 있음.)

다음 빈칸에 들어가기에 가장 알맞은 답을 〈보기〉에서 찾아 순서대로 쓰시오.

〈보기〉

진눈깨비　　　붉은 상처　　　눈발　　　허공　　　함박눈　　　사람

---

(1) 윗글에서 화자는 '우리'가 (　　　　　　)(이)라는 상황을 가정하고 있다.
(2) 화자는 자신이 눈발이라면 (　　　　　　)이/가 아니라 (　　　　　　)이/가 되기
　　를 원하고 있다.

01
- **가정하다**: 사실이 아니거나 또는 사실인지 아닌지 분명하지 않은 것을 임시로 인정하다.

윗글에 대한 설명으로 가장 알맞지 <u>않은</u> 것은?

① 화자는 바람직한 삶의 태도를 권하고 있다.
② 화자는 세상이 힘들기도 하다고 생각하고 있다.
③ 화자는 소외된 사람들에게 다가가려 하고 있다.
④ 화자는 사람에게 상처받았던 일을 떠올리고 있다.
⑤ 화자는 누군가에게 희망을 주는 삶을 좋은 삶이라고 여기고 있다.

02
화자가 '함박눈'이 되려고 하는 이유가 무엇인지 살펴보세요.
- **권하다**: 어떤 일을 하도록 부추기다.
- **소외되다**: 어떤 무리에서 꺼려져 따돌림을 당하거나 거부당하여 내쳐지다.

㉠~㉢을 이해한 내용으로 가장 알맞지 <u>않은</u> 것은?

① 화자는 ㉠이 쭈빗쭈빗 흩날리는 모습을 부정적으로 인식하고 있다.
② 화자는 ㉡을 가장 낮은 곳으로 내리는 따뜻한 존재로 인식하고 있다.
③ 화자는 ㉢을 보며 이전에는 알지 못했던 것을 깨닫고 있다.
④ 화자에게 ㉠과 ㉡은 서로 반대되는 의미이다.
⑤ 화자는 ㉠과 ㉢이 사람들을 위로하지 못한다고 생각하고 있다.

03
㉠~㉢이 화자에게 어떤 의미인지 생각해 보세요.
- **부정적**: 옳지 않다고 여기거나 싫어하는 것
  예 어쩐지 그 사나이가 미워져 돌아갑니다. 사나이를 부정적으로 인식함.
- **인식하다**: 사물을 분별하고 판단하여 알다.

DAY
04

01 상황, 정서, 태도 파악하기

(1) 화자는 '우리가 눈발이라면'이라며 '우리'가 눈발이라는 상황을 가정하고 있어요. 따라서 정답은 ___눈발___ 입니다.

(2) 화자는 우리가 눈발이라면 '진눈깨비는 되지 말'고 '따뜻한 함박눈이 되어 내리자.'라고 했어요.
따라서 정답은 ___진눈깨비, 함박눈___ 입니다.

02 화자의 정서와 태도 파악하기

윗글에 대한 설명으로 가장 알맞지 <u>않은</u> 것은?

① 화자는 <u>바람직한 삶의 태도를 권하고</u> 있다. (○)
★ 근거: ❺~❼행

> 사람이 사는 마을 ~ 따뜻한 함박눈이 되어 내리자.

🌿 화자는 '사람이 사는 마을 / 가장 낮은 곳으로' 내리는 '함박눈'이 되자면서 힘든 사람들을 위로하는 바람직한 삶을 살아가고 권하고 있어요.

② 화자는 <u>세상이 힘들기도 하다고 생각하고</u> 있다. (○)
★ 근거: ❹행

> 세상이 바람 불고 춥고 어둡다 해도

🌿 '세상이 바람이 불고 춥고 어둡다'는 것은 우리가 살아가는 세상이 힘들기도 하다는 것을 의미해요.

③ 화자는 <u>소외된 사람들에게 다가가려</u> 하고 있다. (○)
★ 근거: ❻, ❼행

> 가장 낮은 곳으로 / 따뜻한 함박눈이 되어 내리자.

🌿 화자는 '따뜻한 함박눈' 같은 사람이 되어 '가장 낮은 곳'에서 살아가는 소외된 사람들에게 다가가려 하고 있어요.

④ 화자는 <u>사람에게 상처받았던 일을 떠올리고</u> 있다. (✕)
🌿 화자가 자신이 상처받았던 일을 떠올리고 있지는 않아요. **그러므로 정답은 ④!**

⑤ 화자는 <u>누군가에게 희망을 주는 삶을 좋은 삶이라고 여기고</u> 있다. (○)
★ 근거: ❻, ❼, ❾~⓬행

> • 가장 낮은 곳으로 / 따뜻한 함박눈이 되어 내리자.
> • 잠 못 든 이의 창문가에서는 ~ 새살이 되자.

🌿 화자는 '가장 낮은 곳으로' 내리는 함박눈이 되어 힘들고 어려운 사람들에게 '편지', '새살'이 되자고 했어요. 즉, 화자는 누군가에게 희망을 주는 삶을 좋은 삶이라고 생각하고 있어요.

03 시어 및 구절의 의미 파악하기

㉠~㉢을 이해한 내용으로 가장 알맞지 <u>않은</u> 것은?

• ㉠~㉢: ㉠은 '진눈깨비'로 화자가 부정적으로 여기는 것, ㉡은 '함박눈'으로 화자가 되려고 하는 것, ㉢은 '깊고 붉은 상처'로 화자가 위로하려는 사람들의 아픔을 의미합니다.

즉 화자의 생각과 관련하여 ㉠~㉢의 의미를 잘못 이해한 것을 고르는 문제입니다.

① 화자는 <u>㉠이 쭈빗쭈빗 흩날리는 모습을 부정적으로 인식하고</u> 있다. (○)
★ 근거: ❷, ❸행

> 허공에서 쭈빗쭈빗 흩날리는 / 진눈깨비는 되지 말자.

🌿 화자는 '진눈깨비'(㉠)가 '쭈빗쭈빗 흩날'린다고 했어요. '쭈빗쭈빗'은 머뭇거리는 모양을 나타내는 말로, 이를 통해 화자가 '진눈깨비'(㉠)가 흩날리는 모습을 부정적으로 인식하고 있다는 것이 드러나요.

② 화자는 <u>㉡을 가장 낮은 곳으로 내리는 따뜻한 존재로 인식하고</u> 있다. (○)
★ 근거: ❻, ❼행

> 가장 낮은 곳으로 / 따뜻한 함박눈이 되어 내리자.

🌿 화자는 '따뜻한 함박눈'(㉡)이 '가장 낮은 곳으로' 내린다고 했어요.

③ 화자는 <u>㉢을 보며 이전에는 알지 못했던 것을 깨닫고</u> 있다. (✕)
🌿 화자가 '깊고 붉은 상처'(㉢)를 보며 이전에는 알지 못했던 것을 깨닫고 있지는 않아요. **그러므로 정답은 ③!**

④ 화자에게 <u>㉠과 ㉡은 서로 반대되는 의미이다.</u> (○)
★ 근거: ❸, ❼행

> 진눈깨비는 되지 말자. / 따뜻한 함박눈이 되어 내리자.

🌿 화자는 '진눈깨비'(㉠)는 사람들에게 위로가 되지 못하고, '함박눈'(㉡)은 사람들에게 위로가 되는 존재라고 생각하고 있어요.

⑤ 화자는 <u>㉠과 ㉢이 사람들을 위로하지 못한다고 생각하고</u> 있다. (○)
★ 근거: ❸, ⓫, ⓬행

> 진눈깨비는 되지 말자. / 그이의 ~ 새살이 되자.

🌿 '진눈깨비'(㉠)는 사람들에게 다가가지 못하고 쭈빗쭈빗 흩날리는 것이고, '깊고 붉은 상처'(㉢)는 사람들의 아픔을 의미해요. 따라서 '진눈깨비'(㉠)와 '깊고 붉은 상처'(㉢)는 사람들을 위로하지 못하는 것들이에요.

그리움 _이용악

눈이 오는가 **북쪽**엔
함박눈 쏟아져 내리는가

험한 벼랑을 굽이굽이 돌아간
백무선 철길 위에
느릿느릿 **밤새워** 달리는
화물차의 검은 지붕에

연달린 산과 산 사이
너를 남기고 온
작은 마을에도 복된 눈 내리는가

잉크병 얼어드는 이러한 밤에
어쩌자고 **잠을 깨어**
그리운 곳 차마 그리운 곳

눈이 오는가 북쪽엔
함박눈 쏟아져 내리는가

🦋 빈칸을 채우세요.

– 화자:

– 중심 대상:

– 상황:

– 정서, 태도:

- **함박눈**: 굵고 탐스럽게 내리는 눈
- **벼랑**: 낭떠러지의 험하고 가파른 언덕
- **백무선**: 함경북도에서 두만강을 가로지르는 철도
- **화물차**: 화물을 실어 나르는 자동차, 기차 따위를 통틀어 이르는 말
- **연달리다**: 움직이는 물체가 다른 물체의 뒤를 이어 따르다.
- **복되다**: 복을 받아 기쁘고 즐겁다.

04   상황, 정서, 태도 파악하기

다음 빈칸에 들어가기에 가장 알맞은 답을 〈보기〉에서 찾아 쓰시오.

〈보기〉

| 눈 | 마을 | 철길 | 지붕 | 북쪽 | 밤 |

(1) 윗글의 화자는 (　　　　　　　)에 있는 고향과 그곳에 있는 '너'를 떠올리고 있다.
(2) 윗글의 화자는 북쪽에 (　　　　　　　)이/가 내리는지를 물으며 고향과 가족을 그
　　리워하고 있다.

05   표현상 특징 파악하기

윗글에 대한 설명으로 가장 알맞지 <u>않은</u> 것은?

① 수미상관의 구성으로 구조적 안정감을 얻고 있다.
② 의문의 형식으로 가족에 대한 그리움을 드러내고 있다.
③ 명령하는 말투를 사용하여 화자의 의지를 드러내고 있다.
④ 음성 상징어를 활용하여 장면을 구체적으로 그려내고 있다.
⑤ '그리운 곳'이라는 표현을 반복하여 화자의 정서를 강조하고 있다.

06   화자의 정서와 태도 파악하기

윗글의 화자에 대한 설명으로 가장 알맞은 것은?

① 화자는 '함박눈'으로 힘들어질 '북쪽' 사람들을 걱정하고 있다.
② 화자는 '밤새워 달리는' 열차를 놓쳐 후회하고 있다.
③ 화자는 '너를 남기고 온' 일을 반성하고 있다.
④ 화자는 가진 것이 '잉크병'뿐인 가난한 삶을 살고 있다.
⑤ 화자는 '잠'에서 깨어 고향과 가족을 떠올리고 있다.

07   [단답형] 〈보기〉를 바탕으로 감상하기

윗글에서 〈보기〉의 ㉠이 가장 잘 드러나는 행을 찾아 쓰시오.

〈보기〉

〈그리움〉의 화자는 추운 겨울밤에 내리는 눈을 보며 북쪽에 있는 고향과 가족을 그
리워하고 있다. '눈'은 고향을 떠올리게 하는 소재로, 화자는 눈을 바라보며 ㉠<u>고향에
있는 가족이 축복받기를 바라는 마음</u>을 드러내고 있다.

05
윗글에 어떤 표현이 반복되고 있
는지, 화자가 어떤 말투를 사용하
고 있는지 살펴보세요.
• **수미상관**: 시의 처음 부분과 끝
　부분에 비슷하거나 같은 구절
　을 반복하는 방법
• **구조적 안정감**: 형태나 형식이 비
　슷한 것에서 오는 편안한 느낌
• **음성 상징어**: 소리를 흉내 낸
　말인 '의성어'와 움직임을 흉내
　낸 말인 '의태어'를 아울러 이
　르는 말
　예 '짹짹', '우당탕', '줄줄' 등

06
선택지에서 이야기하고 있는 각
각의 시어가 윗글의 어디에 있는
지 살펴보고, 그 시어와 관련된
화자의 상황과 정서를 생각해 보
세요.

07
'축복'과 가장 관련이 있는 시어
가 무엇인지 찾아보세요.
• **축복**: 행복을 빎. 또는 그 행복

상황, 정서

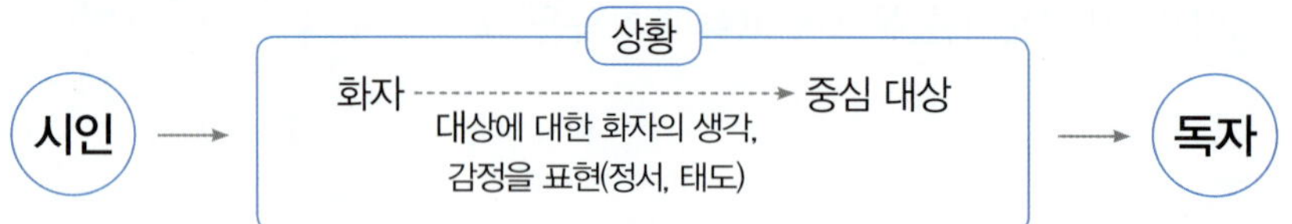

*● 상황 이란?

화자가 놓여 있는 환경. 시인은 시 속의 화자가 읽는 사람에게 이야기를 잘 전달할 수 있도록 어떠한 상황을 정한다.

시인 → 화자 ----[상황]----→ 중심 대상 → 독자
대상에 대한 화자의 생각, 감정을 표현(정서, 태도)

❶ 상황
화자가 무엇을 하고 있는지 살펴보면 화자가 어떤 상황에 놓여 있는지 파악할 수 있음.

*● 정서 란?   화자가 어떠한 상황에서 중심 대상에 대해 느끼는 감정

● 정서의 종류

긍정적 정서 : 화자가 무엇인가를 옳다고 인정하거나 좋아하는 것에서 생기는 감정으로, 친근감과 애정, 만족감, 기쁨 등이 있다.

– 친근감, 애정이 드러난 시

> 한 떼의 소녀들이 재깔거리며 / 사진을 찍고 있네
> _{중심 대상}
> 피어나는 꽃보다 훨씬 더 눈부신 / 자기들이 꽃인 줄 까마득히 모르는 채
> _{중심 대상에 대한 화자의 애정}　　_{= 소녀들}
> — 양정자, 〈소녀들〉

❷ 친근감, 애정
- **친근감**: 친하고 가까운 느낌
- **애정**: 사랑하거나 좋아하는 마음

➡ 화자는 중심 대상인 '소녀들'을 바라보며 '꽃보다 훨씬 더 눈부신' 소녀들에 대한 친근감과 애정을 드러내고 있다.

– 만족감, 기쁨이 드러난 시

> 내 벗이 몇인가 하니 수석과 송죽이라 / 동산에 달 오르니 그 더욱 반갑구나
> _{물과 바위　소나무와 대나무}
> 두어라 이 다섯 밖에 또 더하여 무엇하리
> _{물, 바위, 소나무, 대나무, 달　더하지 않아도 충분하다 – 만족감}
> — 윤선도, 〈오우가〉
> _{다섯 친구에 대한 노래}

➡ 화자는 중심 대상인 물, 바위, 소나무, 대나무, 달을 '오우(다섯 친구)'로 여기고, 이것들만 있으면 충분하다면서 만족감과 기쁨을 드러내고 있다.

부정적 정서 : 화자가 무엇인가를 옳지 않다고 여기거나 싫어하는 것에서 생기는 감정으로, 슬픔과 그리움, 한(恨), 절망, 답답함 등이 있다.

– 슬픔, 그리움이 드러난 시

> 이화우(배나무 꽃잎) 흩날릴 때 울며 잡고 이별한 님
> _{이별로 인한 슬픔이 드러남.}
> 추풍낙엽(가을 바람에 떨어지는 나뭇잎)을 보고 저도 나를 생각하는가
> _{'이별한 님', 화자가 사랑하는 대상}
> 천리에 외로운 꿈만 오락가락 하노라
> _{'님'과 이별한 화자의 외로움이 드러남.}
> — 계랑

❸ 한(恨)
원망스럽고 억울하거나 안타깝고 슬퍼 응어리진 마음. 우리 민족 고유의 정서로, 주로 이별의 상황을 그린 고전 시가에 나타남.

➡ 화자는 중심 대상인 '님'과 이별한 슬픔과 '님'에 대한 그리움을 드러내고 있다.

[01~02] 다음을 읽고 빈칸에 들어가기에 알맞은 말을 고르시오.

> 고향에 고향에 돌아와도
> 그리던 고향은 아니러뇨. / (중략)
>
> 어린 시절에 불던 풀피리 소리 아니 나고
> 메마른 입술에 쓰디쓰다.
>
> 고향에 고향에 돌아와도
> 그리던 하늘만이 높푸르구나.
>
> – 정지용, 〈고향〉

01

윗글에는 (고향 / 도시)에 돌아온 화자의 상황이 드러나고 있다.

02

윗글의 화자는 추억 속의 고향을 더 이상 찾아볼 수 없어서 (만족감 / 안타까움)을 느끼고 있다.

[03~04] 다음을 읽고 빈칸에 들어가기에 알맞은 말을 고르시오.

> 들길은 마을에 들자 붉어지고
> 마을 골목은 들로 내려서자 푸르러졌다
> 바람은 넘실 천 이랑 만 이랑
> 이랑 이랑 햇빛이 갈라지고
> 보리도 허리통이 부끄럽게 드러났다
>
> – 김영랑, 〈오월〉

03

윗글의 화자는 오월의 봄을 맞은 (바다 / 마을)의 풍경을 바라보고 있다.

04

윗글에는 오월의 봄날 풍경에 대한 화자의 (긍정적 / 부정적) 정서가 드러나고 있다.

[05~06] 다음을 읽고 맞으면 ○, 틀리면 ×에 표시하시오.

> 오다가다 길에서 / 만난 이라고
> 그저 보고 그대로 / 가고 말 건가.
> (중략)
> 수로천리(水路千里) 먼 길을
> 왜 온 줄 아나?
> 옛날 놀던 그대를 / 못 잊어 왔네.
>
> – 김억, 〈오다가다〉

05

윗글의 화자는 '옛날 놀던 그대'를 그리워하고 있다.

(○ , ×)

06

윗글의 화자는 '먼 길'을 떠나는 '그대'를 배웅하고 있다.

(○ , ×)

[07~10] 빈칸에 들어가기에 알맞은 단어를 〈보기〉에서 찾아 문맥에 맞게 쓰시오.

> ────── 〈보기〉 ──────
> • 권하다 : 어떤 일을 하도록 부추기다.
> • 인식하다 : 사물을 분별하고 판단하여 알다.
> • 눈발 : 눈이 힘차게 내려 줄이 죽죽 져 보이는 상태
> • 가정하다 : 사실이 아니거나 또는 사실인지 아닌지 분명하지 않은 것을 임시로 인정하다.

07

어머니는 나에게 동생과 화해하기를 (   )하셨다.

08

우리는 최악의 상황을 (   )하고 대책을 세웠다.

09

바람이 불더니 (   )이/가 흩날리기 시작했다.

10

정원이는 스스로의 잘못을 명확히 (   )하고 있다.

가시리 _작자 미상

가시리 가시리잇고 나는 ⎤
버리고 가시리잇고 나는 ⎦ [A]
위 증즐가 대평성대(大平成代)

날러는 어찌 살라 하고
버리고 가시리잇고 나는
위 증즐가 대평성대(大平成代)

잡사와 두어리마나는*
선하면* 아니 올세라
위 증즐가 대평성대(大平成代)

설온* 님 보내옵나니 나는
가시는 듯 돌아오소서 나는
위 증즐가 대평성대(大平成代)

* 잡사와 두어리마나는: 붙잡아 두고 싶지마는
* 선하면: 서운하면
* 설온: 서러운

🦋 빈칸을 채우세요.

− 화자:

− 중심 대상:

− 상황:

− 정서, 태도:

• **−리잇고**: 동사나 형용사 뒤에 붙어 '−겠습니까'라는 뜻을 나타내는 옛말
• **대평성대**: 어진 임금이 잘 다스리어 아무 걱정 없고 평안한 세상이나 시대(= 태평성대)
• **−ㄹ세라**: 혹시 그러할까 걱정하는 뜻을 나타내는 어미

STEP Ⅱ 상황, 정서, 태도 파악하기

〈가시리〉는 고려 시대에 일반 백성들이 즐겨 부르던 노래인 고려 가요입니다. 〈가시리〉의 모든 연마다 '위 증즐가 대평성대'가 반복되고 있는 것이 눈에 띄죠? 고려 가요의 가장 큰 특징은 이처럼 일정한 간격을 두고 반복되어 나타나는 말인 후렴구가 쓰인다는 것이에요. 후렴구는 주로 나라가 잘되기를 바라는 말이거나 아무 의미 없는 소리인 경우가 많아요. 또한 고려 가요 중에는 〈가시리〉의 '나는'처럼 운율을 만들고 감정을 돋우는 여음구가 쓰이기도 해요.

✿ 〈가시리〉의 내용을 함께 살펴봅시다.

후렴구인 '위 증즐가 대평성대'와 여음구인 '나는'은 내용과 관계없이 반복되는 말이므로, 이것들을 제외하고 읽으면 내용을 더 명확히 이해할 수 있어요.

> 가시겠습니까?
> (나를) 버리고 가시겠습니까?
>
> 나는 어떻게 살라고
> (나를) 버리고 (정말) 가시겠습니까?
>
> (임을) 붙잡아 두고 싶지만
> 서운하면 (임이) 오지 않을까 (두려워 붙잡지 못하겠어요.)
>
> 서러운(나를 서럽게 만든) 임을 보내니
> (임이) 가시자마자 돌아오기를 바랍니다.

✿ 〈가시리〉의 화자와 중심 대상을 찾아볼까요?

②연의 '날러는 어찌 살라 하고'에서 화자인 '나'가 드러나고 있어요. 또한 화자는 자신을 떠나가려는 '님'에 대해 이야기하고 있네요.

따라서 **윗글의 화자는 '나'이고, 중심 대상은 '님'입니다.**

✿ 화자의 상황, 정서, 태도를 파악해 볼게요.

①연에서 화자는 '가시리잇고'라면서 임에게 자신을 버리고 갈 것인지 묻고 있어요. 임이 떠나지 않기를 바라는 마음에 임에게 정말 갈 것이냐고 물어보는 것이지요. 이러한 화자의 모습에서 사랑하는 임과 이별하는 슬픔을 느낄 수 있어요.

②연의 '날러는 어찌 살라 하고'에는 이별할 처지에 놓인 화자의 막막한 심정이 드러나 있어요. 또한 화자는 '버리고 가시리잇고'를 반복하며 자신을 버리고 떠나가려는 임에 대한 원망을 드러내고 있어요.

③연에서 화자는 '잡사와 두어리마나는'이라며 임을 붙잡아 두고 싶다고 이야기하고 있어요. 하지만 화자는 '선하면 아니 올세라', 즉 서운하면 임이 오지 않을까 봐 임을 붙잡지 못하는 소극적인 모습을 보이고 있어요.

결국 ④연에서 화자는 '설온 님'을 보내고 말아요. 그렇지만 '가시는 듯 돌아오소서'라면서 임이 가시자마자 돌아오기를 바라고 있어요. 화자는 임과 하루빨리 다시 만나기를 바라고 있는 것이지요.

따라서 윗글에 드러난 화자의 상황과 정서, 태도를 정리하면 다음과 같아요.

- **화자의 상황:** 사랑하는 임을 떠나보내고 있음.
- **화자의 정서:** 임과의 이별을 슬퍼하고 떠나가는 임을 원망하면서도 임이 빨리 돌아오기를 바라고 있음.
- **화자의 태도:** 소극적(임을 붙잡지 못함.)

다음 빈칸에 들어가기에 가장 알맞은 답을 〈보기〉에서 찾아 쓰시오.

〈보기〉

가시리잇고   어찌 살라   아니 올세라   설온 님

(1) 윗글에서는 '(　　　　　　)'을/를 반복함으로써 임과 이별하는 화자의 상황을 드러내고 있다.

(2) 화자는 (　　　　　　)을/를 떠나보내며 임이 다시 돌아오기를 바라고 있다.

02   화자의 정서와 태도 파악하기

윗글에 대한 설명으로 가장 알맞지 <u>않은</u> 것은?

① '버리고 가시리잇고'에서 이별로 인한 화자의 슬픔이 드러나고 있다.

② '날러는 어찌 살라 하고'에서 임에 대한 화자의 원망이 드러나고 있다.

③ '잡사와 두어리마나는'에서 임을 떠나보내려는 화자의 의지가 드러나고 있다.

④ '설온 님 보내옵나니'에서 이별을 받아들이는 화자의 모습이 드러나고 있다.

⑤ '가시는 듯 돌아오소서'에서 빠른 재회를 바라는 화자의 소망이 드러나고 있다.

03   표현상 특징 파악하기

[A]에 대한 설명으로 가장 알맞은 것은?

① 화자는 감탄사를 통해 임이 떠난 사실을 부정하고 있다.

② 화자는 물음을 던지며 임이 떠나지 않기를 애원하고 있다.

③ 화자는 의성어를 사용하여 떠나는 임의 모습을 나타내고 있다.

④ 화자는 시어를 반복함으로써 이별을 자신의 탓으로 돌리고 있다.

⑤ 화자는 과거의 일을 늘어놓으며 임과 행복했던 순간을 떠올리고 있다.

02

각각의 구절에 드러나 있는 화자의 마음이 무엇인지 생각해 보세요.
- **재회**: 다시 만남.

03

'가시리잇고'가 어떤 의미인지 살펴보세요.
- **감탄사**: 말하는 사람의 놀람이나 느낌, 부름, 응답 따위를 나타내는 말
- **부정하다**: 그렇지 아니하다고 딱 잘라 판단하거나 옳지 아니하다고 반대하다.
- **애원하다**: 소원이나 요구 따위를 들어 달라고 애처롭게 사정하여 간절히 바라다.
- **의성어**: 사람이나 사물의 소리를 흉내 낸 말

01 상황, 정서, 태도 파악하기

(1) '가시리잇고'는 화자가 임에게 정말 갈 것이냐고 묻는 말이에요. 윗글에서는 이 말을 반복함으로써 화자가 처한 이별의 상황을 드러내고 있어요. 따라서 정답은 　가시리잇고　 입니다.

(2) 화자는 '셜온 님 보내옵나니'라며 임을 떠나 보내면서도, '가시는 듯 돌아오소서'라며 임이 금방 다시 돌아오기를 바라고 있어요. 따라서 정답은 　셜온 님　 입니다.

02 화자의 정서와 태도 파악하기

윗글에 대한 설명으로 가장 알맞지 <u>않은</u> 것은?

① **'버리고 가시리잇고'에서 이별로 인한 화자의 슬픔이 드러나고 있다. (○)**

★ 근거: **1**연 **2**행

> 버리고 가시리잇고 나는

🍃 화자는 떠나려는 임에게 정말 자신을 버리고 갈 것인지 묻고 있어요. 이를 통해 이별로 인한 화자의 슬픔이 드러나지요.

② **'날러는 어찌 살라 하고'에서 임에 대한 화자의 원망이 드러나고 있다. (○)**

★ 근거: **2**연 **1**행

> 날러는 어찌 살라 하고

🍃 '날러는 어찌 살라 하고'는 '나더러 어떻게 살라고'라는 의미예요. 이를 통해 임을 떠나보내는 화자의 막막한 심정, 떠나는 임에 대한 원망이 드러나고 있어요.

③ **'잡사와 두어리마나는'에서 <s>임을 떠나보내려는</s> 화자의 의지가 드러나고 있다. (×)**

★ 근거: **3**연 **1**행

> 잡사와 두어리마나는

🍃 '잡사와 두어리마나는'은 '붙잡아 두고 싶지만'이라는 의미로, 떠나는 임을 붙잡고 싶어 하는 화자의 마음을 드러내고 있어요. **그러므로 정답은 ③!**

④ **'셜온 님 보내옵나니'에서 이별을 받아들이는 화자의 모습이 드러나고 있다. (○)**

★ 근거: **4**연 **1**행

> 셜온 님 보내옵나니 나는

🍃 화자는 떠나보내고 싶지 않던 '셜온 님'을 결국 보내며 이별을 받아들이고 있어요.

⑤ **'가시는 듯 돌아오소서'에서 빠른 재회를 바라는 화자의 소망이 드러나고 있다. (○)**

★ 근거: **4**연 **2**행

> 가시는 듯 돌아오소서 나는

🍃 '가시는 듯 돌아오소서'는 '가시자마자 돌아오세요'라는 의미에요. 즉, 화자는 떠나간 임과 하루빨리 다시 만나기를 소망하고 있어요.

03 표현상 특징 파악하기

[A]에 대한 설명으로 가장 알맞은 것은?

- **[A]**: '가시리잇고'라는 물음이 반복되는 부분입니다.

즉 [A]에 나타나는 표현상 특징으로 알맞은 것을 고르는 문제입니다.

① **화자는 <s>감탄사를 통해 임이 떠난 사실을 부정</s>하고 있다. (×)**

🍃 [A]에는 감탄사가 나타나지 않아요. 또한 화자는 임에게 정말 떠날 것이냐고 물으며 이별을 슬퍼하고 있을 뿐, 임이 떠난 사실을 부정하고 있지 않아요.

② **화자는 물음을 던지며 임이 떠나지 않기를 애원하고 있다. (○)**

★ 근거: **1**연 **1**, **2**행

> 가시리 가시리잇고 나는 / 버리고 가시리잇고 나는

🍃 [A]의 '가시리잇고'는 '가시겠습니까?'라는 의미로, 화자가 임에게 정말 가실 것인지 물음을 던지는 것이에요. 화자가 이러한 물음을 던지는 이유는 임이 떠나지 않기를 간절히 바라기 때문이지요. **그러므로 정답은 ②!**

③ **화자는 <s>의성어를</s> 사용하여 떠나는 임의 모습을 나타내고 있다. (×)**

🍃 의성어는 소리를 흉내 낸 말이에요. [A]에는 의성어가 나타나지 않아요.

④ **화자는 시어를 반복함으로써(○) <s>이별을 자신의 탓으로 돌리고</s> 있다. (×)**

🍃 [A]에서는 '가시리잇고'가 반복되고 있어요. 화자는 이를 통해 이별에 대한 슬픔을 드러내고 있을 뿐, 이별을 자신의 탓으로 돌리고 있지는 않아요.

⑤ **화자는 <s>과거의 일을 늘어놓으며 임과 행복했던 순간을 떠올리고</s> 있다. (×)**

🍃 [A]에는 과거의 일을 늘어놓은 부분이 나타나지 않아요. 또한 화자가 임과 행복했던 순간을 떠올리고 있지도 않아요.

두꺼비 파리를 물고 _작자 미상

두꺼비 **파리**를 물고 두엄 위에 치달아 앉아

건넛산 바라보니 **백송골**이 떠 있거늘 가슴이 **끔찍**하여 풀떡
뛰어 내닫다가 두엄 아래 자빠지는구나

　마침 재빠른 나이길 **망정**이지 하마터면 다쳐서 **어혈**질 뻔했
구나

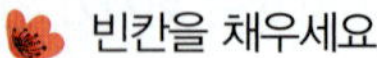

🦋 빈칸을 채우세요.

– 화자:

– 중심 대상:

– 상황:

– 정서, 태도:

- **두엄**: 풀, 짚 또는 가축의 배설물 따위를 썩힌 거름
- **치달리다**: 아래에서 위로 향하여 달리다.
- **백송골**: 맷과의 하나. 매 종류 가운데 몸이 크며 성질이 굳세고 날쌔어 사냥하는 데 쓰인다.
- **끔찍하다**: 정도가 지나쳐 놀랍다.
- **망정**: 괜찮거나 잘된 일이라는 뜻을 나타내는 말
- **어혈**: 맞거나 부딪쳐 생긴 상처로 살 속에 피가 맺힘. 또는 그 피

04 상황, 정서, 태도 파악하기

다음 빈칸에 들어가기에 가장 알맞은 답을 〈보기〉에서 찾아 쓰시오.

〈보기〉

파리   두엄   백송골   재빠른   어혈질

(1) 윗글에서 두꺼비는 (   )을/를 보고 놀라 넘어지고 있다.
(2) 윗글의 두꺼비는 다치지 않은 것이 자신의 (   ) 움직임 때문이라며 잘
난 체를 하고 있다.

05 화자의 정서와 태도 파악하기

윗글의 '두꺼비'에 대한 설명으로 가장 알맞은 것은?

① 두꺼비는 '파리'를 소중하게 대하고 있다.
② 두꺼비는 '어혈'이 생겨 속상해하고 있다.
③ 두꺼비는 '풀떡 뛰어 내닫'는 일을 즐기고 있다.
④ 두꺼비는 하늘을 나는 '백송골'을 두려워하고 있다.
⑤ 두꺼비는 자신이 '자빠'진 것을 '백송골'의 탓으로 돌리고 있다.

06 〈보기〉를 바탕으로 감상하기

〈보기〉를 바탕으로 윗글을 이해한 내용 중 가장 알맞지 <u>않은</u> 것은?

〈보기〉

두꺼비 파리를 물고〉에서 파리를 물고 거만하게 앉아 있던 두꺼비는 백송골을 보고
놀라 넘어진다. 이는 약한 백성을 괴롭히고 자신보다 더 큰 권력을 가진 사람에게는
꼼짝도 못 하는 탐관오리를 빗댄 것이다.

① '파리'는 탐관오리에게 괴롭힘을 당하는 백성으로 볼 수 있다.
② '백송골'은 탐관오리보다 더 큰 권력을 가진 사람으로 볼 수 있다.
③ '가슴이 끔찍하여'는 잘못을 반성하는 탐관오리의 모습으로 볼 수 있다.
④ '자빠지는구나'는 강한 사람에게 꼼짝도 못 하는 탐관오리의 모습으로 볼 수 있다.
⑤ '재빠른 나이길 망정이지'는 탐관오리의 뻔뻔한 허세로 볼 수 있다.

07 [단답형] 〈보기〉를 바탕으로 감상하기

윗글에서 〈보기〉의 ㉠이 가장 잘 드러나는 행을 찾아 쓰시오.

〈보기〉

희화화란 어떤 대상이나 사건을 의도적으로 우스꽝스럽게 표현하거나 풍자하는 것
을 말한다. 〈두꺼비 파리를 물고〉에서는 ㉠자신보다 강한 백송골을 두려워하여 도망
치는 두꺼비의 모습을 희화화하고 있다.

05
초장과 중장에서는 두꺼비가 어떤 상황에 처해 있는지 보여 주고, 종장에서는 이러한 상황에 대한 두꺼비의 생각을 나타내고 있어요.

06
〈보기〉에 따르면 '두꺼비'는 탐관오리를 의미해요. '파리'와 '백송골'은 누구를 의미하는지 생각해 보세요.

• **거만하다**: 잘난 체하며 남을 업신여기는 데가 있다.
• **탐관오리**: 백성의 재물을 탐내어 빼앗는, 행실이 깨끗하지 못한 관리
• **허세**: 실속이 없이 겉으로만 드러나 보이는 기세

07
백송골을 본 두꺼비의 반응을 나타낸 행을 찾아보세요.
• **의도적**: 무엇을 하려고 꾀하는 것
• **우스꽝스럽다**: 말이나 행동, 모습 따위가 특이하여 우습다.
• **풍자하다**: 부정적인 인물이나 현상을 어떤 것에 빗대어 비웃으면서 넌지시 비판한다.

고전 시가의 주제, 고려 가요

*● 고전 시가의 주제 ❶

자연에서의 삶	자연에서 지내는 즐거움이나 자연의 가치를 노래한다. 자신의 처지에 만족하며 소박한 삶을 추구하기 때문에 안분지족, 안빈낙도 ❷ 의 태도가 드러나는 경우가 많다.
대상에 대한 그리움	고향이나 가족, 사랑하는 사람 등 떨어져 있는 대상에 대한 그리움을 노래한다.
임금과 나라에 대한 마음	임금을 향한 충성심이나 나라를 위하는 마음을 노래한다. 화자를 이별한 여성에, 임금을 연인에 빗대어 내용을 전개하기도 한다.
서민들의 삶과 교훈	소박하지만 활기찬 서민들의 일상생활을 노래하거나 사람으로서 지켜야 할 도리를 알려 주고자 한다.

현대시가 무수히 다양한 주제를 다루는 것과 달리 고전 시가의 주제는 크게 4가지로 구분할 수 있다.

❶ 주제
시인이 작품을 통해 전하고자 하는 주된 생각

❷ 안분지족, 안빈낙도
가난하게 살면서도 자신의 처지에 만족하는 삶을 나타내는 말

– 자연에서의 삶을 주제로 하는 시

산수 간 바위 아래 띠집(초가집)을 지으려 하니
화자는 자연 속에서 살고자 함.　　작고 초라한 집
그 뜻을 모르는 남들은 비웃는다 하지만
어리석고 시골뜨기인 나의 뜻에는 이것이 내 분인가 하노라
　　가난한 삶을 자신의 분수로 여기며 만족함. → 안빈낙도, 안분지족
　　　　　　　　　　　　　　　　　　– 윤선도, 〈만흥〉

*● 고려 가요 란?

고려 시대에 평민들이 즐겨 부르던 노래로, 입에서 입으로 전해지다가 조선 시대에 한글로 기록되었다.

● 고려 가요의 특징

(1) 내용상 특징: 주로 남녀의 사랑이나 일상생활을 노래하는 경우가 많아 내용이 진솔하고 소박하다.

(2) 형식상 특징
　– 분연체(분절체) : 시가 여러 개의 연으로 나누어진 형식
❸ 후렴구 , 여음구 : 일정한 간격을 두고 반복되어 나타나는 말이나 소리. 후렴구는 나라가 잘되기를 바라는 내용이거나 아무 의미 없는 소리인 경우가 많다.

❸ 후렴구, 여음구
후렴구와 여음구는 일정한 간격을 두고 반복되는 말이라는 점에서 공통됨. 하지만 후렴구는 주로 끝부분에 규칙적으로 나타나고, 여음구는 중간에 불규칙적으로 나타나기도 함. 또한 여음구에는 감정을 돋우기 위해 '아으' 등의 감탄사가 쓰이기도 함.
㉠ 가시리 가시리잇고 나는
　버리고 가시리잇고 나는
　위 증즐가 대평성대
'나는'은 여음구, '위 증즐가 대평성대'는 후렴구임.

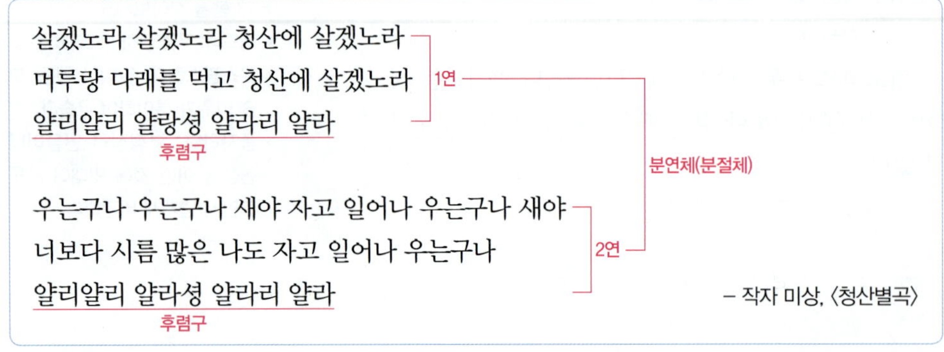

★ 정답은 [해설편 표지] 안쪽에 있습니다.

[01~02] 다음을 읽고 빈칸에 들어가기에 알맞은 말을 고르시오.

> 동풍이 문득 불어 쌓인 눈을 헤쳐 내니
> 창밖에 심은 매화 두세 가지 피었구나
> 가뜩이나 쌀쌀하고 적막한데 그윽한 향기는 무슨 일인고 / (중략)
> 저 매화를 꺾어 내어 임 계신 데 보내고 싶구나
> 임이 너를 보고 어떻다 여기실까
>
> – 정철, 〈사미인곡〉

01

윗글의 주제는 '(임 / 너)에 대한 그리움'이다.

02

윗글이 임금에 대한 신하의 마음을 노래한 작품이라면, '매화'는 임금을 향한 (충성심 / 호기심)을 의미한다고 볼 수 있다.

[03~04] 다음을 읽고 빈칸에 들어가기에 알맞은 말을 고르시오.

> 오월 오일에 아으 수릿날* 아침 약은
> 천년을 사실 약이라 바치나이다
> 아으 동동다리 〈오월령〉
>
> 칠월 보름에 아으 여러 가지 음식을 차려 놓고
> 임과 함께 살고자 소원을 비옵니다
> 아으 동동다리 〈칠월령〉
> – 작자 미상, 〈동동〉
>
> *수릿날: 우리나라 명절의 하나인 단오날. 음력 5월 5일이다.

03

윗글은 여러 개의 연으로 나누어진 (만연체 / 분연체)이다.

04

'아으 동동다리'는 연의 끝부분에 규칙적으로 나타나는 (후렴구 / 사투리)이다.

[05~06] 다음을 읽고 맞으면 ○, 틀리면 ✕에 표시하시오.

> 아버님 날 낳으시고 어머님 날 기르시니
> 부모님 아니시면 내 몸이 없었으렷다
> 이 덕을 갚으려 하니 하늘같이 끝이 없다
> 〈제2수〉
> – 주세붕, 〈오륜가〉

05

윗글의 주제는 '부모님께 효도하려는 자식의 마음'이다.
(○ , ✕)

06

윗글의 '날'은 일정한 간격을 두고 반복되어 나타나는 말인 여음구이다. (○ , ✕)

[07~10] 빈칸에 들어가기에 알맞은 단어를 〈보기〉에서 찾아 문맥에 맞게 쓰시오.

> 〈보기〉
> • 의도적: 무엇을 하려고 꾀하는 것
> • 망정: 괜찮거나 잘된 일이라는 뜻을 나타내는 말
> • 거만하다: 잘난 체하며 남을 업신여기는 데가 있다.
> • 애원하다: 소원이나 요구 따위를 들어 달라고 애처롭게 사정하여 간절히 바라다.

07

누군가 (   )(으)로 좋지 않은 소문을 퍼뜨렸다.

08

포로들은 눈물을 흘리며 목숨을 살려 달라고 (   ) 했다.

09

그는 (   )하게 팔짱을 끼고 상대를 노려보았다.

10

사고가 크지 않았으니 (   )이지, 하마터면 심하게 다칠 뻔했다.

수라 _백석

거미 새끼 하나 방바닥에 나린 것을 나는 아무 생각 없이
㉠문 밖으로 쓸어 버린다
차디찬 밤이다

어니젠가* 새끼 거미 쓸려 나간 곳에 큰 거미가 왔다
나는 가슴이 짜릿한다
나는 또 큰 거미를 쓸어 ㉡문 밖으로 버리며
찬 밖이라도 새끼 있는 데로 가라고 하며 **서러워한다**

이렇게 해서 **아린 가슴이** 싹기도 전이다
어데서 좁쌀알만 한 알에서 가제* 깨인 듯한 발이 채 서지
도 못한 무척 작은 새끼 거미가 이번엔 큰 거미 없어진 곳으로
와서 아물거린다
나는 **가슴이 메이는 듯하다**
내 손에 오르기라도 하라고 나는 손을 내어 미나 분명히 울
고불고 할 이 작은 것은 나를 **무서우이** 달어나 버리며 나를 서
럽게 한다
나는 이 작은 것을 고이 보드러운 종이에 받어 또 ㉢문 밖으
로 버리며
이것의 엄마와 누나나 형이 가까이 이것의 걱정을 하며 있
다가 쉬이 만나기나 했으면 좋으련만 하고 슬퍼한다

* 어니젠가 : 어느 사이엔가

* 가제 : 갓, 방금

- **나리다**: 내리다.
- **아리다**: 마음이 몹시 고통스럽다.
- **싹다**: '긴장이나 화가 풀려 마음이 가라앉다.'의 평안도 방언
- **좁쌀**: 조의 열매를 찧은 쌀
- **아물거리다**: 작거나 희미한 것이 보일 듯 말 듯 하게 조금씩 자꾸 움직이다.

01   상황, 정서, 태도 파악하기

다음 빈칸에 들어가기에 가장 알맞은 답을 〈보기〉에서 찾아 쓰시오.

〈보기〉

거미   방바닥   가슴   문 밖   종이   엄마

(1) 윗글의 화자는 (   )을/를 쓸어 버린 일에 대해 이야기하고 있다.
(2) 윗글의 화자는 거미를 (   )(으)로 버리며 거미가 가족을 다시 만나기를
바라고 있다.

02   화자의 정서와 태도 파악하기

윗글에 대한 설명으로 가장 알맞지 <u>않은</u> 것은?

① '아무 생각 없이'에는 거미에 대한 화자의 무심함이 드러나고 있다.
② '서러워한다'에는 거미 가족을 흩어지게 한 화자의 죄책감이 드러나고 있다.
③ '아린 가슴'에는 흩어진 거미 가족으로 인한 화자의 심리적 고통이 드러나고 있다.
④ '가슴이 메이는 듯하다'에는 새끼 거미에 대한 화자의 안타까움이 드러나고 있다.
⑤ '무서우이'에는 큰 거미를 만져야 하는 화자의 두려움이 드러나고 있다.

03   시어 및 구절의 의미 파악하기

㉠~㉢을 이해한 내용으로 가장 알맞지 <u>않은</u> 것은?

① ㉠은 거미 가족이 처음으로 흩어진 곳이다.
② ㉡은 화자가 큰 거미를 쓸어 버린 곳이다.
③ ㉢은 화자가 새끼 거미를 조심스럽게 버린 곳이다.
④ ㉡과 ㉢은 화자가 거미 가족이 다시 만날 수 있다고 여기는 곳이다.
⑤ ㉠~㉢은 모두 거미 가족이 가고 싶어 하지 않는 곳이다.

04   [단답형] 〈보기〉를 바탕으로 감상하기

윗글에서 〈보기〉의 빈칸에 들어가기에 가장 알맞은 시어를 찾아 2어절로 쓰시오.

〈보기〉

〈수라〉는 일제 강점기에 우리 민족이 겪었던 가족의 해체를 거미 가족에 빗대어 표현하고 있다. (   )은/는 이 작품의 시간적 배경으로, 거미 가족이 겪은 시련을 의미하면서 우리 민족이 겪었던 일제 강점기를 상징한다.

02
화자의 정서가 어떻게 이어지고 있는지 생각해 보세요.
- **무심하다**: 남의 일에 걱정하거나 관심을 두지 않다.
- **죄책감**: 저지른 잘못에 대하여 책임을 느끼는 마음

03
㉠~㉢과 관련된 화자의 행동을 살펴보고, 화자가 왜 그렇게 행동하는지 생각해 보세요.

04
윗글에서 시간을 나타내는 표현을 찾아보세요.
- **해체**: 단체 따위가 흩어짐. 또는 그것을 흩어지게 함.
- **시간적 배경**: 작품 속에서 행위나 사건이 일어나는 시간
- **상징하다**: 추상적인 개념이나 사물을 구체적인 사물로 나타내다.

서시 _윤동주

죽는 날까지 하늘을 우러러
한 점 부끄럼이 없기를,
잎새에 이는 바람에도
나는 괴로워했다.
별을 노래하는 마음으로
모든 죽어 가는 것을 사랑해야지
그리고 나한테 주어진 길을
걸어가야겠다.

오늘 밤에도 별이 바람에 스치운다.

🌺 빈칸을 채우세요.

– 화자:

– 중심 대상:

– 상황:

– 정서, 태도:

• **우러르다**: 위를 향하여 고개를
  정중히 쳐들다.
• **잎새**: 나무의 잎사귀

05 상황, 정서, 태도 파악하기

다음 빈칸에 들어가기에 가장 알맞은 답을 〈보기〉에서 찾아 쓰시오.

〈보기〉

| 사랑 | 부끄럼 | 잎새 | 별 | 하늘 | 길 |

(1) 윗글에서 화자는 (　　　　　　)이/가 없기를 바랐던 자신의 삶을 되돌아보고 있다.

(2) 화자는 죽어 가는 것을 (　　　　　)하면서 주어진 (　　　　　)을/를 가겠다는 의지를 다지고 있다.

06 화자의 정서와 태도 파악하기

다음 중 화자가 긍정적으로 여기는 시어가 <u>아닌</u> 것은?

① 하늘　　　　　　② 바람　　　　　　③ 별

④ 죽어 가는 것　　　⑤ 길

06

화자가 바라거나, 되고 싶거나, 갖고 싶거나, 좋다고 생각하는 것이 무엇인지 살펴보세요.

• **긍정적:** 옳다고 인정하거나 좋다고 느끼는 것

07 〈보기〉를 바탕으로 감상하기

〈보기〉를 바탕으로 윗글을 이해한 내용 중 가장 알맞지 <u>않은</u> 것은?

〈보기〉

　　〈서시〉의 화자는 이상적인 삶을 살지 못했던 과거를 돌아보며 미래에는 이상적인 삶을 살겠다고 다짐하고 있다. 또한 여전히 시련이 가득한 현재의 상황을 이야기하며 이에 담담히 맞서고자 하는 마음가짐을 드러내고 있다.

① 화자는 '한 점 부끄럼이 없기를'을 통해 이상적인 삶을 살고자 했음을 드러내고 있다.

② 화자는 '잎새에 이는 바람'을 통해 시련에 담담히 맞서려는 마음가짐을 드러내고 있다.

③ 화자는 '괴로워했다'를 통해 이상과 다른 삶을 살았던 과거를 돌아보고 있다.

④ 화자는 '사랑해야지'를 통해 현재의 시련을 사랑으로 극복하려는 의지를 드러내고 있다.

⑤ 화자는 '별이 바람에 스치운다'를 통해 현재의 힘든 상황을 인식하고 있다.

07

1연의 1~4행은 과거의 삶, 5~8행은 미래의 삶, 2연은 현재의 삶에 대한 내용이에요.

• **이상적:** 생각할 수 있는 범위 안에서 가장 완전하다고 여겨지는 것
• **담담히:** 차분하고 평온하게

08 [단답형] 시어 및 구절의 의미 파악하기

윗글에서 〈보기〉의 빈칸에 들어가기에 가장 알맞은 시어를 찾아 쓰시오.

〈보기〉

　　윤동주가 일제 강점기를 살았던 시인이라는 것을 고려하면, 〈서시〉의 '(　　　　　)'은/는 당시 우리나라의 어두운 현실을 나타내는 시어로 볼 수 있다.

08

화자가 '어두운 현실'을 깨닫고 있는 부분이 어디인지 찾아보세요.

• **일제 강점기:** 우리나라가 일본에 국권을 강제로 빼앗겼던 시기

태도, 어조

* 태도 란?

화자가 자신이 처한 상황과 정서에 대응하는 자세

> ① 잎새에 이는 바람에도 / 나는 괴로워했다. / (중략)
>   그리고 나한테 주어진 길을 / 걸어가야겠다.
> ② 먹을 것 없는 사람들의 마을로 / 다시 어두워 돌아가야 한다
> ①의 화자는 괴로운 상황에서도 자신의 길을 걸어가겠다는 의지적 태도를 드러내는 반면,
> ②의 화자는 힘든 상황을 어쩔 수 없다는 식으로 받아들이는 체념적 태도를 보이고 있다.
> 이처럼 힘들고 어려운 상황이라도 화자의 태도는 다르게 나타날 수 있다.

● 태도의 종류

긍정적 태도 : 자신이 처한 상황이나 대상을 좋게 받아들이려는 자세. 혹은 안 좋은 상황을 극복하려는 자세

낙관적	앞으로의 일이나 사물을 희망적으로 보는 태도
예찬적	대상을 훌륭하거나 좋거나 아름답다고 찬양하는 태도
의지적	현재 상황을 바꾸거나 무언가를 이루려고 하는 태도
❶ 수용적	어떤 생각이나 상황을 그대로 받아들이는 태도
자연 친화적	자연을 좋아하고 가까이하려는 태도
성찰적	자신의 행동과 삶을 돌아보며 반성하는 태도

– 예찬적 태도가 드러난 시

> 어리고 엉성한 매화 너를 믿지 않았더니
>   매화
> 눈 올 때 핀다는 약속을 능히 지켜 두세 송이 피었구나
>   화자는 추운 겨울에도 꽃을 피우는 매화를 훌륭하다고 여김.
> 촛불을 잡고 가까이 사랑할 때 그윽한 향기조차 떠도는구나   〈제2수〉
> ▶ 추운 겨울에 꽃을 피우고, 그윽한 향기까지 나는 매화를 찬양하는 예찬적 태도가 드러남.
>   – 안민영, 〈매화사〉

부정적 태도 : 자신이 처한 상황이나 대상을 나쁘게 여기는 자세. 혹은 안 좋은 상황에서 포기하거나 모른 체하는 자세

비관적	앞으로의 일이나 인생을 어둡게만 보는 태도
비판적	어떤 대상이나 상황이 잘못되었음을 지적하는 태도
체념적	자신이 처한 안 좋은 상황을 개선하려 하지 않거나 소망하던 것을 포기하는 태도

– 비관적 태도가 드러난 시

> 기다리던 것이 오지 않는다는 것은 누구나 안다   – 이성복, 〈다시 봄이 왔다〉
> 바라던 것이 이루어지지 않을 것이라고 생각하는 비관적 태도가 드러남.

* 어조 란?   화자의 특징적인 말투. 화자의 태도에 따라 어조가 달라진다.

❷ 담담한 어조	차분하고 평온한 느낌을 주는 어조
❸ 단정적 어조	딱 잘라서 판단하고 결정하는 느낌을 주는 어조
독백적 어조	화자가 혼잣말하는 것처럼 자신의 마음을 읊조리는 어조
애상적 어조	슬픈 마음과 가슴 아파하는 것이 드러나는 어조
명령적 어조	명령이나 요구의 뜻을 드러내는 어조 예 껍데기는 가라.

---

❶ 수용적

고전 시가에서 수용적 태도는 주로 화자가 자신의 어려운 현재 상황을 운명으로 받아들이는 모습으로 나타난다.
예 하늘이 정한 이내 가난을 설마한들 어찌하리
가난하고 천함도 내 분수이니 서러워해 무엇하리
▶ 가난한 자신의 처지를 하늘이 정한 운명으로 여기는 수용적 태도가 드러남.

❷ 담담한 어조가 드러나는 작품

아버지의 침상 없는 최후의 밤은 / 풀벌레 소리 가득 차 있었다. (중략)
얼음장에 누우신 듯 손발은 식어갈 뿐 / 입술은 심장의 영원한 정지를 가리켰다.
▶ 아버지의 죽음을 담담한 어조로 차분히 이야기함.

❸ 단정적 어조가 드러나는 작품

나무의 그늘에서나, 새는 / 노래한다. 그것이 노래인 줄도 모르면서.
▶ 새가 노래인 줄 모르고 노래한다는 사실을 단정적 어조로 분명하게 이야기함.

[01~02] 다음을 읽고 빈칸에 들어가기에 알맞은 말을 고르시오.

> 푸른 산은 어찌하여 영원히 푸르며
> 흐르는 물은 또 어찌하여 밤낮으로 그치지 않는가?
> 우리도 그치지 말고 언제나 푸르게 살리라.
> — 이황, 〈도산십이곡〉

01

윗글의 화자는 영원히 푸른 '산'과 그치지 않고 흐르는 '물'에 대한 (예찬적 / 비관적) 태도를 보이고 있다.

02

'언제나 푸르게 살리라.'를 통해 화자의 (수용적 / 의지적) 태도가 드러나고 있다.

[03~04] 다음을 읽고 빈칸에 들어가기에 가장 알맞은 말을 쓰시오.

> 바람이 어디로부터 불어와
> 어디로 불려 가는 것일까,
>
> 바람이 부는데
> 내 괴로움에는 이유가 없다.
>
> 내 괴로움에는 이유가 없을까,
>
> 단 한 여자를 사랑한 일도 없다.
> 시대를 슬퍼한 일도 없다.
> — 윤동주, 〈바람이 불어〉

03

윗글의 화자는 자신의 삶을 돌아보며 반성하는 (   ) 태도를 보이고 있다.

04

윗글에는 혼잣말하는 것처럼 자신의 마음을 읊조리는 (   ) 어조가 나타나고 있다.

[05~06] 다음을 읽고 맞으면 ○, 틀리면 ✕에 표시하시오.

> 유리에 차고 슬픈 것이 어른거린다.
> 열없이 붙어 서서 입김을 흐리우니
> 길들은 양 언 날개를 파닥거린다.
> (중략)
> 고운 폐혈관이 찢어진 채로
> 아아, 너는 산새처럼 날아갔구나!
> — 정지용, 〈유리창 1〉

05

윗글의 화자는 소망하던 것을 포기하는 체념적 태도를 보이고 있다. (○ , ✕)

06

윗글에는 화자가 가슴 아파하는 것이 드러나는 애상적 어조가 나타나고 있다. (○ , ✕)

[07~09] 빈칸에 들어가기에 알맞은 단어를 〈보기〉에서 찾아 문맥에 맞게 쓰시오.

> 〈보기〉
> • 아리다: 마음이 몹시 고통스럽다.
> • 무심하다: 남의 일에 걱정하거나 관심을 두지 않다.
> • 반영되다: 다른 것에 영향을 받아 어떤 현상이 나타나다.
> • 이상적: 생각할 수 있는 범위 안에서 가장 완전하다고 여겨지는 것

07

거칠어진 어머니의 손을 보니 가슴이 (   ) 온다.

08

그녀는 자신의 생일을 까먹을 정도로 모든 일에 그저 (   ) 편이다.

09

지아는 의사가 되는 것을 가장 (   )인 삶이라고 생각한다.

🌸 문학 용어 체크

✪ STEP Ⅰ, Ⅱ 학습 체크

> 앞에서 배운 문학 용어들 중에서 확실히 아는 것에 ✔ 표시를 하세요.
> 확실히 알지 못하는 것은 다시 복습하세요.

- ☐ 화자 → 18p
- ☐ 중심 대상 → 18p
- ☐ 고전 시가 → 26p
- ☐ 단시조 → 26p
- ☐ 연시조 → 26p
- ☐ 평시조 → 26p
- ☐ 사설시조 → 26p
- ☐ 운율 → 32p
- ☐ 외형률 → 32p
- ☐ 음수율 → 32p
- ☐ 음보율 → 32p
- ☐ 내재율 → 32p
- ☐ 정형시 → 32p
- ☐ 자유시 → 32p

- ☐ 산문시 → 32p
- ☐ 음성 상징어 → 32p
- ☐ 의성어 → 32p
- ☐ 의태어 → 32p
- ☐ 상황 → 42p
- ☐ 정서 → 42p
- ☐ 한(恨) → 42p
- ☐ 주제 → 50p
- ☐ 안분지족, 안빈낙도 → 50p
- ☐ 고려 가요 → 50p
- ☐ 분연체(분절체) → 50p
- ☐ 후렴구, 여음구 → 50p
- ☐ 태도 → 56p
- ☐ 낙관적 → 56p

- ☐ 예찬적 → 56p
- ☐ 의지적 → 56p
- ☐ 수용적 → 56p
- ☐ 자연 친화적 → 56p
- ☐ 성찰적 → 56p
- ☐ 비관적 → 56p
- ☐ 비판적 → 56p
- ☐ 체념적 → 56p
- ☐ 담담한 어조 → 56p
- ☐ 단정적 어조 → 56p
- ☐ 독백적 어조 → 56p
- ☐ 애상적 어조 → 56p
- ☐ 명령적 어조 → 56p

✪ STEP Ⅲ 학습 미리 체크

> 정확히 알고 있는 것에 ✔ 표시를 하세요.
> STEP Ⅲ을 공부한 후에 확실히 익혔는지 한 번 더 확인해 보세요.

- ☐ 비유 → 66p
- ☐ 직유법 → 66p
- ☐ 은유법 → 66p
- ☐ 의인법 → 66p
- ☐ 도치법 → 66p
- ☐ 반어법 → 66p
- ☐ 역설법 → 66p
- ☐ 대구법 → 66p
- ☐ 설의법 → 66p
- ☐ 과장법 → 66p

- ☐ 영탄법 → 66p
- ☐ 열거법 → 66p
- ☐ 수미상관 → 66p
- ☐ 선경후정 → 74p
- ☐ 감정 이입 → 74p
- ☐ 관념의 구체화 → 74p
- ☐ 상징 → 74p
- ☐ 이미지 → 80p
- ☐ 감각적 이미지 → 80p
- ☐ 시각적 심상 → 80p

- ☐ 청각적 심상 → 80p
- ☐ 후각적 심상 → 80p
- ☐ 미각적 심상 → 80p
- ☐ 촉각적 심상 → 80p
- ☐ 공감각적 심상 → 80p
- ☐ 상승 이미지 → 80p
- ☐ 하강 이미지 → 80p
- ☐ 동적 이미지 → 80p
- ☐ 정적 이미지 → 80p
- ☐ 시상 전개 방식 → 80p

STEP Ⅲ
표현상 특징 파악하기

★ **표현상 특징이란?**

시인이 시를 쓸 때 사용하는 다양한 표현 방법을 말합니다.

● **표현상 특징을 파악하는 이유**

시인은 시를 읽는 사람에게 자신이 이야기하고 싶은 바를 효과적으로 전달하기 위해 다양한 방법을 사용합니다. 특히 자신이 강조하고 싶은 내용일수록 특별한 방법으로 나타내는 경우가 많습니다.

따라서 시를 읽을 때 표현상 특징을 파악하면 시인이 어떠한 이야기를 강조하고 있는지 알 수 있어요.

● **표현상 특징을 파악하는 방법**

❶ 어떤 방식으로 시의 내용을 펼쳐 나가는지 살펴보기

❷ 무엇인가를 다른 것에 빗댄 표현, 반복되는 표현, 화자의 독특한 말투가 나타나는지 살펴보기

❸ 색깔이나 감각, 방향, 움직임 등이 드러난 표현이 있는지 살펴보기

❹ 질문이나 감탄을 하거나 말의 앞뒤 순서가 바뀐 부분이 있는지 살펴보기

DAY 07 독은 아름답다 _함민복

은행나무 열매에서 구린내가 난다
주의해 주세요 구린내가 향기롭다

밤톨이 여물면서 밤송이가 따가워진다
날카롭게 찌르는 가시가 너그럽다

복어 알을 먹으면 죽는다
복어의 독이 복어의 사랑이다

자식을 낳고 술을 끊은 친구가 있다
친구의 독한 마음이 아름답다

• **구린내**: 똥이나 방귀 냄새와 같이 고약한 냄새
• **밤톨**: 낱낱의 밤알
• **여물다**: 과실이나 곡식 따위가 알이 들어 딴딴하게 잘 익다.
• **너그럽다**: 마음이 넓고 아량이 있다.

STEP Ⅲ 표현상 특징 파악하기

시인은 시를 읽는 사람에게 자신이 전달하고자 하는 바, 즉 주제를 전달하기 위하여 다양한 방법을 사용해요. 어떠한 생각을 강조하기 위해 강한 말투를 사용하거나 똑같은 말을 반복하기도 하고, 무언가를 다른 사물에 빗대기도 하죠. 이처럼 시인이 시를 쓸 때 사용하는 다양한 표현 방법을 '**표현상 특징**'이라고 해요.

✿ 먼저, 〈독은 아름답다〉의 화자와 중심 대상을 찾아볼까요?

〈독은 아름답다〉에는 화자를 가리키는 표현이 나타나지 않아요.

한편 화자는 은행나무 열매의 '구린내', 밤송이의 '가시', 복어의 '독', '친구의 독한 마음'에 대해 이야기하고 있어요.

따라서 **윗글의 화자는 드러나지 않으며, 중심 대상은 '구린내, 가시, 독, 친구의 독한 마음'**입니다.

✿ 상황, 정서, 태도를 살펴볼게요.

①연에서 화자는 은행나무 열매의 구린내가 '향기롭다'고 했어요. 그 이유는 은행나무 열매가 새나 짐승에게 먹히는 것을 구린내가 막아 주기 때문이에요.

②연에서 화자는 밤톨을 지키기 위해 밤송이를 뒤덮은 가시가 '너그럽다'면서 가시에 대한 긍정적인 생각을 드러내고 있어요.

③연에서 화자는 '복어의 독이 복어의 사랑이다'라고 했어요. 복어의 독 역시 ②연의 밤톨을 지키는 가시처럼 복어를 지키는 역할을 하기 때문이에요.

④연에서는 ③연의 '복어의 독'과 연결하여 '친구의 독한 마음'에 대해 이야기하고 있어요. 화자는 자식을 위해 술을 끊은 '친구의 독한 마음'에 부모의 사랑이 담겨 있어 그 마음이 '아름답다'라고 표현한 것이에요.

따라서 윗글에 드러난 화자의 상황과 태도를 정리하면 다음과 같아요.

- **화자의 상황**: 구린내, 가시, 독, 친구의 독한 마음에 대해 이야기하고 있음.
- **화자의 태도**: 긍정적(무엇인가를 지키는 구린내, 가시, 독, 친구의 독한 마음을 좋은 것으로 여기고 있음.)

✿ 〈독은 아름답다〉의 표현상 특징을 파악해 볼까요?

①연의 '구린내'라는 시어를 보면 마치 안 좋은 냄새를 맡은 듯한 느낌이 들죠? 이렇게 어떠한 말을 통해 눈, 코, 입, 귀, 피부의 감각과 관련하여 마음속에 구체적으로 떠오르는 느낌을 '심상'이라고 해요. 그중에서도 코로 냄새를 맡는 듯한 느낌이 떠오르는 것을 '후각적 심상'이라고 하지요. 또, ②연의 '밤송이가 따가워진다'라는 표현에서는 우리가 직접 손으로 밤송이를 만져서 따가운 듯한 느낌이 들죠? 바로 이것이 '촉각적 심상'이 사용된 표현이에요.

①연에서는 '구린내'와 '향기롭다'가 반대되고, ②연에서는 '날카롭게 찌르는 가시'가 '너그럽다'와 반대되고 있어요. ③연에서는 먹으면 죽는 '복어의 독'과 '사랑이다'가, ④연에서는 '독한 마음'과 '아름답다'가 반대되고 있지요. 그래서 윗글을 읽으면 말이 되지 않는 내용이라고 느껴지기도 해요. 하지만 화자는 원래는 다른 존재에게 좋지 않은 '구린내', '가시', '복어의 독', '독한 마음'이 무언가를 지키려 하기 때문에 이것들을 긍정적으로 표현하고 있어요. 이처럼 겉으로는 앞뒤가 맞지 않지만, 그 속에 중요한 의미나 가치를 담고 있는 말을 '역설'이라고 해요. 역설을 사용한 표현 방법을 '역설법'이라고 하고요.

또한 '구린내가 향기롭다', '가시가 너그럽다', '독한 마음이 아름답다' 등에서는 '–이/가 – 다'라는 비슷한 구조의 문장이 반복되고 있어요.

정리하면, **윗글의 표현상 특징은 후각적 심상과 촉각적 심상, 역설적 표현을 활용하고, 비슷한 문장 구조를 반복하여 사용하고 있다는 것**입니다.

01 표현상 특징 파악하기

다음 빈칸에 들어가기에 가장 알맞은 답을 〈보기〉에서 찾아 쓰시오.

〈보기〉

아름답다   향기롭다   너그럽다   역설   비유

(1) 윗글의 화자는 은행나무 열매의 구린내가 '(   )'라고 했고, 밤송이의 가시가 '(   )'라고 했다.

(2) 윗글에는 앞뒤가 맞지 않지만, 그 속에 중요한 의미나 가치를 담고 있는 (   ) 적 표현이 활용되고 있다.

02 표현상 특징 파악하기

윗글을 읽고 한 생각으로 가장 알맞지 <u>않은</u> 것은?

① 지원: 자연물이 소재로 활용되고 있어.

② 수아: 반대되는 표현이 사용되고 있어.

③ 희준: 두 인물의 대화가 제시되고 있어.

④ 건우: 비슷한 문장 구조가 반복되고 있어.

⑤ 세미: 후각적 심상과 촉각적 심상이 드러나고 있어.

03 시어 및 구절의 의미 파악하기

윗글에 대한 설명으로 가장 알맞지 <u>않은</u> 것은?

① '구린내가 향기롭다'에는 열매를 지켜 내는 구린내의 가치가 드러나고 있다.

② '밤톨이 여물면서'에는 잘 익어 가기 위한 밤톨의 노력이 드러나고 있다.

③ '가시가 너그럽다'에는 밤톨을 보호하는 가시의 가치가 드러나고 있다.

④ '복어 알을 먹으면 죽는다'에는 복어 알의 해로운 속성이 드러나고 있다.

⑤ '친구의 독한 마음'에는 자식을 위한 부모의 사랑이 드러나고 있다.

02

자연물, 반대되는 표현, 대화, 비슷한 문장 구조, 후각적·촉각적 심상 중 윗글에 나타나지 않는 것을 골라 보세요.

- **자연물**: 자연에 있는, 저절로 생긴 물체
- **비슷한 문장 구조**: 어미나 조사 등의 쓰임이 비슷한 문장의 형태
- **후각적 심상**: 코로 냄새를 맡는 듯한 느낌이 떠오르는 것
- **촉각적 심상**: 손으로 만지는 듯한 느낌이 떠오르는 것

03

각각의 구절을 통해 무엇을 알 수 있는지 생각해 보세요.

- **해롭다**: 이롭지 않거나 손상을 입히는 점이 있다.

01 표현상 특징 파악하기

(1) 화자는 은행나무 열매에서 나는 구린내가 '향기롭다'라고 했고, 밤송이에 있는 가시가 '너그럽다'라고 했어요. 따라서 정답은 __향기롭다, 너그럽다__ 입니다.

(2) 윗글에서는 '구린내'를 '향기롭다'고 하는 등 역설적 표현을 활용하고 있어요. 따라서 정답은 __역설__ 입니다.

02 표현상 특징 파악하기

윗글을 읽고 한 생각으로 가장 알맞지 <u>않은</u> 것은?

① 지원: 자연물이 소재로 활용되고 있어. (○)

★ 근거: ①~③연

> 은행나무 열매에서 / 밤송이가 / 복어 알을

🌱 1연에서는 은행나무 열매, 2연에서는 밤송이, 3연에서는 복어 알이라는 자연물에 대해 이야기하고 있어요.

② 수아: 반대되는 표현이 사용되고 있어. (○)

★ 근거: ①~④연

> 구린내가 향기롭다 / 날카롭게 찌르는 가시가 너그럽다 / 복어의 독이 복어의 사랑이다 / 독한 마음이 아름답다

🌱 윗글에서는 '구린내'와 '향기롭다', '날카롭게 찌르는 가시'와 '너그럽다', 먹으면 죽는 '복어의 독'과 '사랑이다', '독한 마음'과 '아름답다'가 반대되고 있어요.

③ 희준: 두 인물의 대화가 제시되고 있어. (×)

🌱 윗글에 두 인물의 대화는 나타나지 않아요. 화자 혼자서 자신의 생각을 이야기하고 있을 뿐이에요. **그러므로 정답은 ③!**

④ 건우: 비슷한 문장 구조가 반복되고 있어. (○)

★ 근거: ①연 ❷행, ②연 ❷행, ③연 ❷행, ④연 ❷행

> 구린내가 향기롭다 / 가시가 너그럽다
> 독이 복어의 사랑이다 / 독한 마음이 아름답다

🌱 모든 연의 2행에서 '―이/가 ― 다'라는 비슷한 문장 구조가 반복되고 있어요.

⑤ 세미: 후각적 심상과 촉각적 심상이 드러나고 있어. (○)

★ 근거: ①연, ②연 ❶행

> 구린내가 난다 / 구린내가 향기롭다 / 밤송이가 따가워진다

🌱 후각적 심상이란 코로 냄새를 맡는 듯한 느낌이, 촉각적 심상이란 손으로 만지는 듯한 느낌이 떠오르는 것을 말해요. '구린내가 난다'와 '구린내가 향기롭다'는 후각적 심상, '밤송이가 따가워진다'는 촉각적 심상에 해당해요.

03 시어 및 구절의 의미 파악하기

윗글에 대한 설명으로 가장 알맞지 <u>않은</u> 것은?

① '구린내가 향기롭다'에는 열매를 지켜 내는 구린내의 가치가 드러나고 있다. (○)

★ 근거: ①연 ❷행

> 주의해 주세요 구린내가 향기롭다

🌱 은행나무 열매에 구린내가 나면 새나 짐승들이 열매를 먹지 못해요. 즉, 화자는 구린내가 열매를 지켜 내기 때문에 향기롭다고 표현한 것이에요.

② '밤톨이 여물면서'에는 ~~잘 익어 가기 위한 밤톨의 노력~~이 드러나고 있다. (×)

★ 근거: ②연 ❶행

> 밤톨이 여물면서 밤송이가 따가워진다

🌱 '밤톨이 여물면서'는 '밤송이가 따가워진다'는 것을 설명하기 위해 말한 것이에요. 윗글에 잘 익어 가기 위한 밤톨의 노력은 나타나지 않아요. **그러므로 정답은 ②!**

③ '가시가 너그럽다'에는 밤톨을 보호하는 가시의 가치가 드러나고 있다. (○)

★ 근거: ②연 ❷행

> 날카롭게 찌르는 가시가 너그럽다

🌱 밤송이의 가시가 날카로우면 짐승들이 밤톨을 꺼내 먹기 어려워요. 즉, 화자는 가시가 밤톨을 보호하기 때문에 너그럽다고 표현한 것이에요.

④ '복어 알을 먹으면 죽는다'에는 복어 알의 해로운 속성이 드러나고 있다. (○)

★ 근거: ③연 ❶행

> 복어 알을 먹으면 죽는다

🌱 '복어 알을 먹으면 죽는다'는 복어 알에 우리 몸에 해로운 것이 들어 있음을 나타내요.

⑤ '친구의 독한 마음'에는 자식을 위한 부모의 사랑이 드러나고 있다. (○)

★ 근거: ④연

> 자식을 낳고 술을 끊은 ~ 친구의 독한 마음이 아름답다

🌱 친구는 자식을 위해 독한 마음을 먹고 술을 끊었어요. 따라서 '친구의 독한 마음'은 자식을 생각하는 부모의 사랑을 드러내요.

먼 후일 _김소월

먼 훗날 당신이 찾으시면
그때에 내 말이 '잊었노라'

당신이 속으로 나무라면
'무척 그리다가 잊었노라'

그래도 당신이 나무라면
'믿기지 않아서 잊었노라'

오늘도 어제도 아니 잊고
먼 훗날 그때에 '잊었노라'

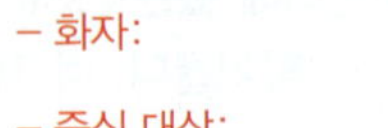

🌺 빈칸을 채우세요.

– 화자:

– 중심 대상:

– 상황:

– 정서, 태도:

– 표현상 특징:

• **훗날**: 시간이 지나 뒤에 올 날
  (= 뒷날)
• **나무라다**: 상대방의 잘못이나
  부족한 점을 꼬집어 말하다.

04 표현상 특징 파악하기

다음 빈칸에 들어가기에 가장 알맞은 답을 〈보기〉에서 찾아 쓰시오.

〈보기〉

먼 훗날　　　운율　　　그리움　　　믿기지 않아서　　　잊었노라

(1) 윗글의 화자는 '당신'을 그리워하지만 '(　　　　　　)'라고 이야기하고 있다.
(2) 윗글은 거의 모든 행의 길이와 글자 수가 비슷한 것에서 (　　　　　　)이/가 느껴지고 있다.

04
• **운율**: 시를 읽을 때 느껴지는 말의 리듬

05 화자의 정서와 태도 파악하기

윗글의 화자에 대한 설명으로 가장 알맞지 <u>않은</u> 것은?

① 화자는 '당신'을 그리워하고 있다.
② 화자는 '당신'과 관련된 상황을 가정하고 있다.
③ 화자는 언젠가 '당신'이 자신을 찾아 줄 것이라고 기대하고 있다.
④ 화자는 '잊었노라'라는 말을 반복하여 '당신'에 대한 사랑을 강조하고 있다.
⑤ 화자는 시간이 오래 걸리더라도 반드시 '당신'을 잊을 것이라고 다짐하고 있다.

05
'잊었노라'라는 말에 담긴 화자의 진심이 무엇일지 생각해 보세요.
• **가정하다**: 사실이 아니거나 또는 사실인지 아닌지 분명하지 않은 것을 임시로 인정하다.

06 표현상 특징 파악하기

윗글에 대한 설명으로 가장 알맞지 <u>않은</u> 것은?

① 묻고 답하는 방식이 활용되고 있다.
② 3음보의 율격을 통해 리듬감이 나타나고 있다.
③ '당신이 ~면'이라는 비슷한 문장이 반복되고 있다.
④ '잊었노라'라는 반복되는 구절에 변화가 나타나고 있다.
⑤ 대부분의 행에서 3 · 3 · 4조의 음수율이 나타나고 있다.

06
글자 수, 끊어 읽는 부분, 반복되는 표현 등을 중심으로 어떤 방식을 통해 운율이 느껴지는지 살펴보세요.
• **음보**: 한 구절을 읽을 때 몇 번을 띄어 읽는지를 나누는 단위
• **율격**: 운율을 만들어 내는 형식
• **음수율**: 글자 수가 일정하게 반복됨으로써 생기는 운율

07 [단답형] 〈보기〉를 바탕으로 감상하기

윗글에서 〈보기〉의 밑줄 친 부분이 가장 잘 드러나는 행을 찾아 쓰시오.

〈보기〉

　반어적 표현이란 실제와 반대되게 나타내는 표현을 말한다. 〈먼 후일〉에서는 반어적 표현을 활용하면서도 이를 더욱 강조하기 위해 <u>화자의 실제 마음</u>을 그대로 표현하기도 한다.

07
화자는 '잊었노라'를 통해 '당신'을 그리워하는 마음을 반대로 표현하고 있어요. 화자의 실제 마음이 무엇이고, 그것이 어느 행에서 가장 잘 나타나고 있는지 살펴보세요.

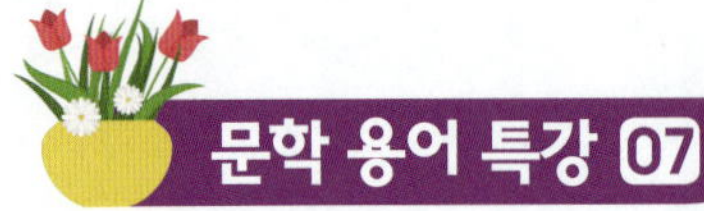

시의 다양한 표현 방법

● 비유를 활용하는 방법

직유법	비슷한 성질이나 모양을 가진 두 대상을 '-같이', '-처럼', '-듯이' 등의 말로 연결하여 직접 빗대는 방법 예 배춧잎 같은 발소리
은유법	비슷한 두 대상을 연결하는 말 없이 'A는 B이다'의 형태로 은근히 빗대는 방법 예 내 마음은 호수요 A는　　B이다
의인법	사람이 아닌 것을 사람처럼 표현하는 방법 예 풀 아래 웃음 짓는 샘물

> ① 내 노래는 제비같이 날아서 갔소
> ② 나는 나룻배 / 당신은 행인
> 직유법은 ①처럼 '-같이' 등의 연결하는 말을 사용하고, 은유법은 ②처럼 연결하는 말을 사용하지 않고 빗대는 방법이다.

❶ 비유
어떤 대상을 다른 비슷한 대상에 빗대는 것
- **원관념**: 표현하고자 하는 실제 대상
- **보조 관념**: 실제 대상을 빗대는 대상
  예 나는 나룻배
▶ '나'를 '나룻배'에 빗대고 있으므로, 원관념은 '나', 보조 관념은 '나룻배'임.

● 표현에 변화를 주는 방법

도치법	말의 차례를 바꾸어 쓰는 문장 표현 방법 예 나는 아직 기다리고 있을 테요, 찬란한 슬픔의 봄을. ▶ '나는 찬란한 슬픔의 봄을 아직 기다리고 있을 테요'라는 문장에서 말의 순서를 바꾸어 표현함.
반어법	실제 뜻과는 반대로 말하는 방법 예 오늘도 어제도 아니 잊고 / 먼 훗날 그때에 '잊었노라' ▶ 잊지 않았음을 잊었다고 표현함.
역설법	겉으로는 앞뒤가 맞지 않지만, 그 속에 중요한 의미나 가치를 담는 표현 방법 예 소리 없는 아우성 ▶ '떠들썩하게 지르는 소리'를 의미하는 아우성이 소리가 없다고 표현함.
대구법	비슷한 구성의 문장을 나란히 놓는 표현 방법 예 쉬이 아침이 오는 까닭이요, / 내일 밤이 남은 까닭이요, ▶ '-이 -는/은 까닭이요'라는 비슷한 구성의 문장을 나란히 놓음.
설의법	쉽게 판단할 수 있는 사실을 물음의 형식으로 표현하는 방법 예 세상은 그 얼마나 아름다운가 = 아름답다

● 의도를 강하게 나타내는 방법

과장법	사물이나 상황을 실제보다 크게 혹은 작게 표현하는 방법 예 대동강 물이야 어느 때 마를 건가 / 해마다 이별 눈물 푸른 강물에 더하는 것을 ▶ 이별하는 사람들의 눈물이 해마다 강물에 더하여 강물이 마르지 않는다고 과장하여 표현함.
❷ 영탄법	놀람, 슬픔, 기쁨 등의 감정을 감탄하는 말로 강하게 표현하는 방법 예 아아, 사랑하는 나의 님은 갔습니다.
열거법	내용이 연결되거나 비슷한 말을 여러 개 늘어놓는 방법 예 별 하나에 추억과 / 별 하나에 사랑과 / 별 하나에 쓸쓸함과 / 별 하나에 동경과 / 별 하나에 시와 / 별 하나에 어머니, 어머니,
❸ 수미상관	시의 처음과 끝에 같은 구절을 반복하는 방법

❷ 영탄법
영탄법을 활용할 때에는 '오, 아아, 아이구' 등의 감탄사를 사용하는 경우가 많음.

❸ 수미상관
수미상관은 동일한 시구가 반복되는 것이기 때문에 의미가 강조되고, 운율이 생기는 효과가 있음.

> 나 보기가 역겨워 / 가실 때에는 / 말없이 고이 보내 드리오리다 //
> 영변에 약산 / 진달래꽃 / 아름따다 가실 길에 뿌리오리다 //
> 가시는 걸음걸음 / 놓인 그 꽃을 / 사뿐히 즈려밟고 가시옵소서 //
> 나 보기가 역겨워 / 가실 때에는 / 죽어도 아니 눈물 흘리오리다
> 수미상관
> 반어법 - 임을 떠나보내는 슬픔을 반대로 이야기함.
> – 김소월, 〈진달래꽃〉

DAY
07

[01~02] 다음을 읽고 맞으면 ○, 틀리면 ×에 표시하시오.

> 산꼴짜기 오막살이 낮은 굴뚝엔
> 몽기몽기 웨인* 연기 대낮에 솟나
>
> 감자를 굽는 게지 총각애들이
> 깜박깜박 검은 눈이 모여 앉아서
>
> – 윤동주, 〈굴뚝〉
>
> *웨인 : 웬

01

윗글에서는 말의 차례를 바꾸어 쓰는 도치법을 사용하고 있다. (○ , ×)

02

'몽기몽기 웨인 연기'에서는 사람이 아닌 것을 사람처럼 표현하고 있다. (○ , ×)

[03~04] 다음을 읽고 빈칸에 들어가기에 알맞은 말을 고르시오.

> 푸른 밤 고이 맺는 이슬 같은 보람을
> 보밴* 듯 감추었다 내어 드리지
>
> 아! 그립다
> 내 혼자 마음 날같이 아실 이
> 꿈에나 아득히 보이는가
>
> – 김영랑, 〈내 마음을 아실 이〉
>
> *보배 : 아주 귀하고 소중한 물건

03

'이슬 같은 보람'에서는 (직유법 / 은유법)을 활용하고 있다.

04

'아! 그립다'에서는 감탄사를 통해 감정을 강하게 표현하는 (과장법 / 영탄법)을 사용하고 있다.

[05~06] 다음을 읽고 빈칸에 들어가기에 가장 알맞은 말을 쓰시오.

> 서로 떠난 몸이길래 몸이 그리워
> 님을 둔 곳이길래 곳이 그리워
> 못 보았소 새들도 집이 그리워
> 남북으로 오며 가며 아니합디까
>
> – 김소월, 〈삭주구성〉

05

윗글에서는 '–이 그리워'라는 비슷한 구성의 문장을 나란히 놓는 (   )을/를 활용하고 있다.

06

'남북으로 오며 가며 아니합디까'는 쉽게 판단할 수 있는 사실을 물음의 형식으로 표현하는 (   )이/가 사용된 표현이다.

[07~10] 빈칸에 들어가기에 알맞은 단어를 〈보기〉에서 찾아 문맥에 맞게 쓰시오.

> 〈보기〉
> • 너그럽다 : 마음이 넓고 아량이 있다.
> • 해롭다 : 이롭지 않거나 손상을 입히는 점이 있다.
> • 여물다 : 과실이나 곡식 따위가 알이 들어 딴딴하게 잘 익다.
> • 나무라다 : 상대방의 잘못이나 부족한 점을 꼬집어 말하다.

07

과자를 너무 많이 먹으면 건강에 (   ).

08

아버지는 투정을 부리는 아들을 (   )랐다.

09

가을이 되자 곡식들이 탐스럽게 (   )었다.

10

동생은 (   ) 마음으로 내 실수를 용서해 주었다.

어이 못 오던가 _작자 미상

어이 못 오던가 무슨 일로 못 오던가

너 오는 길 위에 무쇠로 성을 쌓고 성 안에 담 쌓고 담 안에 집을 짓고 집 안에 뒤주 놓고 뒤주 안에 궤를 놓고 궤 안에 너를 결박하여 놓고 쌍배목* 외걸쇠에 **용거북** 자물쇠로 수기수기* 잠갔더냐 네 어이 그리 아니 오던가

한 달이 서른 날이여니 ㉠날 보러 올 하루 없으랴

* 쌍배목 : 쌍으로 된 문고리를 거는 쇠
* 수기수기 : 깊이깊이

❤️ 빈칸을 채우세요.

– 화자 :

– 중심 대상 :

– 상황 :

– 정서, 태도 :

– 표현상 특징 :

- **무쇠** : 철광석으로부터 만들어진 철의 합금
- **뒤주** : 쌀 따위의 곡식을 담아 두는 세간의 하나
- **궤** : 물건을 넣도록 나무로 네모나게 만든 그릇
- **결박하다** : 몸이나 손 따위를 움직이지 못하도록 동이어 묶다.
- **외걸쇠** : 하나로 된 걸쇠. '걸쇠'는 문을 걸어 잠그기 위해 'ㄱ' 자 모양으로 구부려 만든 쇠이다.

STEP Ⅲ 표현상 특징 파악하기

〈어이 못 오던가〉는 보통의 시조와 달리 두 번째 행인 중장이 길게 늘어진 사설시조입니다. 사설시조는 조선 시대 중기 이후에 주로 평민, 기생 등의 일반 백성들이 지었어요. 그래서 이전까지 양반들이 지었던 시조에 비해 형식이 자유롭고 내용도 일반 백성들의 삶을 많이 다루었어요.

✿ **먼저, 〈어이 못 오던가〉의 화자와 중심 대상을 찾아볼까요?**

종장의 '날 보러 올 하루 없으랴'에 화자인 '나'가 등장하고 있어요.

한편 화자는 '너'가 왜 오지 않는지 물으며, '너'가 오지 못하는 이유를 추측하고 있어요.

따라서 <u>윗글의 화자는 '나'이며, 중심 대상은 '너'입니다.</u>

✿ **상황, 정서, 태도를 살펴볼게요.**

초장에서 화자는 '어이 못 오던가'라면서 '너'가 오지 않는 이유를 묻고 있어요. 이를 통해 화자가 '너'를 기다리며 그리워하고 있음을 알 수 있지요.

중장에서는 '성, 담, 집, 뒤주, 궤, 쌍배목 외걸쇠, 자물쇠'를 늘어놓고 있지요? 화자는 이러한 장애물 때문에 '너'가 오지 않는 것인지 물으며 '너'가 오지 않는 이유를 추측하고 있어요.

그리고 화자는 종장에서 '한 달이 서른 날'이나 되는데 '날 보러 올 하루'가 없는지 묻고 있어요. 이는 화자가 자신을 보러 오지 않는 '너'를 원망하고 있는 것이에요.

따라서 윗글에 드러난 화자의 상황과 정서를 정리하면 다음과 같아요.

- **화자의 상황**: '너'를 기다리며 '너'가 오지 않는 이유를 추측하고 있음.
- **화자의 정서**: 오지 않는 '너'를 그리워하며 원망하고 있음.

✿ **〈어이 못 오던가〉의 표현상 특징을 파악해 볼까요?**

중장에서는 '너'를 가로막는 사물인 '성, 담, 집, 뒤주, 궤, 쌍배목 외걸쇠, 자물쇠'를 죽 늘어놓고 있어요. 이처럼 내용이 연결되거나 비슷한 말을 여러 개 늘어놓는 방법을 '열거법'이라고 해요. 그중에서도 '성 안에 담', '담 안에 집', '집 안에 뒤주', '뒤주 안에 궤'는 말들이 서로 연결되어 나타나 있지요? 이처럼 앞 구절에 쓰인 말을 다음 구절에서 이어받아 표현하는 방법을 '연쇄법'이라고 해요.

그런데 '너'가 오지 않는 이유가 정말 성안에 담을 쌓고 집을 지어 그 안에 '너'를 묶어 두었기 때문일까요? 그렇지는 않겠죠. 화자는 답답한 마음에 '너'가 오지 않는 이유를 부풀려 이야기하고 있는 것이에요. 이처럼 사물이나 상황을 실제보다 아주 크게 혹은 작게 표현하는 방법을 '과장법'이라고 해요.

한편 초장과 중장, 종장은 모두 '오던가', '없으랴'라는 질문으로 문장이 끝나고 있어요. 이처럼 '-가, -랴' 등의 어미를 사용해 질문하는 형식으로 나타낸 문장을 '의문형 문장'이라고 해요. 또한 쉽게 알 수 있는 사실인데도 의문형 문장으로 표현하는 방법을 '설의법'이라고 하지요.

정리하면, <u>윗글의 표현상 특징은 열거법과 연쇄법, 과장법, 설의법을 사용하고 있다는 것입니다.</u>

다음 빈칸에 들어가기에 가장 알맞은 답을 〈보기〉에서 찾아 쓰시오.

〈보기〉

어이 못 오던가　　　한 달이 서른 날이여니　　　자연물　　　장애물

(1) 윗글의 화자는 '(　　　　　　　)'라고 물으며 '너'가 오지 못하는 이유를 추측하고 있다.

(2) 윗글에서는 '너'를 오지 못하게 하는 (　　　　　　　)을/를 죽 늘어놓고 있다.

02　표현상 특징 파악하기

윗글에 대한 설명으로 가장 알맞지 <u>않은</u> 것은?

① 어미 '−고'를 반복하여 사용하고 있다.

② '너'가 오지 않는 이유를 과장하고 있다.

③ '용거북'을 살아 있는 것처럼 표현하고 있다.

④ '−가', '−랴'의 의문형 어미로 문장을 끝내고 있다.

⑤ '너'를 가로막는 사물을 연쇄적으로 늘어놓고 있다.

03　화자의 정서와 태도 파악하기

㉠에 드러나 있는 화자의 정서로 가장 알맞은 것은?

① '너'의 미래에 대한 호기심

② '너'를 떠나야 하는 안타까움

③ 먼저 떠나간 '너'에 대한 부러움

④ 돌아오지 않는 '너'에 대한 원망

⑤ '너'가 사랑하는 사람에 대한 질투

01

- **자연물**: 자연에 있는, 저절로 생긴 물체
- **장애물**: 가로막아서 거치적거리게 하는 사물

02

선택지에서 이야기하고 있는 각각의 표현상 특징이 윗글에 나타나는지 확인해 보세요.

- **과장하다**: 사실보다 지나치게 불려서 나타내다.
- **의문형 어미**: 질문을 나타내는 어미. '−느냐', '−ㄴ가' 따위가 있다.
- **연쇄적**: 앞 구절에 쓰인 말을 다음 구절에서 이어받아 표현하는 것

03

'한 달이 서른 날'이나 되는데 '날 보러 올 하루'가 없는지 묻고 있는 화자의 심정을 추측해 보세요.

- **원망**: 못마땅하게 여기어 탓하거나 불평을 품고 미워함.
- **질투**: 사랑하는 사람이 다른 사람을 좋아할 경우에 지나치게 시기함.

01 표현상 특징 파악하기

(1) 화자는 '어이 못 오던가'라고 물으며, 성안에 담을 쌓고 집을 지어 그 안에 '너'를 묶어 두었기 때문에 '너'가 오지 못하는 것인지 추측하고 있어요. 따라서 정답은 __어이 못 오던가__ 입니다.

(2) 중장에서 화자는 '성, 담, 집, 뒤주, 궤, 쌍배목 외걸쇠, 자물쇠'를 늘어놓고 있어요. 이것들은 모두 '너'가 오지 못하게 하는 장애물이에요. 따라서 정답은 __장애물__ 입니다.

02 표현상 특징 파악하기

윗글에 대한 설명으로 가장 알맞지 <u>않은</u> 것은?

① 어미 '–고'를 반복하여 사용하고 있다. (○)

★ 근거: 중장

> 무쇠로 성을 쌓고 성 안에 담 쌓고 담 안에 집을 짓고 집 안에 뒤주 놓고 뒤주 안에 궤를 놓고 궤 안에 너를 결박하여 놓고

🌱 윗글에서는 '쌓고', '짓고', '놓고'처럼 '–고'라는 어미를 반복해서 사용하고 있어요.

② '너'가 오지 않는 이유를 과장하고 있다. (○)

★ 근거: 중장

> 무쇠로 성을 쌓고 ~ 용거북 자물쇠로 수기수기 잠갔더냐

🌱 윗글에서 화자는 성안에 담을 쌓고 집을 지어 그 안에 '너'를 묶고 걸쇠와 자물쇠로 잠가 두었는지 묻고 있어요. 이는 화자가 답답한 마음에 '너'가 오지 않는 이유를 과장하고 있는 것이에요.

③ '용거북'을 살아 있는 것처럼 표현하고 있다. (×)

🌱 화자는 성안에 담을 쌓고 집을 지어 그 안에 놓인 궤 안에 '너'를 가두고 '용거북 자물쇠'로 깊이깊이 잠갔는지 묻고 있어요. 이때 '용거북'은 자물쇠의 모양을 나타내는 말일 뿐, 화자가 용거북을 살아 있는 것처럼 표현하고 있지는 않아요.
그러므로 정답은 ③!

④ '–가', '–랴'의 의문형 어미로 문장을 끝내고 있다. (○)

★ 근거: 초장, 중장, 종장

> 무슨 일로 못 오던가 / 네 어이 그리 아니 오던가 / 나를 보러 올 하루가 없으랴

🌱 초장과 중장에서는 '–가', 종장에서는 '–랴'라는 의문형 어미로 문장이 끝나고 있어요.

⑤ '너'를 가로막는 사물을 연쇄적으로 늘어놓고 있다. (○)

★ 근거: 중장

> 무쇠로 성을 쌓고 성 안에 담 쌓고 담 안에 집을 짓고 집 안에 뒤주 놓고 뒤주 안에 궤를 놓고

🌱 연쇄적이란 앞 구절에 쓰인 말을 다음 구절에서 이어받아 표현하는 것을 말해요. 윗글에서는 '성 안에 담', '담 안에 집', '집 안에 뒤주', '뒤주 안에 궤'처럼 '너'를 오지 못하게 하는 사물을 연쇄적으로 늘어놓고 있어요.

03 화자의 정서와 태도 파악하기

㉠에 드러나 있는 화자의 정서로 가장 알맞은 것은?

• ㉠: ㉠은 '날 보러 올 하루 없으랴'로, 한 달이 서른 날이나 되는데도 자신을 보러 오지 않는 '너'에게 화자가 하는 말입니다.

즘 '날 보러 올 하루 없으랴'에 드러나 있는 화자의 정서를 고르는 문제입니다.

① '너'의 미래에 대한 호기심 (×)

🌱 화자는 '너'가 오지 않는 이유를 궁금해하고 있을 뿐, '너'의 미래를 궁금해하고 있지 않아요.

② '너'를 떠나야 하는 안타까움 (×)

🌱 화자는 '너'를 기다리고 있어요. 즉, 화자와 '너'는 이미 떨어져 있는 상황이므로 화자가 '너'를 떠나야 하는 안타까움을 드러내고 있지는 않아요.

③ 먼저 떠나간 '너'에 대한 부러움 (×)

🌱 화자는 떠나서 오지 않는 '너'를 원망하고 있을 뿐, 먼저 떠나간 '너'를 부러워하고 있지 않아요.

④ 돌아오지 않는 '너'에 대한 원망 (○)

★ 근거: 종장

> 한 달이 서른 날이여니 날 보러 올 하루 없으랴

🌱 화자는 '한 달이 서른 날'인데 '날 보러 올 하루 없으랴'(㉠)라고 물으며 자신을 보러 오지 않는 '너'를 원망하고 있어요.
그러므로 정답은 ④!

⑤ '너'가 사랑하는 사람에 대한 질투 (×)

🌱 화자가 기다리는 '너'는 화자가 사랑하는 사람이에요. 하지만 '너'가 다른 누군가를 사랑하는지는 윗글을 통해 알 수 없어요. 따라서 화자가 '너'가 사랑하는 사람을 질투하는 모습은 윗글에 나타나지 않아요.

동짓달 기나긴 밤을 _황진이

동짓달 기나긴 밤을 한 **허리**를 베어 내어
봄바람 이불 아래 서리서리 넣었다가
정 통한 임 오신 날 밤이거든 굽이굽이 펴리라

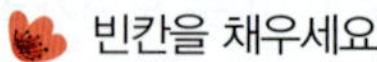

빈칸을 채우세요.

– 화자:

– 중심 대상:

– 상황:

– 정서, 태도:

– 표현상 특징:

- **동짓달**: 음력으로 열한 번째 달(= 12월)
- **서리서리**: 국수, 새끼, 실 따위를 헝클어지지 아니하도록 둥그렇게 포개어 감아 놓은 모양
- **굽이굽이**: 여러 굽이로 구부러지는 모양

DAY 08

04 표현상 특징 파악하기

다음 빈칸에 들어가기에 가장 알맞은 답을 〈보기〉에서 찾아 쓰시오.

〈보기〉

| 밤 | 허리 | 봄바람 | 후렴구 | 음성 상징어 |

(1) 윗글의 화자는 동짓달의 (　　　　　　)을/를 형태가 있는 것처럼 표현하여 임에 대한 그리움을 드러내고 있다.

(2) 윗글에서는 '서리서리', '굽이굽이'와 같은 (　　　　　　)을/를 사용하고 있다.

04
- **후렴구**: 일정 간격을 두고 반복되어 나타나는 말
- **음성 상징어**: 말소리와 뜻이 긴밀하게 관련이 있는 단어. 소리를 흉내 낸 '의성어'와 움직임을 흉내 낸 '의태어'가 있다.

05 화자의 정서와 태도 파악하기

윗글의 화자에 대한 설명으로 가장 알맞은 것은?

① 화자는 '허리'를 다쳐 속상해하고 있다.
② 화자는 '기나긴 밤'을 여유롭게 즐기고 있다.
③ 화자는 '봄바람'을 느끼기 위해 집을 나서고 있다.
④ 화자는 '이불 아래'에서 자신의 운명을 받아들이고 있다.
⑤ 화자는 임과 오래도록 시간을 보낼 수 있기를 바라고 있다.

05
화자가 '동짓달 기나긴 밤'을 베어 내어 이불 아래 넣어 두려는 이유를 생각해 보세요.

06 표현상 특징 파악하기

윗글에 대한 설명으로 가장 알맞지 <u>않은</u> 것은?

① '이불'을 사람인 것처럼 표현하고 있다.
② '밤'을 실제로 만져지는 사물처럼 표현하고 있다.
③ '동짓달 기나긴 밤'과 '임 오신 날 밤'을 대조하고 있다.
④ '서리서리', '굽이굽이'와 같은 우리말의 묘미를 드러내고 있다.
⑤ 시간을 보관한다는 참신한 생각을 바탕으로 내용을 전개하고 있다.

06
윗글에서는 '밤'이라는 추상적인 대상을 '허리'를 지녔다고 표현하고 있어요.
- **대조하다**: 서로 다른 것을 맞대어 비교하여 차이가 두드러지게 하다.
- **묘미**: 미묘한 재미나 흥취
- **참신하다**: 새롭고 산뜻하다.

07 [단답형] 시어 및 구절의 의미 파악하기

윗글에서 〈보기〉의 빈칸에 들어가기에 가장 알맞은 말을 찾아 2어절로 쓰시오.

〈보기〉

〈동짓달 기나긴 밤을〉의 화자는 홀로 있는 시간을 줄이고 싶은 마음을 '서리서리 넣었다가'로, 임과 함께하는 시간을 늘리고 싶은 마음을 '(　　　　　　)'(으)로 대조적으로 표현하고 있다.

07
화자가 '동짓달 기나긴 밤'을 '서리서리 넣'었다가 '임 오신 날 밤'에 어떻게 하려고 하는지 살펴보세요.
- **대조적**: 대상의 서로 다른 점을 맞대어 비교하는 것
- 예 등불을 밝혀 어둠을 내몰고 '등불'과 '어둠'은 밝고 어둡다는 면에서 대조적임.

고전 시가의 표현 방법

> 대나무 숲 푸른 곳에 새소리가 더욱 서럽다.
> **감정을 이입한 대상**
> 실제로 새가 서럽게 우는 것이 아니라, 화자가 자신의 서러움을 '새소리'가 서럽다고 표현한 것이다.

● 고전 시가에 자주 쓰이는 표현 방법

(1) 선경후정 : 앞부분에 자연의 풍경이나 사물을 묘사하고, 그것을 통해 느낀 화자의 정서를 뒷부분에 제시하는 방법

> 봄비 보슬보슬 연못에 내리고 / 서늘한 기운 장막 속에 스며들 때
> ▶ 선경: 비가 내리는 봄날의 풍경과 쌀쌀한 날씨를 묘사함.
> 시름에 겨워 병풍에 기대니 / 담장의 살구꽃 후두둑 떨어지네　　　　－ 허난설헌, 〈춘우〉
> ▶ 후정: 화자가 풍경을 보며 느끼는 시름(근심과 걱정)을 제시함.

(2) 감정 이입 : 화자가 어떠한 대상이 자신과 똑같은 감정을 느끼는 것처럼 표현하는 방법

> 방 안에 켜 있는 촛불은 누구와 이별하였기에
> 　　　　**화자가 감정을 이입한 대상**
> 겉으로는 눈물을 흘리고 속이 타는 줄은 모르는고　　　　－ 이개
> ▶ 임과 이별한 후 슬픔을 느끼는 화자가 자신의 슬픈 마음을 촛불에 이입하여 촛불이 눈물을 흘린다고 표현함.

(3) ❶ 관념의 구체화 : 형태를 갖고 있지 않은 관념을 눈에 보이고, 만져지는 사물처럼 구체적으로 나타내는 것

> 마음에 맺힌 서러움이 겹겹이 쌓여 있어 / 나오는 건 한숨이오, 흐르는 건 눈물이라
> 눈에 보이지 않는 '서러움'을 겹겹이 쌓을 수 있는 사물처럼 구체적으로 나타냄.
> 　　　　－ 정철, 〈사미인곡〉

● 고전 시가에 자주 쓰이는 ❷ 상징어

	시어	특성	의미
긍정적	매화, 국화	매화는 눈이 녹기 전에, 국화는 쌀쌀한 가을에 꽃을 피움.	❸ 지조, 절개
	소나무, 대나무	곧게 뻗어 있으며 항상 푸름.	충정, 절개, 지조
	해, 달	높은 곳에 있으며 세상에 하나뿐임.	임금, 이상적 가치
	바위	단단하고 변함이 없음.	굳은 의지
부정적	바람, 눈, 서리	휘몰아치고 차가움.	시련, 고난
	까마귀	깃털이 검음. 까마귀 울음소리는 옛날부터 불길하게 여겨짐.	간사한 신하, 배신
	어둠, 밤	빛이 없어 어두움.	부정적인 상황

● 고전 시가에 자주 쓰이는 한자 성어

시어	의미
우국충정	나랏일을 걱정하고 위하는 참된 마음
❹ 무릉도원	'무릉에 있는 복숭아꽃이 핀 낙원'이라는 말로, 이상향을 의미함.
안빈낙도, 안분지족	가난하게 살면서도 편안한 마음으로 자신의 처지에 만족함.

❶ 관념
형태를 갖고 있지 않아 감각으로 느낄 수 없는 추상적인 대상. 사랑, 우정, 시간 등

❷ 상징, 상징어
- 상징: 형태를 갖고 있지 않은 추상적인 대상을 구체적인 사물로 나타내는 것
- 상징어: 겉으로 드러나는 의미 외에 상징적인 의미를 담고 있는 말

❸ 지조, 절개
지조와 절개는 자신의 마음을 굳게 세워 나가는 의지나 믿음을 굽히지 않고 끝까지 지키는 꿋꿋한 태도를 의미함.

❹ '무릉도원'의 시작
무릉도원은 〈도화원기〉라는 중국의 옛날 이야기책에 쓰인 말이다. 옛날 무릉이라는 지역에 살던 한 어부가 고기를 잡기 위해 계곡을 올라가다가 복숭아 꽃잎이 내려오는 것을 보았다. 그것을 따라 더 올라가니 복숭아꽃이 활짝 피어 있는 계곡이 있었고, 그 안쪽의 굴속으로 들어가자 아주 아름다운 마을이 펼쳐졌다. 그곳에 사는 사람들은 진나라 때 사람으로 난리를 피해 그곳으로 들어왔는데 시간이 얼마나 지났는지도 모르고 있었다. 어부는 바깥세상의 이야기를 해 주고 훌륭한 대접을 받았다. 집으로 돌아온 어부는 그곳을 다시 찾아가려 했으나 다시는 찾을 수 없었고, 복숭아꽃이 활짝 핀 그곳을 '무릉도원'이라 불렀다.

[01~02] 다음을 읽고 빈칸에 들어가기에 알맞은 말을 고르시오.

> 한식*의 비 온 밤에 봄빛이 다 퍼졌다
> 무정한* 꽃과 버들도 때를 알아 피었는데
> 어찌하여 우리 임은 가고 아니 오는고
> — 신흠, 〈방옹시여〉
>
> *한식 : 우리나라 명절의 하나. 4월 5일이나 6일쯤이다.
> *무정한 : 남의 사정에 신경을 쓰지 않는

01

윗글에서는 (선경후정 / 감정 이입)의 표현 방법을 활용하고 있다.

02

초장과 중장에서는 봄의 풍경을 묘사하고, 종장에서는 임에 대한 (그리움 / 반가움)을 드러내고 있다.

[03~04] 다음을 읽고 빈칸에 들어가기에 가장 알맞은 말을 쓰시오.

> 바위에 서 있는 소나무가 위엄이 있고 당당한 것이 반갑구나
> 바람과 서리를 겪어도 여위지* 않는구나
> 어찌하여 봄빛을 가져 변하는 줄 모르는가?
> — 이신의, 〈사우가〉
>
> *여위지 : 시들거나 꺾이지

03

윗글의 (   )은/는 절개와 지조를 상징하는 시어이다.

04

윗글에서 휘몰아치고 차가운 특성이 있는 (   )와/과 (   )은/는 시련과 고난을 의미한다.

[05~06] 다음을 읽고 빈칸에 들어가기에 알맞은 말을 고르시오.

> 집 뒤에 고사리 뜯고 문 앞에 맑은 샘물 길어
> 기장밥*을 익게 짓고 산나물국을 삶는다
> 아침 저녁의 음식이 만족스러운 것도 내 분수인가 하노라
> — 김득연, 〈산중잡곡〉
>
> *기장밥 : 쌀이 부족하여 쌀에 기장이라는 곡식을 섞어 지은 밥

05

윗글의 화자는 가난하게 살면서도 자신의 처지에 (만족 / 한탄)하고 있다.

06

윗글에는 (안빈낙도 / 우국충정)의 삶이 드러나 있다.

[07~10] 빈칸에 들어가기에 알맞은 단어를 〈보기〉에서 찾아 문맥에 맞게 쓰시오.

> 〈보기〉
> • 묘미 : 미묘한 재미나 흥취
> • 참신하다 : 새롭고 산뜻하다.
> • 과장하다 : 사실보다 지나치게 불려서 나타내다.
> • 결박하다 : 몸이나 손 따위를 움직이지 못하도록 동이어 묶다.

07

그는 자신이 본 것을 크게 (   )하여 전했다.

08

형사는 범인의 손을 (   )해서 경찰서로 데려갔다.

09

유하는 토의에서 누구도 생각하지 못한 (   )한 의견을 내어 모두를 놀라게 했다.

10

운동을 좋아하지 않던 수지는 요즘 농구의 (   )을/를 느끼고 있다.

봄비 _이동순

겨우내
햇볕 한 모금 들지 않던
뒤꼍 추녀 밑 **마늘광** 위으로
봄비는 나리어

얼굴에 **까만 먼지** 쓰고
눈 감고 누워 세월 모르고 살아온
저 잔설을 일깨운다.

잔설은
투덜거리며 일어나
때묻은 이불 개켜 옆구리에 끼더니
슬쩍 **어디론가 사라진다.**

잔설이 떠나고 없는
추녀 밑 깨진 기왓장 틈으로
종일 빗물이 스민다.

빈칸을 채우세요.

– 화자:

– 중심 대상:

– 상황:

– 정서, 태도:

– 표현상 특징:

• **뒤꼍**: 집 뒤에 있는 뜰이나 마당
• **추녀**: 네모지고 끝이 번쩍 들린, 처마의 네 귀에 있는 큰 서까래. 또는 그 부분의 처마
• **광**: 세간이나 그 밖의 여러 가지 물건을 넣어 두는 곳
• **잔설**: 녹다 남은 눈
• **일깨우다**: 잠을 일찍 깨게 하다.
• **개키다**: 옷이나 이부자리 따위를 겹치거나 접어서 단정하게 포개다.

01　표현상 특징 파악하기

다음 빈칸에 들어가기에 가장 알맞은 답을 〈보기〉에서 찾아 쓰시오.

〈보기〉

봄　　여름　　가을　　겨울　　사물　　사람

(1) 윗글에서는 '겨우내'와 '봄비'를 통해 (　　　　　)에서 (　　　　　)으로 변화
　　하는 계절의 흐름을 드러내고 있다.
(2) 윗글에서는 '봄비'와 '잔설'을 (　　　　　)처럼 표현하고 있다.

02　표현상 특징 파악하기

윗글에 대한 설명으로 가장 알맞은 것은?

① '마늘광'과 '까만 먼지'의 색을 대비하고 있다.
② '잔설'을 '투덜거리며 일어나'는 존재로 의인화하고 있다
③ '종일 빗물이 스민다'에서 청각적 심상이 드러나고 있다.
④ '－ㄴ다'라는 어미를 반복하여 과거의 일을 강조하고 있다.
⑤ 비가 그치는 모습을 '어디론가 사라진다'로 참신하게 표현하고 있다.

03　시어 및 구절의 의미 파악하기

윗글을 읽고 떠올릴 수 있는 장면으로 가장 알맞지 <u>않은</u> 것은?

① 빗물에 눈이 녹는 장면
② 마늘광에 그늘이 진 장면
③ 개구리가 겨울잠에서 깨어나는 장면
④ 눈 위에 까만 먼지가 쌓여 있는 장면
⑤ 기왓장 틈으로 빗물이 스며드는 장면

04　[단답형]　표현상 특징 파악하기

윗글에서 〈보기〉의 설명과 가장 관련이 있는 행을 찾아 쓰시오.

〈보기〉

• '봄비'를 사람처럼 표현한 것
• 봄비가 내려 잔설에 닿는 모습을 나타낸 것

02
윗글에서 '봄비'에 '잔설'이 녹는 모습을 어떻게 표현하고 있는지 살펴보세요.
• **대비하다**: 두 가지의 차이를 밝히기 위하여 서로 맞대어 비교하다.
• **의인화하다**: 사람이 아닌 것을 사람처럼 표현하다.
• **청각적 심상**: 귀로 소리를 듣는 듯한 느낌이 떠오르는 것
• **참신하다**: 새롭고 산뜻하다.

03
각 연마다 어떤 장면이 떠오르는지 머릿속에 그려 보세요.

04
윗글에서 '봄비'가 내려 무엇을 하고 있는지 살펴보세요.

청포도 _이육사

내 고장 칠월은
청포도가 익어 가는 시절

이 마을 전설이 주저리주저리 열리고
먼 데 하늘이 꿈꾸며 알알이 들어와 박혀

하늘 밑 푸른 바다가 가슴을 열고
흰 돛단배가 곱게 밀려서 오면

내가 바라는 **손님**은 고달픈 몸으로
청포를 입고 찾아온다고 했으니

[A]

내 그를 맞아 이 포도를 따 먹으면
두 손은 함뿍 적셔도 좋으련

아이야 우리 식탁엔 **은쟁반**에
하이얀 **모시** 수건을 마련해 두렴

빈칸을 채우세요.

– 화자:

– 중심 대상:

– 상황:

– 정서, 태도:

– 표현상 특징:

• **고장**: 사람이 많이 사는 지방
  이나 지역
• **주저리주저리**: 작은 물건이 어
  지럽게 많이 매달려 있는 모양
• **알알이**: 한 알 한 알마다
• **돛단배**: 돛(바닥에 세운 기둥에
  매어 펴 올리고 내리고 할 수
  있도록 만든 넓은 천)을 단 배
• **청포**: 푸른 도포(겉옷)
• **모시**: 모시풀 껍질의 섬유로
  짠 천

다음 빈칸에 들어가기에 가장 알맞은 답을 〈보기〉에서 찾아 쓰시오.

〈보기〉

| 모시 수건 | 청포도 | 은쟁반 | 후각 | 시각 | 청각 |

(1) 윗글에서 푸른색과 풍요로운 이미지가 나타나는 시어는 (   )이다.
(2) 윗글에서는 '푸른', '흰' 등의 색채어를 통해 (   )적 심상을 드러내고 있다.

05
• **색채어**: 빛깔을 나타내는 말

---

06 화자의 정서와 태도 파악하기

[A]에 대한 설명으로 가장 알맞은 것은?

① 두 손을 다 적신 화자의 즐거움이 드러나고 있다.
② 손님을 기다리는 화자의 간절함이 드러나고 있다.
③ 청포를 입고 찾아오려는 손님의 고집이 드러나고 있다.
④ 고달픈 몸을 이끌고 오는 손님의 슬픔이 드러나고 있다.
⑤ 포도를 혼자 먹고자 하는 화자의 기대감이 드러나고 있다.

06
화자가 손님이 오면 '두 손을 함뿍 적셔도 좋'다고 말한 이유를 생각해 보세요.
• **고달프다**: 몸이나 처지가 몹시 고단하다.

---

07 〈보기〉를 바탕으로 감상하기

〈보기〉를 바탕으로 윗글을 이해한 내용으로 가장 알맞지 <u>않은</u> 것은?

〈보기〉

〈청포도〉에서 푸른색은 평화, 희망, 풍요로움 등을 나타내며, 흰색은 깨끗함, 순수, 정성스러움 등을 나타낸다.

① '청포도'가 익어 가는 모습에서 풍요로운 고장의 모습이 드러난다.
② '하늘 밑'에 '푸른 바다'가 펼쳐진 모습에서 평화로움이 드러난다.
③ '흰 돛단배'가 밀려오는 모습에서 자연의 신비로움이 드러난다.
④ '손님'이 '청포를 입고' 오는 모습에서 희망적인 분위기가 드러난다.
⑤ '손님'을 위해 '은쟁반'을 준비하는 모습에서 정성스러움이 드러난다.

07
푸른색을 나타내는 시어와 흰색을 나타내는 시어를 구분해 보세요.
• **풍요롭다**: 많아서 넉넉함이 있다.

---

08 [단답형] 〈보기〉를 바탕으로 감상하기

윗글에서 〈보기〉의 ㉠이 가장 잘 드러나는 시어를 찾아 3글자로 쓰시오.

〈보기〉

시적 허용이란 문법에 어긋나는 표현을 의도적으로 사용하는 것을 의미한다. 띄어 쓰기나 맞춤법에 어긋난 표현, ㉠단어를 늘여 쓰거나 줄여 쓰는 표현 등이 시적 허용에 해당된다.

08
원래보다 길게 늘여서 쓰인 단어가 무엇인지 찾아보세요.
• **의도적**: 무엇을 하려고 꾀하는 것

이미지, 시상 전개 방식

* ● 이미지 란?
시어에 의해 마음속에 떠오르는 구체적이고 선명한 인상

> ① 부드러운 고양이의 털에 / 고운 봄의 향기가 어리우도다.
> ② 새파란 초생달이 시리다.
> ①의 '부드러운 고양이의 털'에는 촉각적 심상이, '봄의 향기'에는 후각적 심상이 각각 사용되고 있다. ②에서는 '새파란'이라는 시각적 심상이 '시리다'라는 촉각적 심상과 함께 쓰였으며, 이러한 것을 공감각적 심상이라고 한다.

● 감각적 이미지
어떠한 현상이나 사물이 감각을 통해 마음속에 선명하게 그려진 것(= 심상)

시각적 심상	사물의 모양, 움직임, 형태를 자세히 나타내거나 ❶색채어 등을 사용해 눈으로 보는 듯한 느낌을 주는 것 예 노란 달빛
청각적 심상	귀로 듣는 듯한 느낌을 주는 것 예 뻐꾹뻐꾹 우는 소리
후각적 심상	코로 냄새를 맡는 듯한 느낌을 주는 것 예 밥 짓는 냄새
미각적 심상	혀로 맛을 보는 듯한 느낌을 주는 것 예 새콤한 오렌지
촉각적 심상	피부에 닿는 듯한 느낌을 주는 이미지 예 날카롭게 찌르는 가시
❷공감각적 심상	하나의 감각을 다른 감각으로 옮겨 표현함으로써 둘 이상의 감각이 동시에 떠오르게 하는 것

❶ 색채어
색이나 빛깔을 나타내는 말
예 빨간 장미, 푸른 바다

❷ 공감각적 심상의 예시
• 푸른 종소리
　시각 ← 청각 [청각의 시각화]
'푸른 종소리'는 종소리가 푸른색인 것처럼 표현한 것임. 이는 '종소리'에 드러나는 청각적 심상이 '푸른'을 통해 시각적 심상으로 옮겨 간 것으로, 이를 청각의 시각화라고 함.

● 방향성, 운동성을 가진 이미지

상승 이미지 : 위로 오르는 듯한 느낌을 불러일으키는 것

하강 이미지 : 아래로 향하거나 꺼지는 듯한 느낌을 불러일으키는 것

동적 이미지 : 움직이는 모습을 통해 활발한 느낌을 불러일으키는 것

정적 이미지 : 움직임이 없는 모습을 통해 조용한 느낌을 불러일으키는 것

* ● 시상 전개 방식 이란? 시인이 시의 내용을 펼쳐 나가는 방식

(1) **시간의 흐름에 따른 전개 방식**❸: 시간의 변화, 되풀이되는 계절, 시대의 흐름 등에 따라 시상을 전개하는 방법

> 봄에는 연녹색 물결 북쪽으로 / (중략) / 여름이면 뻐꾸기 소리 / (중략)
> 가을에는 황금빛 물결 남쪽으로 / (중략) / 겨울이면 시원한 동치미 맛
> ▶ '봄 – 여름 – 가을 – 겨울'로 이어지는 계절의 순서에 따라 내용이 전개되고 있음.
> － 김광규, 〈동서남북〉

❸ 시간의 변화에 따른 전개 방식
대부분의 시에서는 '과거 – 현재 – 미래'처럼 시간이 흐르는 순서대로 시상을 전개하지만, 일부 시에서는 현재의 화자가 과거의 일을 떠올리는 등 시간의 흐름을 거슬러 올라가는 시상 전개 방식이 사용되기도 함.

(2) **공간의 이동에 따른 전개 방식**: 화자가 이동함으로써 나타나는 공간의 변화에 따라 시상을 전개하는 방법

> 내를 건너서 숲으로 / 고개를 넘어서 마을로
> ▶ '내 → 숲', '고개 → 마을'이라는 공간의 변화에 따라 내용이 전개되고 있음.
> － 윤동주, 〈새로운 길〉

(3)❹ **시선의 이동에 따른 전개 방식**: 화자의 시선이 움직이는 것에 따라 시상을 전개하는 방법

> 머언 산 청운사 / 낡은 기와집, / (중략) / 청노루 / 맑은 눈에 // 도는 / 구름.
> ▶ 화자의 시선이 멀리 있는 '청운사'에서 가까이 있는 '청노루'로 이동하고 있음.
> － 박목월, 〈청노루〉

❹ 시선의 이동에 따른 전개 방식
화자의 시선 이동은 가까운 곳에서 먼 곳, 아래에서 위, 자신의 마음속(내부)에서 바깥의 풍경(외부) 등으로 다양하게 나타남.

DAY
09

[01~02] 다음을 읽고 맞으면 ○, 틀리면 ×에 표시하시오.

> 그리운 우리 님의 맑은 노래는
> 언제나 제 가슴에 젖어 있어요 / (중략)
>
> 고이도 흔들리는 노랫가락에
> 내 잠은 그만이나 깊이 들어요
> 고적한 잠자리에 홀로 누워도
> 내 잠은 포스근히 깊이 들어요
>
> – 김소월, 〈님의 노래〉

01

윗글의 '노래', '노랫가락'에 드러나는 주된 심상은 청각적 심상이다. (○ , ×)

02

'내 잠은 포스근히 깊이 들어요'에는 청각과 촉각이 동시에 느껴지는 공감각적 심상이 활용되고 있다. (○ , ×)

[03~04] 다음을 읽고 빈칸에 들어가기에 가장 알맞은 말을 쓰시오.

> 검은 내* 떠돈다
> 종소리 빗긴다*
>
> 말도 없는 밤의 설움
> 소리 없는 봄의 가슴
>
> 꽃은 떨어진다 / 님은 탄식한다
>
> – 김억, 〈봄은 간다〉
>
> * 검은 내: 검은 밤안개
> * 빗기다: 비껴 간다

03

윗글에서 하강 이미지가 나타나는 행은 (   )이다.

04

'검은 내 떠돈다'에는 (   ) 심상이 드러나고 있다.

[05~06] 다음을 읽고 빈칸에 들어가기에 알맞은 말을 고르시오.

> 봄이 오던 아침, 서울 어느 조그만 정거장에서
> 희망과 사랑처럼 기차를 기다려 / (중략)
>
> 기차는 아무 새로운 소식도 없이
> 나를 멀리 실어다 주어,
>
> 봄은 다 가고 – 동경 교외 어느 조용한 하숙방에서,
> 옛 거리에 남은 나를 희망과 사랑처럼 그리워한다.
>
> – 윤동주, 〈사랑스런 추억〉

05

'봄이 오던 아침', '봄은 다 가고'에서 (공간의 이동 / 시간의 흐름)에 따른 시상 전개 방식이 나타나고 있다.

06

'나를 멀리 실어다 주어'에는 대상의 움직임이 느껴지는 (동적 / 정적) 이미지가 드러나고 있다.

[07~09] 빈칸에 들어가기에 알맞은 단어를 〈보기〉에서 찾아 문맥에 맞게 쓰시오.

> 〈보기〉
> • 알알이 : 한 알 한 알마다
> • 의도적 : 무엇을 하려고 꾀하는 것
> • 고장 : 사람이 많이 사는 지방이나 지역
> • 개키다 : 옷이나 이부자리 따위를 겹치거나 접어서 단정하게 포개다.

07

잣송이 속에 잣이 (   ) 박혀 있다.

08

세호는 빨래를 잘 (   )서 옷장 안에 넣었다.

09

논산은 딸기가 많이 나는 (   )(으)로 유명하다.

Ⅱ 소설·극 문학

- 현대 소설
- 고전 소설
- 극 문학

'소설'이란 사실 또는 글쓴이의 상상력을 바탕으로 꾸며 낸 이야기이고, '극 문학'이란 사실 또는 글쓴이의 상상력을 바탕으로 꾸며 낸 이야기 가운데 연극이나 영화, 드라마 등의 각본을 말합니다. 소설과 극 문학을 잘 이해하려면

❶ 중심인물, 배경을 파악하고,
❷ 중심 사건, 갈등을 파악하고,
❸ 서술상 특징을 파악해야 합니다.

★ 교과서와 시험에 자주 나오는 필수 작품들을 '현대 소설'과 '고전 소설', '극 문학'으로 구분하여 수록했습니다.

- 현대 소설: 현대에 쓰인 소설로, 우리나라에서는 근대식 문화가 들어오면서부터 지어진 소설을 통틀어 현대 소설이라고 합니다.
- 고전 소설: 옛날에 쓰인 소설을 말합니다.
- 극 문학: 무대에서 공연하기 위해 쓴 희곡, 영화를 촬영하기 위해 쓴 시나리오, 드라마를 촬영하기 위해 쓴 드라마 대본이 있습니다.

STEP Ⅰ

중심인물, 배경 파악하기

★ 중심인물이란?

소설, 극 문학에 등장하는 사람 중에서 사건의 중심이 되는 사람입니다.

● 중심인물을 파악하는 이유

글쓴이는 작품 속에서 각각의 개성을 가진 인물들을 내세워 자신이 전하고자 하는 바를 효과적으로 드러냅니다. 따라서 소설, 극 문학의 중심인물이 누구인지 찾고 그 인물의 성격과 개성을 파악하면 글쓴이가 소설, 극 문학을 통해 무엇을 이야기하고자 하는지 알 수 있어요.

● 중심인물을 파악하는 방법

❶ 작품 속에 누가 등장하는지 살펴보기
❷ 등장인물 중 누구를 중심으로 사건이 펼쳐지는지 파악하기

★ 배경이란?

소설, 극 문학에서 사건이 일어나는 시간과 장소, 사회적 · 역사적 상황을 의미합니다.

● 배경을 파악하는 이유

소설, 극 문학에서 배경은 인물의 행동이나 생각에 영향을 주고, 어떠한 배경에서 사건이 진행되느냐에 따라 그 사건이 갖는 의미가 달라집니다. 따라서 배경을 파악하면 소설, 극 문학의 내용을 더 쉽게 이해할 수 있어요.

● 배경을 파악하는 방법

❶ 어떠한 때나 시간의 흐름, 계절이 드러나는 표현 찾기
❷ 장소가 드러나는 표현 찾기
❸ 특정한 시기에만 나타났던 사회적 · 역사적 상황이 드러나는 표현 찾기

노새 두 마리 _최일남

① 아버지가 돌아온 것은 통행금지 시간이 거의 되어서였다. 예상한 일이지만 아버지는 빈 몸이었고 형편없이 힘이 빠져 있었다. 그때까지 식구들은 아무도 잠들지 않았다. 작은형도 일이 일인지라 기타도 치지 않고 죽은 듯이 방 안에만 처박혀 있었다. 아버지를 보고도 아무도 말을 하지 않았다. 다만 할머니만이 말을 걸었다.

"이제 오니?" / "네."

그뿐, 아버지는 더는 말이 없었다. 그러고는 어머니가 보아 온 밥상을 한옆으로 밀어 놓고는 쓰러지듯 방 한가운데 드러눕고 말았다. 아버지는 지금 내일부터 당장 벌이를 나갈 수 없는 아픔보다도 길들여 키워 온 노새가 가여워서 저러는지도 모를 일이었다. 아버지는 원래가 마부였다. 서울에 올라오기 전 시골에서도 줄곧 말 마차를 끌었다. 어쩌다가 소달구지를 끄는 적도 있기는 했으나 얼마 가지 않아서 도로 말 마차로 바꾸곤 했다. 그런 아버지였으므로 서울에 올라와서는 내내 말 마차 하나로 버텨나왔었는데 어떻게 마음먹었는지 노새로 바꾸고 만 것이다. 노새나 말이나 요즘은 그놈의 삼륜차 때문에 아버지의 일감이 자칫 줄어드는 듯하기도 했다. 웬만한 오르막길도 끄떡없이 오르고, 웬만한 골목 안 집까지도 드르륵 들이닥치니 아버지의 말 마차가 위협을 느낌 직도 했고, 사실 일감을 **빼앗**기기도 했다.

② [중략 부분의 줄거리] 다음 날 '나'는 아버지와 함께 노새를 찾으러 돌아다니지만 결국 노새를 찾지 못한다. 정처 없이 걷다가 들어선 동물원에서 '나'는 아버지가 노새와 닮았다고 생각한다. 동물원을 나온 후 대폿집에서 아버지는 술을 연거푸 마신다.

"이제부터 내가 노새다. 이제부터 내가 노새가 되어야지 별수 있니? 그놈이 도망쳤으니까. 이제 내가 노새가 되는 거지."

기분 좋게 취한 듯한 아버지는 놀라는 나를 보고 히힝 한 번 웃었다. 나는 어쩐지 그런 아버지가 무섭지만은 않았다. 그러면 형들이나 나는 노새 새끼고, 어머니는 암노새고, 할머니는 어미 노새가 되는 것일까? 나도 아버지를 따라 히히힝 웃었다. 어른들은 이래서 술집에 오는 모양이었다. 나는 안주만 집어 먹었는데도 술 취한 사람마냥 턱없이 즐거웠다. 노새 가족 — 노새 가족은 우리 말고는 이 세상에 또 없을 것이었다.

③ 그러나 이러한 생각은 아버지와 내가 집에 당도했을 때 무참히 깨어지고 말았다. 우리를 본 어머니가 허둥지둥 달려 나와 매달렸다.

"이걸 어쩌우. 글쎄 경찰서에서 당신을 오래요. 그놈의 노새가 사람을 다치고 가게 물건들을 박살을 냈대요. 이걸 어쩌지."

"노새는 찾았대?"

"찾고나 그러면 괜찮게요? 노새는 간데온데없고 사람들만 다치고 하니까, 누구네 노새가 그랬는지 수소문 끝에 우리 집으로 순경이 찾아왔지 뭐유."

오늘 낮에 지서에서 나온 사람이 우리 노새가 뛰는 바람에 여기저기서 많은 피해를 입었으니 도로 무슨 법이라나 하는 법으로 아버지를 잡아넣어야겠다고 이르고 갔다는 것이었다. 아버지는 술이 확 깨는 듯 그 자리에 선 채 한동안 눈만 뒤룩뒤룩 굴리고 서 있더니 힝 하고 코를 풀었다. 그러고는 아무 말 없이 스적스적 문밖으로 걸어 나갔다. 나는 "아버지" 하고 뒤를 따랐으나 아버지는 돌아보지도 않고 어두운 골목길을 나가고 있었다.

㉠나는 그 순간 또 한 마리의 노새가 집을 나가는 것 같은 착각을 일으켰다. 그러고는 무엇인가가 뒤통수를 때리는 것을 느꼈다. 아, 우리 같은 노새는 어차피 이렇게 비행기가 붕붕거리고, 헬리콥터가 앵앵거리고,

자동차가 빵빵거리고, 자전거가 쌩쌩거리는 대처에서는 발붙이기 어려운 것인가 하는 생각이 들었다. 언젠가 남편이 택시 운전사인 칠수 어머니가 하던 말, "최소한도 자동차는 굴려야지 지금이 어느 땐데 노새를 부려." 했다는 말이 생각났다. 그러나 그것은 잠깐 동안이고 나는 금방 아버지를 쫓았다. 또 한 마리의 노새를 찾아 캄캄한 골목길을 마구 뛰었다.

🐞 빈칸을 채우세요.

– 중심인물:　　　　　　　　– 배경:

- **노새**: 암말과 수나귀 사이에서 난 잡종으로 크기는 말보다 약간 작으며, 머리 모양과 귀·꼬리·울음소리는 나귀를 닮았다.
- **마부**: 말을 부려 마차나 수레를 모는 사람
- **소달구지**: 소가 끄는 수레
- **삼륜차**: 바퀴가 세 개 달린 차. 바퀴가 앞에 한 개, 뒤에 두 개 달려 있는데 주로 짐을 실어 나른다.
- **일감**: 일을 하여 돈을 벌 거리
- **정처**: 정한 곳. 또는 일정한 장소
- **대폿집**: 큰 술잔으로 마시는 술인 대폿술을 파는 집
- **연거푸**: 잇따라 여러 번 되풀이하여
- **당도하다**: 어떤 곳에 다다르다.
- **무참히**: 몹시 끔찍하고 참혹하게
- **지서**: 경찰서가 없는 지역에서 경찰서장의 업무를 나누어 맡아보는 기관
- **대처**: 사람이 많이 살고 상공업이 발달한 번잡한 지역

STEP Ⅰ 중심인물, 배경 파악하기

우리가 읽는 소설 속에는 다양한 사람이 등장합니다. 소설에 등장하는 사람을 '인물'이라고 해요. 그중에서도 **'중심인물'**이란 사건의 중심이 되는 인물을 의미해요. 작가가 전하고자 하는 주제를 드러내기 위해 소설 속 인물은 각각 자신만의 개성을 갖고 있어요. 따라서 소설의 인물에 대해 파악할 때는 그 인물의 성격과 개성까지 고려해야 해요.

'**배경**'이란 소설 속에서 사건이 일어나는 시간과 장소, 사회적·역사적 상황을 의미해요. 소설에서 배경은 인물들의 행동이나 생각에 영향을 주고, 소설을 읽는 사람이 소설 속 이야기를 현실에서 있을 법한 이야기라고 생각하게도 해 주며, 어떠한 것을 상징할 수도 있어요. 또한 어떠한 배경에서 사건이 진행되느냐에 따라 그 사건이 갖는 의미가 달라져요.

✿ 〈노새 두 마리〉의 중심인물을 살펴볼까요?

이 소설에는 '나'와 아버지가 등장하고 있어요. '나'가 노새를 찾는 아버지의 이야기를 전하고 있군요.

따라서 <u>윗글의 중심인물은 '나'와 '아버지'</u>입니다.

✿ 〈노새 두 마리〉의 배경을 파악해 볼게요.

아버지는 노새를 찾으러 나갔지만 찾지 못하고 집으로 돌아왔어요(①). 다음 날에는 '나'와 아버지가 함께 노새를 찾으러 다니지만, 찾지 못하고 대폿집으로 향해요. 연거푸 술을 마시며 노새 흉내를 내는 아버지를 보고 '나'는 우리 가족을 노새 가족이라고 생각해요(②). '나'와 아버지는 다시 집으로 돌아왔고, 어머니에게 노새가 사람을 다치게 했다는 소식을 들은 아버지는 다시 어두운 골목길을 나섭니다(③). ①에서 ②, ③으로 시간이 흐름에 따라 공간이 집에서 대폿집, 다시 집에서 골목길로 바뀌는 것이 확실히 드러나 있죠?

따라서 <u>윗글의 공간적 배경은 '집', '대폿집', '골목길'</u>입니다.

또한 〈노새 두 마리〉에는 '통행금지'와 '삼륜차'라는 말이 나와요. '통행금지'는 1950년대부터 1970년대까지 밤에 사람들이 거리를 다니지 못하도록 막았던 제도입니다. '삼륜차'는 바퀴가 세 개 달린 차로, 산업화를 통해 기술이 발전하던 1970년대에 많이 만들어졌어요. '통행금지'와 '삼륜차' 모두 이제는 우리 주변에서 찾아볼 수 없죠? 이렇게 특정한 시기에만 나타났던 사회적·역사적 상황을 시대적 배경이라고 해요. '통행금지'와 '삼륜차'는 공통적으로 1970년대 사회의 모습을 나타내고 있어요.

따라서 <u>윗글의 시대적 배경은 '1970년대(산업화가 이루어지던 시기)'</u>입니다.

01   중심인물, 배경 파악하기

다음 물음에 가장 알맞은 답을 〈보기〉에서 찾아 쓰시오.

〈보기〉

아버지   작은형   '나'   대폿집   경찰서

(1) 윗글에서 도망친 노새를 찾아다니는 인물은 누구인가?

(　　　　　　　), (　　　　　　　)

(2) 윗글에서 '나'와 아버지가 동물원에서 나온 후 들른 장소는 어디인가?

(　　　　　　　)

02   중심인물, 배경 파악하기

윗글에 대한 설명으로 가장 알맞지 <u>않은</u> 것은?

① 시간의 흐름에 따라 이야기가 진행되고 있다.
② 한 장소에서 벌어지는 이야기를 다루고 있다.
③ '나'와 아버지 외에도 다른 인물이 등장하고 있다.
④ '노새'를 잃어버린 아버지의 이야기를 주로 다루고 있다.
⑤ '삼륜차'가 다니기 시작한 산업화 시기를 배경으로 하고 있다.

03   인물의 심리와 태도 파악하기

'나'가 ㉠과 같이 생각한 이유로 가장 알맞은 것은?

① '노새'처럼 뛰어다니는 아버지가 신나 보여서
② '노새'를 찾지 못한 아버지가 무능력해 보여서
③ 경찰서로 끌려가는 아버지가 안타까워 보여서
④ 힘들고 지친 아버지가 '노새'와 같다고 느껴져서
⑤ 생계를 책임지는 아버지가 대단하다고 느껴져서

02
윗글에 나타나는 시간적·공간적·시대적 배경과 인물들을 살펴보세요.
- **시간의 흐름**: '과거 − 현재 − 미래'와 같이 시간의 순서가 차례대로 나타나는 것
- **산업화**: 생산 활동의 분업화와 기계화로 2차·3차 산업의 비율이 높아지는 현상. 우리나라에서는 1960년대 이후부터 산업화가 진행되었다.

03
㉠은 '나'가 골목길을 나서는 아버지를 보며 느낀 것이에요. ㉠의 뒷부분을 통해 '나'가 ㉠과 같이 느낀 이유를 추측해 보세요.
- **무능력하다**: 일을 감당하거나 해결할 만한 능력이 없다.
- **생계**: 살림을 살아 나갈 방도. 또는 현재 살림을 살아가고 있는 형편

01 중심인물, 배경 파악하기

(1) [중략 부분의 줄거리]에서 '나'는 아버지와 함께 노새를 찾으러 돌아다녔다고 했으므로 정답은 <u>아버지, '나'</u> 입니다.

(2) 아버지는 '나'와 함께 동물원에 들른 후 대폿집으로 가서 술을 마셨어요. 따라서 정답은 <u>대폿집</u> 입니다.

02 중심인물, 배경 파악하기

윗글에 대한 설명으로 가장 알맞지 <u>않은</u> 것은?

① **시간의 흐름에 따라 이야기가 진행되고 있다.** (○)

★ 근거: [1]~[3]

🌿 [1]에는 아버지가 노새를 찾지 못하고 돌아온 이야기, [2]에는 다음 날 '나'와 아버지가 노새를 찾으러 돌아다녔지만 찾지 못하고 대폿집에 들른 이야기, [3]에는 '나'와 아버지가 집으로 돌아온 후의 이야기가 시간의 흐름에 따라 제시되고 있어요.

② **한 장소에서 벌어지는 이야기를 다루고 있다.** (×)

★ 근거: [1]~[3]

🌿 이야기가 진행되는 장소가 [1]에서는 '집'이었다가, [2]에서는 '대폿집', [3]에서는 다시 '집'과 '골목길'로 바뀌고 있어요.
그러므로 정답은 ②!

③ **'나'와 아버지 외에도 다른 인물이 등장하고 있다.** (○)

★ 근거: [1], [3]

> • 작은형도 일이 일인지라 / 할머니만이 말을 걸었다.
> • 어머니가 허둥지둥 달려 나와

🌿 윗글에는 '나'와 아버지 외에도 '작은형'과 '할머니', '어머니'가 등장하고 있어요.

④ **'노새'를 잃어버린 아버지의 이야기를 주로 다루고 있다.** (○)

★ 근거: [1]~[3]

🌿 윗글에서는 아버지가 잃어버린 노새를 찾아다니고, 노새를 찾지 못해 속상해하는 이야기를 주로 다루고 있어요.

⑤ **'삼륜차'가 다니기 시작한 산업화 시기를 배경으로 하고 있다.** (○)

★ 근거: [1]

> 요즘은 그놈의 삼륜차 때문에

🌿 '삼륜차'는 바퀴가 세 개 달린 차로, 산업화를 통해 기술이 발전하던 1970년대에 많이 만들어졌어요. 이를 통해 윗글의 배경이 1970년대 산업화 시기임을 알 수 있어요.

03 인물의 심리와 태도 파악하기

'나'가 ㉠과 같이 생각한 이유로 가장 알맞은 것은?

• ㉠: ㉠은 '나는 그 순간 또 한 마리의 노새가 집을 나가는 것 같은 착각을 일으켰다.'로, '나'가 골목길을 나서는 아버지를 보고 떠올린 생각입니다.

🟥 즉 '나'의 눈에 아버지가 노새처럼 보인 이유를 고르는 문제입니다.

① **'노새'처럼 ~~뛰어다니는~~ 아버지가 ~~신나 보여서~~** (×)

★ 근거: [3]

> • 그러고는 아무 말 없이 스적스적 문밖으로 걸어 나갔다.
> • 우리 같은 노새는 ~ 대처에서는 발붙이기 어려운 것인가 하는 생각이 들었다.

🌿 아버지는 '스적스적 문밖으로 걸어 나갔다'고 했으므로 노새처럼 뛰어다니고 있지 않아요. 또한 '나'는 아버지가 노새처럼 발전된 도시에 발붙이기 어려운 처지라고 생각하고 있으므로, 아버지가 신나 보인다는 것은 알맞지 않아요.

② **'노새'를 찾지 못한 아버지가 ~~무능력해 보여서~~** (×)

★ 근거: [3]

> 나는 그 순간 또 한 마리의 노새가 집을 나가는 것 같은 ~ 어려운 것인가 하는 생각이 들었다.

🌿 '나'는 노새를 찾지 못한 아버지가 노새와 같다고 생각하며 안타까움을 느끼고 있으므로, 아버지가 무능력해 보인다는 것은 알맞지 않아요.

③ **~~경찰서로 끌려가는~~ 아버지가 안타까워 보여서** (×)

🌿 아버지가 경찰서로 끌려가고 있지는 않아요. 따라서 '나'가 이를 안타까워한다는 것은 알맞지 않아요.

④ **힘들고 지친 아버지가 '노새'와 같다고 느껴져서** (○)

★ 근거: [3]

> 우리 같은 노새는 어차피 이렇게 비행기가 붕붕거리고, ~ 자전거가 쌩쌩거리는 대처에서는 발붙이기 어려운 것인가 하는 생각이 들었다.

🌿 '나'는 노새를 비행기와 자동차가 다니는 발전된 시대 속에서 뒤처지는 존재로 생각하고 있어요. '나'가 아버지를 보며 노새를 떠올린 것은 어렵고 힘들게 살아가는 아버지가 발전된 도시에 적응하지 못하는 노새와 닮았다고 생각했기 때문이에요.
그러므로 정답은 ④!

⑤ **생계를 책임지는 아버지가 ~~대단하다고 느껴져서~~** (×)

🌿 '나'가 생계를 책임지는 아버지가 대단하다고 느끼는 모습은 윗글에서 찾을 수 없어요.

메밀꽃 필 무렵 _이효석

대화까지는 칠십 리의 밤길, 고개를 둘이나 넘고 개울을 하나 건너고 벌판과 산길을 걸어야 된다. 길은 지금 긴 산허리에 걸려 있다. 밤중을 지난 무렵인지 죽은 듯이 고요한 속에서 짐승 같은 달의 숨소리가 손에 잡힐 듯이 들리며, 콩 포기와 옥수수 잎새가 한층 달에 푸르게 젖었다. 산허리는 온통 메밀밭이어서 피기 시작한 꽃이 소금을 뿌린 듯이 흐뭇한 달빛에 숨이 막힐 지경이다. 붉은 대궁이 향기같이 애잔하고 나귀들의 걸음도 시원하다. 길이 좁은 까닭에 세 사람은 나귀를 타고 외줄로 늘어섰다. 방울 소리가 시원스럽게 딸랑딸랑 메밀밭께로 흘러간다. 앞장선 허 생원의 이야기 소리는 꽁무니에 선 동이에게는 확적히는 안 들렸으나, 그는 그대로 개운한 제멋에 적적하지는 않았다.

"장 선 꼭 이런 날 밤이었네. 객줏집 토방이란 무더워서 잠이 들어야지. 밤중은 돼서 혼자 일어나 개울가에 목욕하러 나갔지. **봉평**은 지금이나 그제나 마찬가지지. 보이는 곳마다 메밀밭이어서 개울가가 어디 없이 하얀 꽃이야. 돌밭에 벗어도 좋을 것을, 달이 너무도 밝은 까닭에 옷을 벗으러 물방앗간으로 들어가지 않았나. 이상한 일도 많지. 거기서 난데없는 성 서방네 처녀와 마주쳤단 말이네. 봉평서야 제일가는 일색이었지."

"팔자에 있었나 부지."

아무럼 하고 응답하면서 말머리를 아끼는 듯이 한참이나 담배를 빨 뿐이었다. 구수한 자줏빛 연기가 밤기운 속에 흘러서는 녹았다.

"날 기다린 것은 아니었으나 그렇다고 달리 기다리는 놈팽이가 있는 것두 아니었네. 처녀는 울고 있단 말야. 짐작은 대고 있었으나 성 서방네는 한창 어려워서 들고날 판인 때였지. 한집안 일이니 딸에겐들 걱정이 없을 리 있겠나. 좋은 데만 있으면 시집도 보내련만 시집은 죽어도 싫다지……. 그러나 처녀란 울 때같이 정을 끄는 때가 있을까. 처음에는 놀라기도 한 눈치였으나 걱정 있을 때는 누그러지기도 쉬운 듯해서 이럭저럭 이야기가 되었네……. 생각하면 무섭고도 기막힌 밤이었어."

"제천인지로 줄행랑을 놓은 건 그 다음 날이었나?"

"다음 장도막에는 벌써 온 집안이 사라진 뒤였네. 장판은 소문에 발끈 뒤집혀 오죽해야 술집에 팔려 가기가 상수*라고 처녀의 뒷공론이 자자들 하단 말이야. 제천 장판을 몇 번이나 뒤졌겠나. 하나 처녀의 꼴은 꿩 궈 먹은 자리*야. 첫날밤이 마지막 밤이었지. 그 때부터 봉평이 마음에 든 것이 반평생을 두고 다니게 되었네. 평생인들 잊을 수 있겠나."

[중략 부분의 줄거리] 동이는 아버지 없이 자신을 낳아 집에서 쫓겨난 어머니의 이야기와, 지금까지 아버지를 본 적이 없으며 아버지가 어디 사는지도 모르고 지내 온 자신의 이야기를 한다.

고개 너머는 바로 **개울**이었다. 장마에 흘러 버린 널다리가 아직도 걸리지 않은 채로 있는 까닭에 벗고 건너야 되었다. 고의를 벗어 띠로 등에 얽어매고 반 벌거숭이의 우스꽝스런 꼴로 물속에 뛰어들었다. 금방 땀을 흘린 뒤였으나 밤 물은 **뼈**를 찔렀다.

"그래, 대체 기르긴 누가 기르구?"

"어머니는 하는 수 없이 의부를 얻어 가서 술장수를 시작했죠. 술이 고주래서 의부라고 전망나니*예요. 철들어서부터 맞기 시작한 것이 하룬들 편한 날 있었을까. 어머니는 말리다가 채이고 맞고 칼부림을 당하곤 하니 집 꼴이 무어겠소. 열여덟 살 때 집을 뛰어나서부터 이 짓이죠."

"총각 낫세론 섬이* 무던하다고 생각했더니 듣고 보니 딱한 신세로군."

물은 깊어 허리까지 채었다. 속 물살도 어지간히 센 데다가 발에 채이는 돌멩이도 미끄러워 금시에 훌칠 듯하였다. 나귀와 조 선달은 재빨리 거의 건넜으나 동이는 허 생원을 붙드느라고 두 사람은 훨씬 떨어졌다.

“모친의 친정은 원래부터 제천이었던가?”

“웬걸요. 시원스리 말은 안 해주나 봉평이라는 것만은 들었죠.”

“봉평? 그래 그 아비 성은 무엇이구?”

[A] “알 수 있나요. 도무지 듣지를 못했으니까.”

그 그렇겠지 하고 중얼거리며 흐려지는 눈을 까물까물하다가 허 생원은 경망하게도 발을 빗디뎠다. 앞으로 고꾸라지기가 바쁘게 몸째 풍덩 빠져 버렸다.

*상수: 자연으로 정하여진 운명
*꿩 궈 먹은 자리: 어떠한 일의 흔적이 전혀 없음.
*전망나니: 돈이라면 사족을 못 쓰고 못된 짓을 하는 사람을 이르는 말
*총각 낫세론 섬이: 총각 나이로는 삶이

빈칸을 채우세요.

– 중심인물: – 배경:

• **흐붓하다**: 모자람이 없을 정도로 넉넉하여 만족스럽다.
• **대궁**: 식물의 줄기
• **애잔하다**: 몹시 가냘프고 약하다.
• **외줄**: 단 한 가닥의 줄
• **확적히**: 정확하게 맞아 조금도 틀리지 아니하게
• **적적하다**: 하는 일 없이 심심하다.
• **객줏집**: 예전에, 길 가는 나그네들에게 술이나 음식을 팔고 손님을 재우는 영업을 하던 집
• **토방**: 방에 들어가는 문 앞에 좀 높이 편평하게 다진 흙바닥
• **일색**: 뛰어난 미인
• **말머리**: 이야기를 시작할 때의 말의 첫마디
• **놈팽이**: ‘사내’를 낮잡아 이르는 말(= 놈팡이)
• **장도막**: 한 장날로부터 다음 장날 사이의 동안을 세는 단위
• **장판**: 장이 선 곳
• **뒷공론**: 일이 끝난 뒤에 쓸데없이 이러니저러니 다시 말함.
• **널다리**: 널빤지를 깔아서 놓은 다리
• **고의**: 남자의 여름 홑바지
• **의부**: 어머니가 재혼함으로써 생긴 아버지
• **고주**: 술에 몹시 취하여 정신을 가누지 못하는 상태
• **훌치다**: 물체가 바람 따위를 받아서 재빠질 듯 쏠리다.
• **경망하다**: 행동이나 말이 가볍고 조심성이 없다.

04 중심인물, 배경 파악하기

다음 물음에 가장 알맞은 답을 〈보기〉에서 찾아 쓰시오.

〈보기〉

조 선달　　　허 생원　　　동이　　　달　　　꽃　　　장마

(1) 윗글에서 (　　　　　　　)은/는 봉평에서 겪었던 과거의 일을 이야기하고 있다.
(2) 윗글의 인물들은 (　　　　　　　)이/가 뜬 밤에 대화로 가기 위해 길을 걷고 있다.

05 사건과 갈등 파악하기

윗글의 내용으로 가장 알맞지 <u>않은</u> 것은?

① '산허리'에서 세 사람은 한 줄로 늘어서 있었다.
② '산허리'에서 동이는 허 생원의 이야기를 조금도 놓치지 않고 들었다.
③ '봉평'에서 허 생원은 성 서방네 처녀를 처음 만났다.
④ '개울'에서 동이는 힘들게 살아온 어머니의 이야기를 했다.
⑤ '산허리'에서와 달리 '개울'에서는 허 생원과 동이의 거리가 가까워졌다.

06 인물의 심리와 태도 파악하기

[A]에 드러나 있는 허 생원의 심리로 가장 알맞은 것은?

① 허 생원은 개울의 물이 깊어 무서워하고 있다.
② 허 생원은 고향이 같은 사람을 만나 반가워하고 있다.
③ 허 생원은 고된 여정으로 인해 피곤함을 느끼고 있다.
④ 허 생원은 동이가 자신을 제대로 붙들지 않아 서운해하고 있다.
⑤ 허 생원은 동이가 자신의 아들일지도 모른다는 생각에 놀라고 있다.

07 [단답형] 배경의 의미 파악하기

윗글에서 〈보기〉의 빈칸에 들어가기에 가장 알맞은 말을 찾아 3글자로 쓰시오.

〈보기〉

　　〈메밀꽃 필 무렵〉에서 허 생원은 달밤에 산허리 길을 걸으며 성 서방네 처녀와의 추억을 이야기하고 있다. 이때 산허리를 온통 뒤덮고 있는 (　　　　　　　)에는 꽃이 흐드러지게 피어 있고 달빛이 쏟아진다. 이러한 낭만적인 배경은 허 생원의 추억을 더욱 아름다워 보이게 한다.

인물, 배경

> 내가 소녀를 맨 처음 발견한 것은 한나절로 끝나 버린 그 우스꽝스런 피란길에서 돌아온 바로 그 이튿날이었다.
>
> 윗글에는 '나'와 소녀가 등장하고, '피란길에서 돌아온 바로 그 이튿날'이라는 시간이 드러나 있다. 따라서 윗글의 중심인물은 '나'와 '소녀'이고, 시간적 배경은 '피란길에서 돌아온 바로 그 이튿날'이다.

*** ● 인물 이란?** 소설에 등장하는 사람(= 등장인물)

● 소설에 등장하는 인물의 유형

중요한 정도에 따라	중심인물	사건을 이끌어 나가는 주인공
	주변 인물	사건의 진행을 도와주는 인물
역할에 따라	주동 인물	사건과 행동을 주로 이끌어 가는 인물
	반동 인물	주동 인물의 의지, 행동과 반대되는 인물
갖고 있는 특징에 따라	전형적 인물	어떤 집단이나 세대를 대표하는 성격을 가진 인물
	개성적 인물	자기만의 뚜렷한 개성을 가진 인물
❶ 성격이 변화하는지에 따라	평면적 인물	처음부터 끝까지 성격이 변화하지 않는 인물
	입체적 인물	이야기의 흐름에 따라 성격이 변화하는 인물

> 이 판국에 굴비 두름같이 줄줄이 딸린 자식들이 밥 달라고 젖 달라고 보챈다. 하는 수 없이 흥부는 놀부를 찾아갔다.
>
> "형님을 뵙니다. 세 끼를 굶어 누운 자식 살려 낼 길 없어 염치코치 불구하고 찾아왔
> 가족을 먹여 살리려는 흥부
> 으니 (중략) 모쪼록 죽는 목숨 살려 주십시오."
>
> 이렇듯 애걸하였으나 놀부는 차디차기만 하였다. (중략) 손에 닿는 대로 골라잡더니 그만 달려들어 흥부의 뒤꼭지를 잔뜩 움켜쥐고 사정없이 친다.
>
> "이놈 내 눈앞에 뵈지 마라." 사정하는 흥부를 때리고 쫓아내는 놀부
>
> – 작자 미상, 〈흥부전〉

➡ 놀부를 찾아감으로써 사건을 주로 이끌어 가는 인물은 흥부이고, 가족을 먹여 살리려는 흥부의 의지와 반대되는 인물은 놀부이다. 따라서 윗글의 **주동 인물은 '흥부', 반동 인물은 '놀부'**이다.

*** ● 배경 이란?** 소설의 사건이 일어나는 시간과 장소, 사회적·역사적 상황

● 배경의 종류

시간적 배경	사건이 일어나는 시간(날짜, 계절) 예 오후 2시, 5월의 봄날, 한여름 등
공간적 배경	사건이 일어나는 특정한 장소 예 병원, 기차 안, 감옥 등
시대적 배경	인물을 둘러싸고 있는 사회적·역사적 상황. 특정한 시대에만 나타나는 사회의 특성(풍습, 정치, 경제, 종교, 사상, 생활환경 등)을 말한다. ❷ 예 일제 강점기, 산업화 시기

> 오후에 엄마가 여느 때보다 훨씬 일찍 집에 들어왔다. (중략)
> 시간적 배경   공간적 배경
>
> "머리 꼴이 그게 뭐야? 누가 우리 딸 머리를 그렇게 만들어 버렸어? 누구야 누구?"
>
> – 김옥, 〈야 춘기야〉

➡ 오후에 여느 때보다 일찍 집으로 돌아온 엄마는 딸의 머리를 보고 놀란다. 따라서 윗글의 **시간적 배경은 '오후', 공간적 배경은 '집'**이다.

DAY 10

❶ 성격 제시 방법
- **직접 제시:** 소설 속에서 이야기를 전하는 서술자가 인물의 성격을 직접 말하는 것
- **간접 제시:** 서술자가 인물의 성격을 직접 말하지 않고 인물의 행동이나 외모, 대화 등을 통해 간접적으로 성격을 드러내는 것

❷ 일제 강점기, 산업화 시기
- **일제 강점기:** 일본이 우리나라의 국권을 강제로 빼앗아 우리나라를 식민 지배했던 시기
- **산업화 시기:** 온갖 산업과 기술의 발달로 생산이 기계화되고, 사람들이 일감을 찾아 도시로 모이던 시기. 우리나라의 1960~70년대에 해당함.

★ 정답은 [해설편 표지] 안쪽에 있습니다.

[01~03] 다음을 읽고 빈칸에 들어가기에 알맞은 말을 고르시오.

> 내 방에서 숙제를 하고 있는데 못 박는 소리가 났다. 곧이어 엄마의 놀란 목소리가 들려왔다.
> "아니, 어머니. 뭘 하시는 거예요?"
> 나도 밖으로 나가 보았다. 할머니가 베란다에 의자를 내놓고 그 위에 올라가 있었다. (중략)
> "메주 매달아 놓을라고 그려."
> 엄마는 한숨을 폭 쉬었다.
> "어머니, 그런 데다 못을 박으시면 어떡해요."
> "매달아 놓을 데가 마땅치 않아 그러재. (중략) 몹쓸 놈의 집구석이여."
> — 오승희, 〈할머니를 따라간 메주〉

01

엄마와 할머니는 윗글의 (중심인물 / 주변 인물)로, 사건을 이끌어 가고 있다.

02

윗글에서 엄마와 할머니가 말다툼을 하는 장소는 '(내 방 / 베란다)'이다.

03

할머니는 전통적 삶의 방식을 따르려는 세대를 대표하는 (전형적 / 개성적) 인물이다.

★ 다음을 읽고 빈칸에 들어가기에 알맞은 말을 고르시오.

> 아버지는 책보를 동길이 앞에 불쑥 내밀었다. (중략)
> "이놈아, 아버지가 징용*에 나갔다고 선생님한테 와 말 못 하노. (중략) 입은 뒀다가 뭐 할라 카는 입이고?"
> — 하근찬, 〈흰 종이수염〉
> *징용: 전쟁 또는 이와 같은 비상 상황에 국가의 힘으로 국민에게 어떠한 일을 강제적으로 시키는 것

04

아버지가 '징용'을 다녀왔다는 것을 통해 윗글의 (공간적 / 시대적) 배경이 6·25 전쟁 이후임이 드러나고 있다.

[05~06] 다음을 읽고 맞으면 ○, 틀리면 ✕에 표시하시오.

> 장인님은 원체 심청*이 궂어서 그러지만, 나도 저만 못하지 않게 배를 채었다. 아픈 것을 눈을 꽉 감고 넌 해라 난 재미난 듯이 있었으나, 볼기짝을 후려갈길 적에는 나도 모르는 결에 벌떡 일어나서 그 수염을 잡아챘다마는, (중략) 이까짓 놈의 장인님 하곤 아무것도 안 되니까 막 때려도 좋지만 사정 보아서 수염만 채고 (제 원대로 했으니까 이때 점순이는 퍽 기뻤겠지.) 저기까지 잘 들리도록 / "이걸 까셀라부다!"
> 하고 소리를 쳤다.
> — 김유정, 〈봄봄〉
> *심청: 마음을 쓰는 속 바탕(= 마음보)

05

'나'는 윗글의 주인공이 아닌, 사건의 진행을 도와주는 주변 인물이다. (○ , ✕)

06

윗글에는 구체적인 시간적 배경이 나타나 있다. (○ , ✕)

[07~10] 빈칸에 들어가기에 알맞은 단어를 〈보기〉에서 찾아 문맥에 맞게 쓰시오.

> 〈보기〉
> • 당도하다 : 어떤 곳에 다다르다.
> • 애잔하다 : 몹시 가냘프고 약하다.
> • 적적하다 : 하는 일 없이 심심하다.
> • 연거푸 : 잇따라 여러 번 되풀이하여

07

그녀는 재채기를 (　　　　) 다섯 번이나 했다.

08

우리는 저녁이 되어서야 목적지에 (　　　　)했다.

09

그는 빈방에 혼자 누워 (　　　　)하게 시간을 보냈다.

10

홀로 핀 달맞이꽃이 왠지 가엾고 (　　　　)해 보인다.

* 1970년대의 생활상

　1970년대는 우리나라에서 산업화가 본격적으로 진행되던 시기입니다. 이전까지 우리나라의 공업은 주로 식품을 만들거나 섬유·고무 등을 이용하여 우리의 일상생활과 밀접한 상품을 만들던 것이었지만, 1970년대부터는 제철업·조선업·기계 제조업 등 중공업으로 주요 산업이 확대되면서 경제가 급격하게 성장했지요. 이러한 산업은 주로 도시에서 이루어졌기 때문에 많은 사람들이 일자리를 찾아 도시로 이주하기도 했습니다.

　〈노새 두 마리〉에서 아버지와 '나'의 가족의 생계를 위협한 '삼륜차'는 1970년대의 대표적인 운송 수단이었습니다. 삼륜차는 바퀴가 세 개 달린 차로, 약 2톤 정도의 물건을 실을 수 있었고 고속도로를 달릴 수 있었어요. 그래서 이삿짐을 옮기거나 명절에 고향에 내려갈 때 등 여러 가지 경우에 많이 사용되었지요. 하지만 앞바퀴가 한 개이다 보니 균형을 잡기 어려워 사고가 자주 났기 때문에 점차 사라졌습니다.

　한편, 1970년대는 군사 정권의 시기로, 개인의 일상생활에 대한 통제가 심했던 때이기도 합니다. 사회의 질서를 어지럽힌다고 하여 당시에 유행했던 장발(긴 머리)과 미니스커트를 단속하고, 몇몇 대중가요의 방송을 금지하기도 했어요. 또한 1945년부터 시작된 야간 통행금지가 여전히 시행되어 밤 12시가 되면 통행금지 시간을 알리는 사이렌이 울렸고, 보통 사람들은 이 시간부터는 밖을 돌아다니지 못했습니다.

심청전 ① _작자 미상

① 이때에 심 봉사는 홀로 앉아 심청을 기다리는데, 배가 고파 등에 붙고 방은 추워 턱이 떨어질 지경이다. 새는 자려고 둥지를 찾아 날아들고 먼 절에서 종소리가 들리니 심 봉사가 날이 저문 줄 알고 혼자 하는 말이,

"내 딸 심청이는 무슨 일에 빠져서 날이 저문 줄 모르는고. 주인에게 잡히어 못 오는가, 저물게 오는 길에 동무에게 붙잡혀 있는가?"

눈바람에 길 가는 사람 보고 짖는 개 소리에,

"심청이 오느냐?"

하면서 반기기도 하고, 괜히 눈보라가 떨어진 창가에 부딪치기만 해도 행여 심청이 오는 소리인가 하여 반겨 나서면서,

"심청이 너 오느냐?"

하고 나가 봐도 적막한 빈 뜰에 인적이 없으니 괜히 속았구나.

② 지팡이를 찾아 짚고 사립 밖에 나가다가 한 길 넘은 개천에 밀친 듯이 떨어지니, 얼굴에 흙빛이요 의복에 얼음이라. 뒤뚱거리다 도로 더 빠지며 나오자니 미끄러져 어쩔 수 없이 죽게 되어, 아무리 소리쳐도 해는 저물고 지나가는 사람은 없으니 누가 건져 주리.

그래도 죽을 사람 구해 주는 부처님은 곳곳마다 있는 법이다. 마침 이때 몽운사 화주승이 절을 새로 지으려고 시주 보따리를 둘러메고 내려왔다가, 청산은 어둑어둑하고 눈 덮인 들판에 달이 돋아 올 때, 돌밭 비탈길로 절을 찾아가는데 바람결에 애처로운 소리가 들렸다. / "사람 살려!"

화주승은 가엾게 여기는 마음에 소리 나는 곳을 찾아가니, 어떤 사람이 개천에 빠져서 거의 죽게 되었다. 급한 마음에 지팡이와 바랑*을 바위 위에 휙 던져 두고, 갓과 웃옷을 서둘러 벗어 놓고, 미투리*와 행전*, 대님*, 버선도 훨훨 벗어 놓고, 누비 바지 저고리를 거듬거듬 추켜올려, 급히 뛰어들어 심 봉사 고추상투를 덥벅 잡아 들어 올려 건져 놓으니, 전에 보던 심 봉사였다. 심 봉사가 정신을 차려 묻기를,

"게 뉘시오?"

화주승이 대답하기를, / "몽운사 화주승이오."

"그렇지, 사람을 살리는 부처로군요. 죽을 사람을 살려 주시니 은혜 백골난망이오."

③ 화주승이 심 봉사를 업어다 방 안에 앉히고 개천에 빠진 까닭을 물었다. 심 봉사는 신세를 한탄하다가 앞뒤 사정을 말하니, 화주승이 봉사더러 하는 말이,

"딱하시군요. 우리 절 부처님은 영험이 많으셔서 빌어서 아니 되는 일이 없고 구하면 응답을 주신답니다. 공양미 삼백 석을 부처님께 올리고 지극한 정성으로 불공을 드리면 반드시 눈을 떠서 천지 만물을 보게 될 것입니다."

심 봉사가 집안 형편은 생각지 않고 눈 뜬단 말에 혹하여, / "그러면 삼백 석을 적어 가시오."

화주승이 허허 웃고,

"이보시오, 댁의 집안 형편을 살펴보니 삼백 석을 무슨 수로 장만하겠소."

심 봉사가 홧김에 하는 말이,

"여보시오, 어느 미련한 놈이 부처님께 적어 놓고 빈말하겠소? 눈 뜨려다가 앉은뱅이 되게요. 사람을 업신여겨 그런 걱정일랑 말고 적으시오."

화주승이 바랑을 펼쳐 놓고 제일 윗줄 붉은 칸에,

'심학규 쌀 삼백 석.'

이라 적어 가지고 인사하고 갔다. 그런 뒤에 심 봉사는 화주승을 보내고 다시금 생각하니 공양미 삼백 석을 장만할 길이 없어 복을 빌려다가 도리어 죄를 얻게 되니 이 일을 어이하리. 이 설움 저 설움, 묵은 설움 햇설움이 한꺼번에 일어나니 견디지 못하여 울음을 운다.

* 바랑: 승려가 등에 지고 다니는 자루 모양의 큰 주머니
* 미투리: 삼이나 노 따위로 짚신처럼 삼은 신
* 행전: 바지를 입을 때 정강이에 감아 무릎 아래 매는 물건
* 대님: 남자들이 한복 바지를 입은 뒤에 양쪽 다리의 끝부분을 접어서 발목을 졸라매는 끈

- **적막하다**: 고요하고 쓸쓸하다.
- **인적**: 사람의 발자취. 또는 사람의 왕래
- **사립**: 사립짝을 달아서 만든 문
- **길**: 길이의 단위. 한 길은 약 2.4미터 또는 3미터에 해당한다.
- **시주**: 가엽게 여기는 마음으로 조건 없이 절이나 승려에게 물건을 베풀어 주는 일
- **백골난망**: 죽어서 백골이 되어도 잊을 수 없다는 뜻으로, 남에게 큰 은덕을 입었을 때 고마움의 뜻으로 이르는 말
- **영험**: 사람이 바라는 대로 되는 신기한 경험
- **공양미**: 부처에게 바치는 쌀
- **불공**: 부처에게 정성스럽게 음식을 바치고 절하고 기도하는 것
- **장만하다**: 필요한 것을 사거나 만들거나 하여 갖추다.
- **업신여기다**: 교만한 마음에서 남을 낮추어 보거나 하찮게 여기다.

🍓 빈칸을 채우세요.

– 중심인물: – 배경:

STEP I 중심인물, 배경 파악하기

〈심청전〉은 많이 들어보았던 옛날이야기이죠? 이러한 옛날이야기 가운데 소설로 기록된 것을 고전 소설이라고 하며, 우리나라에서는 보통 조선 시대에 지어진 소설까지를 고전 소설이라고 해요.

현대 소설과 마찬가지로 고전 소설 역시 중심인물과 배경을 파악하는 것이 중요해요. 어떠한 배경에서 중심인물을 둘러싸고 무슨 일이 벌어지는지가 고전 소설의 주된 내용이기 때문이지요.

또한 고전 소설의 제목에는 주인공의 이름이 들어가는 경우가 많아요. 주로 주인공의 일생을 따라 이야기가 전개되기 때문이에요. 따라서 고전 소설을 읽기 전에 제목을 먼저 보면 주인공이 누구인지 추측할 수 있어요.

✿ 〈심청전〉의 중심인물을 살펴볼까요?

〈심청전〉이라는 제목을 통해 주인공이 '심청'이라는 것을 추측할 수 있어요. 하지만 윗글에서는 심청의 아버지인 심 봉사와 스님인 화주승만 등장하고 있네요. 또한 심 봉사와 화주승 사이에 일어난 일이 제시되고 있어요.
따라서 <u>윗글의 중심인물은 '심 봉사'와 '화주승'</u>입니다.

✿ 〈심청전〉의 배경을 함께 파악해 봅시다.

심 봉사는 집에서 심청을 기다리고 있어요. 날이 저물어도 심청이 돌아오지 않자 걱정을 하기도 하고, 개가 짖는 소리나 눈보라가 창가에 부딪치는 소리만 나도 심청

이 온 줄 알고 반기고 있네요(①). 그러던 심 봉사는 심청을 찾으러 밖으로 나가다가 개천에 떨어지는데, 마침 지나가던 화주승이 심 봉사를 개천에서 건져 줍니다(②). 심 봉사를 방 안에 데려다 놓은 화주승은 심 봉사의 딱한 처지를 듣고 공양미 삼백 석을 부처님께 올리면 눈을 뜰 수 있다고 이야기해요. 이에 심 봉사는 집안 형편을 생각하지 않고 덥석 공양미 삼백 석을 부처님께 올리겠다고 약속해요(③). ①에서 ②, ③으로 시간이 흐름에 따라 공간이 집에서 개천으로, 개천에서 방 안으로 바뀌는 것이 확실하게 드러나 있네요.
따라서 <u>윗글의 공간적 배경은 '집', '개천', '방 안'</u>입니다.

한편 ①에서 심 봉사가 심청을 기다릴 때 '방은 추워 턱이 떨어질 지경'이고, '눈바람'이 불고 '눈보라'가 친다고 했어요. 이를 통해 사건이 일어나는 계절이 겨울임을 알 수 있어요.

또한 ①에서 심 봉사는 '날이 저문 줄 알'았다고 했고, ②에서 화주승은 '청산이 어둑어둑하고 눈 덮인 들판에 달이 돋아올 때' 절로 돌아가다가 심 봉사의 애처로운 소리를 들었다고 했어요. '어둑어둑'하고 '달이 돋아' 온다는 것은 저녁이 되었음을 의미해요. 즉, 사건이 일어난 시간은 저녁인 것이지요.
따라서 <u>윗글의 시간적 배경은 '겨울 저녁'</u>입니다.

다음 물음에 가장 알맞은 답을 〈보기〉에서 찾아 쓰시오.

〈보기〉

심 봉사　　　화주승　　　심청　　　빈 뜰　　　개천　　　절

(1) 윗글에 등장하는 두 인물은 누구인가? (　　　　　　　　), (　　　　　　　　)
(2) 윗글에서 화주승이 위기에 빠진 심 봉사를 구해 준 장소는 어디인가?

(　　　　　　　　)

02　인물의 심리와 태도 파악하기

윗글의 '심 봉사'에 대한 설명으로 가장 알맞지 <u>않은</u> 것은?

① 화주승에게 자신의 신세를 한탄하고 있다.
② 자신을 구해 준 화주승에게 고마워하고 있다.
③ 화주승의 제안에 대해 신중하게 고민하고 있다.
④ 아직 돌아오지 않은 심청을 애타게 기다리고 있다.
⑤ 공양미 삼백 석을 장만할 수 없어 서러워하고 있다.

02
심 봉사의 말과 행동을 통해 어떤 심리가 드러나고 있는지 살펴보세요.
• **신세**: 주로 불행한 일과 관련된 개인의 처지와 형편
• **한탄하다**: 원통하거나 뉘우치는 일이 있을 때 한숨을 쉬며 탄식하다.
• **신중하다**: 매우 조심스럽다.

03　서술상 특징 파악하기

윗글에 대한 설명으로 가장 알맞은 것은?

① 화주승이 과거의 일을 회상하고 있다.
② 시간의 흐름에 따라 계절이 바뀌고 있다.
③ 심 봉사가 화주승의 이야기를 전하고 있다.
④ 심 봉사와 화주승의 이야기가 대조되고 있다.
⑤ 이야기가 진행됨에 따라 공간이 바뀌고 있다.

03
윗글에 나타나는 시간적·공간적 배경을 살펴보고, 어떤 인물의 이야기가 펼쳐지고 있는지 생각해 보세요.
• **회상하다**: 지난 일을 돌이켜 생각하다.
• **대조되다**: 두 대상의 서로 다른 점이 맞대어져 비교되다.

01 중심인물, 배경 파악하기

(1) 윗글에는 개천에 빠진 심 봉사와, 그를 도와주는 화주승이 등장하고 있어요. 따라서 정답은 __심 봉사, 화주승__ 입니다.

(2) 화주승은 개천에 빠진 심 봉사를 구해 주고 있어요. 따라서 정답은 __개천__ 입니다.

02 인물의 심리와 태도 파악하기

윗글의 '심 봉사'에 대한 설명으로 가장 알맞지 않은 것은?

- **윗글의 '심 봉사':** 심 봉사는 심청을 찾으러 나갔다가 개천에 빠지고, 지나가던 화주승의 도움으로 위기에서 벗어나고 있습니다.

즉 심 봉사의 위기와, 위기에서 벗어나는 과정에서 나타난 심 봉사의 정서와 태도를 잘못 설명한 것을 고르는 문제입니다.

① 화주승에게 자신의 신세를 한탄하고 있다. (○)

★ 근거: ③

> 심 봉사는 신세를 한탄하다가 앞뒤 사정을 말하니,

🍃 심 봉사는 개천에 빠진 이유를 묻는 화주승에게 자신의 신세를 한탄하고 있어요.

② 자신을 구해 준 화주승에게 고마워하고 있다. (○)

★ 근거: ②

> 죽을 사람을 살려 주시니 은혜 백골난망이오.

🍃 심 봉사는 자신을 살려 준 화주승에게 '백골난망'이라며 고마움을 표현하고 있어요. 백골난망이란 남에게 큰 도움을 입었을 때 고마움의 뜻으로 이르는 말이에요.

③ 화주승의 제안에 대해 진중하게 고민하고 있다. (×)

★ 근거: ③

> 심 봉사가 집안 형편은 생각지 않고 눈 뜬단 말에 혹하여

🍃 심 봉사는 눈을 뜰 수 있다는 말에 혹하여 공양미 삼백 석을 부처께 올리겠다고 화주승에게 약속하고 있어요. 즉, 심 봉사는 화주승의 제안을 신중하게 고민하지 않고 받아들이고 있어요. **그러므로 정답은 ③!**

④ 아직 돌아오지 않은 심청을 애타게 기다리고 있다. (○)

★ 근거: ①

> 눈바람에 ~ 심청이 오는 소리인가 하여 반겨 나서면서,

🍃 심 봉사는 개가 짖는 소리나 눈보라가 창가에 부딪치는 소리만 나도 심청이 오는 소리라고 생각하여 반길 만큼 심청을 애타게 기다리고 있어요.

⑤ 공양미 삼백 석을 장만할 수 없어 서러워하고 있다. (○)

★ 근거: ③

> 공양미 삼백 석을 장만할 길이 없어 ~ 한꺼번에 일어나니 견디지 못하여 울음을 운다.

🍃 심 봉사는 공양미 삼백 석을 부처께 올리겠다고 화주승에게 약속하지만, 곧 공양미 삼백 석을 마련할 길이 없다는 것을 깨달아요. 그리고 이를 걱정하다 설움을 견디지 못하여 울고 있어요.

03 서술상 특징 파악하기

윗글에 대한 설명으로 가장 알맞은 것은?

① 화주승이 과거의 일을 회상하고 있다. (×)

🍃 윗글에서는 개천에 빠진 심 봉사를 화주승이 도와주고, 심 봉사가 부처께 공양미 삼백 석을 올리겠다고 화주승과 약속하는 이야기가 시간의 흐름에 따라 전개되고 있어요. 화주승이 과거의 일을 떠올리고 있지는 않아요.

② 시간의 흐름에 따라 계절이 바뀌고 있다. (×)

★ 근거: ①, ②

> 방은 추워 턱이 떨어질 지경 / 눈바람 / 눈보라가 떨어진 창가 / 눈 덮인 들판

🍃 '방은 추워 턱이 떨어질 지경', '눈바람', '눈보라' 등을 통해 윗글의 계절적 배경이 겨울임을 알 수 있어요. 또한 윗글의 사건은 모두 하루에 일어나는 일이므로, 계절이 바뀌고 있지 않아요.

③ 심 봉사가 화주승의 이야기를 전하고 있다. (×)

🍃 심 봉사는 윗글의 등장인물일 뿐, 이야기를 전하고 있지는 않아요.

④ 심 봉사와 화주승의 이야기가 대조되고 있다. (×)

🍃 대조된다는 것은 서로 반대된다는 의미예요. 심 봉사는 화주승의 도움으로 위기에서 벗어나고 있을 뿐, 두 사람의 이야기가 대조되고 있지는 않아요.

⑤ 이야기가 진행됨에 따라 공간이 바뀌고 있다. (○)

★ 근거: ①~③

> - 방은 추워 / 적막한 빈 뜰에 인적이 없으니
> - 한 길 넘은 개천에 밀친 듯이 떨어지니,
> - 화주승이 심 봉사를 업어다 방 안에 앉히고

🍃 집에서 심청을 기다리던 심 봉사는 밖으로 나갔다가 개천에 떨어져요. 그리고 화주승이 심 봉사를 구해 다시 방 안에 데려다주었어요. 즉, 이야기가 진행되면서 공간이 '집'에서 '개천', '방 안'으로 바뀌고 있어요. **그러므로 정답은 ⑤!**

심청전 ② _작자 미상

[앞부분의 줄거리] 가난한 집에서 태어난 심청은 아버지 심 봉사의 눈을 뜨게 하려고 공양미 삼백 석에 제물이 되어 인당수에 빠져 죽게 된다. 그러나 심청은 옥황상제의 도움으로 수궁으로 가고, 광한전의 옥진 부인(심청의 어머니)이 수정궁에 머물던 심청을 찾아와 만나게 된다.

"내 딸 심청아!"

하고 부르는 소리에 어머니인 줄 알고 왈칵 뛰어 나서며,

"어머니 어머니, 나를 낳고 초칠일 안에 돌아가시어 지금까지 십오 년을 얼굴도 모르오니 천지간 끝없이 깊은 한이 갤 날이 없었습니다. 오늘날 이곳에 와서 어머니와 만날 줄을 알았더라면, 오던 날 아버지 앞에서 이 말씀을 여쭈었더라면 날 보내고 설운 마음 조금이나마 위로했을 것을……. 우리 모녀는 서로 만나 보니 좋지마는 외로우신 아버님은 누구를 보고 반기시리까? 아버지 생각이 새롭습니다."

옥진 부인이 울며 말하기를,

"나는 죽어 귀히 되어 인간일 때 생각이 아득하다. 너의 아버지 너를 키워 서로 의지하였다가 너조차 이별하니 너 오던 날 그 모습이 오죽하랴. 내가 너를 보니 반가운 마음이야 너의 아버지 너를 잃은 설움에다 비길쏘냐. 묻노라, 너의 아버지 가난에 절어 그 모습이 어떠하냐. 아마도 많이 늙었겠구나. 그간 수십 년에 홀아비나 면했으며, 뒷마을 귀덕 어미 네게 정성을 다하지 않더냐?"

얼굴도 대어 보고 손발도 만져 보며,

"귀와 목이 희니 너의 아버지 같기도 하다. 손과 발이 고운 것은 어찌 아니 내 딸이랴. 내 끼던 옥가락지도 네가 지금 가졌으며, '수복강녕*', '태평안락*'을 양편에 새긴 붉은 돈주머니도 애고 네가 찼구나. 아버지를 이별하고 어미를 다시 보니 두 가지 다 온전하기 어려운 건 인간의 고락이라. 그러나 오늘 나

를 다시 이별하고 너의 아버지를 다시 만날 줄을 네가 어찌 알겠느냐? ㉠광한전 맡은 일이 너무도 바빠 오래 비워 두기 어렵기로 다시금 이별하니 애통하고 딱하다만 내 맘대로 못 하니 한탄한들 어이 할쏘냐? 후에라도 다시 만나 즐길 날이 있으리라."

하고 떨치고 일어서니 소저 만류하지 못하고 따를 길이 없어 울며 하직하고 ㉡수정궁에 머물더라. / (중략)

하루는 옥황상제께서 사해용왕에게 말씀을 전하시기를,

"심 소저 혼약할 때가 가까우니, 인당수로 돌려보내어 좋은 때를 잃지 말게 하라."

분부가 지엄하시니 사해용왕이 명을 듣고 심 소저를 보내실 때, 큰 꽃송이에 넣고 두 시녀를 곁에서 모시게 하여 아침저녁 먹을 것과 비단 보물을 많이 넣고 옥화분에 고이 담아 ㉢인당수로 보내더라. 이때 사해용왕이 친히 나와 예를 갖추어 떠나보내고 각 궁의 시녀와 여덟 선녀가 여쭙기를,

"소저는 인간 세상에 나아가서 부귀와 영광으로 만만세를 즐기소서." / 소저 대답하기를,

"여러 왕의 덕을 입어 죽을 몸이 다시 살아 세상에 나가오니 은혜를 잊을 수가 없습니다. 모든 시녀들과도 정이 깊어 떠나기 섭섭하오나 이승과 저승의 길이 다르기에 이별하고 가기는 하지마는 수궁의 귀하신 몸 내내 평안하옵소서."

하고 하직하고 돌아서니, 순식간에 꿈같이 인당수에 번듯 떠서 뚜렷이 수면을 영롱케 하니 천신의 조화요 용왕의 신령이더라.

---

* 수복강녕: 오래 살고 복을 누리며 건강하고 평안함.
* 태평안락: 마음에 아무 근심 걱정이 없고, 몸과 마음이 편안하고 즐거움.

ㅡ 중심인물:　　　　　　　　　ㅡ 배경:

- **초칠일**: 아이가 태어난 지 일곱 날이 되는 날
- **천지간**: 하늘과 땅 사이라는 뜻으로, 이 세상을 이르는 말

- **고락**: 괴로움과 즐거움을 아울러 이르는 말
- **하직하다**: 먼 길을 떠날 때 웃어른께 작별을 고하다.
- **혼약하다**: 혼인하기로 하다.　• **지엄하다**: 매우 엄하다.
- **평안하다**: 걱정이나 탈이 없다. 또는 무사히 잘 있다.
- **천신**: 하늘에 있다는 신. 또는 하늘의 신령　• **신령**: 신기하고 영묘함.

04　중심인물, 배경 파악하기

다음 물음에 가장 알맞은 답을 〈보기〉에서 찾아 쓰시오.

〈보기〉

| 심청 | 아버지 | 옥진 부인 | 수정궁 | 인당수 | 광한전 |

(1) 윗글에서 주로 대화를 주고받는 두 인물은 누구인가? (　　　　　), (　　　　　)
(2) 심청이 제물로 바쳐치고, 수궁을 떠나 도착한 곳은 어디인가? (　　　　　)

05　사건과 갈등 파악하기

윗글의 내용으로 가장 알맞지 <u>않은</u> 것은?

① 심청은 옥진 부인과 금방 다시 헤어졌다.
② 옥진 부인은 심청에게 옥 화분을 주었다.
③ 옥진 부인은 심청에게 심 봉사의 안부를 물었다.
④ 옥황상제는 심청을 인당수로 돌려보내라고 명령했다.
⑤ 사해용왕은 떠나는 심청에게 많은 물건을 챙겨 주었다.

06　배경의 의미 파악하기

㉠~㉢에 대한 설명으로 가장 알맞지 <u>않은</u> 것은?

① ㉠은 옥진 부인이 지내는 곳이다.
② ㉡은 심청이 수궁으로 와서 머무는 곳이다.
③ ㉢은 심청과 옥진 부인이 다시 만나는 곳이다.
④ ㉠과 ㉡은 인간 세상에 속하지 않는다.
⑤ ㉡에 머물던 심청은 ㉢으로 가게 된다.

07　[단답형] 소재의 의미 파악하기

윗글에서 〈보기〉의 밑줄 친 부분과 가장 관련이 있는 소재 2가지를 찾아 쓰시오.

〈보기〉

옥진 부인은 심청의 모습을 살펴보고, 자신이 사용하던 물건을 심청이 가지고 있는 것을 보며 심청이 자신의 딸임을 확신한다.

05
'(중략)' 이전에는 심청과 옥진 부인이 다시 만나는 이야기가, 이후에는 심청이 인간 세상으로 돌아가는 이야기가 전개되고 있어요.
- **안부**: 어떤 사람이 편안하게 잘 지내고 있는지 그렇지 아니한지에 대한 소식

06
각 인물이 어디에서 머물고 있는지, 어디로 이동하고 있는지 살펴보세요.

07
옥진 부인이 심청을 만난 후에 한 말을 살펴보세요.
- **확신하다**: 굳게 믿다.

소재, 고전 소설

＊❶ 소재 란?

작가가 이야기를 펼쳐 나가기 위해 사용하는 재료. 작가는 주제를 효과적으로 전달하기 위해 소설 속에 어떠한 의미를 담고 있는 소재를 일부러 두는 경우가 많다.

> "아저씨는 무슨 반찬이 제일 맛나우?" 하고 물으니까, 그는 한참이나 빙그레 웃고 있더니, "나두 삶은 달걀." 하겠지요. (중략)
> "엄마, 엄마, 사랑 아저씨두 나처럼 삶은 달걀을 제일 좋아한대." 하고, 소리를 질렀지요. "떠들지 말어." 하고, 어머니는 눈을 흘기십니다.
> 그러나 사랑 아저씨가 달걀을 좋아하는 것이 내게는 썩 좋게 되었어요. 그것은 그다음부터는 어머니가 달걀을 많이씩 사게 되었으니까요. — 주요섭, 〈사랑손님과 어머니〉

➡ 어머니는 사랑 아저씨가 삶은 달걀을 좋아한다는 이야기를 듣고 달걀을 많이씩 산다. 따라서 **달걀은 사랑 아저씨에 대한 어머니의 마음을 나타내는 소재**이다.

＊● 고전 소설 이란?

옛날에 쓰인 소설. 우리나라에서는 보통 19세기까지 쓰인 소설을 고전 소설이라고 한다.

● 고전 소설의 종류

❷영웅 소설	영웅적 인물의 일생을 그린 소설
❷군담 소설	전쟁을 소재로 하여 적을 물리치는 주인공의 활약상을 그린 소설
가정 소설	가정 내에서 일어나는 사건을 다룬 소설. 계모로 인한 갈등, 아내와 첩의 갈등 등이 주된 소재이다.
애정 소설	남녀 간의 사랑을 다룬 소설. 남녀 주인공이 인연을 맺어 혼인하기까지의 과정, 시련 등을 폭넓게 다룬다.
우화 소설	동물이나 식물 등을 사람처럼 표현하여 쓴 소설. 동물이나 식물에 빗대어 인간 세상의 부정적인 면을 비판하거나, 읽는 사람에게 교훈을 주려는 의도로 지어진 경우가 많다.
❸적강 소설	하늘나라의 선녀나 신선이 인간 세상에 내려오거나 사람으로 태어나는 이야기를 다룬 소설

> 이때 천자가 옥새를 목에 걸고 항서를 손에 든 채 진문 밖으로 나오다가 보니, 뜻밖
> 임금   임금의 도장   항복의 뜻을 밝힌 문서
> 에 호통 소리가 나며 어떤 한 대장이 적장 문걸의 머리를 베어 들고 중군으로 들어가
> 주인공 유충렬의 활약 – 적을 물리치고 나라를 위기에서 구함.
> 거늘, 매우 놀라고 또 기뻐서 말하기를,
> "적장 벤 장수 성명이 무엇이냐? 빨리 모시고 들어오라."
> 유충렬의 활약을 기뻐하는 천자
> — 작자 미상, 〈유충렬전〉

➡ 주인공 유충렬은 적을 물리쳐 항복할 위기에 처한 천자를 구해 낸다. 따라서 **〈유충렬전〉은 영웅적 인물인 유충렬의 활약상을 그린 영웅 소설이자 군담 소설**이다.

---

❶ 소재의 다양한 기능
- 주제와 관련된 상징적 의미를 가짐.
- 인물의 상황이나 심리를 드러냄.
- 장면과 장면을 연결함.
- 앞으로 일어날 사건을 암시함.
- 갈등을 일으키거나 없앰.
- 인물이 과거를 떠올리게 함.

고전 소설은 〈홍길동전〉처럼 영웅의 일생을 다룬 소설, 〈콩쥐팥쥐전〉처럼 한 가정 내에서 일어나는 사건을 다룬 소설, 〈춘향전〉처럼 남녀 간의 사랑을 다룬 소설 등 내용에 따라 다양한 종류로 나눌 수 있다.

❷ 영웅 소설과 군담 소설
영웅 소설은 주인공이 전쟁에서 승리하거나 위기에 빠진 나라를 구해 영웅이 되는 과정을 그린 경우가 많음. 따라서 대부분의 영웅 소설은 군담 소설이기도 함.

❸ 적강 소설의 배경
적강 소설의 배경은 크게 천상계와 지상계로 나뉨.

천상계	하늘 위의 세계로, 주인공이 인간 세상으로 내려오기 전에 살던 초월적 공간
지상계	주인공이 내려와 지내는 인간 세계

★ 정답은 [해설편 표지] 안쪽에 있습니다.

★ 다음을 읽고 빈칸에 들어가기에 알맞은 말을 쓰시오.

> 노인은 응석이나 피우는 듯이 울음 반 말 반으로,
> "와 나를 가두노, 와 나를 가두노. 우리 인식이는 죽으라카나, 우리 인식이는……."
> 넋두리를 그치지 않는다.
> "죄를 짓지 말았으면 잡혀 오지 않았을 것 아니냐."
> 순사*는 귀찮은 듯이 제 친절을 몰라주는 것이 괘씸한 듯이 한마디를 쏜다.
> "내가 무슨 죄고, 대문간에 내버린 신문 한 장 주운 것밖에 나는 아무 죄가 없지그리."
>
> – 현진건, 〈신문지와 철창〉
>
> *순사: 일제 강점기에 둔, 경찰관의 가장 낮은 계급

01

'(　　　　) 한 장'은 노인이 억울하게 잡혀 오게 된 계기이자, 일제 강점기의 부당한 횡포를 나타내는 소재이다.

[02~03] 다음을 읽고 맞으면 ○, 틀리면 ×에 표시하시오.

> "조선국 의주 부윤 임경업은 들으라. (중략) 죽기가 두렵거든 항복하여 목숨을 아끼거라."
> 이 말을 경업이 듣고 크게 분노해 (중략) 말에 올라 청룡검을 비껴들고 호국 진영*에 달려들어 거칠 것 없이 좌우로 칼을 휘두르니, 적병*들의 머리가 가을바람에 낙엽 날리듯 떨어졌다. 호국 군사들이 감히 맞서지 못해 급히 달아나니, 이때 서로 짓밟으며 물에 빠져 죽는 자를 헤아릴 수 없었다.
>
> – 작자 미상, 〈임경업전〉
>
> *호국 진영: 오랑캐의 군대가 진을 치고 있는 곳
> *적병: 적의 병사들

02

윗글은 적을 물리치는 주인공 '경업'의 활약상을 그린 군담 소설이다. (○ , ×)

03

'경업'은 뛰어난 능력을 지닌 영웅적 인물이다. (○ , ×)

[04~05] 다음의 빈칸에 들어가기에 알맞은 말을 고르시오.

> 할미새는 어사를 보자 묻지도 않은 말을 했다. (중략)
> "삼 년 전에 까치 부부가 새로 집을 짓고서 집들이 잔치를 벌였습니다. 그런데 비둘기가 나타나 자기를 초대하지 않았다고 하여 까치를 발길로 차서 수십 길 낭떠러지에 떨어져 죽게 했습니다. 그러나 여러 증인들이 비둘기로부터 돈을 받고서는 거짓말을 하였기 때문에 벌을 주지 못하였던 일이 있었습니다."
>
> – 작자 미상, 〈까치전〉

04

윗글은 (우화 / 적강) 소설이다.

05

윗글은 까치 부부의 억울한 일을 통해 뇌물로 자신의 죄를 덮는 행동과, 뇌물을 받고 거짓 증언을 하는 행동을 (비판 / 예찬)하고 있다.

[06~09] 빈칸에 들어가기에 알맞은 단어를 〈보기〉에서 찾아 문맥에 맞게 쓰시오.

> 〈보기〉
> • 회상하다: 지난 일을 돌이켜 생각하다.
> • 인적: 사람의 발자취. 또는 사람의 왕래
> • 평안하다: 걱정이나 탈이 없다. 또는 무사히 잘 있다.
> • 안부: 어떤 사람이 편안하게 잘 지내고 있는지 그렇지 아니한지에 대한 소식

06

나는 친구의 편지를 보며 학창 시절을 (　　　　)했다.

07

그 절은 (　　　　)이/가 드문 깊은 산속에 위치한다.

08

아버지는 우리 가족이 항상 (　　　　)하기를 바라신다.

09

오랜만에 만난 친구에게 (　　　　)을/를 물었다.

기억 속의 들꽃 _윤흥길

내가 소녀를 맨 처음 발견한 것은 한나절로 끝나 버린 그 우스꽝스런 피란길에서 돌아온 바로 그 이튿날이었다.

아침이었다. 마을엔 벌써 낯선 깃발이 펄럭이고 있었다. 마을 사람들이 재 너머 학교를 향해 몰려가고 있었다. 나는 삽짝을 젖히고 골목길을 나섰다. / "얘."

생판 모르는 녀석이 간드러진 소리로 나를 부르고 있었다. 주제꼴은 꾀죄죄해도 곱살스러운 얼굴에 꼭 계집애처럼 생긴 녀석이었다. 우선 생김새에서 풍기는, 어딘지 모르게 도시 아이다운 냄새가 나를 당황하도록 만들었다. 더구나 사람을 부르는 방식부터가 우리하고는 딴판이었다. 그처럼 교과서에서나 보던 서울 말씨로 나를 부르는 아이는 아직껏 마을에 한 명도 없었던 것이다.

"왜 놀라니? 내가 무서워 보이니?"

조금도 무섭지 않았다. 다만 약간 얼떨떨한 기분일 뿐이었다. 피란민이 줄을 잇는 동안 갖가지 귀에 선 말씨들을 들어 왔으나 녀석처럼 그렇게 착 감기는 목소리에 겁 없는 눈짓을 던지는 아이는 처음이었다. 녀석은 토박이 아이들이 피란민 아이들한테 부리는 텃세가 조금도 두렵지 않은 모양이었다.

"너희 엄마 집에 계시지?"

내가 잠시 어물거리는 사이에 녀석은 계속해서 계집애같이 앵앵거리면서 앞으로 다가왔다. 나는 얼김에 고개를 끄덕였다. / "엊저녁부터 굶었더니 배고파 죽겠다. 엄마한테 가서 밥 좀 달래자."

오히려 녀석이 앞장을 서고 내가 그 뒤를 따랐다. 나는 녀석의 바지 주머니가 불룩한 것을 보았다. 걸음을 옮길 적마다 불룩한 주머니가 연방 덜렁거리고 있었다. 틀림없이 간밤에 누구네 밭에서 서리를 한 설익은 참외 아니면 감자가 그 속에 들어 있을 것이었다.

[중략 부분의 줄거리] 녀석을 집에 데려가자 어머니는 '나'를 나무라고 녀석을 쫓아내려 한다. 그러자 녀석은 어머니를 불러 세워 노란 빛깔의 반짝이는 것을 내민다.

"아아니, 너, 고거 금가락지 아니냐!"

말이 채 끝나기도 전에 금반지는 어느새 어머니의 손에 건너가 있었다. 솔개가 병아리를 채듯이 서울 아이의 손에서 금반지를 낚아채어 어머니는 한참을 칩떠보고 내립떠보는가 하면, 혓바닥으로 침을 묻혀 무명 저고리 앞섶에 싹싹 문질러 보다가 나중에는 이빨로 깨물어 보기까지 했다. 마침내 어머니의 얼굴에 만족스런 미소가 떠올랐다.

"아가, 너 요런 것 어디서 났나?"

옷고름의 실밥을 뜯어 그 속에 얼른 금반지를 넣고 옹숭깊은 저 밑바닥까지 확실히 닿도록 두어 번 흔들고 나서 어머니는 서울 아이한테 물었다. 놀랍게도 어머니의 목소리는 서울 아이의 그것보다 훨씬 더 간드러지게 들렸다.

"땅바닥에서 주웠어요. 숙부네가 떠난 담에 그 자리에 가 봤더니 글쎄 요게 떨어져 있잖아요."

녀석이 이젠 아주 의기양양한 태도로 당당하게 대답했다. 그 말을 어머니는 별로 귀담아듣는 기색이 아니었다. 어머니는 연신 싱글벙글 웃어 가며 녀석의 잔등을 요란스레 토닥거리고 쓰다듬어 주는 것이었다.

"아가, 요 담번에 또 요런 것 생기거들랑 다른 누구 말고 꼬옥 이 아줌니한테 가져와야 된다. 알었냐?"

"네, 꼭 그렇게 하겠어요." / (중략)

"어서어서 방 안으로 들어가자. 에린것이 천리 타관서 부모 잃고 식구 놓치고 얼매나 배고푸고 속이 짜겄냐."

이런 곡절 끝에 명선이는 우리 집에서 살게 되었다. 마지막으로 마을에 남게 된 유일한 피란민이었다.

🍓 빈칸을 채우세요.

– 중심인물:　　　　　　　　　　– 배경:

• **재**: 길이 나 있어서 넘어 다닐 수 있는, 높은 산의 고개

• **샵짝**: 사립짝(나뭇가지를 엮어서 만든 문짝)의 준말
• **곱살스럽다**: 얼굴이나 성미가 예쁘장하고 얌전한 데가 있다.
• **토박이**: 대대로 그 땅에서 나서 오래도록 살아 내려오는 사람
• **어물거리다**: 말이나 행동 따위를 시원스럽게 하지 못하고 꾸물거리다.
• **얼김**: 어떤 일이 벌어지는 바람에 자기도 모르게 정신이 얼떨떨한 상태
• **연방**: 연속해서 자꾸
• **서리**: 떼를 지어 남의 과일, 곡식, 가축 따위를 훔쳐 먹는 장난
• **솔개**: 독수리과의 새

01 　중심인물, 배경 파악하기

다음 빈칸에 들어가기에 가장 알맞은 답을 〈보기〉에서 찾아 쓰시오.

〈보기〉

| 토박이 아이들 | 골목길 | 어머니 | 피란민 | 명선(녀석) |

(1) 윗글에서 '나'는 서울 말씨를 쓰는 (　　　　　　)에 대해 이야기하고 있다.
(2) '(　　　　　)'은/는 윗글의 배경이 전쟁 중인 시대임을 드러내는 말이다.

02 　배경의 의미 파악하기

윗글에 대한 설명으로 가장 알맞은 것은?

① '아침'에서 '간밤'으로 시간이 바뀌고 있다.
② '학교'를 통해 명선의 처지가 드러나고 있다.
③ '골목길'에서 '나'의 집으로 공간이 바뀌고 있다.
④ '나'가 피란을 가던 중의 이야기를 다루고 있다.
⑤ '엊저녁'을 통해 어머니의 심리가 드러나고 있다.

03 　인물의 심리와 태도 파악하기

윗글의 내용으로 가장 알맞지 <u>않은</u> 것은?

① '나'는 명선의 생김새와 말투에 당황했다.
② 어머니는 명선이 건넨 금반지를 받고 기뻐했다.
③ 명선은 마을의 토박이인 '나'를 두려워하지 않았다.
④ 어머니는 '나'가 명선을 집에 데려온 것을 칭찬했다.
⑤ '나'는 명선이 남의 밭에서 서리를 했을 것이라고 추측했다.

04 　[단답형] 소재의 의미 파악하기

윗글에서 〈보기〉의 빈칸에 들어가기에 가장 알맞은 소재를 찾아 쓰시오.

〈보기〉

명선은 어머니의 마음을 얻기 위해 (　　　　　　)을/를 내밀었고, 이후로 명선을 대하는 어머니의 태도가 바뀐다.

정답 및 해설 49 ～ 51p

• **칩떠보다**: 눈을 치뜨고 노려보다.
• **무명**: 솜을 자아 만든 실로 짠 천
• **웅숭깊다**: 사물이 되바라지지 아니하고 깊숙하다.
• **숙부**: 아버지의 남동생을 이르는 말
• **타관**: 자기 고향이 아닌 고장
• **곡절**: 순조롭지 아니하게 얽힌 이런저런 복잡한 사정이나 까닭

DAY 12

02
인물들이 대화를 나누는 공간적·시간적 배경이 바뀌고 있는지 살펴보세요.

03
[중략 부분의 줄거리] 이전에는 명선과 '나' 사이에 일어난 일, 이후에는 명선과 어머니 사이에 일어난 일이 주로 다뤄지고 있어요.

04
명선이 자신을 반기지 않는 어머니에게 건넨 물건이 무엇인지 찾아보세요.

돌다리 _이태준

아들은, 의사인 아들은, 마치 환자에게 치료 방법을 이르듯이, 냉정히 차근차근히 이야기를 시작하였다. 외아들인 자기가 부모님을 진작 모시지 못한 것이 잘못인 것, 한집에 모이려면 자기가 병원을 버리기보다는 부모님이 농토를 버리시고 서울로 오시는 것이 순리인 것, 병원은 나날이 환자가 늘어 가나 입원실이 부족되어 오는 환자의 삼분지 일밖에 수용 못 하는 것, 지금 시국에 큰 건물을 새로 짓기란 거의 불가능의 일인 것, 마침 교통 편한 자리에 삼 층 양옥이 하나 난 것, 인쇄소였던 집인데 전체가 콘크리트여서 방화 방공*으로 가치가 충분한 것, 삼 층은 살림집과 직공들의 합숙실로 꾸미었던 것이라 입원실로 변장하기에 용이한 것, 각층에 수도·가스가 다 들어온 것, 그러면서도 가격은 염한 것, 염하기는 하나 삼만 이천 원이라, 지금의 병원을 팔면 일만 오천 원쯤은 받겠지만 그것은 새 집을 고치는 데와, 수술실의 기계를 완비하는 데 다 들어갈 것이니 집값 삼만 이천 원은 따로 있어야 할 것, 시골에 땅을 둔대야 일 년에 고작 삼천 원의 실리가 떨어질지 말지 하지만 땅을 팔아다 병원만 확장해 놓으면, 적어도 일 년에 만 원 하나씩은 이익을 뽑을 자신이 있는 것, 돈만 있으면 땅은 이담에라도, 서울 가까이라도 얼마든지 좋은 것으로 살 수 있는 것……. / 아버지는 아들의 의견을 끝까지 잠잠히 들었다. 그리고,

"점심이나 먹어라. 나두 좀 생각해 봐야 대답허겠다." 하고는 다시 개울로 나갔고, 떨어졌던 다릿돌을 올려놓고야 들어와 그도 점심상을 받았다.

점심을 자시면서였다.

"원, 요즘 사람들은 힘두 줄었나 봐! 그 다리 첨 놀 제 내가 어려서 봤는데 불과 여남은이서 거들던 돌인데 장정 수십 명이 한나잘을 씨름을 허다니!"

"나무다리가 있는데 건 왜 고치시나요?"

"너두 그런 소릴 허는구나. 나무가 돌만 허다든? 넌 그 다리서 고기 잡던 생각두 안 나니? 서울루 공부 갈 때 그 다리 건너서 떠나던 생각 안 나니? 시쳇사람들은 모두 인정이란 게 사람헌테만 쓰는 건 줄 알드라! 내 할아버님 산소에 상돌을 그 다리로 건네다 모셨구, 내가 천잘 끼구 그 다리루 글 읽으러 댕겼다. 네 어미두 그 다리루 가말 타구 내 집에 왔어. 나 죽건 그 다리루 건네다 묻어라……. 난 서울 갈 생각 없다." / "네?"

"천금이 쏟아진대두 난 땅은 못 팔겠다. 내 아버님께서 손수 이룩허시는 걸 내 눈으루 본 밭이구, 내 할아버님께서 손수 피땀을 흘려 모신 돈으루 장만허신 논들이야. 돈 있다고 어디가 느르지논* 같은 게 있구, 독시장밭* 같은 걸 사? 느르지 논둑에 선 느티나문 할아버님께서 심으신 거구, 저 사랑 마당의 은행나무는 아버님께서 심으신 거다. 그 나무 밑에를 설 때마다 난 그 어룬들 동상이나 다름없이 경건한 마음이 솟아 우러러보군 헌다. 땅이란 걸 어떻게 일시 이해를 따져 사구팔구 허느냐? 땅 없어 봐라, 집이 어딨으며 나라가 어딨는 줄 아니? 땅이란 천지만물의 근거야. 돈 있다구 땅이 뭔지두 모르구 욕심만 내 문서 쪽으로 사 모기만 하는 사람들, 돈놀이처럼 변리만 생각허구 제 조상들과 그 땅과 어떤 인연이란 건 도시 생각지 않구 헌신짝 버리듯 하는 사람들, 다 내 눈엔 괴이한 사람들루밖엔 뵈지 않드라."

(중략)

창섭은 입이 얼어 버리었다. 손만 부비었다. 자기의 생각은 너무나 자기 본위였던 것을 대뜸 깨달았다. 땅에는 이해를 초월한 일종 종교적 신념을 가진 아버지에게 아들의 이단적인 계획이 용납될 리 만무였다.

* 방화 방공 : 불이 나는 것을 미리 막고, 적의 항공기나 미사일
  의 공격을 막음.
* 느르지논, 독시장밭 : 농부가 열심히 갈고닦은 좋은 논과 밭

👐 빈칸을 채우세요.

– 중심인물: – 배경:

05 중심인물, 배경 파악하기

다음 빈칸에 들어가기에 가장 알맞은 답을 〈보기〉에서 찾아 쓰시오.

〈보기〉

아버지	조상들	장정	땅	인쇄소	병원

(1) 윗글의 중심인물은 '아들(창섭)'과 (   )이다.
(2) 아들과 아버지는 (   )을/를 파는 일에 대해 서로 다른 의견을 가지고 있다.

06 사건과 갈등 파악하기

윗글을 읽고 한 생각으로 가장 알맞지 <u>않은</u> 것은?

① 나라: 아버지는 땅을 소중하게 여기고 있어.
② 세은: 아들은 땅을 팔자며 아버지를 설득하고 있어.
③ 선우: 아버지는 아들의 말을 들어 보지도 않고 있어.
④ 하온: 아들은 아버지가 땅을 팔지 않을 것임을 깨닫고 있어.
⑤ 승민: 아들은 병원을 확장하면 이익을 낼 수 있다고 자신하고 있어.

07 인물의 심리와 태도 파악하기

윗글의 '아들'에 대한 설명으로 가장 알맞은 것은?

① 할아버지와의 추억을 잊으려 하고 있다.
② 자신과 생각이 다른 사람을 무시하고 있다.
③ 사랑을 우선시하는 사고방식을 보이고 있다.
④ 다양한 직업을 존중하는 태도를 보이고 있다.
⑤ 이익을 중요하게 여기는 사고방식을 보이고 있다.

08 [단답형] 소재의 의미 파악하기

윗글에서 〈보기〉의 빈칸에 들어가기에 가장 알맞은 소재를 찾아 쓰시오.

〈보기〉

윗글의 '돌다리'는 아버지가 고집하는 전통적인 삶의 방식을, (   )은/는
그와 반대되는 근대적인 삶의 방식을 상징한다.

소설의 특징과 3요소, 구성 단계

*● 소설의 특징

(1) **허구성**: 소설은 실제로 일어난 일이 아니라 작가가 꾸며 낸 이야기이다.
(2) **모방성**: 소설 속 세계는 허구이지만 현실 세계를 본뜨거나 반영한 것이다.
(3) **진실성**: 소설에는 작가가 전하려는 삶의 진실이나 바람직한 인간상이 담겨 있다.
(4) **서사성**: 소설은 일정한 흐름에 따라 진행되는 이야기이다.
(5) **산문성**: 소설은 줄글 형태로 이루어진 대표적인 산문 문학이다. ❶

*● 소설의 3요소: 주제, 구성, 문체

주제	구성	❷ 문체
소설을 통해 작가가 전달하고자 하는 중심 생각	주제를 효과적으로 드러내기 위해 이야기를 하나의 흐름으로 짜는 것	문장에 드러나는 작가만의 독특한 어투, 개성 있는 표현

소설 구성의 3요소		
인물	사건	배경
소설 속에 등장하여 사건을 일으키는 사람, 동물 등	인물들을 둘러싸고 벌어지는 일, 갈등	사건이 일어나는 시간과 장소, 사회적·역사적 상황

*● 소설의 구성 단계

한 편의 소설은 인물이 등장하는 것부터 사건이 벌어지고 해결되기까지 일정한 단계에 따라 구성된다.

발단	전개	위기	절정	결말
• 사건이 시작됨. • 인물과 배경이 소개됨.	• 사건이 진행됨. • 갈등이 발생함.	• 갈등이 심해짐. • 긴장감이 생김.	• 갈등이 극에 달함. • 사건을 해결할 수 있는 단서가 제공됨.	• 사건이 마무리됨. • 갈등이 해소됨.

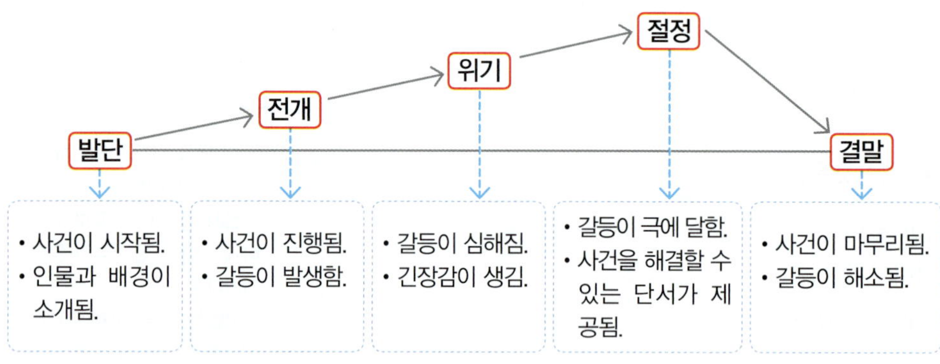

우리 집 정말 식구는 어머니와 나와 단둘뿐인데 (중략) 우리 외삼춘이 사랑방에 와 있게 되었대요. / (중략) 집으로 들어오누라니까 사랑에서 큰외삼춘이 (우리 집 사랑에 와 있는 외삼춘의 형님 말이야요.) 웬 낯선 사람 하나와 앉아서 이야기를 하고 있었습니다.

– 주요섭, 〈사랑손님과 어머니〉

□: 인물
배경

➡ 윗글에서는 '집'을 배경으로 '어머니, 나, 외삼춘(외삼촌), 큰외삼춘(큰외삼촌), 낯선 사람'이 등장하고, 인물들이 만남에 따라 사건이 시작되고 있다. 따라서 **윗글의 구성 단계는 인물과 배경을 소개하고 사건이 시작되는 '발단'**이다.

'나'와 선생님의 대화는 작가가 꾸며 낸 것이지만(허구성), 이를 통해 작가는 두려움을 피하지 말고 마주 보라는 이야기를 전하고 있다(진실성).

❶ **산문, 운문**
• **산문**: 율격 등의 형식에 얽매이지 않고 자유로운 문장으로 쓴 글 → 소설, 수필, 희곡 등
• **운문**: 일정한 형식에 따라 운율이 나타나도록 쓴 글 → 시

❷ **소설에 나타나는 다양한 문체**
• **문장이 긴 문체(만연체)**: 긴 문장들을 반복하여 사용함으로써 차분하고 설명하는 듯한 느낌을 주는 문체
• **문장이 짧은 문체(간결체)**: 짧은 문장들을 연달아 사용하여 속도감과 긴장감을 느끼게 하는 문체
• **예스러운 문체**: 오늘날에는 잘 쓰지 않는 옛날 말이나 한자어를 많이 사용하여 옛글을 보는 것 같은 느낌을 주는 문체

★ 정답은 [해설편 표지] 안쪽에 있습니다.

[01~02] 다음을 읽고 맞으면 ○, 틀리면 ✕에 표시하시오.

> 이 B사감*이 감독하는 그 기숙사에 금년 가을 들어서 괴상한 일이 '생겼다'느니보다 '발각되었다'는 것이 마땅할는지 모르리라. 왜 그런고 하면 그 괴상한 일이 언제 '시작된' 것은 귀신밖에 모르니까.
> 그것은 다른 일이 아니라 밤이 깊어서 (중략) 난데없는 깔깔대는 웃음과 속살속살하는 말낱*이 새어 흐르는 일이었다.
> — 현진건, 〈B사감과 러브레터〉
>
> *사감 : 기숙사에서 기숙생들의 생활을 지도하고 감독하는 사람
> *말낱 : 몇 마디의 말

01

윗글의 '기숙사'는 현실 세계를 반영하여 만들어진 허구의 세계이다. (○ , ✕)

02

윗글에서는 깊은 밤 기숙사에서 난데없는 웃음소리와 말소리가 들리는 사건이 일어나고 있다. (○ , ✕)

[03~04] 다음을 읽고 빈칸에 들어가기에 알맞은 말을 고르시오.

> 아다다는 바구니를 내려놓고 허리춤 속에서 지전* 뭉치를 쥐어 들었다. (중략) 아다다는 너 같은 것을 버리는 데는 아무런 미련도 없다는 듯이 넘노는 물결 위에다 휙 내어 뿌렸다. (중략)
> 뒤에서 허덕거리는 발자국 소리가 들리기에 돌아다보니 뜻밖에도 수롱이가 헐떡이며 달려오는 것이 아닌가.
> "야! 야! 아다다야! 너, 돈 돈 안 건새 핸?* 돈, 돈 말이야 돈 —."
> — 계용묵, 〈백치 아다다〉
>
> *지전 : 지폐   *안 건새 핸? : 안 간수해?

03

'아다다'와 '수롱이'는 윗글을 구성하는 (인물 / 배경)이다.

04

윗글의 구성 단계는 아다다가 돈을 버림으로써 아다다와 수롱이의 갈등이 가장 심해지는 (발단 / 절정)이다.

★ 다음의 빈칸에 들어가기에 가장 알맞은 말을 쓰시오.

> 찬보가 그 말을 좇아 좌우를 명하여 붙들어 가 부마를 냉옥에 가두게 하더라. (중략) 부마가 문득 원수의 작별할 때의 말을 떠올리고 급히 비단 주머니를 열어 보니, 그 안에 네 구의 말을 썼으되,
> "냉옥에 갇히게 되어 이 환약을 먹으면, 무사히 돌아오고 기한*을 면하리라."
> (중략) 시험하여 4, 5개를 먹은즉, 문득 온몸이 따뜻하여 냉기가 들지 못하거늘,
> — 서유영, 〈육미당기〉
>
> *기한 : 배고프고 추움.

05

윗글에서는 (   )에 갇힌 (   )이/가 원수가 준 환약을 먹고 추위를 이겨 내는 사건을 다루고 있다.

[06~09] 빈칸에 들어가기에 알맞은 단어를 〈보기〉에서 찾아 문맥에 맞게 쓰시오.

> 〈보기〉
> • 초월하다 : 어떠한 한계나 표준을 뛰어넘다.
> • 용이하다 : 어렵지 아니하고 매우 쉽다.
> • 어물거리다 : 말이나 행동 따위를 시원스럽게 하지 못하고 꾸물거리다.
> • 토박이 : 대대로 그 땅에서 나서 오래도록 살아 내려오는 사람

06

형이 쓴 글은 이해하기 (   )했다.

07

그는 기어들어 가는 목소리로 (   )며 말했다.

08

그녀는 이곳의 (   )(이)라서 주변을 잘 알고 있다.

09

이 그림은 상상을 (   )할 정도로 아름답다.

＊ 소설의 갈등, 서술자와 시점

1. 갈등의 개념
소설의 등장인물이 마음속에서 혼란을 느끼거나 어떠한 대상과 대립하는 것

2. 갈등의 종류

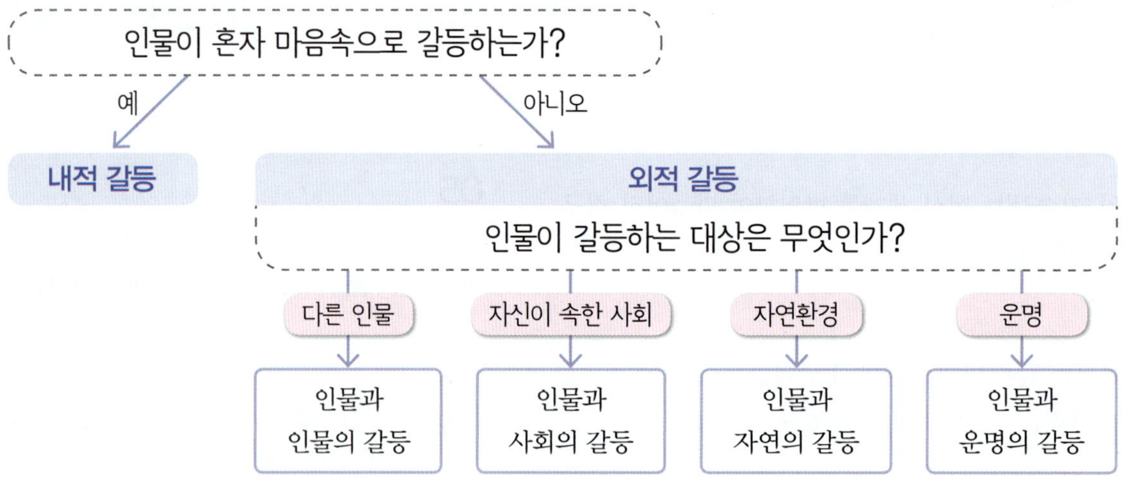

3. 서술자, 시점의 개념
– 서술자: 소설에서 이야기를 전달하는 사람

– 시점: 서술자가 이야기를 전하는 방식이나 관점

4. 시점의 종류

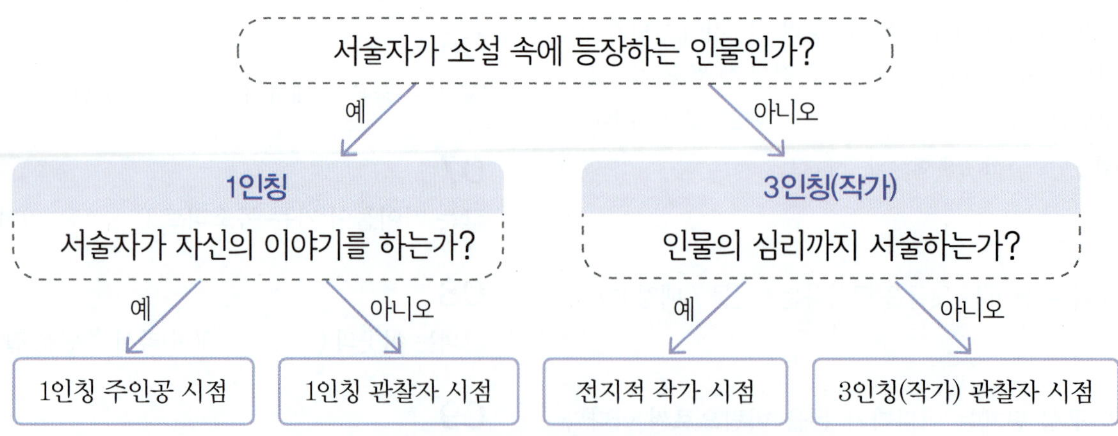

STEP Ⅱ
중심 사건, 갈등 파악하기

★ **중심 사건이란?**

소설, 극 문학에서 중심인물을 둘러싸고 벌어지는 주된 일을 말합니다.

● **중심 사건을 파악해야 하는 이유**

소설, 극 문학은 중심인물에게 벌어지는 사건을 중심으로 내용이 전개됩니다. 따라서 소설, 극 문학의 중심 사건을 파악하면 소설, 극 문학의 내용을 쉽게 이해하고 오래 기억할 수 있어요.

● **중심 사건을 파악하는 방법**
❶ 중심인물이 어떠한 행동을 하는지 살펴보기
❷ 중심인물의 주변에서 어떠한 일이 일어나는지 살펴보기

★ **갈등이란?**

인물이 마음속에서 혼란을 느끼거나 어떠한 대상과 대립하는 것을 말합니다.

● **갈등을 파악해야 하는 이유**

소설, 극 문학에서 갈등은 사건을 진행시킵니다. 또한 인물은 갈등이 생기면 그것에 대처하기 위해 어떠한 선택과 행동을 하게 되는데, 이 과정에서 소설, 극 문학의 주제가 드러나는 경우가 많아요. 따라서 갈등을 파악하면 소설, 극 문학의 주제를 쉽게 파악할 수 있어요.

● **갈등을 파악하는 방법**
❶ 인물의 마음속에서 서로 다른 생각이 부딪쳐 인물이 혼란스러움을 느끼는지 살펴보기
❷ 인물이 다른 인물과 부딪치거나, 자신을 둘러싼 상황으로 인해 괴로워하는지 살펴보기

소음 공해 _오정희

[앞부분의 줄거리] '나'는 고등학생 두 아들과 남편을 둔 중년 여성으로, 장애인 시설에서 꾸준히 자원봉사자로 일하고 있다. 한 달째 계속되는 위층의 소음을 참지 못한 '나'는 인터폰으로 경비실에 전화를 걸어 간접적으로 위층에 항의한다.

① 위층의 소리는 멈추지 않았다. 드르륵거리는 소리에 머리털이 진저리를 치며 곤두서는 것 같았다. 철없고 상식 없는 요즘 젊은 엄마들이 아이들에게 집 안에서 자전거나 스케이트보드 따위를 타게도 한다는데, 아무래도 그런 것 같았다. 인터폰의 수화기를 들자, 경비원의 응답이 들렸다. 내 목소리를 알아채자마자 길게 말꼬리를 늘이며 지레 짚었다. 귀찮고 성가셔하는 표정이 눈앞에 역력히 떠올랐다. / "위층이 또 시끄럽습니까? 조용히 해 달라고 말씀드릴까요?"

② 잠시 후 인터폰이 울렸다.

"충분히 주의하고 있으니 염려 마시랍니다."

경비원의 전갈이었다. 염려 마시라고? 다분히 도전적인 저의가 느껴지는 전언이었다. 게다가 드르륵드르륵 소리는 여전하지 않은가? 이젠 한판 싸워 보자는 얘긴가? 나는 ㉠인터폰을 들어 다짜고짜 909호를 바꿔 달라고 말했다. 신호음이 서너 차례 울린 후에야 신경질적인 젊은 여자의 응답이 들렸다.

"아래층인데요. 댁이 그런 식으로 말할 건 없잖아요? 나도 참을 만큼 참았다고요. 공동 주택에는 지켜야 할 규칙들이 있잖아요? 난 그 소리 때문에 병이 날 지경이에요."

"여보세요. 난 날아다니는 나비나 파리가 아니에요. 내 집에서 맘대로 움직이지도 못하나요? 해도 너무 하시네요. 이틀거리로 전화를 해 대시니 저도 피가 마르는 것 같아요. 저더러 어쩌라는 거예요?"

"하여튼 아래층 사람 고통도 생각하시고 주의해 주세요."

나는 거칠게 수화기를 내려놓았다. "뻔뻔스럽긴. 이젠 순 배짱이잖아?" 소리 내어 욕설을 퍼부어도 화가 가라앉지 않았다. 그렇다고 언제까지 경비원을 사이에 두고 '하랍신다', '하신다더라' 하며 신경전을 펼 수도 없는 일이었다. 화가 날수록 침착하고 부드럽게 처신해야 한다는 것은 나이가 가르친 지혜였다. 지난겨울 선물로 받은, 아직 쓰지 않은 실내용 ㉡슬리퍼에 생각이 미친 것은 스스로도 신통했다. 선물도 무기가 되는 법. 발소리를 죽이는 푹신한 슬리퍼를 선물함으로써 소리를 죽이라는 메시지와 함께 소리 때문에 고통받는 내 심정을 간접적으로 나타낼 수 있으리라. 사려 깊고 양식 있는 이웃으로서 공동생활의 규범에 대해 조곤조곤 타이르리라.

③ 위층으로 올라가 벨을 눌렀다. 안쪽에서 "누구세요?" 묻는 소리가 들리고도 십 분 가까이 지나 문이 열렸다. '이웃사촌이라는데 아직 인사도 없이…….' 등등 준비했던 인사말과 함께 포장한 슬리퍼를 내밀려던 나는 첫마디를 뗄 겨를도 없이 우두망찰했다. 좁은 현관을 꽉 채우며 ㉢휠체어에 앉은 젊은 여자가 달갑잖은 표정으로 나를 올려다보았다.

"안 그래도 바퀴를 갈아 볼 작정이었어요. 소리가 좀 덜 나는 것으로요. 어쨌든 죄송해요. 도와주는 아줌마가 지금 안 계셔서 차 대접할 형편도 안 되네요."

여자의 텅 빈, 허전한 하반신을 덮은 화사한 빛깔의 담요와 휠체어에서 황급히 시선을 떼며 나는 할 말을 잃은 채 부끄러움으로 얼굴만 붉히며 슬리퍼 든 손을 등 뒤로 감추었다.

🌸 빈칸을 채우세요.

– 중심인물: – 배경:

– 중심 사건, 갈등:

- **소음**: 불규칙하게 뒤섞여 불쾌하고 시끄러운 소리
- **간접적**: 중간에 다른 사람이나 사물 따위를 통하여 연결되는 것
- **진저리**: 몹시 싫증이 나거나 귀찮아 떨쳐지는 몸짓
- **지레**: 어떤 일이 일어나기 전 또는 어떤 기회나 때가 무르익기 전에 미리
- **역력히**: 자취나 기미, 기억 따위가 환히 알 수 있을 정도로 또렷하게
- **전갈**: 사람을 시켜 말을 전하거나 안부를 물음. 또는 전하는 말이나 안부

- **저의**: 겉으로 드러나지 아니한, 속에 품은 생각
- **전언**: 말을 전함. 또는 그 말
- **배짱**: 조금도 굽히지 아니하고 버티어 나가는 성품이나 태도
- **처신하다**: 세상을 살아가는 데 가져야 할 몸가짐이나 행동을 취하다.
- **신통하다**: 신기할 정도로 묘하다.
- **양식**: 사물을 분별할 수 있는 뛰어난 능력이나 건전한 판단
- **우두망찰하다**: 정신이 얼떨떨하여 어찌할 바를 모르다.
- **달갑다**: 거리낌이나 불만이 없어 마음이 흡족하다.
- **대접하다**: 음식을 차려 손님을 맞다.

STEP Ⅱ 중심 사건, 갈등 파악하기

'**중심 사건**'이란 소설에서 중심인물을 둘러싸고 벌어지는 주된 일을 의미해요. '**갈등**'이란 인물이 마음속에서 혼란을 느끼거나 어떤 대상과 대립하는 것을 의미하지요. 갈등은 크게 두 가지 종류로 구분됩니다.

내적 갈등	인물의 마음속에서 두 가지 이상의 생각이나 심리가 서로 부딪치는 것
외적 갈등	인물이 다른 인물, 사회, 자연환경, 운명과 대립하는 것

소설의 내용을 이해하려면 중심인물이 어떠한 사건이나 갈등을 겪고 있는지를 살펴봐야 해요.

💠 **먼저, 〈소음 공해〉의 중심인물과 배경을 파악해 볼게요.**

〈소음 공해〉에는 '나'와 위층에 사는 젊은 여자, 경비원이 등장하고 있어요. 그중에서도 '나'와 위층 여자의 이야기가 전개되고 있네요.

따라서 윗글의 중심인물은 '나'와 '위층 여자'입니다.

'나'는 멈추지 않는 위층의 소리에 괴로워하다 경비원을 통해 위층 여자에게 항의를 하지만(①), 돌아온 대답은 충분히 주의하고 있다는 말이었어요. 이에 화가 난 '나'는 위층 여자에게 인터폰으로 직접 항의를 하고, 위층에 찾아가 실내용 슬리퍼를 주겠다고 마음을 먹어요(②).

그리고 위층으로 올라간 '나'는 휠체어에 앉은 위층 여자를 보고 준비했던 슬리퍼를 등 뒤로 감추어요(③). ①에서 ②, ③으로 시간이 흐름에 따라 공간이 ①과 ②에서는 '나'의 집, ③에서는 위층으로 변하고 있죠?

따라서 윗글의 공간적 배경은 '나'의 집과 위층입니다.

💠 **〈소음 공해〉의 중심 사건과 갈등은 무엇일까요?**

①에서 '나'는 소음을 견디지 못하고 위층 여자에게 항의하는데, 이에 대해 ②에서 위층 여자는 언짢은 태도를 보여요. 위층 여자도 '나'의 잦은 항의에 화가 난 것이지요. 결국 두 사람은 인터폰을 통해 다투게 돼요.

그러나 ③에서 위층 여자를 본 '나'는 태도가 바뀝니다. '나'가 휠체어에 앉은 여자를 보고 슬리퍼를 등 뒤로 감춘 이유는 무엇일까요? 그것은 바로 '나'가 소음의 원인이었던 휠체어를 보고 이웃에 무관심했던 자신의 모습에 부끄러움을 느꼈기 때문이에요. 이렇게 '나'가 위층 여자의 처지를 알게 되면서 두 사람의 다툼은 끝이 나요.

윗글의 중심 사건과 갈등을 정리하면 다음과 같아요.

- **중심 사건**: '나'가 위층의 소음에 대해 항의하다가 소음의 원인이 휠체어였다는 것을 알고 스스로에게 부끄러움을 느낌.
- **갈등**: 소음 문제로 인한 '나'와 위층 여자의 외적 갈등

다음 빈칸에 들어가기에 가장 알맞은 답을 〈보기〉에서 찾아 쓰시오.

〈보기〉
아이들　　경비원　　위층 여자　　소리　　말꼬리　　수화기

(1) 윗글에서 '나'와 다투는 인물은 (　　　　　　　)이다.

(2) '나'가 위층에 항의한 이유는 위층에서 드르륵거리는 (　　　　　　　)이/가 계속 났기 때문이다.

01
• **항의하다**: 못마땅한 생각이나 반대의 뜻을 주장하다.

윗글의 내용으로 가장 알맞지 <u>않은</u> 것은?

① '나'는 위층의 소음에 대해 여러 번 항의했다.

② '나'는 위층에서 나는 소리에 신경이 날카로워졌다.

③ '나'는 소음 문제를 해결할 새로운 방법을 떠올렸다.

④ 위층 여자는 인터폰을 통해 '나'에게 사과했다.

⑤ 위층 여자는 소음을 줄이기 위해 나름의 노력을 하려 했다.

02
'나'와 위층 여자가 한 행동이 아닌 것을 골라 보세요.
• **인터폰**: 동일 건물이나 선박 따위에서, 방과 방 사이의 통화를 위한 유선 전환 장치

㉠～㉢에 대한 설명으로 가장 알맞지 <u>않은</u> 것은?

① ㉠은 '나'가 위층에 항의하기 위해 이용한 수단이다.

② ㉡은 '나'의 고통스러움을 전하기 위한 수단이다.

③ ㉢은 위층에서 나던 시끄러운 소리의 원인이다.

④ '나'는 ㉢을 보고 위층 여자의 처지를 알게 된다.

⑤ '나'는 ㉠과 ㉡을 통해 위층 여자와의 갈등을 해결한다.

03
각 인물과 관련하여 ㉠～㉢이 어떤 역할을 하고 있는지 생각해 보세요.
• **수단**: 어떤 목적을 이루기 위한 방법. 또는 그 도구

01 중심 사건, 갈등 파악하기

(1) 윗글에서 '나'와 소음 문제로 다투는 인물은 위층 여자예요.
따라서 정답은 __위층 여자__ 입니다.

(2) '나'는 위층에서 '드르륵거리는 소리'가 멈추지 않자 위층에
항의하고 있어요. 따라서 정답은 __소리__ 입니다.

02 사건과 갈등 파악하기

윗글의 내용으로 가장 알맞지 않은 것은?

① **'나'는 위층의 소음에 대해 여러 번 항의했다.** (○)

　★ 근거: ①

> "위층이 또 시끄럽습니까? 조용히 ~ 말씀드릴까요?"

🍃 '위층이 또 시끄럽습니까?'라는 경비원의 말을 통해 '나'가 위층
의 소음에 대해 여러 번 항의했다는 것이 드러나고 있어요.

② **'나'는 위층에서 나는 소리에 신경이 날카로워졌다.** (○)

　★ 근거: ①

> 드르륵거리는 소리에 ~ 진저리를 치며 곤두서는 것 같
> 았다.

🍃 '나'는 위층에서 나는 소리에 '머리털이 진저리를 치며 곤두서
는 것 같'은 느낌을 받을 정도로 신경이 날카로워졌어요.

③ **'나'는 소음 문제를 해결할 새로운 방법을 떠올렸다.**
(○)

　★ 근거: ②

> 발소리를 죽이는 푹신한 슬리퍼를 선물함으로써

🍃 '나'는 경비원과 인터폰을 통해 소음에 항의하는 대신, 위층 여자
에게 슬리퍼를 선물하여 문제를 해결하는 방법을 떠올렸어요.

④ **위층 여자는 인터폰을 통해 '나'에게 사과했다.** (✕)

　★ 근거: ②, ③

> • 난 날아다니는 나비나 ~ 저더러 어쩌라는 거예요?
> • 안 그래도 바퀴를 갈아 ~ 어쨌든 죄송해요.

🍃 위층 여자는 '나'와 인터폰으로 이야기할 때는 신경질적으로 대
답했고, '나'가 위층에 찾아갔을 때 사과했어요.
그러므로 정답은 ④!

⑤ **위층 여자는 소음을 줄이기 위해 나름의 노력을 하려
했다.** (○)

　★ 근거: ③

> 안 그래도 바퀴를 갈아 ~ 소리가 좀 덜 나는 것으로요.

🍃 위층 여자는 휠체어의 바퀴를 '소리가 좀 덜 나는 것으로' 갈아
볼 작정이었다고 했어요. 즉, 위층 여자는 소음을 줄이기 위해
나름대로 노력을 하려 했어요.

03 소재의 의미 파악하기

㉠~㉢에 대한 설명으로 가장 알맞지 않은 것은?

• ㉠~㉢: ㉠은 '인터폰', ㉡은 '슬리퍼', ㉢은 '휠체어'입니다.

즉 ㉠~㉢의 소재와 관련하여 윗글의 내용을 잘못 이해한 것을 고르
는 문제입니다.

① **㉠은 '나'가 위층에 항의하기 위해 이용한 수단이다.**
(○)

　★ 근거: ①, ②

> 인터폰의 수화기를 들자, ~ 거칠게 수화기를 내려놓았다.

🍃 '나'는 위층의 소음이 계속되자 인터폰(㉠)을 통해 위층에 여러
차례 항의하고 있어요.

② **㉡은 '나'의 고통스러움을 전하기 위한 수단이다.** (○)

　★ 근거: ②

> 푹신한 슬리퍼를 선물함으로써 ~ 나타낼 수 있으리라.

🍃 '나'는 위층 여자에게 슬리퍼(㉡)를 선물함으로써 소음으로 고
통받는 자신의 심정을 간접적으로 전하려 하고 있어요.

③ **㉢은 위층에서 나던 시끄러운 소리의 원인이다.** (○)

　★ 근거: ③

> 안 그래도 바퀴를 갈아 ~ 소리가 좀 덜 나는 것으로요.

🍃 '소리가 좀 덜 나는 것으로' 바퀴를 갈아 볼 작정이었다는 위층
여자의 말을 통해 위층에서 나던 소리가 휠체어(㉢)의 바퀴에서
나는 소리였음을 알 수 있어요.

④ **'나'는 ㉢을 보고 위층 여자의 처지를 알게 된다.** (○)

　★ 근거: ③

> 여자의 텅 빈, ~ 슬리퍼 든 손을 등 뒤로 감추었다.

🍃 '나'는 위층 여자가 휠체어(㉢)에 앉아 있는 것을 보고 위층 여
자의 몸이 불편하다는 것을 알게 돼요.

⑤ **'나'는 ㉠과 ㉡을 통해 위층 여자와의 갈등을 해결한다.**
(✕)

　★ 근거: ②, ③

> • 나는 거칠게 수화기를 ~ 화가 가라앉지 않았다.
> • 할 말을 잃은 채 ~ 슬리퍼 든 손을 등 뒤로 감추었다.

🍃 '나'는 인터폰(㉠)으로 위층 여자와 직접 통화한 후에도 화를 가
라앉히지 못해요. 또한 '나'는 위층 여자가 휠체어를 탄 것을 보
고 준비한 슬리퍼(㉡)를 전하지 못하고 있어요. 즉, 인터폰(㉠)과
슬리퍼(㉡)는 '나'와 위층 여자의 갈등을 해결해 주지 못해요.
그러므로 정답은 ⑤!

아우를 위하여 _황석영

[앞부분의 줄거리] 6·25 전쟁 직후 '나'는 서울로 전학을 오게 되는데 담임 선생님인 '메뚜기'는 부업에만 정신이 팔려 있다. 그러던 중 미군 '하우스보이'* 영래가 전학을 와 아이들의 마음을 사고 반 의장이 된다.

메뚜기가 영래를 불러내어

"반장과 함께 조용히 자습을 시킨 뒤에, 자치 회의를 해라."

이르고 훌쩍 나가 버렸다. 선생님이 나간 뒤에, 머쓱하게 서 있던 영래가 교탁 앞에 비스듬히 걸터앉았고 애들은 다음 행위에 잔뜩 기대를 가지면서 그 애를 올려다보았다. 영래가 말했다.

"전부들 책을 집어넣어. 오늘 오전에는 **씨름 대회를** 연다."

애들이 손뼉을 치며 와글와글 책보를 쌌고 영래는 교탁에 발을 올려놓고 의자를 흔들며 말 타는 시늉을 했다.

㉠"헌병대장 사령부, 짜가닥 짜가닥 팡팡, 이 새끼들 조용해."

영래가 은수에게 몽둥이를 주워 오라고 명령하니 그놈은 잽싸게 뛰어나가 각목 하나를 주워 왔다.

"종하, 일루 나와."

비실비실 웃으며 앞으로 나온 종하에게 영래가 말했다.

"웃지 마 임마, 이걸 갖구 수틀리게 놀면 무조건 조기는 거야. 알았지?"

종하는 가마니를 깔지 않은 흙바닥 통로를 각목을 들고 어슬렁어슬렁 돌아다녔다.

"오늘부터 너는 기율 부장이다."

"뭐야, 그게…… . 반장하군 다른가?"

"임마, 중학교 교문 앞에두 못 가봤어? 완장 차구 서서 잘못한 애들 벌주는 거 말야."

은수가 항의했다.

㉡"그럼 나는 뭐야, 넌 뭐구…… ."

"이 새끼 나는 의장이잖아. 종하는 기율 부장, 너는 말이지, 총무다."

"반장보다 높은 거냐?"

아이들이 킥킥. / 종하는 내 앞을 지나며 공연히 똑바로 앉으라면서 허리께를 각목으로 꾹 찔렀다. 나는 등에 힘을 주고 빳빳이 긴장해서 앉아 있었다. 그때 석환이가 안으로 폭삭 기어들어 간 목소리로 중얼거렸다.

㉢"나는 말야…… . 씨름 대회는 반대한다."

(중략)

석환이는 가까스로 말할 기운이 났는지 아까보다 더욱 또렷하게,

"선생님이 자습을 한 다음에 자치회를 하라구 그랬어. 또 혼자서 마음대로 학급 간부를 지명해서도 안 된다구 생각해."

바보 같은 놈들이 설쳐 대는 꼴을 보니 나도 뭐라고 말하고 싶었지만 영래만 한 통솔력도 없는 터에 모두들 나더러 공부 좀 한다구 으스댄다고 할 거였다. 그전 학교에서처럼 발언권을 얻어 동의와 재청을 받고 의견이 받아들여지고 하는 재미있던 판국과는 전혀 딴판이어서, ㉣까짓거 입 다물고 구경이나 하겠다는 마음이 생겼다. 몇몇 줄반장 애들은 불만이 있어 보였으나 교실 뒤에 버티고 선 종하 쪽을 연방 돌아보기만 하는 거였다. 영래가 씨익 웃었다.

"응 좋아, 애들한테 물어보자, 애들아, 씨름 대회를 뒤로 미루고 자습할까?"

반 아이들이 웅성대며 항의하거나, 재삼 석환이를 욕하기 시작했다.

"대신에 자치회를 먼저 하자. 너희들 석환이가 반장 노릇하는 걸 찬성하는 사람 손들어."

한 사람의 손도 올라가지 않았고 뒤늦게 들었던 애들도 대부분 아이들의 드높은 불만의 분위기에 위축되어 슬금슬금 내려 버렸다.

"다음은 내가 하는 걸 좋아하는 사람."

ⓜ절반 이상이 손을 들었고 두 번 다 손을 안 든 애들도 많았다. / "봤지? 자치회는 이걸루 끝났다."

"그래, 이영래가 오늘부터 우리 반 급장이다."

"반대하는 놈들은 우리 반이 아니야."

영래는 만족에 가득 차서 고개를 끄덕였다.

* 하우스보이 : 미군 부대에서 허드렛일을 하는 남자아이

– 중심인물:　　　　　　– 배경:

– 중심 사건, 갈등:

- **사령부**: 사단급 이상의 부대에서 소속 부대를 지휘 · 통솔하는 일을 맡아 보는 본부　• **조기다**: 마구 두들기거나 패다.
- **간부**: 기관이나 조직체 따위의 중심이 되는 자리에서 책임을 맡거나 지도하는 사람　• **통솔력**: 무리를 거느려 다스리는 능력
- **재청**: 회의에서 다른 사람의 동의에 찬성하여 그와 같이 청함을 이르는 말
- **줄반장**: 초등학교에서, 한 줄의 책상에 앉은 학생들의 우두머리

04　중심 사건, 갈등 파악하기

다음 물음에 가장 알맞은 답을 〈보기〉에서 찾아 쓰시오.

〈보기〉

종하　　은수　　석환　　씨름 대회　　사령부　　항의

(1) 윗글에서 영래와 대립하는 인물은 (　　　　　　)이다.
(2) 석환은 (　　　　　)을/를 연다는 영래의 제안에 반대하고 있다.

05　소재의 의미 파악하기

윗글의 '씨름 대회'에 대한 설명으로 가장 알맞은 것은?

① 영래가 '나'와 갈등을 겪는 원인이 된다.
② 영래가 자습을 싫어하게 되는 원인이 된다.
③ 영래가 담임 선생님에게 꾸중을 듣는 계기가 된다.
④ 영래가 아이들의 지지를 얻어 급장이 되는 계기가 된다.
⑤ 영래가 자신을 괴롭힌 아이들에게 복수하는 방법이 된다.

06　사건과 갈등 파악하기

㉠~㉤에 대한 반응으로 가장 알맞지 <u>않은</u> 것은?

① ㉠: 영래는 아이들을 위협적으로 대하고 있군.
② ㉡: 은수는 종하처럼 권력을 갖고 싶어 하는군.
③ ㉢: 석환은 자신의 의견을 솔직하게 드러내고 있군.
④ ㉣: '나'는 영래의 협박으로 인해 나서지 않고 있군.
⑤ ㉤: 영래가 반장이 되는 것을 바라지 않는 아이들도 있군.

07　[단답형]　〈보기〉를 바탕으로 감상하기

윗글에서 〈보기〉의 빈칸에 들어가기에 가장 알맞은 인물 2명을 찾아 쓰시오.

〈보기〉

〈아우를 위하여〉는 민주주의가 억압되던 군사 독재 시절의 모습을 전쟁 직후 교실에서의 이야기로 풀어낸 작품이다. 교실에서 가장 큰 힘을 가진 '영래'는 당시의 권력층, '(　　　　　　　　)'은/는 당시 권력층의 부하 노릇을 하던 사람들에 해당한다.

04
- **대립하다**: 의견이나 처지, 속성 따위가 서로 반대되거나 맞지 않다.

05
씨름 대회에 대해 아이들이 어떤 반응을 보이는지 살펴보세요.
- **계기**: 어떤 일이 일어나거나 변화하도록 만드는 결정적인 원인이나 기회
- **지지**: 어떤 사람이나 단체 따위의 의견에 찬성하여 이를 위하여 힘을 씀.
- **급장**: '반장'의 전 용어

06
㉠은 영래, ㉡은 은수, ㉢은 석환, ㉣은 '나', ㉤은 아이들의 태도와 연관이 깊어요.
- **위협적**: 으르고 협박하는 듯한 것

07
영래와 함께 위협적인 분위기를 만드는 인물들이 누구인지 찾아보세요.
- **민주주의**: 국민이 권력을 가지고 그 권력을 스스로 행사하는 제도
- **억압되다**: 자기의 뜻대로 자유로이 행동하지 못하도록 억지로 억눌리다.

DAY 13

사건, 갈등, 복선

> 〈홍길동전〉에서 길동은 신분으로 인해 집안과 사회에서 갈등을 겪고, 이로 인해 백성을 돕는 도적이 되어 활약하게 된다. 만약 길동이 갈등을 겪지 않았다면 후에 의적이 되지 못했을 것이다. 이처럼 갈등은 뒤에 이어질 사건의 계기가 된다.

✱● 사건 이란? 소설 속에서 인물을 둘러싸고 벌어지는 크고 작은 일

✱❶ 갈등 이란? 인물이 마음속에서 혼란을 느끼거나 어떠한 대상과 대립하는 것

● 갈등의 종류

내적 갈등 : 인물의 마음속에서 두 가지 이상의 생각이나 심리가 서로 부딪치는 것

> "너 혹 붙장 안의 돈 봤니?" / 하다가는 채 문기가 입을 열기 전에 숙모는
> 문기가 훔친 돈
> "학교서 지금 오는 애가 알겠니. 참 점순이 고년 앙큼헌 년이더라. 낮에 내가 뒤껼에
> 숙모는 점순이가 돈을 훔친 것으로 오해함.
> 서 화초 모종을 내고 있는데 집을 간다고 나가더니 글쎄 돈을 집어 갔구나."
> 문기는 잠잠히 듣기만 한다. 그러나 속으로는 <u>갚으면 고만이지 소리를 또 한 번 외</u>
> 죄책감에서 벗어나기 위해 자신을 합리화하는 문기
> <u>본다.</u> / (중략) 방 안의 문기는 그 밤을 뜬눈으로 새웠다.
> 사라지지 않는 죄책감
> – 현덕, 〈하늘은 맑건만〉

➡ 문기는 자기 대신 돈을 훔쳤다는 누명을 쓴 점순이에게 죄책감을 느껴 괴로워하고 있으므로, 윗글에서 **문기가 겪고 있는 갈등은 '내적 갈등'**이다.

외적 갈등 : 인물이 자신을 둘러싼 바깥의 대상(다른 인물, 사회, 자연환경, 운명)과 대립하는 것

인물과 인물의 갈등	등장인물들 사이에 서로 성격이나 의견, 가치관이 달라서 일어나는 갈등
인물과 사회의 갈등	인물이 자신이 살고 있는 사회의 제도, 관습 등과 부딪쳐 겪게 되는 갈등
인물과 자연의 갈등	인물이 자연재해(홍수, 가뭄, 전염병 등)로 인해 어려움을 겪음으로써 발생하는 갈등
인물과 운명의 갈등	인물이 타고난 운명에 의해 겪는 갈등

> 길동이 절하고 말씀드리기를, / "소인이 평생 설워하는 바는, (중략) 아버지를 아버
> 길동은 양반인 아버지와 노비인 어머니 사이에서 태어난 서자임.
> 지라 못 하옵고 형을 형이라 못 하오니, 어찌 사람이라 하겠습니까?"
> 서자로 태어난 길동의 한
> – 허균, 〈홍길동전〉

➡ 길동은❷ 적자와 서자를 차별하는 사회의 제도로 인해 괴로워하고 있다. 따라서 윗글에서 **길동이 겪는 갈등은 '인물과 사회의 갈등'**이다.

✱● 복선 이란? 앞으로 일어날 사건을 미리 넌지시 알려 주는 장치

> 울타리가 넘게 피었던 코스모스들이 끓는 물에 데쳐 낸 것처럼 시커멓게 죽고 말았다. (중략) 안 초시의 입에는 피, 얼굴은 잿빛이었다.
> – 이태준, 〈복덕방〉

➡ 시커멓게 죽은 코스모스는 앞으로 펼쳐질 **안 초시의 슬픈 운명(죽음)을 암시하는 복선**이다.

---

❶ 갈등과 주제
소설 속에서 갈등이 일어나면 인물은 그것에 대처하기 위해 어떠한 선택과 행동을 하는데, 이 과정에서 소설의 주제가 드러나는 경우가 많음.

❷ 적자와 서자
• **적자**: 정식으로 맞은 아내가 낳은 이들
• **서자**: 양반과 양반이 아닌 여성 사이에서 낳은 아들

★ 정답은 [해설편 표지] 안쪽에 있습니다.

[01~02] 다음을 읽고 빈칸에 들어가기에 알맞은 말을 고르시오.

> 어느새 모여든 사람들에게 들으라는 듯이 아줌마가 악을 쓴다. / "대드는 게 아니고, 돈 달라고 하는 건데요." 용우도 지지 않는다. 삶의 현장이 용우를 저렇게 단련시켰다. 그런데 나 이민수는 뭐란 말인가.
> "자아, 그래, 돈 줄란다. 나한테 대드는 꼴은 밉지만 그래도 친구랍시고 와서 거드는 것이 가상해서 내가 돈을 주긴 준다마는……. (중략) 아이 민수야, 니 지난번에 말도 안 하고 무단결근한 날 있었지? 그것도 하필 제일 바쁜 날에." / "말하고 빠졌는데요."
>
> — 공선옥, 〈힘센 봉숭아〉

01
윗글에서는 용우와 민수가 아줌마와 실랑이를 벌이는 (사건 / 복선)을 다루고 있다.

02
윗글에는 인물과 (인물 / 운명)의 갈등이 나타나 있다.

[03~04] 다음을 읽고 맞으면 ○, 틀리면 ✕에 표시하시오.

> 땅속 저 밑은 늘 음침하다. / (중략) / 싸늘한 침묵, 쿠더브레한* 흙내와 징그러운 냉기만이 그 속에 자욱하다. / (중략) / 그러나 그는 눈도 하나 깜짝하지 않는다. 금을 캔다고 콩밭 하나를 다잡쳤다*. (중략)
> 남편은 진흙투성이를 하고 내려왔다. (중략)
> 이 꼴을 보니 아내는 맥이 다시 풀린다. 오늘도 또 글렀구나. — 김유정, 〈금 따는 콩밭〉
>
> *쿠더브레한: 상하고 찌들어 비위가 상할 정도인
> *다잡쳤다: 망가뜨렸다.

03
'그'는 금을 캐고 싶은 욕망과 밭을 다 망쳤다는 죄책감 사이에서 내적 갈등을 겪고 있다. (○ , ✕)

04
콩밭의 '싸늘한 침묵, 쿠더브레한 흙내와 징그러운 냉기'는 '그가 금을 캐지 못할 것을 암시한다. (○ , ✕)

[05~06] 다음을 읽고 빈칸에 들어가기에 알맞은 말을 고르시오.

> 저 우리 조선 사람으로 성립된 이 사회란 것이, 내게 술을 아니 못 먹게 한단 말이요. …어째 그렇소? …또 내가 설명을 해 드리지. 여기 회*를 하나 꾸민다 합시다. 거기 모이는 사람 놈 치고 처음은 민족을 위하느니, 사회를 위하느니 그러는데, 제 목숨을 바쳐도 아깝지 않으니 아니하는 놈이 하나도 없어. 하다가 단 이틀이 못 되어, 단 이틀이 못 되어…
>
> — 현진건, 〈술 권하는 사회〉
>
> *회: 단체

05
'나'는 사람들이 민족과 사회를 위한 마음을 끝까지 지키지 못하는 현실에 (기뻐 / 괴로워)하고 있다.

06
윗글에는 인물과 (사회 / 자연)의 갈등이 나타나 있다.

[07~10] 빈칸에 들어가기에 알맞은 단어를 〈보기〉에서 찾아 문맥에 맞게 쓰시오.

> ─〈보기〉─
> • 신통하다: 신기할 정도로 묘하다.
> • 통솔력: 무리를 거느려 다스리는 능력
> • 저의: 겉으로 드러나지 아니한, 속에 품은 생각
> • 달갑다: 거리낌이나 불만이 없어 마음이 흡족하다.

07
나는 멀어진 친구를 보는 것이 (   )지 않았다.

08
그는 (   )하게도 앞으로 일어날 일을 모두 알고 있었다.

09
네가 갑자기 나를 칭찬하는 (   )을/를 모르겠다.

10
그녀는 타고난 (   )(으)로 무리를 이끌었다.

홍길동전 _ 허균

[앞부분의 줄거리] 길동은 전국을 돌아다니며 탐관오리를 벌하고 가난한 백성을 돕는다. 조정에서는 길동을 잡아들이라 명하고, 조선 각지에서 여덟 명의 길동을 잡아 올린다. 임금은 홍 판서(길동의 아버지)에게 진짜 길동을 찾아내라 명하지만 홍 판서는 길동을 구별해 내지 못한다.

① 길동 등이 임금에게 아뢰었다.

"신의 아비가 나라의 은혜를 많이 입었사온데, 신이 어찌 감히 나쁜 짓을 하오리까마는, 신은 본래 천한 종의 몸에서 났는지라, 그 아비를 아비라 못 하옵고 그 형을 형이라 못 하와, 평생 한이 맺혔기에 집을 버리고 도적의 무리에 들었사옵니다. 그러나 백성은 조금도 범하지 않고 각 읍 수령이 백성들을 들볶아 착취한 재물만 빼앗았을 뿐입니다. 이제 십 년이 지나면 조선을 떠나 갈 곳이 있사오니, 엎드려 빌건대 성상께서는 근심하지 마시고 신을 잡으라는 명을 거두어 주십시오."

하고, 말을 마치며 여덟 명이 한꺼번에 넘어지므로, 자세히 보니 다 풀로 만든 허수아비였다. 임금이 더욱 놀라며 진짜 길동을 잡으라는 명을 다시 전국에 내렸다.

길동이 허수아비를 없애고 두루 다니다가 사대문에 글을 써 붙였는데, 그 글에다,

"소신 길동은 아무리 하여도 잡지 못할 것이오니, 병조판서 벼슬을 내리시면 잡히겠습니다."

고 하였다. 임금이 그 글을 보고 신하들을 모아 의논하니, 여러 신하들이 말했다.

"이제 그 도적을 잡으려 하다가 잡지 못하고 도리어 병조판서 벼슬을 내리심은 이웃 나라에도 창피스러운 일입니다."

임금이 옳다고 여기고 다만 경상 감사에게 길동 잡기를 재촉하니, 경상 감사가 왕명을 받고는 황공하고 죄송하여 어쩔 줄을 몰랐다.

[중략 부분의 줄거리] 길동은 경상 감사(길동의 형)를 찾아가 자신이 진짜 길동임을 밝히고 자신을 잡아 서울로 보내라고 말한다. 이에 감사는 눈물을 흘리며 길동을 결박해 서울로 보낸다.

② 여러 날 만에 서울에 다다랐으나, 대궐 문에 이르러 길동이 한 번 몸을 움직이자, 쇠사슬이 끊어지고 수레가 깨어져, 마치 매미가 허물 벗듯 공중으로 올라가며, 나는 듯이 구름과 안개에 묻혀 가 버렸다. [A]

장교와 모든 군사가 어이없어 다만 공중만 바라보며 넋을 잃을 따름이었다. 어쩔 수 없이 이 사실을 보고하니, 임금이 듣고,

"천고에 이런 일이 어디 있으랴?"

하며, 크게 근심을 했다. 이에 여러 신하 중 한 사람이 아뢰기를,

"길동의 소원이 병조판서를 한번 지내면 조선을 떠나겠다는 것이라 하오니, 한번 제 소원을 풀면 제 스스로 은혜에 감사하오리니, 그때를 타 잡는 것이 좋을까 하옵니다."

고 했다. 임금이 옳다 여겨 즉시 길동에게 병조판서 벼슬을 내리고 사대문에 글을 써 붙였다.

③ 그때 길동이 이 말을 듣고 즉시 높은 관리의 복장을 하고 덩그런 수레에 의젓하게 높이 앉아 큰 길로 당당히 들어오면서 말하기를,

"이제 홍 판서 사은하러 온다."

고 했다. 병조의 하급 관리들이 맞이해 궐내에 들어간 뒤, 여러 관원들이 의논하기를,

"길동이 오늘 사은하고 나올 것이니 도끼와 칼을 쓰는 군사를 매복시켰다가 나오거든 일시에 쳐 죽이도록 하자."

하고 약속을 하였다. 길동이 궐내에 들어가 엄숙히 절하고 아뢰기를,

"소신의 죄가 더할 수 없이 무겁사온데, 도리어 은혜를 입사와 평생의 한을 풀고 돌아가면서 전하와 영원히 작별하오니, 부디 만수무강하소서."
하고, 말을 마치며 몸을 공중에 솟구쳐 구름에 싸여 가니, 그 가는 곳을 알 수가 없었다.

🌸 빈칸을 채우세요.

– 중심인물:　　　　　　　　– 배경:

– 중심 사건, 갈등:

- **조정**: 임금이 나라의 정치를 신하들과 의논하거나 집행하는 곳
- **수령**: 고려 · 조선 시대에, 각 고을을 맡아 다스리던 지방 관리들을 통틀어 이르는 말
- **성상**: 살아 있는 자기 나라의 임금을 높여 이르는 말
- **사대문**: 조선 시대에, 서울에 있던 네 대문
- **소신**: 신하가 임금을 상대하여 자기를 낮추어 이르던 말
- **황공하다**: 위엄이나 지위 따위에 눌리어 두렵다.
- **결박하다**: 몸이나 손 따위를 움직이지 못하도록 동이어 묶다.
- **천고**: 아주 오랜 세월 동안
- **사은하다**: 받은 은혜에 대하여 감사히 여겨 사례하다.
- **병조**: 조선 시대에, 군사에 관한 일을 맡아보던 관아
- **매복**: 상대편의 움직임을 살피거나 불시에 공격하려고 일정한 곳에 몰래 숨어 있음. · **엄숙히**: 말이나 태도 따위가 위엄이 있고 정중하게

STEP Ⅱ 중심 사건, 갈등 파악하기

　　고전 소설에서는 현대 소설에 비해 인물 간의 갈등이 뚜렷하게 나타나는 경우가 많아요. 주인공을 도와주는 사람과, 주인공과 갈등을 겪는 사람이 확실히 구분되지요. 따라서 고전 소설을 읽을 때는 등장인물이 주인공을 도와주는 사람인지, 주인공과 대립하는 사람인지 구분하면서 읽으면 사건과 갈등을 더욱 쉽게 이해할 수 있어요.

🌸 **〈홍길동전〉의 중심인물과 배경을 파악해 볼까요?**

　　〈홍길동전〉에는 길동과 임금, 여러 신하들, 경상 감사 등이 등장하고 있어요. 이때 길동은 스스로를 '신, 소신, 홍 판서' 등으로 다양하게 표현하고 있네요. 많은 등장인물 중에서도 길동과 임금을 중심으로 이야기가 전개되고 있어요.
　　따라서 윗글의 중심인물은 '길동'과 '임금'입니다.

　　길동은 임금에게 자신을 잡으라는 명령을 거두어 달라고 요청하고 사라져요. 하지만 임금은 명령을 거두지 않고, 이에 길동은 자신에게 벼슬을 내려 주면 잡히겠다고 제안하지요. 임금은 신하들과 논의한 끝에 길동에게 벼슬을 내리지 않기로 결정하고, 길동의 형인 경상 감사에게 길동을 잡으라고 명령해요(1). 이후 길동은 스스로 잡혀 서울에 다다라요. 그리고 대궐 문에 이르러 자신을 묶고 있던 사슬을 모두 끊고 사라져 버려요. 이에 놀란 임금과 신하들은 길동에게 벼슬을 내리고, 길동이 감사하는 틈을 타 길동을 잡으려는 계획을 세워요(2). 벼슬

을 받은 길동이 대궐로 들어가자 군사들은 길동을 죽일 준비를 해요. 하지만 길동은 임금에게 감사 인사를 하고 어딘가로 사라져요(3).
　　〈홍길동전〉은 1에서 2, 3으로 시간이 흐르는 순서에 따라 이야기가 진행되고 있어요. 또한 1과 2, 3은 모두 임금이 있는 '대궐'에서 사건이 벌어지고 있어요.
　　따라서 윗글의 공간적 배경은 '대궐'입니다.

🌸 **〈홍길동전〉의 중심 사건과 갈등은 무엇일까요?**

　　1에서 자신을 잡으라는 명령을 거두어 달라고 요청한 여덟 명의 길동은 모두 허수아비였어요. 이를 본 임금은 매우 놀라 진짜 길동을 잡으라고 명령해요. 이에 길동은 병조판서 벼슬을 내려 달라는 글을 쓰지만, 임금은 여전히 길동의 제안을 받아들이지 않아요.
　　2에서는 스스로 잡혀 온 길동이 대궐에 이르러 쇠사슬을 끊고 수레를 깨뜨려 달아나는 뛰어난 능력을 펼칩니다. 이는 길동이 임금에게 자신을 잡을 수 없다는 것을 보여 주는 것이에요. 이에 임금은 길동에게 벼슬을 내리고 그 틈을 타 길동을 잡으려는 계획을 세우지만, 3에서 벼슬은 받은 길동은 구름에 싸여 또다시 어딘가로 사라져요.
　　윗글의 중심 사건과 갈등을 정리하면 다음과 같아요.
- **중심 사건**: 임금이 길동을 잡으려 하지만, 길동이 뛰어난 능력으로 그 위기에서 벗어남.
- **갈등**: 길동을 잡으려는 임금과 잡히지 않는 길동의 외적 갈등

다음 빈칸에 들어가기에 가장 알맞은 답을 〈보기〉에서 찾아 쓰시오.

〈보기〉

경상 감사　　　신하　　　임금　　　벼슬　　　군사　　　허수아비

(1) 윗글에서 길동을 잡으라고 명령하는 인물은 (　　　　　　　　　)이다.

(2) 윗글에서 길동은 임금에게 (　　　　　　　)을/를 내려 주면 잡히겠다고 제안하고 있다.

01
- **제안하다**: 생각이나 계획을 내놓다.

02 사건과 갈등 파악하기

윗글의 내용으로 가장 알맞지 않은 것은?

① 길동은 벼슬을 받은 후 어딘가로 사라졌다.

② 길동은 자신을 잡을 수 없을 것이라며 임금을 놀렸다.

③ 임금은 길동을 잡으라는 명령을 거두지 않았다.

④ 임금은 경상 감사에게 길동을 잡아 오라고 재촉했다.

⑤ 한 신하는 길동을 잡으려고 꾀를 생각해 냈다.

02
길동과 임금, 신하의 행동이 드러나는 부분을 다시 살펴보세요.
- **경상 감사**: 경상도의 일을 맡던 높은 관리
- **재촉하다**: 어떤 일을 빨리하도록 조르다.

03 사건과 갈등 파악하기

[A]에 대한 설명으로 가장 알맞은 것은?

① [A]로 인해 모든 군사들은 길동을 따르게 된다.

② [A]로 인해 임금은 길동의 능력을 무시하게 된다.

③ [A]에서 길동은 뛰어난 능력으로 위기를 벗어나고 있다.

④ [A]에서 길동은 누군가의 계략으로 위기에 처하고 있다.

⑤ [A]로 인해 임금과 신하들은 길동을 잡는 일을 포기하게 된다.

03
[A]에 드러나 있는 길동의 특성이 무엇인지 생각해 보세요.
- **계략**: 어떤 일을 이루기 위한 꾀나 수단

01 중심 사건, 갈등 파악하기

(1) 윗글에서 임금은 길동을 잡으라고 전국에 명령을 내리고, 경상 감사에게도 길동을 잡으라고 재촉하고 있어요. 따라서 정답은 ___임금___ 입니다.

(2) 길동은 임금에게 '병조판서 벼슬을 내리시면 잡히겠습니다.'라고 제안하고 있어요. 따라서 정답은 ___벼슬___ 입니다.

02 사건과 갈등 파악하기

윗글의 내용으로 가장 알맞지 <u>않은</u> 것은?

① **길동은 벼슬을 받은 후 어딘가로 사라졌다.** (○)

★ **근거: ③**

> 말을 마치고 몸을 공중에 ~ 가는 곳을 알 수가 없었다.

🍃 길동은 벼슬을 받은 후 '은혜를 입사와 평생의 한을 풀'었다는 말을 남기고 구름에 싸여 어딘가로 사라지고 있어요.

② **길동은 자신을 잡을 수 없을 것이라며 임금을 놀렸다.** (×)

★ **근거: ①**

> "소신 길동은 ~ 벼슬을 내리시면 잡히겠습니다."

🍃 길동은 벼슬을 내리면 잡히겠다고 정중하게 제안하고 있을 뿐, 임금을 놀리지 않았어요. **그러므로 정답은 ②!**

③ **임금은 길동을 잡으라는 명령을 거두지 않았다.** (○)

★ **근거: ①**

> 임금이 ~ 다시 전국에 내렸다. / 길동 잡기를 재촉하니

🍃 길동은 임금에게 자신을 잡으라는 명령을 거두어 달라고 요청하지만, 임금은 길동을 잡으라는 명령을 거두지 않아요.

④ **임금은 경상 감사에게 길동을 잡아 오라고 재촉했다.** (○)

★ **근거: ①**

> 임금이 ~ 다만 경상감사에게 길동 잡기를 재촉하니

🍃 임금은 길동에게 벼슬을 내리지 않기로 결정한 후 경상 감사에게 길동을 잡아 오라고 재촉하고 있어요.

⑤ **한 신하는 길동을 잡으려고 꾀를 생각해 냈다.** (○)

★ **근거: ②**

> "길동의 소원이 병조판서를 ~ 좋을까 하옵니다."

🍃 한 신하는 길동에게 벼슬을 내리고 길동이 감사 인사를 할 때를 틈타 길동을 잡자는 꾀를 생각해 내고 있어요.

03 사건과 갈등 파악하기

[A]에 대한 설명으로 가장 알맞은 것은?

- [A]: 결박을 당한 채 대궐에 도착한 길동이 쇠사슬을 끊고 수레를 깨뜨려 사라지는 장면입니다.

즉 길동이 뛰어난 능력을 펼치는 장면인 [A]에 대해 알맞게 설명한 것을 고르는 문제입니다.

① **[A]로 인해 모든 군사들은 길동을 따르게 된다.** (×)

★ **근거: ②**

> 모든 군사가 어이없어 ~ 넋을 잃을 따름이었다.

🍃 군사들은 길동이 사라지는 것을 보고 어이없어하며 넋을 잃었을 뿐, 군사들이 길동의 능력을 보고 길동을 따르는 모습은 윗글에 나타나지 않아요.

② **[A]로 인해 임금은 길동의 능력을 무시하게 된다.** (×)

★ **근거: ②**

> 임금이 듣고, ~ 크게 근심을 했다.

🍃 임금은 [A]에서 길동이 쇠사슬을 끊고 사라졌다는 소식을 듣고 '천고에 이런 일이 어디 있으랴?'라면서 크게 근심하고 있어요. 이는 임금이 길동의 능력이 뛰어남을 인정하는 모습이에요.

③ **[A]에서 길동은 뛰어난 능력으로 위기를 벗어나고 있다.** (○)

★ **근거: ②**

> 길동이 한 번 몸을 움직이자, ~ 안개에 묻혀 가 버렸다.

🍃 [A]에서 길동은 쇠사슬을 끊고 수레를 깨뜨린 후 구름과 안개에 묻혀 사라지고 있어요. 즉, 길동은 뛰어난 능력으로 대궐에 잡혀 들어갈 위기를 벗어나고 있어요. **그러므로 정답은 ③!**

④ **[A]에서 길동은 누군가의 계략으로 위기에 처하고 있다.** (×)

★ **근거: ②**

> 쇠사슬이 끊어지고 수레가 깨어져, ~ 구름과 안개에 묻혀 가 버렸다.

🍃 [중략 부분의 줄거리]에 따르면 길동은 스스로 잡혀 왔어요. 그리고 [A]에서는 뛰어난 능력으로 위기를 벗어나고 있지요.

⑤ **[A]로 인해 임금과 신하들은 길동을 잡는 일을 포기하게 된다.** (×)

★ **근거: ②**

> 여러 신하 중 한 사람이 아뢰기를, ~ 임금이 옳다 여겨

🍃 [A]와 같은 길동의 뛰어난 능력을 확인한 임금과 신하들은 길동에게 벼슬을 내리고 그 틈을 타 길동을 잡으려는 계략을 세우고 있어요. 즉, 임금과 신하들은 [A] 이후에도 길동을 잡는 일을 포기하지 않아요.

춘향전 _작자 미상

어디선가 북이 쿵쿵쿵, 세 번을 울었다. 뒤이어 요란한 발소리가 우르르 들리더니 어사또를 보필하는 나졸들이 잔치 마당으로 뛰어들었다. / "암행어사 출또요!"

누군가 우렁우렁 외치는 소리에 강산이 무너지고 천지가 들끓는 듯, 하늘에 떠 있는 해도 잠깐 발을 머무르고, 공중에 나는 새도 잠깐 날지 못하여 푸득푸득 떨어졌다. 남문에서 "출또요.", 북문에서 "출또요.", 출또 소리 천지에 진동하고, 좌수*, 별감* 넋을 잃고, 각 읍 수령* 도망칠 때 그 거동이 장관이었다. / 임실 현감*은 하도 급해서 갓을 거꾸로 뒤집어쓰고는,

"여보아라, 어느 놈이 갓 구멍을 막았구나."

소리치자 누군가, / "갓을 뒤집어썼소."

"아따, 언제 바로 쓸 새 있더냐. 좀 눌러 다오."

하여 그대로 꽉 누르니 갓이 벌컥 뒤집혔다. 겨우 갓을 쓰고 나서 오줌을 눈다는 것이 그만 칼집을 쥐고 누니, 오줌 맞은 하인들이 / "허, 요새는 하늘이 비를 따뜻하게 덥혀서 내리는 모양일세." / 하며 갈팡질팡하였다.

구례 현감은 말을 거꾸로 타고 채찍질을 하니 말이 뒤로 달아났다.

"허, 이 말이 웬일이냐? 본래 목이 없느냐?"

"거꾸로 타셨소. 내려서 바로 타시오."

"어느 겨를에 바로 타겠느냐! 목을 빼어다가 말 똥구멍에 박아라."

[A]
변 사또는 정신이 아득하여 바지에 똥을 싸서 엉겁결에 내실로 뛰어들며 소리쳤다.

"어, 춥다. 문 들어온다, 바람 닫아라. 물 마르다, 목 들여라."

이때에 나졸들이 벌 떼같이 달려들어 이리 치고 저리 치고, 함부로 둘러치니 부서지는 것은 거문고요, 깨지는 것은 북이었다. 교자상도 부러지고 찻상도 넘어지고 이런 야단법석이 없었다.

어사또는 동헌 마루에 높이 앉아 분부하였다.

"남원부 변 사또는 악행이 높으니 당장 포박하여 옥에 가둬라!"

[중략 부분의 줄거리] 어사또는 옥중에 갇힌 죄인의 사연을 다 들은 후 죄 없는 사람은 즉시 풀어 주었다. 마지막으로 어사또는 춘향을 불러 절개를 시험하고자 한다.

"분부 들어라. 너는 기생으로서 관의 명령을 어기고 발악하였으니 살기를 바랄쏘냐? 죽어 마땅하나 내 수청을 든다면 목숨은 살려 주마."

기가 막힌 춘향이 고개를 번쩍 들고,

"초록은 동색이요, 가재는 게 편이라더니 내려오는 벼슬아치마다 하는 꼴이 가관이구나."

한탄하며 말을 이었다.

"어사또는 들으시오. 절벽 위에 우뚝 솟은 높은 바위 바람 분들 무너지며, 사시사철 푸른 소나무 눈이 온들 비가 온들 변하리까? 틀린 소리 마옵시고 어서 바삐 죽여 주소."

어사또는 더 이상 묻지 않고 빙긋 웃더니 옥반지를 꺼내 사령에게 주었다. / "이것을 춘향에게 주어라."

춘향이 제 앞에 놓인 옥반지를 보니, 이별할 때 자기가 이 도령에게 준 바로 그것이었다.

"춘향은 고개를 들라."

그제야 춘향은 번쩍 고개를 들었다. 동헌 마루에 높이 앉은 어사또는 어제저녁 옥문 밖에 왔던 낭군이 분명하였다. 꿈인가 생시인가.

---

*좌수, 별감, 수령, 현감: 조선 시대에 각 고을을 맡아 다스리던 관리의 다양한 직위를 이르는 말

❤ 빈칸을 채우세요.

— 중심인물: — 배경:

— 중심 사건, 갈등:

- **어사또**: 조선 시대에, 임금의 특명을 받아 지방 관리의 잘한 일과 잘못한 일을 살피고, 백성의 어려움을 살펴서 개선하는 일을 맡아 하던 임시 벼슬의 높임말(= 암행어사)
- **보필하다**: 윗사람의 일을 돕다.
- **나졸**: 조선 시대에, 관청을 지키고 죄인을 잡아들이는 일을 하던 공무원
- **출또**: 조선 시대에, 암행어사가 지방 관아에 중요한 사건을 처리하기 위하여 일을 시작하던 것(= 출두)
- **거동**: 몸을 움직임. 또는 그런 짓이나 태도
- **장관**: 크게 구경거리가 될 만하다거나 매우 꼴 보기 좋다는 뜻으로, 남의 행동이나 어떤 상태를 비웃는 말
- **내실**: 일을 하는 장소에서 주인이 먹고 자는 등의 일상적인 생활을 하는 방
- **교자상**: 음식을 차려 놓는 사각형의 큰 상
- **동헌 마루**: 지방 관아에서 벼슬아치들이 주로 일을 처리하던 건물의 마루
- **분부하다**: 윗사람이 아랫사람에게 명령이나 지시를 내리다.
- **악행**: 악독한 행위
- **포박하다**: 잡아서 묶다.
- **수청**: 보통의 여성이나 기생이 높은 벼슬아치에게 몸을 바쳐 시중을 들던 일
- **사시사철**: 봄 · 여름 · 가을 · 겨울 네 철 내내의 동안

04 중심 사건, 갈등 파악하기

다음 빈칸에 들어가기에 가장 알맞은 답을 〈보기〉에서 찾아 쓰시오.

〈보기〉

현감　　　수령　　　춘향　　　암행어사　　　변 사또

(1) 윗글에서 (　　　　　　　)은/는 이 도령에 대한 사랑을 끝까지 지키고 있다.

(2) (　　　　　　　)이/가 된 이 도령은 나쁜 짓을 많이 한 변 사또를 잡아들이고 있다.

05 사건과 갈등 파악하기

윗글의 내용으로 가장 알맞지 않은 것은?

① 춘향은 어사또의 수청을 거부했다.
② 춘향은 어사또의 정체를 곧바로 알아채지 못했다.
③ 어사또는 춘향의 마음을 시험했다.
④ 어사또는 죄가 없는 사람들을 옥중에서 풀어 주었다.
⑤ 임실 현감과 구례 현감은 양반의 품위를 지키려고 노력했다.

06 상황에 맞는 한자 성어 찾기

[A]를 설명하는 한자 성어로 가장 알맞은 것은?

① 동문서답(東問西答)　　② 승승장구(乘勝長驅)　　③ 아수라장(阿修羅場)
④ 일석이조(一石二鳥)　　⑤ 작심삼일(作心三日)

07 [단답형] 소재의 의미 파악하기

윗글에서 〈보기〉의 설명과 가장 관련이 있는 소재를 찾아 쓰시오.

〈보기〉

- 어사또가 이 도령임을 증명하는 것
- 어사또와 춘향 사이의 갈등을 없애 주는 것

05
[중략 부분의 줄거리] 이전에는 고을의 관리들이 도망가고, 어사또가 변 사또를 잡아들이는 이야기가 전개되고 있어요. 그 이후에는 어사또와 춘향이 다시 만나는 이야기가 전개되고 있어요.
- **옥중**: 감옥의 안
- **품위**: 사람이 갖추어야 할 점잖고 엄숙한 태도. 또는 고상한 품격

06
[A]에서 변 사또는 엉겁결에 내실로 뛰어들고, 그러한 변 사또를 잡기 위해 나졸들이 마구 달려들고 있어요.

07
어사또가 춘향에게 무엇을 주고 있는지 살펴보세요.
- **증명하다**: 어떤 사항이나 판단 따위에 대하여 그것이 진실인지 아닌지 증거를 들어서 밝히다.

DAY **14**

고전 소설의 특징, 일대기적 구성

*● 고전 소설의 특징

(1) **우연성** ❶ : 우연히 일어나는 사건을 통해 이야기가 전개되는 것

> 옥영은 배 안에서 퉁소 소리를 들었다. 그것은 곧 조선의 곡조요 또한 옛날에 귀에
> *남편(최척)이 퉁소를 연주하는 소리*
> 익었던 소리였다. 그래서 남편이 그 배에 와 있지 않나 해서 시험 삼아 시를 읊었던 것
> *옥영이 직접 지은 시로, 남편(최척)이 옥영을 찾는 계기가 됨.*
> 이다. 이때 남편이 자기를 찾는 말을 듣자 옥영은 황망하여 몸 둘 바를 몰랐다.
> — 조위한, 〈최척전〉

➡ 헤어진 옥영과 남편(최척)이 우연히 같은 배에 타고, 퉁소 소리와 시 읊는 소리를 통해 다시 만나는 것은 **우연성**에 해당한다.

(2) **비현실적(전기적)** ❷ : 현실에서는 일어나기 어려운 기이한 일들이 나타나는 것

> 우치는 구름 속에서 요술을 행하여 몸을 왕연희로 바꾸고 궐문을 나오니, 하인들이
> *도술을 부리는 전우치*
> (중략) 뫼시어 왕연희의 집으로 돌아가더라.
> — 작자 미상, 〈전우치전〉

➡ 전우치가 도술을 부려 왕연희로 변하는 것은 현실에서 일어날 수 없는 **비현실적(전기적) 요소**이다.

(3) **평면적 구성** : 시간의 흐름에 따라 이야기가 진행되고, 행복한 결말로 끝난다.

(4) **권선징악** 의 주제: 고전 소설은 착한 사람은 복을 받고 악한 사람은 벌을 받는다는 권선징악의 주제를 드러내는 경우가 많다.

> 놀부가 기가 막혀 발을 동동 구르며 탄식하였다. / "여보 마누라, 이 노릇을 어찌하
> 면 좋단 말이오? 재물을 얻으려다 재물을 탕진하고 끝장은 똥더미로 의복 한 가지 없
> *부자가 된 흥부와 달리 재산을 모두 잃은 놀부*
> 게 되었으니 앞으로 어떻게 살아간단 말이오? 애고 답답 서러워라." / (중략)
> 그러자 비록 놀부 같은 몹쓸 놈일망정 흥부의 어진 덕에 감동하여 전날의 잘못을 뉘
> *행복한 결말*
> 우치고 형제가 서로 화목하게 지내게 되었다.
> — 작자 미상, 〈흥부전〉

➡ 윗글은 착한 흥부가 복을 받고 나쁜 놀부가 벌을 받는 모습을 통해 **권선징악**의 주제를 드러내고, 형제가 함께 화목하게 살아가는 행복한 결말로 이야기가 끝나는 **평면적 구성**을 따르고 있다.

*● **일대기적 구성** : 주인공이 태어나서 죽기까지의 일생을 다룬 이야기 구성

영웅의 일대기 : 대부분의 영웅 소설에서 공통적으로 나타나는 영웅의 일생

> 고귀한 혈통 → 기이한 출생 → 탁월한 능력 → 시련 → 도움을 주는 사람의 등장
> → 고난 극복 → 행복한 결말

〈심청전〉에서는 심 봉사가 개천에 빠져 죽을 위기에 처했을 때, 마침 지나가던 스님이 심 봉사를 구해 준다. 스님은 심 봉사에게 공양미 삼백 석을 부처님께 드리면 눈을 뜰 수 있다고 이야기하고, 아버지가 눈을 뜨게 하기 위해 심청은 공양미 삼백 석에 스스로 인당수의 제물이 된다. 이처럼 고전 소설에서는 우연히 일어나는 일을 통해 사건이 전개되는 '우연성'이 두드러진다.

❶ **우연성과 반대되는 특징, 개연성**
고전 소설에서는 우연성이 두드러지는 반면, 현대 소설에서는 개연성을 바탕으로 사건을 전개하는 경우가 많음.
• **개연성**: 어떤 사건이 일어날 법한 상황을 미리 깔아 둠으로써 독자가 허구의 이야기를 그럴싸하다고 생각하게 하는 것

❷ **비현실적(전기적) 요소**
도술과 환생은 고전 소설에 자주 나타나는 비현실적 요소임. 또한 신선과 선녀 등 신적인 존재나 하늘나라, 용궁 등 인간 세상이 아닌 공간이 등장하기도 함.

[01~02] 다음을 읽고 맞으면 ○, 틀리면 ×에 표시하시오.

이때 주봉은 빌어먹으며 이곳저곳 다니다 천만의외로 옥저*와 거문고 연주하는 소리가 저 하늘 높은 곳에서 은은히 들리거늘 반가운 마음에 더듬더듬 찾아 들어갔다. 그러다 보니 한 소년이 연주를 하고 있는데 옥저도 낯이 익었고 거문고도 낯이 익었다. 마음에 기이한 생각이 들기를 / '분명히 나의 옥저와 거문고로다.'

– 작자 미상, 〈주봉전〉

* 옥저: 옥으로 만든 악기

01

주봉은 '옥저와 거문고 연주하는 소리'를 통해 한 소년과 우연히 만나고 있다. (○ , ×)

02

윗글에서는 비현실적 사건이 벌어지고 있다. (○ , ×)

[03~04] 다음의 빈칸에 들어가기에 알맞은 말을 고르시오.

"정 부인은 이것이 자기 저고리라 하니, 정 부인과 설 낭자를 불러 저고리의 사연을 들어 보시옵소서."

(중략) / 설 낭자가 대답하였다.

"소녀의 어머니께서 기특하다 여겨 저고리 안에 붉은 실로 '설운설'이라고 소녀의 아명*을 수놓아 새기셨사옵니다."

그 말대로 저고리 안을 뜯어내고 보니, 정말로 붉은 실로 '설운설'이라 새겨져 있는 것이었다. 대감이 크게 분노하여 정 부인을 잡아 가두었다.

– 작자 미상, 〈설 낭자전〉

* 아명: 아이 때의 이름

03

윗글은 시간의 흐름에 따라 이야기가 진행되는 (입체적 / 평면적) 구성을 따르고 있다.

04

거짓말을 한 정 부인이 벌을 받는 모습을 통해 (일대기적 구성 / 권선징악의 주제)이/가 드러나고 있다.

[05~06] 다음의 빈칸에 들어가기에 알맞은 말을 고르시오.

막 씨 마치 뱃속에 아이 놀 듯하여 점점 불러 오거늘 십 개월에 미쳐 해산하고* 돌아보니 아이는 아니요, 금방울 같은 것이 금빛이 찬란하거늘, (중략) 집어다가 멀리 버리고 돌아보니 금방울이 굴러 따라오는지라.

(중략) / 방울이 굴러 부인 시신 앞으로 들어가거늘, 모두 보니 풀잎 같은 것을 물어다 놓고 가는지라. (중략) 그 풀을 부인 입에 넣으니, 잠시 후에 부인이 몸을 운동하여 돌아눕거늘, 부인이 숨을 길게 쉬는지라.

– 작자 미상, 〈금방울전〉

* 해산하고: 아이를 낳고

05

윗글에는 영웅의 일대기 중 (기이한 출생 / 행복한 결말)이 나타나 있다.

06

금방울은 죽은 부인을 되살려내는 (고귀한 혈통 / 탁월한 능력)을 보이고 있다.

[07~09] 빈칸에 들어가기에 알맞은 단어를 〈보기〉에서 찾아 문맥에 맞게 쓰시오.

〈보기〉

• 보필하다: 윗사람의 일을 돕다.

• 엄숙히: 말이나 태도 따위가 위엄이 있고 정중하게

• 증명하다: 어떤 사항이나 판단 따위에 대하여 그것이 진실인지 아닌지 증거를 들어서 밝히다.

07

그는 임금을 (   )하는 충성스러운 신하였다.

08

그녀는 자신이 죄가 없다는 것을 스스로 (   )해 냈다.

09

대통령은 국민을 위해 성실하게 일할 것을 (   ) 약속했다.

들판에서 _이강백

[앞부분의 줄거리] 우애 좋은 형제가 사는 들판에 측량 기사와 두 조수가 나타난다. 측량 기사는 실습을 한다며 말뚝과 밧줄로 형제 사이를 가른다. 형제는 밧줄로 놀이를 하다가 다투게 되고, 측량 기사의 꾐에 넘어가 땅을 대가로 벽과 전망대를 설치한다. 땅도 거의 다 잃고, 총까지 발사하며 대립하던 형제는 번개와 천둥이 치며 내리는 빗속에서 슬픔을 느낀다.

형: 저 요란한 천둥소리! 부모님께서 날 꾸짖는 거야!

아우: 빗물이 눈물처럼 느껴져!

　　형과 아우, 탄식하면서 나누어진 들판을 바라본다.

형: 아아, 이 들판의 풍경은 내 마음속의 풍경이야. 옹졸한 내 마음이 벽을 만들었고, 의심 많은 내 마음이 전망대를 만들었어. (중략)

아우: 이젠 늦었어. 너무 늦은 거야! 벽이 생겼던 바로 그때, 내가 형님께 잘못했다고 말해야 했어. 하지만, 인제 형님은 내 말이라면 믿지 않을 테고, 나 역시 형님 말을 믿지 못해. (고개를 숙이고 흐느껴 운다.) 이래서는 안 돼, 안 되는데 하면서도……. 어쩔 수가 없어.

형: 들판에는 아직도 민들레꽃이 피어 있군! (총을 내려놓고 허리를 숙여 발밑의 민들레꽃을 바라본다.) 우리가 언제나 다정히 지내기로 맹세했던 이 꽃…….

아우: 형님과 내가 믿을 수 있는 건 무엇일까? 그것이 단 하나라도 남아 있다면 좋을 텐데……. 그렇구나, 민들레꽃이 남아 있어! (총을 내던지고, 민들레꽃을 꺾어 든다.) 이 꽃을 보니까 그 시절이 그립다. 형님과 함께 행복하게 지냈던 시절이 그리워…….

형: 벽 너머 저쪽에도 민들레꽃은 피어 있겠지…….

아우: 형님이 보고 싶어! / 형: 동생 얼굴이 보고 싶구나!

　　형과 아우, 그들 사이를 가로막은 벽을 안타까운 표정으로 바라본다. 비가 그치면서 구름 사이로 한 줄기 햇빛이 비친다.

형: 하지만, 내 마음을 어떻게 저 벽 너머로 전하지?

아우: 비가 그치고 산들바람이 부는군.

형: 저 벽을 자유롭게 넘어갈 수만 있다면……. 가만 있어 봐. 민들레꽃은 씨를 맺으면 어떻게 되지? 바람을 타고 멀리 날아가잖아?

아우: 햇빛이 비치니까 샛노란 민들레꽃이 더 예쁘게 보여.

형: 이 꽃을 꺾어서 벽 너머로 던져 주어야지. 동생이 이 민들레꽃을 보면, 진짜 내 마음을 알아줄 거야.

아우: 형님에게 이 꽃을 드리겠어. 벽 너머의 형님이 이 꽃을 받으면, 동생인 나를 생각하겠지.

　　형과 아우, 민들레꽃을 여러 송이 꺾는다. 그리고 벽으로 다가가서 민들레꽃을 벽 너머로 서로 던져 준다. 형은 아우가 던져 준 꽃들을 주워 들고 반색하고, 아우는 형이 던진 꽃들을 주워 들고 기뻐한다. 서로 벽을 두드리며 외친다.

아우: 형님, 내 말 들려요?

형: 들린다, 들려! 너도 내 말 들리냐?

아우: 들려요!

형: 우리, 벽을 허물기로 하자!

아우: 네, 그래요. 우리 함께 빨리 허물어요!

　　무대 조명, 서서히 꺼진다. 다만, 무대 뒤쪽의 들판 풍경을 그린 걸개그림*만이 환하게 밝다. 막이 내린다.

---

* 걸개그림: 건물의 벽 따위에 걸 수 있도록 그린 그림

🌺 빈칸을 채우세요.

－ 중심인물:　　　　　　　　　　　－ 배경:

－ 중심 사건, 갈등:

• 측량 기사: 기기를 써서 물건의 높이, 깊이, 넓이, 방향 따위를 재는 기술자

- **실습**: 이미 배운 이론을 토대로 하여 실지로 해 보고 익히는 일
- **대가**: 물건의 값으로 치르는 돈
- **전망대**: 멀리 내다볼 수 있도록 높이 만든 대
- **탄식하다**: 한탄하여 한숨을 쉬다.

- **옹졸하다**: 성품이 너그럽지 못하고 생각이 좁다.
- **산들바람**: 시원하고 가볍게 부는 바람
- **반색하다**: 매우 반가워하다.

01 중심 사건, 갈등 파악하기

다음 빈칸에 들어가기에 가장 알맞은 답을 〈보기〉에서 찾아 쓰시오.

〈보기〉

| 형 | 측량 기사 | 아우 | 전망대 | 들판 | 무대 |

(1) 윗글에서 (　　　　　)와/과 (　　　　　)은/는 지난날의 행동을 반성하고 있다.

(2) (　　　　　)은/는 형과 아우가 다툰 이후에 설치한 것으로, 서로에 대한 의심을 나타내는 소재이다.

02 인물의 심리와 태도 파악하기

윗글의 '형과 아우'에 대한 설명으로 가장 알맞지 <u>않은</u> 것은?

① 형은 아우와 화해하기를 바라고 있다.

② 형은 부모님께 효도하지 못해 괴로워하고 있다.

③ 아우는 형에게 사과하지 못했던 일을 후회하고 있다.

④ 아우는 형과 행복하게 지냈던 시절을 그리워하고 있다.

⑤ 형과 아우는 꽃을 통해 서로에 대한 마음을 전하고 있다.

03 〈보기〉를 바탕으로 감상하기

〈보기〉를 바탕으로 윗글을 이해한 내용으로 가장 알맞지 <u>않은</u> 것은?

〈보기〉

〈들판에서〉는 남과 북으로 분단된 우리나라의 현실을 형과 아우의 갈등에 빗대어 표현한 희곡이다. 형제가 서로에게 꽃을 던지며 벽을 허무는 모습은 분단된 현실을 극복할 수 있을 것이라는 희망을 드러내고 있다.

① '들판'은 남과 북의 땅을 의미한다.

② '벽'은 분단된 우리나라의 현실을 나타낸다.

③ '총'은 남과 북의 갈등을 심하게 만드는 것이다.

④ '산들바람'은 남과 북의 화해를 막는 것이다.

⑤ 벽이 허물어진 '들판 풍경'은 분단된 현실을 극복한 우리나라의 모습이다.

04 [단답형] 소재의 의미 파악하기

윗글에서 〈보기〉의 빈칸에 들어가기에 가장 알맞은 소재를 찾아 쓰시오.

〈보기〉

(　　　　　)은/는 형과 아우가 화해하기 위해 사용한 것으로, 형과 아우의 우애를 상징한다.

02

형과 아우가 반성하고 있는 이유를 생각해 보세요.
- **효도하다**: 부모를 정성껏 잘 섬기다.

03

갈등을 의미하는 소재와 화해를 의미하는 소재를 구분해 보세요.
- **분단되다**: 동강이 나서 끊겨 갈라지다.

04

형과 아우가 벽을 허물기 전에 서로에게 무엇을 주었는지 확인해 보세요.

자전거 도둑 _박완서

[앞부분의 줄거리] 전기용품 가게에서 일하는 수남이는 배달을 나가는데, 어떤 신사가 수남이의 자전거가 바람에 쓰러지면서 자신의 차를 들이받았다며 차 수리비 오천 원을 요구한다. 수남이는 울며 용서를 빌지만 신사는 수남이의 자전거에 자물쇠를 채우며 수리비를 가져오면 열쇠를 주겠다고 한다. 주변의 구경꾼들이 수남이에게 도망치라고 부추기자 수남이는 쾌감까지 느끼며 자전거를 들고 도망친다.

"인마, 말을 해, 무슨 일이야? 네놈 꼴이 영락없이 도둑놈 꼴이다 인마."

도둑놈 꼴이란 소리가 수남이의 가슴에 가시처럼 걸린다. 수남이는 겨우 숨을 가라앉히고 자초지종을 주인 영감님께 고해 바친다. 다 듣고 난 주인 영감님은 무엇이 그리 좋은지 무릎을 치면서 통쾌해한다.

"잘했다. 잘했어. 맨날 촌놈인 줄만 알았더니 제법인데 제법야."

그러고는 가게에서 쓰는 드라이버니 펜치를 가지고 자전거에 채운 자물쇠를 분해하기 시작한다. 엎드려서 그 짓을 하고 있는 주인 영감님이 수남이의 눈에 흡사 도둑놈 두목 같아 보여 속으로 정이 떨어진다. 주인 영감님 얼굴이 누런 똥빛인 것조차 지금 깨달은 것 같아 속이 메스껍다.

마침내 자물쇠를 깨뜨렸나 보다. 영감님 얼굴에 회심의 미소가 떠오르더니 자유롭게 된 자전거 바퀴를 시험이라도 하려는 듯이 자전거로 골목을 한 바퀴 빙그르르 돌아 들어와서는, / "네놈 오늘 운 텄다."

그러고는 수남이의 머리를 쓰다듬고 볼과 턱을 두둑한 손으로 귀여운 듯이 감싼다. 영감님이 기분이 좋을 때면 수남이에 대한 애정의 표시로 으레 그렇게 했었고 수남이도 그걸 좋아했었다.

그런데 오늘은 그게 싫다. 영감님의 손이 싫다. 운 트기는커녕 재수 옴 붙었다는 생각이 여전하고, 수남이는 그날 온종일 우울했다. 그러나 자기가 왜 그렇게 우울한지 그걸 차분히 생각할 새도 없는 바쁜 하루였다.

가게 문을 닫고 주인댁에서 날라 온 저녁밥을 먹고 나면 비로소 수남이 혼자만의 시간이다. 꿀 같은 시간이었다. 책을 펴 놓고 영어 단어를 찾고, 수학 문제를 풀어 보고, 턱을 괴고 소년다운 감미로운 공상에 잠길 수 있는 그런 시간이었다. / 그러나 오늘 수남이는 그게 되지를 않았다. 책을 집어 던졌다.

[A] 낮에 내가 한 짓은 옳은 짓이었을까? 옳을 것도 없지만 나쁠 것은 또 뭔가. 자가용까지 있는 주제에 나 같은 아이에게 오천 원을 우려내려고 그렇게 간악하게 굴던 신사를 그 정도 골려 준 것이 뭐가 나쁜가? 그런데도 왜 무섭고 떨렸던가. 그때의 내 꼴이 어땠으면 주인 영감님까지 "네놈 꼴이 꼭 도둑놈 꼴이다."고 하였을까. / 그럼 내가 한 짓은 도둑질이었단 말인가. 그럼 나는 도둑질을 하면서 그렇게 기쁨을 느꼈더란 말인가.

수남이는 몸을 부르르 떨면서 낮에 자전거를 갖고 달리면서 맛본 공포와 함께 그 까닭 모를 쾌감을 회상한다. 마치 참았던 오줌을 내깔길 때처럼 무거운 억압이 갑자기 풀리면서 전신이 날아갈 듯이 가벼워지는 그 상쾌한 해방감 — 한번 맛보면 도저히 잊혀질 것 같지 않은 그 짙은 쾌감, 아아 도둑질하면서도 나는 죄책감보다는 쾌감을 더 짙게 느꼈던 것이다.

혹시 내 핏속에 도둑놈의 피가 흐르고 있기 때문이 아닐까. 순간 수남이는 방바닥에서 송곳이라도 치솟은 듯이 후닥닥 일어서서 안절부절을 못하고 좁은 방 안을 헤맸다.

🍓 빈칸을 채우세요.

– 중심인물: 　　　　　　　　– 배경:

– 중심 사건, 갈등:

- **자초지종**: 처음부터 끝까지의 과정
- **고하다**: 어떤 사실을 알리거나 말하다.
- **펜치**: 손에 쥐고 철사를 끊거나 구부리거나 하는 데에 쓰는 공구
- **재수(가) 옴 붙었다**: 재수가 아주 없음을 이르는 말
- **공상**: 있지 않거나 이루어질 수 없는 일을 머릿속에서 그려 보는 것

- **우려내다**: 꾀거나 위협하거나 하여서 자신에게 필요한 돈이나 물품을 빼내다.
- **간악하다**: 간사하고 악독하다.
- **골리다**: 상대편을 놀리어 약을 올리거나 골이 나게 하다.

05 소재의 의미 파악하기

다음 빈칸에 들어가기에 가장 알맞은 답을 〈보기〉에서 찾아 쓰시오.

〈보기〉

| 수남 | 주인 영감 | 신사 | 책 | 드라이버 | 자전거 |

(1) 윗글에서 내적 갈등을 겪고 있는 인물은 (　　　　　　　)이다.
(2) 수남은 (　　　　　　　)을/를 들고 도망쳤을 때 죄책감보다 쾌감을 더 크게 느꼈다는 사실에 안절부절못하고 있다.

05
- **내적 갈등**: 등장인물의 내면에서 일어나는 갈등
- **쾌감**: 상쾌하고 즐거운 느낌

06 사건과 갈등 파악하기

윗글의 내용으로 가장 알맞지 <u>않은</u> 것은?

① 주인 영감은 수남의 행동을 칭찬했다.
② 주인 영감은 수남의 자전거에 채워진 자물쇠를 분해했다.
③ 수남은 주인 영감이 한 말을 다시 떠올렸다.
④ 수남은 주인 영감의 손길에 편안함을 느꼈다.
⑤ 수남은 자전거를 들고 도망친 일을 주인 영감에게 말했다.

06
수남이 주인 영감에게 무슨 이야기를 했고, 이야기를 들은 주인 영감이 어떤 행동을 했는지 살펴보세요.
- **분해하다**: 여러 부분이 결합되어 이루어진 것을 그 낱낱으로 나누다.

07 인물의 심리와 태도 파악하기

[A]에 드러나는 수남의 심리로 가장 알맞은 것은?

① 자전거가 망가진 것을 슬퍼하고 있다.
② 가게에서 일하는 것을 지루해하고 있다.
③ 주인 영감에게 나쁜 말을 한 것을 뉘우치고 있다.
④ 신사에게 오천 원을 준 일을 자랑스러워하고 있다.
⑤ 자신의 행동이 도둑질이었는지 고민하며 혼란스러워하고 있다.

07
수남이 낮에 있었던 일을 계속 떠올리고 있는 이유가 무엇인지 생각해 보세요.

08 [단답형] 사건과 갈등 파악하기

윗글에서 〈보기〉의 빈칸에 들어가기에 가장 알맞은 말을 찾아 3글자로 쓰시오.

〈보기〉

'(　　　　　　　)'(이)라는 말은 주인 영감이 자전거를 들고 급히 도망쳐 온 수남에게 한 말로, 자신의 행동이 옳은 일이었는지에 대한 수남의 내적 갈등을 심화시키고 있다.

08
수남이 주인 영감의 어떤 말을 신경 쓰고 있는지 찾아보세요.
- **심화**: 정도나 경지가 점점 깊어짐. 또는 깊어지게 함.

정답 및 해설 66~68p

극 문학, 희곡, 시나리오

*● 극 문학 이란?

무대에서 공연하거나 TV, 영화관에서 상영하기 위해 쓰인 글로, 희곡과 시나리오, 드라마 대본 등이 있다.

*❶ 희곡 이란? 무대에서 공연하기 위해 쓰인 연극의 대본

– 희곡 구성의 3요소: 해설, 대사, 지시문(지문)

해설		막이 오르기 전에 등장인물, 배경, 무대 장치를 설명하는 글
대사	대화	등장인물들끼리 주고받는 말
	독백	한 명의 등장인물이 상대방 없이 혼자 하는 말
	방백	무대 위의 다른 인물들에게는 들리지 않고 관객만 들을 수 있는 것으로 약속된 말
지시문(지문)		무대 장치나 등장인물의 행동, 표정, 말투 등을 상황에 맞게 지시하는 글

> 등장인물: 토끼, 자라, 용왕, 문어, 뱀장어, 전기뱀장어, 고등어, 꼴뚜기, 도루묵 ──〔해설〕
> 장소: 바닷속 궁궐(용궁), 산속
>
> (중략)
>
> 토끼, 용궁으로 들어온다. / 토끼, 온갖 대신들이 모두 물고기들이라 깜짝 놀란다.
> 〔지시문〕
> 『토끼: (뒤따라오는 자라한테 화를 낸다.) 아니, 용궁으로 데리고 온다더니 수산물 파는
> 횟집에 온 거 아냐?   〔지시문〕   『 』: 대사
> 자라: 토끼님 눈에는 이 용궁이 수족관으로 보인단 말이오?』
>
> – 엄인희, 〈토끼와 자라〉

*❷ 시나리오 란? 영화를 만들기 위해 쓴 각본.

희곡과 마찬가지로 해설, 대사, 지시문 등으로 구성되며, 장면을 효과적으로 촬영하기 위해 다양한 용어가 쓰인다.

– 다양한 시나리오 용어

S#	장면 번호	NAR. (내레이션)	화면 밖에서 들려오는 설명 형식의 대사
E.	효과음(Effect). 장면을 실감 나게 표현하기 위해 넣는 소리	C.U. (클로즈업)	특정 대상이나 인물을 확대하여 촬영하는 것

● 희곡과 시나리오의 비교

		희곡	시나리오
공통점		• 등장인물의 대사와 행동을 통해 사건이 전개됨. • 해설, 대사, 지시문으로 구성됨.	
차이점	창작 목적	무대 위에서 공연하는 것	영화를 만들어 상영하는 것
	등장인물의 수, 시간·공간	무대 위에서 공연할 수 있어야 하므로 제한이 큼.	촬영 후에 기술적으로 처리할 수 있으므로 제한을 덜 받음.

---

〔1〕 무대 조명, 서서히 꺼진다. 다만, 무대 뒤쪽의 들판 풍경을 그린 걸개그림만이 환하게 밝다. 막이 내린다.

〔2〕 S#84. 보모상궁의 방(밤)
(중략)
처사: (E.) 저 혹시 들어가도 돼유?

〔1〕은 '무대', '막'이라는 표현을 통해 무대 위에서 공연하기 위한 희곡임을, 〔2〕는 'S#84'라는 장면 번호, 'E.'라는 용어를 통해 영화를 촬영하기 위한 시나리오임을 알 수 있다.

---

❶ 희곡의 장면 단위

희곡의 장면은 '장'과 '막'으로 구분됨.

• 장: 무대 장면이 변하지 않고 이루어지는 사건의 한 토막. 주로 조명이 꺼졌다 켜짐으로써 장이 바뀜.
• 막: 여러 개의 '장'이 모여 이루어짐. 주로 무대의 커튼이 오르고 내림으로써 막이 바뀜.

❷ 시나리오의 장면 단위

시나리오는 'S#'이라는 장면 번호로 장면을 구분함. 하나의 장면 안에서는 같은 장소와 시간을 배경으로 내용이 전개됨.

[01~02] 다음을 읽고 빈칸에 들어가기에 알맞은 말을 쓰시오.

청년: 사장님, 나으리! 제겐 아무 죄도 없어요. 제발, 미련은 하지만 나쁜 짓을 한 적은 한 번도 없어요. 하나님이 아십니다, 하나님이! 어이구 그 지긋지긋한 감옥살일 어떻게 하라고 이러십니까. (중략)
사복: 인마, 떠들지 마라, 가자! ㉠(억지로 끌고 나간다.)
청년: ㉡(복도로 해서 오른쪽으로 끌려가며) 사장님! 왜 제게 취직자리를 줬어요? 취직만 안 했더라면 감옥에도 안 가고…… 감옥엘, 감옥엘…… 저 사장님…… 너무합니다. 사장님!

– 오영진, 〈정직한 사기한〉

01

윗글은 무대에서 공연하기 위해 쓰인 (　　　　　)이다.

02

㉠과 ㉡은 등장인물의 행동을 지시하는 (　　　　　)이다.

[03~04] 다음을 읽고 맞으면 ○, 틀리면 ✕에 표시하시오.

S#10. 공원 1 – 앞 거리 – 다마스 안, 밤
　공원 앞 길가에서 가장 어두운 쪽에 세워진 지소네 피자 차. (중략)
정현: (약간 의기양양) 엄마가 일 금방 구할 거라고 했지? 그렇게 능력 없는 사람 아니야.
지소: (냉정하게 피클을 썹으며) 그래서 집은 언제 구해? 일주일만 있자고 하구선 벌써 한 달이 넘었잖아.
정현: (무시하고 지석을 바라보며) 지석이도 놀이방 다시 나가. 엄마가 돈 줄게. 밀린 거까지. 잠깐 해외여행 갔었다고 그래.

– 김성호 · 신영식, 〈개를 훔치는 완벽한 방법〉

03

윗글은 영화를 만들기 위해 쓴 시나리오이다. (○ , ✕)

04

윗글은 무대에서 공연할 수 있어야 하므로 공간적 배경에 제한이 크다. (○ , ✕)

[05~06] 다음을 읽고 빈칸에 들어가기에 알맞은 말을 고르시오.

동호: 반지가 옛날 그대로네.
송화: 닦지 않으면 녹슨다고 네가 그랬잖아.
　송화는 탄피* 반지를 만지작거린다. 라면을 맛있게 먹던 동호가 송화를 올려다본다. 송화는 동호의 시선을 느끼고 수줍은 듯 고개를 떨군다. 치맛자락으로 버선발을 가리는 송화의 손.(손 C.U.)

– 이청준, 〈천년학〉

*탄피 : 총알의 껍데기

05

윗글에는 동호와 송화의 (대화 / 독백)이/가 나타나 있다.

06

'손 C.U.'는 송화의 손을 (확대 / 축소)하여 촬영하라는 의미이다.

[07~10] 빈칸에 들어가기에 알맞은 단어를 〈보기〉에서 찾아 문맥에 맞게 쓰시오.

〈보기〉
• 쾌감: 상쾌하고 즐거운 느낌
• 대가: 물건의 값으로 치르는 돈
• 분단되다: 동강이 나서 끊겨 갈라지다.
• 골리다: 상대편을 놀려 약을 올리거나 골이 나게 하다.

07

산의 정상에 올라서면 (　　　　)이/가 느껴진다.

08

형은 동생을 (　　　　)면서 즐거워했다.

09

우리나라는 남북으로 (　　　　)어 있다.

10

물건을 살 때는 (　　　　)을/를 꼭 지불해야 한다.

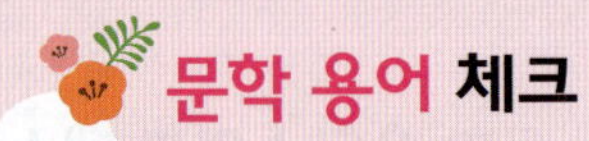 **문학 용어 체크**

⭐ STEP Ⅰ, Ⅱ 학습 체크

[앞에서 배운 문학 용어들 중에서 확실히 아는 것에 ✔ 표시를 하세요.
확실히 알지 못하는 것은 다시 복습하세요.]

- 중심인물 → 91p
- 주변 인물 → 91p
- 주동 인물 → 91p
- 반동 인물 → 91p
- 전형적 인물 → 91p
- 개성적 인물 → 91p
- 평면적 인물 → 91p
- 입체적 인물 → 91p
- 직접 제시 → 91p
- 간접 제시 → 91p
- 시간적 배경 → 91p
- 공간적 배경 → 91p
- 시대적 배경 → 91p
- 소재 → 100p
- 영웅 소설 → 100p
- 군담 소설 → 100p
- 가정 소설 → 100p

- 애정 소설 → 100p
- 우화 소설 → 100p
- 적강 소설 → 100p
- 천상계, 지상계 → 100p
- 허구성 → 106p
- 모방성 → 106p
- 진실성 → 106p
- 서사성 → 106p
- 산문성 → 106p
- 소설의 3요소
  (주제, 구성, 문체) → 106p
- 구성의 3요소
  (인물, 사건, 배경) → 106p
- 소설의 구성 단계(발단, 전개,
  위기, 절정, 결말) → 106p
- 사건, 갈등 → 116p
- 내적 갈등 → 116p

- 외적 갈등 → 116p
- 복선 → 116p
- 우연성 → 124p
- 비현실적(전기적) → 124p
- 평면적 구성 → 124p
- 권선징악 → 124p
- 일대기적 구성 → 124p
- 영웅의 일대기 → 124p
- 극 문학 → 130p
- 희곡 → 130p
- 희곡 구성의 3요소
  (해설, 대사, 지시문) → 130p
- 시나리오 → 130p
- S# → 130p
- E. → 130p
- NAR. → 130p
- C.U. → 130p

⭐ STEP Ⅲ 학습 미리 체크

[정확히 알고 있는 것에 ✔ 표시를 하세요.
STEP Ⅲ을 공부한 후에 확실히 익혔는지 한 번 더 확인해 보세요.]

- 서술자 → 140p
- 시점 → 140p
- 1인칭 주인공 시점 → 140p
- 1인칭 관찰자 시점 → 140p
- 전지적 작가 시점 → 140p
- 편집자적 논평 → 140p

- 3인칭(작가) 관찰자 시점 → 140p
- 대화 → 148p
- 서술 → 148p
- 요약적 서술 → 148p
- 묘사 → 148p
- 의식의 흐름 기법 → 148p

- 전개 방식 → 155p
- 순행적 구성 → 155p
- 역순행적 구성 → 155p
- 액자식 구성 → 155p
- 풍자 → 155p
- 해학 → 155p

STEP Ⅲ
서술상 특징 파악하기

★ 서술상 특징이란?

소설, 극 문학에서 인물의 성격이나 배경, 사건 등을 효과적으로 전달하기 위해 활용하는 다양한 표현 방법을 말합니다.

★ 소설

● **서술상 특징을 파악하는 이유**

소설의 글쓴이는 이야기를 효과적으로 전달하기 위해 다양한 방법을 사용합니다. 누가 어떠한 방식으로 이야기를 전달할지, 사건을 일어난 순서대로 보여 줄지, 과거의 일을 나중에 밝힐지 등을 정하여 자신이 이야기하고자 하는 바를 효과적으로 서술하는 것이지요. 따라서 소설을 읽을 때 서술상 특징을 파악하면, 글쓴이가 어떠한 이야기를 전하고자 하는지 이해하는 데 도움이 돼요.

● **서술상 특징을 파악하는 방법**
❶ 이야기를 전달하는 사람이 누구인지 파악하기
❷ 어떠한 방식으로 소설의 내용을 펼쳐 나가는지 살펴보기
❸ 소설에 쓰인 문장이나 인물의 말투가 어떠한지 살펴보기

★ 극 문학

● **서술상 특징을 파악하는 이유**

극 문학의 글쓴이는 작품을 연극이나 영화, 드라마 등으로 만들기 위해 여러 가지 방법을 사용합니다. 극 문학은 희곡, 시나리오, 드라마 대본 중 구체적인 갈래가 무엇인지에 따라 각각의 특성 및 사용하는 용어 등이 달라져요. 따라서 극 문학을 읽을 때는 작품의 구체적인 갈래를 파악하며 읽어야 해당 작품의 특성을 효과적으로 이해할 수 있어요.

● **서술상 특징을 파악하는 방법**
❶ 작품 속에 사용된 용어 살펴보기
❷ 지시문이 지시하는 바를 살펴보기

동백꽃 _ 김유정

① 고놈의 계집애가 요새로 들어서서 왜 나를 못 먹겠다고 고렇게 아르렁거리는지 모른다.

나흘 전 감자 쪼간*만 하더라도 나는 저에게 조금도 잘못한 것은 없다. / 계집애가 나물을 캐러 가면 갔지 남 울타리 엮는 데 쌩이질*을 하는 것은 다 뭐냐. 그것도 발소리를 죽여 가지고 등 뒤로 살며시 와서

㉠"얘! 너 혼자만 일하니?"
하고 긴치 않은 수작을 하는 것이다.

어제까지도 저와 나는 이야기도 잘 않고 서로 만나도 본척만척하고 이렇게 점잖게 지내던 터이련만 오늘로 갑작스레 대견해졌음은 웬일인가. 항차 망아지만한 계집애가 남 일하는 놈 보고……

㉡"그럼 혼자 하지 떼루 하디?"
내가 이렇게 내뱉은 소리를 하니까

"너 일하기 좋니?" / 또는

"한여름이나 되거던 하지 벌써 울타리를 하니?"

잔소리를 두루 늘어놓다가 남이 들을까 봐 손으로 입을 틀어막고는 그 속에서 깔깔댄다. 별로 우스울 것도 없는데 날씨가 풀리더니 이놈의 계집애가 미쳤나 하고 의심하였다. 게다가 조금 뒤에는 즈 집께를 할금할금 돌아다보더니 행주치마의 속으로 꼈던 바른손을 뽑아서 나의 턱 밑으로 불쑥 내미는 것이다. 언제 구웠는지 아직도 더운 김이 홱 끼치는 ㉢굵은 감자 세 개가 손에 뿌듯이 쥐였다.

② "느 집엔 이거 없지?"
하고 생색 있는 큰소리를 하고는 제가 준 것을 남이 알면은 큰일 날 테니 여기서 얼른 먹어 버리란다. 그리고 또 하는 소리가 / "너 봄 감자가 맛있단다."

"난 감자 안 먹는다, 니나 먹어라."

나는 고개도 돌리지 않고 일하던 손으로 ㉣그 감자를 도로 어깨 너머로 쑥 밀어 버렸다.

그랬더니 그래도 가는 기색이 없고, 뿐만 아니라 쌔근쌔근하고 심상치 않게 숨소리가 점점 거칠어진다. 이건 또 뭐야 싶어서 그때에야 비로소 돌아다보니 나는 참으로 놀랐다. 우리가 이 동리에 들어온 것은 근 삼 년째 되어 오지만 여지껏 가무[A] 잡잡한 점순이의 얼굴이 이렇게까지 홍당무처럼 새빨개진 법이 없었다. 게다 눈에 독을 올리고 한참 나를 요렇게 쏘아보더니 나중에는 눈물까지 어리는 것이 아니냐. 그리고 바구니를 다시 집어 들더니 이를 꼭 악물고는 엎더질 듯 자빠질 듯 논둑으로 힝허케 달아나는 것이다. / (중략)

③ 그런데 고약한 그 꼴을 하고 가더니 그 뒤로는 나를 보면 잡아먹으려고 기를 복복 쓰는 것이다.

설혹 주는 감자를 안 받아먹은 것이 실례라 하면, 주면 그냥 주었지 ㉤"느 집엔 이거 없지?"는 다 뭐냐. 그렇잖아도 즈이는 마름*이고 우리는 그 손에서 배재*를 얻어 땅을 부치므로 일상 굽실거린다. 우리가 이 마을에 처음 들어와 집이 없어서 곤란으로 지낼 제 집터를 빌리고 그 위에 집을 또 짓도록 마련해 준 것도 점순네의 호의이었다. 그리고 우리 어머니 아버지도 농사 때 양식이 달리면 점순네한테 가서 부지런히 꾸어다 먹으면서 인품 그런 집은 다시없으리라고 침이 마르도록 칭찬하고 하는 것이다. 그러면서도 열일곱씩이나 된 것들이 수군수군하고 붙어 다니면 동리의 소문이 사납다고 주의를 시켜 준 것도 또 어머니였다. 왜냐하면 내가 점순이하고 일을 저질렀다가는 점순네가 노할 것이고, 그러면 우리는 땅도 떨어지고 집도 내쫓기고 하지 않으면 안 되는 까닭이었다.

* 쪼간: 어떤 사건이나 일
* 쌩이질: 한창 바쁠 때에 쓸데없는 일로 남을 귀찮게 구는 짓
* 마름: 땅 주인을 대신하여 농사짓는 땅을 관리하는 사람
* 배재: 땅을 빌려 농사짓는 사람과 마름이 주고받는 소작권 위임 문서

🍓 빈칸을 채우세요.

– 중심인물:　　　　　　– 배경:

– 중심 사건, 갈등:

– 서술상 특징:

- **긴치 않다**: 꼭 필요하지 않다.
- **수작**: 남의 말이나 행동, 계획을 낮잡아 이르는 말
- **대견하다**: 흐뭇하고 자랑스럽다.　• **항차**: 하물며
- **동리**: 주로 시골에서, 여러 집이 모여 사는 곳
- **부치다**: 논밭을 이용하여 농사를 짓다.
- **호의**: 친절한 마음씨. 또는 좋게 생각하여 주는 마음

STEP Ⅲ 서술상 특징 파악하기

소설에서 인물의 성격이나 배경, 사건 등을 효과적으로 전달하기 위해 활용하는 다양한 표현 방법을 '**서술상 특징**'이라고 부릅니다. 소설을 읽을 때 가장 먼저 파악해야 할 서술상 특징은 바로 '서술자'와 '시점'이에요.

서술자란 소설에서 이야기를 전달하는 사람을 말해요. 서술자가 소설 속 등장인물인 '나'라면 '1인칭 서술자'이고, 소설 속에 등장하지 않는 서술자는 '3인칭 서술자' 혹은 '작가'라고 해요.

시점은 서술자가 이야기를 전하는 방식이나 관점을 의미해요. 1인칭 혹은 3인칭 서술자가 등장인물의 속마음까지 다 알고 전달하는지, 인물과 사건을 관찰한 내용만 전달하는지에 따라 시점은 4가지로 구분할 수 있어요.

서술 범위 ＼ 서술자의 위치	소설 속	소설 밖
속마음까지 제시	1인칭 주인공 시점	전지적 작가 시점
객관적으로 관찰	1인칭 관찰자 시점	3인칭(작가) 관찰자 시점

✿ 먼저, 〈동백꽃〉의 **중심인물**과 **배경**을 살펴볼까요?

〈동백꽃〉에는 '나'와 '점순이'가 등장하고 있어요. 또한 '나'와 점순이 사이에 있었던 일이 전개되고 있네요.

따라서 <u>윗글의 중심인물은 '나'와 '점순이'</u>입니다.

이야기가 펼쳐지고 있는 공간은 '나'와 점순이가 살고 있는 '동리(마을)'예요. '나'는 현재 상황에서 '나흘 전'의 일을 떠올리고, 다시 현재로 돌아와 나흘 전의 일에 대한 생각을 밝히고 있어요. '봄 감자'를 통해서는 봄이라는 계절이 드러나요. 또한 '마름'과 '배재'는 토지 제도와 관련하여 1930년대에 쓰였던 말이므로, 이를 통해 1930년대 사회의 모습을 확인할 수 있어요.

따라서 <u>윗글의 공간적 배경은 '동리'이고, 시간적 배경은 현재와 '나흘 전', 시대적·계절적 배경은 '1930년대 봄'</u>입니다.

✿ 〈동백꽃〉의 **중심 사건**과 **갈등**을 살펴볼게요.

나흘 전 점순이는 '나'에게 괜히 잔소리를 하더니 불쑥 감자를 내밀었어요(①). 하지만 '나'는 그것을 거절했고, 점순이는 얼굴이 새빨개져서 달아났지요(②). 그 후로 나흘이 지나서도 '나'는 점순이의 행동을 이해하지 못하고 있어요(③). 점순이가 '나'에게 감자를 준 이유는 무엇일까요? 그것은 점순이가 '나'를 좋아하기 때문이에요. 그런데 '나'는 점순이의 마음을 모르고 감자를 거절했지요. 이 일로 속이 상한 점순이는 '나'를 괴롭히게 돼요.

윗글의 중심 사건과 갈등을 정리하면 다음과 같아요.

- **중심 사건**: 점순이가 '나'에게 감자를 주었지만, '나'가 그것을 거절함.
- **갈등**: 점순이가 준 감자를 거절한 '나'와, 이에 화가 난 점순이의 외적 갈등

✿ 〈동백꽃〉의 **서술상 특징**을 파악해 볼까요?

'나는 저에게 조금도 잘못한 것은 없다.' 등에서 1인칭 서술자인 '나'가 자신의 이야기를 전하며 속마음까지 드러내고 있어요. 따라서 시점은 '1인칭 주인공 시점'이에요.

한편 점순이는 '나'를 좋아하기 때문에 괜히 말을 걸고 감자를 주는 것인데, '나'는 그러한 점순이의 마음을 전혀 모르고 점순이가 '잔소리를 두루 늘어놓'는다, '생색 있는 큰소리'를 한다고 생각해요. 이렇게 어수룩한 서술자의 모습을 통해 읽는 사람은 재미를 느낄 수 있어요.

또한 '나'는 점순이가 자신을 괴롭히는 현재의 상황에서 '나흘 전'에 있었던 일을 이야기하고 있어요. 즉, 이야기가 진행됨에 따라 시간이 현재에서 나흘 전으로, 다시 현재로 바뀌고 있지요. 이처럼 현재에서 과거로 거슬러 올라가는 이야기 진행 방식을 '역순행적 구성'이라고 해요.

정리하면 <u>윗글의 서술상 특징은 어수룩한 서술자인 '나'가 자신의 이야기를 전하는 1인칭 주인공 시점이고, 역순행적 구성이라는 것</u>입니다.

다음 빈칸에 들어가기에 가장 알맞은 답을 〈보기〉에서 찾아 쓰시오.

〈보기〉

점순이   '나'   어머니   나흘 전   어제   한여름

(1) 윗글에서 이야기를 전달하고 있는 인물은 (　　　　　　　)이다.
(2) 윗글에서는 현재의 시점에서 (　　　　　　　)에 점순이가 '나'에게 감자를 주었
　　던 과거의 일을 제시하고 있다.

02 인물의 심리와 태도 파악하기

㉠～㉤에 대한 설명으로 가장 알맞지 <u>않은</u> 것은?

① ㉠: 점순이는 '나'에 대한 관심을 표현하고 있다.
② ㉡: '나'는 점순이의 마음을 전혀 눈치채지 못하고 있다.
③ ㉢: '나'에 대한 점순이의 애정이 드러나고 있다.
④ ㉣: '나'는 점순이의 관심에 부끄러워하고 있다.
⑤ ㉤: 점순이의 말에 마음이 상한 '나'의 심정이 드러나고 있다.

02
㉠～㉤은 '나' 혹은 점순이의 말
이나 행동을 나타내는 것입니다.
이를 통해 드러나는 '나'와 점순
이의 심리를 파악해 보세요.
• **애정**: 사랑하는 마음

03 서술상 특징 파악하기

[A]에 대한 설명으로 가장 알맞은 것은?

① 점순이가 화가 난 이유를 요약하고 있다.
② 사건이 일어나는 공간이 계속 바뀌고 있다.
③ 화가 난 점순이의 모습을 생동감 있게 드러내고 있다.
④ 점순이에 대한 '나'의 무관심한 태도를 강조하고 있다.
⑤ '가무잡잡'과 '홍당무'를 통해 계절감을 드러내고 있다.

03
[A]에서 '나'가 무엇에 대해 이야
기하고 있는지 살펴보세요.
• **생동감**: 생기 있게 살아 움직이
　는 듯한 느낌
• **계절감**: 계절의 변화에 따라 일
　어나는 느낌

01 서술상 특징 파악하기

(1) 윗글에서는 '나'가 점순이와 있었던 일을 전달하고 있어요. 따라서 정답은 ___'나'___ 입니다.

(2) '나'는 나흘 전에 점순이가 '나'에게 감자를 주었던 일을 이야기하고 있어요. 따라서 정답은 ___나흘 전___ 입니다.

02 인물의 심리와 태도 파악하기

㉠~㉤에 대한 설명으로 가장 알맞지 <u>않은</u> 것은?

• ㉠~㉤: ㉠은 '나'에게 점순이가 던진 질문, ㉡은 '나'의 대답, ㉢은 점순이가 '나'에게 감자를 건네는 모습, ㉣은 '나'가 감자를 거절하는 모습, ㉤은 점순이의 말에 대한 '나'의 생각입니다.

집 ㉠~㉤에 드러나 있는 '나'와 점순이의 심리를 잘못 이해한 것을 고르는 문제입니다.

① ㉠: 점순이는 '나'에 대한 관심을 표현하고 있다. (○)

★ 근거: ①

> "애! 너 혼자만 일하니?"

🍃 점순이는 혼자 일하고 있는 '나'에게 괜히 말을 걸고 있어요. 이는 점순이가 '나'에 대한 관심을 표현하는 것이에요.

② ㉡: '나'는 점순이의 마음을 전혀 눈치채지 못하고 있다. (○)

★ 근거: ①

> 긴치 않은 수작을 ~ "그럼 혼자 하지 떼루 하디?"

🍃 점순이는 '나'를 좋아해서 말을 거는 것인데, '나'는 점순이가 괜히 시비를 거는 것이라고 생각해 통명스럽게 대답하고 있어요. 즉, '나'가 점순이의 마음을 전혀 모르고 있어요.

③ ㉢: '나'에 대한 점순이의 애정이 드러나고 있다. (○)

★ 근거: ①

> 아직도 더운 김이 ~ 감자 세 개가 손에 뿌듯이 쥐였다.

🍃 점순이가 '나'에게 감자를 준 이유는 '나'를 좋아하기 때문이에요. 즉, 감자는 '나'에 대한 점순이의 애정을 드러내는 소재예요.

④ ㉣: '나'는 점순이의 관심에 부끄러워하고 있다. (✕)

★ 근거: ②, ③

> • 나는 고개도 돌리지 않고 ~ 쑥 밀어 버렸다.
> • 주면 그냥 주었지 "느 집엔 이거 없지?"는 다 뭐냐.

🍃 '나'가 감자를 거절한 이유는 '느 집엔 이거 없지?'라는 점순이의 말에 마음이 상했기 때문이에요. 또한 '나'는 점순이가 자신에게 관심이 있다는 것을 전혀 모르고 있어요.
그러므로 정답은 ④!

⑤ ㉤: 점순이의 말에 마음이 상한 '나'의 심정이 드러나고 있다. (○)

★ 근거: ③

> 주면 그냥 주었지 "느 집엔 이거 없지?"는 다 뭐냐. 그렇잖아도 즈이는 마름이고 우리는 ~ 일상 굽실거린다.

🍃 '나'의 가족은 점순이네에게 땅을 빌려 농사를 짓고 있는 처지여서 점순이네에 '일상 굽실거린다'고 했어요. 그래서 '나'는 점순이가 '느 집엔 이거 없지?'라고 한 것이 생색을 내는 것이라고 생각하여 마음이 상한 것이에요.

03 서술상 특징 파악하기

[A]에 대한 설명으로 가장 알맞은 것은?

• [A]: '나'가 감자를 거절하자 점순이가 부끄럽고 화가 나 달아나는 모습입니다.

집 [A]의 서술상 특징과, 이를 통해 드러나는 내용으로 알맞은 것을 고르는 문제입니다.

① 점순이가 화가 난 이유를 요약하고 있다. (✕)

🍃 [A]에서 점순이가 화가 난 모습이 나타나고 있기는 하지만, 점순이가 화가 난 이유를 요약하고 있지는 않아요.

② 사건이 일어나는 공간이 계속 바뀌고 있다. (✕)

🍃 [A]에서 공간이 바뀌고 있지는 않아요.

③ 화가 난 점순이의 모습을 생동감 있게 드러내고 있다. (○)

★ 근거: ②

> • 쌔근쌔근하고 심상치 않게 숨소리가 점점 거칠어진다.
> • 점순이의 얼굴이 이렇게까지 홍당무처럼 새빨개진 법이 없었다. ~ 횡허케 달아나는 것이다.

🍃 [A]에서는 점순이가 '쌔근쌔근하고 심상치 않게 숨소리가 거칠어'지고, 얼굴이 '홍당무처럼 새빨개'지더니 '눈물까지 어'려서는 '엎덮질 듯 자빠질 듯 논둑으로 횡허케 달아'났다며 화가 난 점순이의 모습을 생동감 있게 드러내고 있어요.
그러므로 정답은 ③!

④ 점순이에 대한 '나'의 무관심한 태도를 강조하고 있다. (✕)

🍃 [A]에는 화가 난 점순이의 모습과 이를 보고 놀란 '나'의 심경이 나타나 있어요. 점순이에 대한 '나'의 무관심한 태도가 나타나지는 않아요.

⑤ '가무잡잡'과 '홍당무'를 통해 계절감을 드러내고 있다. (✕)

🍃 '가무잡잡'과 '홍당무'는 점순이의 얼굴을 묘사하기 위해 사용된 표현일 뿐, 이를 통해 계절감이 드러나지는 않아요.

모래톱 이야기 _김정한

20년이 넘도록 내처 붓을 꺾어 오던 내가 새삼 이런 글을 끼적거리게 된 건 별안간 무슨 기발한 생각이 떠올라서가 아니다. 오랫동안 교원 노릇을 해 오던 탓으로 우연히 알게 된 한 소년과, 그의 젊은 홀어머니, 할아버지, 그리고 그들이 살아오던 낙동강 하류의 어떤 외진 모래톱 ― 이들에 관한 그 기막힌 사연들조차, 마치 지나가는 남의 땅 이야기나, 아득한 옛날이야기처럼 세상에서 버려져 있는 데 대해서까지는 차마 묵묵할 도리가 없었기 때문이다.

건우란 소년은 내가 직접 담임했던 제자다. 당시 나는 K라는 소위 일류 중학에서 교편을 잡고 있었다. 비가 억수로 내리던 날 첫 시간의 일이었다. 지각생이 많았다. 지각생이 많으면 교사는 짜증이 나게 마련이다. 그럴 때 유독 닦이는 놈은 으레 그런 일이 잦은 놈들이다.

"넌 또 지각이로군? 도대체 어찌 된 일이냐?"

건우의 차례였다. 다른 애와 달리 그는 옷이 비에 흠뻑 젖어 있었다. 아래윗도리 옷깃에서 물이 사뭇 교실 바닥에 뚝뚝 떨어지고 있지 않은가! / "나룻배 통학생임더."

낮고 가는 목소리가 그의 가냘픈 입술 사이에서 새어 나오듯 했다. 그리고 이내 울상이 된 얼굴을 아래로 떨구었다. 차라리 무엇인가를 하소하는* 듯이 느껴졌다. / "나룻배 통학생?"

이쪽으로선 처음 듣는 술어였다.

"맹지면에서 나룻배로 댕기는 아입니더."

지각생 아닌 다른 애가 대신 대답했다. 명지면이라면 김해 땅이다. 낙동강 하류 강을 건너야만 부산으로 나올 수 있는 곳이다.

"나룻배 통학생이라……." / 나는 건우의 비에 젖은 옷을 바라보면서 자리에 들어가라고 했다.

이런 일이 있고부터 나는 건우란 소년에게 은근히 동정이 가게 되었다. 더더구나 아버지가 없다는 걸 알

고부터는. 동무들끼리 어울려 놀 때 그를 곧잘 '거무(거미)'라고 놀려 대던 이상한 별명의 유래도 곧 알게 되었다. 그의 고향 친구들의 말에 의하면 거미란 짐승은 물에 날쌘 놈이라 해서 즈 할아버지가 지어 준 아명*이었다는 거다. 거미! 강가에 사는 사람들의 자식 아끼는 심정을 가히 짐작할 수가 있었다. 호적에 올릴 때는 부득이 건우로 했으리라. 그것도 아마 누구의 지혜를 빌려서.

두 번째로 내가 건우란 소년에게 대해서 관심을 더욱 가지게 된 것은 학기 초 가정방문을 나가기 전에 그가 써낸 작문을 읽고부터였다(나는 가정방문을 나가기 전 가끔 학생들에게 자기 자신에 관한 글을 써 오라고 하였다.).

'섬 얘기'란 제목의 그의 글은 결코 미문은 아니었다. 그러나 내용은 끔찍한 것이라 생각했다. 자기가 사는 고장 ― 복숭아꽃도, 살구꽃도, 아기 진달래도 피지 않는 조마이섬은 몇백 년, 아니 몇천 년 갖은 풍상과 홍수를 겪어 오는 동안에 모래가 밀려서 된 나라 땅인데, 일제 때는 억울하게도 일본 사람의 소유가 되어 있다가 해방 후부터는 어떤 국회의원의 명의로 둔갑이 되었는가 하면, 그 뒤는 또 그 조마이섬 앞 강의 매립 허가를 얻은 어떤 다른 유력자의 앞으로 넘어가 있다든가 하는 ― 말하자면 선조 때부터 거기에 발을 붙이고 살아오던 사람들과는 무관하게 소유자가 도깨비처럼 뒤바뀌고 있다는, 섬의 내력을 적은 글이었다. 그저 그런 정도의 얘기를 솔직히 적었을 따름인데, 어딘지 모르게 무엇인가를 저주하는 듯한, 소년의 날카롭고 냉랭한 심사가 글 밑바닥에 깔려 있었다. 나는 나 자신이 갑자기 무슨 고발이라도 당한 심정으로 그 글발을 따로 제쳐서 책상 서랍 속에 넣어 두었다.

---

* 하소하다 : 억울한 일이나 잘못된 일, 딱한 사정 따위를 말하다. (=하소연하다)
* 아명 : 아이 때의 이름

🌸 빈칸을 채우세요.

– 중심인물: – 배경:

– 중심 사건, 갈등:

– 서술상 특징:

• **내처**: 줄곧 한결같이   • **붓을 꺾다**: 글을 쓰는 활동을 그만두다.
• **교원**: 학교에서 학생을 가르치는 사람을 통틀어 이르는 말

• **모래톱**: 강가나 바닷가에 있는 넓고 큰 모래벌판
• **묵묵하다**: 말없이 잠잠하다.   • **교편을 잡다**: 학교에서 교사 생활을 하다.
• **닦다**: 휘몰아서 나무라다.
• **통학생**: 자기 집이나 묵고 있는 집에서 학교까지 다니는 학생
• **부득이**: 마지못하여 하는 수 없이
• **작문**: 학습자가 자기의 감상이나 생각을 글로써 표현하는 부문
• **미문**: 아름다운 문장. 또는 아름다운 글귀

04 서술상 특징 파악하기

다음 빈칸에 들어가기에 가장 알맞은 답을 〈보기〉에서 찾아 쓰시오.

〈보기〉

| ‘나’   할아버지   국회의원   1인칭 주인공   1인칭 관찰자   전지적 작가 |

(1) 윗글에서 이야기를 전달하고 있는 인물은 (   )이다.
(2) 윗글의 서술자는 자신이 보고 들었던 건우와 조마이섬의 이야기를 전달하고 있으므로, 윗글의 시점은 (   ) 시점이다.

05 사건과 갈등 파악하기

윗글을 읽고 한 생각으로 가장 알맞지 <u>않은</u> 것은?

① 도은: 조마이섬은 낙동강 하류에 있구나.
② 민호: ‘나’는 건우의 담임 선생님이었구나.
③ 소원: 건우는 나룻배를 타고 학교를 다녔구나.
④ 여빈: ‘섬 얘기’는 건우의 할아버지가 쓴 글이구나.
⑤ 영재: ‘섬 얘기’에는 조마이섬의 내력이 적혀 있구나.

06 소재의 의미 파악하기

건우의 별명인 ‘거무’에 대한 설명으로 가장 알맞은 것은?

① 어린 시절을 그리워하는 건우의 마음이 담겨 있다.
② 손자를 아끼는 건우의 할아버지의 마음이 담겨 있다.
③ 중학생이 된 건우를 응원하는 ‘나’의 마음이 담겨 있다.
④ 건우와 친해지고 싶어 하는 친구들의 마음이 담겨 있다.
⑤ 강가에 사는 건우를 위로하는 친구들의 마음이 담겨 있다.

07 [단답형] 서술상 특징 파악하기

윗글에서 〈보기〉의 빈칸에 들어가기에 가장 알맞은 말을 찾아 쓰시오.

〈보기〉

　　액자식 구성이란 하나의 이야기 속에 또 다른 이야기가 포함된 구성을 말한다. 〈모래톱 이야기〉는 교사인 ‘나’가 과거의 일을 전하는 이야기 속에 유력자들에 의해 소유자가 계속 뒤바뀌고 있는 (   )의 이야기가 포함된 액자식 구성의 소설이다.

• **풍상**: 바람과 서리를 아울러 이르는 말로, 많이 겪은 세상의 어려움과 고생을 비유적으로 이른다.
• **명의**: 문서상의 권한과 책임이 있는 이름
• **둔갑**: 사물의 본래 형체나 성질이 바뀌거나 가리어짐.
• **매립**: 우묵한 땅이나 하천, 바다 등을 돌이나 흙 따위로 채움.

05
‘나’가 건우에게 관심을 가지게 된 두 번째 계기가 무엇인지 떠올려 보세요.
• **하류**: 강이나 내의 아래쪽 부분
• **나릿배**: ‘나룻배’의 경상도 방언
• **내력**: 지금까지 지내온 경로나 경력

06
건우의 별명이자 아이 때의 이름인 ‘거무’를 누가 지어 주었는지 확인해 보세요.

07
‘섬 얘기’에서 가리키는 ‘섬’이 무엇인지 찾아보세요.
• **유력자**: 세력이나 재산이 있는 사람
• **소유자**: 물건을 지배하는 권리를 가진 자

서술자, 시점

* ● 서술자 란? 소설에서 이야기를 전달하는 사람. 서술자가 소설 속 등장인물인 '나'이면 '1인칭 서술자'라고 하고, 소설 속에 등장하지 않는 서술자는 '3인칭 서술자' 혹은 '작가'라고 한다.

* ● 시점 이란? 서술자가 이야기를 전하는 방식이나 관점

● **❶ 시점의 종류**

(1) 1인칭 주인공 시점 : 작품 속 주인공인 '나'가 자신의 이야기를 전달한다.

> 왜 중학교까지 미리 걱정해야 하는지 이해가 안 가는 나는 요즘 '멋 내기'라는 심오
> 인물의 속마음 주인공이자 서술자
> 한 학문에 푹 빠져 있다.
> — 김옥, 〈야, 춘기야〉

➡ 작품 속 주인공인 '나'가 자신의 이야기를 속마음과 함께 전달하고 있다. 따라서 윗글의 **서술자는 1인칭 서술자이고, 시점은 1인칭 주인공 시점**이다.

(2) 1인칭 관찰자 시점 : 작품 속에 등장하는 '나'가 다른 사람(주인공)의 이야기를 관찰하여 전달한다.

> 그러나 저러다가 말겠지, 했던 남자는 내 예상과는 다르게 몇 날 며칠 그 자리에 계
> 서술자가 관찰하는 대상, 주인공 서술자
> 속 앉아 있었다.
> — 이기호, 〈권순찬과 착한 사람들〉

➡ 작품 속 등장인물인 '나'가 '남자'의 행동을 관찰하여 전달하고 있다. 따라서 윗글의 **서술자는 1인칭 서술자이고, 시점은 1인칭 관찰자 시점**이다.

(3) ❷ 전지적 작가 시점 : 작품 밖에 위치한 서술자가 모든 것을 다 아는 신처럼 인물의 속마음, 사건의 숨겨진 속사정까지 모두 전달한다.

> 이에 하인이 벙거지를 둘러쓰고 대문 밖에 쫓아 나가, (중략) 두들겨 때렸다. 익중이
> 하는 수 없어 뛰쳐나와 (중략) 생각해 보니, 이것이 꿈인가 생시인가 싶었다.
> 익중의 속마음
> — 작자 미상, 〈권익중전〉

➡ 작품 속에 등장하지 않는 서술자가 주인공인 익중의 속마음까지 전달하고 있다. 따라서 윗글의 **서술자는 3인칭 서술자(작가)이고, 시점은 전지적 작가 시점**이다.

(4) 3인칭(작가) 관찰자 시점 : 작품 밖에 위치한 서술자가 인물의 행동과 사건을 겉으로 보이는 대로 관찰하여 전달한다.

> 철호는 뒷자리 한구석에 가서 몸을 틀어박은 채 고개를 뒤로 젖히고 눈을 감고 있었다.
> ▶ 작품 밖의 서술자가 겉으로 보이는 철호의 행동만 서술함.
> — 이범선, 〈오발탄〉

➡ 작품 속에 등장하지 않는 서술자가 철호의 심리를 서술하지 않고 겉으로 보이는 행동만 관찰하여 전달하고 있다. 따라서 **윗글의 서술자는 3인칭 서술자(작가)이고, 시점은 3인칭(작가) 관찰자 시점**이다.

옆단

① 나는 금년 여섯 살 난 처녀 애입니다. 내 이름은 박옥희이고요.

② 나귀와 조 선달은 재빨리 거의 건넜으나 동이는 허 생원을 붙드느라고 두 사람은 훨씬 떨어졌다.

①에서는 등장인물인 옥희가 '나는 ~'이라면서 이야기를 전달하므로, 윗글의 서술자는 옥희('나')이다. 반면 ②에서는 작품 속에 등장하지 않는 서술자가 등장인물인 조 선달, 동이, 허 생원의 상황을 전달하고 있다.

❶ 시점의 종류

1인칭 혹은 3인칭 서술자가 등장인물의 속마음까지 다 알고 전달하는지, 인물과 사건을 관찰한 내용만 전달하는지에 따라 시점은 4가지로 구분할 수 있음.

서술자의 위치 / 서술 범위	작품 속	작품 밖
속마음까지 제시	1인칭 주인공 시점	전지적 작가 시점
객관적으로 관찰	1인칭 관찰자 시점	3인칭 (작가) 관찰자 시점

❷ 편집자적 논평

전지적 작가 시점에서는 서술자가 이야기에 끼어들어 등장인물이나 사건에 대한 평가를 직접 드러내는 경우가 있음. 이를 '편집자적 논평'이라고 하며, 고전 소설에서 주로 나타남.

[01~02] 다음을 읽고 맞으면 ○, 틀리면 ✕에 표시하시오.

> 할머니는 귀찮아 못 견디겠다는 듯이 팔을 내어 저으며, / "듣기 싫다, 염불* 소리 듣기 싫다! 인제 고만해라." / 하며 몸을 일으키려고 애를 쓴다.
> "그게 무슨 말씀입니까." / 중모*는 질색을 하며 더욱 비장하게 부처님을 찾았다. (중략)
> 나는 이 광경을 보고 적이* 의외의 감이 있었다. ─ 할머니는 중모보다 못하지 않은 불교의 독신자이다. (중략) 그러하던 할머니가 왜 지금 와서 염불을 듣기 싫다는가?
> ─ 현진건, 〈할머니의 죽음〉
>
> *염불: 불경을 외는 일   *중모: 둘째아버지의 아내
> *적이: 꽤 어지간한 정도로

01

윗글의 서술자는 소설 속에 등장하는 인물이다. (○ , ✕)

02

윗글에서는 '나'가 할머니의 이야기를 관찰하여 전달하고 있으므로, 윗글의 시점은 3인칭 관찰자 시점이다.

(○ , ✕)

[03~04] 다음을 읽고 빈칸에 들어가기에 알맞은 말을 고르시오.

> 초시는 늙어 가는 것이 원통하였다. 어떻게 해서나 더 늙기 전에 적게 돈 만 원이라도 붙들어 가지고 내 손으로 다시 한번 이 세상과 교섭해* 보고 싶었다. 지금 이 꼴로서야 (중략) 자동차, 비행기가 개미 떼나 파리 떼처럼 퍼지기로 나와 무슨 인연이 있는 것이냐. 세상과 자기와는 자기 손에서 돈이 떨어진, 그 즉시로 인연이 끊어진 것이라 생각하였다. ─ 이태준, 〈복덕방〉
>
> *교섭해: 서로 의견을 주고받고 잘 어울려

03

윗글의 서술자는 (1인칭 / 3인칭) 서술자이다.

04

윗글은 (1인칭 관찰자 / 전지적 작가) 시점으로 전개되고 있다.

[05~06] 다음을 읽고 빈칸에 들어가기에 알맞은 말을 쓰시오.

> 단지 내 몸뚱이가 하나인 나는 서울 안을 못 돌아다닐 데 없이 돌아다니면서 노숙을 하였던 것이다. (중략)
> "이놈들 게 있거라!"
> 별안간에 땅에서 솟은 듯이 이런 음성이 들렸다. 나는 깜짝 놀라는 대신에 빙긋 웃었다.
> "이래 보여두 한여름 동안을 이런 데루 댕기면서 잠자는 놈이다. 그렇게 쉽게 놀라겠니."
> 하는 담찬* 소리를 남겨 놓고 동묘 대문께로 갔다.
> ─ 이효석, 〈도시와 유령〉
>
> *담찬: 겁이 없이 대담한

05

윗글에 등장하는 '(   )'은/는 서술자이다.

06

윗글의 시점은 (   ) 시점이다.

[07~10] 빈칸에 들어가기에 알맞은 단어를 〈보기〉에서 찾아 문맥에 맞게 쓰시오.

> 〈보기〉
> • 생동감: 생기 있게 살아 움직이는 듯한 느낌
> • 명의: 문서상의 권한과 책임이 있는 이름
> • 호의: 친절한 마음씨. 또는 좋게 생각하여 주는 마음
> • 매립: 우묵한 땅이나 하천, 바다 등을 돌이나 흙 따위로 채움.

07

뛰노는 아이들의 모습은 (   )이/가 넘쳤다.

08

아버지는 그 집의 (   )을/를 아들의 이름으로 바꾸었다.

09

쓰레기 (   )(으)로 인해 바다가 오염되고 있다.

10

그는 (   )을/를 베풀어 준 친구에게 감사 인사를 했다.

대장금 _ 김영현

[앞부분의 줄거리] 수라간 한 상궁은 제자 장금에게 좋은 재료와 비법만 찾으려 한다며 꾸짖고 보모상궁이 요양 중인 곳에 수발을 들러 갈 것을 명한다. 위독한 보모상궁은 어릴 적 돌아가신 오라버니가 주었던 고소하고 쫀득거리는 생쌀(올게쌀)을 죽기 전에 다시 맛보고 싶다고 이야기하고 장금은 이를 구하기 위해 애쓴다.

S#79. 처사 집(낮)

찐 나락*을 처사가 볕에 정성껏 널고 있다. 이때 장금이 뛰어와서는 처사가 널고 있는 쌀을 씹어 먹어 본다.

장금: 이 쌀을 제게 조금만 주세요.

처사: 이건 안 돼유.

장금: 왜요? 언제 돌아가실지 알 수 없어요. 가시기 전에 한 번이라도 이 맛을 보여 드려야 해요.

처사: 사정은 알겠는디 아직은 맛이 안 되는디…….

장금: 처사님…….

처사: 이건 바짝 말려서 방아 찧어서 먹는 것인디유.

장금: 제가 빠른 방법으로 말리겠습니다!

처사: 볕이 좋아도 나흘 이상은 말려야 맛이 나는 건디유.

장금: (이미 포대에 주워 담고 있고)

S#80. 처사 부엌(낮)

장금은 연신 아궁이에 부채질을 하고 있는데……. 솥뚜껑을 뒤집어 놓은 위에 올벼를 올려 말리고 있다.

장금: 사흘이나 볕에 말릴 시간이 없어요. 장작 좀 더 갖다 주세요.

덕구: 이렇게 말리면 금방인걸. 그 처사놈은 죙일 널고 거두고 널고 거두고…….

[중략 부분의 줄거리] 보모상궁은 장금이 만든 올게쌀을 맛보지만 자신이 원하던 맛이 아니라고 하고, 보모상궁의 반응에 모두 실망한다.

S#84. 보모상궁의 방(밤)

장금이 보모상궁을 안아 탕약을 먹이고 있는데……. 정말 임종할 때가 된 듯 힘이 없다. 보는 정윤수와 덕구, 정호.

처사: ㉠(E.*) 저 혹시 들어가도 돼유?

정호: 들어오세요.

처사: 저기……. 올게쌀이 다 돼서…….

하고는 올게쌀 한 줌을 보모상궁에게 올린다.

처사: 딱딱하니 꼭꼭 씹으셔유.

보모상궁이 받아서는 입에 넣고 힘들게 힘들게 씹는데……. 천천히 아주 천천히 웃음이 번지는 듯하더니 희미한 웃음 속에 어느새 주르르 눈물이 흐르고…….

보모상궁: 이겁니다. 바로 이거예요. 이제 저는 이승을 떠도 되겠습니다. 제가 갈 때 이 쌀을 제 관에 꼭 넣어 주십시오. 오라버니에게 드려야 합니다.

보는 모두들. 장금은 뭔가 깨달은 듯 멍한데……. 보모상궁은 회한의 눈물을 펑펑 쏟으며 쌀을 씹고 또 씹고.

S#85. 사찰 부엌(밤)

장금이 들어온다. 그리고는 처사의 올게쌀을 먹어 본다. 맛을 본 장금의 표정이 굳어지는데…….

장금: 비법이 따로 있는 게 아니었어요. 그 맛있던 나물도, 마마님의 한을 풀어 드린 그 쌀도. 그냥 좋은 볕에 말리고, 거두고, 말리고, 거두고……. 그 정성과 시각…….

처사: 그렇다니께유. 우리 엄니가 그랬슈. 어차피 음식으로 배부르게는 못 먹으니께……. 정성이라도 많이 먹어야 배가 부르다구유……. 그러니 아무리 급해도 덜된 거 대충 얼버무려서 남 먹이지 말라구유…….

* 나락 : '벼'를 이르는 말
* E. : 효과음(Effect). 장면을 실감 나게 표현하기 위해 화면에 넣는 소리

- **수라간**: 임금이 끼니때마다 먹는 음식을 만드는 곳
- **수발**: 가까이에서 여러 가지 시중을 듦.
- **위독하다**: 병이 매우 심하여 생명이 위태롭다.
- **방아**: 곡식 따위를 찧거나 빻는 기구나 설비를 통틀어 이르는 말
- **포대**: 베로 만든 자루
- **아궁이**: 방이나 솥 따위에 불을 때기 위하여 만든 구멍
- **올벼**: 제철보다 일찍 여무는 벼 • **탕약**: 달여서 마시는 한약
- **임종**: 죽음을 맞이함. • **회한**: 뉘우치고 한탄함.
- **얼버무리다**: 여러 가지를 대충 뒤섞다.

🌺 빈칸을 채우세요.

– 중심인물: – 배경:

– 중심 사건, 갈등:

– 서술상 특징:

STEP Ⅲ 서술상 특징 파악하기

연극의 대본인 희곡은 무대에서 공연하기 위해 쓰였고, 드라마 대본과 영화의 각본인 시나리오는 카메라로 촬영하여 TV나 극장에서 상영하기 위해 쓰였어요. 그래서 희곡과 시나리오, 드라마 대본에는 소설과는 다른 서술상 특징이 드러나지요.

희곡은 '장'과 '막'으로, 시나리오와 드라마 대본은 'S#'이라는 장면 번호로 장면을 구분해요. 하나의 장면 안에서는 같은 장소와 시간을 배경으로 인물의 행동과 대사를 통해 내용이 전개돼요.

🌸 〈대장금〉을 함께 살펴볼까요?

〈대장금〉은 장면 번호(S#)와 인물의 대사, 지시문이 있고 'E.'라는 시나리오 용어가 쓰인 드라마 대본이에요.

🌸 〈대장금〉의 중심인물과 배경을 살펴볼게요.

〈대장금〉에는 '장금'과 '처사', '보모상궁', '덕구', '정호' 등이 등장하고 있어요. 그중에서도 '장금'과 '처사'를 중심으로 이야기가 전개되고 있네요.

따라서 **윗글의 중심인물은 '장금'과 '처사'**입니다.

한편 'S#79. 처사 집(낮)', 'S#80. 처사 부엌(낮)', 'S#84. 보모상궁의 방(밤)', 'S#85. 사찰 부엌(밤)'에는 장면 번호와 함께 공간적, 시간적 배경이 드러나 있어요. 이를 통해 장면이 바뀜에 따라 배경이 변함을 알 수 있지요.

따라서 **윗글의 공간적 배경은 '처사 집, 처사 부엌, 보모상궁의 방, 사찰 부엌'이고, 시간적 배경은 '낮, 밤'**입니다.

🌸 〈대장금〉의 중심 사건과 갈등은 무엇일까요?

S#79에서 장금은 처사에게 다 말리지 않은 쌀을 달라고 하고, 처사는 그런 장금의 행동을 말립니다. 그러나

장금은 처사의 말을 듣지 않고 쌀을 가져가, S#80에서 불을 이용해 쌀을 빠르게 말리지요. 보모상궁은 그렇게 만든 장금의 올게쌀을 마음에 들어 하지 않아요.

그런데 S#84에서 보모상궁은 처사가 만든 올게쌀을 먹고 눈물을 흘려요. 어릴 적에 먹었던 올게쌀의 맛을 느꼈기 때문이지요. S#85에서 장금은 처사의 올게쌀을 통해 음식을 만들 때 정성이 가장 중요하다는 것을 깨달아요.

윗글의 중심 사건과 갈등을 정리하면 다음과 같아요.

- **중심 사건: 보모상궁이 처사가 만든 올게쌀을 먹고 감동함. 이를 통해 장금이 음식을 만들 때 정성이 가장 중요하다는 것을 깨달음.**
- **갈등: 덜 마른 쌀을 가져가려는 장금과, 이를 말리는 처사의 외적 갈등**

🌸 〈대장금〉의 서술상 특징을 파악해 볼까요?

드라마 대본이나 시나리오에는 장면을 효과적으로 촬영하기 위해 다양한 용어가 쓰여요. S#84에서 처사의 대사인 '(E.) 저 혹시 들어가도 돼유?'를 봅시다. 'E.'는 '효과음(Effect)'으로, '장면을 실감 나게 표현하기 위해 화면에 넣는 소리'입니다. S#84에서 'E.'는 보모상궁의 방 안에 사람들이 모여 있는 장면에서 방 밖에 있는 처사가 '저 혹시 들어가도 돼유?'라고 하는 말을 소리로만 들려 준다는 것을 나타내요. 따라서 이 장면을 드라마로 만들면 화면에 처사의 모습은 보이지 않고 대사만 들릴 거예요.

한편 윗글에서 처사는 '안 돼유.', '것인디유' 등 사투리를 사용하고 있어요. 이렇게 작품 속에서 인물이 사투리를 사용하면 현장감과 친숙함이 느껴진답니다.

정리하면 **윗글의 서술상 특징은 촬영을 위한 용어인 효과음(E.)을 활용하고, 사투리를 사용한다는 것입니다.**

01 서술상 특징 파악하기

다음 빈칸에 들어가기에 가장 알맞은 답을 〈보기〉에서 찾아 쓰시오.

〈보기〉

E.	S#	비속어	사투리	외국어

(1) 윗글의 ( )은/는 장면 번호를 나타내는 용어이다.

(2) 윗글에서 처사가 사용하고 있는 '안 돼유', '알겄는디'와 같은 ( ) 은/는 현장감과 친숙함을 준다.

02 사건과 갈등 파악하기

윗글의 내용으로 가장 알맞지 <u>않은</u> 것은?

① 처사는 올게쌀을 대충 만든 장금을 나무랐다.

② 처사는 정성을 들여 말린 올게쌀을 보모상궁에게 올렸다.

③ 보모상궁은 처사의 올게쌀을 맛보고 감동했다.

④ 장금은 음식을 만들 때 정성이 중요하다는 것을 깨달았다.

⑤ 장금은 쌀을 오래 말려야 한다는 처사의 말을 듣지 않았다.

03 서술상 특징 파악하기

㉠을 연출하는 방법으로 가장 알맞은 것은?

① 처사의 조심스러워하는 표정을 강조한다.

② 처사의 대사와 어울리는 배경 음악을 더한다.

③ 처사의 모습을 보이지 않고 대사만 들리도록 한다.

④ 처사의 등장과 함께 화면이 서서히 밝아지도록 한다.

⑤ 처사의 대사와 정호의 대사가 겹쳐서 들리도록 한다.

01
- **비속어**: 격이 낮고 속된 말
- **사투리**: 어느 한 지방에서만 쓰는, 표준어가 아닌 말
- **현장감**: 어떤 일이 이루어지고 있는 현장에서 느낄 수 있는 느낌

02
처사와 보모상궁, 장금의 행동으로 알맞지 않은 것을 골라 보세요.
- **나무라다**: 상대방의 잘못이나 부족한 점을 꼬집어 말하다.

03
㉠의 'E.'가 어떤 의미인지 다시 확인해 보세요.
- **연출하다**: 연극이나 방송, 영화에서 각본을 바탕으로 배우의 연기, 무대 장치, 의상, 조명, 분장 따위의 여러 부분을 종합적으로 지도하여 작품을 완성하다.
- **배경 음악**: 영화나 연극 따위에서, 어떠한 분위기를 만들기 위하여 배경으로 연주하는 음악

01 서술상 특징 파악하기

(1) 윗글은 드라마 대본으로, 장면 번호를 나타내는 'S#'에 따라 장면이 구분되고 있어요. 따라서 정답은 　S#　 입니다.

(2) '안 돼유', '알겠는디'는 지방에서 쓰는 말인 사투리예요. 따라서 정답은 　사투리　 입니다.

02 사건과 갈등 파악하기

윗글의 내용으로 가장 알맞지 <u>않은</u> 것은?

① 처사는 올게쌀을 대충 만든 장금을 **나무랐다.** (×)

　🌿 처사가 덜 말린 쌀을 가져가려는 장금의 행동을 말리고는 있지만, 올게쌀을 급하게 말린 장금을 나무라지는 않아요.
　그러므로 정답은 ①!

② 처사는 정성을 들여 말린 올게쌀을 보모상궁에게 올렸다. (○)

　★ 근거: S#79, S#84

> • 처사: 볕이 좋아도 나흘 이상은 말려야 맛이 나는 건디유.
> • 처사: 저기……. 올게쌀이 다 돼서……. / 하고는 올게쌀 한 줌을 보모상궁에게 올린다.

　🌿 처사는 쌀을 '나흘 이상은 말려야' 맛이 난다고 했어요. 그리고 그렇게 만든 올게쌀를 보모상궁에게 올리고 있어요. 즉, 처사는 나흘 이상 정성을 들여 말린 올게쌀을 보모상궁에게 올린 것이에요.

③ 보모상궁은 처사의 올게쌀을 맛보고 감동했다. (○)

　★ 근거: S#84

> 보모상궁이 받아서는 입에 넣고 ~ 어느새 주르르 눈물이 흐르고……. / 보모상궁: 이겁니다. 바로 이거예요.

　🌿 보모상궁은 처사가 만든 올게쌀에서 어릴 적 오라버니가 주었던 올게쌀과 같은 맛이 남을 느끼고 감동하여 눈물을 흘리고 있어요.

④ 장금은 음식을 만들 때 정성이 중요하다는 것을 깨달았다. (○)

　★ 근거: S#85

> 장금: 그냥 좋은 볕에 말리고, 거두고, 말리고, 거두고……. 그 정성과 시각…….

　🌿 장금은 처사의 올게쌀을 먹어 보고는 시간을 들여 음식을 정성스럽게 만드는 것이 중요하다는 것을 깨닫고 있어요.

⑤ 장금은 쌀을 오래 말려야 한다는 <u>처사의 말을 듣지 않았다.</u> (○)

　★ 근거: S#79, S#80

> • 처사: 나흘 이상은 말려야 맛이 나는 건디유.
> • 장금은 연신 아궁이에 부채질을 하고 있는데……. / 장금: 사흘이나 볕에 말릴 시간이 없어요.

　🌿 처사는 쌀을 '나흘 이상은 말려야 맛이' 난다고 했지만, 장금은 이 말을 듣지 않고 아궁이를 이용해 쌀을 빠르게 말리고 있어요.

03 서술상 특징 파악하기

㉠을 연출하는 방법으로 가장 알맞은 것은?

• ㉠: ㉠은 S#84에서 효과음(E.)으로 들어가는 처사의 대사입니다.

🟥 **즉** 효과음(E.)으로 들어가는 대사를 알맞게 연출한 것을 고르는 문제입니다.

① 처사의 조심스러워하는 **표정을 강조한다.** (×)

　🌿 'E.'는 효과음으로, 소리와 관련된 용어예요. 따라서 처사의 표정을 강조하는 연출과는 관련이 없어요.

② 처사의 대사와 어울리는 **배경 음악을 더한다.** (×)

　🌿 ㉠에 배경 음악을 더하라는 내용은 나타나지 않아요. 따라서 처사의 대사와 어울리는 배경 음악을 더하는 연출은 알맞지 않아요.

③ 처사의 모습을 보이지 않고 대사만 들리도록 한다. (○)

　★ 근거: S#84

> 처사: (E.) 저 혹시 들어가도 돼유?

　🌿 'E.'는 효과음으로, '장면을 실감 나게 표현하기 위해 화면에 넣는 소리'를 의미해요. '저 혹시 들어가도 돼유?'(㉠)는 보모상궁의 방 안에 사람들이 모여 있는 장면에서 방 밖에 있는 처사가 하는 말이에요. 이 말을 'E.'(효과음)로 처리하려면 화면에 처사의 모습을 보이지 않고 대사만 들리게 연출해야 해요.
　그러므로 정답은 ③!

④ 처사의 등장과 함께 **화면이 서서히 밝아지도록** 한다. (×)

　🌿 'E.'는 효과음으로, 소리와 관련된 용어예요. 따라서 화면이 서서히 밝아지는 연출과는 관련이 없어요.

⑤ 처사의 대사와 정호의 대사가 **겹쳐서 들리도록** 한다. (×)

　🌿 ㉠은 처사의 대사를 소리만 들리게 효과음으로 넣는다는 의미이고, 정호의 '들어오세요.'라는 대사는 처사의 대사가 들린 후에 나와야 해요. 따라서 처사의 대사와 정호의 대사를 겹치게 들리도록 하는 연출은 알맞지 않아요.

DAY 17

사잇길로 접어든 역사 – 소설가 구보씨의 하루 2 _주인석

구보씨는 친구 H의 결혼식에 가면서 문득, 이례적으로, 부조금을 가져갈 것인가 말 것인가를 고민하다가, 별안간, 그러면 대체 소설이 무얼까, 소설가란 무얼까, 하는 물음에 직면하게 되었다. 구보씨는 참 우스운 사람이다. 물론, 그 순간, 골목길에 멈춰 선 구보씨도 스스로가 우습다는 생각을 했다.

㉠소설가는 세상에서 실패한 사람이니까, 하고 구보씨는 스스로에게 대답해 보았다. 밑도 끝도 없이. 정말 그런 걸까. 구보씨도 세상에서 실패한 사람인가. 그래서 친구 결혼식에 부조금도 못 낸단, 아니 안 낸단 말인가. 그러면 성공하면 낸다는 말인가. 성공한다는 게 뭔가. 소설가도 성공할 수 있는 건가. 구보씨 스스로 소설가란 세상에서 실패한 사람이라고 하지 않았던가. 그러니 성공하면 이미 소설가가 아니지 않는가. 그 '성공'이라는 말이 '소설에 관한 한 성공'이라면 모르되 말이다. 소설에 관한 한 성공은 곧 세상에서의 더 큰 실패가 아닐까. 세상에서 성공하면 소설가로선 실패하는 것이다. (중략)

"어이, 구보 아냐. 오래간만인데."

K였다. 대학 동기다. 구보씨는 멍청한 표정으로 그와 악수했다. / "소설 쓴다며? 너밖에 없구나. 난 학교 때도 그놈의 문학은 영 모르겠더라구. 학과 선택에 실패했나 봐, 난. 그래서 취직했지."

K는 웬일인지 호들갑스러웠다. 구보씨는 말을 잊은 듯 K의 얼굴만 멀뚱멀뚱 바라볼 뿐이었다. ㉡K가 너무 이질적으로 보였다. 하긴 K도 구보씨를 이질적으로 보고 있었겠지만. 구보씨가 아무 말이 없자 K는 계속 혼자 말해야 했다.

"너 소설 쓰느라 피곤한 모양이구나. 돈은 좀 벌리냐? ㉢소설을 돈 벌라고 쓰는 건 아니겠지만. 그래도 먹구는 살아야지."

"조금. 5·16 이후에 어디 조선 땅에서 굶어 죽은 사람이 있었니." / 구보씨가 대답했다. 그의 첫마디였다.

"그래. 어쨌든 한국 자본주의가 많이 컸어."

K는 구보씨가 비꼬아서 말한 줄을 모르고 그렇게 말했다. 그러나 K가 무슨 죄가 있으랴. 비꼬는 구보씨가 나쁘지.

"㉣그런데, H 이 자식, 돈 좀 벌었나 보더라."

"돈?" / K의 말인즉슨, H의 출판사에서 낸 책이 요즘 장안의 지가를 올리고 있다는 거였다. 돈 벌려면 이렇게 살아라, 라던가 이렇게 살면 돈 번다, 라던가 아무튼 그런 책인데, 성공한 자본가들의 체험담을 모아 놓은 책이라고 했다. 그리고 보니 구보씨도 그런 책이 있다는 소릴 들은 것도 같았다. 그 책이 잘 팔린단다. 돈 버는 방법을 가르쳐 주는 책으로 돈을 벌다니. 돈 번 사람들의 이야기로 돈을 벌다니. 책이라는 게 뭔가. 글을 쓴다는 건 또 뭔가. 요즘 사람들은 대재벌 총수들이 쓴 책을 즐겨 사 본다. 이 시대의 진정한 문필가는 성공한 대자본가인 것 같다. 소설가나 시인이 쓴 글은 거들떠보지도 않는다. 밤낮 뭐가 잘 안 되는 이야기나 써놓은 책을 볼 까닭이 없다고 생각하나 보다. 사람들은 성공한 이야기를 듣고 싶어 하고, 그 성공의 척도는 돈이다. 모두 돈을 벌고 싶으니까 돈 번 사람의 이야기를 듣는다. ㉤그 사람이 돈을 벌기 위해 노동자를 얼마나 착취했건, 독재 정권과 얼마나 추악한 거래를 했건, 부동산 투기를 얼마나 했건, 그런 것은 아무 상관이 없다. 도덕이니 정의니 가치니 이런 말들은 듣고 싶지도 않은 모양이다.

🌶 빈칸을 채우세요.

– 중심인물: – 배경:

– 중심 사건, 갈등:

– 서술상 특징:

- **이례적**: 보통 있는 일에서 벗어나 특이한 것
- **부조금**: 사람이 죽어 장례를 치르는 집이나 잔칫집 따위에 내는 돈
- **직면하다**: 어떠한 일이나 사물을 직접 당하거나 접하다.
- **동기**: 같은 시기에 같은 곳에서 교육이나 강습을 함께 받은 사람
- **이질적**: 성질이 다른 것
- **자본주의**: 생산과 분배 수단의 대부분을 개인이 소유하여 이익을 얻기 위해 자유롭게 경쟁하는 경제 제도
- **지가를 올리다**: 어떤 책이 매우 잘 팔리다.

- **총수**: 어떤 집단의 우두머리
- **문필가**: 글을 지어 발표하는 일을 전문으로 하는 사람
- **척도**: 평가하거나 측정할 때 근거할 기준
- **착취하다**: 자원·재산·노동력 등을 정당한 대가를 주지 않고 이용하다.
- **정권**: 정치상의 권력. 또는 정치를 담당하는 권력
- **투기**: 물건값의 변동을 예상하여 물건을 사고판 후에 이익을 얻기 위하여 하는 거래

04 서술상 특징 파악하기

다음 빈칸에 들어가기에 가장 알맞은 답을 〈보기〉에서 찾아 쓰시오.

〈보기〉

| 1인칭 서술자 | '나' | 3인칭 서술자 | 대비 | 변화 |

(1) 윗글의 서술자는 (   )이다.

(2) 윗글에서는 소설가인 구보씨와 출판사를 운영하는 H의 삶이 (   )되고 있다.

05 서술상 특징 파악하기

윗글에 대한 설명으로 가장 알맞은 것은?

① 두 개의 이야기가 동시에 진행되고 있다.
② 사건의 중심이 되는 인물이 빈번하게 바뀌고 있다.
③ 하나의 이야기 속에 또 다른 이야기가 포함되어 있다.
④ 서술자가 다른 사람에게 들은 이야기를 전달하고 있다.
⑤ 서술자가 인물의 생각을 의식의 흐름대로 서술하고 있다.

06 인물의 심리와 태도 파악하기

㉠~㉤에 대한 설명으로 가장 알맞지 <u>않은</u> 것은?

① ㉠: 구보씨는 소설가인 자신의 삶이 실패했다고 생각하고 있다.
② ㉡: 구보씨는 오랜만에 만난 K가 예전과 달라졌다고 생각하고 있다.
③ ㉢: K는 소설을 쓰는 것보다 먹고사는 일을 더 중요하게 생각하고 있다
④ ㉣: K는 돈을 많이 번 H와 더 이상 가까워질 수 없다고 생각하고 있다.
⑤ ㉤: 구보씨는 도덕이나 정의가 무시되는 상황을 비판적으로 생각하고 있다.

07 [단답형] 소재의 의미 파악하기

윗글에서 〈보기〉의 ⓐ에 해당하는 말을 찾아 쓰시오.

〈보기〉

ⓐ자본가와 대비되는 직업을 가진 구보씨는 '이 시대의 진정한 문필가는 성공한 대자본가'라고 생각하며 돈과 같은 물질적 가치가 중요하게 여겨지는 현실을 부정적으로 바라보고 있다.

04
- **1인칭 서술자**: 소설 속 등장인물인 '나'로, 자신 혹은 다른 인물의 이야기를 서술함.
- **3인칭 서술자**: 소설 속에 등장하지 않고 작품 밖에서 이야기를 전달하는 서술자
- **대비**: 두 가지의 차이를 밝히기 위하여 서로 맞대어 비교함.

05
윗글의 서술자는 누구이고, 서술자가 어떤 방식으로 이야기를 전달하고 있는지 살펴보세요.
- **빈번하다**: 번거로울 정도로 횟수가 잦다.

06
구보씨와 K의 가치관이 어떻게 다른지 생각해 보세요.
- **정의**: 개인 간의 올바른 도리. 또는 사회를 구성하고 유지하는 공정한 도리
- **비판적**: 현상이나 사물의 옳고 그름을 판단하여 밝히거나 잘못된 점을 지적하는 것

07
구보씨의 직업이 무엇인지 생각해 보세요.
- **물질적 가치**: 재물이 지니는 가치와 이를 통해 느끼는 즐거움
- **부정적**: 바람직하지 못한 것

DAY
17

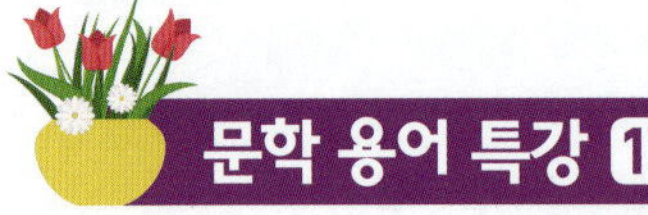

대화, 서술, 묘사

* ● **대화** : 소설 속의 등장인물들이 서로 주고받는 말. 대화를 통해 사건이 구체적으로 전개되고 인물의 성격이나 심리, 태도 등이 간접적으로 드러난다.

> 이윽고 나는 이런 말을 물었다.
> "그래, 이번 길에 고향 사람은 하나도 못 만났습니까?"
> _{‘그’는 고향에 다녀오는 길임.}
> "하나 만났구마. 단지 하나." / (중략) / "여간 반갑지 않으셨지어요."
> _{‘나’는 ‘그’의 말에 잘 반응해 줌.}
> "반갑다마다, 죽은 사람을 만난 것 같더마. 더구나 그 사람은 나와 까닭도 좀 있던 사람인데……." / "까닭이라니?" / "나와 혼인 말이 있던 여자구마."
> (중략) 하고 그는 또 이야기를 계속하였다. _{‘그’는 고향에서 옛 연인을 만났음.}
> — 현진건, 〈고향〉

➡ **‘나’와 ‘그’의 대화**를 통해 ‘그’가 고향에 다녀오는 길이며, 고향에서 옛 연인을 만났다는 것이 드러나고 있다. 또한 ‘그’의 말에 잘 반응해 주는 ‘나’의 태도도 확인할 수 있다.

* ● **서술** : 서술자가 독자에게 사건, 배경, 인물의 심리 등을 직접 설명하는 것

❶ **요약적 서술** : 오랜 시간에 걸쳐 일어난 사건을 자세히 서술하지 않고, 사건의 핵심을 요약하여 전달하는 것

> 그가 열일곱 살 되던 해 봄에 그의 집안은 살기 좋다는 바람에 서간도로 이사를 갔었다. _{‘그’의 가족이 서간도로 이사 간 일을 요약하여 전달함.} (중략) 사 년이 못 되어 영양 부족한 몸이 심한 노동에 지친 탓으로 그의 어머니 또한 죽고 말았다. _{어머니가 죽은 일을 요약하여 전달함.}
> — 현진건, 〈고향〉

➡ 윗글에서는 **‘그’가 열일곱 살 때 가족과 함께 서간도로 이사 간 일과, 그로부터 4년이 되기 전에 어머니가 죽은 일을 요약하여 서술**하고 있다.

* ❷ **묘사** : 서술자가 사건, 배경, 인물의 외모나 심리를 단순히 설명하는 것이 아니라 그림을 그리듯이 구체적으로 전달하는 것

> 산허리는 온통 메밀밭이어서 피기 시작한 꽃이 소금을 뿌린 듯이 흐붓한 달빛에 숨이 막힐 지경이다.
> — 이효석, 〈메밀꽃 필 무렵〉

➡ 윗글에서는 온통 메밀꽃이 피어 있고 달빛이 쏟아지는 **‘산허리’의 배경을 묘사**하고 있다.

– **의식의 흐름 기법** : 인물의 생각을 의식의 흐름에 따라 자세히 묘사하는 방식

> 중립국. 아무도 나를 아는 사람이 없는 땅. (중략) 병원 문지기라든지, 소방서 감시원이라든지, 극장의 매표원, 그런 될 수 있는 대로 마음을 쓰는 일이 적고, 그 대신 똑같은 움직임을 하루 종일 되풀이만 하면 되는 일을 할 테다. 나는 문간을 깨끗이 치우고 아침저녁으로 꽃밭에 물을 준다. _{중립국에서의 생활을 상상하는 ‘나’의 생각}
> — 최인훈, 〈광장〉

➡ 윗글에서는 **의식의 흐름 기법**을 통해 중립국에서의 생활에 대해 인물이 떠올리는 생각을 그대로 묘사하여 전달하고 있다.

⒈ 고놈의 계집애가 요새로 들어서서 왜 나를 못 먹겠다고 고렇게 아르렁거리는지 모른다. / (중략)

⒉ 게다 눈에 독을 올리고 한참 나를 요롷게 쏘아보더니 나중에는 눈물까지 어리는 것이 아니냐.

하나의 소설에는 대화, 서술, 묘사가 모두 나타난다. ⒈처럼 서술자가 상황을 직접 설명하는 것을 서술이라고 하며, 서술 중에서도 ⒉처럼 인물이나 상황을 그림을 그리듯 자세히 설명하는 것을 묘사라고 한다.

---

❶ **요약적 서술과 사건 진행 속도**

사건을 요약하여 제시하면 인물의 대화나 묘사를 통해 사건이 진행되는 것을 자세히 제시하는 것에 비해 사건의 진행 속도가 빨라짐.

❷ **묘사의 장점과 단점**

– 장점: 대상을 구체적이고 생생하게 전달할 수 있음.
– 단점: 지나치게 자세한 묘사는 사건의 진행 속도를 느려지게 함.

[01~02] 다음을 읽고 빈칸에 들어가기에 알맞은 말을 고르시오.

> "너, 책 보퉁이* 어쨌어?"
> "이 새끼, 죽고 싶나? 빨리 말해!"
> 용이는 아이들을 한번 둘러보고는 조용히, 그러나 힘찬 소리로 말했습니다. (중략)
> "너희들 책보 말이제? 저 밑의 뚜꺼비 바우 밑에 던져 놨어." / "뭐? 이 새끼가!" / (중략)
> 그러나 용이는 여전히 조용한 소리로 말했습니다.
> "나, 이젠 못난 놈 아니야!"   – 이오덕, 〈꿩〉
>
> *책 보퉁이 : 책을 싸는 보자기

01

윗글에서 용이와 아이들은 (대화 / 서술)을/를 주고받고 있다.

02

책보에 관한 용이의 대답을 통해 아이들에게 (당당히 / 소심하게) 맞서는 용이의 태도가 드러나고 있다.

[03~04] 다음을 읽고 맞으면 ○, 틀리면 ✕에 표시하시오.

> 임금과 황후가 마음을 진정하고 공주에게 지난 고생을 물으시니, 공주가 눈물을 거두고 괴물에게 잡혀갈 때 산에서 소년을 만났던 일이며, 지하 세계에 들어가 시녀로 부림당하던 일이며, 시냇가에서 피 묻은 수건을 빨다가 김원을 만났던 일과 (중략) 둥우리*를 타고 올라온 후 군사가 사슬을 놓아 김원이 나오지 못한 이유를 다 아뢰었다.   – 작자 미상, 〈김원전〉
>
> *둥우리 : 짚을 엮어 둥글게 만든 그릇 모양의 물건

03

윗글에서는 공주가 겪었던 일을 요약하여 서술하고 있다.
      (○ , ✕)

04

윗글의 서술을 통해 김원이 지하 세계에서 나오지 못한 이유가 드러나고 있다. (○ , ✕)

[05~06] 다음을 읽고 빈칸에 들어가기에 알맞은 말을 고르시오.

> 나하고 동갑 또래로 보이는 계집애였다. 화사한 꽃무늬 원피스 차림에 정갈하게 단발머리를 한 계집애가 한 손에 하얀 고무공을 쥔 채 (중략) 다가오는 중이었다. 계집애가 황금빛 잔디밭 위로 하얀 공을 도르르 굴리면서 말했다. / "나비야! 나비야!"
>   – 윤흥길, 〈종탑 아래에서〉

05

윗글에서는 인물의 겉모습과 행동을 자세하게 (묘사 / 요약)하고 있다.

06

윗글의 서술을 통해 '나'가 바라보는 (계집애 / 나비)의 모습이 구체적으로 드러나고 있다.

[07~10] 빈칸에 들어가기에 알맞은 단어를 〈보기〉에서 찾아 문맥에 맞게 쓰시오.

> 〈보기〉
> • 얼버무리다 : 여러 가지를 대충 뒤섞다.
> • 빈번하다 : 번거로울 정도로 횟수가 잦다.
> • 위독하다 : 병이 매우 심하여 생명이 위태롭다.
> • 직면하다 : 어떠한 일이나 사물을 직접 당하거나 접하다.

07

날씨가 건조해지면 산불이 (   )하게 일어난다.

08

우리는 밥과 김치를 대충 (   )서 먹었다.

09

대부분의 사람들은 외국에 처음 나가면 의사소통의 어려움에 (   )한다.

10

나는 할아버지가 (   )하시다는 소식을 듣고 고향에 내려갔다.

DAY 17

박씨전 _ 작자 미상

[앞부분의 줄거리] 이 상공의 아들 이시백은 어려서부터 총명하여 보는 사람마다 칭찬을 아끼지 않았다. 어느 날, 박 처사가 이 상공을 찾아와 이시백과 자신의 딸을 혼인시키자고 청한다. 박 처사의 뛰어난 재주를 높이 평가하던 이 상공은 흔쾌히 혼인을 허락한다.

이럭저럭 박 처사와 약속한 날이 다가왔으므로 이 상공은 시백을 데리고 금강산에 이르러 박 처사 집을 찾아 아들의 혼례를 올리고, ㉠박 처사와 함께 술잔을 나누며 즐거워하는데 신랑 시백이 신방*에서 뛰어나왔다.

"아니 너는 왜 신방에서 뛰어나왔느냐? 그런 경거망동으로 나를 욕되게 하려느냐?"

"소자가 들어갔을 때는 신부가 없더니, 나중에 들어왔는데 마치 무섭고 끔찍한 괴물 같은 여자라 경악하였습니다." / 이 상공은 깜짝 놀랐으나 아들의 경솔하고 무례함을 꾸짖었다. 시백은 부친의 명이 엄격한지라 다시 신방으로 들어갔다. 그러나 신부를 다시 보기가 싫어서 닭 울기가 무섭게 외당으로 달려 나와서 우울하게 날을 보내었다. / (중략)

과연 15일에 이르러 달빛 맑고 바람 맑은데, ㉡홀연 허공으로부터 학의 소리 나며, 박 처사가 구름을 타고 내려오거늘, 이 상공이 황급히 뜰에 내려 처사를 맞아 방에 들어와 예를 마치고 앉으매, 시백 또한 옷차림을 갖추고 처사를 향하여 절을 하고 인사를 드리니 시백의 뛰어난 풍채 일대의 영웅호걸이라. 박 처사는 황홀하고 귀중히 여겨 시백의 손을 잡고 이 상공을 향하여 말했다.

"상공의 아들이 거룩한 재주로 높은 벼슬에 올라 장원 급제하여 옥당*에 참여하니 이런 경사가 또 없음을 아오나, 이 시골 사람의 천성이 옹졸하고 서툴러 공께 치하를 드리지 못하였습니다. 금년은 딸의 액운이 다하여 지금 저의 흉한 용모와 누추한 바탕을 벗을 때가 되었으므로, 상공의 댁에서 사위의 경사를 축하하고, 아울러 딸을 보고자 왔나이다."

이 상공이 박 처사의 말에 무슨 뜻인가 들어 있음을 짐작하고 기쁨을 이기지 못하여, ㉢주인과 손님이 술을 나누며 밤이 깊음을 깨닫지 못하였다. 문득 닭의 소리 요란하여 박 처사가 비로소 소저의 침소에 들어가니, 소저가 급히 마루에서 내려 부친을 맞아 절을 올리고 인사하였다. 박 처사는 기쁘게 딸의 손을 잡고 마루로 올라 남쪽으로 향하여 소저를 앉히고 웃으며 말했다. / "금년으로 너의 액운이 다하였도다."

하고, ㉣주문을 외며 소매를 들어 소저의 얼굴을 가리키니, 그 흉하던 얼굴의 허물이 일시에 벗어지고 옥같이 고운 얼굴이 드러나거늘, 처사는 쾌히 웃고 말했다.

"내 이 허물을 가져가고자 하나, 남의 의혹을 없앨 길이 없으리니 궤를 얻어다 이를 넣어 시부모에게 보여 의심을 풀게 하라. 오늘 이별하면 이후 70년이 지나야 부녀가 다시 만나리라."

하고 밖으로 나가 이 상공에게 이별을 고하며 당부했다.

"이후 혹 어려운 일이 있거든 며느리에게 물으소서."

하고 뜰에 내려 두어 걸음 걷더니, 간 곳이 없었다.

이튿날 계화가 이 상공 앞으로 와서 소저의 신기한 소식을 전했다. / "어제 박 처사께서 다녀가신 후로 우리 소저께서 얼굴의 허물을 벗고 절색의 부인이 되었기에 이런 신기한 술법에 놀라서 대감께 아뢰옵니다."

㉤이 상공이 기뻐하면서 후원의 초당으로 달려가 보니 그처럼 흉하던 며느리가 세상에 견줄 데가 없을 정도로 아름답게 변하여 있었다.

"제가 전생의 죄가 크므로 얼굴에 흉한 허물을 쓰고 세상에 태어나서 수십 년의 액운을 채웠기로 하늘이 아버지께 명하여 본래 모습을 회복하여 주셨으니 의심치 마십시오." / 시부모는 반신반의하며 벗은 허물을 본 다음 확신하며 신기하게 여겼다.

*신방: 신랑, 신부가 첫날밤을 치르도록 새로 차린 방
*옥당: 조선 시대에 궁중의 문서를 관리하고, 임금이 일을 효율적으로 하기 위해 질문을 하면 그에 답하는 일을 하던 곳

- **경거망동**: 제대로 생각하거나 판단하지 않고 함부로 행동함.
- **외당**: 집의 안채와 떨어져 있는, 바깥주인이 살며 손님을 접대하는 곳
- **풍채**: 드러나 보이는 사람의 겉모양
- **영웅호걸**: 보통 사람이 하기 어려운 일을 해내는 사람을 가리키는 '영웅'과 용기가 뛰어나고 기개가 있는 사람을 가리키는 '호걸'을 아울러 이르는 말
- **옹졸하다**: 성품이 너그럽지 못하고 생각이 좁다.
- **치하**: 남이 한 일에 대하여 고마움이나 칭찬의 뜻을 표시함.
- **침소**: 사람이 잠을 자는 곳
- **궤**: 물건을 넣도록 나무로 네모나게 만든 그릇
- **절색**: 견줄 데 없이 빼어나게 아름다운 여자

🍓 빈칸을 채우세요.

– 중심인물: – 배경:

– 중심 사건, 갈등:

– 서술상 특징:

01   서술상 특징 파악하기

다음 빈칸에 들어가기에 가장 알맞은 답을 〈보기〉에서 찾아 쓰시오.

〈보기〉

| 1인칭 | 3인칭 | 1인칭 주인공 시점 | 3인칭 관찰자 시점 | 전지적 작가 시점 |

(1) 윗글에서는 (   ) 서술자가 이야기를 전하고 있다.

(2) 윗글의 시점은 (   )이다.

02   사건과 갈등 파악하기

윗글에 대한 설명으로 가장 알맞지 않은 것은?

① 박 처사는 시백의 장원 급제를 축하했다.
② 이 상공은 신방을 뛰쳐나온 시백을 꾸짖었다.
③ 시백은 부모님에게 소저의 허물을 보여 주었다.
④ 소저는 이 상공에게 허물을 쓰게 된 이유를 설명했다.
⑤ 계화는 이 상공에게 소저의 얼굴이 아름다워졌다는 소식을 전했다.

03   〈보기〉를 바탕으로 감상하기

㉠~㉤ 중 〈보기〉의 내용과 관련이 있는 것을 모두 고른 것은?

〈보기〉

'전기적 요소'란 현실 세계에서 나타날 수 없는 기이한 내용을 담은 것을 말한다. 〈박씨전〉에서는 전기적 요소를 활용하여 독자의 호기심과 흥미를 이끌어 내고 있다.

① ㉠, ㉡   ② ㉠, ㉢   ③ ㉡, ㉣   ④ ㉢, ㉤   ⑤ ㉣, ㉤

04   [단답형] 소재의 의미 파악하기

윗글에서 〈보기〉의 설명에 해당하는 소재를 찾아 쓰시오.

〈보기〉

- 전생의 죄로 인해 소저에게 내려진 액운으로, 소저와 시백이 멀어지는 계기가 되는 것
- 소저에 대한 시부모의 의심을 없애 주는 것

- **후원**: 집 뒤에 있는 정원이나 작은 동산
- **초당**: 억새나 짚 따위로 지붕을 인 조그마한 집의 한 덩이. 흔히 집의 주된 건물에서 따로 떨어진 곳에 지었다.
- **전생**: 이 세상에 태어나 살기 전에 살았던 다른 세상에서의 삶
- **반신반의하다**: 얼마쯤 믿으면서도 한편으로는 의심하다.

DAY 18

02
'(중략)' 이전에는 시백이 신방에서 뛰어나온 이야기가 전개되고, 이후에는 소저의 얼굴에 있던 허물이 벗겨진 이야기가 전개되고 있어요.

03
㉠~㉤ 중에서 현실에서 일어날 수 없는 일을 찾아보세요.
- **기이하다**: 기묘하고 이상하다.
- **독자**: 글을 읽는 사람

04
시백이 소저를 처음 보고 왜 신방에서 뛰어나왔는지, 소저의 얼굴이 변한 후에 시부모가 무엇을 보고 소저임을 확신하였는지 살펴보세요.
- **액운**: 불행을 당할 운수

양반전 _박지원

[앞부분의 줄거리] 강원도 정선 고을에 성품이 어질고 글 읽기를 좋아하는 양반이 있었다. 몹시 가난한 양반은 빌린 곡식을 갚을 방법이 없어 곤경에 처하는데, 이 소식을 들은 고을의 부자가 양반의 곡식을 대신 갚아 주고 양반 신분을 사기로 한다.

군수는 양반이 환곡*을 모두 갚은 것을 놀랍게 생각했다. 군수가 몸소 찾아가서 양반을 위로하고, 또 환곡을 갚게 된 사정을 물어보려고 했다. 그런데 뜻밖에 양반이 벙거지를 쓰고 짧은 잠방이를 입고 길에 엎드려 '소인'이라고 스스로를 칭하며 감히 쳐다보지도 못하고 있지 않은가? 군수가 깜짝 놀라 내려가서 부축하고,

"귀하는 어찌 이다지 스스로 낮추어 욕되게 하시오?" 하고 말했다. 양반은 더욱 황공해서 머리를 땅에 조아리고 엎드려 아뢰었다.

"소인이 감히 욕됨을 자청하는 것이 아니오라, 이미 제 양반을 팔아서 환곡을 갚았습지요. 동리의 부자 사람이 양반이올습니다. 소인이 이제 다시 어떻게 전의 양반을 거짓으로 꾸며 내 양반 행세를 하겠습니까?" 군수는 감탄해서 말했다.

"군자로구나 부자여! 양반이로구나 부자여! 부자이면서도 인색하지 않으니 의로운 일이요, 남의 어려움을 도와주니 어진 일이요, 비천한 것을 싫어하고 존귀한 것을 따르니 지혜로운 일이다. 이야말로 진짜 양반이로구나. 그러나 사사로이 팔고 사고서 증서를 해 두지 않으면 송사의 꼬투리가 될 수 있다. 내가 너와 약속을 해서 고을 사람들로 증인을 삼고 증서를 만들어 믿을 만하게 만들되 내가 마땅히 거기에 서명할 것이다."

군수는 관청으로 돌아가서 고을의 양반과 농사꾼, 장인, 장사꾼들을 모두 불러 모았다. 그리고 부자를 높은 자리에, 양반을 낮은 자리에 세워 두고 증서를 만들었다.

건륭 10년(1745년, 영조 21년) 9월에 이 증서를 만드노라. / 이 문서는 양반을 팔아서 천 석의 환곡을 갚은 것을 증명한다.

양반은 여러 가지로 일컬어지나니, 글을 읽으면 사(士)라 하고, 정치에 나아가면 대부(大夫)가 되고, 덕이 있으면 군자(君子)이다. 무관은 서쪽에 늘어서고 문관은 동쪽에 늘어서는데, 이것이 양반이니 너 좋을 대로 부를 것이다.

양반은 야비한 일을 딱 끊고 옛 사람을 본받고 뜻을 고상하게 할 것이며, 늘 새벽에 일어나 등잔을 켜고 눈은 가만히 코끝을 보고 발꿈치를 궁둥이에 모으고 앉아 《동래박의》*를 얼음 위에 박 밀듯 외워야 한다. (중략)

손에 돈을 쥐지 말고, 쌀값을 묻지 말고, 더워도 버선을 벗지 말고, 상투를 틀지 않은 채로 밥상에 앉지 말고, 국을 먼저 훌쩍훌쩍 떠먹지 말고, 무엇을 후루루 마시지 말고, 젓가락으로 방아를 찧지 말고, 생파를 먹지 말고, 막걸리를 들이켠 다음 수염을 쭈욱 빨지 말고, 담배를 피울 때 볼이 움푹 파이게 하지 말고, 화난다고 처를 때리지 말고, 성내서 그릇을 내던지지 말고, 아이들에게 주먹질을 말고, 종들을 야단쳐 죽이지 말고, 말과 소를 꾸짖되 그 판 주인까지 욕하지 말고, 아파도 무당을 부르지 말고, 제사 지낼 때 중을 부르지 말고, 추워도 화로에 불을 쬐지 말고, 말할 때 이 사이로 침을 흘리지 말고, 소 잡는 일을 말고, 돈을 가지고 노름을 말 것이다.

이와 같은 모든 성품과 행동이 양반에 어긋남이 있으면, 이 증서를 가지고 관청에 나와 옳고 그름을 따질 것이다. / 정선 군수가 서명하고 좌수와 별감이 증인으로서 서명함.

(중략)

부자는 호장*이 증서를 읽는 것을 쭉 듣고 한참 머엉하니 있다가 말했다.

"양반이라는 게 이것뿐입니까? 저는 양반이 신선 같다고 들었는데 정말 이렇다면 너무 재미가 없는걸요. 원하옵건대 제게 이익이 있도록 문서를 바꾸어 주옵소서."

그래서 증서를 다시 작성했다.

> 하늘이 백성을 낳을 때 넷으로 구분했다. 네 가지 백성 가운데 가장 높은 것이 사(士)이니 이것이 곧 양반이다. 양반의 이익은 막대하니 농사도 안 짓고 장사도 않고 글만 대충 읽어도 크게는 문과 급제요, 작게는 진사가 되는 것이다.
>
> (중략) 종들이 늘 양산을 받쳐 주므로 귀밑이 희어지고, 방울을 흔들어 종들을 부르므로 배가 커지며, 방에는 기생이 귀고리로 치장하고, 뜰에는 곡식으로 학을 기른다. 가난한 양반이 시골에 묻혀 있어도 모든 일을 제멋대로 할 수 있다. 강제로 이웃의 소를 끌어다 먼저 자기 땅을 갈고 마을의 일꾼을 잡아다 자기 논의 김을 맨들 누가 감히 양반에게 대들겠느냐? 너희들 코에 잿물을 들이붓고 머리끄덩이를 희희 돌리고 수염을 낚아채더라도 누구도 감히 원망하지 못할 것이다.

부자는 증서 만드는 것을 멈추게 하고 혀를 내두르며

"그만두시오, 그만두어. 참으로 맹랑하구먼. 나를 도둑놈으로 만들 작정인가?"

하고 머리를 흔들고 가 버렸다. 부자는 평생 다시 양반이 되고 싶다는 말을 입에 올리지 않았다.

---

* 환곡: 조선 시대에, 곡식을 창고에 저장하였다가 백성들에게 봄에 꾸어 주고 가을에 이자를 붙여 거두던 일
* 《동래박의》: 유학 경서를 해설한 책에 대하여 옳고 그름을 따지고 내용을 풀이해 놓은 책. 과거 시험에 사용되었다.
* 호장: 벼슬아치 밑에서 일을 보던 사람 중 우두머리

🍎 빈칸을 채우세요.

- 중심인물:　　　　　　　　　　　－ 배경:

- 중심 사건, 갈등:

- 서술상 특징:

- **고을**: 조선 시대에, 지방 행정 구역을 두루 이르던 말
- **군수**: 군의 행정을 맡아보는 으뜸가는 직위에 있는 사람
- **벙거지**: '모자'를 속되게 이르는 말
- **잠방이**: 가랑이가 무릎까지 내려오도록 짧게 만든 홑바지
- **황공하다**: 위엄이나 지위 따위에 눌리어 두렵다.
- **인색하다**: 재물을 아끼는 태도가 몹시 지나치다.
- **존귀하다**: 지위나 신분이 높고 귀하다.
- **증서**: 어떤 사실을 증명해 주는 공식적인 문서
- **송사**: 백성끼리 분쟁이 있을 때, 관청에 호소하여 판결을 구하던 일
- **서명하다**: 자기의 이름을 써넣다.
- **장인**: 특별한 기술로 물건을 만드는 것을 직업으로 하는 사람
- **무관**: 군사와 관련된 일을 하는 벼슬아치
- **문관**: 행정과 관련된 일을 하는 벼슬아치
- **야비하다**: 성질이나 행동이 되바라지고 천하다.
- **노름**: 돈이나 재물을 걸고 서로 내기를 하는 일
- **좌수**: 조선 시대에, 지방의 자치 기구인 향청의 우두머리
- **별감**: 조선 시대에, 지방의 수령을 보좌하던 자문 기관인 유향소에 속한 직책. 고을의 좌수에 버금가던 자리였다.
- **신선**: 도를 닦아서 현실의 인간 세계를 떠나 자연과 벗하며 산다는 상상의 사람
- **막대하다**: 더할 수 없을 만큼 많거나 크다.
- **진사**: 조선 시대에, 과거의 예비 시험에 합격한 사람
- **맹랑하다**: 생각하던 바와 달리 허망하다.

다음 물음에 가장 알맞은 답을 〈보기〉에서 찾아 쓰시오.

〈보기〉

| 3인칭 관찰자 시점 | 전지적 작가 시점 | 증서 | 상투 | 환곡 |

(1) 윗글의 시점은 무엇인가? (   )
(2) 윗글에서 양반의 허례허식과 횡포를 드러내고 있는 소재는 무엇인가?

(   )

05
- **허례허식**: 형편에 맞지 않게 겉만 번드르르하게 꾸밈. 또는 그런 예절
- **횡포**: 제멋대로 굴며 몹시 난폭함.

06 사건과 갈등 파악하기

윗글의 내용으로 가장 알맞지 <u>않은</u> 것은?

① 양반은 신분을 판 후 스스로 자신을 낮추었다.
② 부자는 두 번째 증서를 본 후 양반이 되기를 포기했다.
③ 군수는 양반의 곡식을 대신 갚은 부자의 행동을 칭찬했다.
④ 군수는 고을 사람들을 관청으로 불러 증서의 증인으로 삼았다.
⑤ 군수는 첫 번째 증서에 부자가 되려면 지켜야 할 의무를 적었다.

06
첫 번째 증서와 두 번째 증서에 어떤 내용이 적혀 있는지 확인해 보세요.

07 배경의 의미 파악하기

윗글에 드러나 있는 시대적 상황에 대한 설명으로 가장 알맞지 <u>않은</u> 것은?

① 부를 쌓은 평민이 등장했다.
② 돈으로 신분을 사고팔 수 있었다.
③ 양반보다 부자를 높은 신분으로 여겼다.
④ 신분 제도가 흔들리는 모습이 나타났다.
⑤ 경제적으로 어려운 처지의 양반이 생겨났다.

06
윗글의 시대적 배경은 조선 후기예요. 인물들의 말과 행동을 통해 드러나는 당시 사회의 모습을 살펴보세요.
- **시대적 상황**: 그 시대의 특징적인 모습
- **부**: 넉넉한 재산
- **평민**: 벼슬이 없는 일반인
- **신분 제도**: 태어날 때의 출신에 따라 계급을 나누는 제도

08 [단답형] 소재의 의미 파악하기

윗글에서 〈보기〉의 빈칸에 공통으로 들어가기에 가장 알맞은 말을 찾아 쓰시오.

〈보기〉

풍자란 현실의 부정적인 인물이나 현상을 어떠한 것에 빗대어 비웃으면서 넌지시 비판하는 것을 의미한다. 〈양반전〉에서 부자는 자신에게 이익이 되도록 고친 증서를 보고 자신을 '(   )'(으)로 만들 것이냐고 말한다. 이때 (   )은/는 능력은 없으면서 횡포를 부리는 양반을 풍자하는 말이다.

08
두 번째 증서를 본 부자의 반응이 어떠한지 살펴보세요.
- **비판하다**: 옳고 그름을 판단하여 밝히거나 잘못된 점을 지적하다.

전개 방식, 풍자와 해학

* ● 전개 방식 이란? 소설에서 이야기를 펼쳐 나가는 방식

● 전개 방식에 따른 소설의 구성

(1) ❶ 순행적 구성 : '과거 – 현재 – 미래'로 시간이 흐르는 것에 따라 사건이 진행되는 구성

(2) 역순행적 구성 : 시간의 흐름을 따르지 않는 구성

> "너 이 자식, 왜 또 이래 응?" / "배가 좀 아파서유!" 하고 풀 우에 슬며시 쓰러지니까
> 장인님은 약이 올랐다. (중략)
> 작년 이맘때도 트집을 좀 하니까 늦잠 잔다구 돌멩이를 집어 던져서 자는 놈의 발목
> 현재 일어난 일을 이야기하다가 '작년 이맘때' 있었던 일을 이야기함.
> 을 삐게 해 놨다.　　　　　　　　　　　　　　　　　　　– 김유정, 〈봄봄〉

➡ 윗글에서 '나'는 현재의 상황에서 '작년 이맘때'의 일을 떠올리고 있다. 즉, 현재에서 과거로 시간의 흐름을 거슬러 사건이 진행되고 있으므로, **윗글의 구성은 '역순행적 구성'**이다.

(3) ❷ 액자식 구성 : 하나의 이야기 속에 또 다른 이야기가 포함된 구성

> 동창생들의 전폭적인 성원에 힘입어 최건호가 마침내 이야기를 풀어 내기 시작했다.
> "만세 주장 근방에서 살 적에 있었던 일인디……."
> 어릴 적의 이야기
> 　　　　　　　　　　　　　　　　　　　　　　– 윤흥길, 〈종탑 아래에서〉

➡ 윗글에서는 최건호가 동창생들과 이야기를 나누는 바깥 이야기 속에 최건호의 어릴 적 이야기가 포함되어 있다. 따라서 **윗글의 구성은 '액자식 구성'**이다.

* ● 풍자 : 현실의 부정적인 인물이나 현상을 빗대어 비웃으면서 넌지시 비판하는 것

> 놀부는 부모에게는 불효이고 동기간에 우애가 조금도 없으니, 그 마음 쓰는 것이 괴
> 부자이면서도 욕심 많고 심보가 나쁜 양반 계층을 나타냄.
> 상하였다. / (중략) / 사람 죽은 데서 춤추기, 불난 데 부채질하기, 애기 낳은 데 가서 개
> 놀부의 우습고 심술 맞은 행동
> 잡기, 장에 가면 억지 흥정, (중략) 등이었다.　　　　　　– 작자 미상, 〈흥부전〉

➡ 윗글에서는 놀부의 심술맞은 행동을 우습게 표현함으로써 **욕심 많고 심보가 나쁜 양반들을 풍자**하고 있다.

* ● 해학 : 익살스러운 말이나 행동을 통해 대상에 대한 호감과 연민을 느끼게 하는 것

> 밥 푸던 주걱으로 흥부의 마른 **뺨**을 우지끈 때리니 (중략) / "아주머님은 뺨을 쳐도
> 먹여 가며 치시니 (중략) 수고스럽지만 이쪽 **뺨**마저 쳐 주십시오. 밥 좀 많이 붙은 주
> 걱으로요. 그 밥 갖다가 아이들 구경이나 시키겠소."　　　　– 작자 미상, 〈흥부전〉
> 뺨을 맞고도 밥알을 얻는 것에 기뻐하는 흥부의 우스꽝스러운 모습

➡ 윗글에서는 **해학을 통해** 가난한 흥부의 처지를 우스꽝스럽게 나타내어 흥부에 대한 연민을 불러일으키고 있다.

---

① 인터폰의 수화기를 들자, 경비원의 응답이 들렸다.
(중략)
잠시 후 인터폰이 울렸다.

② 그래서 오늘 아침까지 끽 소리 없이 왔다. / (중략)
이렇게 말하자면 결국 어젯밤 뭉태네 집에 마슬 간 것이 썩 나빴다.

①에서는 '잠시 후'를 통해 시간의 흐름에 따라 사건이 진행되고 있음을 알 수 있고, ②에서는 '오늘 아침'의 상황을 이야기하다가 '어젯밤'의 일을 이야기하는 것을 통해 현재에서 과거로 시간을 거슬러 사건이 진행되고 있음을 알 수 있다.

DAY 18

❶ 순행적 구성

순행적 구성의 소설에서는 시간의 흐름을 나타내는 말이 많이 나타남.

> 교 씨가 이 말을 듣고 매우 기뻐하면서 (중략) 음모의 절차를 자세히 일러 주었다.
> (중략)
> 몇 달이 지나 가을이 되었다. 장주가 감기에 걸려 때때로 토하며 놀라는 증세를 보였다.

❷ 액자식 구성

액자식 구성에서 이야기의 시작과 끝에 해당하는 바깥 이야기를 '외화'라고 하고, 그 안에 포함된 속 이야기를 '내화'라고 함.

┌─ 외화(바깥 이야기)
│　　내화(속 이야기)

★ 정답은 [해설편 표지] 안쪽에 있습니다.

[01~02] 다음을 읽고 맞으면 ○, 틀리면 ×에 표시하시오.

> "난 아저씨가 우리 아빠래문 좋겠다."
> 하고 불쑥 말해 버렸습니다. 그랬더니 아저씨는 얼굴이 홍당무처럼 빨개져서 나를 몹시 흔들면서
> "그런 소리 하문 못써." / 하고 말하는데 그 목소리가 몹시도 떨렸습니다. (중략)
> 이튿날은 일요일인 고로 나는 어머니와 함께 예배당에를 가려고 채리고 나서 (중략) 방 안을 들여다보았더니 책상에 앉아서 무엇을 쓰고 있든 아저씨가 내다보면서 빙그레 웃었습니다.   – 주요섭, 〈사랑손님과 어머니〉

01

윗글은 시간의 흐름에 따라 사건을 전개하고 있다.

(○ , ×)

02

윗글에서는 '나'의 행동을 해학적으로 표현하여 '나'에 대한 연민을 불러일으키고 있다. (○ , ×)

[03~04] 다음을 읽고 빈칸에 들어가기에 가장 알맞은 말을 쓰시오.

> 나는 나와 마주 앉은 그를 매우 흥미있게 바라보고 또 바라보았다. (중략) / "어디서 오시는 길입니까."
> "흥, 고향에서 오누마." / 하고 그는 휘 한숨을 쉬었다. 그러자, 그의 신세타령의 실마리는 풀려 나왔다. 그의 고향은 대구에서 멀지 않은 K군 H란 외딴 동리였다. (중략) 세상이 뒤바뀌자 그 땅은 전부가 동양척식회사*의 소유에 들어가고 말았다.   – 현진건, 〈고향〉
>
> *동양척식회사 : 일제 강점기에 일본이 한국의 경제를 독점·착취하기 위하여 만든 회사

03

윗글은 하나의 이야기 속에 또 다른 이야기가 포함된 (　　　　) 구성이다.

04

'나'와 '그'가 대화를 나누는 이야기 속에는 '그'의 (　　　　)에 대한 이야기가 포함되어 있다.

★ 다음의 빈칸에 들어가기에 알맞은 말을 고르시오.

> 생원: 이놈, 너도 양반을 모시지 않고 어디로 그리 다니느냐?
> 말뚝이: 예에. 양반을 찾으려고 찬밥에 국 말어 먹고, 마구간에 들어가 노새를 끌어다가 등에 솔질을 쌀쌀하여 말뚝이 님 내가 타고 서양 영미, 법덕*, 동양 삼국 무른 메주 밟듯 하고, (중략) 바위 틈틈이, 모래 쨈쨈이, 참나무 결결이 다 찾아다녀도 양반 비슷한 놈도 없습디다.   – 작자 미상, 〈봉산탈춤〉
>
> *영미, 법덕 : 영국, 미국, 프랑스, 독일

05

윗글에서는 '말뚝이'의 말을 통해 제대로 된 양반을 찾기 어려운 현실을 (예찬 / 풍자)하고 있다.

[06~09] 빈칸에 들어가기에 알맞은 단어를 〈보기〉에서 찾아 문맥에 맞게 쓰시오.

> 〈보기〉
> • 서명하다 : 자기의 이름을 써넣다.
> • 풍채 : 드러나 보이는 사람의 겉모양
> • 인색하다 : 재물을 아끼는 태도가 몹시 지나치다.
> • 반신반의하다 : 얼마쯤 믿으면서도 한편으로는 의심하다.

06

나는 서류를 꼼꼼히 확인한 후 서류에 (　　　　)했다.

07

우리는 (　　　　)한 그 사람을 짠돌이라고 불렀다.

08

그녀는 당당한 (　　　　)와/과 자신감 넘치는 말투를 가졌다.

09

사람들은 그의 이야기를 듣고 나서 고개를 갸우뚱거리며 (　　　　)하는 표정을 지었다.

* 조선 후기 신분 제도의 변화

조선 시대에 양반은 전체 백성 중 약 7%에 불과했어요. 그런데 조선 후기에는 무려 양반이 전체 백성 중에 약 70% 이상으로 급격하게 늘어났어요. 그 이유는 무엇일까요? 바로 양반이 아니었던 사람들이 돈으로 신분을 사서 양반이 되었기 때문이에요. 어떻게 이런 일이 가능했을까요?

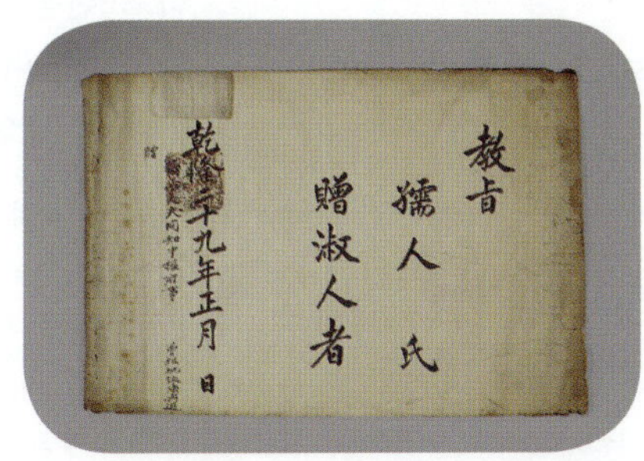

▲ 공명첩의 실제 모습 (출처: e뮤지엄)

당시 조선은 임진왜란과 병자호란이라는 두 차례의 전쟁을 겪으면서 나라의 상황이 좋지 않았습니다. 그래서 조정에서는 나라의 위기를 극복하기 위한 방법으로 평민들에게 신분 상승의 기회를 만들어 주었어요. 전투에서 공을 세운 사람에게 벼슬을 내려 양반 신분으로 인정해 주거나, 군대와 나라의 살림을 유지하기 위해 돈을 받고 벼슬을 내려 주기도 했지요. 이를 증명하는 문서인 '공명첩'을 공식적으로 만들기도 했답니다. 또한 〈양반전〉에 등장하는 양반처럼, 가난한 양반들이 먹고 살기 위해 자신의 신분을 평민들에게 파는 일도 생겨났어요.

한편 양반이 되면 군대에 가지 않아도 되었고, 관리들의 괴롭힘에서도 벗어날 수 있었기 때문에 시간이 흐를수록 점점 더 많은 백성들이 양반이 되고자 했어요. 그래서 부유한 평민들이 돈으로 신분을 사서 양반이 되는 경우가 점차 많아졌고, 양반의 수가 크게 증가하게 된 것입니다. 이렇게 돈으로 양반 신분을 사고 팔 수 있게 되면서, 태어나면서부터 주어진 신분대로만 살아야 한다고 생각했던 사람들의 의식도 변화하기 시작했어요. 이로 인해 조선 후기에는 신분 제도가 점점 약해져 갔습니다.

Ⅲ

수필

- 현대 수필
- 고전 수필

▶ 위로 (중심 대상)

▶ 누군가를 위로하면 서로의 마음이 따뜻해진다고 생각함.
(글쓴이의 생각, 태도)

▶ '난로처럼'이라는 비유적 표현을 통해 위로의 가치를 드러내고 있음.
(서술상 특징)

'**수필**'이란 글쓴이가 일상생활을 하면서 느낀 것이나 체험한 것을 자유롭게 쓴 글입니다. 수필을 잘 이해하려면

❶ 중심 대상을 찾고,
❷ 글쓴이의 생각, 태도를 파악하고,
❸ 서술상 특징을 파악해야 합니다.

★ 교과서와 시험에 자주 나오는 수필을 '현대 수필'과 '고전 수필'로 구분하여 수록했습니다.

- 현대 수필: 현대에 쓰인 수필로, 우리나라에서는 근대식 문화가 들어오면서부터 지어진 수필을 통틀어 현대 수필이라고 합니다.
- 고전 수필: 예로부터 전하여 내려오는 수필을 말합니다. 우리나라에서는 보통 19세기에 쓰인 수필까지를 고전 수필이라고 합니다.

STEP Ⅰ
중심 대상 찾기

★ **중심 대상이란?**
수필에서 글쓴이가 주로 이야기하는 대상입니다.

● **중심 대상을 찾는 이유**
중심 대상이 무엇인지 찾으면 글쓴이가 이야기하고자 하는 바를 쉽게 파악할 수 있어요.

● **중심 대상을 찾는 방법**
글쓴이가 무엇에 대해 이야기하는지 살펴보기

Day 19
한 그루 나무처럼
_ 윤대녕 [현대 수필]
+ 지문 이해 특강
+ 문제 풀이 특강
실수 _ 나희덕 [현대 수필]
문학 용어 특강: 수필의 개념과 특징
문학 용어 + 어휘 테스트

STEP Ⅱ
글쓴이의 생각, 태도 파악하기

★ **글쓴이의 생각, 태도란?**
글쓴이가 중심 대상에 대해 어떻게 생각하고, 중심 대상을 어떻게 대하는지를 말합니다.

● **글쓴이의 생각, 태도를 파악하는 이유**
수필에는 중심 대상을 바라보는 글쓴이만의 독특한 관점이나 새로운 생각이 나타나 있는 경우가 많아요. 그래서 글쓴이의 생각과 태도를 파악하면 전체적인 내용을 쉽게 이해할 수 있어요.

● **글쓴이의 생각, 태도를 파악하는 방법**
❶ 글쓴이가 중심 대상을 보며 어떠한 생각을 하는지 살펴보기
❷ 글쓴이가 좋다고 여기는 것과 싫거나 나쁘다고 여기는 것이 무엇인지 생각해 보기

Day 20
방망이 깎던 노인
_ 윤오영 [현대 수필]
+ 지문 이해 특강
+ 문제 풀이 특강
질항아리에게 배운다
_ 이규보 [고전 수필]
문학 용어 특강: 여러 가지 수필
– 편지, 기행문, 일기
문학 용어 + 어휘 테스트

STEP Ⅲ
서술상 특징 파악하기

★ **서술상 특징이란?**
수필에서 글쓴이가 내용을 효과적으로 전달하기 위해 활용하는 다양한 표현 방법을 말합니다.

● **서술상 특징을 파악하는 이유**
서술상 특징을 파악하면 수필의 가장 중요한 내용이 무엇인지 이해하는 데 도움이 됩니다.

● **서술상 특징을 파악하는 방법**
❶ 글쓴이가 자신의 경험을 통해 느낀 점이나 깨달은 점을 어떻게 제시하고 있는지 확인하기
❷ 비유적 표현, 남의 말이나 글을 끌어다 쓴 표현 등이 있는지 확인하기

Day 21
차마설 _ 이곡 [고전 수필]
+ 지문 이해 특강
+ 문제 풀이 특강
사막을 같이 가는 벗
_ 양귀자 [현대 수필]
문학 용어 특강: 설(說), 유추
문학 용어 + 어휘 테스트

DAY 19 한 그루 나무처럼 _윤대녕

① 어느 날 약수터 옆에 서 있는 참나무 한 그루가 내 눈에 들어왔다. 인연이란 참으로 묘하디묘한 것이어서 하필이면 나무에 박혀 있는 녹슨 대못이 먼저 눈에 보였다. 오래전에 누군가 바가지를 걸어놓기 위해 박아 놓은 것 같았다. 손으로는 빼낼 재간이 없어 그대로 내려왔는데 두고두고 그 대못이 가슴에 남았다.

② 그다음 주말에 나는 배낭에 장도리를 챙겨 넣고 약수터로 올라갔다. 녹슨 못을 빼내고 나니 마음이 그렇게 후련할 수가 없었다. 그 나무와의 인연은 그렇게 시작됐다. 바야흐로 4월이 되면서 참나무는 연둣빛의 아름다운 잎을 가지마다 무성하게 토해내고 있었다. 그 후로 나는 그 참나무를 보기 위해, 아니 보고 싶어 산에 오르는 기분이 들었다. 괜히 마음이 심산스러울 때, 남에게 무심코 아픈 말을 내뱉고 후회할 때, 또한 이유 없는 공허함에 사로잡힐 때면 나는 그 나무를 보러 올라가곤 했다. 나무는 언제나 그 자리에 서 있었고 내게 시원한 그늘을 내주며 때로는 미소를 짓거나 무어라 말을 건네오는 것 같았다.

(중략)

③ 지난 주말에도 나는 산에 다녀왔다. 눈이 내린 날이었다. 불과 일주일 만에 약수터의 참나무는 제 스스로 모든 잎을 떨군 채 찬바람 속에 무연히 서 있었다. 그리고 침묵의 시간으로 돌아간 듯 더 이상 말이 없었다. 나는 내가 못을 빼냈던 자리를 찾아보았다. 상처는 아직도 완전히 아물지 않은 상태였다.

　그 헐벗은 나무를 보며 나는 생각했다. 그동안 나는 사소한 일에도 얼마나 자주 마음이 흔들렸던가. 또 어쩌다 상처를 받게 되면 얼마나 많은 원망의 시간을 보냈던가. 그리고 나는 길을 잃은 사람이 다시 찾아올 수 있도록 변함없이 그 자리에 서 있었던 적이 있었던가. 그렇게 말없이 기다림을 실천한 적이 있었던가.

㉠이제부터는 한 그루 나무로 살고 싶다. 자기 자리에 굳건히 뿌리를 내리고 세월이 가져다주는 변화를 조용히 받아들이며 가끔은 누군가 찾아와 기대고 쉴 수 있는 사람이 되었으면 싶다. 겉모습은 어쩔 수 없이 변하더라도 속마음은 변하지 않는 사람이 되고 싶다. 한 그루 나무처럼 말이다.

 빈칸을 채우세요.

– 중심 대상:

- **재간**: 어떠한 수단이나 방법
- **장도리**: 한쪽은 뭉뚝하여 못을 박는 데 쓰고, 다른 한쪽은 넓적하고 둘로 갈라져 있어 못을 빼는 데 쓰는 연장
- **무성하다**: 풀이나 나무 따위가 자라서 우거져 있다.
- **심산하다**: 마음이 어수선하다.
- **무연히**: 아득하게 마음을 쓰는 것이나 생각하는 것이 너그러운 상태로
- **침묵**: 아무 말도 없이 잠잠히 있음.
- **아물다**: 부스럼이나 상처가 다 나아 살갗이 맞붙다.
- **헐벗다**: 잎이 없어 나무의 가지가 모두 드러나다.
- **굳건히**: 뜻이나 의지가 굳세고 건실하게

STEP **I** 중심 대상 찾기

수필은 글쓴이가 일상생활을 하면서 느낀 것이나 체험한 것을 자유롭게 쓴 글이에요. 글쓴이는 수필을 통해 자신의 경험에서 얻은 깨달음이나 생각을 솔직하게 전하지요. 그래서 수필에 등장하는 '나'는 글쓴이를 가리킵니다.

수필을 읽을 때는 가장 먼저 글쓴이가 무엇에 대해 이야기하고 있는지 살펴봐야 해요. 시와 마찬가지로 수필에서 글쓴이가 주로 이야기하는 것을 **중심 대상**이라고 해요. 수필의 중심 대상은 글쓴이가 만난 사람, 가지고 있는 물건, 경험한 일 등 매우 다양합니다.

✿ 〈한 그루 나무처럼〉의 내용을 자세히 살펴봅시다.

글쓴이는 어느 날 약수터 옆에 서 있는 '참나무 한 그루'를 보게 돼요. 참나무에는 녹슨 대못이 박혀 있었지요. 글쓴이는 못을 빼고 싶었지만 그러지 못한 채 약수터를 내려왔고, 그 후로 참나무에 박힌 못을 오랫동안 마음에 담아 두게 돼요(**1**).

그다음 주말에 글쓴이는 못을 빼는 데 쓰는 도구를 챙겨 약수터로 가서 참나무에 박힌 녹슨 못을 빼고 후련함을 느껴요. 그 이후부터 글쓴이는 참나무가 보고 싶어서 산에 오르는 기분을 느끼지요. 글쓴이는 언제나 그 자리에 서 있는 참나무를 보며 마음에 위로를 받아요(**2**).

눈이 내린 날 산에 오른 글쓴이는 잎이 모두 떨어진 채 서 있는 참나무를 봐요. 글쓴이가 못을 빼냈던 자리도 완전히 아물지 않은 상태였지요. 그럼에도 변함없이 그 자리에 서 있는 참나무를 보며 글쓴이는 사소한 일에도 속상해하고 쉽게 흔들렸던 자신의 삶을 반성해요. 또한 한 그루 나무처럼 누군가 기댈 수 있고, 겉모습이 변하더라도 속마음은 변하지 않는 사람이 되겠다고 다짐해요(**3**).

✿ 〈한 그루 나무처럼〉의 중심 대상을 찾아볼까요?

글쓴이는 녹슨 대못이 박혀 있는 '참나무 한 그루'를 발견한 일을 이야기하고 있어요. 참나무에 박힌 못을 빼 준 글쓴이는 그 이후로 참나무를 보기 위해 산에 오르지요. 또한 눈이 내린 어느 날 산에 오른 글쓴이는 헐벗은 참나무를 보며 '한 그루 나무로 살고 싶다.'라고 생각해요. 즉, 글쓴이는 '참나무 한 그루'와 관련된 자신의 경험과 생각을 전하고 있어요.

따라서 <u>윗글의 중심 대상은 '참나무 한 그루'</u>입니다.

DAY 19

다음 빈칸에 들어가기에 가장 알맞은 답을 〈보기〉에서 찾아 쓰시오.

〈보기〉

| 약수터 | 참나무 | 그늘 | 눈 | 상처 | 뿌리 |

(1) 윗글의 글쓴이는 (   )을/를 통해 자신의 삶을 성찰하고 있다.

(2) 윗글의 글쓴이는 참나무가 언제나 같은 자리에서 (   )을/를 내주며 때로는 자신에게 말을 건네는 것처럼 느끼고 있다.

02   글쓴이의 생각, 태도 파악하기

윗글의 글쓴이에 대한 설명으로 가장 알맞지 <u>않은</u> 것은?

① 글쓴이는 참나무에 박힌 못을 빼고 후련함을 느꼈다.

② 글쓴이는 참나무에 박힌 못을 빼지 못한 일이 마음에 걸렸다.

③ 글쓴이는 참나무가 보고 싶어서 산에 오르는 듯한 기분을 느꼈다.

④ 글쓴이는 참나무를 보며 사소한 일에도 괴로워했던 자신을 돌아보았다.

⑤ 글쓴이는 참나무에 못을 박은 사람에게 심한 말을 내뱉은 것을 후회했다.

03   구절의 의미 파악하기

㉠에 담긴 의미로 가장 알맞은 것은?

① 굳건히 뿌리를 내린 참나무처럼 한곳에 오래 살고 싶다.

② 아름다운 잎을 가진 참나무가 많이 있는 곳에 살고 싶다.

③ 언제나 침묵하는 참나무처럼 말이 없는 사람이 되고 싶다.

④ 계절마다 색이 달라지는 참나무처럼 변화를 즐기는 사람이 되고 싶다.

⑤ 세월의 변화를 받아들이는 참나무처럼 속마음이 변하지 않는 사람이 되고 싶다.

01

• **성찰하다**: 자기의 마음을 반성하고 살피다.

02

윗글에서 참나무와 관련하여 글쓴이의 생각이 드러나는 부분을 살펴보세요.

• **후련하다**: 답답하거나 갑갑하여 언짢던 것이 풀려 마음이 시원하다.

03

글쓴이가 '한 그루 나무'처럼 살고 싶다고 한 이유가 무엇인지 생각해 보세요.

• **침묵하다**: 아무 말도 없이 잠잠히 있다.

---

01 중심 대상 찾기

(1) 글쓴이는 참나무를 보며 사소한 일에도 쉽게 흔들렸던 자신의 삶을 성찰하고 있으므로 정답은 __참나무__ 입니다.

(2) 글쓴이는 산에 오르면 참나무가 언제나 같은 자리에서 시원한 그늘을 내주고, 때로는 자신에게 말을 건네는 것 같다고 생각하고 있어요. 따라서 정답은 __그늘__ 입니다.

02 글쓴이의 생각, 태도 파악하기

윗글의 글쓴이에 대한 설명으로 가장 알맞지 않은 것은?

① 글쓴이는 참나무에 박힌 못을 빼고 후련함을 느꼈다. (○)

★ 근거: ②

> 녹슨 못을 빼내고 나니 ~ 그렇게 후련할 수가 없었다.

🍃 글쓴이는 참나무에 박힌 못을 빼내고 '마음이 그렇게 후련할 수가 없었다.'라고 했어요.

② 글쓴이는 참나무에 박힌 못을 빼지 못한 일이 마음에 걸렸다. (○)

★ 근거: ①

> 손으로는 빼낼 재간이 없어 그대로 내려왔는데 두고두고 그 대못이 가슴에 남았다.

🍃 글쓴이는 참나무에 박힌 못을 손으로는 뺄 수 없어서 그대로 두고 내려온 것이 '가슴에 남았다'고 했어요.

③ 글쓴이는 참나무가 보고 싶어서 산에 오르는 듯한 기분을 느꼈다. (○)

★ 근거: ②

> 나는 그 참나무를 ~ 보고 싶어 산에 오르는 기분이 들었다.

🍃 글쓴이는 참나무가 '보고 싶어 산에 오르는 기분이 들었다.'라고 했어요.

④ 글쓴이는 참나무를 보며 사소한 일에도 괴로워했던 자신을 돌아보았다. (○)

★ 근거: ③

> 헐벗은 나무를 보며 ~ 얼마나 자주 마음이 흔들렸던가.

🍃 글쓴이는 잎이 다 떨어진 참나무를 보며 그동안 사소한 일에도 자주 마음이 흔들렸던 자신의 모습을 돌아보고 있어요.

⑤ 글쓴이는 참나무에 못을 박은 사람에게 ~~심한 말을 내뱉은 것을~~ 후회했다. (×)

🍃 글쓴이는 '남에게 무심코 아픈 말을 내뱉고 후회할 때' 참나무를 보러 올라간다고 했을 뿐, 글쓴이가 참나무에 못을 박은 사람에게 심한 말을 하지는 않았어요. **그러므로 정답은 ⑤!**

03 구절의 의미 파악하기

㉠에 담긴 의미로 가장 알맞은 것은?

• ㉠: ㉠은 '이제부터는 한 그루 나무로 살고 싶다.'입니다.

즉 '한 그루 나무로 살고 싶다.'라는 글쓴이의 생각에 담긴 의미를 고르는 문제입니다.

① 굳건히 뿌리를 내린 참나무처럼 ~~한곳에 오래 살고 싶다.~~ (×)

★ 근거: ③

> 자기 자리에 굳건히 ~ 사람이 되었으면 싶다.

🍃 글쓴이는 참나무를 '자기 자리에 굳건히 뿌리를 내리고' 있는 존재로 생각하고 있어요. 하지만 이를 통해 세월의 변화를 받아들이며 누군가 기댈 수 있는 사람이 되고 싶다는 마음을 드러내고 있을 뿐, 한곳에 오래 살고 싶어 하지는 않아요.

② 아름다운 잎을 가진 ~~참나무가 많이 있는 곳에 살고 싶다.~~ (×)

🍃 글쓴이가 참나무가 많이 있는 곳에서 살고 싶어 하지는 않아요.

③ 언제나 침묵하는 참나무처럼 ~~말이 없는 사람이 되고 싶다.~~ (×)

★ 근거: ③

> 침묵의 시간으로 돌아간 듯 / 변화를 조용히 받아들이며

🍃 글쓴이는 참나무가 '침묵의 시간으로 돌아간 듯' 말이 없었다고 했어요. 하지만 이를 통해 '세월이 가져다주는 변화를 조용히 받아들이'는 참나무 같은 사람이 되고 싶다는 마음을 드러내고 있을 뿐, 말이 없는 사람이 되고 싶어 하지는 않아요.

④ 계절마다 색이 달라지는 참나무처럼 ~~변화를 즐기는 사람이 되고 싶다.~~ (×)

★ 근거: ③

> 속마음은 변하지 않는 사람이 되고 싶다.

🍃 글쓴이는 겉모습은 어쩔 수 없이 변하더라도 '속마음은 변하지 않는 사람이 되고 싶다.'라고 했어요. 글쓴이가 변화를 즐기는 사람이 되고 싶어 하지는 않아요.

⑤ 세월의 변화를 받아들이는 참나무처럼 __속마음이 변하지 않는 사람이 되고 싶다.__ (○)

★ 근거: ③

> 세월이 가져다주는 ~ 변하지 않는 사람이 되고 싶다.

🍃 글쓴이는 참나무처럼 '세월이 가져다주는 변화를 조용히 받아들이'고, 겉모습이 변하더라도 '속마음은 변하지 않는 사람이 되고 싶다'고 했어요. **그러므로 정답은 ⑤!**

DAY
19

실수 _나희덕

언젠가 비구니*들이 사는 암자에서 하룻밤을 묵은 적이 있다. 다음 날 아침 부스스해진 머리를 정돈하려고 하는데, 빗이 마땅히 눈에 띄지 않았다. 원래 여행할 때 빗이나 화장품을 찬찬히 챙겨 가지고 다니는 성격이 아닌 데다 그날은 아예 가방조차 가지고 있지 않았다. 그러던 중에 마침 노스님 한 분이 나오시기에 나는 아무 생각도 없이 이렇게 여쭈었다.

"스님, 빗 좀 빌릴 수 있을까요?"

스님은 갑자기 당황한 얼굴로 나를 바라보셨다. 그제야 파르라니 깎은 스님의 머리가 유난히 빛을 내며 내 눈에 들어왔다. 나는 거기가 비구니들만 사는 곳이라는 사실을 깜빡 잊고 엉뚱한 주문을 한 것이었다. 본의 아니게 노스님을 놀린 것처럼 되어 버려서 어쩔 줄 모르고 서 있는 나에게, 스님은 웃으시면서 저쪽 구석에 가방이 하나 있을 텐데 그 속에 빗이 있을지 모른다고 하셨다.

(중략)

이처럼 악의가 섞이지 않은 실수는 봐줄 만한 구석이 있다. 그래서인지 내가 번번이 저지르는 실수는 나를 곤경에 빠뜨리거나 어떤 관계를 불화로 이끌기보다는 의외의 수확이나 즐거움을 가져다줄 때가 많았다. 겉으로는 비교적 차분하고 꼼꼼해 보이는 인상이어서 나에게 긴장을 하던 상대방도 이내 나의 모자란 구석을 발견하고는 긴장을 푸는 때가 많았다. 또 실수로 인해 웃음을 터뜨리다 보면 어색한 분위기가 가시고 초면에 쉽게 마음을 트게 되기도 했다. 그렇다고 이런 효과 때문에 상습적으로 실수를 반복하는 것은 아니지만, 한번 어디에 정신을 집중하면 나머지 일에 대해서 거의 백지상태가 되는 버릇은 쉽사리 고쳐지지 않는다. 특히 풀리지 않는 글을 붙잡고 있거나 어떤 생각거리에 매달려 있는 동안 내가 생활에서 저지르는 사소한 실수들은 내 스스로도 어처구니가 없을 지경이다.

그러면 실수의 '어처구니없음'은 어디서 오는 것일까. 원래 어처구니란 엄청나게 큰 사람이나 큰 물건을 가리키는 뜻에서 비롯되었는데, 그것이 부정어와 함께 굳어지면서 어이없다는 뜻으로 쓰게 되었다. 크다는 뜻 자체는 약화되고 그것이 크든 작든 우리가 가지고 있는 상상이나 상식을 벗어난 경우를 지칭하게 된 것이다. 그러니 상상에 빠지기 좋아하고 상식으로부터 자유로워지려는 사람에게 어처구니없는 실수가 그림자처럼 따라다니는 것은 아주 자연스러운 일이다.

결국 ㉠실수는 삶과 정신의 여백에 해당한다. 그 여백마저 없다면 이 각박한 세상에서 어떻게 숨을 돌리며 살 수 있겠는가. 그리고 발 빠르게 돌아가는 세상에 어떻게 휩쓸려 가지 않고 남아 있을 수 있겠는가. 어쩌면 사람을 키우는 것은 능력이 아니라 실수의 힘일지도 모른다.

---

* 비구니 : 세속의 인연을 버리고 수행 생활에 들어간 여자 승려

💮 **빈칸을 채우세요.**

– 중심 대상:

- **암자**: 큰 절에 딸린 작은 절
- **찬찬히**: 성질이나 솜씨, 행동 따위가 꼼꼼하고 자상하게
- **노스님**: 나이 많은 스님
- **파르라니**: 파란빛이 돌도록
- **악의**: 나쁜 마음
- **초면**: 처음으로 대하는 얼굴. 또는 처음 만나는 처지
- **상습적**: 좋지 않은 일을 버릇처럼 하는 것
- **백지상태**: 어떠한 대상에 대하여 아무것도 모르는 상태
- **부정어**: 부정하는 뜻을 가진 말
- **약화되다**: 세력이나 힘이 약해지다.
- **지칭하다**: 어떤 대상을 가리켜 이르다.
- **여백**: 종이 따위에, 글씨를 쓰거나 그림을 그리고 남은 빈 자리
- **각박하다**: 인정이 없고 삭막하다.

다음 빈칸에 들어가기에 가장 알맞은 답을 〈보기〉에서 찾아 쓰시오.

〈보기〉

| 화장품 | 실수 | 상상 | 가방 | 빗 | 긴장 |

(1) 윗글에서 글쓴이는 자신이 (　　　　　　　　)을/를 했던 일을 이야기하고 있다.
(2) 윗글의 글쓴이는 암자에서 하룻밤을 묵었을 때 스님에게 (　　　　　　)을/를
　　 빌리려 하였다.

05   글쓴이의 생각, 태도 파악하기

'실수'에 대한 글쓴이의 생각으로 가장 알맞지 <u>않은</u> 것은?

① 실수는 사람을 성장하게 하는 힘이 있다.
② 실수는 뜻밖의 즐거움을 가져다주기도 한다.
③ 실수로 인해 어색한 분위기가 사라지기도 한다.
④ 실수를 하면 항상 곤경에 빠지거나 불화가 생긴다.
⑤ 실수의 '어처구니없음'은 상상이나 상식을 벗어나는 경우에 생긴다.

05
글쓴이가 '실수'에 대해 어떻게 생각하고 있는지 떠올려 보세요.
• **곤경**: 어려운 형편이나 처지
• **불화**: 서로 화합하지 못함. 또는 서로 사이좋게 지내지 못함.

DAY 19

06   서술상 특징 파악하기

윗글을 읽고 한 생각으로 가장 알맞지 <u>않은</u> 것은?

① 보윤: 글쓴이가 스님에게 한 실수는 실제 경험이겠군.
② 수현: 글쓴이는 실수의 긍정적인 효과를 설명하고 있군.
③ 이준: 글쓴이는 삶에서 실수가 가지는 의미를 강조하고 있군.
④ 정우: 글쓴이는 '실수'가 어디서 시작된 말인지 설명하고 있군.
⑤ 태리: 글쓴이는 실수를 했던 일을 통해 얻은 깨달음을 전하고 있군.

06
'(중략)' 이전에는 글쓴이가 실수를 했던 경험이, '(중략)' 이후에는 '실수'에 대한 글쓴이의 생각이 제시되어 있어요.
• **긍정적**: 옳다고 인정하거나 좋아하는 것

07   [단답형] 구절의 의미 파악하기

다음은 ㉠에 담긴 의미를 정리한 것이다. 윗글에서 빈칸에 들어가기에 가장 알맞은 말을 찾아 3어절로 쓰시오.

〈보기〉

실수는 (　　　　　　　　　　)을/를 가져다주어 각박하고 바쁘게 돌아가는
세상을 살아가는 우리에게 마음의 여유를 느끼게 한다.

07
'(중략)' 이후에서 글쓴이가 실수의 긍정적인 면을 이야기하는 부분을 살펴보세요.
• **어절**: 문장을 구성하고 있는 각각의 마디. 문장 성분의 최소 단위로서 띄어쓰기의 단위가 된다.
예 <u>아름다운 빨간색 꽃</u>
　　　　　3어절

수필의 개념과 특징

> 수필은 글쓴이가 일상생활에서 보고 듣고 느낀 것을 자유롭게 적은 글로 편지나 일기도 수필에 속한다. 따라서 수필을 읽을 때는 글 속에 드러나 있는 글쓴이의 생각·가치관을 파악하며 읽어야 한다.

● 수필 이란? 글쓴이가 일상생활에서 얻은 생각과 느낌을 자유롭게 쓴 글

● **수필의 특징**

(1) **자유로운 형식**: 수필은 형식에 얽매이지 않고 자유롭게 쓸 수 있다.
(2) **비전문적 문학**: 작가를 직업으로 하는 사람이 아니더라도 누구나 수필을 쓸 수 있다.
(3) **소재의 다양성**: 일상생활에서 겪은 모든 것이 수필의 소재가 될 수 있다.
(4) **1인칭 문학**: 글쓴이가 글 속의 '나'와 일치한다.(작가 = 서술자 = '나')
(5) **자기 고백적 성격**: 글쓴이가 자신의 경험과 생각을 솔직하게 표현한다.
(6) **교훈적**: 수필을 읽는 사람은 글쓴이의 경험과 깨달음을 통해 교훈을 얻을 수 있다.

● **수필의 종류**

	경수필(가벼운 수필)	중수필(무거운 수필)
뜻	일상생활에서 일어나는 일을 소재로 삼아 글쓴이의 경험과 생각을 가볍게 쓴 글	사회 문제와 같은 무거운 내용을 소재로 삼아 글쓴이의 의견을❶ 논리적이고 객관적으로 쓴 글
성격	개인적,❷주관적, 고백적, 체험적	사회적, 객관적, 논리적
특징	• 소재와 내용, 이에 대한 글쓴이의 태도가 가벼움. • 글쓴이가 자신의 감정을 자유롭게 표현함. • 대체로 글 속에 '나'(글쓴이)가 드러남.	• 글쓴이가 자신의 주장과 근거를 논리적으로 제시함. • 문장이 무겁고 딱딱함. • 대체로 '나'(글쓴이)가 겉으로 드러나지 않음.
종류	편지, 일기,❸기행문, 수기 등	❹칼럼, 평론 등

● **수필의❺ 문체**

길이에 따라	만연체	긴 문장을 통해 감정을 자세히 나타내고, 차분하고 설명하는 듯한 느낌을 주는 문체 ⑩ 사랑을 노래하는 청춘의 봄은 화려하고 찬란한 봄이지만, 그것을 바라보고 느끼는 봄은 인생의 끝없는 봄이다. 청춘의 봄과 그것을 바라보는 봄을 비교하며 긴 문장으로 차분히 설명함.
	간결체	짧은 문장을 통해 선명한 인상을 나타내는 문체 ⑩ 6학년 땐가 몹시도 추웠던 겨울이었습니다.
느낌에 따라	강건체	힘차고 꿋꿋한 느낌을 주는 문체 ⑩ 남모르는 분투와 인내!
	우유체	부드럽고 우아한 느낌을 주는 문체 ⑩ 고요하니 즐거운 이 밤 (중략) 맑고 고운 수선화 한 폭을 들여다봅니다.
꾸미는 정도에 따라	화려체	다양한 표현법을 사용하여 문장을 화려하게 꾸미는 문체 ⑩ 담장 위 장미가 붉은 혀를 깨물고 있다. '붉은'을 통해 장미의 색을 드러내고, 장미를 사람처럼 표현함으로써 문장을 화려하게 꾸밈.
	건조체	내용을 정확히 전달하기 위해 비유나 꾸미는 말을 사용하지 않거나 적게 사용한 문체 ⑩ 실수는 삶과 정신의 여백에 해당한다.

❶ 논리적, 객관적
• **논리적**: 말이나 글에서 사물의 옳고 그름을 따지거나 판단하는 것이 이치에 맞는 것
• **객관적**: 자기 혼자만의 생각이나 감정에서 벗어나 있는 그대로 사물을 보거나 생각하는 것

❷ 주관적
자기의 생각이나 관점을 바탕으로 하는 것. '객관적'과 반대되는 말

❸ 기행문, 수기
• **기행문**: 여행하면서 보고, 듣고, 느끼고, 겪은 것을 적은 글
• **수기**: 자기의 생활이나 체험을 직접 쓴 기록

❹ 칼럼, 평론
• **칼럼**: 신문, 잡지 등에 시사, 사회에 관한 짧은 평을 남기는 글
• **평론**: 사물의 가치나 선악, 우열 등에 대해 평가하는 글

❺ 문체
문장에 드러나는 작가만의 독특한 어투, 개성 있는 표현. 대표적으로 운율이 느껴지는지에 따라 문체를 운문체와 산문체로 구분할 수 있음.
• **운문체**: 운율이 느껴지는 문체
• **산문체**: 운율에 얽매이지 않고 자유로운 줄글로 기록한 문체

[01~02] 다음 수필을 읽고 맞으면 ○, 틀리면 ×에 표시하시오.

> 　그런데 그때 마침 깨엿 장수가 골목길을 지나고 있었다. 그 아저씨는 가위를 쩔렁이며 내 앞을 지나더니, 다시 돌아와 내게 깨엿 두 개를 내밀었다. 순간, 그 아저씨와 내 눈이 마주쳤다. 아저씨는 아무 말도 하지 않고 아주 잠깐 미소를 지어 보이며 말했다. / "괜찮아." (중략)
> 　참으로 신기하게도 힘들어서 주저앉고 싶을 때마다 난 내 마음속에서 작은 속삭임을 듣는다. 오래전 따뜻한 추억 속 골목길 안에서 들은 말, '괜찮아! 조금만 참아. 이제 다 괜찮아질 거야.'
> 　　　　　　　　　　　　　　　　　　　 – 장영희, 〈괜찮아〉

01

윗글의 '나'는 글쓴이와 일치하지 않는다. (○, ×)

02

윗글은 글쓴이가 일상생활에서 겪은 일을 가볍게 쓴 경수필이다. (○, ×)

[03~04] 다음 수필을 읽고 빈칸에 들어가기에 알맞은 말을 고르시오.

> 　누가 봄을 젊은이의 것이요, 늙은이의 것이 아니라 하던가. 젊은이의 봄은 기쁨으로 차 있는 홑겹*의 봄이지만 늙은이의 봄은 기쁨과 슬픔을 아울러 지닌 겹겹의 봄이다. 과거란 귀중한 재산, 과거라는 재산이 호수에 가득 찬 물결같이 고이고 고여서 오늘을 이루고 있는 것, (중략) 그러므로 물이 많을수록 호수가 아름답고 과거가 길수록 오늘이 큰 것이다. 　 – 윤오영, 〈봄〉
>
> *홑겹: 여러 겹이 아닌 한 겹

03

윗글의 글쓴이는 '봄'에 대한 생각을 자유롭게 표현함으로써 자신의 (개성 / 직업)을 드러내고 있다.

04

윗글에서는 긴 문장을 통해 설명하는 듯한 느낌을 주는 (간결체 / 만연체)를 사용하고 있다.

[05~06] 다음 수필을 읽고 빈칸에 들어가기에 알맞은 말을 고르시오.

> 　하지만 인간에 버금가는 지능을 지닌 고래들의 사회는 다르다. 거동이 불편한 동료를 결코 나 몰라라 하지 않는다. (중략) 또 많은 경우 직접적으로 육체적인 도움을 주지 않더라도 무언가로 괴로워하는 친구 곁에 그냥 오랫동안 있기도 한다. / 우리 사회의 장애인들에게도 휠체어를 직접 밀어 줄 사람들보다 그들이 스스로 밀고 갈 수 있도록 길을 비켜 주고 따뜻하게 함께 있어 줄 사람이 필요한 것인지도 모른다.
> 　　　　　　　　　　　　– 최재천, 〈고래들의 따뜻한 동료애〉

05

윗글은 '고래'의 이야기를 바탕으로 삶의 태도에 대한 (교훈 / 재미)을/를 전하고 있다.

06

윗글에서는 꾸미는 말을 거의 사용하지 않는 (건조체 / 화려체)를 사용하고 있다.

[07~10] 빈칸에 들어가기에 알맞은 단어를 〈보기〉에서 찾아 문맥에 맞게 쓰시오.

> 〈보기〉
> • 재간: 어떠한 수단이나 방법
> • 무성하다: 풀이나 나무 따위가 자라서 우거져 있다.
> • 아물다: 부스럼이나 상처가 다 나아 살갗이 맞붙다.
> • 불화: 서로 화합하지 못함. 서로 사이좋게 지내지 못함.

07

감자밭에 잡초가 (　　　　　)하게 자랐다.

08

공기가 잘 통해야 상처가 빨리 (　　　　　)다.

09

우리는 적의 계획을 알아낼 (　　　　　)이/가 없었다.

10

(　　　　　)이/가 끊이지 않던 그 형제는 한참 뒤에야 서로의 진심을 알게 되었다.

방망이 깎던 노인 _윤오영

① 동대문 맞은편 길가에 앉아서 방망이를 깎아 파는 노인이 있었다. 방망이를 한 벌 사 가지고 가려고 깎아 달라고 부탁을 했다. 값을 굉장히 비싸게 부르는 것 같았다. 좀 싸게 해 줄 수 없느냐고 했더니,

"방망이 하나 가지고 에누리하겠소? 비싸거든 다른 데 가 사우."

대단히 무뚝뚝한 노인이었다. 더 깎지도 못하고 잘 깎아나 달라고만 부탁했다. 그는 잠자코 열심히 깎고 있었다. 처음에는 빨리 깎는 것 같더니, 저물도록 이리 돌려 보고 저리 돌려 보고 굼뜨기 시작하더니, 이내 마냥 늑장이다. 내가 보기에는 그만하면 다 됐는데 자꾸만 더 깎고 있다.

② 인제 다 됐으니 그냥 달라고 해도 못 들은 척이다. 차 시간이 바쁘니 빨리 달라고 해도 통 못 들은 척 대꾸가 없다. 사실 차 시간이 빠듯해 왔다. 갑갑하고 지루하고 인제는 초조할 지경이다.

"더 깎지 않아도 좋으니 그만 주십시오."

라고 했더니, 화를 버럭 내며

"끓을 만큼 끓어야 밥이 되지, 생쌀이 재촉한다고 밥 되나."

나도 기가 막혀서

"살 사람이 좋다는데 무얼 더 깎는다는 말이오. 노인 장 외고집이시구먼. 차 시간이 없다니까."

노인은 퉁명스럽게

"다른 데 가 사우. 난 안 팔겠소."

하고 내뱉는다. 지금까지 기다리고 있다가 그냥 갈 수도 없고, 차 시간은 어차피 틀린 것 같고 해서, 될 대로 되라고 체념할 수밖에 없었다.

"그럼, 마음대로 깎아 보시오."

"글쎄, 재촉을 하면 점점 거칠고 늦어진다니까. 물건이란 제대로 만들어야지, 깎다가 놓치면 되나."

좀 누그러진 말씨다. 이번에는 깎던 것을 숫제 무릎에다 놓고 태연스럽게 곰방대에 담배를 담아 피우고 있지 않는가. 나도 고만 지쳐 버려 구경꾼이 되고 말았다. 얼마 후에 노인은 또 깎기 시작한다. 저러다가는 방망이가 다 깎아 없어져 버릴 것만 같았다. 또 얼마 후에 방망이를 들고 이리저리 돌려 보더니 다 됐다고 내준다. 사실 다 되기는 아까부터 다 돼 있던 방망이다.

차를 놓치고 다음 차로 와야 하는 나는 불유쾌하기 짝이 없었다.

(중략)

③ 집에 와서 방망이를 내놨더니 아내는 이쁘게 깎았다고 야단이다. 집에 있는 것보다 참 좋다는 것이다. 그러나 나는 전의 것이나 별로 다른 것 같지가 않았다. 그런데 아내의 설명을 들어 보면 배가 너무 부르면 힘들어 다듬다가 옷감을 치기를 잘하고, 같은 무게라도 힘이 들며, 배가 너무 안 부르면 다듬잇살*이 펴지지 않고 손에 헤먹기*가 쉽다. 요렇게 꼭 알맞은 것은 좀체로 만나기 어렵다는 것이다. 나는 비로소 마음이 확 풀렸다. 그리고 그 노인에 대한 내 태도를 뉘우쳤다. 참으로 미안했다.

* 다듬잇살: 다듬이질이 알맞게 되었을 때 옷감에 생기는 풀기나 윤기
* 헤먹다: 꼭 맞지 않고 헐겁다.

💟 빈칸을 채우세요.

– 중심 대상:

– 글쓴이의 생각, 태도:

• 에누리하다: 값을 깎다.
• 잠자코: 아무 말 없이 가만히
• 굼뜨다: 동작, 진행 과정 따위가 답답할 만큼 매우 느리다.

- **늑장**: 느릿느릿 꾸물거리는 태도
- **빠듯하다**: 어떤 한도에 차거나 꼭 맞아서 빈틈이 없다.
- **재촉하다**: 어떤 일을 빨리하도록 조르다.
- **외고집**: 융통성이 없이 부리는 고집. 또는 그런 사람
- **누그러지다**: 딱딱한 성질이 부드러워지거나 약하여지다.
- **숫제**: 아예 전적으로

- **태연스럽다**: 마땅히 머뭇거리거나 두려워할 상황에서 태도나 기색이 아무렇지도 않은 듯이 예사로운 데가 있다.
- **불유쾌하다**: 마음이 언짢아 즐겁지 아니하다.
- **곰방대**: 칼로 썬 담배를 피우는 데에 쓰는 짧은 담뱃대
- **배**: 긴 물건 가운데의 볼록한 부분
- **치다**: 천의 올이나 이불의 솜 따위가 한쪽으로 쏠리거나 뭉치다.(= 치이다)
- **좀체로**: 좀처럼

STEP Ⅱ 글쓴이의 생각, 태도 파악하기

수필은 글쓴이가 자신의 이야기를 쓴 것이므로 수필에는 글쓴이의 성격, 가치관 등이 드러나 있어요. 중심 대상을 바라보는 글쓴이만의 독특한 관점이나 새로운 생각도 나타나지요. 그래서 수필을 '개성의 문학'이라고도 합니다. 따라서 우리가 수필을 읽을 때는 글쓴이가 중심 대상에 대해 어떻게 생각하고, 중심 대상을 어떻게 대하는지 파악하는 것이 중요해요.

❀ **먼저, 〈방망이 깎던 노인〉의 중심 대상을 찾아볼게요.**

윗글의 제목은 '방망이 깎던 노인'이고, 글쓴이는 방망이를 깎아서 파는 노인을 만난 경험을 이야기하고 있어요. 이를 통해 글쓴이가 주로 이야기하고 있는 대상이 방망이 깎던 노인임을 알 수 있어요.

따라서 <u>윗글의 중심 대상은 '방망이 깎던 노인'</u>입니다.

❀ **〈방망이 깎던 노인〉의 내용을 자세히 살펴봅시다.**

글쓴이는 방망이를 깎는 노인에게 방망이 한 벌을 깎아 달라고 해요. 그러면서 '싸게 해 줄 수 없느냐고' 물었더니, 노인은 방망이를 가지고 에누리하냐며 다른 데 가서 사라고 대답해요. 결국 글쓴이는 값을 깎지 못한 채 노인이 방망이를 깎는 모습을 지켜봐요. 그런데 노인이 방망이를 깎는 속도가 점점 느려졌고, 글쓴이는 노인이 늑장을 부린다고 생각해요(①).

차를 타야 할 시간이 다가와 초조해진 글쓴이는 노인에게 깎고 있던 방망이를 그만 달라고 해요. 이에 노인은 화를 내며 다른 데 가서 사라고 이야기하죠. 글쓴이는 어차피 차를 놓칠 것 같아 빨리 가기를 체념하고 방망이가 완성되기를 기다려요. 얼마 후 노인은 완성된 방망이를 건네고, 이미 차를 놓친 글쓴이는 불쾌함을 느껴요(②).

집으로 돌아온 글쓴이는 아내에게 방망이를 건네요. 아내는 방망이의 배가 너무 두껍지도, 얇지도 않고 꼭 알맞다며 좋아하지요. 아내의 반응을 통해 방망이의 가치를 알게 된 글쓴이는 노인을 재촉했던 자신의 행동을 반성하고, 노인에게 미안함을 느껴요(③).

❀ **〈방망이 깎던 노인〉에 드러나 있는 글쓴이의 생각·태도는 무엇일까요?**

글쓴이는 아내가 방망이의 좋은 점을 설명하는 것을 듣고, 노인이 방망이를 정성스럽게 만드느라 시간이 오래 걸렸다는 것을 깨닫고 있어요. 그리고 노인에게 방망이를 빨리 달라고 재촉했던 것을 미안해하며 자신의 성급했던 태도를 뉘우치고 있어요.

윗글에 드러난 글쓴이의 생각과 태도를 정리하면 다음과 같아요.

- **글쓴이의 생각**: <u>자신의 일에 최선을 다하는 삶의 자세가 중요함을 깨달음.</u>
- **태도**: <u>반성적(자신의 성급했던 행동을 뉘우침.)</u>

DAY 20

01 글쓴이의 생각, 태도 파악하기

다음 빈칸에 들어가기에 가장 알맞은 답을 〈보기〉에서 찾아 쓰시오.

〈보기〉

| 방망이 | 생쌀 | 옷감 | 노인 | 구경꾼 | 아내 |

(1) 윗글의 글쓴이는 ( )을/를 깎던 노인을 만난 경험을 통해 삶의 자세에 대한 깨달음을 얻고 있다.

(2) 윗글의 글쓴이는 노인이 깎은 방망이를 좋아하는 아내를 보고 ( ) 을/를 재촉했던 행동을 반성하고 있다.

02 글쓴이의 생각, 태도 파악하기

윗글의 '나'에 대한 설명으로 가장 알맞은 것은?

① '나'는 끝까지 고집을 꺾지 않는 노인을 존경하고 있다.
② '나'는 구경꾼을 만들고 싶었던 노인의 진심을 이해하고 있다.
③ '나'는 퉁명스러웠던 노인의 태도를 본받겠다고 다짐하고 있다.
④ '나'는 오랫동안 방망이를 깎았던 노인의 의도를 깨닫고 있다.
⑤ '나'는 방망이를 팔아 부자가 되는 노인의 미래를 상상하고 있다.

03 소재의 의미 파악하기

'방망이'에 대한 설명으로 가장 알맞은 것은?

① 가진 것을 이웃과 나누려는 글쓴이의 삶의 태도를 드러내고 있다.
② 시라져 가는 옛것을 지키려는 노인의 삶의 태도를 드러내고 있다.
③ 집안일을 완벽하게 해내려는 글쓴이의 삶의 태도를 드러내고 있다.
④ 다른 사람에게 관심을 두지 않는 노인의 삶의 태도를 드러내고 있다.
⑤ 노력과 정성을 중요하게 생각하는 노인의 삶의 태도를 드러내고 있다.

02
'나'가 노인에 대해 어떻게 생각하고 있는지 살펴보세요.
• **퉁명스럽다**: 못마땅하거나 시답지 아니하여 불쑥 하는 말이나 태도에 무뚝뚝한 기색이 있다.
• **본받다**: 본보기로 하여 그대로 따라 하다.

03
방망이를 통해 글쓴이와 노인 중 누구의 삶의 태도가 드러나는지 생각해 보세요.
• **집안일**: 살림을 꾸려 나가면서 해야 하는 여러 가지 일. 빨래, 밥하기, 청소 따위를 이른다.

01 글쓴이의 생각, 태도 파악하기

(1) 글쓴이는 방망이를 깎던 노인을 만난 경험을 통해 자신의 일에 최선을 다하는 삶의 자세가 중요함을 깨닫고 있어요. 따라서 정답은 　방망이　 입니다.

(2) 글쓴이는 방망이를 좋아하는 아내의 반응을 보며 노인에게 방망이를 빨리 깎으라고 재촉했던 일을 반성하고 있어요. 따라서 정답은 　노인　 입니다.

02 글쓴이의 생각, 태도 파악하기

윗글의 '나'에 대한 설명으로 가장 알맞은 것은?

① **'나'는 끝까지 고집을 꺾지 않는 노인을 존경하고 있다.**
(×)

★ 근거: ②

> 차 시간은 어차피 틀린 것 같고 해서, 될 대로 되라고 체념할 수밖에 없었다. / "그럼, 마음대로 깎아 보시오."

🌱 방망이를 그만 깎고 달라는 '나'의 말에 노인은 방망이를 안 팔겠다고 했어요. 이러한 노인의 고집스러운 태도에 '나'는 '마음대로 깎아 보시오.'라면서 체념하고 있을 뿐, 노인을 존경하고 있지는 않아요.

② **'나'는 구경꾼을 만들고 싶었던 노인의 진심을 이해하고 있다.** (×)

★ 근거: ②

> 나도 고만 지쳐 버려 구경꾼이 되고 말았다.

🌱 '나'는 기다림에 지쳐 구경꾼처럼 노인이 방망이를 깎는 모습을 지켜보고 있을 뿐, 노인이 구경꾼을 만들고 싶어 하지는 않아요.

③ **'나'는 퉁명스러웠던 노인의 태도를 본받겠다고 다짐하고 있다.** (×)

★ 근거: ②

> 노인은 퉁명스럽게 / "다른 데 가 사우. 난 안 팔겠소." / 하고 내뱉는다.

🌱 '나'가 노인을 재촉하자 노인이 퉁명스러운 반응을 보이고는 있지만, '나'가 이러한 노인의 태도를 본받겠다고 다짐하고 있지는 않아요.

④ **'나'는 오랫동안 방망이를 깎았던 노인의 의도를 깨닫고 있다.** (○)

★ 근거: ③

> 노인에 대한 내 태도를 뉘우쳤다. 참으로 미안했다.

🌱 '나'는 방망이를 좋아하는 아내의 반응을 보며 노인에게 화가 났던 마음이 풀리고 자신의 태도를 뉘우치고 있어요. 그 이유는 '나'가 노인이 방망이를 제대로 만들기 위해 오랫동안 방망이를 깎았던 것임을 깨달았기 때문이에요. **그러므로 정답은 ④!**

⑤ **'나'는 방망이를 팔아 부자가 되는 노인의 미래를 상상하고 있다.** (×)

🌱 '나'가 방망이를 팔아 부자가 되는 노인의 미래를 상상하고 있지는 않아요.

03 소재의 의미 파악하기

'방망이'에 대한 설명으로 가장 알맞은 것은?

• **'방망이'**: 노인은 오랜 시간을 들여 방망이를 깎았고, 글쓴이는 그런 노인을 못마땅하게 생각했습니다.

즉 '방망이'를 통해 드러나는 인물의 삶의 태도로 알맞은 것을 고르는 문제입니다.

① **가진 것을 이웃과 나누려는 글쓴이의 삶의 태도를 드러낸다.** (×)

🌱 글쓴이는 아내에게 주기 위해 방망이를 샀을 뿐, 윗글에 글쓴이가 자신이 가진 것을 이웃과 나누려는 모습은 나타나지 않아요.

② **사라져 가는 옛것을 지키려는 노인의 삶의 태도를 드러낸다.** (×)

🌱 노인이 방망이를 오랫동안 깎은 것은 자신의 일에 최선을 다하는 모습이에요. 이러한 노인의 모습과 사라져 가는 옛것을 지키려는 태도는 관련이 없어요.

③ **집안일을 완벽하게 해내려는 글쓴이의 삶의 태도를 드러낸다.** (×)

🌱 윗글에 글쓴이가 집안일을 완벽하게 해내려는 모습은 나타나지 않아요.

④ **다른 사람에게 관심을 두지 않는 노인의 삶의 태도를 드러낸다.** (×)

🌱 노인이 방망이를 빨리 달라며 재촉하는 글쓴이에게 퉁명스럽게 대하고는 있지만, 이는 자신의 일에 최선을 다하려는 것일 뿐 다른 사람에게 관심을 두지 않아서가 아니에요.

⑤ **노력과 정성을 중요하게 생각하는 노인의 삶의 태도를 드러낸다.** (○)

★ 근거: ②

> 물건이란 제대로 만들어야지, 깎다가 놓치면 되나.

🌱 노인은 글쓴이의 재촉에도 물건을 제대로 만들어야 한다며 오랜 시간을 들여 방망이를 깎고 있어요. 이를 통해 노력과 정성을 중요하게 생각하는 노인의 삶의 태도가 드러나고 있어요. **그러므로 정답은 ⑤!**

DAY
20

질항아리에게 배운다 _이규보

나에게 자그마한 항아리 하나가 있으니, 쇠를 두들기거나 녹여서 만든 것이 아니요, 흙을 빚어 불에 구워 만든 것이다. 목은 잘록하고 배는 불룩하며 주둥이는 나팔처럼 생겼으며, 양쪽 손잡이가 달려 있지 않고, 아가리는 넓은 편이다. 닦아서 윤을 내지 않아도 마치 옻칠한 것처럼 까맣게 반짝거리니 ㉠어찌 금 그릇만 보물이라 하겠는가? 비록 질그릇이라 할지라도 봐 줄 만하다. 무게도 맞춤하여 한 손에 들기 알맞으며, 값도 매우 싸서 구하기 쉬우니 깨질까 봐 걱정할 일 없다.

이 항아리에 술을 부으면 채 한 말*이 못 들어간다. 항아리는 술을 가득 채웠다가는 곧 비워 버리고, 텅 비면 또다시 술을 받아들인다. 진흙을 잘 구워서 빈틈 없이 만든 것이라 스며들지도 새지도 않으며, 주둥이가 널찍하니 진한 술을 부었다 따라 냈다 하기에 좋다. 술을 쉽게 따라 낼 수 있으니 기울어지거나 뒤엎는 일이 없고, 술을 부어 두기 좋으니 계속하여 술을 담아 둘 수 있다. 항아리가 한평생 동안 담은 술을 따져 본다면 몇 섬*이나 되는지 셀 수도 없으리라. 그러니 항아리의 넓은 속은 마치 군자의 겸허한 마음과 같아, 항상 변함없고 간사스럽지 않은 것이다.

슬프다. 재물만 쫓아다니는 저 소인들은, 자기들의 그릇이 작은 건 알지 못하고 좁디좁은 도량으로 끝도 없는 욕심을 따라 치달린다. 쌓아 두기만 하고 남에게 흩어 줄 줄은 모르며, 아직도 부족하다고만 한다. 작은 그릇은 금세 채워지고 또 그만큼 금방 뒤엎어지는 법이다.

나는 이 항아리를 늘 곁에 두고 가득 차면 넘치게 된다는 것을 잊지 않으며 스스로 노력하겠다. 그렇게 타고난 분수 따라 한평생을 보내면 몸도 온전하고 복도 제대로 받을 것이다.

* 말: 곡식, 액체, 가루 따위의 부피를 잴 때 쓰는 단위. 한 말은 약 18리터에 해당한다.
* 섬: 곡식, 액체, 가루 따위의 부피를 잴 때 쓰는 단위. 한 섬은 약 180리터에 해당한다.

💭 빈칸을 채우세요.

- 중심 대상:

- 글쓴이의 생각, 태도:

- **아가리**: 물건을 넣고 내고 하는, 병 · 그릇 · 자루 따위의 구멍의 어귀
- **윤**: 반질반질하고 매끄러운 기운(= 윤기)
- **옻칠**: 가구나 나무 그릇 따위에 윤을 내기 위하여 옻을 바르는 일
- **질그릇**: 잿물을 덮지 아니한, 진흙만으로 구워 만든 그릇
- **군자**: 행실이 점잖고 어질며 덕과 학식이 높은 사람
- **겸허하다**: 스스로 자신을 낮추고 비우는 태도가 있다.
- **간사스럽다**: 자기의 이익을 위하여 나쁜 꾀를 부리는 등 바르지 않은 데가 있다.
- **소인**: 도량이 좁고 간사한 사람
- **도량**: 사물을 너그럽게 용납하여 처리할 수 있는 넓은 마음과 깊은 생각
- **치달리다**: 아래에서 위로 향하여 달리다.
- **분수**: 자기 신분에 맞는 한도

(사진 출처: e뮤지엄)

04 글쓴이의 생각, 태도 파악하기

다음 빈칸에 들어가기에 가장 알맞은 답을 〈보기〉에서 찾아 쓰시오.

〈보기〉

| 항아리 | 진흙 | 술 | 소인 | 스스로 | 군자 |

(1) 윗글의 글쓴이는 (   )을/를 보며 분수에 맞는 삶을 살겠다고 다짐하고 있다.

(2) 윗글의 글쓴이는 재물만 쫓아다니는 사람들을 '(   )'(이)라고 칭하며 부정적으로 인식하고 있다.

05 구절의 의미 파악하기

㉠에 담긴 의미로 가장 알맞은 것은?

① 금 그릇만이 진정한 보물이다.
② 금 그릇보다 항아리가 비싸다.
③ 항아리가 금 그릇 같은 보물처럼 느껴진다.
④ 아무 물건이나 보물이라고 해서는 안 된다.
⑤ 까만색이어도 반짝거리면 금이라고 할 수 있다.

06 글쓴이의 생각, 태도 파악하기

글쓴이가 생각하는 바람직한 삶의 자세로 가장 알맞은 것은?

① 술과 재물을 즐기며 살아야 한다.
② 지나치게 욕심을 부리지 말아야 한다.
③ 욕심이 많은 사람을 만나면 피해야 한다.
④ 재물을 모으면 쓰지 말고 쌓아 두어야 한다.
⑤ 가지고 있는 물건을 보물처럼 관리해야 한다.

07 [단답형] 서술상 특징 파악하기

윗글에서 〈보기〉의 빈칸에 들어가기에 가장 알맞은 말을 찾아 쓰시오.

〈보기〉

글쓴이는 한평생 동안 많은 양의 술을 담아 둘 수 있는 항아리의 속이 (   )의 마음과 같다고 하며 항아리를 예찬하고 있다.

DAY 20

여러 가지 수필 – 편지, 기행문, 일기

＊ 편지 란? 정해진 사람에게 안부, 소식 등의 할 말을 적어 보내는 글

● 편지의 특징

– 읽는 사람이 정해져 있으며 목적이 분명한 실용적인[1] 글이다.
– 일정한 형식[2](첫머리 – 사연 – 끝맺음)을 따른다.
– 읽는 사람과 상황에 맞는 예절을 갖추어 써야 한다.
– 기술의 발달로 우편뿐만 아니라 인터넷 전자 메일, 휴대 전화의 문자 메시지 등이
  편지의 역할을 하기도 한다.

> 어머니! / 오늘 아침에 차입해 주신 고의적삼 받고서야 제가 이곳에 와 있는
> 것을 집에서도 아신 줄 알았습니다. (중략) **[첫머리]**
> 감옥에서 어머니께 편지를 보냄.
>
> 어머니! / 어머니께서는 조금도 저를 위하여 근심하지 마십시오. (중략) **[사연]**
> 어머니께 자신을 걱정하지 말라고 함.(편지를 쓴 목적)
>
> 구름 걷힌 하늘을 우러러 어머님의 건강을 비올 때 비 뒤의 (중략) 개구리 소 **[끝맺음]**
> 어머니가 건강하기를 바라며 편지를 끝맺음.
> 리만 철창에 들리나이다.   – 심훈, 〈옥중에서 어머니께 올리는 글월〉

➡ 윗글은 **글쓴이가 감옥에서 어머니께 보낸 편지**로, 글쓴이는 자신을 걱정하지 말라며 어머니를
  안심시키고 있다.

＊ 기행문 이란? 여행하는 동안에 보고, 듣고, 느끼고, 겪은 것을 적은 글

● 기행문의 특징

– 시간의 흐름이나 공간의 이동에 따라 적는 경우가 많다.
– 주로 현재형 문장[3]을 사용하여 실제 여행지에 온 것 같은 느낌을 준다.
– 여행한 곳의 문화, 풍습, 사투리 등 지방의 특성이 드러난다.

● 기행문의 3요소

(1) **여정**: 언제, 어디서, 어디를 거쳐 여행했는지 등의 여행 과정
(2) **견문**: 여행하면서 보고, 듣고, 경험한 내용
(3) **감상**: 견문에 대한 글쓴이의 생각과 느낌

> 「마음을 굳게 먹고 곧장 수백 보를 전진해 북쪽 가의 오목한 곳에 도착하여 굽어보
> 「 」: 여정, 견문
> 니, 봉우리가 여기에 이르러 갑자기 가운데가 터져 구덩이를 이루었는데 이것이 바로
> 백록담이었다.」(중략) 은연히 신선이 사는 듯하였다.   – 최익현, 〈유한라산기〉
> 글쓴이가 도착한 곳   감상 – 글쓴이가 백록담을 보고 느낀 점

➡ 윗글은 **글쓴이가 한라산을 여행하며 보고 느낀 점을 적은 기행문**으로, 글쓴이는 백록담의 아
  름다움에 대해 이야기하고 있다.

＊ 일기 란? 날마다 겪은 일이나 생각, 느낌 등을 적은 개인의 기록

● 일기의 특징

– 독자를 위해 쓰는 글이 아닌 자신을 위해 쓰는 비공개적인 글이다.
– 자신의 하루를 돌아보고 반성하는 글이다.

---

❶ 실용적
실제로 쓰기에 알맞은 것.
쓸모가 있는 것

❷ 편지의 형식
• **첫머리**: 받는 사람을 밝히
  고, 첫인사(계절 인사, 안
  부 인사 등)와 글쓴이의 안
  부를 적음.
• **사연**: 편지를 쓰는 목적과
  구체적인 내용을 적음.
• **끝맺음**: 끝인사를 하고, 편
  지를 쓴 날짜와 보내는 사
  람을 밝힘.

> 한라산 이마는 아름풋한 자
> 줏빛이며 엷은 보랏빛으로
> 물들은 것이 더욱 거룩해 보
> 이지 않습니까.

윗글은 글쓴이가 제주도를 여행하고
쓴 기행문으로, 한라산을 보고 느낀
감상을 전하고 있다. 이처럼 기행문
은 글쓴이가 여행하며 직접 경험하
고 느낀 것을 쓴 글이므로 수필에
해당한다.

❸ 현재형 문장
'–ㄴ다/–는다' 등의 현재를 나
타내는 어미를 사용한 문장
예 그가 나를 **본다**.
   나는 밥을 **먹는다**.

★ 정답은 [해설편 표지] 안쪽에 있습니다.

[01~02] 다음을 읽고 맞으면 ○, 틀리면 ✕에 표시하시오.

> 을미년(1595년) 7월 10일
>
> 맑음. 몸이 몹시 불편하다. 늦게 우수사를 만나 서로 이야기했다. 군량*이 떨어졌다는 말을 많이 하였으나 달리 방법이 없었다. 매우 걱정스럽다. 박 조방장도 왔는데, 술 몇 잔을 마시고 몹시 취했다. 밤이 깊어 수루* 위에 누웠더니 초승달 빛이 수루에 가득하여 갖은 생각을 이길 길이 없다.
>
> — 이순신, 〈난중일기〉
>
> *군량: 군대에 필요한 먹을거리
> *수루: 물가에 문과 벽이 없이 높이 지은 집

01

윗글은 하루 동안에 겪은 일과 느낌을 적은 일기로, 수필에 해당한다. (○ , ✕)

02

글쓴이는 윗글을 쓴 구체적인 날짜를 밝히고 있다.

(○ , ✕)

[03~04] 다음의 빈칸에 들어가기에 알맞은 말을 고르시오.

> 너희들은 편지에서 항상 버릇처럼 말하기를 일가친척 중에 한 사람도 불쌍히 여겨 돌보아 주는 사람이 없다고 탄식하더구나. (중략) 오늘날 이처럼 집안이 망하긴 했으나 아직도 다른 일가들에 비하면 오히려 나은 형편이다. 다만 우리보다 못한 사람을 도와줄 여유가 없을 뿐이다. 남을 돌볼 만한 여유는 없지만 그렇다고 극심하게 가난하지도 않으니, 굳이 남의 도움을 바랄 필요는 없지 않겠느냐?
>
> — 정약용, 〈유배지에서 보낸 편지〉

03

윗글은 읽는 사람이 정해져 있는 (편지글 / 기행문)이다.

04

글쓴이는 남의 도움을 바라지 말라는 (당부 / 소식)을/를 전하고 있다.

[05~06] 다음의 빈칸에 들어가기에 알맞은 말을 쓰시오.

> 차디찬 바위 위에 신발을 벗고 모자를 던지고 외투를 벗어 팽개치고 반듯이 누워서 눈을 감으니 ㉠인생도 예술도 다 어디로 사라지고 오직 끝없는 망각*이 내 마음을 아니 우주를 채우며 온다. (중략) 우리는 채 씻기지 않은 마음을 거두어 가지고 잠시나마 정을 들인 오심암을 두 번 세 번 돌아다보면서 간 길을 다시 내려오기 시작하였다. (중략) 나는 마음속으로 어느새 오심암에게 무언*의 약속을 주어 버렸다. '내년에는 벗을 데리고 또 찾아오마'고.
>
> — 김기림, 〈주을온천행〉
>
> *망각: 어떤 사실을 잊어버림.
> *무언: 말이 없음.

05

윗글은 글쓴이가 여행 중에 (   )에 다녀온 일을 적은 기행문이다.

06

㉠은 기행문의 3요소 중 (   )에 해당한다.

[07~09] 빈칸에 들어가기에 알맞은 단어를 〈보기〉에서 찾아 문맥에 맞게 쓰시오.

> 〈보기〉
>
> • 겸허하다: 스스로 자신을 낮추고 비우는 태도가 있다.
> • 굼뜨다: 동작, 진행 과정 따위가 답답할 만큼 매우 느리다.
> • 태연스럽다: 마땅히 머뭇거리거나 두려워할 상황에서 태도나 기색이 아무렇지도 않은 듯이 예사로운 데가 있다.

07

작가는 사람들의 평가를 (   )하게 받아들였다.

08

그는 거짓말을 하고도 무척 (   )워 보였다.

09

밤을 새운 그녀는 피곤한지 움직임이 (   ) 보였다.

차마설 _이곡

① 나는 집이 가난해서 말이 없기 때문에 간혹 남의 말을 빌려서 탔다. 그런데 늙어서 재빠르지 못하고 야윈 말을 얻었을 경우에는 일이 아무리 급해도 감히 채찍을 대지 못한 채 금방이라도 쓰러지고 넘어질 것처럼 전전긍긍하기 일쑤요, 개천이나 도랑이라도 만나면 또 말에서 내리곤 한다. 그래서 후회하는 일이 거의 없다. 반면에 발굽이 높고 귀가 쫑긋하며 잘 달리는 준마를 얻었을 경우에는 의기양양하여 방자하게 채찍을 갈기기도 하고 고삐를 놓기도 하면서 언덕과 골짜기를 모두 평지로 여긴 채 매우 유쾌하게 달리곤 한다. 그러나 간혹 위험하게 말에서 떨어지는 환란을 피하지 못한다.

아, 사람의 감정이라는 것이 어쩌면 이렇게까지 달라지고 뒤바뀔 수가 있단 말인가. 남의 물건을 빌려서 잠깐 동안 쓸 때에도 오히려 이와 같은데, 하물며 진짜로 자기가 가지고 있는 경우야 더 말해 무엇 하겠는가.

② 그렇긴 하지만 사람이 가지고 있는 것 가운데 남에게 빌리지 않은 것이 또 뭐가 있다고 하겠는가. 임금은 백성으로부터 힘을 빌려서 존귀하고 부유하게 되는 것이요, 신하는 임금으로부터 권세를 빌려서 총애를 받고 귀한 신분이 되는 것이다. 그리고 자식은 어버이에게서, 아내는 남편에게서, 종은 주인에게서 각각 빌리는 것이 또한 심하고도 많은데, 대부분 자기가 본래 가지고 있는 것처럼 여기기만 할 뿐 끝내 돌이켜 보려고 하지 않는다. 이 어찌 미혹된 일이 아니겠는가.

그러다가 혹 잠깐 사이에 그동안 빌렸던 것을 돌려주는 일이 생기게 되면, 만방의 임금도 독부*가 되고 백승의 대부*도 고신*이 되는 법인데, 더군다나 미천한 자의 경우야 더 말해 무엇 하겠는가.

맹자가 말하기를 "오래도록 빌려서 쓰고서 반환하지 않았으니, 그들이 자기의 소유가 아니라는 것을 어떻게 알았겠는가."라고 하였다. 내가 이 말을 접하고서 느껴지는 바가 있기에, 〈차마설〉을 지어서 그 뜻을 부연해 보노라.

*독부: 포악한 정치를 하여 국민에게 외면을 당한 군주를 이르던 말
*백승의 대부: 백 대의 수레를 가진 높은 벼슬의 관리
*고신: 임금의 믿음이나 사랑을 받지 못하는 신하

💗 빈칸을 채우세요.

– 중심 대상:

– 글쓴이의 생각, 태도:

– 서술상 특징:

- **전전긍긍하다**: 몹시 두려워서 벌벌 떨며 조심하다.
- **도랑**: 매우 좁고 작은 개울
- **준마**: 빠르게 잘 달리는 말
- **의기양양하다**: 뜻한 바를 이루어 만족한 마음이 얼굴에 나타난 상태이다.
- **방자하다**: 제멋대로 거리낌 없이 노는 태도가 있다.
- **환란**: 근심과 재앙을 통틀어 이르는 말
- **존귀하다**: 지위나 신분이 높고 귀하다.
- **권세**: 권력과 세력을 아울러 이르는 말
- **총애**: 남달리 귀여워하고 사랑함.
- **미혹되다**: 무엇에 홀려 정신이 차려지지 못하다.
- **만방**: 모든 곳
- **미천하다**: 신분이나 지위 따위가 하찮고 천하다.
- **반환하다**: 빌리거나 차지했던 것을 되돌려주다.
- **소유**: 가지고 있음. 또는 그 물건
- **부연하다**: 이해하기 쉽도록 설명을 덧붙여 자세히 말하다.

(사진 출처: e뮤지엄)

STEP Ⅲ 서술상 특징 파악하기

수필을 쓸 때 글쓴이는 자신이 전하고자 하는 바, 즉 주제를 전달하기 위해 다양한 방법을 사용해요. 읽는 사람에게 자신의 생각을 효과적으로 전달하기 위해 무언가를 다른 사물에 빗대기도 하고, 자신의 의견을 뒷받침하기 위해 예를 들거나 다른 사람의 말을 끌어다 쓰기도 하죠. 따라서 우리는 글쓴이가 수필을 쓸 때 어떠한 방법을 사용했는지, 즉 서술상의 특징을 파악하며 읽어야 해요.

❁ 먼저, 〈차마설〉의 중심 대상을 찾아볼게요.

윗글의 제목은 '차마설(借馬說)'이에요. '차(借)'는 '빌리다'라는 의미이고 '마(馬)'는 '말'을 의미해요. 제목을 통해 윗글은 말을 빌리는 것에 대해 이야기함을 알 수 있어요. 내용을 보더라도 글쓴이가 말을 빌려서 탄 경험을 이야기하고 있지요? 그리고 글쓴이는 그 경험을 통해 얻은 소유에 대한 깨달음을 전하고 있어요.

따라서 **윗글의 중심 대상은 '말을 빌려서 탄 경험'과 '소유'** 입니다.

❁ 〈차마설〉에 드러나 있는 글쓴이의 생각 · 태도는 무엇일까요?

글쓴이는 야윈 말을 빌렸던 경험과 잘 달리는 말을 빌렸던 경험을 이야기하고 있어요. 글쓴이는 야윈 말을 빌렸을 때는 전전긍긍하며 조심히 말을 타느라 후회하는 일이 전혀 없었던 반면, 잘 달리는 말을 빌렸을 때는 조심하지 않고 의기양양하여 말에서 떨어지는 환란을 피하지 못했지요. 글쓴이는 이러한 경험을 통해 남에게 빌린 것을 잠깐 동안 쓸 때에도 이렇게 마음가짐이 달라지는데, 무언가를 직접 가지고 있을 때에는 마음가짐이 더욱 심하게 변한다는 것을 깨달아요(①).

하지만 글쓴이는 사람이 가지고 있는 것은 모두 남에게 빌린 것이라고 생각하고 있어요. 임금은 백성에게, 신하는 임금에게 힘을 빌려 귀한 신분이 되는 것이고, 마찬가지로 자식은 부모에게서, 아내는 남편에게서, 종은 주인에게서 각각 빌리는 것이 많다고 했어요. 그런데 대부분의 사람들은 자신이 빌린 것을 원래부터 가지고 있던 것이라고 생각하여 돌려주지 않으려 한다고 비판하고 있어요(②). 즉, 글쓴이는 사람이 원래부터 자신의 것으로

가지고 있는 것은 없으며, 영원히 가질 수 있는 것도 없으므로 소유하는 것에 집착하지 말아야 한다고 이야기하고 있는 것이지요.

윗글에 드러난 글쓴이의 생각과 태도를 정리하면 다음과 같아요.

- **글쓴이의 생각**: 사람이 가진 모든 것은 남에게 빌린 것이라고 생각함.
- **태도**: 교훈적(소유의 진정한 의미를 전함.), 비판적(소유에 대한 잘못된 인식을 가진 사람들을 부정적으로 바라봄.)

❁ 〈차마설〉의 서술상 특징을 파악해 볼까요?

글쓴이는 말을 빌려 탔을 때 그 말이 어떠한 말인지에 따라 자신의 마음가짐이 달라지는 것을 경험했어요. 그리고 이를 통해 물건을 '자기가 진짜로 가지고 있는 경우', 즉 소유한 경우에도 이와 비슷할 것이라고 생각하지요. 이처럼 성질이 비슷한 것을 통해 어떤 대상을 미루어 추측하는 방법을 '유추'라고 해요. 글쓴이는 말을 빌려 탔던 자신의 경험에서 소유의 의미를 유추하고 있는 것이에요.

또한 글쓴이는 '임금, 신하, 자식, 아내, 종'을 예로 들어 소유의 진정한 의미를 구체적으로 설명하고 있어요. 그러면서 '어찌 미혹된 일이 아니겠는가.'라는 질문을 던짐으로써 남에게 빌린 것을 자기가 원래 가지고 있는 것처럼 여기는 사람들을 비판하고 있지요.

마지막으로 글쓴이는 '오래도록 빌려서 쓰고서 반환하지 않았으니, 그들이 자기의 소유가 아니라는 것을 어떻게 알았겠는가.'라는 맹자의 말을 끌어다 씀으로써 사람이 소유한 것은 모두 빌린 것이라는 자신의 생각을 뒷받침하고 있어요. 이처럼 남의 말이나 글을 끌어다 쓰는 것을 '인용'이라고 해요.

정리하면, **윗글의 서술상 특징은 글쓴이가 자신의 경험에서 유추한 소유의 의미를 설명하기 위해 예를 들거나 질문을 하고, 다른 사람의 말을 인용하고 있다는 것입니다.**

다음 빈칸에 들어가기에 가장 알맞은 답을 〈보기〉에서 찾아 쓰시오.

〈보기〉

집　　말　　채찍　　고삐　　대조　　예찬

(1) 윗글의 글쓴이는 (　　　　　　　　)을/를 빌렸던 경험을 통해 얻은 깨달음을 전하고 있다.

(2) 윗글의 글쓴이는 야윈 말을 빌렸던 자신의 모습과 잘 달리는 말을 빌렸던 자신의 모습을 (　　　　　　)하고 있다.

01
- **대조**: 둘 이상의 대상을 맞대어 차이점을 두드러지게 함.
- **예찬**: 무엇이 훌륭하거나 좋거나 아름답다고 찬양함.

02 글쓴이의 생각, 태도 파악하기

'소유'에 대한 글쓴이의 생각으로 가장 알맞은 것은?

① 좋은 것을 가져야 좋은 사람이 될 수 있다.
② 가지고 있는 것은 모두 남에게 빌린 것이다.
③ 빌린 것을 오래 가지고 있으면 소유한 것과 같다.
④ 가지고 있는 것을 다른 사람들과 나누면서 살아야 한다.
⑤ 빌린 것보다 원래 가지고 있는 것을 더 소중하게 여겨야 한다.

02
글쓴이는 말을 빌려 탄 경험을 이야기한 후 소유에 대한 자신의 생각을 밝히고 있어요.

03 서술상 특징 파악하기

윗글을 읽고 한 생각으로 가장 알맞지 <u>않은</u> 것은?

① 지안: 말을 빌려 탄 경험에서 소유의 의미를 유추하고 있어.
② 해리: 맹자의 말을 인용하여 자신의 의견을 뒷받침하고 있어.
③ 다인: '임금', '신하' 등을 예로 들어 소유에 대한 이해를 돕고 있어.
④ 시후: '나'가 말을 빌릴 수밖에 없었던 여러 가지 이유를 늘어놓고 있어.
⑤ 소빈: 의문형 문장을 통해 빌린 것을 본래 가지고 있는 것으로 여기는 사람들을 비판하고 있어.

03
다른 사람의 말을 언급한 부분이 있는지, 질문하는 형태의 문장이 있는지 등을 확인해 보세요.
- **유추하다**: 같은 종류의 것 또는 비슷한 것에 기초하여 다른 사물을 미루어 추측하다.
- **인용하다**: 남의 말이나 글을 자신의 말이나 글 속에 끌어 쓰다.
- **의문형 문장**: 질문하는 형태의 문장
  예 누구를 탓하겠는가?
  누구를 탓하겠냐고 질문하고 있음.

01 서술상 특징 파악하기

(1) 글쓴이는 말을 빌려 탔던 경험을 통해 깨달은 소유의 의미를 설명하고 있어요. 따라서 정답은 __말__ 입니다.

(2) 글쓴이는 야윈 말을 빌렸을 때 조심스럽게 말을 탔던 모습과, 잘 달리는 말을 빌렸을 때 의기양양하게 말을 탔던 모습을 대조하고 있어요. 따라서 정답은 __대조__ 입니다.

02 글쓴이의 생각, 태도 파악하기

'소유'에 대한 글쓴이의 생각으로 가장 알맞은 것은?

• **'소유':** '소유'는 윗글의 중심 대상으로, 글쓴이는 말을 빌렸던 경험을 바탕으로 무엇인가를 소유한다는 것의 의미를 설명하고 있습니다.

🟥 글쓴이가 '소유'에 대해 어떻게 생각하고 있는지 바르게 파악한 것을 고르는 문제입니다.

① ~~좋은 것을 가져야 좋은 사람이 될 수 있다.~~ (×)
　🍃 좋은 것을 가져야 좋은 사람이 될 수 있다는 내용은 윗글에 나타나지 않아요. 오히려 글쓴이는 사람이 가지고 있는 것은 모두 빌린 것이라면서 가지고 있는 것에 대해 집착하지 말아야 함을 이야기하고 있어요.

② **가지고 있는 것은 모두 남에게 빌린 것이다.** (○)
　★ 근거: ②
　┌─────────────────────────┐
　│ 사람이 가지고 있는 것 가운데 ~ 뭐가 있다고 하겠는가. │
　└─────────────────────────┘
　🍃 글쓴이는 '사람이 가지고 있는 것 가운데 남에게 빌리지 않은 것'이 없다면서 소유의 진정한 의미에 대해 이야기하고 있어요. **그러므로 정답은 ②!**

③ ~~빌린 것을 오래 가지고 있으면 소유한 것과 같다.~~ (×)
　★ 근거: ②
　┌─────────────────────────┐
　│ "오래도록 빌려서 쓰고서 ~ 어떻게 알았겠는가." │
　└─────────────────────────┘
　🍃 글쓴이는 맹자의 말을 끌어다 씀으로써 무엇인가를 오래도록 빌려서 썼더라도 그것이 자신의 소유가 아니라는 것을 이야기하고 있어요.

④ ~~가지고 있는 것을 다른 사람들과 나누면서 살아야~~ 한다. (×)
　🍃 가지고 있는 것을 다른 사람들과 나누면서 살아야 한다는 내용은 윗글에 나타나지 않아요.

⑤ ~~빌린 것보다 원래 가지고 있는 것을 더 소중하게 여겨야~~ 한다. (×)
　🍃 빌린 것보다 원래 가지고 있는 것을 소중하게 여겨야 한다는 내용은 윗글에 나타나지 않아요. 글쓴이는 빌린 것을 원래 자신의 것처럼 여기는 태도를 비판하고 있을 뿐이에요.

03 서술상 특징 파악하기

윗글을 읽고 한 생각으로 가장 알맞지 <u>않은</u> 것은?

① **지안:** 말을 빌려 탄 경험에서 소유의 의미를 유추하고 있어. (○)
　★ 근거: ①
　┌─────────────────────────┐
　│ 남의 물건을 빌려서 ~ 더 말해 무엇 하겠는가. │
　└─────────────────────────┘
　🍃 글쓴이는 야윈 말과 잘 달리는 말을 빌려 탔을 때 각각의 경우에 자신의 마음가짐이 달라졌던 경험을 바탕으로 무엇인가를 소유한다는 것의 의미를 이끌어 내고 있어요.

② **해리:** 맹자의 말을 인용하여 자신의 의견을 뒷받침하고 있어. (○)
　★ 근거: ②
　┌─────────────────────────┐
　│ 맹자가 말하기를 "오래도록 ~ 알았겠는가."라고 하였다. │
　└─────────────────────────┘
　🍃 글쓴이는 '오래도록 빌려서 쓰고서 ~ 어떻게 알았겠는가.'라는 맹자의 말을 끌어다 씀으로써 사람이 가지고 있는 것은 모두 빌린 것이라는 자신의 의견을 뒷받침하고 있어요.

③ **다인:** '임금', '신하' 등을 예로 들어 소유에 대한 이해를 돕고 있어. (○)
　★ 근거: ②
　┌─────────────────────────┐
　│ 임금은 백성으로부터 ~ 귀한 신분이 되는 것이다. │
　└─────────────────────────┘
　🍃 윗글에서는 '임금'과 '신하' 등을 예로 들어 사람이 가지고 있는 것은 모두 남에게 빌린 것임을 구체적으로 설명하고 있어요.

④ **시후:** '나'가 말을 빌릴 수밖에 없었던 ~~여러 가지 이유~~를 늘어놓고 있어. (×)
　★ 근거: ①
　┌─────────────────────────┐
　│ 나는 집이 가난해서 ~ 간혹 남의 말을 빌려서 탔다. │
　└─────────────────────────┘
　🍃 글쓴이가 말을 빌려서 탄 이유는 가난했기 때문이에요. 이 밖의 다른 이유를 늘어놓고 있지는 않아요. **그러므로 정답은 ④!**

⑤ **소빈:** 의문형 문장을 통해 빌린 것을 본래 가지고 있는 것으로 여기는 사람들을 비판하고 있어. (○)
　★ 근거: ②
　┌─────────────────────────┐
　│ 대부분 자기가 본래 가지고 있는 것처럼 여기기만 할 뿐 ~ 이 어찌 미혹된 일이 아니겠는가. │
　└─────────────────────────┘
　🍃 글쓴이는 '어찌 미혹된 일이 아니겠는가.'라는 질문하는 형태의 문장, 즉 의문형 문장을 통해 빌린 것을 '자기가 본래 가지고 있는 것처럼 여기'는 사람들을 비판하고 있어요.

DAY 21

사막을 같이 가는 벗 _양귀자

학창 시절에는 유별나게도 학년이 바뀌고 반이 바뀌어 친구들과 뿔뿔이 흩어져야 하는 신학기가 싫었다. 마음으로 간절히 원했던 친구는 거의 언제나 다른 반으로 가 버렸고, 한 반이 되지 않기를 빌고 빌었던 친구는 어김없이 한 반으로 편성되곤 하는 불행 아닌 불행 앞에서 얼마나 많이 속상해했는지 모른다.

그래서 학년이 바뀌면 처음 얼마 동안은 늘 마음을 잡지 못했다. 아침에 눈을 떠 학교에 갈 일을 생각하면 가슴 한쪽이 싸늘해지곤 하던 그 느낌을 지금도 나는 선연히 떠올릴 수가 있다.

(중략)

이제는 반이 나뉘고 새로운 급우들한테서 낯섦을 실컷 맛봐야 하는 신학기 따위는 영영 내 곁에서 사라졌다. 그 대신 사랑하고 믿어 주는 것보다 시기하고 미워하며, 또는 빼앗고 속이는 일이 더 많은 황폐한 세상살이에 낯가림하며 사는 나날 속으로 내던져지고 말았다.

㉠망망대해를 헤매는 것처럼 힘든 인생의 항해는 신학기 잠시의 외로움을 극복하는 일 따위와는 비교도 할 수 없을 만큼 두려움 가득한 일이다. 삶은 고난투성이고 끝없는 인내를 요구하기만 하는데, 홀로 헤치는 파도는 높고 거칠기만 한 것이다.

바로 이때에 영혼을 함께 나눌 친구가 절실히 필요해진다. ㉡인생이란 험난한 항해를 같이 겪고 있다는 동지애를 느낄 수 있는 친구, 혹은 내 삶의 따뜻한 동반자라는 느낌이 전해져 오는 친구와 같이 있는 시간에는 이 세상도 한번 살아 볼 만하다는 용기가 솟는다. ㉢그런 친구와 돈독한 우정을 서로 교환하고 있는 이들이라면, 적어도 실패한 삶은 아니라고 단정할 수 있는 것이다.

살아가면서 그런 우정을 가꾸는 이들을 종종 만난다. 비록 나의 친구는 아니지만 그 모습을 보는 일은 참 아름답다. 언젠가 친구가 사업에 실패해서 낙향하여 쓸쓸히 살아가는 것을 안쓰러워하다 못해 ㉣자기도 다니던 직장을 정리하고 가족과 함께 시골로 내려가 친구 옆에서 땅을 일구는 사람을 만난 적이 있었다.

이미 결혼하여 각각의 식솔을 이끌고 있는 두 사람한테는 참으로 어려운 결정이었겠지만, 양쪽 집의 가족들 모두는, 한결같이 이렇게 말하였다. 냉혹한 이 세상에 대항하기 위해 두 집이 힘을 합쳤으니 얼마나 든든하냐고.

㉤누군가는 말했다. 친구 없이 사는 일만큼 무서운 사막은 없다고. 또 누군가는 말했다. 친구 없이 사는 것은 증인 없이 사라지는 일이라고.

💗 빈칸을 채우세요.

– 중심 대상:

– 글쓴이의 생각, 태도:

– 서술상 특징:

- **유별나다**: 보통의 것과 아주 다르다.
- **편성되다**: 예산·조직·대열 따위가 짜여 이루어지다.
- **선연히**: 실제로 보는 것같이 생생하게
- **급우**: 같은 학급에서 함께 공부하는 친구
- **시기하다**: 남이 잘되는 것을 샘하여 미워하다.
- **황폐하다**: 정신이나 생활 따위가 거칠어지고 메말라 가다.
- **망망대해**: 한없이 크고 넓은 바다
- **항해**: 어떤 목표를 향하여 나아감. 또는 그런 과정을 비유적으로 이르는 말
- **인내**: 괴로움이나 어려움을 참고 견딤.
- **동지애**: 목적과 뜻을 같이하는 사람끼리의 사랑
- **동반자**: 어떤 행동을 할 때 짝이 되어 함께하는 사람
- **돈독하다**: 도탑고 성실하다.
- **단정하다**: 딱 잘라서 판단하고 결정하다.
- **낙향하다**: 시골로 거처를 옮기거나 이사하다.
- **식솔**: 한집안에 딸린 구성원
- **냉혹하다**: 차갑고 혹독하다.
- **대항하다**: 굽히거나 지지 않으려고 맞서서 버티거나 항거하다.
- **증인**: 어떤 사실을 증명하는 사람

다음 빈칸에 들어가기에 가장 알맞은 답을 〈보기〉에서 찾아 쓰시오.

〈보기〉

| 사업 | 직장 | 학창 시절 | 친구 | 항해 | 식솔 |

(1) 윗글에서 글쓴이는 (　　　　　　　　)에 겪었던 어려움을 회상하고 있다.
(2) 윗글의 글쓴이는 '삶의 동반자'인 (　　　　　　　　)의 중요성을 강조하고 있다.

05 서술상 특징 파악하기

㉠~㉤에 대한 설명으로 가장 알맞지 <u>않은</u> 것은?

① ㉠: 직유법을 활용하여 인생을 살아가는 것이 어려운 일임을 드러내고 있다.
② ㉡: 은유법을 활용하여 '인생'을 '험난한 항해'라고 표현하고 있다.
③ ㉢: 학창 시절과 그 이후의 삶을 비교하고 있다.
④ ㉣: 돈독한 우정을 나누고 있는 사람들의 사례를 제시하고 있다.
⑤ ㉤: 앞 문장과 뒷 문장의 순서를 바꾸어 표현하고 있다.

06 글쓴이의 생각, 태도 파악하기

윗글에 드러나 있는 글쓴이의 생각으로 가장 알맞은 것은?

① 글쓴이는 친구보다 가족이 더 중요하다고 생각하고 있다.
② 글쓴이는 어른이 된 후보다 학창 시절이 더 힘들었다고 생각하고 있다.
③ 글쓴이는 친구를 사귀려면 적극적으로 행동해야 한다고 생각하고 있다.
④ 글쓴이는 친구를 골라 사귀는 것이 인생에 도움이 된다고 생각하고 있다.
⑤ 글쓴이는 돈독한 친구가 있으면 인생을 살아갈 용기가 생긴다고 생각하고 있다.

07 [단답형] 소재의 의미 파악하기

윗글에서 〈보기〉의 설명과 가장 관련이 있는 소재를 찾아 2글자로 쓰시오.

〈보기〉

친구 없이 살아가는 각박하고 냉혹한 세상을 의미하는 것

04
• **회상하다**: 지난 일을 돌이켜 생각하다.

05
㉠~㉤에 사용된 표현 방법과, 이를 통해 드러나는 내용이 무엇인지 살펴보세요.
• **직유법**: '같이', '처럼', '듯이'와 같은 연결어를 사용하여 직접 비유하는 방법
• **은유법**: 'A는 B이다'의 형식으로 두 대상을 같은 것처럼 비유하는 방법

DAY 21

06
글쓴이가 '친구'에 대해서 어떠한 이야기를 하고 있는지 생각해 보세요.

07
글쓴이가 '친구 없이 사는 일'을 무엇이라고 했는지 살펴보세요.
• **각박하다**: 인정이 없고 삭막하다.

설(說), 유추

> 설에서 글쓴이가 경험을 통해 깨달음을 얻는 과정은 주로 유추의 방식을 통해 이루어진다.

* ● 설(說) 이란?

한문으로 쓰인 고전 수필의 한 종류로, 글쓴이가 자신이 깨달은 사물의 이치나 세상의 도리에 관하여 적은 글

● 설의 특징

– 글쓴이가 일상적 체험을 통해 얻은 깨달음을 밝힌다.
– 우의적[1] 표현을 통해 글쓴이가 자신의 생각을 다른 사물에 빗대어 간접적으로 드러내는 경우가 많다.
– 읽는 사람에게 교훈을 주려는 의도가 담겨 있다.

● 설의 구성 방식: 2단 구성

대부분의 설은 두 부분으로 나뉜다. 앞부분에서는 글쓴이의 경험이나 어떠한 사실을 전달하고, 뒷부분에서는 앞부분에 제시한 내용을 통해 글쓴이가 깨달은 바를 전달한다.

> 이번에 수리하려고 본즉 비가 샌 지 오래된 것은 그 서까래, 추녀, 기둥, 들보가 모두 썩어서 못 쓰게 되었던 까닭으로 수리비가 엄청나게 들었고, (중략)
> _{지붕을 이루고 있는 것들}
> **1단** (경험 제시)
>
> 나는 이에 느낀 것이 있었다. 사람의 몸에 있어서도 마찬가지라는 사실을. 잘못을 알고서도 바로 고치지 않으면 곧 그 자신이 나쁘게 되는 것이 마치 나무가 썩어서 못 쓰게 되는 것과 같으며, 잘못을 알고 고치기를 꺼리지 않으면 해를 받지 않고 다시 착한 사람이 될 수 있으니, (하략)
> _{경험을 통해 얻은 깨달음을 제시함.}
> **2단** (깨달음 제시)
>
> – 이규보, 〈이옥설〉

➡ 글쓴이는 비가 샌 지 오래된 것이 모두 썩어서 못 쓰게 된 경험을 통해 사람이 잘못을 알았다면 곧바로 고쳐야 함을 깨닫고 있다.

* ● 유추[2] 란?

성질이 비슷한 것을 통해 어떤 대상을 미루어 추측하는 방법

* 이규보, 〈이옥설〉

경험		깨달음
비가 샌 지 오래된 집의 지붕이 다 썩어서 못 쓰게 되었고, 이로 인해 수리비가 많이 들었다.	**유추** (사람을 집과 비슷할 것이라고 여김.) →	잘못을 알고서도 고치지 않는 사람도 썩어서 못 쓰게 될 것이다. → 잘못을 알면 바로 고쳐야 한다.

---

❶ 우의적 표현

다른 사물에 빗대어 비유적인 뜻을 나타내거나 풍자하는 것. 빗댄다는 점에서 비유와 비슷하지만 우의적 표현에는 풍자, 즉 무엇인가를 비판하는 의도가 담겨 있는 경우가 많음.

❷ 유추

유추는 두 가지 대상이 갖는 공통점을 바탕으로, 한쪽의 대상이 어떤 특징을 가지면 다른 한쪽도 그와 같은 특징을 가질 것이라고 짐작하는 것임.

• 나와 친구는 취향이 비슷하다.	• A와 B는 비슷하다.
• 나는 노란색을 좋아한다.	• A는 C이다.
→ 친구도 노란색을 좋아할 것이다.	→ B도 C일 것이다.

[01~02] 다음을 읽고 맞으면 ○, 틀리면 ×에 표시하시오.

> 10월 초하루에 이자가 밖에서 돌아오니, 종들이 흙을 파서 집을 만들었는데, 그 모양이 무덤과 같았다. (중략) 이자는 화를 내며 말하기를,
> "여름은 덥고 겨울이 추운 것은 사계절의 정상적인 이치이니, 만일 이와 반대가 된다면 곧 괴이한 것이다. (중략) 다시 토실*을 만들어서 추위를 더위로 바꿔 놓는다면 이는 하늘의 명령을 거스르는 것이다."
> – 이규보, 〈토실을 허문 데 대한 설〉
>
> *토실: 흙으로 만든 집

01

윗글의 글쓴이는 자신이 생각하는 세상의 도리에 대해 이야기하고 있다. (○ , ×)

02

윗글은 자연환경으로 인한 어려움을 극복해야 한다는 교훈을 전하고 있다. (○ , ×)

[03~04] 다음을 읽고 빈칸에 들어가기에 가장 알맞은 말을 고르시오.

> 내가 천둥소리를 들을 때 처음은 간담이 서늘하였다가, 나의 잘못은 없는지 여러 차례 반성하여 마음에 꺼려할 만한 잘못을 찾지 못한 다음에야 겨우 마음을 놓았다. (중략) 내가 마음에 꺼려한 또 한 가지는 남이 나를 칭찬하면 기뻐하고 나를 나무라면 낯빛이 변한 것이다. 이것은 비록 천둥이 칠 때에 두려워할 것까지는 아니더라도 경계해야 하는 것이다.
> – 이규보, 〈뇌설〉

03

윗글의 앞부분에는 글쓴이의 (경험 / 교훈)이, 뒷부분에는 글쓴이의 깨달음이 제시되고 있다.

04

글쓴이는 천둥소리를 들었을 때의 경험을 바탕으로 자신의 평소 행동을 (감탄 / 반성)하고 있다.

[05~06] 다음을 읽고 빈칸에 들어가기에 가장 알맞은 말을 쓰시오.

> 이웃에 있는 장생이란 사람이 집을 지으려고 하여 산에 들어가 (중략) 쓸 만한 좋은 재목*으로 생각하고는 도끼를 들고 그쪽으로 가 뒤에서 살펴보니, 구부러져 있는 나무였다. (중략) / "아, 나무 가운데 재목이 될 만한 것은 보면 쉽게 살필 수 있고, 고르면 쉽게 가름할 수 있다. 그런데 이 나무의 경우는 내가 세 번이나 살폈어도 쓸모없는 재목감이라는 것을 알지 못하였구나. 그러니 하물며 사람들이 외모를 그럴 듯하게 꾸미고 속마음을 깊게 숨기는 경우에 있어서랴!"
> – 장유, 〈곡목설〉
>
> *재목: 건물을 짓거나 물건을 만드는 데 쓰는 나무

05

윗글의 글쓴이는 사람이 (   )와/과 비슷할 것이라고 여기고 있다.

06

윗글에서는 곧은 나무를 찾기 어려운 것을 통해 정직한 사람을 찾기 어렵다는 것을 (   )하고 있다.

[07~09] 빈칸에 들어가기에 알맞은 단어를 〈보기〉에서 찾아 문맥에 맞게 쓰시오.

> ───〈보기〉───
> • 돈독하다: 도탑고 성실하다.
> • 권세: 권력과 세력을 아울러 이르는 말
> • 미혹되다: 무엇에 홀려 정신이 차려지지 못하다.

07

그의 집안은 대대로 (   )을/를 누려 왔다.

08

형은 나에게 어리석은 생각에 (   )되어 시간을 낭비하지 말라고 충고했다.

09

우리 남매는 어릴 적부터 (   )한 우애를 쌓아 왔다.

◉ (주)수경출판사의 모든 교재에는 **마인드 트리**가 있습니다.

◉ 교재의 **마인드 트리** 5개를 모아서 보내주시는 모든 분께 선물을 드립니다.

◉ 각각 다른 교재의 **마인드 트리**를 모아 주셔야 됩니다.

>> 다음 교재 중 1권과 개념정리 노트 1권을 드립니다.
- 형상기억 수학공식집(중1)
- 형상기억 수학공식집(중등 종합)
- 보카 레슨 Level **1**
- 보카 레슨 Level **2**
- 보카 레슨 Level **3**

중 1권 + 개념정리 노트 1권

*오려서 보내 주세요.

자이스토리
중학 국어 문학 독해+문학 용어 [2]

자이스토리

Mind Tree

5개를 모아 보내 주세요!

(각각 다른 교재로)

우 편 봉 함 엽 서

보내는 사람

*주소

*이름 ____________ *학년 (중____, 고 ____)

우표

받는 사람

서울시 영등포구 양평로 21길 26(양평동 5가)
IS비즈타워 807호
(주)수경출판사 교재 기획실

0 7 2 0 7

자이스토리 중학 국어 **문학 독해**+문학 용어 **2**

1. 이 책을 구입하게 된 동기는 무엇입니까? [교재명 :   ]

① 서점에서 다른 책들과 비교해 보고 ② 광고를 보고/듣고 ③ 학교/학원 보충 교재 [학교명(학원명):   ]
④ 선생님의 추천 ⑤ 친구/선배의 권유 ⑥ 기타 [   ]

2. 교재를 선택할 때 가장 큰 기준이 되는 것은? (복수 응답 가능)

① 유명 출판사 ② 교재 내용 ③ 디자인 ④ 난이도
⑤ 교재 분량 ⑥ 해설 ⑦ 동영상 강의 ⑧ 기타 [   ]

3. 이 책의 전반적인 부분에 대한 질문입니다.

◆ 표지 디자인: 좋다 □ 보통이다 □ 좋지 않다 □   ◆ 본문 디자인: 좋다 □ 보통이다 □ 좋지 않다 □
◆ 문제 난이도: 어렵다 □ 알맞다 □ 쉽다 □   ◆ 교재의 분량: 많다 □ 알맞다 □ 적다 □

4. 이 책의 구성 요소를 평가한다면?

- 지문 구성 (   ) • 단계별 독해 방법 (   ) • 지문 이해 특강 (   ) • 문제 풀이 특강 (   )
- 문학 용어 특강 (   ) • 문학 용어+어휘 테스트 (   ) • 첨삭 해설 (   ) • 왜 정답, 왜 오답 (   )

① 매우 만족   ② 만족   ③ 보통   ④ 불만   ⑤ 매우 불만

＊오려서 보내 주세요.

5. 이 책에서 추가되어야 할 점이 있다면 무엇입니까?

6. 최근 본인이 크게 도움을 받은 책이 있다면?(또는 가장 인기있는 교재는?)

교재명 :　　　　　　　　과목 :

7. 내가 원하는 교재가 있다면?

이름 :　　　　　　연락처 :　　　　　　이메일 :

학 교 :　　　　　　학 년 :

❄ 마인드 트리를 붙이고 원하는 교재를 체크하세요.

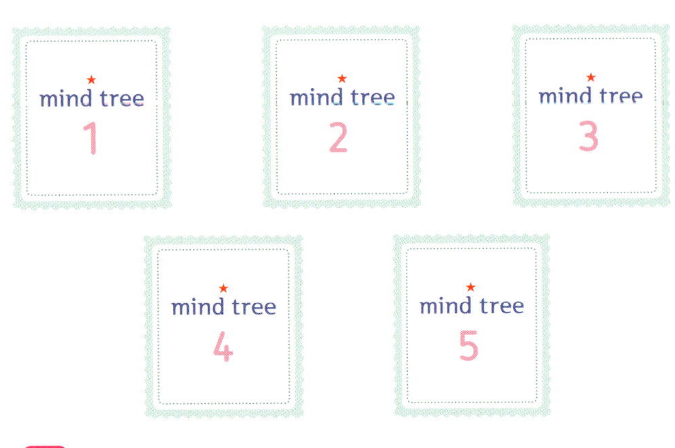

※ 원하는 교재를 1권 체크

☐ 형상기억
수학공식집
중1

☐ 형상기억
수학공식집
중등 종합

☐ 보카 레슨
Level 1

☐ 보카 레슨
Level 2

☐ 보카 레슨
Level 3

자이스토리

중학 국어 문학 독해 + 문학 용어 2

[시, 소설·극 문학, 수필]

[해 설 편]

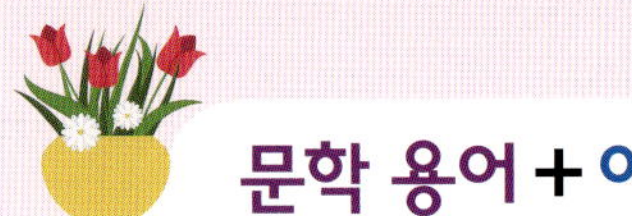

문학 용어 + 어휘 테스트 정답

Ⅰ 시

STEP Ⅰ

DAY 01

01 드러나고 02 봄바람 03 나 04 새로운 길 05 나룻배 06 지상 07 예찬
08 긍정적 09 사명

DAY 02

01 시조 02 종장 03 X 04 X 05 ○ 06 연시조 07 3 08 넋 09 일편단심
10 원망

DAY 03

01 운율 02 함축성 03 ○ 04 ○ 05 X 06 내재율 07 음성 상징어 08 고단
09 공감 10 겨냥

STEP Ⅱ

DAY 04

01 고향 02 안타까움 03 마을 04 긍정적 05 ○ 06 X 07 권 08 가정
09 눈발 10 인식

DAY 05

01 임 02 충성심 03 분연체 04 후렴구 05 ○ 06 X 07 의도적 08 애원
09 거만 10 망정

DAY 06

01 예찬적 02 의지적 03 성찰적 04 독백적 05 X 06 ○ 07 아려 08 무심한
09 이상적

STEP Ⅲ

DAY 07

01 ○ 02 X 03 직유법 04 영탄법 05 대구법 06 설의법 07 해롭다 08 나무
09 여물 10 너그러운

DAY 08

01 선경후정 02 그리움 03 소나무 04 바람, 서리 05 만족 06 안빈낙도
07 과장 08 결박 09 참신 10 묘미

DAY 09

01 ○ 02 X 03 꽃은 떨어진다 04 시각적 05 시간의 흐름 06 동적 07 알알이
08 개켜 09 고장

Ⅱ 소설·극 문학

STEP Ⅰ

DAY 10

01 중심인물 02 베란다 03 전형적 04 시대적 05 X 06 X 07 연거푸
08 당도 09 적적 10 애잔

DAY 11

01 신문 02 ○ 03 ○ 04 우화 05 비판 06 회상 07 인적 08 평안 09 안부

DAY 12

01 ○ 02 ○ 03 인물 04 절정 05 냉옥, 부마 06 용이 07 어물거리
08 토박이 09 초월

STEP Ⅱ

DAY 13

01 사건 02 인물 03 X 04 ○ 05 괴로워 06 사회 07 달갑 08 신통
09 저의 10 통솔력

DAY 14

01 ○ 02 X 03 평면적 04 권선징악의 주제 05 기이한 출생 06 탁월한 능력
07 보필 08 증명 09 엄숙히

DAY 15

01 희곡 02 지(시)문 03 ○ 04 X 05 대화 06 확대 07 쾌감 08 골리
09 분단되 10 대가

STEP Ⅲ

DAY 16

01 ○ 02 X 03 3인칭 04 전지적 작가 05 나 06 1인칭 주인공 07 생동감
08 명의 09 매립 10 호의

DAY 17

01 대화 02 당당히 03 ○ 04 ○ 05 묘사 06 계집애 07 빈번 08 얼버무려
09 직면 10 위독

DAY 18

01 ○ 02 X 03 액자식 04 고향 05 풍자 06 서명 07 인색 08 풍채
09 반신반의

Ⅲ 수필

STEP Ⅰ

DAY 19

01 X 02 ○ 03 개성 04 만연체 05 교훈 06 건조체 07 무성 08 아문
09 재간 10 불화

STEP Ⅱ

DAY 20

01 ○ 02 ○ 03 편지글 04 당부 05 오심암 06 감상 07 겸허 08 태연스러
09 굼떠

STEP Ⅲ

DAY 21

01 ○ 02 X 03 경험 04 반성 05 나무 06 유추 07 권세 08 미혹 09 돈독

이 책의 차례

★ 다시는 틀리지 않게 완벽히 이해시키는 입체 첨삭 해설

❷ 상황, 정서, 태도
화자가 처해 있는 상황과 그 상황에서 화자가 느끼는 정서를 비롯해 화자의 태도를 알 수 있는 부분에 표시했습니다.

❸ 표현상 특징
주제를 효과적으로 전달하기 위해 사용된 표현상 특징이 드러난 부분에 표시했습니다.

시 이해
시의 내용을 정확하게 파악할 수 있도록 구체적인 해설을 제시하였습니다.

❶ 화자, 중심 대상
시의 화자, 중심 대상에 표시했습니다.

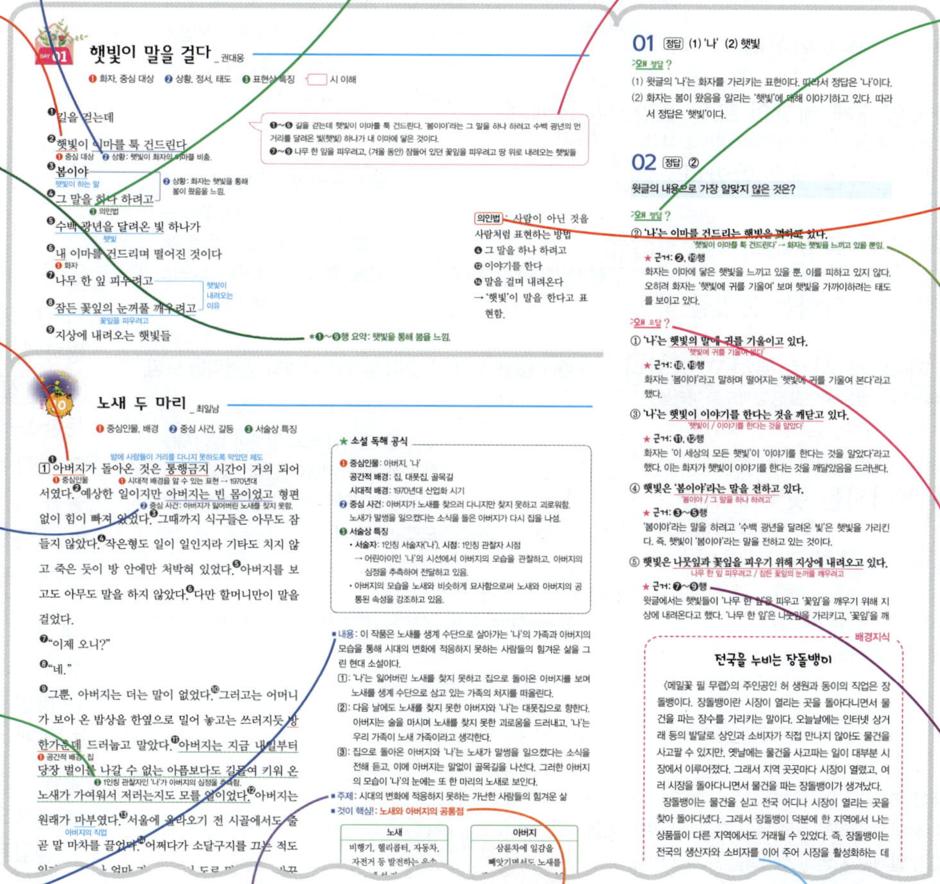

왜 정답?
정답이 되는 핵심 이유와 문제 풀이를 알기 쉽고 자세히 설명했습니다.

요약
각 연이나 장면의 내용을 요약해 전체적인 내용을 파악할 수 있게 했습니다.

표현 방법
시에 사용된 표현 방법을 상세히 안내했습니다.

❶ 중심인물, 배경
소설의 중심인물과 사건이 펼쳐지는 배경을 알 수 있는 부분에 표시했습니다.

첨삭 해설
작품과 문제를 깊이 있게 이해할 수 있도록 해설을 자세히 수록했습니다.

❷ 중심 사건, 갈등
소설의 핵심을 이루는 사건과 갈등이 드러난 부분에 표시했습니다.

왜 오답?
틀린 문제에 대한 이해뿐만 아니라 선택지 출제 원리까지 터득할 수 있습니다.

❸ 서술상 특징
이야기를 효과적으로 전달하기 위해 사용된 서술상 특징이 드러난 부분에 표시했습니다.

근거
문제 풀이의 근거가 되는 부분을 구체적으로 제시했습니다.

내용
해당 작품이 어떠한 내용이고, 무슨 갈래에 해당하는지를 한 문장으로 요약했습니다.

주제
작품의 주제를 정리했습니다.

이것이 핵심!
작품에서 가장 핵심이 되는 내용을 한눈에 볼 수 있게 제시했습니다.

배경지식
작품과 관련 있는 다양한 자료를 수록하여 학습과 생각의 깊이를 더할 수 있도록 하였습니다.

햇빛이 말을 걸다 _ 권대웅

❶ 화자, 중심 대상   ❷ 상황, 정서, 태도   ❸ 표현상 특징   [　] 시 이해

❶ 길을 걷는데

❷ 햇빛이 이마를 툭 건드린다
　❶ 중심 대상　❷ 상황: 햇빛이 화자의 이마를 비춤.

❸ 봄이야
　햇빛이 하는 말　　　　❷ 상황: 화자는 햇빛을 통해
❹ 그 말을 하나 하려고　　　　봄이 왔음을 느낌.
　　　❸ 의인법

❺ 수백 광년을 달려온 빛 하나가
　　　　　햇빛

❻ 내 이마를 건드리며 떨어진 것이다
　　❶ 화자

❼ 나무 한 잎 피우려고　　　　　　　햇빛이
　　　　　　　　　　　　　　　　내려오는
❽ 잠든 꽃잎의 눈꺼풀 깨우려고　　　이유
　　꽃잎을 피우려고

❾ 지상에 내려오는 햇빛들

❿ 나에게 사명을 다하며 떨어진 햇빛을 보다가
　　봄이 왔음을 알리는 것

⓫ 문득 나는 이 세상의 모든 햇빛이
　　　　　　　　　　　　　　　세상에 햇빛이 비치는
⓬ 이야기를 한다는 것을 알았다　　것을 '이야기를 한다'라고
　　❸ 의인법　　　　　　　　　　표현함.

⓭ 강물에게 나뭇잎에게 세상의 모든 플랑크톤들에게
　　햇빛이 말을 거는 대상(햇빛이 비추는 대상)

⓮ 말을 걸며 내려온다는 것을 알았다
　　❸ 의인법

⓯ 반짝이며 날아가는 물방울들
　「」: ❷ 정서 – 자연의 생명력을 느낌.　　　❸ 시각적 심상, 대구법
⓰ 초록으로 빨강으로 답하는 풀잎들 꽃들

⓱ 눈부심으로 가득 차 서로 통하고 있었다
　　❷ 태도: 긍정적(햇빛을 받은 자연을 긍정적으로 바라봄.)

⓲ 봄이야
　햇빛의 말
⓳ 라고 말하며 떨어지는 햇빛에 귀를 기울여 본다
　　　　　　❷ 태도: 긍정적(햇빛을 긍정적으로 여김.)

⓴ 그의 소리를 듣고 푸른 귀 하나가
　　햇빛　　　　　　　　새싹
㉑ 땅속에서 솟아오르고 있었다
　　새싹이 돋아나는 모습

❶~❻ 길을 걷는데 햇빛이 이마를 툭 건드린다. '봄이야'라는 그 말을 하나 하려고 수백 광년의 먼 거리를 달려온 빛(햇빛) 하나가 내 이마에 닿은 것이다.
❼~❾ 나무 한 잎을 피우려고, (겨울 동안) 잠들어 있던 꽃잎을 피우려고 땅 위로 내려오는 햇빛들

* ❶~❾행 요약: 햇빛을 통해 봄을 느낌.

❿~⓮ 나에게 (봄이 왔다고 알리는) 사명을 다하며 떨어진 햇빛을 보다가, 문득 나는 이 세상의 모든 햇빛이 이야기를 한다는 것(이 세상의 모든 곳에 햇빛이 비친다는 것)을 알았다. 강물에게, 나뭇잎에게, 세상의 모든 플랑크톤들에게 말을 걸며 내려온다는 것을 알았다.

⓯~⓱ 반짝이며 날아가는 물방울들과 (봄이 왔다고 알리는 햇빛의 말에 답하는) 초록 풀잎들, 빨강 꽃들이 눈부심으로 가득 차 서로 통하고 있었다.

* ❿~⓱행 요약: 햇빛이 일깨운 자연의 생명력을 느낌.

⓲~㉑ '봄이야'라고 말하며 떨어지는 햇빛에 귀를 기울여 본다. 햇빛의 소리를 듣고 새싹 하나가 땅속에서 솟아 오르고 있었다.

* ⓲~㉑행 요약: 햇빛을 받고 돋아나는 새싹을 바라봄.

[의인법]: 사람이 아닌 것을 사람처럼 표현하는 방법
❹ 그 말을 하나 하려고
⓬ 이야기를 한다
⓮ 말을 걸며 내려온다
→ '햇빛'이 말을 한다고 표현함.

[심상]: 어떤 현상이나 사물이 감각을 통해 마음속에 선명하게 그려진 것
[시각적 심상]: 눈으로 보는 듯한 느낌을 주는 것
⓯ 반짝이며 날아가는 물방울들
⓰ 초록으로 빨강으로 답하는 풀잎들 꽃들

[대구법]: 형식이 비슷한 문장을 짝을 맞추어 나란히 두는 방법
⓯ 반짝이며 날아가는 물방울들
⓰ 초록으로 빨강으로 답하는 풀잎들 꽃들
→ '－는 －들'이라는 비슷한 형식의 문장을 나란히 둠.

★ 시 독해 공식

❶ 화자: '나', 중심 대상: 햇빛
❷ 상황: 화자는 이마에 비친 햇빛을 통해 봄이 왔음을 느끼고 있음.
　정서: 봄날의 햇빛이 일깨운 자연의 생명력을 느끼고 있음.
　태도: 긍정적(햇빛과 자연을 긍정적으로 바라보고 있음.)
❸ 표현상 특징: 의인법과 대구법, 시각적 심상을 활용하고 있음.

- **내용**: 이 작품은 봄이 왔음을 알리고 자연에 생명력을 불어넣는 햇빛에 대해 노래한 현대시이다.
  - **❶~❾행**: 햇빛을 통해 봄을 느끼는 화자의 모습을 드러내고 있다.
  - **❿~⓱행**: 햇빛을 통해 생명력을 얻은 자연의 모습을 생동감 있게 나타내고 있다.
  - **⓲~㉑행**: 햇빛을 받고 새싹이 돋아나는 봄날의 모습을 그리고 있다.

- **주제**: 자연의 생명력을 일깨우는 봄날의 햇빛
- **이것이 핵심!**: 햇빛의 역할

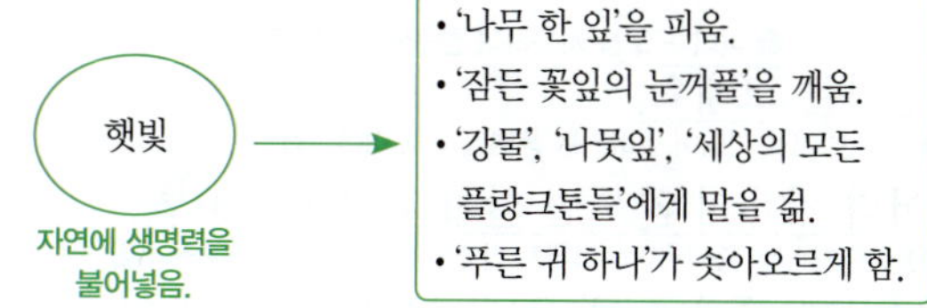

---

01 정답 (1) '나' (2) 햇빛

왜 정답?

(1) 윗글의 '나'는 화자를 가리키는 표현이다. 따라서 정답은 '나'이다.

(2) 화자는 봄이 왔음을 알리는 '햇빛'에 대해 이야기하고 있다. 따라서 정답은 '햇빛'이다.

02 정답 ②

윗글의 내용으로 가장 알맞지 않은 것은?

왜 정답?

② '나'는 이마를 건드리는 햇빛을 피하고 있다.
'햇빛이 이마를 툭 건드린다' → 화자는 햇빛을 느끼고 있을 뿐임.

★ 근거: ❷, ⓳행
화자는 이마에 닿은 햇빛을 느끼고 있을 뿐, 이를 피하고 있지 않다. 오히려 화자는 '햇빛에 귀를 기울여' 보며 햇빛을 가까이하려는 태도를 보이고 있다.

왜 오답?

① '나'는 햇빛의 말에 귀를 기울이고 있다.
'햇빛에 귀를 기울여 본다'

★ 근거: ⓲, ⓳행
화자는 '봄이야'라고 말하며 떨어지는 '햇빛에 귀를 기울여 본다'라고 했다.

③ '나'는 햇빛이 이야기를 한다는 것을 깨닫고 있다.
'햇빛이 / 이야기를 한다는 것을 알았다'

★ 근거: ⓫, ⓬행
화자는 '이 세상의 모든 햇빛'이 '이야기를 한다는 것을 알았다'라고 했다. 이는 화자가 햇빛이 이야기를 한다는 것을 깨달았음을 드러낸다.

④ 햇빛은 '봄이야'라는 말을 전하고 있다.
'봄이야 / 그 말을 하나 하려고'

★ 근거: ❸~❺행
'봄이야'라는 말을 하려고 '수백 광년을 달려온 빛'은 햇빛을 가리킨다. 즉, 햇빛이 '봄이야'라는 말을 전하고 있는 것이다.

⑤ 햇빛은 나뭇잎과 꽃잎을 피우기 위해 지상에 내려오고 있다.
나무 한 잎 피우려고 / 잠든 꽃잎의 눈꺼풀 깨우려고

★ 근거: ❼~❾행
윗글에서는 햇빛들이 '나무 한 잎'을 피우고 '꽃잎'을 깨우기 위해 지상에 내려온다고 했다. '나무 한 잎'은 나뭇잎을 가리키고, '꽃잎'을 깨운다는 것은 꽃잎을 피운다는 의미이다.

03 정답 ⑤

윗글의 화자에 대한 설명으로 가장 알맞은 것은?

- **윗글의 화자:** 화자인 '나'는 봄이 왔음을 알리는 '햇빛'과 햇빛을 받은 자연을 생동감 넘치는 모습으로 나타내고 있습니다.

즉 '햇빛'과 관련된 화자의 정서와 태도에 대한 설명으로 알맞은 것을 고르는 문제입니다.

왜 정답?

⑤ 화자는 봄이 왔음을 알리는 햇빛을 긍정적으로 느끼고 있다.
화자는 햇빛에 귀를 기울이고 있으므로 적절함.

★ 근거: ⓲, ⓳행
화자는 봄이 왔음을 알리는 햇빛과, 햇빛으로 인해 생명력을 얻게 된 자연을 생동감 있게 표현하고 있다. 이를 통해 화자가 햇빛과 자연을 긍정적으로 인식하고 있음이 드러난다. 또한 '햇빛에 귀를 기울'이는 화자의 모습에서도 햇빛을 긍정적으로 느끼는 태도가 드러나고 있다.

왜 오답?

① 화자는 사명을 다한 햇빛을 안타까워하고 있다.
드러나지 않음.
화자는 사명을 다한 햇빛을 보다가 이 세상의 모든 햇빛이 이야기를 한다는 것을 깨닫고 있을 뿐, 햇빛을 안타까워하고 있지 않다.

② 화자는 수백 광년을 달려온 햇빛을 위로하고 있다.
드러나지 않음.
화자는 햇빛을 '수백 광년을 달려온 빛'이라고 표현하고 있을 뿐, 햇빛을 위로하고 있지 않다.

③ 화자는 햇빛과 같은 존재가 되기 위해 노력하고 있다.
드러나지 않음.
화자는 햇빛을 긍정적으로 느끼고 있지만, 햇빛과 같은 존재가 되기 위해 노력하고 있지는 않다.

④ 화자는 강물에게 이야기하는 햇빛을 부러워하고 있다.
드러나지 않음.
화자는 햇빛이 강물과 나뭇잎, 플랑크톤들에게 말을 걸며 내려온다고 했을 뿐, 햇빛을 부러워하고 있지 않다.

❶ 화자, 중심 대상   ❷ 상황, 정서, 태도   ❸ 표현상 특징   [   ] 시 이해

❸ 어미 '-요'를 사용하여 친근한 느낌을 줌.

[1] ❶생명은 그래요.
  ❷ 상황: 서로 기대어 살아가는 생명에 대해 이야기함.
 ❷어디 기대지 않으면 살아갈 수 있나요?
  ❸ 설의법 – 생명은 어디에 기대지 않고는 살아갈 수 없다는 의미임.
 ❸공기에 기대고 서 있는 나무들 좀 보세요.
   공기에 의지하며 살아가는 나무들

[1] 생명은 그래요, 생명이 어디에도 기대지 않고 살아갈 수 있나요?(살아갈 수 없어요.) (홀로 서 있는 것 같지만) 공기에 기대고 서 있는 나무들을 좀 보세요.

＊[1]연 요약: 생명은 어딘가에 기대어 살아감.

[2] ❶우리는 기대는 데가 많은데
  ❶ 화자
       생명에 영향을 주는 존재의 상태
 ❷기대는 게 맑기도 하고 흐리기도 하니
  생명(영향을 받는 존재)   : ❸ 같은 표현을 반복하여 리듬감을 형성함.
 ❸우리 또한 맑기도 흐리기도 하지요.
  ❷ 상황: '우리'는 기대는 대상의 상태에 따라 영향을 받음을 이야기함.

[2] 우리(생명)는 기대는 데가 많은데, 기대는 게 맑기도 하고 흐리기도 하니 (기대는 것에 영향을 받는) 우리 또한 맑기도 하고 흐리기도 하지요.

＊[2]연 요약: '우리'는 기대는 존재에게 영향을 받음.

  ❷ 태도: 예찬적(서로 의지하며 살아가는 존재들을 예찬함.)
[3] ❶비스듬히 ㉠다른 비스듬히를 받치고 있는 이여.
      ❶ 중심 대상 ❸ 영탄법

[3] 비스듬히 (서서) 다른 비스듬히 (서 있는 존재를) 받치고 있는 이여.

＊[3]연 요약: 서로 기대며 살아가는 존재들을 예찬함.

설의법 : 쉽게 판단할 수 있는 사실을 물음의 형식으로 표현하는 방법
[1]-❷ 어디 기대지 않으면 살아갈 수 있나요?

영탄법 : 놀람, 기쁨 등의 감정을 감탄하는 말을 이용하여 강하게 표현하는 방법
[3]-❶ 다른 비스듬히를 받치고 있는 이여.
→ 감탄의 뜻을 담아 누군가를 부르는 말인 '여'를 사용함.

예찬적 : 무엇이 훌륭하거나 좋거나 아름답다고 찬양하는 것

★ 시 독해 공식

❶ **화자** : '우리', **중심 대상** : 다른 비스듬히를 받치고 있는 이
❷ **상황** : 화자는 서로 영향을 주고받으며 기대어 살아가는 생명에 대해 이야기하고 있음.
  태도 : 예찬적(서로 의지하며 살아가는 존재들을 예찬하고 있음.)
❸ **표현상 특징**
  • 설의법, 영탄법 등 다양한 표현 방법을 사용하고 있음.
  • 반복을 통해 운율을 형성하고 있음.

■ **내용**: 이 작품은 서로 영향을 받고 의지하며 살아가는 존재에 대한 예찬을 표현한 현대시이다.
  [1]연: '공기에 기대고 서 있는 나무들'처럼 어딘가에 기대어 살아가는 생명을 친근하게 표현하고 있다.
  [2]연: 우리는 기대는 존재에게 영향을 받으며 살아간다는 것을 이야기하고 있다.
  [3]연: 서로 기대어 살아가는 존재들을 예찬하고 있다.

■ **주제**: 서로 기대어 살아가는 존재들에 대한 예찬

■ **이것이 핵심!**: 대상을 예찬하는 태도

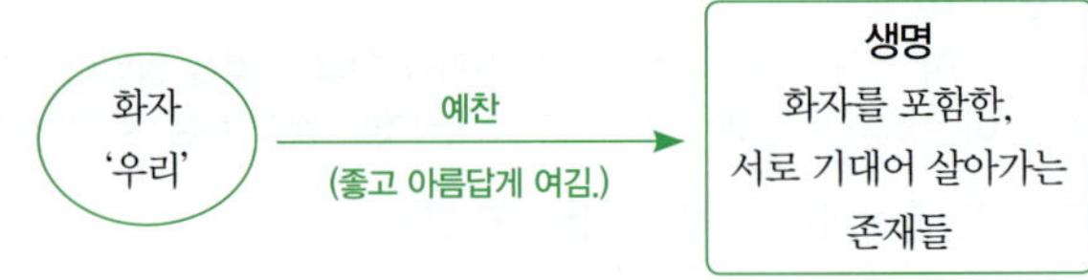

04 [정답] (1) '우리' (2) 다른 비스듬히를 받치고 있는 이

>왜 정답?

(1) 윗글의 '우리'는 화자를 가리키는 표현이다. 따라서 정답은 '우리'이다.

(2) 화자는 서로 기대어 살아가는 존재인 '다른 비스듬히를 받치고 있는 이'를 예찬하고 있다. 따라서 정답은 '다른 비스듬히를 받치고 있는 이'이다.

05 [정답] ④

윗글에 대한 설명으로 가장 알맞지 <u>않은</u> 것은?

>왜 정답?

④ '공기'와 '나무'를 **대조**하여 주제를 드러내고 있다.
'나무'는 '공기에 기대고 서 있'으므로 공기와 나무는 서로 대조되지 않음.
★ 근거: ①연 ❸행
윗글에서는 홀로 서 있는 것 같은 '나무'도 '공기에 기대고 서 있'다고 하며 모든 생명은 서로 기대어 살아간다는 주제를 드러내고 있다. 따라서 공기와 나무를 대조하고 있다는 설명은 적절하지 않다.

>왜 오답?

① 일상적으로 쓰이는 쉬운 어휘를 사용하고 있다.
'공기', '나무', '맑기도', '흐리기도' 등
★ 근거: ①연~③연
'공기', '나무', '맑기도', '흐리기도', '비스듬히' 등은 우리가 일상에서 사용하는 쉬운 어휘이다. 윗글에서는 이러한 쉬운 어휘를 통해 서로 기대어 살아가는 생명에 대해 이야기하고 있다.

② 의문의 형식으로 화자의 생각을 강조하고 있다.
'어디 기대지 않으면 살아갈 수 있나요?'
★ 근거: ①연 ❷행
'어디 기대지 않으면 살아갈 수 있나요?'라는 물음은 '어디 기대지 않고는 살아갈 수 없다.'라는 의미이다. 이를 통해 화자는 모든 생명은 어딘가에 기대어 살아갈 수밖에 없다는 자신의 생각을 강조하고 있다.

③ 어미 '-요'를 사용하여 친근감 있게 말하고 있다.
'그래요', '있나요?', '보세요', '하지요'
★ 근거: ①연 ❶~❸행, ②연 ❸행
1연과 2연에서는 '그래요', '있나요?', '보세요', '하지요'와 같은 어미 '-요'를 사용하고 있다. 이러한 어미는 읽는 사람에게 대화하는 느낌을 주어 친근감을 불러일으킨다.

⑤ '맑기도'와 '흐리기도'를 반복하여 리듬감을 형성하고 있다.
'맑기도 하고 흐리기도 하니', '맑기도 흐리기도 하지요.'
★ 근거: ②연 ❷~❸행
2연에서는 '맑기도'와 '흐리기도'를 반복하고 있다. 이렇게 같은 말이나 비슷한 말을 반복하면 리듬감이 생긴다.

06 [정답] ④

다음 중 ㉠의 의미로 가장 알맞은 것은?

• ㉠: ㉠은 '다른 비스듬히를 받치고 있는 이'를 가리키며, 서로 의지하며 살아가는 존재들을 의미합니다.

[즉] '다른 비스듬히를 받치고 있는 이'(㉠)가 의미하는 것을 고르는 문제입니다.

>왜 정답?

④ 서로 의지하며 살아가는 사람들
㉠의 의미로 적절함.
★ 근거: ①~③연
화자는 모든 생명은 어딘가에 기대어 영향을 받으며 살아간다는 것을 이야기하고, 서로 의지하며 살아가는 존재들을 예찬하고 있다. 따라서 '다른 비스듬히를 받치고 있는 이'(㉠)는 서로 의지하며 살아가는 사람들을 의미한다.

>왜 오답?

① 하루 종일 서 있는 사람들
관련 없음.
기대어 서 있다는 것은 서로 의지하며 살아간다는 의미이다. 따라서 ㉠과 하루 종일 서 있는 사람들의 모습은 관련이 없다.

② 생명의 소중함을 아는 사람들
관련 없음.
윗글에서는 모든 생명이 서로 기대어 살아간다고 이야기하고 있을 뿐, 생명의 소중함을 강조하고 있지는 않다.

③ 공기가 맑은 곳에 사는 사람들
관련 없음.
윗글에 공기가 맑은 곳에 사는 사람들의 모습은 나타나지 않는다.

⑤ 자신의 잘못을 반성하는 사람들
관련 없음.
윗글에 자신의 잘못을 반성하는 사람들의 모습은 나타나지 않는다.

07 [정답] 비스듬히 다른 비스듬히를 받치고 있는 이여.

윗글에서 〈보기〉의 밑줄 친 부분과 가장 관련 있는 행을 찾아 쓰시오.

> ──────〈보기〉──────
>
> 영탄적 표현이란 감탄사나 감탄형 어미, 조사 등을 이
> '아아' '오' 등   '구나', '-도다' 등   '여' 등
> 용하여 기쁨·슬픔·놀라움과 같은 감정을 나타내는 표
> 현을 말한다. 〈비스듬히〉에서는 영탄적 표현을 활용하여
> 서로에게 기대고 있는 존재를 예찬하고 있다.

>왜 정답?

★ 근거: ③연
3연의 '비스듬히 다른 비스듬히를 받치고 있는 이여.'에서는 조사 '여'를 사용하여 서로에게 기대고 살아가는 존재를 예찬하고 있다. '여'는 감탄의 뜻을 담아 누군가를 부를 때 사용하는 조사이다.

DAY 02 단심가 _ 정몽주

❶ 화자, 중심 대상   ❷ 상황, 정서, 태도   ❸ 표현상 특징   ☐ 시 이해

❶이 몸이 죽고 죽어 일백 번 고쳐 죽어
　❶ 화자
　　　　: ❸ 반복법

＊상황: 죽음이 계속되어 넋조차 사라지는 극단적인 상황을 가정함.

❶ 내가 죽고 또 죽어 백 번이나 다시 죽더라도

❷백골이 진토 되어 넋이라도 있고 없고
　　　　❸ 과장법

❷ 뼈가 먼지와 흙이 되어서 영혼이 남아 있든 없어지든

＊초장(❶), 중장(❷) 요약: 죽음이 반복되어 넋조차 사라지는 상황을 가정함.

❸ 설의법
❸㉠임 향한 일편단심이야 가실 줄이 있으랴
　❶ 중심 대상　　❷ 정서: 임을 향한 변함없는 마음을 다짐함.
　　　　　　　　　　태도: 의지적

❸ 임을 향한 변함없는 마음이 사라지겠느냐?(사라지지 않을 것이다.)

＊종장(❸) 요약: 임을 향한 변함없는 마음을 다짐함.

★ 시 독해 공식

❶ 화자: 이 몸, 중심 대상: 임 향한 일편단심(임을 향한 변함없는 마음)
❷ 상황: 화자는 극단적인 상황을 가정하여 임을 향한 마음을 이야기하고 있음.
　　정서: 임을 향한 마음이 절대 변하지 않을 것이라고 다짐하고 있음.
　　태도: 의지적
❸ 표현상 특징
　• 극단적인 상황을 가정하고 있음.
　• 반복법, 과장법, 설의법을 활용하고 있음.

반복법: 비슷하거나 같은 단어, 구절, 문장 구조를 반복하는 방법
❶ 이 몸이 죽고 죽어 일백 번 고쳐 죽어
→ '죽다'라는 단어를 '죽고', '죽어'로 반복함.

극단적인 상황: 더 나아갈 데가 없을 정도의 상황

가정: 실제로 일어나지 않은 일이 일어난다고 임시로 정함.

과장법: 대상을 실제보다 지나치게 크거나 작게 표현하는 방법
❷ 백골이 진토 되어 넋이라도 있고 없고
→ 죽은 후의 상황을 과장함.

설의법: 쉽게 판단할 수 있는 사실을 물음의 형식으로 표현하는 방법
❸ 임 향한 일편단심이야 가실 줄이 있으랴
→ 일편단심이 사라지지 않는다는 사실을 물음의 형식으로 표현함.

■ 내용: 이 작품은 임에 대한 변함없는 마음을 노래한 시조이다. '임'은 화자가 사랑하는 사람이면서 고려 왕조를 상징하기도 한다. 작가는 고려가 망해 가던 때에 이 작품을 지었으며, 어떠한 일이 있어도 고려에 충성을 다하겠다는 의지를 '일편단심'이라고 표현하였다.
초장, 중장(❶, ❷): 죽음이 반복되어 뼈가 다 부서지고 넋도 사라지는 상황을 가정하고 있다.
종장(❸): 임을 향한 변하지 않는 마음을 강조하고 있다.

■ 주제: 임에 대한 변함없는 마음(고려 왕조에 대한 충성심)

■ 이것이 핵심!: 화자의 태도

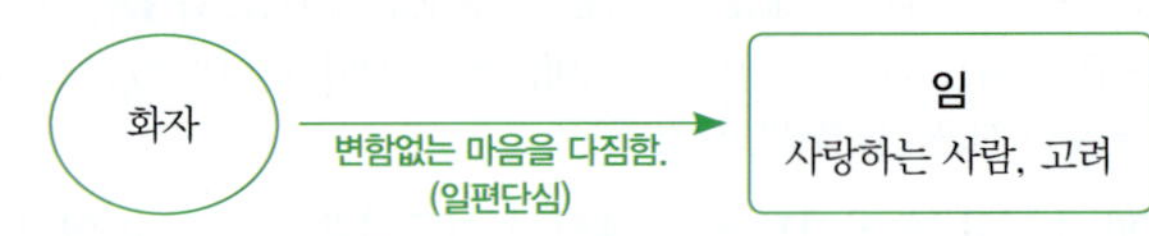

01 [정답] (1) 이 몸 (2) 임 향한 일편단심

>왜 정답?

(1) 윗글의 '이 몸'은 화자를 가리키는 표현이다. 따라서 정답은 '이 몸'이다.

(2) 화자는 어떠한 일이 있어도 '임 향한 일편단심'이 변하지 않을 것이라고 다짐하고 있다. 따라서 정답은 '임 향한 일편단심'이다.

02 [정답] ⑤

윗글의 화자에 대한 설명으로 가장 알맞은 것은?

- **윗글의 화자:** 화자는 죽음이라는 극단적인 상황을 가정하여 임에 대한 마음을 드러내고 있습니다.

즉 임과 관련된 화자의 정서와 태도에 대한 설명으로 알맞은 것을 고르는 문제입니다.

>왜 정답?

⑤ 화자는 임에 대한 변함없는 마음을 드러내고 있다.
'임 향한 일편단심이야 가실 줄이 있으랴'

★ **근거: 종장(③)**

'일편단심'은 변하지 않는 마음을 이르는 말이다. 화자는 임을 향한 변함없는 마음이 사라지지 않을 것이라고 다짐하고 있다.

>왜 오답?

① 화자는 죽음을 두려워하고 있다.
자신이 죽더라도 임에 대한 마음이 변하지 않을 것이라고 함.

★ **근거: 초장(①), 종장(③)**

화자는 '일백 번 고쳐 죽어'도 임을 향한 마음이 변하지 않을 것이라며 죽음을 두려워하지 않는 태도를 보이고 있다. 즉, 화자는 죽음을 통해 임에 대한 마음이 변하지 않을 것이라는 의지를 드러내고 있는 것이다.

② 화자는 떠나간 임을 원망하고 있다.
나타나지 않음.

윗글에서 임이 화자를 떠나갔는지는 알 수 없다. 또한 화자는 '임 향한 일편단심이야 가실 줄이 있으랴'라면서 임에 대한 변함없는 마음을 드러내고 있을 뿐, 임을 원망하고 있지 않다.

③ 화자는 임의 죽음을 믿지 않고 있다.
나타나지 않음.

윗글에서 임의 죽음은 드러나지 않는다. 화자는 임을 향한 마음을 강조하기 위해 자신의 죽음이라는 극단적인 상황을 가정하고 있을 뿐이다.

④ 화자는 이별을 차분하게 받아들이고 있다.
나타나지 않음.

윗글에서 화자가 이별을 했는지는 알 수 없다. 화자는 임을 향한 변함없는 마음을 드러내고 있을 뿐이다.

03 [정답] ① (유주, 루빈)

③을 중심으로 윗글을 알맞게 이해한 사람을 모두 고른 것은?

- **③:** ③은 '임 향한 일편단심'을 가리키며, 윗글에서는 여러 가지 표현 방법을 통해 이를 강조하고 있어요.

즉 '임 향한 일편단심'을 효과적으로 드러내기 위해 사용된 표현 방법으로 알맞은 것을 고르는 문제입니다.

>왜 정답?

유주: 죽음이 반복되는 상황을 통해 ③을 강조하고 있어.
'죽고 죽어 일백 번 고쳐 죽어'

★ **근거: 초장(①)**

화자는 죽고 또 죽는, 죽음이 반복되는 상황에도 임을 향한 마음이 사라지지 않는다고 하며 '임 향한 일편단심'(③)을 강조하고 있다.

루빈: 의문형 문장을 통해 ③을 효과적으로 드러내고 있어.
'가실 줄이 있으랴'

★ **근거: 종장(③)**

의문형 문장이란 질문을 하는 형태의 문장을 의미한다. 화자는 '가실 줄이 있으랴'라는 의문형 문장을 통해 '임 향한 일편단심'(③)이 사라지지 않는다는 것을 강조하고 있다.

>왜 오답?

소리: 말의 순서를 바꾸어 ③이 눈에 띄도록 표현하고 있어.
나타나지 않음.

윗글에서 말의 순서를 바꾼 부분은 나타나지 않는다.

보라: 사물을 사람처럼 표현해 ③에 특별한 의미를 더하고 있어.
나타나지 않음.

화자가 '백골', '진토(먼지와 흙)'라는 사물에 대해 이야기하고 있기는 하지만, 이러한 사물을 사람처럼 표현하고 있지는 않다.

❶ 화자, 중심 대상   ❷ 상황, 정서, 태도   ❸ 표현상 특징   [   ] 시 이해

❶십 년을 경영하여 초려삼간 지어 내니
　　　　계획하여   ❷ 태도: 안빈낙도, 안분지족(욕심 없고 소박한 삶의 태도)

❶ 십 년 동안 계획하여 초려삼간(세 칸짜리 초가집)을 지어 내니

＊초장(❶) 요약: 세 칸짜리 초가집을 지음.

[   ]: ❶ 중심 대상 – 자연

❷나 한 칸 달 한 칸에 청풍 한 칸 맡겨 두고
❶ 화자   ❸ 의인법 – 달과 바람을 한집에서 같이 살 수 있는 사람처럼 표현함.

❷ 태도: 자연 친화적, 물아일체
❸ 시선의 이동 (가까운 곳 → 먼 곳)

❷ (그 세 칸짜리 초가집에) 나 한 칸 살고, 달에게 한 칸, 청풍(바람)에게 한 칸을 맡겨 두고

❸강산은 들일 데 없으니 둘러 두고 보리라
[   ]: ❶ 중심 대상 – 자연

❸ 강산은 (집 안에) 들일 곳이 없으니 (집 밖에 병풍처럼) 둘러 두고 보리라.

＊중장(❷), 종장(❸) 요약: 달, 청풍, 강산과 함께 살고자 함.

★ 시 독해 공식

❶ **화자**: '나', **중심 대상**: 달, 청풍, 강산(자연)
❷ **상황**: 화자는 십 년 동안 계획하여 초려삼간을 짓고 자연과 함께 살아가고자 함.
　태도: 안빈낙도, 안분지족(욕심 없고 소박하게 살아감.), 자연 친화적, 물아일체(자연과 함께하고자 함.)
❸ **표현상 특징**
　• 의인법을 활용하여 자연과 함께하는 삶을 효과적으로 표현하고 있음.
　• 가까운 곳에서 먼 곳으로 이동하는 화자의 시선에 따라 내용이 전개되고 있음.

안빈낙도 , 안분지족 : 가난하게 살면서도 자신의 처지에 만족하는 삶을 나타내는 말

자연 친화적 : 자연을 좋아하며 가까이하고자 하는 것

물아일체 : 자연과 하나가 된 것처럼 느끼는 것, 혹은 자연과 하나가 되려는 의지를 나타내는 말

❷, ❸ 나 한 칸 달 한 칸에 ~ 둘러 두고 보리라

시선의 이동 : 화자가 바라보는 대상이 변화하는 것
❶, ❷ 초려삼간, (집 안에 들인) 달과 청풍
　화자의 시선이 가까운 곳에서 먼 곳으로 이동함.
❸ (집 밖에 둘러 둔) 강산

■ **내용**: 이 작품은 가난하지만 자연을 즐기며 사는 삶의 만족감을 드러낸 시조이다.
　초장(❶): 초려삼간을 지어 소박한 삶을 사는 화자의 모습을 드러내고 있다.
　중장(❷): '달', '청풍'과 함께 살아가려는 물아일체의 삶을 드러내고 있다.
　종장(❸): '강산'을 집 밖에 둘러 두고 자연과 함께 살아가려는 의지를 드러내고 있다.

■ **주제**: 자연과 함께 소박하게 살아가는 삶

■ **이것이 핵심!**: **화자의 삶의 태도**

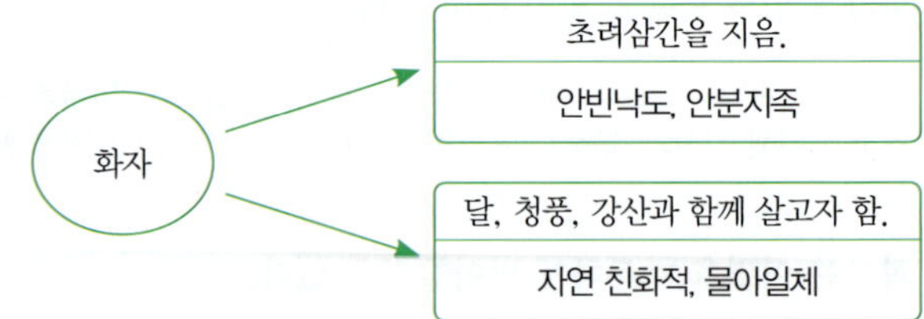

04 [정답] (1) '나' (2) 달, 청풍, 강산

>왜 정답?

(1) 윗글의 '나'는 화자를 가리키는 표현이다. 따라서 정답은 '나'이다.
(2) 화자는 '달', '청풍', '강산'을 통해 자연과 함께하려는 삶의 태도를 드러내고 있다. 따라서 윗글의 중심 대상은 '달, 청풍, 강산'이다.

05 [정답] ③

윗글의 내용으로 가장 알맞은 것은?

>왜 정답?

③ 화자는 세 칸짜리 초가집을 지었다.
　　　　　　　'초려삼간'

★ 근거: 초장(❶)

화자는 십 년을 계획하여 '초려삼간'을 지었다고 했다. 초려삼간은 세 칸짜리 초가집으로, 화자가 가난한 생활을 하면서도 만족하며 편안하게 살아가는 안분지족, 안빈낙도의 공간이다.

>왜 오답?

① 화자는 달을 보며 산책을 했다.
　　　달에게 방 한 칸을 내어 주고 함께 살아가고자 함.

★ 근거: 중장(❷)

화자는 초가집 세 칸 중 한 칸을 달에게 맡겨 두겠다고 했다. 이는 달을 집 안에 들여놓고 자연을 즐기며 살겠다는 의미이다. 화자가 달을 보며 산책을 하고 있지는 않다.

② 화자는 집 앞을 청풍으로 꾸몄다.
　　　　청풍에게 방 한 칸을 내어 주고 함께 살아가고자 함.

★ 근거: 중장(❷)

화자는 초가집 세 칸 중 한 칸을 청풍에게 맡겨 두겠다고 했다. 이는 청풍에게 방 한 칸을 내어 주고 함께 살아가겠다는 의미이다. 화자가 청풍으로 집 앞을 꾸미고 있지는 않다.

④ 화자는 십 년 동안 나라를 이끌어 왔다.
　　　　　　　초려삼간을 지으려고 계획함.

★ 근거: 초장(❶)

화자는 십 년 동안 계획하여 세 칸짜리 초가집을 지었다. 윗글에 십 년 동안 나라를 이끌어 온 화자의 모습은 나타나지 않는다.

⑤ 화자는 강산과 멀리 떨어진 곳에 집을 지었다.
　　　　　　강산을 집 밖에 둘러놓고자 함.

★ 근거: 종장(❸)

화자는 강산을 집 바깥에 병풍처럼 둘러 두겠다고 했다. 즉, 화자는 강산을 가까이 두고 살려는 것이므로 화자가 강산과 멀리 떨어진 곳에 집을 지었다는 것은 적절하지 않다.

06 [정답] ②

다음 소재가 갖는 의미로 가장 알맞은 것은?

>왜 정답?

② 달, 청풍: 친근한 존재 / 강산: 자연 친화적 공간
　　'달'과 '청풍'에게 방을 내어 주고자 함.　'강산'을 집 밖에 둘러 두고자 함.

★ 근거: 중장(❷), 종장(❸)

화자는 달과 청풍을 사람처럼 대하며 달과 청풍에게 방을 한 칸씩 내어 주겠다고 했다. 이는 달과 청풍에 대한 화자의 친근감을 드러낸 것이다.

화자는 강산을 집 바깥에 병풍처럼 둘러 두고 보겠다고 했다. 이는 자연을 좋아하고 가까이하려는 화자의 자연 친화적 태도를 드러낸 것이다.

따라서 달과 청풍은 친근한 존재, 강산은 자연 친화적 공간이다.

>왜 오답?

① 달, 청풍: 약한 존재 / 강산: 승리의 공간
　　'달'과 '청풍'의 약한 모습은 나타나지 않음.　화자가 '강산'에서 승리하는 모습은 나타나지 않음.

윗글에 달과 청풍의 약한 모습이나 화자가 강산에서 승리하는 모습은 나타나지 않는다.

③ 달, 청풍: 평범한 존재 / 강산: 기다림의 공간
　　'달'과 '청풍'은 자연의 일부임.　화자가 누군가를 기다리고 있지 않음.

화자가 달과 청풍에게 방을 내어 주겠다고 표현하고는 있지만, 달과 청풍은 자연의 일부이다. 따라서 달과 청풍을 평범한 존재라고 보기는 어렵다. 또한 화자가 강산에서 누군가를 기다리고 있지는 않다.

④ 달, 청풍: 그리운 존재 / 강산: 가족이 있는 공간
　　화자가 '달'과 '청풍'을 그리워하지 않음.　가족은 등장하지 않음.

화자가 달과 청풍을 그리워하고 있지 않으며, 윗글에 화자의 가족은 등장하지 않는다.

⑤ 달, 청풍: 부러운 존재 / 강산: 풍요로운 공간
　　화자가 '달'과 '청풍'을 부러워하지 않음.　알 수 없음.

화자가 달과 청풍을 부러워하고 있지는 않으며, 윗글에서 강산이 풍요로운 모습으로 그려지고 있지도 않다.

07 [정답] 초려삼간

윗글에서 〈보기〉와 가장 관련이 있는 소재를 찾아 4글자로 쓰시오.

> ───〈보기〉───
> 욕심이 없는 화자의 태도가 드러나는 공간
> 　　안분지족, 안빈낙도

>왜 정답?

★ 근거: 초장(❶)

화자는 십 년을 계획하여 '초려삼간'을 지었다고 했다. '초려삼간'은 세 칸짜리 초가집으로, 화자는 이 작은 집에서 자연을 즐기며 살아가고자 한다. 따라서 '초려삼간'은 욕심이 없는 화자의 태도가 드러나는 공간이다.

DAY 03 모진 소리 _황인숙

❶ 화자, 중심 대상　❷ 상황, 정서, 태도　❸ 표현상 특징　[　　] 시 이해

①
❶ 중심 대상 – 상처를 주는 말
모진 소리를 들으면
　❷ 상황: 모진 소리에 대해 생각함.

내 입에서 나온 소리가 아니더라도
❶ 화자
　❸ 비슷한 문장 구조를 반복하여 리듬감을 형성함.

내 귀를 겨냥한 소리가 아니더라도
　'나'를 향한 모진 소리가 아님.

> ① ❶~❸ 모진 소리를 들으면 (그 모진 소리가) 내 입에서 나온 소리가 아니더라도, 나를 향한 소리가 아니더라도

모진 소리를 들으면
　❸ 똑같은 행(1행)을 반복하여 리듬감을 형성함.

가슴이 쩌엉한다
　❸ 청각적 심상(의성어)

> ① ❹~❻ 모진 소리를 들으면 가슴이 '쩌엉' 한다. 온몸이 쿡쿡 아파 온다.

온몸이 쿡쿡 아파 온다
　❷ 정서: 모진 소리를 듣고 아픔을 느낌.

누군가의 온몸을
　모진 소리에 상처받았을 사람

> ① ❼~❾ 누군가의 온몸을 가슴속부터 '쩡' 하고 금 가게 했을 모진 소리

가슴속부터 쩡 금 가게 했을
　❸ 청각적 심상(의성어) – 모진 소리로 인한 마음의 상처를 강조함.

모진 소리

＊①연 요약: '나'는 자신을 향한 모진 소리가 아님에도 아픔을 느낌.

②
나와 헤어져

> ② ❶~❻ 나와 헤어지고 덜컹거리는 지하철에서 고개를 수그리고 내가 한 모진 소리를 자꾸 생각했을, 내가 한 모진 소리에 무수히 상처를 받았을 누군가를 생각하면

덜컹거리는 지하철에서

고개를 수그리고
　화자의 모진 소리에 상처받은 '누군가'의 모습

내 모진 소리를 자꾸 생각했을
　❸ 비슷한 문장 구조를 반복하여 리듬감을 형성함.

내 모진 소리에 무수히 정 맞았을
　화자의 모진 소리에 상처받았을 사람

누군가를 생각하면
　❷ 상황: 자신의 모진 소리로 인해 상처받았을 누군가를 떠올림.

모진 소리,

> ② ❼, ❽ (내가 했던) 그 모진 소리가 내 갈비뼈에 정을 치는 것처럼 아프다.
> ② ❾ (모진 소리로 인해) '쩌어엉' 하고 세상에 금이 간다.

늑골에 정을 친다
　❷ 정서: 자신이 내뱉은 모진 소리로 인해 누군가가 느꼈을 아픔에 공감함. 태도: 반성적

쩌어엉 세상에 금이 간다.
　❸ 청각적 심상(의성어)　모진 소리로 인한 아픔이 '세상'으로 확대됨.
　– 모진 소리가 세상을 아프게 한다는 것을 강조함.

＊②연 요약: '나'는 자신이 내뱉은 모진 소리로 인해 타인이 받았을 상처를 떠올림.

[비슷한 문장 구조]: 유사한 어미나 조사 등을 사용하여 문장의 짜임이 비슷한 것
①-❷, ❸ '내 ~가 아니더라도'
②-❹, ❺ '내 모진 소리를(에) ~을'

[심상]: 어떤 현상이나 사물이 감각을 통해 마음속에 선명하게 그려진 것
[청각적 심상]: 귀로 소리를 듣는 듯한 느낌이 떠오르는 것
[의성어]: 사람이나 사물의 소리를 흉내 낸 말
①-❺ 쩌엉
①-❽ 쩡
②-❾ 쩌어엉

★ 시 독해 공식

❶ 화자: '나', 중심 대상: 모진 소리
❷ 상황: 모진 소리에 대해 생각하며 자신의 모진 소리로 인해 상처받았을 누군가를 떠올림.
　정서: 모진 소리를 듣고 아픔을 느낌. 자신의 모진 소리로 인해 상처받았을 다른 사람의 아픔에 공감함.
　태도: 반성적
❸ 표현상 특징
　• 청각적 심상(의성어)을 활용하여 '모진 소리'로 인한 마음의 상처를 감각적으로 표현하고 있음.
　• 유사한 문장 구조를 반복하여 리듬감을 형성하고 있음.

■ **내용**: 이 작품은 모진 소리가 주는 아픔에 대해 성찰하는 현대시이다.
①연: 화자가 모진 소리를 들으면 아픔을 느낀다는 것을 감각적으로 표현하고 있다.
②연: 자신의 모진 소리를 반성하고, 다른 사람의 아픔에 공감하는 화자의 모습을 드러내고 있다.

■ **주제**: 다른 사람과 세상에 상처를 주는 모진 소리에 대한 성찰

■ **이것이 핵심!**: 청각적 심상(의성어)의 활용

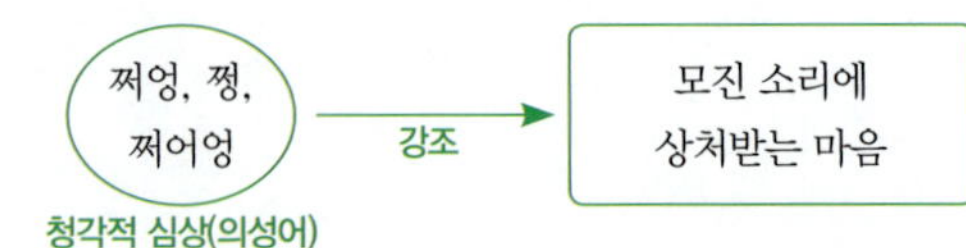

01 [정답] (1) '나' (2) 모진 소리

> **왜** 정답 ?

(1) 윗글의 '나'는 화자를 가리키는 표현이다. 따라서 정답은 '나'이다.
(2) 윗글에서 화자는 자기 자신과 '누군가', 세상에 아픔을 주는 모진 소리에 대해 생각하고 있다. 따라서 정답은 '모진 소리'이다.

02 [정답] ⑤

윗글의 '모진 소리'에 대한 설명으로 가장 알맞지 <u>않은</u> 것은?

> **왜** 정답 ?

⑤ '누군가'는 '나'에게 모진 소리를 했던 일을 후회하고 있다.
  '내 모진 소리를 자꾸 생각했을 ~ 누군가를 생각하면' → 모진 소리를 한 것은 '나'임.
  ★ **근거**: ②연 ❹~❻행
  '누군가'는 '내 모진 소리에 무수히 정 맞았을' 존재이다. 따라서 모진 소리를 한 것은 '누군가'가 아니라 '나'이다.

> **왜** 오답 ?

① 모진 소리는 상처를 주는 말을 의미한다.
  듣는 사람의 마음을 아프게 하는 말임.
  ★ **근거**: ①, ②연
  1연에서는 모진 소리로 인해 '나'가, 2연에서는 '나'의 모진 소리로 인해 '누군가'가 마음 아파하는 모습이 드러나고 있다. 따라서 '모진 소리'는 듣는 사람의 마음을 아프게 하는 상처를 주는 말을 의미한다.

② 모진 소리는 '나'의 가슴을 아프게 하는 것이다.
  '모진 소리를 들으면 / 가슴이 쩌엉한다 / 온몸이 쿡쿡 아파 온다'
  ★ **근거**: ①연 ❹~❻행
  '나'는 모진 소리를 들으면 '가슴이 쩌엉'하고 '온몸이 쿡쿡 아파 온다'고 했다. 이는 모진 소리가 '나'의 가슴을 아프게 하는 것을 의미한다.

③ 모진 소리는 '누군가'의 온몸에 금이 가게 만든다.
  '누군가의 온몸을 / 가슴속부터 쩡 금 가게 했을 / 모진 소리'
  ★ **근거**: ①연 ❼~❾행
  모진 소리는 '누군가의 온몸을 / 가슴속부터 쩡 금 가게' 한다. 즉, 모진 소리는 마음의 상처를 주고 '누군가의 온몸'에 금이 가게 만든다.

④ '나'는 '누군가'에게 모진 소리를 했던 적이 있다.
  '내 모진 소리를 자꾸 생각했을 ~ 누군가를 생각하면'
  ★ **근거**: ②연 ❹~❻행
  '나'는 '내 모진 소리에 무수히 정 맞았을' '누군가'를 떠올리고 있다. 즉, '나'는 '누군가'에게 모진 소리를 했던 적이 있다.

03 [정답] ③

〈보기〉의 ㉠과 ㉡에 해당하는 구절이 <u>아닌</u> 것은?

- 〈보기〉의 ㉠: ㉠은 화자가 자신을 향한 모진 소리가 아님에도 아픔을 느낀다는 것으로, 이는 1연의 중심 내용입니다.
- 〈보기〉의 ㉡: ㉡은 화자가 자신이 내뱉은 모진 소리로 인해 타인이 받았을 상처에 공감한다는 것으로, 이는 2연의 중심 내용입니다.
- **즉** 1, 2연에 나타난 화자의 정서와 태도를 표현하는 구절이 아닌 것을 고르는 문제입니다.

〈보기〉

〈모진 소리〉의 화자는 ㉠자신을 향한 모진 소리가 아님에도 아픔을 느끼고, ㉡자신이 내뱉은 모진 소리로 인해 타인이 받았을 상처에 공감하고 있다.
  내 귀를 겨냥한 소리가 아니더라도
  내 모진 소리에 무수히 정 맞았을 / 누군가를 생각하면

> **왜** 정답 ?

③ ㉠ – 고개를 수그리고
  화자가 느낀 아픔이 아닌 '누군가'의 아픔을 드러냄.
  ★ **근거**: ②연 ❸~❻행
  화자는 '고개를 수그리고 ~ 내 모진 소리에 무수히 정 맞았을' '누군가'를 떠올리고 있다. 따라서 '고개를 수그리고'는 화자에게 모진 소리를 들은 '누군가'의 아픔을 드러내는 구절이다.

> **왜** 오답 ?

① ㉠ – 가슴이 쩌엉한다
  자신을 향한 모진 소리가 아님에도 아픔을 느끼는 화자의 모습임.
  ★ **근거**: ①연 ❸~❺행
  화자는 '내 귀를 겨냥'하지 않은 모진 소리를 듣고 '가슴이 쩌엉한다'라고 했다. 이는 화자가 자신을 향한 모진 소리가 아님에도 아픔을 느끼는 것(㉠)에 해당한다.

② ㉠ – 온몸이 쿡쿡 아파 온다
  자신을 향한 모진 소리가 아님에도 아픔을 느끼는 화자의 모습임.
  ★ **근거**: ①연 ❸~❻행
  화자는 '내 귀를 겨냥'하지 않은 모진 소리를 듣고 '온몸이 쿡쿡 아파 온다'고 했다. 이는 화자가 자신을 향한 모진 소리가 아님에도 아픔을 느끼는 것(㉠)에 해당한다.

④ ㉡ – 무수히 정 맞았을
  자신의 모진 소리에 상처받았을 타인의 고통을 생각하는 것임.
  ★ **근거**: ②연 ❺, ❻행
  화자는 '내 모진 소리에 무수히 정 맞았을' '누군가'의 아픔을 생각하고 있다. 이는 화자가 자신이 내뱉은 모진 소리로 인해 타인이 받았을 상처에 공감하는 것(㉡)에 해당한다.

⑤ ㉡ – 늑골에 정을 친다
  자신의 모진 소리로 인한 타인의 상처에 공감하는 모습임.
  ★ **근거**: ②연 ❺~❽행
  화자는 자신의 모진 소리에 상처받았을 '누군가'를 떠올리며 '늑골에 정을' 치는 것 같은 아픔을 느끼고 있다. 이는 화자가 자신이 내뱉은 모진 소리로 인해 타인이 받았을 상처에 공감하는 것(㉡)에 해당한다.

04 [정답] 쩌엉, 쩡, 쩌어엉

윗글에서 〈보기〉의 설명과 가장 관련이 있는 시어 3가지를 찾아 쓰시오.

〈보기〉

- 청각적 심상을 활용한 것
- 모진 소리에 상처받는 마음을 표현한 것

> **왜** 정답 ? ★ **근거**: ①연 ❺, ❽행, ②연 ❾행

'쩌엉'과 '쩡', '쩌어엉'은 모진 소리로 인해 '나'와 '누군가'의 가슴에, 세상에 금이 가는 소리이다. 따라서 '쩌엉', '쩡', '쩌어엉'은 청각적 심상을 통해 모진 소리에 상처받는 마음을 표현한 시어이다.

 딸기 _이재무

❶ 화자, 중심 대상　❷ 상황, 정서, 태도　❸ 표현상 특징　☐ 시 이해

❶오십 리 길 짐차에 실려 왔어유
　　　이동의 고단함이 드러남.
❷멀미도 가시기 전에

❸낯선 거리 쏴댕기면서
　❶ 화자, 중심 대상: 딸기
❹지 몸 살 사람 찾고 있지유
　❸ 의인법 – '딸기'를 사람처럼 표현하여 화자로 내세움.

❺목마름은 이냥저냥 견딜 수 있슈
　　　이러저러한 모양으로 그저 그렇게
❻헌디, 볼기짝 쥐어뜯으며
　　　사람들이 딸기를 만짐.
❼살결이 거칠다느니

❽단맛이 무르다느니 허진 말어유
　　　약하다느니
❾지 몸이 그냥 지 몸인가유
　❸ 설의법
❿이만한 몸띵이 하나 살리기 위해서두
　　　딸기 스스로를 가리킴.
⓫하느님 손 농부 손 고루 탔어유
　　　자연의 도움과 농부의 노력으로 자란 딸기
⓬그러니께 지폐 한 장으루다
　　　딸기의 가치와 교환되는 것
⓭우리 식구 사돈에 팔촌까지 두루 사 가는 선상님들
　❶ 화자, 중심 대상: 딸기 함께 팔리는 많은 딸기들　　싼 가격에 딸기를 사 가는 사람들
⓮몸값이나 후하게 쳐주셔야겠슈
　❷ 정서: 농작물의 가치가 인정받기를 바람.
　❸ 해학적

❶ 상황: 화자(딸기)는 자신이 팔리기를 기다리고 있음.

❶~❹ (저는) 오십 리 길 짐차에 실려 왔어요. 멀미도 없어지기 전에 낯선 거리를 돌아다니면서 제 몸을 살 사람을 찾고 있지요.
❺~❽ 목마름은 이냥저냥 견딜 수 있어요. 그런데 제 살을 쥐어뜯으면서 (저의) 살결이 거칠다느니 단맛이 약하다느니 (그런 말은) 하지 말아요.

❷ 정서: 자신을 쉽게 평가하는 사람들의 말에 서운함을 느낌.
❸ 해학적

＊❶~❽행 요약: 팔리기를 기다리는 딸기를 사람들이 함부로 대함.

❾~⓫ 제 몸이 그냥 저만의 몸인가요?(저만의 몸이 아니에요.) 이만한 몸 하나 살리기 위해서 하느님 손과 농부 손을 고루 탔어요.

⓬~⓮ 그러니까 지폐 한 장으로 우리 식구 사돈에 팔촌까지 두루 사 가시는 선생님들, (제) 몸값이나 넉넉하게 쳐주셔야겠어요.

＊❾~⓮행 요약: 딸기(농작물)에 담긴 농부의 노력이 인정받기를 바람.

설의법: 쉽게 판단할 수 있는 사실을 물음의 형식으로 표현하는 방법
❾ 지 몸이 그냥 지 몸인가유
→ 농부의 노력으로 결실을 맺은 귀한 몸이라는 사실을 물음의 형식으로 표현함.

해학적: 어떠한 대상을 익살스럽게 표현하는 것
❻~❽ 볼기짝 쥐어뜯으며 ~ 단맛이 무르다느니 허진 말어유
→ 농작물의 가치가 인정받지 못하는 현실을 해학적으로 표현함.
⓮ 몸값이나 후하게 쳐주셔야겠슈
→ 농작물의 가치가 인정받기를 바라는 마음을 해학적으로 표현함.

★ **시 독해 공식**

❶ **화자:** '지', '우리', **중심 대상:** 딸기
❷ **상황:** 딸기가 자신의 가치에 맞게 팔리기를 기다림.
　정서: 딸기가 자신의 가치를 알아주지 않는 사람들에게 서운함을 느낌. 딸기(농작물)의 가치가 인정받기를 바람.
❸ **표현상 특징**
　• '딸기'를 화자로 내세워 농부의 입장을 대신 전하고 있음.
　• 농작물의 가치가 인정받지 못하는 현실을 해학적으로 표현하고 있음.
　• 사투리를 사용하여 화자의 상황과 정서를 실감 나게 전달하고 있음.

■ **내용:** 이 작품은 '딸기'를 통해 농작물의 가치가 인정받기를 바라는 농부의 마음을 표현한 현대시이다.
❶~❽행: 딸기는 자신이 팔리기를 기다리며 자신을 함부로 평가하는 사람들에게 서운함을 드러내고 있다.
❾~⓮행: 딸기를 키운 농부의 노력이 인정받기를 바라는 마음을 해학적으로 표현하고 있다.

■ **주제:** 농부의 노력이 담긴 농작물의 가치

■ **이것이 핵심!:** 의인법의 활용

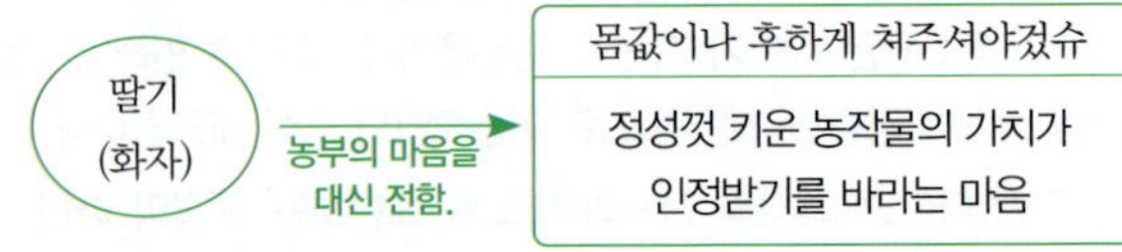

05 [정답] (1) '지' (2) 딸기

>왜 정답?

(1) 윗글의 '지'는 '제'의 사투리로 화자를 가리키는 표현이다. 따라서 정답은 '지'이다.

(2) 윗글에서는 팔리기를 기다리는 딸기의 모습을 나타내고, '하느님 손 농부 손'을 탄 딸기의 가치를 강조하고 있다. 따라서 정답은 '딸기'이다.

06 [정답] ④

윗글을 읽고 떠올릴 수 있는 장면으로 가장 알맞지 않은 것은?

>왜 정답?

④ 온 식구가 딸기를 사 먹는 장면
'우리 식구 ~ 두루 사 가는 선상님들' → 딸기를 사 먹는 것은 '선상님들'임.

★ 근거: ⓲행

'우리 식구 사돈에 팔촌까지 두루 사 가는 선상님들'이라고 말하는 화자는 딸기이다. 따라서 '우리 식구'는 화자와 같은 딸기들을 의미한다. 또한 '우리 식구'인 딸기들을 사 먹는 것은 '선상님들'이므로, 윗글을 읽고 온 식구가 딸기를 사 먹는 장면은 떠올리기 어렵다.

>왜 오답?

① 농부가 딸기를 기르는 장면
'이만한 몸띵이 하나 살리기 위해서두 ~ 농부 손 고루 탔어유'

★ 근거: ⓾, ⓫행

화자는 '이만한 몸띵이 하나 살리기 위해서' '농부 손'을 탔다고 하며, 딸기를 기르기 위해 쏟은 농부의 노력을 강조하고 있다.

② 사람들이 딸기를 만지는 장면
'불기짝 쥐어뜯으며'

★ 근거: ❻행

'불기짝'은 뒤쪽 허리 아래 살이 불룩한 부분을 의미한다. '불기짝을 쥐어뜯으며'는 사람들이 딸기를 만지는 것을 재치 있게 표현한 것이다.

③ 짐차에 딸기가 실려 있는 장면
'오십 리 길 짐차에 실려왔어유'

★ 근거: ❶행

화자는 '오십 리 길 짐차에 실려 왔'다고 했다. 이는 딸기가 짐차에 실려 와 팔리는 것을 딸기의 입장에서 표현한 것이다.

⑤ 사람들이 딸기의 모양과 맛에 대해 평가하는 장면
'살결이 거칠다느니 / 단맛이 무르다느니'

★ 근거: ❼, ❽행

'살결'과 '단맛'은 딸기의 모양과 맛을 의미한다. 따라서 사람들이 '살결이 거칠다느니 / 단맛이 무르다느니' 하는 것은 딸기의 모양과 맛에 대해 평가하는 것이다.

07 [정답] ①

윗글의 화자에 대한 설명으로 가장 알맞지 않은 것은?

• **윗글의 화자:** 화자(딸기)는 자신이 팔리기를 기다리며 사람들이 자신의 가치를 알아주기를 바라고 있습니다.

[즘] 윗글에 드러나 있는 화자(딸기)의 정서에 대한 설명으로 알맞은 것을 고르는 문제입니다.

>왜 정답?

① 화자는 '목마름'을 견디며 '지 몸'이 팔리지 않기를 바라고 있다.
'지 몸 살 사람 찾고 있지유' → 팔리기를 기다리고 있음.

★ 근거: ❹행

화자는 '지 몸 살 사람'을 찾고 있다고 했으므로 자신이 팔리기를 기다리고 있다.

>왜 오답?

② 화자는 '하느님 손 농부 손'을 통해 자신의 가치를 강조하고 있다.
'이만한 몸띵이 하나 살리기 위해서두 / 하느님 손 농부 손 고루 탔어유'

★ 근거: ⓾, ⓫행

화자는 '이만한 몸띵이 하나'를 키우는 데 '하느님 손 농부 손'을 고루 탔다고 했다. 이는 자연의 도움과 농부의 노력으로 자란 자신의 가치를 강조하는 것이다.

③ 화자는 '오십 리 길', '멀미'를 통해 이동의 고단함을 드러내고 있다.
'오십 리 길 짐차에 실려 왔어유 / 멀미도 가시기 전에'

★ 근거: ❶, ❷행

화자는 '오십 리 길 짐차에 실려' 와 '멀미도 가시기 전에'에 낯선 거리를 돌아다니며 팔리기를 기다리고 있다. 이를 통해 화자가 먼 거리를 이동하여 고단함을 느끼고 있음이 드러나고 있다.

④ 화자는 자신의 '살결'과 '단맛'을 평가하는 말에 서운함을 드러내고 있다.
'살결이 거칠다느니 / 단맛이 무르다느니 허진 말어유'

★ 근거: ❼, ❽행

화자는 자신을 살펴보는 사람들에게 '살결이 거칠다느니 / 단맛이 무르다느니 허진 말어유'라고 했다. 이는 자신을 안 좋게 평가하는 말에 대한 서운함을 드러내는 것이다.

⑤ 화자는 '실려 왔어유', '찾고 있지유'를 통해 자신의 상황을 재치 있게 표현하고 있다.
'짐차에 실려 왔어유', '지 몸 살 사람 찾고 있지유'

★ 근거: ❶, ❹행

윗글의 화자는 '짐차에 실려 왔어유', '지 몸 살 사람 찾고 있지유'라면서 짐차에 실려와 팔리기를 기다리는 자신의 상황을 재치 있게 표현하고 있다.

08 [정답] 몸값이나 후하게 쳐주셔야겠슈

윗글에서 〈보기〉의 설명이 가장 잘 드러나는 행을 찾아 쓰시오.

〈보기〉

농작물의 가치가 인정받기를 바라는 농부의 마음을 해학적으로 표현한 것
딸기가 제값을 받기를 바라는 마음

>왜 정답?

★ 근거: ⓾~⓮행

화자(딸기)는 '이만한 몸띵이 하나 살리기 위해' '하느님 손 농부 손'을 고루 탔다고 했다. 그런데 '선상님들'은 '지폐 한 장으루다' 딸기의 '식구 사돈에 팔촌까지 두루 사' 갈 수 있다. 이러한 상황에 대해 화자는 '몸값이나 후하게 쳐주셔야겠슈'라면서 농산물의 가치가 인정받기를 바라는 농부의 마음을 해학적으로 표현하고 있다.

DAY 04 우리가 눈발이라면 _ 안도현

❶ 화자, 중심 대상　❷ 상황, 정서, 태도　❸ 표현상 특징　　[　] 시 이해　　■ : ❸ 청유형 어미 – 바람직한 삶의 태도를 권함.

❶ 화자　❶ 중심 대상
❶ 우리가 눈발이라면
　❷ 상황: 우리가 눈발이라고 가정함.
❷ 허공에서 쭈빗쭈빗 흩날리는
　❸ 음성 상징어 – 진눈깨비가 흩날리는 모습을 표현함.
❸ ㉠진눈깨비는 되지 말자.
　사람들을 위로하지 못하는 존재
❹ 세상이 바람 불고 춥고 어둡다 해도
　　　　　힘들고 고통스러운 현실
❺ 사람이 사는 마을
　　　　■ : 사람들에게 위로와 희망이 되는 존재
❻ 가장 낮은 곳으로
　어렵고 소외된 사람들이 사는 곳
❼ 따뜻한 ㉡함박눈이 되어 내리자.
　　　　❶ 중심 대상
❽ 우리가 눈발이라면

❾ 잠 못 든 이의 창문가에서는
　걱정하는 사람, 상처를 받은 사람
❿ 편지가 되고
　힘든 사람에게 위로나 희망의 소식을 전해 주는 것
⓫ 그이의 ㉢깊고 붉은 상처 위에 돋는
　　　　　고통과 슬픔
⓬ 새살이 되자.
　상처를 치료하거나 위로가 되는 것

❶~❸ 우리가 눈발이라고 한다면 허공에서 쭈빗쭈빗 머뭇거리며 흩날리는(사람들을 위로하지 못하는) 진눈깨비는 되지 말자.

*❶~❸행 요약: 진눈깨비가 되지 말자고 함.

❹~❼ 세상을 살아가는 것이 바람이 불고 춥고 어두운 것처럼 힘들다고 해도 사람이 사는 마을의 가장 낮은 곳(어렵고 소외된 사람들이 사는 곳)으로 (그들을 위로하는) 따뜻한 함박눈이 되어 내리자.

❷ 정서: 사람들에게 위로와 희망을 주고 싶어 함.

*❹~❼행 요약: 사람들을 위로하는 함박눈이 되자고 함.

❽~⓬ 우리가 눈발이라고 한다면 잠들지 못하는 사람의 창문가에 내려 (그를 위로하는) 편지가 되고, 그 사람의 깊고 붉은 상처 위에 돋아나는(희망을 주어 상처를 치료하는) 새살이 되자.

❷ 태도: 의지적(사람들에게 위로와 희망이 되고자 하는 의지를 드러냄.)

*❽~⓬행 요약: 힘든 사람들에게 위로와 희망을 주는 존재가 되자고 함.

음성 상징어 : 말소리와 뜻이 긴밀하게 관련이 있는 단어
의성어 : 사람이나 사물의 소리를 흉내 낸 말
의태어 : 사람이나 사물의 모양이나 움직임을 흉내 낸 말
❷ 쭈빗쭈빗
→ 주저하거나 머뭇거리는 모양을 나타내는 의태어

청유형 어미 : 화자가 듣는 사람에게 같이 행동하자고 요청하는 뜻을 나타내는 어미
❸ 되지 말자.
❼ 되어 내리자.
⓬ 되자.
→ '–자'라는 청유형 어미를 활용함.

★ 시 독해 공식

❶ **화자**: '우리', **중심 대상**: 눈발, 함박눈
❷ **상황**: 화자는 '우리'가 눈발이라고 가정하고 있음.
　정서: 화자는 함박눈처럼 사람들에게 위로와 희망을 주는 존재가 되고 싶어 함.
　태도: 의지적(사람들에게 위로와 희망이 되고자 하는 의지를 드러내고 있음.)
❸ **표현상 특징**
　• 음성 상징어를 활용하고 있음.
　• 청유형 어미를 반복하여 사용함으로써 바람직한 삶의 태도를 권하고 있음.

■ **내용**: 이 작품은 '우리'가 눈발이라는 상황을 가정하여 어렵고 힘들게 살아가는 사람들에게 위로와 희망이 되자고 권하는 현대시이다.
❶~❸행: '우리'가 눈발이라면 머뭇거리며 흩날리는 진눈깨비가 되지 말자고 이야기하고 있다.
❹~❼행: 소외된 사람들에게 위로가 되는 함박눈이 되자고 권하고 있다.
❽~⓬행: 힘든 사람들에게 위로와 희망을 주는 존재가 되고자 하는 의지를 드러내고 있다.

■ **주제**: 힘든 사람들에게 위로가 되고자 하는 따뜻한 마음
■ **이것이 핵심!**: 시어의 대비

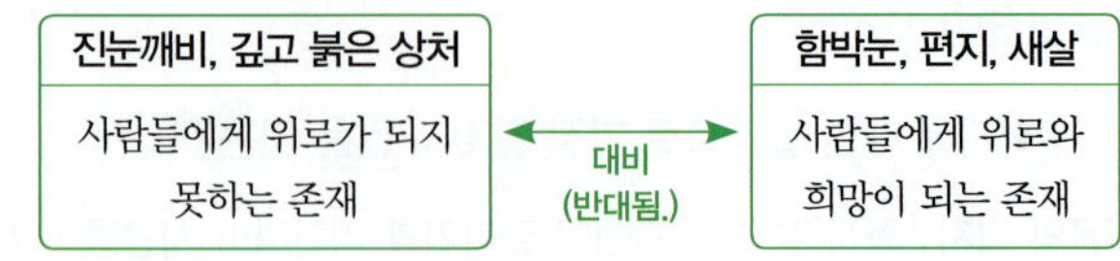

01 정답 (1) 눈발 (2) 진눈깨비, 함박눈

>왜 정답?

(1) 화자는 '우리가 눈발이라면'이라고 하며 '우리'가 눈발이라는 상황을 가정하고 있다. 따라서 정답은 '눈발'이다.

(2) 화자는 우리가 눈발이라면 '진눈깨비는 되지 말'고 '따뜻한 함박눈이 되어 내리자.'라고 했다. 따라서 정답은 '진눈깨비, 함박눈'이다.

02 정답 ④

윗글에 대한 설명으로 가장 알맞지 <u>않은</u> 것은?

>왜 정답?

④ 화자는 <u>사람에게 상처받았던 일을 떠올리고 있다.</u>

　　　　　　나타나지 않음.

화자는 함박눈이 되어 상처받고 힘들어하는 사람들을 위로하고 싶어 할 뿐, 자신이 상처받았던 일을 떠올리고 있지 않다.

>왜 오답?

① 화자는 **바람직한 삶의 태도를 권하고 있다.**

　　힘든 사람들을 위로하는 존재가 되자고 함.

★ 근거: ❺~❼행

화자는 '함박눈'이 '사람이 사는 마을 / 가장 낮은 곳으로' 내린다고 했다. 즉, 함박눈은 힘든 사람들을 위로하는 존재를 의미한다. 따라서 화자가 함박눈이 되자고 하는 것은 힘든 사람들을 위로하는 바람직한 삶을 살아가자고 권하는 것이다.

② 화자는 **세상이 힘들기도 하다고 생각하고 있다.**

　　'세상이 바람 불고 춥고 어둡다 해도'

★ 근거: ❹행

'세상이 바람이 불고 춥고 어둡다'는 것은 우리가 살아가는 세상이 힘들기도 하다는 것을 의미한다.

③ 화자는 **소외된 사람들에게 다가가려 하고 있다.**

　　'가장 낮은 곳으로 / 따뜻한 함박눈이 되어 내리자.'

★ 근거: ❻, ❼행

'가장 낮은 곳'은 어렵고 소외된 사람들이 사는 곳이다. 화자는 '따뜻한 함박눈' 같은 사람이 되어 '가장 낮은 곳'에서 살아가는 소외된 사람들에게 다가가려 하고 있다.

⑤ 화자는 **누군가에게 희망을 주는 삶을 좋은 삶이라고 여기고 있다.**

　　화자는 사람들에게 위로와 희망이 되는 '함박눈', '편지', '새살'이 되고자 함.

★ 근거: ❻, ❼, ❾~⑫행

화자는 '가장 낮은 곳으로' 내리는 함박눈이 되어 힘들고 어려운 사람들에게 '편지', '새살'이 되자고 했다. 즉, 화자는 누군가에게 위로가 되고 희망을 주는 삶을 좋은 삶이라고 여기고 있다.

03 정답 ③

㉠~㉢을 이해한 내용으로 가장 알맞지 <u>않은</u> 것은?

• ㉠~㉢: ㉠은 '진눈깨비'로 화자가 부정적으로 여기는 것, ㉡은 '함박눈'으로 화자가 되려고 하는 것, ㉢은 '깊고 붉은 상처'로 화자가 위로하려는 사람들의 아픔을 의미합니다.

즉 화자의 생각과 관련하여 ㉠~㉢의 의미를 잘못 이해한 것을 고르는 문제입니다.

>왜 정답?

③ 화자는 ㉢을 보며 **이전에는 알지 못했던 것을 깨닫고** 있다.

　　　　　　　나타나지 않음.

화자는 '깊고 붉은 상처'(㉢)를 낫게 하는 새살이 되자고 했을 뿐, '깊고 붉은 상처'(㉢)를 보며 이전에 알지 못했던 것을 깨닫고 있지 않다.

>왜 오답?

① 화자는 ㉠이 **쭈빗쭈빗 흩날리는 모습을 부정적으로 인식하고 있다.**

　　　　　　　㉠이 되지 말자고 함.

★ 근거: ❷, ❸행

화자는 '진눈깨비'(㉠)가 '쭈빗쭈빗 흩날'린다고 했다. '쭈빗쭈빗'은 주저거나 머뭇거리는 모양을 나타내는 말이다. 즉, 화자는 '진눈깨비'(㉠)가 흩날리는 모습이 주저하거나 머뭇거리는 듯하다고 느껴 '진눈깨비'(㉠)가 되지 말자고 한 것이다. 이를 통해 화자가 '진눈깨비'(㉠)가 흩날리는 모습을 부정적으로 인식하고 있음이 드러난다.

② 화자는 ㉡을 **가장 낮은 곳으로 내리는 따뜻한 존재로 인식하고 있다.**

　　　　　　㉡이 되어 가장 낮은 곳으로 내리자고 함.

★ 근거: ❻, ❼행

화자는 '가장 낮은 곳으로 / 따뜻한 함박눈이 되어 내리자.'라고 했다. 이를 통해 화자가 '함박눈'(㉡)을 가장 낮은 곳으로 내리는 따뜻한 존재로 여기고 있음이 드러난다.

④ 화자에게 ㉠과 ㉡은 **서로 반대되는 의미이다.**

　　㉠은 위로가 되지 못하는 존재, ㉡은 위로가 되는 존재를 의미함.

★ 근거: ❸, ❼행

화자는 '진눈깨비는 되지 말'고 '따뜻한 함박눈이 되'자고 했다. 이때 '진눈깨비'(㉠)는 사람들에게 위로가 되지 못하는 존재, '함박눈'(㉡)은 사람들에게 위로가 되는 존재를 의미한다. 즉, 화자에게 '진눈깨비'(㉠)와 '함박눈'(㉡)은 서로 반대되는 의미이다.

⑤ 화자는 ㉠과 ㉢이 **사람들을 위로하지 못한다고 생각하고 있다.**

　　㉠은 사람들에게 다가가지 못하는 것, ㉢은 사람들의 아픔이므로 적절함.

★ 근거: ❸, ⑪, ⑫행

'진눈깨비'(㉠)는 사람들에게 다가가지 못하고 쭈빗쭈빗 흩날리는 것이고, '깊고 붉은 상처'(㉢)는 사람들의 아픔을 의미한다. 따라서 '진눈깨비'(㉠)와 '깊고 붉은 상처'(㉢)는 사람들을 위로하지 못하는 것들이다.

그리움 _이용악

❶ 화자, 중심 대상   ❷ 상황, 정서, 태도   ❸ 표현상 특징   [　] 시 이해   ▨ : ❸ 의문형 어미
→ 고향과 가족에 대한 그리움을 강조함.

❶ 중심 대상: 고향

[1] ❶눈이 오는가 북쪽엔
고향과 가족을 떠올리게 하는 매개체
❷함박눈 쏟아져 내리는가

> [1] 눈이 오는가? 북쪽엔 함박눈이 쏟아져 내리는가?

*[1]연 요약: 눈을 보며 북쪽(고향)을 떠올림.

[2] ❶험한 벼랑을 굽이굽이 돌아간
❸ 음성 상징어(의태어)
❷백무선 철길 위에
고향으로 가는 철도
❸느릿느릿 밤새워 달리는
❸ 음성 상징어(의태어)
❹화물차의 검은 지붕에

> [2] 험한 벼랑을 굽이굽이 돌아간 백무선 철길 위에, 느릿느릿 밤새워 달리는 화물차의 검은 지붕에 (눈이 내리는가?)

*[2]연 요약: 눈이 내리는 고향의 모습을 떠올림.

[3] ❶연달린 산과 산 사이
연달아 이어진
❷너를 남기고 온
❶ 중심 대상: 가족
❸작은 마을에도 복된 눈 내리는가
❶ 중심 대상: 고향   ❷ 정서: 고향에 있는 가족이 축복받기를 바라는 마음

> [3] 연달린 산과 산 사이 (내가) 너를 남기고 온 작은 마을에도 복된 눈이 내리는가?

*[3]연 요약: 고향에 축복의 눈이 내리기를 바람.

[4] ❶잉크병 얼어드는 이러한 밤에
잉크병이 얼 정도로 매우 추운 밤
❷어쩌자고 잠을 깨어
❷ 상황: 추운 밤에 잠에서 깨어 눈을 보며 고향과 가족을 떠올림.
❸그리운 곳 차마 그리운 곳
❷ 정서: 고향과 가족에 대한 그리움   ❸ 반복법, 시적 허용

> [4] 잉크병이 얼어드는 이러한 (추운) 밤에, (나는) 어쩌자고 잠을 깨어서 (고향을 그리워하는가?) 그리운 곳 차마 그리운 곳.

*[4]연 요약: 추운 밤에 잠에서 깨어 고향을 그리워함.

[5] ❶눈이 오는가 북쪽엔
❷함박눈 쏟아져 내리는가
❸ 수미상관 → 구조적 안정감을 주고, 화자의 그리움을 강조함.

> [5] 눈이 오는가? 북쪽엔 함박눈이 쏟아져 내리는가?

*[5]연 요약: 고향에 대한 그리움

★ 시 독해 공식

❶ **화자**: 드러나지 않음. **중심 대상**: 고향(북쪽, 작은 마을), 가족('너')
❷ **상황**: 화자는 추운 밤에 잠에서 깨어 눈을 보면서 가족과 고향을 떠올리고 있음.
　정서: 화자는 고향과 가족을 그리워하며, 고향에 있는 가족이 축복받기를 바람.
❸ **표현상 특징**
 • 의문형 어미를 사용하여 가족과 고향에 대한 화자의 그리움을 드러내고 있음.
 • 음성 상징어를 활용하여 장면을 구체적으로 그려내고 있음.
 • 반복과 시적 허용을 통해 화자의 그리움을 강조하고 있음.
 • 수미상관의 구성을 통해 구조적 안정감을 얻고 있음.

매개체 : 둘 사이에서 어떤 일을 맺어 주는 것
[1]-❶ 눈
→ 화자와 고향, 가족을 연결해 주는 매개체

의문형 어미 : 물음을 나타내는 어미
[1] 오는가, 내리는가
[3]-❸ 내리는가
[5] 오는가, 내리는가

시적 허용 : 문법적으로 맞지 않는 표현을 시에서만 특별히 허용하는 것
[4]-❸ 차마 그리운 곳
→ '차마 ~할 수 없다.'처럼 부정 표현과 함께 쓰이는 '차마'를 부정 표현 없이 사용함.

수미상관 : 시의 처음과 끝에 같은 구절을 반복하는 방법
[1], [5] 눈이 오는가 북쪽엔 함박눈 쏟아져 내리는가

■ **내용**: 이 작품은 눈을 보며 떠나온 고향과 가족을 그리워하는 화자의 마음을 노래한 현대시이다.
[1]연: 화자가 눈을 보며 고향을 그리워하고 있다.
[2]연: 화자가 눈 내리는 고향의 모습을 떠올리고 있다.
[3]연: 화자는 고향에 축복의 눈이 내리기를 바라고 있다.
[4]연: 화자는 추운 밤에 잠에서 깨어 고향을 그리워하고 있다.
[5]연: 고향에 대한 간절한 그리움을 드러내고 있다.

■ **주제**: 고향과 가족에 대한 그리움

■ **이것이 핵심!: 화자의 그리움**

화자 —(그리워함. / 매개체: 눈)→ 고향, 가족

04 [정답] (1) 북쪽 (2) 눈

> **왜** 정답 **?**

(1) 화자는 눈이 내리는 것을 보며 '북쪽'에 있는 고향과, 그곳에 두고 온 '너'를 떠올리고 있다. 따라서 정답은 '북쪽'이다.

(2) 화자는 북쪽에 '함박눈 쏟아져 내리는'지 묻고 있다. 이는 화자가 내리는 눈을 보며 북쪽의 고향과 가족을 그리워하는 모습이다. 따라서 정답은 '눈'이다.

05 [정답] ③

윗글에 대한 설명으로 가장 알맞지 <u>않은</u> 것은?

> **왜** 정답 **?**

③ ~~명령하는 말투~~를 사용하여 ~~화자의 의지~~를 드러내고 있다.
　나타나지 않음.　　　　　　나타나지 않음.

윗글에 명령하는 말투는 나타나지 않는다. 또한 화자는 가족과 고향을 그리워하고 있을 뿐, 무엇인가에 대한 의지를 드러내고 있지 않다.

> **왜** 오답 **?**

① 수미상관의 구성으로 구조적 안정감을 얻고 있다.
　　1연과 5연에 똑같은 구절이 반복됨.

★ 근거: ①, ⑤연

1연과 5연에는 '눈이 오는가 북쪽엔 / 함박눈 쏟아져 내리는가'라는 똑같은 구절이 반복되고 있다. 이렇게 시의 처음과 끝에 비슷하거나 같은 내용을 반복하는 것을 수미상관이라고 한다. 수미상관의 구성을 활용하면 시의 앞뒤가 비슷한 것에서 오는 편안한 느낌, 즉 구조적 안정감을 얻을 수 있다.

② 의문의 형식으로 가족에 대한 그리움을 드러내고 있다.
　　'오는가', '내리는가'

★ 근거: ①연, ③연 ❸행, ⑤연

윗글에서는 '오는가', '내리는가'라는 의문의 형식을 통해 고향과 가족을 떠올리는 화자의 그리움을 드러내고 있다.

④ 음성 상징어를 활용하여 장면을 구체적으로 그려내고 있다.
　　'굽이굽이', '느릿느릿'

★ 근거: ②연 ❶, ❸행

윗글에서는 철길의 모양을 '굽이굽이', 열차의 움직임을 '느릿느릿'이라고 표현하여 백무선 철길 위를 밤새워 달리는 화물차의 모습을 구체적으로 그려내고 있다. 이때 '굽이굽이'와 '느릿느릿'은 모양이나 움직임을 흉내 낸 의태어로, 음성 상징어에 해당한다.

⑤ '그리운 곳'이라는 표현을 반복하여 화자의 정서를 강조하고 있다.
　　'그리운 곳 차마 그리운 곳'

★ 근거: ④연 ❸행

'그리운 곳 차마 그리운 곳'에서 '그리운 곳'이라는 표현을 반복함으로써 고향과 가족에 대한 화자의 그리움을 강조하고 있다.

06 [정답] ⑤

윗글의 화자에 대한 설명으로 가장 알맞은 것은?

- **윗글의 화자**: 화자는 추운 밤에 잠에서 깨어 눈이 내리는 것을 보며 가족과 고향을 그리워하고 있습니다.

즉 화자의 상황과 정서를 알맞게 설명한 것을 고르는 문제입니다.

> **왜** 정답 **?**

⑤ 화자는 '잠'에서 깨어 고향과 가족을 떠올리고 있다.
　　'어쩌자고 잠을 깨어 / 그리운 곳 차마 그리운 곳'

★ 근거: ④연 ❷, ❸행

화자는 '어쩌자고 잠을 깨어 / 그리운 곳 차마 그리운 곳'이라고 했다. '그리운 곳'이란 가족이 있는 고향을 의미한다. 즉, 화자는 잠에서 깨어 고향과 가족을 떠올리고 있다.

> **왜** 오답 **?**

① 화자는 '함박눈'으로 힘들어질 '북쪽' 사람들을 걱정하고 있다.
　　　　　　　나타나지 않음.

윗글에 '함박눈'으로 인해 '북쪽' 사람들이 힘들어진다는 내용은 나타나지 않는다.

② 화자는 '밤새워 달리는' 열차를 놓쳐 후회하고 있다.
　　　　　　　　　　　　나타나지 않음.

★ 근거: ②연 ❸, ❹행

'느릿느릿 밤새워 달리는 / 화물차의 검은 지붕'은 화자가 떠올리는 고향의 모습이다. 윗글에 화자가 열차를 놓쳐 후회하는 모습은 나타나지 않는다.

③ 화자는 '너를 남기고 온' 일을 반성하고 있다.
　　　　　　　　　　　　　나타나지 않음.

★ 근거: ③연 ❷, ❸행

화자는 '너를 남기고 온 / 작은 마을에도 복된 눈 내리는가'라고 했다. 이는 화자가 고향에 '남기고 온' '너'를 그리워하는 것이다. 화자가 '너를 남기고 온' 일을 반성하고 있지는 않다.

④ 화자는 가진 것이 '잉크병'뿐인 가난한 삶을 살고 있다.
　　　　　　　　　　　알 수 없음.

★ 근거: ④연 ❶행

'잉크병 얼어드는 이러한 밤'은 잉크병이 얼 정도로 추운 밤을 의미한다. 화자가 가진 것이 '잉크병'뿐인 가난한 삶을 살고 있는지는 윗글을 통해 확인할 수 없다.

07 [정답] 작은 마을에도 복된 눈 내리는가

윗글에서 〈보기〉의 ㉠이 가장 잘 드러나는 행을 찾아 쓰시오.

> 〈보기〉
>
> 　〈그리움〉의 화자는 추운 겨울밤에 내리는 눈을 보며 북쪽에 있는 고향과 가족을 그리워하고 있다. '눈'은 고향을 떠올리게 하는 소재로, 화자는 눈을 바라보며 ㉠고향에 있는 가족이 축복받기를 바라는 마음을 드러내고 있다.

> **왜** 정답 **?**

★ 근거: ③연 ❸행

화자는 '너를 남기고 온 / 작은 마을에도 복된 눈 내리는'지를 묻고 있다. 화자가 함박눈을 '복된 눈'이라고 표현한 이유는 고향에 있는 가족이 축복받기를 바라기 때문이다.

가시리 _작자 미상

❶ 화자, 중심 대상　❷ 상황, 정서, 태도　❸ 표현상 특징　[　] 시 이해　■ : ❸ 설의법, 반복법　□ : ❸ 여음구

① ❶ 가시리 **가시리잇고** [나는]
② ❷ 버리고 **가시리잇고** [나는]　　[A]

❷ 상황: 임과 이별할 처지에 놓임.
정서: 임이 떠나지 않기를 바람.
(이별에 대한 슬픔)

① 가시겠습니까? (나를) 버리고 가시겠습니까?

❸ <u>위 증즐가 대평성대(大平成代)</u>
❸ 후렴구

＊①연 요약: 임에게 떠날 것인지 물음.

② ❶ 날러는 어찌 살라 하고
❶ 화자
❷ 버리고 **가시리잇고** [나는]

❷ 정서: 임을 떠나보내는 막막함과 임에 대한 원망을 드러냄.

② (임이 없이) 나는 어떻게 살라고 (나를) 버리고 (정말) 가시겠습니까?

❸ <u>위 증즐가 대평성대(大平成代)</u>
❸ 후렴구

＊②연 요약: 떠나려는 임을 원망함.

③ ❶ 잡사와 두어리마나는*
붙잡아 두고 싶지만
❷ 선하면* 아니 올세라
서운하면

❷ 태도: 소극적(임을 서운하게 하면 다시 돌아오지 않을까 봐 임을 붙잡지 못함.)

③ (임을) 붙잡아 두고 싶지만 서운하면 (임이) 오지 않을까 (두려워 붙잡지 못하겠어요.)

❸ <u>위 증즐가 대평성대(大平成代)</u>
❸ 후렴구

＊③연 요약: 떠나는 임을 붙잡지 못함.

④ ❶ 설온* 님 보내옵나니 [나는]
❶ 중심 대상
❷ 상황: 임을 떠나보냄.
❷ 가시는 듯 돌아오소서 [나는]
❷ 정서: 임이 빨리 돌아오기를 바람.

④ 서러운(나를 서럽게 만든) 임을 보내니 (임이) 가시자마자 돌아오시기를 바랍니다.

❸ <u>위 증즐가 대평성대(大平成代)</u>
❸ 후렴구

＊④연 요약: 임을 떠나보내며 하루빨리 다시 만나기를 바람.

＊ 잡사와 두어리마나는: 붙잡아 두고 싶지마는
＊ 선하면: 서운하면　　＊ 설온: 서러운

설의법: 쉽게 판단할 수 있는 사실을 의문의 형식으로 표현하는 방법
①-❶ 가시리 가시리잇고
①-❷, ②-❷ 버리고 가시리잇고

반복법: 비슷하거나 같은 단어, 구절, 문장 구조를 반복하는 표현 방법
①-❶ 가시리 가시리잇고
①-❷, ②-❷ 버리고 가시리잇고
→ '가시리잇고'를 반복함.

여음구: 운율을 만들고 감정을 돋우기 위해 반복적으로 나타나는 말
①-❶, ❷, ②-❷, ④-❶, ❷ 나는

후렴구: 시나 노래의 끝부분에 일정한 간격을 두고 반복적으로 나타나는 말
①-❸, ②-❸, ③-❸, ④-❸
위 증즐가 대평성대

★ **시 독해 공식**

❶ **화자**: '나', **중심 대상**: '님'
❷ **상황**: 화자는 사랑하는 임을 떠나보내고 있음.
　정서: 화자는 임과의 이별에 슬픔을 느끼고 떠나가는 임을 원망하면서도 임이 빨리 돌아오기를 바라고 있음. **태도**: 소극적(떠나는 임을 붙잡지 못함.)
❸ **표현상 특징**
　• 후렴구와 여음구를 사용하고 있음.
　• 설의법, 반복법을 활용하여 화자의 심정을 강조하고 있음.

■ **내용**: 이 작품은 이별을 앞둔 화자가 자신의 슬픔을 드러내고, 사랑하는 임을 보내고 싶지 않은 마음을 솔직하게 노래한 고려 가요이다. 고려 시대에 일반 사람들 사이에서 노래로 불리던 이 작품은 궁중 음악으로 다시 고쳐지면서 후렴구가 추가된 형태로 자리 잡았다.
①연: 이별의 상황에서 사랑하는 임이 떠나지 않기를 바라는 화자의 마음을 드러내고 있다.
②연: 떠나려는 임에 대한 화자의 원망을 드러내고 있다.
③연: 떠나는 임을 붙잡지 못하는 화자의 소극적인 모습이 나타나고 있다.
④연: 임을 떠나보내면서도 임과 하루빨리 다시 만나기를 바라는 화자의 마음을 드러내고 있다.

■ **주제**: 사랑하는 임과 이별하는 슬픔

■ **이것이 핵심!**: 화자의 정서 변화

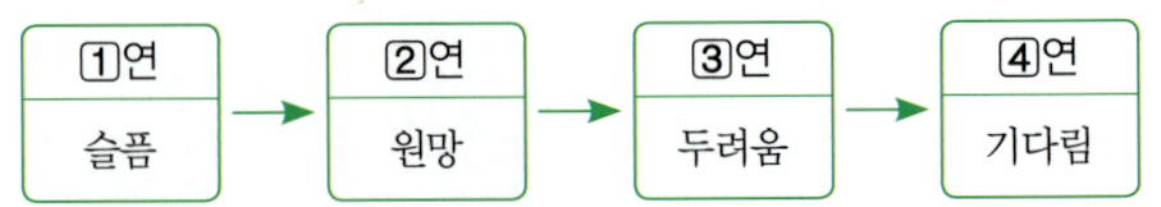

01 정답 (1) 가시리잇고 (2) 설온 님

왜 정답?

(1) '가시리잇고'는 화자가 임에게 정말 갈 것이냐고 묻는 말이다. 윗글에서는 이 말을 반복함으로써 화자가 처한 이별의 상황을 드러내고 있다. 따라서 정답은 '가시리잇고'이다.

(2) 화자는 '설온 님 보내옵나니'라며 임을 떠나보내면서도 '가시는 듯 돌아오소서'라면서 임이 금방 다시 돌아오기를 바라고 있다. 따라서 정답은 '설온 님'이다.

02 정답 ③

윗글에 대한 설명으로 가장 알맞지 <u>않은</u> 것은?

왜 정답?

③ '잡사와 두어리마나는'에서 임을 떠나보내려는 화자의 의지가 드러나고 있다.
임을 붙잡고 싶어 하는 마음이 드러남.

★ 근거: ③연 ❶행
'잡사와 두어리마나는'은 '붙잡아 두고 싶지만'이라는 의미로, 떠나는 임을 붙잡고 싶어 하는 화자의 마음을 드러내고 있다. 따라서 '잡사와 두어리마나는'에서 임을 떠나보내려는 화자의 의지가 드러나지는 않는다.

왜 오답?

① '버리고 가시리잇고'에서 이별로 인한 화자의 슬픔이 드러나고 있다.
임과 이별하고 싶지 않은 화자의 마음과 슬픔이 드러남.

★ 근거: ①연 ❷행
화자는 떠나는 임에게 '버리고 가시리잇고'라면서 정말 자신을 버리고 갈 것이냐고 묻고 있다. 이를 통해 임과 이별하고 싶지 않은 화자의 마음과, 이별로 인한 화자의 슬픔이 드러나고 있다.

② '날러는 어찌 살라 하고'에서 임에 대한 화자의 원망이 드러나고 있다.
임을 떠나보내고 어떻게 사냐며 임을 원망함.

★ 근거: ②연 ❶행
'날러는 어찌 살라 하고'는 '나더러 어떻게 살라고'라는 의미이다. 이를 통해 임을 떠나보내는 화자의 막막한 심정, 떠나는 임에 대한 원망이 드러나고 있다.

④ '설온 님 보내옵나니'에서 이별을 받아들이는 화자의 모습이 드러나고 있다.
결국 임을 떠나보내고 있음.

★ 근거: ④연 ❶행
화자는 붙잡아 두고 싶었던 '설온 님'을 결국 보내고 있다. 이는 화자가 임을 보내지 않으려던 마음을 버리고 이별을 받아들이는 모습이다.

⑤ '가시는 듯 돌아오소서'에서 빠른 재회를 바라는 화자의 소망이 드러나고 있다.
가시자마자 돌아오라고 함.

★ 근거: ④연 ❷행
'가시는 듯 돌아오소서'는 '가시자마자 돌아오세요'라는 의미로, 떠나간 임과 하루빨리 다시 만나기를 바라는 화자의 소망을 드러내고 있다.

03 정답 ②

[A]에 대한 설명으로 가장 알맞은 것은?

• [A]: '가시리잇고'라는 물음이 반복되는 부분입니다.

즉 '가시리잇고'라는 물음이 반복되는 [A]의 표현상 특징으로 알맞은 것을 고르는 문제입니다.

왜 정답?

② 화자는 물음을 던지며 임이 떠나지 않기를 애원하고 있다.
'가시리잇고'라는 물음을 던지며 임이 떠나지 않기를 바람.

★ 근거: ①연 ❶, ❷행
[A]의 '가시리잇고'는 '가시겠습니까?'라는 의미로, 이를 통해 임이 가지 않기를 간절히 바라는 화자의 마음이 드러나고 있다. 즉, 화자는 '가시리잇고'라는 물음을 통해 임이 떠나지 않기를 애원하고 있다.

왜 오답?

① 화자는 감탄사를 통해 임이 떠난 사실을 부정하고 있다.
나타나지 않음.　　　이별을 부정하지 않음.
[A]에는 감탄사가 나타나지 않는다. 또한 화자는 임에게 정말 떠날 것이냐고 물으며 이별을 슬퍼하고 있을 뿐, 임이 떠난 사실을 부정하고 있지 않다.

③ 화자는 의성어를 사용하여 떠나는 임의 모습을 나타내고 있다.
나타나지 않음.
의성어란 '멍멍', '땡땡'처럼 사람이나 사물의 소리를 흉내 낸 말이다. [A]에는 의성어가 나타나지 않는다.

④ 화자는 시어를 반복함으로써 이별을 자신의 탓으로 돌리고 있다.
'가시리잇고'를 반복함.　　　자신을 탓하지는 않음.
[A]에서는 '가시리잇고'가 반복되고 있다. 화자는 이를 통해 이별에 대한 슬픔을 드러내고 있을 뿐, 이별을 자신의 탓으로 돌리고 있지는 않다.

⑤ 화자는 과거의 일을 늘어놓으며 임과 행복했던 순간을 떠올리고 있다.
나타나지 않음.　　　나타나지 않음.
[A]에는 과거의 일을 늘어놓은 부분이 나타나지 않는다. 또한 화자가 임과 행복했던 순간을 떠올리고 있지도 않다.

두꺼비 파리를 물고 _작자 미상

❶ 화자, 중심 대상   ❷ 상황, 정서, 태도   ❸ 표현상 특징   〔 〕 시 이해

백성
「 」: ❷ 상황 – 파리를 괴롭히던 두꺼비가 백송골을 보고 놀라 자빠짐. 태도: 비판적

❶ 「두꺼비 **파리를 물고** 두엄 위에 치달아 앉아
❶ 중심 대상 – 부패한 탐관오리   *초장(❶) 요약: 파리를 물고 앉아 있는 두꺼비

매우 놀라
❷ 건넛산 바라보니 **백송골**이 떠 있거늘 **가슴이 끔찍하여 풀떡 뛰어**
탐관오리보다 더 큰 힘을 가진 권력자   ❸ 풍자적, 희화화

내닫다가 두엄 아래 **자빠지는구나**」
강한 사람에게 꼼짝 못 하는 탐관오리의 모습   *중장(❷) 요약: 백송골을 보고 놀라 자빠지는 두꺼비

❶ 종장의 화자: '나'(두꺼비)
❸ **마침 재빠른 나이길 망정이지** 하마터면 다쳐서 어혈질 뻔했구나 – ❸ 의인법
두꺼비(탐관오리)의 뻔뻔한 허세   *종장(❸) 요약: 허세를 부리는 두꺼비
↳ ❸ 우의적 – 인간 사회를 동물에 빗댐.

❶ 두꺼비가 파리를 물고 거름 더미 위에 올라 앉아서
❷ 건너편 산을 바라보니 백송골이 떠 있거늘 (두꺼비가) 매우 놀라 풀떡 뛰어 내닫다가 거름 더미 아래에 자빠지는구나.
❸ (두꺼비가 말하길,) "마침 재빠른 나이기에 망정이지 하마터면 다쳐서 멍이 들 뻔했구나."

풍자적: 부정적인 인물이나 현상을 어떤 것에 빗대어 비웃으면서 넌지시 비판하는 것

희화화: 어떤 대상이나 사건을 의도적으로 우스꽝스럽게 표현하거나 풍자하는 것
❸ 가슴이 ~ 자빠지는구나
→ 탐관오리를 두꺼비에 빗대어 비판함.

우의적: 말하려는 바를 직접 전달하지 않고 돌려 말하거나 무언가에 빗대어 말하는 것

★ **시 독해 공식**

❶ **화자**: 초장, 중장 – 드러나지 않음.(두꺼비를 보고 있는 사람)
종장 – '나'(두꺼비), **중심 대상**: 두꺼비
❷ **상황**: 파리를 괴롭히던 두꺼비가 백송골을 보고 놀라 자빠졌다가 자신이 재빨라서 다치지 않았다고 허세를 부림. **태도**: 비판적
❸ **표현상 특징**
• 의인법을 활용하여 두꺼비를 사람처럼 표현하고 있음.
• 풍자적 표현을 통해 약한 백성을 괴롭히고 권력자에게는 꼼짝 못 하는 탐관오리를 두꺼비에 빗대어 비판하고 있음.
• 우의적 표현을 활용하여 인간 사회를 동물에 빗대고 있음.
• 희화화를 통해 두꺼비의 모습을 우스꽝스럽게 표현하고 있음.

■ **내용**: 이 작품은 인간 사회의 모습을 동물에 빗대어 나타내고, 그중에서도 탐관오리의 부정적인 모습을 두꺼비에 빗대어 풍자한 시조이다.
초장(❶): 두꺼비가 파리를 물고 앉아 있는 모습을 통해 탐관오리가 백성을 괴롭히는 현실을 나타내고 있다.
중장(❷): 두꺼비가 자신보다 강한 백송골 앞에서 비굴해지는 모습을 통해 권력자에게 꼼짝 못 하는 탐관오리의 모습을 비판적으로 표현하고 있다.
종장(❸): 두꺼비에 빗대어 탐관오리의 허세를 비꼬아 표현하고 있다.

■ **주제**: 탐관오리의 횡포와 허세에 대한 비판

■ **이것이 핵심!**: **우의적 표현과 풍자**

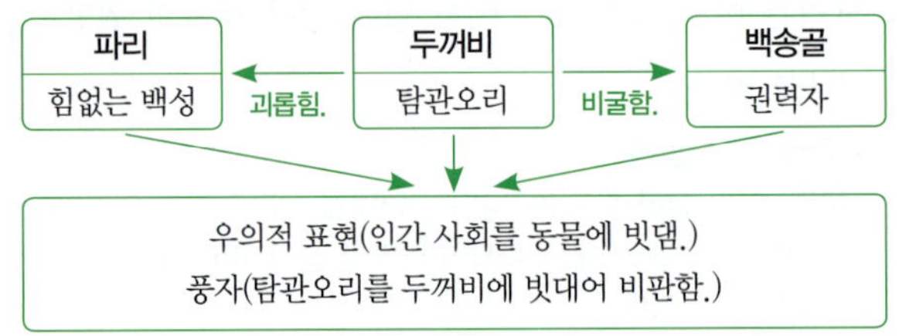

---

04 정답 (1) 백송골 (2) 재빠른

>왜 정답?

(1) 두꺼비는 '백송골이 떠 있'는 것을 보고 '가슴이 끔찍하여 풀떡 뛰어 내닫다가 두엄 아래 자빠지'고 있다. 따라서 정답은 '백송골'이다.
(2) 두꺼비는 '마침 재빠른 나이길 망정이지 하마터면 다쳐서 어혈질 뻔했'다고 잘난 체를 하고 있다. 따라서 정답은 '재빠른'이다.

05 정답 ④

윗글의 '두꺼비'에 대한 설명으로 가장 알맞은 것은?

>왜 정답?

④ **두꺼비는 하늘을 나는 '백송골'을 두려워하고 있다.**
백송골을 보고 '가슴이 끔찍'해짐.
★ **근거: 중장(❷)**
두꺼비는 백송골을 보고 '가슴이 끔찍하여 풀떡 뛰어 내닫다가 두엄 아래 자빠지'고 있다. '가슴이 끔찍하'다는 것은 몹시 놀랐다는 의미로, 두꺼비는 백송골을 두려워하여 깜짝 놀라 뛰어내린 것이다.

> **왜 오답?**

① 두꺼비는 '파리'를 <u>조중하게 대하고</u> 있다.
    파리를 괴롭히고 있음.
  ★ **근거: 초장(❶)**
두꺼비는 '파리를 물고 두엄 위에 치달아 앉아' 있었다. 이는 파리를 소중하게 대하는 것이 아니라 괴롭히는 모습이다.

② 두꺼비는 '<u>어혈</u>'이 생겨 속상해하고 있다.
    자신이 재빨라서 어혈이 생기지 않았다고 함.
  ★ **근거: 종장(❸)**
두꺼비는 '마침 재빠른 나이길 망정이지 하마터면 다쳐서 어혈질 뻔했'다고 허세를 부리고 있다. 자신이 재빨라서 '어혈'이 생기지 않았다고 으스대고 있는 것이다.

③ 두꺼비는 '풀떡 뛰어 내닫'는 일을 <u>즐기고</u> 있다.
    너무 놀라 '풀떡 뛰어 내닫'다가 자빠짐.
  ★ **근거: 중장(❷)**
두꺼비가 '풀떡 뛰어 내닫'게 된 것은 백송골을 보고 너무 놀랐기 때문이다. 두꺼비가 '풀떡 뛰어 내닫'는 일을 즐기고 있지는 않다.

⑤ 두꺼비는 자신이 '<u>자빠</u>'진 것을 '<u>백송골</u>'의 <u>탓으로 돌리고</u>
    허세를 부리고 있을 뿐, 백송골을 탓하지 않음.
있다.
  ★ **근거: 종장(❸)**
두꺼비는 백송골을 보고 놀라 '두엄 아래 자빠지'고는 '마침 재빠른 나이길 망정이지 하마터면 다쳐서 어혈질 뻔했'다고 허세를 부리고 있다. 두꺼비가 자신이 자빠진 것을 백송골의 탓으로 돌리고 있지는 않다.

06   [정답] ③

〈보기〉를 바탕으로 윗글을 이해한 내용 중 가장 알맞지 <u>않은</u> 것은?

• **〈보기〉를 바탕:** 〈두꺼비 파리를 물고〉에서 두꺼비의 모습은 약한 백성을 괴롭히고 자신보다 큰 권력을 가진 사람에게는 꼼짝 못 하는 탐관오리의 모습을 빗댄 것입니다.
• **윗글:** 두꺼비는 파리를 물고 앉아 있다가 백송골을 보고 두려워 도망치다가 자빠지고 있습니다.

즉 두꺼비에 빗대어 탐관오리의 모습을 나타낸 윗글을 잘못 이해한 것을 고르는 문제입니다.

> ───────────〈보기〉───────────
>
> ❶〈두꺼비 파리를 물고〉에서 파리를 물고 거만하게 앉아
> '두꺼비 파리를 물고 ~ 치달아 앉아'
> 있던 두꺼비는 백송골을 보고 놀라 넘어진다. ❷이는 약한
> '가슴이 끔찍하여 ~ 자빠지는구나'
> 백성을 괴롭히고 자신보다 더 큰 권력을 가진 사람에게
> 는 꼼짝도 못 하는 탐관오리를 빗댄 것이다.

> **왜 정답?**

③ '가슴이 끔찍하여'는 <u>잘못을 반성하는</u> 탐관오리의 모습으
    자신보다 강한 사람에게 꼼짝 못 하는 모습임.
로 볼 수 있다.
  ★ **근거: 중장(❷), 〈보기〉❷문장**
'가슴이 끔찍하여'는 백송골을 보고 놀란 두꺼비의 마음을 표현한 것으로, 〈보기〉의 '더 큰 권력을 가진 사람에게는 꼼짝도 못 하는 탐관오리'의 모습에 해당한다.

> **왜 오답?**

① '파리'는 탐관오리에게 괴롭힘을 당하는 백성으로 볼 수 있다.
    '두꺼비 파리를 물고'
  ★ **근거: 초장(❶), 〈보기〉❷문장**
두꺼비는 '파리를 물고' 거만하게 앉아 있다. 이는 〈보기〉의 '약한 백성들을 괴롭히'는 탐관오리의 모습을 빗댄 것이다. 따라서 '파리'는 탐관오리에게 괴롭힘을 당하는 백성으로 볼 수 있다.

② '백송골'은 탐관오리보다 더 큰 권력을 가진 사람으로 볼
    '건넛산 바라보니 백송골이 떠 있거늘 ~ 두엄 아래 자빠지는구나'
수 있다.
  ★ **근거: 중장(❷), 〈보기〉❷문장**
두꺼비는 백송골을 보고 놀라 '두엄 아래 자빠지'고 있다. 〈보기〉에 따르면 두꺼비가 두려워하는 '백송골'은 탐관오리보다 '더 큰 권력을 가진 사람'으로 볼 수 있다.

④ '자빠지는구나'는 강한 사람에게 꼼짝도 못 하는 탐관오리
    '건넛산 바라보니 백송골이 떠 있거늘 ~ 두엄 아래 자빠지는구나'
의 모습으로 볼 수 있다.
  ★ **근거: 중장(❷), 〈보기〉❷문장**
두꺼비는 백송골을 보고 놀라 '두엄 아래 자빠'진다. 〈보기〉에 따르면 이는 탐관오리가 '자신보다 더 큰 권력을 가진 사람에게는 꼼짝도 못 하는' 모습이다.

⑤ '재빠른 나이길 망정이지'는 탐관오리의 뻔뻔한 허세로 볼
    '마침 재빠른 나이길 ~ 다쳐서 어혈질 뻔했구나'
수 있다.
  ★ **근거: 종장(❸), 〈보기〉❷문장**
〈보기〉에 따르면 두꺼비의 모습은 탐관오리를 빗댄 것이다. 두꺼비는 백송골을 보고 놀라 자빠진 후, '마침 재빠른 나이길 망정이지 하마터면 다쳐서 어혈질 뻔했구나'라고 했다. 이는 탐관오리가 뻔뻔한 허세를 부리는 것으로 볼 수 있다.

07   [정답] 건넛산 바라보니 백송골이 떠 있거늘 가슴이 끔찍하여 풀떡 뛰어 내닫다가 두엄 아래 자빠지는구나

윗글에서 〈보기〉의 ㉠이 가장 잘 드러나는 행을 찾아 쓰시오.

> ───────────〈보기〉───────────
>
> 희화화란 어떤 대상이나 사건을 의도적으로 우스꽝스
> 희화화의 의미
> 럽게 표현하거나 풍자하는 것을 말한다. 〈두꺼비 파리를
> 물고〉에서는 ㉠자신보다 강한 백송골을 두려워하여 도
> '건넛산 바라보니 백송골이 떠 있거늘 ~ 두엄 아래 자빠지는구나'
> 망치는 두꺼비의 모습을 희화화하고 있다.

> **왜 정답?**

★ **근거: 중장(❷)**
화자는 백송골을 보고 도망치다가 자빠진 두꺼비의 모습을 '가슴이 끔찍하여 풀떡 뛰어 내닫다가 두엄 아래 자빠지는구나'라고 우스꽝스럽게 표현하고 있다. 이는 자신보다 강한 백송골을 두려워하여 도망치는 두꺼비의 모습을 희화화하고 있는 것이다.

수라 _백석

❶ 화자, 중심 대상   ❷ 상황, 정서, 태도   ❸ 표현상 특징   ⬭ 시 이해   ▨ : ❷ 중심 대상에 대한 화자의 정서 변화 → 감정이 점점 깊어짐.

▨ : ❶ 중심 대상 – 거미 가족   ❷ 정서: 거미에 대한 무심함

① ❶ 거미 새끼 하나 방바닥에 나린 것을 나는 ❷ 아무 생각 없이 ㉠문 밖으로 쓸어 버린다
시간적 배경   ❶ 화자   거미 가족이 처음으로   ❷ 상황: 거미 새끼를
해체된(흩어진) 공간   문 밖으로 쓸어 버림.

❷ 차디찬 밤이다
❸ 촉각적 심상
→ 거미 가족이 처한 비극적인 상황을 강조함.

*①연 요약: 거미 새끼 하나를 아무 생각 없이 문밖으로 쓸어 버림.

① 거미 새끼 하나가 방바닥에 내려온 것을 나는 아무 생각 없이 문 밖으로 쓸어 버린다. 차디찬 밤이다.

② ❶ 어니젠가* 새끼 거미 쓸려 나간 곳에 ❷ 큰 거미가 왔다 / 나는 ❷ 가슴이 짜릿한다
어느새   쓸어 버린 거미 새끼의 어미   ❷ 정서: 거미에 대한 죄책감

❸ 나는 또 큰 거미를 쓸어 ㉡문 밖으로 버리며
거미 가족이 다시 만날 가능성이 있는 곳   ❷ 상황: 큰 거미를 문 밖으로 쓸어 버림.
정서: 큰 거미가 헤어진 새끼를 만나기를 바람.

❹ 찬 밖이라도 새끼 있는 데로 가라고 하며 서러워한다
❷ 정서: 거미 가족에 대한 죄책감, 안타까움

*②연 요약: 큰 거미를 문 밖으로 쓸어 버리며 서러워함.

② 어느새 새끼 거미가 쓸려 나간 곳에 (어미 거미로 보이는) 큰 거미가 왔다. (어미가 자식을 찾으러 온 것 같아) 나는 가슴이 짜릿하다. 나는 또 큰 거미를 쓸어서 문 밖으로 버리며 찬 밖이라도 새끼 있는 곳으로 가라고 하며 서러워한다.

③ ❶ 이렇게 해서 아린 가슴이 싹기도 전이다
가라앉기도

❷ 어데서 좁쌀알만 한 알에서 가제* 깨인 듯한 발이 채 서지도 못한 무척 작은 새끼
갓   새끼 거미의 연약한 모습

거미가 이번엔 큰 거미 없어진 곳으로 와서 아물거린다 / 나는 ❷ 가슴이 메이는 듯하다
새끼 거미의 어미   새끼 거미가 어미를 찾는 모습   ❷ 정서: 새끼 거미에 대한 안타까움

❹ 내 손에 오르기라도 하라고 나는 손을 내어 미나 분명히 울고불고 할 이 작은 것은
무서워하여   새끼 거미

나를 무서우이 달어나 버리며 나를 서럽게 한다
❸ 의인법 – 거미를 사람처럼 표현함.   ❷ 정서: 새끼 거미에 대한 연민

❺ 나는 이 작은 것을 고이 보드러운 종이에 받어 또 ㉢문 밖으로 버리며
새끼 거미   거미 가족이 다시 만날 가능성이 있는 곳

❻ 이것의 엄마와 누나나 형이 가까이 이것의 걱정을 하며 있다가 쉬이 만나기나 했
❸ 의인법 – 거미를 사람처럼 표현함.

으면 좋으련만 하고 슬퍼한다
❷ 정서: 흩어진 거미 가족으로 인해 슬픔을 느낌.

*③연 요약: 무척 작은 새끼 거미를 문 밖으로 버리며 거미 가족이 다시 만나기를 바람.

* 어니젠가: 어느 사이엔가   * 가제: 갓, 방금

③–❶~❸ 이렇게 해서 아픈 가슴이 가라앉기도 전이다. 어디서 좁쌀알만 한 작은 알에서 갓 깬 듯한, 발이 채 서 있지도 못한 무척 작은 새끼 거미가 이번에는 큰 거미가 없어진 곳으로 와서 (어미를 찾는 것처럼) 조금씩 움직인다. 나는 가슴이 메이는 듯하다.
③–❹~❻ 내 손에 오르기라도 하라고 나는 손을 내밀었으나, 분명히 울고불고할 이 작은 것(새끼 거미)은 나를 무서워하여 달아나 버리며 나를 서럽게 한다. 나는 이 작은 것(새끼 거미)을 고이 부드러운 종이에 받아 또 문 밖으로 버리며, 이 새끼 거미의 엄마와 누나나 형이 이것의 걱정을 하며 가까이에 있다가 쉽게 만났으면 좋겠다고 생각하며 슬퍼한다.

[촉각적 심상] : 피부에 닿는 듯한 느낌이 떠오르는 것
[의인법] : 사람이 아닌 것을 사람처럼 표현하는 방법

★ 시 독해 공식

❶ 화자: '나', 중심 대상: 거미 가족(거미 새끼, 큰 거미, 새끼 거미)
❷ 상황: 화자는 거미들을 문 밖으로 쓸어 버리고 있음.
정서: 화자는 무심하게 거미를 쓸어 버리다가 흩어진 거미 가족에 대한 죄책감과 안타까움을 느낌.
❸ 표현상 특징
• 거미를 문 밖으로 버리는 화자의 행위가 반복되며 감정이 점점 깊어지고 있음.
• 의인법, 촉각적 심상을 활용하고 있음.

■ 내용: 이 작품은 흩어진 거미 가족의 모습을 통해 일제 강점기에 가족의 해체를 경험한 우리 민족의 아픔을 표현한 현대시이다.
①연: 거미 새끼를 문 밖으로 버리는 화자의 모습을 그리고 있다.
②연: 큰 거미를 버리며 느낀 화자의 죄책감과 안타까움을 나타내고 있다.
③연: 연약한 새끼 거미를 문 밖으로 버리며 흩어진 거미 가족이 다시 만나기를 바라는 화자의 소망을 드러내고 있다.

■ 주제: 가족이 해체된 아픔과 가족이 다시 만나는 것에 대한 소망

■ 이것이 핵심!: 행위의 반복에 따라 깊어지는 정서

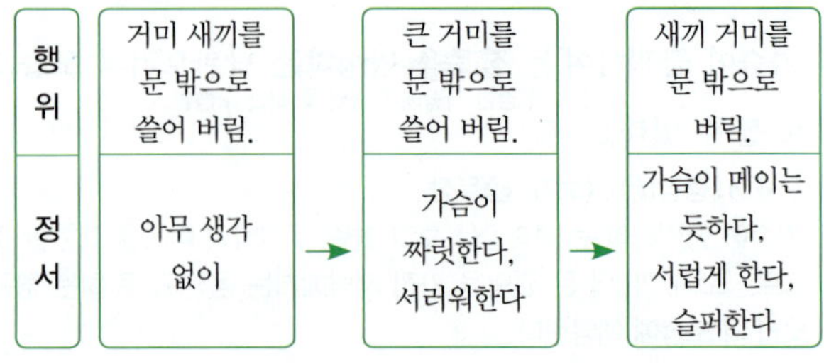

행위	거미 새끼를 문 밖으로 쓸어 버림.	큰 거미를 문 밖으로 쓸어 버림.	새끼 거미를 문 밖으로 버림.
정서	아무 생각 없이	가슴이 짜릿한다, 서러워한다	가슴이 메이는 듯하다, 서럽게 한다, 슬퍼한다

01 [정답] (1) 거미 (2) 문 밖

> **왜** 정답 **?**

(1) 화자는 거미 새끼와 큰 거미, 새끼 거미를 문 밖으로 쓸어 버린 일에 대해 이야기하고 있다. 따라서 정답은 '거미'이다.

(2) 화자는 큰 거미를 '문 밖으로 버리며' '찬 밖이라도 새끼 있는 데로 가라고' 생각하고, 새끼 거미도 '문 밖으로 버리며' 가족들과 '쉬이 만나기나 했으면 좋'겠다고 생각하고 있다. 따라서 정답은 '문 밖'이다.

02 [정답] ⑤

윗글에 대한 설명으로 가장 알맞지 <u>않은</u> 것은?

> **왜** 정답 **?**

⑤ '무서우이'에는 ~~큰 거미를 만져야 하는 화자의 두려움이~~ 드
화자의 두려움이 아니라 새끼 거미의 두려움이 드러남.
러나고 있다.

★ 근거: ③연 ❹행

화자가 손을 내밀자 '이 작은 것'은 '무서우이 달아나 버리'고 있다. 따라서 '무서우이'에는 화자를 무서워하는 연약한 새끼 거미의 두려움이 드러나고 있다.

> **왜** 오답 **?**

① '아무 생각 없이'에는 거미에 대한 화자의 무심함이 드러나
'거미 새끼 하나 ~ 아무 생각 없이 문 밖으로 쓸어 버린다'
고 있다.

★ 근거: ①연 ❶행

화자는 '거미 새끼 하나 방바닥에 나린 것을' '아무 생각 없이 문 밖으로 쓸어 버'리고 있다. '아무 생각 없이'에는 거미를 버리면서 아무 감정을 느끼지 않는 화자의 무심함이 드러나고 있다.

② '서러워한다'에는 거미 가족을 흩어지게 한 화자의 죄책감
'새끼 있는 데로 가라고 하며 서러워한다'
이 드러나고 있다.

★ 근거: ②연

화자는 거미 새끼에 이어 큰 거미도 문 밖으로 쓸어 버리며 '새끼 있는 데로 가라고 하며 서러워'하고 있다. 이때 '서러워한다'에는 거미 가족을 흩어지게 한 것에 대해 화자가 느끼는 죄책감이 드러나고 있다.

③ '아린 가슴'에는 흩어진 거미 가족으로 인한 화자의 심리적
'아린 가슴'은 거미 새끼와 큰 거미를 쓸어 버린 후 화자가 느낀 마음의 고통임.
고통이 드러나고 있다.

★ 근거: ①, ②연, ③연 ❶행

'이렇게 해서 아린 가슴'은 화자가 거미 새끼와 큰 거미를 문 밖으로 쓸어 버리며 느낀 죄책감과 안타까움을 의미한다. 또한 '아리다'란 마음이 몹시 고통스러운 것을 뜻하므로, '아린 가슴'은 흩어진 거미 가족으로 인해 화자가 느낀 심리적 고통이다.

④ '가슴이 메이는 듯하다'에는 새끼 거미에 대한 화자의 안타
'작은 새끼 거미가 ~ 아물거린다 / 나는 가슴이 메이는 듯하다'
까움이 드러나고 있다.

★ 근거: ③연 ❷행

화자는 '작은 새끼 거미가' '큰 거미 없어진 곳으로 와서 아물거'리는 것을 보고 '가슴이 메이는 듯하다'라고 했다. 새끼 거미의 모습이 어미를 찾는 것처럼 보였기 때문이다. 따라서 '가슴이 메이는 듯하다'는 새끼 거미를 보는 화자의 안타까움을 드러내는 것이다.

03 [정답] ⑤

㉠~㉢을 이해한 내용으로 가장 알맞지 <u>않은</u> 것은?

• ㉠~㉢: ㉠은 화자가 거미 새끼를 쓸어 버린 공간, ㉡은 화자가 큰 거미를 쓸어 버린 공간, ㉢은 화자가 거미 가족이 다시 만나기를 바라며 새끼 거미를 쓸어 버린 공간입니다.

즉 ㉠~㉢이 어떤 공간인지 잘못 이해한 것을 고르는 문제입니다.

> **왜** 정답 **?**

알 수 없음.
⑤ ㉠~㉢은 모두 거미 가족이 ~~가고 싶어 하지 않는 곳~~이다.

거미 가족이 '문 밖'으로 가고 싶어 하지 않는지는 윗글을 통해 알 수 없다. 다만 ㉡과 ㉢은 헤어진 가족이 있는 공간이라는 점에서 거미 가족이 가고 싶어 할 가능성이 큰 곳이다.

> **왜** 오답 **?**

① ㉠은 거미 가족이 처음으로 흩어진 곳이다.
'거미 새끼 하나 방바닥에 ~ 문 밖으로 쓸어 버린다'
★ 근거: ①연 ❶행

화자는 거미 새끼를 '아무 생각 없이 문 밖(㉠)으로 쓸어 버'리고, 이로 인해 거미 가족은 처음으로 흩어지게 된다.

② ㉡은 화자가 큰 거미를 쓸어 버린 곳이다.
'나는 또 큰 거미를 쓸어 ~ 새끼 있는 데로 가라고 하며 서러워한다'
★ 근거: ②연 ❸, ❹행

화자는 큰 거미를 '문 밖'(㉡)으로 쓸어 버리며 '새끼 있는 데로 가라고 하며 서러워'하고 있다.

③ ㉢은 화자가 새끼 거미를 조심스럽게 버린 곳이다.
'나는 이 작은 것을 ~ 문 밖으로 버리며'
★ 근거: ③연 ❺행

화자는 새끼 거미를 '고이 보드러운 종이에 받어' '문 밖'(㉢)으로 버리고 있다.

④ ㉡과 ㉢은 화자가 거미 가족이 다시 만날 수 있다고 여기
'찬 밖이라도 새끼 있는 데로 가라고', '이것의 엄마와 ~ 만나기나 했으면 좋으련만'
는 곳이다.

★ 근거: ②연 ❸, ❹행, ③연 ❺, ❻행

화자는 큰 거미를 '문 밖'(㉡)으로 쓸어 버리며 '찬 밖이라도 새끼 있는 데로 가라고' 생각하고, 새끼 거미를 '문 밖'(㉢)으로 버리며 새끼 거미가 가족과 '쉬이 만나기나 했으면 좋으련만'이라고 생각하고 있다. 즉, 화자는 ㉡과 ㉢을 거미 가족이 다시 만날 수 있는 곳으로 여기고 있다.

04 [정답] 차디찬 밤

윗글에서 〈보기〉의 빈칸에 들어가기에 가장 알맞은 시어를 찾아 2어절로 쓰시오.

> ─〈보기〉─
>
> 〈수라〉는 일제 강점기에 우리 민족이 겪었던 가족의 해체를 거미 가족에 빗대어 표현하고 있다. (　　　)은/
> 일제 강점기에 가족의 해체를 겪었던 우리 민족을 나타냄.
> 는 이 작품의 시간적 배경으로, 거미 가족이 겪는 시련을 의미하면서 우리 민족이 겪었던 일제 강점기를 상징한다.

> **왜** 정답 **?**　★ 근거: ①연 ❷행

화자는 '차디찬 밤'에 거미를 쓸어 버린 일에 대해 이야기하고 있다. 이때 '차디찬 밤'이라는 시간적 배경은 거미 가족이 겪는 시련과, 우리 민족이 겪은 일제 강점기를 상징한다.

❶ 화자, 중심 대상 ❷ 상황, 정서, 태도 ❸ 표현상 특징 [   ] 시 이해

1 ❶ 죽는 날까지 하늘을 우러러
이상적인 삶의 기준

❸ 시어의 대립
□ ↔ △
이상, 희망(긍정적) 시련, 어두운 현실(부정적)

1 ❶~❹ (나는) 죽는 날까지 하늘을 우러러 한 점 부끄럼이 없기를 (바랐지만), 잎새에 이는 바람(처럼 작은 흔들림)에도 나는 괴로워했다.

❷ 한 점 부끄럼이 없기를,
❷ 정서: 부끄러움이 없는 순수한 삶을 소망함.

❸ 잎새에 이는 바람에도
화자의 내면   심리적 흔들림과 갈등

*1연 ❶~❹행 요약: 부끄러움 없는 삶에 대한 소망(과거)

시어의 대립 : 시어의 의미가 서로 반대되는 것
긍정적 시어: 하늘, 별
부정적 시어: 바람, 밤

❹ 나는 괴로워했다. —❷ 정서: 이상과 현실 사이의 갈등으로 인해 괴로움을 느낌.
❶ 화자   태도: 성찰적(이상적인 삶을 살지 못했던 자신을 돌아봄.)

❺ 별을 노래하는 마음으로
희망, 이상 ❶ 중심 대상

❻ 모든 죽어 가는 것을 사랑해야지
억압받는 존재들   ❷ 태도: 의지적(현재의 시련을 사랑으로 극복하려는 의지를 드러냄.)

❼ 그리고 나한테 주어진 길을
❷ 태도: 사랑을 실천하고 부끄러움이 없는 삶에 대한 소명 의식

1 ❺~❽ 별(희망)을 노래하는 마음으로 모든 죽어 가는 것을 사랑해야지. 그리고 나한테 주어진 길을 걸어가야겠다(사랑을 실천하고 부끄러움이 없는 삶을 살아야겠다).

❽ 걸어가야겠다.
❷ 태도: 의지적(이상적인 삶을 살겠다는 의지를 드러냄.)

*1연 ❺~❽행 요약: 사랑을 실천하는 부끄러움 없는 삶에 대한 다짐(미래)

소명 의식 : 어떤 명령이나 이상을 반드시 수행해야 한다는 생각
1-❼ 나한테 주어진 길

2 ❶ 오늘 밤에도 별이 바람에 스치운다.
희망, 이상
어두운 현실   현실의 시련, 고난

2 (여전히) 오늘 밤에도 별이 바람에 스친다.

*2연 요약: 힘든 현실에 대한 인식(현재)

성찰적 : 지나간 일을 되돌아보며 반성하고 살피는 것
1-❹ 나는 괴로워했다.

★ 시 독해 공식

❶ 화자: '나', 중심 대상: 별
❷ 상황: 화자는 자신의 삶을 되돌아보며 부끄러움 없는 삶을 살겠다고 다짐하고 있음.
정서: 화자는 어두운 현실에서 이상과 현실 사이의 갈등으로 인해 괴로워함.
태도: 성찰적(이상적인 삶을 살지 못했던 자신을 돌아봄.), 의지적(이상적인 삶에 대한 소명 의식과, 그것을 이루어 내겠다는 의지를 드러냄.)
❸ 표현상 특징
• 시어의 대립을 통해 주제를 강조하고 있음.   • 시간의 변화(과거 → 미래 → 현재)에 따라 시상이 전개되고 있음.

■ 내용: 이 작품은 부끄러움 없는 순수한 삶에 대한 화자의 성찰과 다짐을 담고 있는 현대시이다.
1연: 지난 삶에 대한 화자의 성찰과 순수한 삶에 대한 다짐을 드러내고 있다.
2연: 어두운 현실에 대한 화자의 인식을 드러내고 있다.
■ 주제: 어두운 현실 속에서의 부끄러움 없는 순수한 삶에 대한 소망과 의지

■ 이것이 핵심!: 시간의 변화에 따른 시상 전개

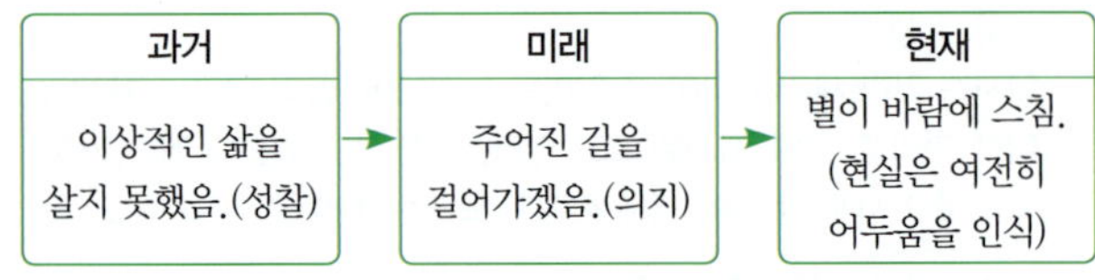

---

05 정답 (1) 부끄럼 (2) 사랑, 길

>왜 정답?

(1) 화자는 '죽는 날까지 하늘을 우러러 / 한 점 부끄럼이 없기를' 바랐던 자신의 삶을 되돌아보고 있다. 따라서 정답은 '부끄럼'이다.
(2) 화자는 '모든 죽어 가는 것을 사랑'하고 '나한테 주어진 길을 / 걸어가야겠다'고 다짐하고 있다. 따라서 정답은 '사랑', '길'이다.

06 정답 ②

다음 중 화자가 긍정적으로 여기는 시어가 아닌 것은?

>왜 정답?

② 바람 심리적 갈등, 현실의 고난 → 화자가 부정적으로 여기는 시어
★ 근거: 1-❸, 2
1연에서 화자는 '잎새에 이는 바람'에도 괴로워했다. 이때의 '바람'은 화자의 심리적 갈등을 의미한다. 또한 2연에서 화자는 '오늘 밤에도 별이 바람에 스치운다'라면서 어두운 현실을 깨닫고 있다. 이때의 '바람'은 현실의 고난을 의미한다. 따라서 '바람'은 화자가 부정적으로 여기는 대상이다.

① 하늘
이상적인 삶의 기준
★ 근거: ①연 ❶행
화자는 '하늘을 우러러' '한 점 부끄럼이 없'는 삶을 소망하였다. 이를
통해 화자가 '하늘'을 이상적인 삶의 기준으로 생각하고 있음이 드러
난다. 따라서 '하늘'은 화자가 긍정적으로 여기는 대상이다.

③ 별
이상, 희망
★ 근거: ①연 ❺, ❻행
화자는 '별을 노래하는 마음으로 / 모든 죽어 가는 것을 사랑해야지'
라고 했다. 이는 화자가 희망을 가지고 이상적인 삶을 살아가겠다는
의지를 드러내는 것이다. 따라서 '별'은 이상과 희망을 의미하며, 화
자가 긍정적으로 여기는 대상이다.

④ 죽어 가는 것
화자가 사랑하려는 대상
★ 근거: ①연 ❻행
화자는 '모든 죽어 가는 것을 사랑해야지'라면서 '죽어 가는 것'에 대
한 연민과 사랑을 드러내고 있다. 따라서 '죽어 가는 것'은 화자가 긍
정적으로 여기는 대상이다.

⑤ 길
이상적인 삶
★ 근거: ①연 ❼행
화자는 '나한테 주어진 길'을 걸어가겠다고 다짐하고 있다. 이때 '길'
은 화자가 소망하는 이상적인 삶을 의미하므로 화자가 긍정적으로
여기는 대상이다.

07 [정답] ②

〈보기〉를 바탕으로 윗글을 이해한 내용 중 가장 알맞지 않은 것은?

• 〈보기〉: 윗글에서 '과거 → 미래 → 현재'의 시간 변화에 따라 화자
  가 어떤 생각을 드러내고 있는지 설명하고 있습니다.

즉 과거, 미래, 현재에 대한 화자의 생각을 바탕으로 윗글을 잘못 이
해한 것을 고르는 문제입니다.

〈보기〉
> ❶〈서시〉의 화자는 이상적인 삶을 살지 못했던 과거를
> '죽는 날까지 하늘을 우러러 ~ 나는 괴로워했다.'
> 돌아보며 미래에는 이상적인 삶을 살겠다고 다짐하고 있다.
> '별을 노래하는 마음으로 ~ 걸어가야겠다.'
> ❷또한 여전히 시련이 가득한 현재의 상황을 이야기하며 이
> '오늘 밤에도 별이 바람에 스치운다.'
> 에 담담히 맞서고자 하는 마음가짐을 드러내고 있다.

>왜 정답?

② 화자는 '잎새에 이는 바람'을 통해 시련에 담담히 맞서려는
내면의 갈등으로 괴로워했던 화자의 과거를 드러냄.
마음가짐을 드러내고 있다.
★ 근거: ①연 ❶~❹행
화자는 '잎새에 이는 바람'에도 괴로워했다. 이는 내면의 작은 갈등에
도 괴로워했던 화자의 과거로, 시련에 맞서려는 마음가짐을 드러내
고 있지 않다.

① 화자는 '한 점 부끄럼이 없기를'을 통해 이상적인 삶을 살
'한 점 부끄럼이 없'는 이상적인 삶을 살고자 했음.
고자 했음을 드러내고 있다.
★ 근거: ①연 ❶, ❷행, 〈보기〉 ❶문장
화자는 '한 점 부끄럼이 없기를' 바랐다. 이는 화자가 〈보기〉의 '이상
적인 삶'을 살고자 했음을 드러내는 것이다.

③ 화자는 '괴로워했다'를 통해 이상과 다른 삶을 살았던 과거
'잎새에 이는 바람에도' '괴로워'던 과거를 돌아보고 있음.
를 돌아보고 있다.
★ 근거: ①연 ❸, ❹행, 〈보기〉 ❶문장
화자는 '한 점 부끄럼이 없'는 삶을 소망했지만, '잎새에 이는 바람에
도' '괴로워했다'고 했다. 이는 〈보기〉의 '이상적인 삶을 살지 못했던
과거를 돌아보'는 모습이다. 즉, 화자는 부끄럼 없이 흔들리지 않는
삶을 살고자 했던 이상과 달리, 내면의 작은 갈등에도 흔들렸던 과거
를 돌아보고 있다.

④ 화자는 '사랑해야지'를 통해 현재의 시련을 사랑으로 극복
'모든 죽어 가는 것을 사랑'함으로써 현재의 시련을 극복하려 함.
하려는 의지를 드러내고 있다.
★ 근거: ①연 ❺, ❻행, 〈보기〉 ❷문장
화자는 '모든 죽어 가는 것을 사랑해야지'라고 했다. 〈보기〉를 참고할
때 '모든 죽어 가는 것'은 '시련이 가득한 현재의 상황'에서 고통받는
존재들로 이해할 수 있다. 따라서 화자가 이러한 존재들을 사랑하겠
다고 한 것은 현재의 시련을 사랑으로 극복하려는 의지를 드러낸 것
이다.

⑤ 화자는 '별이 바람에 스치운다'를 통해 현재의 힘든 상황을
'오늘 밤에도 별이 바람에 스치운다.'
인식하고 있다.
★ 근거: ②연 ❶행, 〈보기〉 ❷문장
〈보기〉에서 화자는 '여전히 시련이 가득한 현재의 상황을 이야기'한
다고 했다. 따라서 화자가 '오늘 밤에도 별이 바람에 스치운다.'라고
한 것은 현재의 힘든 상황을 인식하는 모습이다.

08 [정답] 밤

윗글에서 〈보기〉의 빈칸에 들어가기에 가장 알맞은 시어를 찾아
쓰시오.

〈보기〉
> 윤동주가 일제 강점기를 살았던 시인이라는 것을 고려
> 하면, 〈서시〉의 '(   )'은/는 당시 우리나라의 어두
> 일제 강점기
> 운 현실을 나타내는 시어로 볼 수 있다.

>왜 정답?

★ 근거: ②연 ❶행
화자는 '오늘 밤에도 별이 바람에 스치운다.'라면서 어둡고 힘든 현실
을 깨닫고 있다. 이때 '밤'은 작가 윤동주가 살았던 일제 강점기의 어
두운 현실을 나타내는 시어로 볼 수 있다.

독은 아름답다 _ 함민복

❶ 화자, 중심 대상 ❷ 상황, 정서, 태도 ❸ 표현상 특징 ⬚ 시 이해 ▨ : ❸ 역설적 표현, 비슷한 문장 구조

① ❶은행나무 열매에서 <u>구린내가 난다</u> ← ❶ 중심 대상 → ❸ 후각적 심상
　❷주의해 주세요 구린내가 향기롭다
　❷ 태도: 긍정적(은행나무 열매를 지키는 구린내를 좋은 것으로 여김.)

　　　① 은행나무 열매에서 구린내가 난다. 주의해 주세요. (은행나무 열매를 지켜 주는) 구린내가 향기롭다.

　　　　＊①연 요약: 은행나무 열매의 구린내가 향기로움.

② ❶밤톨이 여물면서 밤송이가 따가워진다 ← ❶ 중심 대상 ❸ 촉각적 심상
　❷날카롭게 찌르는 가시가 너그럽다
　❷ 태도: 긍정적(밤톨을 지키는 가시를 좋은 것으로 여김.)

　　　② 밤톨이 여물면서 밤송이가 따가워진다. (밤톨을 지키기 위해) 날카롭게 찌르는 가시가 너그럽다.

　　　　＊②연 요약: 밤송이의 가시가 너그러움.

③ ❶복어 알을 먹으면 죽는다 ← ❶ 중심 대상 복어 알의 해로운 속성
　❷복어의 독이 복어의 사랑이다
　❷ 태도: 긍정적(복어 알을 지키는 독을 좋은 것으로 여김.)

　　　③ 복어 알을 먹으면 (독이 들어 있기 때문에) 죽는다. (복어 알을 지키는) 복어의 독이 복어의 사랑이다.

　　　　＊③연 요약: 복어의 독에서 사랑을 느낌.

④ ❶자식을 낳고 술을 끊은 친구가 있다 ← ❶ 중심 대상 – 자식을 생각하는 부모의 사랑
　❷친구의 독한 마음이 아름답다
　❷ 태도: 긍정적(자식을 위해 술을 끊은 친구의 독한 마음을 좋은 것으로 여김.)

　　　④ 자식을 낳고 술을 끊은 친구가 있다. (자식을 위해 술을 끊은) 친구의 독한 마음이 아름답다.

　　　　＊④연 요약: 자식을 위하는 친구의 독한 마음이 아름다움.

★ 시 독해 공식

❶ 화자: 드러나지 않음. **중심 대상**: 구린내, 가시, 독, 친구의 독한 마음
❷ 상황: 화자는 구린내, 가시, 독, 친구의 독한 마음에 대해 이야기하고 있음.
　태도: 긍정적(무엇인가를 지키는 구린내, 가시, 독, 친구의 독한 마음을 좋은 것으로 여기고 있음.)
❸ 표현상 특징
　• 후각적 심상과 촉각적 심상을 활용하여 대상의 속성을 구체적으로 드러내고 있음.
　• 역설적 표현을 활용하여 주제를 강조하고 있음.
　• 비슷한 문장 구조를 반복하여 사용하고 있음.

심상: 어떤 현상이나 사물이 감각을 통해 마음속에 선명하게 그려지는 것
후각적 심상: 코로 냄새를 맡는 듯한 느낌이 떠오르는 것
①-❶ 구린내가 난다
①-❷ 구린내가 향기롭다
촉각적 심상: 손으로 만지는 듯한 느낌이 떠오르는 것
②-❶ 밤송이가 따가워진다

역설적 표현: 겉으로는 앞뒤가 맞지 않지만, 그 속에 중요한 의미나 가치를 담고 있는 표현
①-❷ 구린내가 향기롭다
②-❷ 날카롭게 ~ 너그럽다
③-❷ 복어의 ~ 사랑이다
④-❷ 친구의 ~ 아름답다

비슷한 문장 구조: 어미나 조사 등의 쓰임이 비슷한 문장의 형태
①-❷ 구린내가 향기롭다
②-❷ 가시가 너그럽다
③-❷ 독이 복어의 사랑이다
④-❷ 독한 마음이 아름답다
→ '-이/가 -다'의 비슷한 문장 구조가 반복됨.

■ **내용**: 이 작품은 부정적인 특징을 지닌 대상에게서 발견한 긍정적인 가치를 역설적으로 나타낸 현대시이다.
　①연: 화자는 은행나무 열매의 구린내가 열매를 지키기 때문에 향기롭다고 표현하고 있다.
　②연: 화자는 밤송이의 가시가 밤톨을 지키기 때문에 너그럽다고 표현하고 있다.
　③연: 화자는 복어의 독이 복어 알을 지키기 때문에 사랑이라고 표현하고 있다.
　④연: 화자는 친구의 독한 마음이 자식을 생각하는 부모의 사랑이기 때문에 아름답다고 표현하고 있다.

■ **주제**: 부정적으로 보이는 대상의 긍정적인 가치와 아름다움, 자식에 대한 부모의 아름다운 사랑

■ **이것이 핵심!**: 역설적 표현

역설적 표현
• 구린내가 향기롭다
• 가시가 너그럽다
• 복어의 독이 복어의 사랑이다
• 친구의 독한 마음이 아름답다

→ 주제 강조 → 구린내, 가시, 독, 친구의 독한 마음이 가진 긍정적인 가치와 아름다움

01 [정답] (1) 향기롭다, 너그럽다 (2) 역설

›왜 정답?

(1) 화자는 은행나무 열매에서 나는 구린내가 '향기롭다'라고 했고, 밤송이에 있는 가시가 '너그럽다'라고 했다. 따라서 정답은 '향기롭다, 너그럽다'이다.

(2) 화자는 '구린내'를 '향기롭다'고 하는 등 앞뒤가 맞지 않는 말을 하고 있다. 이처럼 겉으로는 앞뒤가 맞지 않지만, 그 속에 중요한 의미나 가치를 담고 있는 표현을 '역설적 표현'이라고 한다. 따라서 정답은 '역설'이다.

02 [정답] ③

윗글을 읽고 한 생각으로 가장 알맞지 않은 것은?

›왜 정답?

③ 희준: 두 인물의 대화가 제시되고 있어.
나타나지 않음.

윗글에 두 인물의 대화는 나타나지 않는다. 화자가 구린내, 가시, 독, 친구의 독한 마음에서 발견한 긍정적인 가치를 혼자 이야기하고 있을 뿐이다.

›왜 오답?

① 지원: 자연물이 소재로 활용되고 있어.
'은행나무 열매', '밤송이', '복어 알'
★ 근거: ①~③연
자연물이란 자연에 있는 저절로 생긴 물체를 의미한다. 1연에서는 은행나무 열매, 2연에서는 밤송이, 3연에서는 복어 알이라는 자연물을 소재로 활용하고 있다.

② 수아: 반대되는 표현이 사용되고 있어.
'구린내가 향기롭다' 등
★ 근거: ①~④연
윗글에서는 '구린내'와 '향기롭다', '날카롭게 찌르는 가시'와 '너그럽다', 먹으면 죽는 '복어의 독'과 '사랑이다', '독한 마음'과 '아름답다'가 반대되고 있다.

④ 건우: 비슷한 문장 구조가 반복되고 있어.
'–이/가 –다'
★ 근거: ①연 ❷행, ②연 ❷행, ③연 ❷행, ④연 ❷행
비슷한 문장 구조란 어미나 조사 등의 쓰임이 비슷한 문장의 형태를 의미한다. 모든 연의 2행에서는 '–이/가 –다'라는 비슷한 문장 구조가 반복되고 있다.

⑤ 세미: 후각적 심상과 촉각적 심상이 드러나고 있어.
'구린내가 난다', '구린내가 향기롭다', '밤송이가 따가워진다'
★ 근거: ①연, ②연 ❶행
후각적 심상이란 코로 냄새를 맡는 듯한 느낌이, 촉각적 심상이란 손으로 만지는 듯한 느낌이 떠오르는 것을 의미한다. '구린내가 난다'와 '구린내가 향기롭다'는 냄새를 맡는 듯한 느낌이 떠오르게 하므로 후각적 심상에 해당하고, '밤송이가 따가워진다'는 손으로 밤송이를 만지는 듯한 느낌이 떠오르게 하므로 촉각적 심상에 해당한다.

03 [정답] ②

윗글에 대한 설명으로 가장 알맞지 않은 것은?

›왜 정답?

② '밤톨이 여물면서'에는 잘 익어 가기 위한 밤톨의 노력이 드러나고 있다.
나타나지 않음.
★ 근거: ②연 ❶행
'밤톨이 여물면서'는 '밤송이가 따가워진다'는 것을 설명하기 위해 말한 것이다. 윗글에 잘 익어 가기 위한 밤톨의 노력은 나타나지 않는다.

›왜 오답?

① '구린내가 향기롭다'에는 열매를 지켜 내는 구린내의 가치가 드러나고 있다.
구린내는 새나 짐승들이 열매를 먹지 못하게 함.
★ 근거: ①연 ❷행
은행나무 열매에 구린내가 나면 새나 짐승들이 열매를 먹지 못한다. 즉, 구린내가 열매를 지켜 내는 것이다. 화자는 이러한 구린내를 향기롭다고 표현함으로써 은행나무 열매를 지켜 내는 구린내의 가치를 드러내고 있다.

③ '가시가 너그럽다'에는 밤톨을 보호하는 가시의 가치가 드러나고 있다.
가시는 짐승들이 밤톨을 꺼내 먹지 못하게 함.
★ 근거: ②연 ❷행
밤송이의 가시가 날카로우면 짐승들이 밤톨을 꺼내 먹기 어렵다. 즉, 가시가 밤톨을 보호하는 것이다. 화자는 이러한 가시가 너그럽다고 표현함으로써 밤톨을 보호하는 가시의 가치를 드러내고 있다.

④ '복어 알을 먹으면 죽는다'에는 복어 알의 해로운 속성이 드러나고 있다.
복어 알을 먹으면 죽음.
★ 근거: ③연 ❶행
'복어 알을 먹으면 죽는다'는 복어 알에 우리 몸에 해로운 것이 들어 있음을 의미한다. 즉, 이를 통해 복어 알의 해로운 속성이 드러나고 있다.

⑤ '친구의 독한 마음'에는 자식을 위한 부모의 사랑이 드러나고 있다.
친구는 자식을 위해 독한 마음으로 술을 끊음.
★ 근거: ④연
친구는 자식을 낳고 술을 끊었다. 자신이 술을 먹는 것이 자식에게 안 좋은 영향을 끼칠까 봐 독한 마음을 먹고 술을 끊은 것이다. 따라서 '친구의 독한 마음'에는 자식을 생각하는 부모의 사랑이 드러나고 있다.

먼 후일 _ 김소월

❶ 화자, 중심 대상　❷ 상황, 정서, 태도　❸ 표현상 특징　⬚ 시 이해　🟦 : ❸ '당신이 ~면'이라는 비슷한 문장 구조가 반복됨.
🟩 : ❸ 반어법, 반복되는 구절에 변화를 줌.
→ '당신'을 잊지 못함을 강조함.

❶ 중심 대상
① ❶먼 훗날 **당신이** 찾으시면
　❷ 상황: '당신'과 다시 만나는 상황을 가정하고 있음.
　❷그때에 내 말이 **'잊었노라'**
　❶ 화자

[1] 먼 훗날 당신이 (나를) 찾으시면, 그때 나는 '(당신을) 잊었노라'(라고 말할 것이다.)

*①연 요약: 먼 훗날 '당신'이 찾아왔을 때 '나'가 보일 반응

② ❶**당신이** 속으로 나무라면
　❷**'무척 그리다가 잊었노라'**
　❷ 정서: '당신'에 대한 간절한 그리움

[2] 당신이 속으로 (나를) 나무라면, '(당신을) 무척 그리워하다가 잊었노라.'(라고 말할 것이다.)

*②연 요약: '당신'이 나무랄 때 '나'가 보일 반응

③ ❶그래도/**당신이**/나무라면 → ❸ 3음보의 율격
　3글자　3글자　4글자 → ❸ 3·3·4조의 음수율
　❷**'믿기지 않아서 잊었노라'**
　❷ 정서: 이별을 받아들이지 못함.

[3] 그래도 당신이 (나를) 나무라면, '(나는 이별이) 믿기지 않아서 (당신을) 잊었노라.'(라고 말할 것이다.)

*③연 요약: '당신'이 계속 나무랄 때 '나'가 보일 반응

④ ❶오늘도 어제도 아니 잊고
　❷ 정서: '당신'을 잊지 못함.(화자의 진심)
　❷먼 훗날 그때에 **'잊었노라'**
　화자가 가정한 '당신'과 다시 만나는 날

[4] 오늘도 어제도 (당신을) 아니 잊고, 먼 훗날 그때에 '(당신을) 잊었노라.'(라고 말할 것이다.)

*④연 요약: '당신'을 잊지 못하고 그리워하는 '나'

반어법 : 실제와는 반대되는 말을 해 의미를 강조하는 방법
①-❷ '잊었노라'
②-❷ '무척 그리다가 잊었노라'
③-❷ '믿기지 않아서 잊었노라'
④-❷ '잊었노라'

음보 : 한 구절을 읽을 때 몇 번을 띄어 읽는지를 나누는 단위

율격 : 운율을 만들어 내는 형식

음수율 : 글자 수가 일정하게 반복됨으로써 생기는 운율

★ 시 독해 공식

❶ **화자** : '나', **중심 대상** : '당신'
❷ **상황** : 화자는 이별한 '당신'과 다시 만나는 상황을 가정하고 있음.
　정서 : 화자는 '당신'을 잊지 못하고 그리워하고 있음.
❸ **표현상 특징**
　• 비슷한 문장 구조를 반복하여 사용하고 있음.
　• 반복되는 구절에 변화를 주어 화자의 정서를 강조하고 있음.
　• 반어법을 사용하여 '당신'을 그리워하는 마음을 강조하고 있음.
　• 3음보의 율격, 3·3·4조의 음수율을 통해 운율을 형성하고 있음.

■ **내용**: 이 작품은 '당신'을 잊지 못하고 그리워하는 화자의 마음을 노래한 현대시이다.
　①연: 화자는 먼 훗날 '당신'을 다시 만났을 때를 가정하고 있다.
　②연: 화자는 '당신'을 그리워하는 마음을 '잊었노라'라고 반대로 이야기 하고 있다.
　③연: 화자는 이별을 받아들이지 못하는 마음을 반대로 드러내고 있다.
　④연: 화자는 '당신'을 잊지 못하고 있는 진심을 드러내고 있다.

■ **주제**: 사랑하는 사람에 대한 그리움

■ **이것이 핵심!**: 반어적 표현

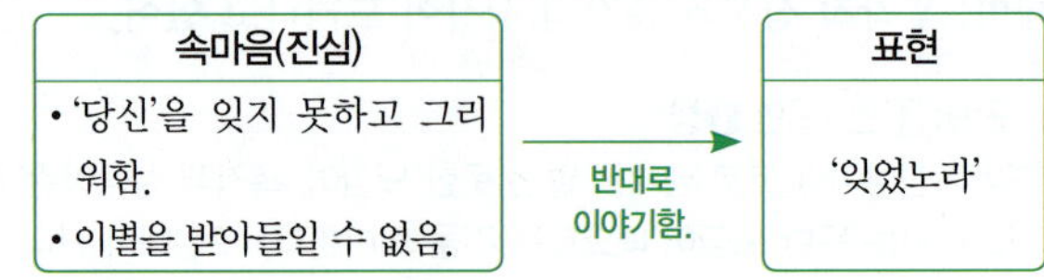

04 정답 (1) 잊었노라 (2) 운율

>왜 정답?

(1) 윗글의 화자는 '당신'을 그리워하지만 진심과는 반대로 '잊었노라'라고 이야기하고 있다. 따라서 정답은 '잊었노라'이다.

(2) 윗글은 거의 모든 행의 길이가 같으며, '그때에 / 내 말이 / '잊었노라''처럼 대부분의 행이 '3글자 / 3글자 / 4글자'의 형태로 이루어져 운율이 느껴진다. 따라서 정답은 '운율'이다.

05 정답 ⑤

윗글의 화자에 대한 설명으로 가장 알맞지 <u>않은</u> 것은?

• **윗글의 화자:** 화자는 '당신'을 그리워하면서도 '잊었노라'라고 반대로 이야기하고 있습니다.

즉 '당신'에 대한 화자의 정서를 설명한 것으로 알맞지 않은 것을 고르는 문제입니다.

>왜 정답?

⑤ 화자는 시간이 오래 걸리더라도 ~~반드시~~ '당신'을 잊을 것이라고 다짐하고 있다.
화자의 진심은 '당신'을 그리워한다는 것이므로 적절하지 않음.

★ 근거: 4연

화자는 '잊었노라'라고 이야기하면서도 실제로는 '어제도 오늘도 아니 잊고' 있는 '당신'에 대한 그리움을 드러내고 있다. 즉, '당신'을 그리워하는 마음이 화자의 진심인 것이다. 따라서 화자가 반드시 '당신'을 잊겠다고 다짐하고 있다는 설명은 적절하지 않다.

>왜 오답?

① 화자는 '당신'을 그리워하고 있다.
'당신'을 그리워하는 마음을 반대로 표현함.
★ 근거: 1연 2행, 2연 2행, 3연 2행, 4연

화자는 '당신'을 다시 만나면 '잊었노라'라고 말하겠다고 했다. 이는 화자가 '당신'을 그리워하는 마음을 반어적으로 표현한 것이다. 이러한 화자의 진심은 '어제도 오늘도 아니 잊고'에서 드러나고 있다.

② 화자는 '당신'과 관련된 상황을 가정하고 있다.
'먼 훗날 ~ 찾으시면', '당신이 ~ 나무라면', '그래도 ~ 나무라면'
★ 근거: 1연 1행, 2연 1행, 3연 1행

화자는 '먼 훗날 당신이 찾으시'는 상황, '당신이 속으로 나무라'는 상황, '그래도 당신이 나무라'는 상황을 가정하고 있다.

③ 화자는 언젠가 '당신'이 자신을 찾아 줄 것이라고 기대하고 있다.
'먼 훗날 당신이 찾으시면'
★ 근거: 1연 1행

화자는 '먼 훗날 당신이 찾으시면'이라며 '당신'을 다시 만나는 상황을 가정하고 있다. 이를 통해 화자가 언젠가 '당신'이 자신을 찾아 줄 것이라고 기대하고 있음이 드러난다.

④ 화자는 '잊었노라'라는 말을 반복하여 '당신'에 대한 사랑을 강조하고 있다.
'잊었노라', '무척 그리다가 잊었노라', '믿기지 않아서 잊었노라' 등
★ 근거: 1연 2행, 2연 2행, 3연 2행, 4연 2행

화자는 각 연의 2행에서 '잊었노라'를 반복하고 있다. 하지만 '무척 그리다가', '믿기지 않아서', '어제도 오늘도 아니 잊고'를 통해 화자가 사실 '당신'을 그리워한다는 것을 알 수 있다. 즉, 화자는 '잊었노라'라는 말을 반복함으로써 '당신'에 대한 사랑을 강조하고 있다.

06 정답 ①

윗글에 대한 설명으로 가장 알맞지 <u>않은</u> 것은?

>왜 정답?

① ~~묻고 답하는 방식~~이 활용되고 있다.
나타나지 않음
윗글에서 화자는 자신의 마음을 혼자서 이야기하고 있을 뿐, 무엇인가를 묻고 답하는 모습은 나타나지 않는다.

>왜 오답?

② 3음보의 율격을 통해 리듬감이 나타나고 있다.
'먼 훗날 / 당신이 / 찾으시면' 등
★ 근거: 1~4연

윗글은 '먼 훗날 / 당신이 / 찾으시면', '그때에 / 내 말이 / '잊었노라''처럼 모든 행을 세 번씩 끊어 읽을 수 있다. 이처럼 한 구절을 세 번씩 끊어 읽음으로써 운율을 만드는 것을 3음보의 율격이라고 한다.

③ '당신이 ~면'이라는 비슷한 문장이 반복되고 있다.
'당신이 찾으시면', '당신이 속으로 나무라면', '당신이 나무라면'
★ 근거: 1연 1행, 2연 1행, 3연 1행

윗글의 '당신이 찾으시면', '당신이 속으로 나무라면', '그래도 당신이 나무라면'에서 '당신이 ~면'이라는 비슷한 문장이 반복되고 있다.

④ '잊었노라'라는 반복되는 구절에 변화가 나타나고 있다.
'잊었노라', '무척 그리다가 잊었노라', '믿기지 않아서 잊었노라'
★ 근거: 1연 2행, 2연 2행, 3연 2행, 4연 2행

각 연의 2행에는 '잊었노라'라는 구절이 반복되고 있는데, 각각 '무척 그리다가 잊었노라', '믿기지 않아서 잊었노라' 등으로 변화가 나타나고 있다.

⑤ 대부분의 행에서 3 · 3 · 4조의 음수율이 나타나고 있다.
'먼 훗날 / 당신이 / 찾으시면' 등
★ 근거: 1~4연

윗글은 '먼 훗날 / 당신이 / 찾으시면'처럼 대부분의 행이 '3글자 / 3글자 / 4글자'의 형태로 이루어져 있다. 이처럼 글자 수가 일정하게 반복됨으로써 생기는 운율을 음수율이라고 하고, 음수율은 글자 수의 형식에 따라 '3 · 3 · 4조'와 같이 표현된다.

07 정답 오늘도 어제도 아니 잊고

윗글에서 <보기>의 밑줄 친 부분이 가장 잘 드러나는 행을 찾아 쓰시오.

> ─〈보기〉─
>
> 반어적 표현이란 실제와 반대되게 나타내는 표현을 말한다. 〈먼 후일〉에서는 반어적 표현을 활용하면서도 이를 더욱 강조하기 위해 <u>화자의 실제 마음을 그대로 표현</u>하기도 한다.

>왜 정답?

★ 근거: 4연 1행

'당신'을 그리워하는 마음을 '잊었노라'라고 반어적으로 표현하고 있는 화자의 진심은 '어제도 오늘도 아니 잊고'에서 가장 잘 드러난다.

DAY 08 어이 못 오던가 _작자 미상

❶ 화자, 중심 대상 ❷ 상황, 정서, 태도 ❸ 표현상 특징 ▭ 시 이해 ▩ : ❸ 설의법(의문형 어미를 사용함.)

❶어이 못 **오던가** 무슨 일로 못 **오던가**
❷ 상황: '너'를 기다리고 있음. 정서: 그리움

*초장(❶) 요약: '너'가 오지 않는 이유를 물음.

▭: ❸ 열거법 ▩: ❸ 비슷한 문장 구조

❷너 오는 길 위에 무쇠로 성을 쌓고 성 안에 담 쌓고 담 안에 집을 짓고 집 안에
❶ 중심 대상
뒤주 놓고 뒤주 안에 궤를 놓고 궤 안에 너를 결박하여 놓고 쌍배목* 외걸쇠에 용거
「」: ❷ 상황 - '너'가 오지 않는 이유를 추측하고 있음. ❸ 연쇄법, 과장법
북 자물쇠로 수기수기* 잠갔더냐 네 어이 그리 아니 오던가

*중장(❷) 요약: '너'가 오지 않는 이유를 추측함.

❶ 화자
❸한 달이 서른 날이여니 ㉠날 보러 올 하루 없으랴
❷ 정서: 오지 않는 '너'를 원망하고 있음.

*종장(❸) 요약: 오지 않는 '너'를 원망함.

* 쌍배목: 쌍으로 된 문고리를 거는 쇠
* 수기수기: 깊이깊이

★ 시 독해 공식

❶ 화자: '나', 중심 대상: '너'
❷ 상황: 화자는 '너'를 기다리며 '너'가 오지 않는 이유를 추측하고 있음.
정서: 화자는 오지 않는 '너'를 그리워하며 원망하고 있음.
❸ 표현상 특징
· 설의법, 열거법, 연쇄법, 과장법 등 다양한 표현 방법을 사용하고 있음.
· 비슷한 문장 구조를 반복하여 운율을 형성하고 있음.

❶ 왜 오지 못하는가? 무슨 일로 오지 못하는가?

❷ 네가 오는 길 위에 무쇠로 성을 쌓고, 성안에 담을 쌓고, 담 안에 집을 짓고, 집 안에 뒤주를 놓고, 뒤주 안에 궤를 놓고, 궤 안에 너를 묶어 놓고 쌍배목 외걸쇠에 용거북 자물쇠로 깊이깊이 잠갔는가? 너는 어찌 그리 오지 않는 것인가?

❸ 한 달이 서른 날이나 되는데 날 보러 올 하루가 없는가? (그럴 리가 없는데 오지 않는 네가 원망스럽구나.)

설의법: 쉽게 판단할 수 있는 사실을 물음의 형식으로 표현하는 방법. '-가, -냐, -랴' 등의 의문형 어미를 사용하여 나타냄.

열거법: 내용이 연결되거나 비슷한 말을 여러 개 늘어놓는 방법
❷ 무쇠로 ~ 자물쇠로
→ '너'를 오지 못하게 하는 장애물을 늘어놓음.

연쇄법: 앞 구절에 쓰인 말을 다음 구절에서 이어받아 표현하는 방법

과장법: 사물이나 상황을 실제보다 크게 혹은 작게 표현하는 방법

■ **내용**: 이 작품은 오지 않는 임을 기다리는 화자의 답답하고 그리운 마음을 노래한 사설시조이다. 화자는 임을 오지 못하게 하는 장애물을 연쇄적으로 늘어놓음으로써 임을 애타게 기다리는 마음을 표현하고 있다.
초장(❶): 화자는 '너'가 왜 오지 않는지 물으며 '너'를 기다리는 애타는 마음을 드러내고 있다.
중장(❷): 화자는 '너'가 오지 못하는 이유를 과장하여 추측하고 있다.
종장(❸): 화자는 오지 않는 '너'를 원망하고 있다.

■ **주제**: 돌아오지 않는 임에 대한 애타는 그리움과 원망

■ **이것이 핵심!**: 연쇄법과 열거법을 활용한 시상 전개

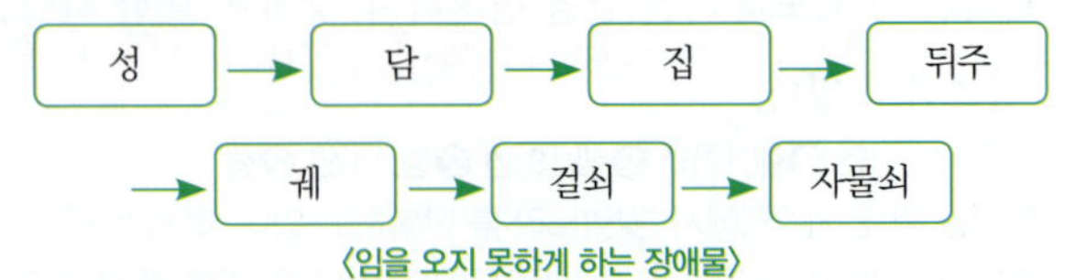

〈임을 오지 못하게 하는 장애물〉

01 [정답] (1) 어이 못 오던가 (2) 장애물

>**왜** 정답 ?

(1) 화자는 '어이 못 오던가'라고 물으며, 성안에 담을 쌓고 집을 지어 그 안에 '너'를 묶어 두었기 때문에 '너'가 오지 못하는 것인지 추측하고 있다. 따라서 정답은 '어이 못 오던가'이다.

(2) 중장에서 화자는 '성, 담, 집, 뒤주, 궤, 쌍배목 외걸쇠, 자물쇠'를 늘어놓고 있다. 이것들은 모두 '너'가 오지 못하게 하는 장애물이다. 따라서 정답은 '장애물'이다.

02 [정답] ③

윗글에 대한 설명으로 가장 알맞지 <u>않은</u> 것은?

>**왜** 정답 ?

③ '용거북'을 살아 있는 것처럼 표현하고 있다.
<u>나타나지 않음.</u>

화자는 성안에 담을 쌓고 집을 지어 그 안에 놓인 궤 안에 '너'를 가두고 '용거북 자물쇠'로 깊이깊이 잠갔는지 묻고 있다. 이때 '용거북'은 자물쇠의 모양을 나타내는 말일 뿐, 화자가 용거북을 살아 있는 것처럼 표현하고 있지는 않다.

>**왜** 오답 ?

① 어미 '-고'를 반복하여 사용하고 있다.
<u>중장의 '쌓고', '짓고', '놓고'</u>
★ 근거: 중장(❷)

중장의 '무쇠로 성을 쌓고 성 안에 담 쌓고 담 안에 집을 짓고 ~ 궤 안에 너를 결박하여 놓고'에서 '-고'라는 어미가 반복되고 있다.

② '너'가 오지 않는 이유를 과장하고 있다.
<u>'무쇠로 성을 쌓고 ~ 수기수기 잠갔더냐'</u>
★ 근거: 중장(❷)

윗글에서 화자는 성안에 담을 쌓고 집을 지어 그 안에 '너'를 묶고 걸쇠와 자물쇠로 깊이깊이 잠가 두었는지 묻고 있다. 이는 화자가 답답한 마음에 '너'가 오지 않는 이유를 과장하고 있는 것이다.

④ '-가', '-랴'의 의문형 어미로 문장을 끝내고 있다.
<u>'무슨 일로 못 오던가', '아니 오던가', '하루 없으랴'</u>
★ 근거: 초장(❶), 중장(❷), 종장(❸)

초장과 중장, 종장에서는 각각 '무슨 일로 못 오던가', '아니 오던가', '하루 없으랴'로 문장이 끝나고 있다. 이것들은 모두 '-가', '-랴'라는 의문형 어미가 사용된 문장이다.

⑤ '너'를 가로막는 사물을 연쇄적으로 늘어놓고 있다.
<u>'무쇠로 성을 쌓고 성 안에 담 쌓고 ~ 뒤주 안에 궤를 놓고'</u>
★ 근거: 중장(❷)

연쇄적이란 앞 구절에 쓰인 말을 다음 구절에서 이어받아 표현하는 것을 말한다. 윗글에서는 '성 안에 담', '담 안에 집', '집 안에 뒤주', '뒤주 안에 궤'처럼 '너'를 오지 못하게 하는 사물을 연쇄적으로 늘어놓고 있다.

03 [정답] ④

㉠에 드러나 있는 화자의 정서로 가장 알맞은 것은?

• ㉠: ㉠은 '날 보러 올 하루 없으랴'로, 한 달이 서른 날이나 되는데도 자신을 보러 오지 않는 '너'에게 화자가 하는 말입니다.

[촘] '날 보러 올 하루 없으랴'에 드러나 있는 화자의 정서를 고르는 문제입니다.

>**왜** 정답 ?

④ 돌아오지 않는 '너'에 대한 원망
자신을 보러 올 날이 하루도 없냐고 물으며 원망을 드러냄.
★ 근거: 종장(❸)

화자는 '한 달이 서른 날'인데 '날 보러 올 하루'가 없는지(㉠) 묻고 있다. 이는 화자가 자신을 보러 오지 않는 '너'를 원망하는 것이다.

>**왜** 오답 ?

① '너'의 미래에 대한 호기심
드러나지 않음.

화자는 '너'가 오지 않는 이유를 궁금해하고 있을 뿐, '너'의 미래를 궁금해하고 있지 않다.

② '너'를 떠나야 하는 안타까움
드러나지 않음.

화자는 '너'를 기다리고 있는 것을 통해 화자와 '너'가 이미 떨어져 있는 상황임을 알 수 있다. 따라서 화자가 '너'를 떠나야 하는 안타까움을 드러내고 있지는 않다.

③ 먼저 떠나간 '너'에 대한 부러움
드러나지 않음.

화자는 떠나서 돌아오지 않는 '너'를 원망하고 있을 뿐, 먼저 떠나간 '너'를 부러워하고 있지는 않다.

⑤ '너'가 사랑하는 사람에 대한 질투
드러나지 않음.

화자가 기다리는 '너'는 화자가 사랑하는 사람이다. 하지만 '너'가 다른 누군가를 사랑하는지는 윗글에 나타나지 않는다. 따라서 화자가 '너'가 사랑하는 사람을 질투하는 모습 역시 나타나지 않는다.

DAY 08 동짓달 기나긴 밤을 _황진이

❶ 화자, 중심 대상 ❷ 상황, 정서, 태도 ❸ 표현상 특징   [ ] 시 이해   ▮ : ❸ 우리말의 묘미를 살린 음성 상징어를 사용함.

'임'이 없는 시간(부정적)

❶ 동짓달 기나긴 밤을 한 허리를 베어 내어
❸ 관념의 구체화

❸ 대조

❷ 봄바람 이불 아래 서리서리 넣었다가

❶ 중심 대상

❸ 정 통한 임 오신 날 밤이거든 굽이굽이 펴리라

'임'과 함께하는 시간(긍정적)

❷ 상황: 임과 함께할 시간을 기다리고 있음.
정서: 임을 그리워함. 임과 함께하는 시간이 길어지기를 바라고 있음.

*초장(❶), 중장(❷) 요약: 동짓달 긴 밤을 이불 아래 넣어 두고 싶음.

*종장(❸) 요약: 넣어 두었던 동짓달의 긴 밤을 임이 오는 날 밤에 꺼내고 싶음.

❶ 동짓달 기나긴 밤의 한가운데를 베어 내어

❷ 봄바람(처럼 따뜻한) 이불 아래에 서리서리 넣었다가

❸ 정(마음) 통한 임이 오신 날 밤이 되면 (넣어 둔 시간을) 굽이굽이 펴리라.

[관념]: 형태를 갖고 있지 않아 감각으로 느낄 수 없는 추상적인 대상. 사랑, 우정, 시간 등

[관념의 구체화]: 형태를 갖고 있지 않은 관념을 눈에 보이고, 만져지는 사물처럼 구체적으로 나타내는 것
❶ 동짓달 기나긴 밤을 한 허리를 베어 내어
→ '시간'이라는 관념을 실제로 보이고 만져지는 사물처럼 '베어' 낸다고 표현함.

[음성 상징어]: 말소리와 뜻이 긴밀하게 관련이 있는 단어
[의성어]: 사람이나 사물의 소리를 흉내 낸 말
[의태어]: 사람이나 사물의 모양이나 움직임을 흉내 낸 말
❷ 서리서리
→ 국수, 새끼, 실 따위를 헝클어지지 않도록 둥그렇게 포개어 감아 놓은 모양을 나타낸 의태어
❸ 굽이굽이
→ 여러 굽이로 구부러지는 모양을 나타낸 의태어

★ 시 독해 공식

❶ 화자: 드러나지 않음. 중심 대상: 임
❷ 상황: 화자는 임과 함께할 시간을 기다리고 있음.
정서: 화자는 임을 그리워하고, 임과 함께 보내는 시간이 길어지기를 바라고 있음.
❸ 표현상 특징
• 시구의 대조를 통해 화자의 외로움을 강조하고 있음.
• 관념을 형태가 있는 것처럼 구체적으로 표현하고 있음.
• 우리말의 묘미를 잘 살린 음성 상징어를 활용하고 있음.

■ 내용: 이 작품은 시간을 잘라 내 보관한다는 참신한 생각을 통해 임을 그리워하는 마음을 노래한 시조이다.
초장(❶), 중장(❷): 임이 없는 시간을 줄이고 싶은 화자의 마음을 드러내고 있다.
종장(❸): 임과 함께하는 시간이 길어지기를 바라는 화자의 마음을 드러내고 있다.

■ 주제: 임에 대한 그리움과 사랑

■ 이것이 핵심!: 시구의 대조

04 정답 (1) 밤 (2) 음성 상징어

>왜 정답?

(1) 윗글의 화자는 '동짓달 기나긴 밤'의 '한 허리를 베어 내'고자 하고 있다. 즉, 화자는 '밤'이라는 시간을 형태가 있는 것처럼 표현하여 임에 대한 그리움을 드러내고 있다. 따라서 정답은 '밤'이다.

(2) '서리서리'와 '굽이굽이'는 모양이나 움직임을 흉내 낸 의태어로, 음성 상징어에 해당한다. 따라서 정답은 '음성 상징어'이다.

05 정답 ⑤

윗글의 화자에 대한 설명으로 가장 알맞은 것은?

- **윗글의 화자:** 화자는 동짓달의 밤을 베어 이불 속에 넣어 두었다가 임이 오신 날 밤에 꺼내고 싶어 합니다.

즉 화자의 상황을 통해 드러나는 정서를 알맞게 이해한 것을 고르는 문제입니다.

>왜 정답?

⑤ 화자는 임과 오래도록 시간을 보낼 수 있기를 바라고 있다.
'임 오신 날 밤이거든 굽이굽이 펴리라'

★ **근거:** 초장~종장(❶~❸)

화자는 혼자 있는 시간인 '동짓달 기나긴 밤'을 베어 내어 보관했다가 '임 오신 날 밤에 굽이굽이 펴'고자 한다. 즉, 화자는 임과 보내는 시간이 길어지기를 바라고 있는 것이다.

>왜 오답?

① 화자는 '허리'를 다쳐 속상해하고 있다.
나타나지 않음.

★ **근거:** 초장(❶)

윗글의 '한 허리'는 '동짓달 기나긴 밤'이라는 시간의 한가운데를 의미한다. 화자가 자신의 '허리'를 다쳐 속상해하는 모습은 윗글에 나타나지 않는다.

② 화자는 '기나긴 밤'을 여유롭게 즐기고 있다.
임을 그리워함.

★ **근거:** 초장(❶)

화자는 '동짓달 기나긴 밤'의 '한 허리를 베어 내'고자 한다. 이는 화자가 임이 없는 '기나긴 밤'이 빨리 지나가기를 바라는 마음을 표현한 것이다. 따라서 화자가 '기나긴 밤'을 여유롭게 즐기고 있다는 설명은 적절하지 않다.

③ 화자는 '봄바람'을 느끼기 위해 집을 나서고 있다.
나타나지 않음.

화자가 '봄바람'을 느끼기 위해 집을 나서는 모습은 윗글에 나타나지 않는다.

④ 화자는 '이불 아래'에서 자신의 운명을 받아들이고 있다.
나타나지 않음.

★ **근거:** 중장(❷)

화자는 '동짓달 기나긴 밤'이라는 시간을 '이불 아래' 넣어 두고자 할 뿐, 화자가 '이불 아래'에서 자신의 운명을 받아들이는 모습은 윗글에 나타나지 않는다.

06 정답 ①

윗글에 대한 설명으로 가장 알맞지 않은 것은?

>왜 정답?

① '이불'을 사람인 것처럼 표현하고 있다.
나타나지 않음.

화자는 '동짓달 기나긴 밤'의 시간을 '봄바람 이불 아래' 넣어 두고자 한다. 이때 '봄바람 이불'이란 봄바람처럼 따뜻한 이불을 의미한다. 윗글에서 '이불'을 사람인 것처럼 표현하고 있지는 않다.

>왜 오답?

② '밤'을 실제로 만져지는 사물처럼 표현하고 있다.
'동짓달 기나긴 밤을 한 허리를 베어 내어'

★ **근거:** 초장(❶)

화자는 '동짓달 기나긴 밤'의 '한 허리를 베어 내'고자 한다. 즉, 형체가 없는 '밤'을 만져서 벨 수 있는 사물처럼 표현하고 있다.

③ '동짓달 기나긴 밤'과 '임 오신 날 밤'을 대조하고 있다.
임이 없는 밤과 임과 함께하는 밤이 대조됨.

★ **근거:** 초장(❶), 종장(❸)

'동짓달 기나긴 밤'은 임 없이 화자가 혼자 보내는 시간이고 '임 오신 날 밤'은 화자가 임과 함께하는 시간이므로 서로 대조된다.

④ '서리서리', '굽이굽이'와 같은 우리말의 묘미를 드러내고 있다.
우리말의 묘미가 잘 드러나는 음성 상징어를 활용함.

★ **근거:** 중장(❷), 종장(❸)

'서리서리'는 국수, 실 따위를 헝클어지지 않도록 둥그렇게 포개어 감아 놓은 모양을, '굽이굽이'는 여러 굽이로 구부러지는 모양을 나타낸 음성 상징어이다. 이것들 모두 우리말의 묘미를 잘 살리고 있다.

⑤ 시간을 보관한다는 참신한 생각을 바탕으로 내용을 전개하고 있다.
'동짓달 기나긴 밤'이라는 시간을 넣었다가 다시 꺼내려 함.

★ **근거:** 초장~종장(❶~❸)

윗글에서는 '동짓달 기나긴 밤'이라는 시간을 베어 내 보관했다가 '임 오신 날 밤'에 다시 펴내겠다는 참신한 생각을 바탕으로 내용을 전개하고 있다.

07 정답 굽이굽이 펴리라

윗글에서 〈보기〉의 빈칸에 들어가기에 가장 알맞은 말을 찾아 2어절로 쓰시오.

---〈보기〉---

〈동짓달 기나긴 밤을〉의 화자는 홀로 있는 시간을 줄이고 싶은 마음을 '서리서리 넣었다가'로, 임과 함께하는
'동짓달 기나긴 밤'
시간을 늘리고 싶은 마음을 '(   )'(으)로 대조적으로 표현하고 있다.
'임 오신 날 밤'

>왜 정답? ★ **근거:** 초장~종장(❶~❸)

화자는 '동짓달 기나긴 밤'을 '서리서리 넣었다가' '임 오신 날 밤'에 다시 '굽이굽이 펴'고자 한다. 이는 홀로 있는 시간을 줄이고 임과 함께하는 시간을 늘리고 싶은 마음을 표현한 것이다. 따라서 정답은 '굽이굽이 펴리라'이다.

DAY 09 봄비 _이동순

❶ 화자, 중심 대상 ❷ 상황, 정서, 태도 ❸ 표현상 특징 〔　〕 시 이해 ▧ : ❸ 현재형 어미

1
❶ 겨우내
　겨울 내내
❷ 햇볕 한 모금 들지 않던
　　지붕의 끝부분
❸ 뒤곁 추녀 밑 마늘광 위로
❶ 중심 대상
❹ 봄비는 나리어
　❷ 상황: 겨울이 지나고 봄비가 내림.

2
❶ 얼굴에 **까만 먼지 쓰고**
　　❸ 시각적 심상
❷ 눈 감고 누워 세월 모르고 살아온
　　　　오랫동안 녹지 않고 있었던
❸ 저 잔설을 일깨운다.
　❸ 색채 대비 – '까만 먼지'와 흰색인 '잔설'이 반대됨.

3
❶ 잔설은
❷ 투덜거리며 일어나
❸ 때묻은 이불 개켜 옆구리에 끼더니
　　❸ 시각적 심상
❹ 슬쩍 어디론가 사라진다.
　❷ 상황: 봄비에 눈이 녹아 사라짐.

4
❶ 잔설이 떠나고 없는
　　눈이 모두 녹은
❷ 추녀 밑 깨진 기왓장 틈으로
❸ 종일 빗물이 스민다.
　❷ 상황: 온종일 봄비가 내림.

---

〔1〕 겨울 내내 햇볕이 조금도 들지 않던 집 뒤뜰의 추녀 밑 마늘창고 위로 봄비가 내려

＊**1**연 요약: 뒤뜰의 마늘광 위로 봄비가 내림.

〔2〕 얼굴에 까만 먼지를 쓰고 눈 감고 누워 세월 모르고 살아 온(까만 먼지에 뒤덮여 오랫동안 남아 있던) 저 잔설(녹다 남은 눈)을 일깨운다.

❷ 태도: 긍정적(봄비가 내리는 모습을 활기차고 생동감 있게 그리고 있음.)
❸ 의인법 – '봄비'와 '잔설'을 사람처럼 표현함.

＊**2**연 요약: 봄비가 잔설의 잠을 깨움.

〔3〕 잔설은 투덜거리며 일어나 때가 묻은 이불을 개켜서 옆구리에 끼더니 슬쩍 어디론가 사라진다(눈이 녹아 사라진다).

❸ 의인법, 참신한 표현 – '잔설'을 사람처럼 표현하여 봄비에 눈이 녹아 사라지는 모습을 색다르게 표현함.

＊**3**연 요약: 봄비에 잔설이 녹아 사라짐.

〔4〕 잔설이 떠나고 없는(다 녹은) 추녀 밑의 깨진 기왓장 틈으로 종일 빗물이 스민다.

＊**4**연 요약: 온종일 봄비가 내림.

★ **시 독해 공식**

❶ 화자: 드러나지 않음. **중심 대상**: 봄비
❷ 상황: 봄비가 내려 눈이 녹아 사라짐.
　태도: 긍정적(화자는 봄비가 내려 눈이 녹는 모습을 생동감 있게 나타내고 있음.)
❸ 표현상 특징
　• 의인법을 활용하여 봄비에 눈이 녹는 모습을 참신하게 표현하고 있음.
　• 시각적 심상과 색채의 대비를 통해 장면을 구체적으로 그려 내고 있음.
　• 현재형 어미를 사용하고 있음.

의인법 : 사람이 아닌 것을 사람처럼 표현하는 방법
1 -❹ ~ 2 -❸ 봄비는 ~ 잔설을 일깨운다.
2 얼굴에 ~ 저 잔설
3 잔설은 ~ 슬쩍 어디론가 사라진다.

시각적 심상 : 눈으로 보는 듯한 느낌을 주는 것
2 -❶ 까만 먼지
3 -❸ 때묻은 이불

색채 대비 : 색깔의 차이가 뚜렷하게 느껴지도록 비교하여 강렬한 인상을 주는 것
2 -❶ 까만 먼지 쓰고
2 -❸ 저 잔설을 일깨운다
→ '까만 먼지'의 검은색과 '잔설'의 흰색이 뚜렷하게 비교됨.

현재형 어미 : 이야기가 진행되는 시간대가 현재임을 나타내는 어미
2 -❸ 일깨운다
3 -❹ 사라진다
4 -❸ 스민다
→ '–ㄴ다'라는 현재형 어미를 사용함.

■ **내용**: 이 작품은 봄비가 잔설을 녹이고 겨울을 몰아내는 활기찬 모습을 노래한 현대시이다.
　1, 2연: 봄비가 내려 잔설에 닿는 모습을 생동감 있게 표현하고 있다.
　3연: 봄비에 눈이 녹는 모습을 참신하게 표현하고 있다.
　4연: 겨울이 가고 온종일 봄비가 내리는 모습을 그리고 있다.
■ **주제**: 잔설을 녹이고 겨울을 몰아내는 봄비

■ **이것이 핵심!**: **의인법의 활용**

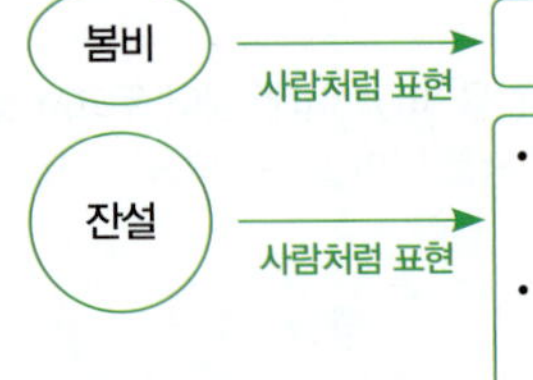

01 정답 (1) 겨울, 봄 (2) 사람

왜 정답?

(1) '겨우내'는 '겨울 내내'라는 의미로 겨울을 나타내고, '봄비'는 봄을 나타낸다. 즉, '겨우내'와 '봄비'를 통해 겨울에서 봄으로 변화하는 계절의 흐름이 드러나고 있다. 따라서 정답은 '겨울', '봄'이다.

(2) 윗글에서는 봄비가 '잔설을 일깨'우고, 잔설이 '얼굴'에 '까만 먼지'를 쓴다고 하는 등 봄비와 잔설을 사람처럼 표현하고 있다. 따라서 정답은 '사람'이다.

02 정답 ②

윗글에 대한 설명으로 가장 알맞은 것은?

왜 정답?

② '잔설'을 '투덜거리며 일어나'는 존재로 의인화하고 있다.
　　　　　잔설을 사람처럼 표현함.

★ 근거: ③연 ❷행

'잔설'은 녹다 남은 눈을 말한다. 윗글에서는 잔설이 '투덜거리며 일어'난다고 사람처럼 표현하고 있다. 이렇게 사람이 아닌 것을 사람처럼 표현하는 방법을 의인화라고 한다.

왜 오답?

① '마늘광'과 '까만 먼지'의 색을 대비하고 있다.
'마늘광'과 '까만 먼지'는 둘 다 어두운 색의 이미지임.

★ 근거: ①연 ❶~❸행, ②연 ❶행

'마늘광'은 겨울 내내 '햇볕 한 모금 들지 않던' 곳이므로 어두운 색의 이미지이다. 또한 '까만 먼지'는 검은색의 이미지이다. 따라서 '마늘광'과 '까만 먼지'의 색이 서로 대비되고 있지는 않다. '까만 먼지'와 대비되고 있는 것은 흰색의 이미지를 나타내는 '잔설'이다.

③ '종일 빗물이 스민다'에서 청각적 심상이 드러나고 있다.
　　　　　　　　　　　드러나지 않음.

★ 근거: ④연 ❸행

청각적 심상이란 귀로 듣는 듯한 느낌을 주는 것이다. '종일 빗물이 스민다'에는 청각적 심상이 드러나지 않는다.

④ '-ㄴ다'라는 어미를 반복하여 과거의 일을 강조하고 있다.
'일깨운다', '사라진다', '스민다'　'-ㄴ다'는 현재를 나타내는 어미임.

★ 근거: ②연 ❸행, ③연 ❹행, ④연 ❸행

'일깨운다', '사라진다', '스민다'에서 어미 '-ㄴ다'가 반복적으로 사용되고 있다. '-ㄴ다'는 이야기가 진행되는 시간대가 현재임을 나타내는 어미이다. 따라서 과거의 일을 강조하고 있다는 설명은 적절하지 않다.

⑤ 비가 그치는 모습을 '어디론가 사라진다'로 참신하게 표현
　눈이 녹는 모습임.
하고 있다.

★ 근거: ③연

'어디론가 사라'지고 있는 것은 잔설이다. 즉, '어디론가 사라진다'는 비가 그치는 모습이 아니라 잔설이 녹는 모습을 참신하게 표현한 것이다.

03 정답 ③

윗글을 읽고 떠올릴 수 있는 장면으로 가장 알맞지 않은 것은?

왜 정답?

③ 개구리가 겨울잠에서 깨어나는 장면
　　　　　　나타나지 않음.

★ 근거: ②연 ❷, ❸행

윗글에 개구리는 등장하지 않는다. 긴 잠에서 깨어나고 있는 것은 개구리가 아니라 '잔설'이다.

왜 오답?

① 빗물에 눈이 녹는 장면
'슬쩍 어디론가 사라진다.'

★ 근거: ③연 ❹행

화자는 봄비에 눈이 녹아 사라지는 모습을 잔설이 '슬쩍 어디론가 사라진다.'라고 표현하고 있다. 따라서 윗글을 읽고 빗물에 눈이 녹는 장면을 떠올릴 수 있다.

② 마늘광에 그늘이 진 장면
'햇볕 한 모금 들지 않던', '마늘광 위로'

★ 근거: ①연 ❷, ❸행

'햇볕 한 모금 들지 않던 / 뒤꼍 추녀 밑 마늘광'을 통해 봄비가 내리기 전에는 마늘광에 햇볕이 들지 않았음을 알 수 있다. 따라서 윗글을 읽고 마늘광에 그늘이 진 장면을 떠올릴 수 있다.

④ 눈 위에 까만 먼지가 쌓여 있는 장면
'얼굴에 까만 먼지 쓰고'

★ 근거: ②연 ❶행

화자는 잔설이 '얼굴'에 '까만 먼지'를 쓰고 있다고 했다. 이는 잔설 위에 까만 먼지가 쌓여 있는 장면을 떠오르게 한다.

⑤ 기왓장 틈으로 빗물이 스며드는 장면
'기왓장 틈으로 / 종일 빗물이 스민다.'

★ 근거: ④연 ❷, ❸행

화자는 '기왓장 틈으로 / 종일 빗물이 스민다.'라고 했다. 이는 기왓장 틈으로 빗물이 스며드는 장면을 떠오르게 한다.

04 정답 저 잔설을 일깨운다.

윗글에서 〈보기〉의 설명과 가장 관련이 있는 행을 찾아 쓰시오.

> ──── 〈보기〉 ────
> - '봄비'를 사람처럼 표현한 것
> 　　　　　의인법
> - 봄비가 내려 잔설에 닿는 모습을 나타낸 것

왜 정답?

★ 근거: ②연 ❸행

윗글에서는 봄비가 '저 잔설을 일깨운다.'라면서 봄비가 잔설에 닿는 모습을 나타내고 있다. 이는 봄비를 사람처럼 표현한 것이다.

청포도 _이육사

❶ 화자, 중심 대상   ❷ 상황, 정서, 태도   ❸ 표현상 특징   〔 〕 시 이해   ❸ [푸른색] ← 색채 대비 → [흰색]

1 ❶ 내 고장 칠월은
❶ 화자
❷ **청포도**가 익어 가는 시절
❶ 중심 대상 – 평화로운 삶을 상징함.
→ 평화롭고 풍요로운 고장의 분위기

1 내 고향의 7월은 청포도가 익어 가는 시절이다.
2 (그곳에는) 마을의 전설(처럼 옛일이 된 평화로운 삶)이 (청포도처럼) 주저리주저리 열리고, 먼 곳에 있는 하늘(소망)이 꿈을 꾸며 알알이 들어와 박혀 (있다.)

2 ❶ 이 마을 전설이 주저리주저리 열리고
과거의 평화로웠던 삶   ❸ 풍성한 느낌을 주는 음성 상징어
❷ 먼 데 **하늘**이 꿈꾸며 알알이 들어와 박혀
소망, 이상
* **1**, **2**연 요약: 청포도가 익어 가는 고장을 떠올림.

3 ❶ **하늘** 밑 **푸른 바다**가 가슴을 열고
희망의 세계
❷ **흰 돛단배**가 곱게 밀려서 오면
순수

3 하늘 밑 푸른 바다에 흰 돛을 단 배가 곱게 밀려서 오면(희망과 순수의 세계가 오면)
4 내가 바라는 손님(광복)은 고난과 시련 끝에 청포를 입고(희망을 가지고) 찾아온다고 했으니

4 ❶ 내가 바라는 손님은 고달픈 몸으로
→ 고난과 시련을 겪음.
❶ 중심 대상 – 평화로운 세상, 광복을 상징함.
❷ **청포를** 입고 찾아온다고 했으니
희망   ❷ 상황: 손님을 기다리고 있음.
* **3**, **4**연 요약: 청포를 입고 찾아올 손님을 기다림.

[A]

5 ❶ 내 그를 맞아 이 포도를 따 먹으면
평화로운 세상을 맞이하면
❷ 두 손은 함뿍 적셔도 좋으련
❷ 태도: 희생적(평화를 위해 자신을 희생하겠다는 자세가 드러남.)

5 내가 손님을 맞아 이 청포도를 따 먹으면(평화로운 세상을 맞이하면) 나의 두 손은 (고통으로) 함뿍 적셔도 좋다.
* **5**연 요약: 손님과 함께 청포도를 따 먹고 싶음.

6 ❶ 아이야 우리 식탁엔 **은쟁반**에
손님에 대한 정성
❷ **하이얀 모시 수건**을 마련해 두렴
❷ 상황: 정성스럽게 손님을 맞을 준비를 함.
❷ 정서: 손님이 올 것을 확신함.

6 아이야, (손님이 올 테니) 우리 식탁에는 은쟁반 위에 하얀 모시 수건을 마련해 두렴(정성껏 손님 맞을 준비를 하렴).
* **6**연 요약: 손님을 맞을 준비를 함.

[색채 대비] : 색깔의 차이가 뚜렷하게 느껴지도록 비교하여 강렬한 인상을 주는 것
푸른색: 청포도, 하늘, 푸른 바다, 청포
흰색: 흰 돛단배, 은쟁반, 하이얀 모시 수건
→ 푸른색과 흰색이 뚜렷하게 비교됨.

[상징] : 형태를 갖고 있지 않아 감각으로 느낄 수 없는 대상을 구체적인 사물로 나타내는 것

★ 시 독해 공식

❶ **화자**: '나', **중심 대상**: 청포도, 손님
❷ **상황**: 화자는 손님을 기다리며 손님을 맞을 준비를 하고 있음.
  정서: 손님이 올 것을 확신하고 있음.
  태도: 희생적(평화를 위해 자신을 희생하겠다는 자세가 드러나고 있음.)
❸ **표현상 특징**
  • 푸른색과 흰색의 색채 대비를 통해 선명한 시각적 심상을 드러내고 있음.
  • 음성 상징어를 활용하고 있음.

■ **내용**: 이 작품은 청포도가 익어 가는 고향을 떠올리며 평화로운 세상이 오기를 바라는 마음을 노래한 현대시이다. 작가가 광복을 위해 애쓴 독립투사였고, 이 작품이 일제 강점기에 지어졌다는 점에서 화자가 바라는 평화로운 세상은 광복을 맞이한 우리나라를 의미한다고 볼 수 있다.
1, 2연: 화자는 청포도가 익어 가는 고향의 풍요로운 모습을 떠올리고 있다.
3, 4연: 화자는 희망의 세계가 오면 찾아올 손님을 기다리고 있다.
5연: 화자는 손님과 함께 청포도를 따 먹고 싶은 마음을 드러내고 있다.
6연: 화자는 정성스럽게 손님을 맞을 준비를 하고 있다.

■ **주제**: 평화로운 삶에 대한 소망(광복을 바라는 마음)

■ **이것이 핵심!** 시어의 색채 대비

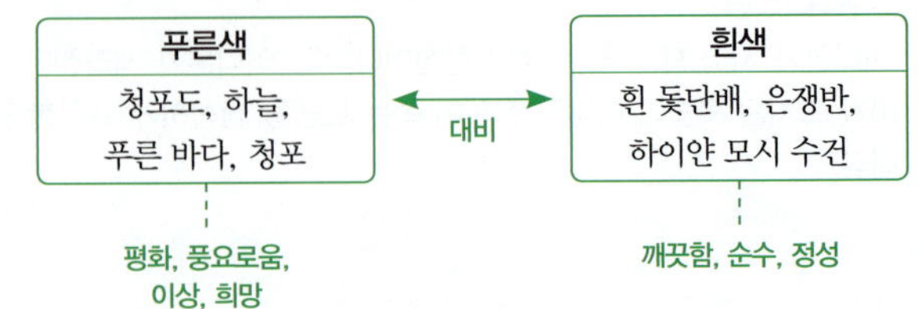

05 [정답] (1) 청포도 (2) 시각

> **왜 정답?**

(1) '청포도'는 푸른색과 풍요로운 이미지가 나타나는 시어이다.

(2) '흰', '푸른' 등은 빛깔을 나타내는 말인 색채어이다. 색채어를 활용하면 시각적 심상이 드러난다. 따라서 정답은 '시각'이다.

06 [정답] ②

[A]에 대한 설명으로 가장 알맞은 것은?

- **[A]**: 손님이 찾아오는 것에 대한 화자의 태도가 드러나는 부분입니다.
- [A]에 드러나 있는 화자의 태도를 고르는 문제입니다.

> **왜 정답?**

② 손님을 기다리는 화자의 간절함이 드러나고 있다.

　손님을 맞을 수 있다면 '두 손은 함뿍 적셔도 좋'다고 함.

★ **근거**: ④, ⑤연

화자는 '내가 바라는 손님'이 '찾아온다고 했'다며 손님을 기다리고 있다. 그리고 손님을 맞아 '포도를 따 먹으면' '내 두 손을 함뿍 적셔도 좋'다고 했다. 즉, 화자는 손님을 맞이할 수만 있다면 '두 손'을 다 적셔도 좋다고 할 만큼 손님이 오기를 간절히 바라고 있다.

> **왜 오답?**

① ~~두 손을 다 적신 화자의 즐거움~~이 드러나고 있다.

　나타나지 않음.

화자는 손님을 맞아 '포도를 따 먹으면' '내 두 손을 함뿍 적셔도 좋'다고 했다. 화자가 두 손을 다 적신 일은 아직 일어나지 않았고, 화자가 이를 즐거워하는 모습도 나타나지 않는다.

③ 청포를 입고 찾아오려는 손님의 **고집**이 드러나고 있다.

　나타나지 않음.

손님이 '청포를 입고 찾아온다고 했'지만, 고집을 부리는 모습은 나타나지 않는다.

④ 고달픈 몸을 이끌고 오는 손님의 **슬픔**이 드러나고 있다.

　'손님'은 화자가 기다리는 평화로운 세계를 의미하므로 적절하지 않음.

손님은 '고달픈 몸으로' 화자를 찾아온다고 했다. 손님은 화자가 기다리는 평화로운 세계를 의미하며, 손님이 '고달픈 몸'을 이끌고 온다는 것은 고난과 시련 끝에 평화로운 세상이 온다는 의미이다. 따라서 손님이 고달픈 몸을 이끌고 오는 것을 슬퍼한다는 설명은 적절하지 않다.

⑤ 포도를 **혼자** 먹고자 하는 화자의 기대감이 드러나고 있다.

　손님과 함께 포도를 따 먹기를 바람.

화자는 '내 그를 맞아 이 포도를 따 먹으면'이라며 기다리던 손님이 오면 그와 함께 포도를 따 먹기를 바라고 있다.

07 [정답] ③

〈보기〉를 바탕으로 윗글을 이해한 내용으로 가장 알맞지 않은 것은?

- **〈보기〉를 바탕**: 〈청포도〉에 쓰인 푸른색과 흰색이 각각 무엇을 나타내는지 설명하고 있습니다.
- **윗글**: 푸른색과 흰색의 이미지를 지닌 시어를 활용하고 있습니다.
- 윗글에서 푸른색과 흰색의 이미지를 지닌 시어가 나타내는 의미를 잘못 설명한 것을 고르는 문제입니다.

> ───〈보기〉───
>
> 〈청포도〉에서 푸른색은 평화, 희망, 풍요로움 등을 나타내며, 흰색은 깨끗함, 순수, 정성스러움 등을 나타낸다.
>
> 　푸른색이 나타내는 의미
> 　흰색이 나타내는 의미

> **왜 정답?**

③ '흰 돛단배'가 밀려오는 모습에서 **자연의 신비로움**이 드러난다.

　깨끗함, 순수를 나타냄.

★ **근거**: ③연 ②행, 〈보기〉

'흰 돛단배'는 흰색이므로, 〈보기〉에 따르면 깨끗함, 순수, 정성스러움 등을 나타낸다. 또한 배는 사람이 만든 것이므로 이것이 자연의 신비로움을 나타낸다고 볼 수 없다.

> **왜 오답?**

① '청포도'가 익어 가는 모습에서 풍요로운 고장의 모습이 드러난다.

　푸른색의 시어이므로 적절함.

★ **근거**: ①연, 〈보기〉

〈보기〉에서 '푸른색은 평화, 희망, 풍요로움 등을 나타'낸다고 했다. 따라서 푸른색인 '청포도'가 익어 가는 고장의 모습에서는 풍요로움이 드러난다.

② '하늘 밑'에 '푸른 바다'가 펼쳐진 모습에서 평화로움이 드러난다.

　푸른색의 시어이므로 적절함.

★ **근거**: ③연 ①행, 〈보기〉

'하늘'과 '푸른 바다'는 모두 파란색이며, 〈보기〉에 따르면 푸른색은 평화, 희망, 풍요로움 등을 나타낸다. 또한 화자는 '하늘 밑 푸른 바다가 ~ 밀려서 오면' '바라는 손님'이 찾아온다고 했다. 즉, '하늘 밑 푸른 바다'는 기다리는 손님이 찾아올 희망의 세계이므로 평화로움이 드러난다.

④ '손님'이 '청포를 입고' 오는 모습에서 희망적인 분위기가 드러난다.

　푸른색의 시어이므로 적절함.

★ **근거**: ④연, 〈보기〉

〈보기〉에서 '푸른색은 평화, 희망, 풍요로움 등을 나타'낸다고 했다. '청포'는 푸른색이므로, 화자가 간절히 기다리는 '손님'이 '청포'를 입고 오는 모습에서는 희망적인 분위기가 나타난다.

⑤ '손님'을 위해 '은쟁반'을 준비하는 모습에서 정성스러움이 드러난다.

　흰색의 시어이므로 적절함.

★ **근거**: ⑥연 ①행, 〈보기〉

'은쟁반'은 흰색의 이미지를 지닌 시어로, 〈보기〉에 따르면 흰색은 깨끗함, 순수, 정성스러움 등을 나타낸다. 따라서 화자가 '손님'을 위해 '은쟁반'을 준비하는 모습에서 정성스러움이 느껴진다.

08 [정답] 하이얀

윗글에서 〈보기〉의 ㉠이 가장 잘 드러나는 시어를 찾아 3글자로 쓰시오.

> ───〈보기〉───
>
> 시적 허용이란 문법에 어긋나는 표현을 의도적으로 사용하는 것을 의미한다. 띄어쓰기나 맞춤법에 어긋난 표현, ㉠단어를 늘여 쓰거나 줄여 쓰는 표현 등이 시적 허용에 해당된다.
>
> 　시적 허용의 의미
> 　시적 허용의 종류

> **왜 정답?**　★ **근거**: ⑥연 ②행

'하이얀'은 '하얀'을 의도적으로 늘여 쓴 것으로, 시적 허용에 해당한다.

노새 두 마리 _최일남

❶ 중심인물, 배경　❷ 중심 사건, 갈등　❸ 서술상 특징

밤에 사람들이 거리를 다니지 못하도록 막았던 제도

1 아버지가 돌아온 것은 통행금지 시간이 거의 되어
❶ 중심인물　　　❶ 시대적 배경을 알 수 있는 표현 → 1970년대
서였다. 예상한 일이지만 아버지는 빈 몸이었고 형편
❷ 중심 사건: 아버지가 잃어버린 노새를 찾지 못함.
없이 힘이 빠져 있었다. 그때까지 식구들은 아무도 잠
들지 않았다. 작은형도 일이 일인지라 기타도 치지 않
고 죽은 듯이 방 안에만 처박혀 있었다. 아버지를 보
고도 아무도 말을 하지 않았다. 다만 할머니만이 말을
걸었다.

"이제 오니?"

"네."

그뿐, 아버지는 더는 말이 없었다. 그러고는 어머니
가 보아 온 밥상을 한옆으로 밀어 놓고는 쓰러지듯 방
한가운데 드러눕고 말았다. 아버지는 지금 내일부터
❶ 공간적 배경: 집
당장 벌이를 나갈 수 없는 아픔보다도 길들여 키워 온
❸ 1인칭 관찰자인 '나'가 아버지의 심정을 추측함.
노새가 가여워서 저러는지도 모를 일이었다. 아버지는
원래가 마부였다. 서울에 올라오기 전 시골에서도 줄
아버지의 직업
곧 말 마차를 끌었다. 어쩌다가 소달구지를 끄는 적도
있기는 했으나 얼마 가지 않아서 도로 말 마차로 바꾸
곤 했다. 그런 아버지였으므로 서울에 올라와서는 내
내 말 마차 하나로 버텨나왔었는데 어떻게 마음먹었는
지 노새로 바꾸고 만 것이다. 노새나 말이나 요즘은
그놈의 삼륜차 때문에 아버지의 일감이 자칫 줄어드는
❶ 시대적 배경을 알 수 있는 표현 → 1970년대 산업화 시기
듯하기도 했다. 웬만한 오르막길도 끄떡없이 오르고,
웬만한 골목 안 집까지도 드르륵 들이닥치니 아버지의
말 마차가 위협을 느낌 직도 했고, 사실 일감을 빼앗
삼륜차의 등장으로 아버지의 일감이 줄어듦.
기기도 했다. **＊1 요약: 아버지가 노새를 찾지 못하고 집으로 돌아옴.**

2 **[중략 부분의 줄거리]** 다음 날 '나'는 아버지와 함께 노새를
찾으러 돌아다니지만 결국 노새를 찾지 못한다. 정처 없이 걷다
가 들어선 동물원에서 '나'는 아버지가 노새와 닮았다고 생각한
다. 동물원을 나온 후 대폿집에서 아버지는 술을 연거푸 마신다.
❶ 공간적 배경

"이제부터 내가 노새다. 이제부터 내가 노새가 되어
「 」: ❷ 중심 사건 – 노새를 찾지 못한 아버지가 괴로워함.
야지 별수 있니? 그놈이 도망쳤으니까. 이제 내가
생계를 이어 가야 한다는 아버지의 책임감
노새가 되는 거지."

❶ 중심인물
기분 좋게 취한 듯한 아버지는 놀라는 나를 보고 히
❸ 서술자: '나', 시점: 1인칭 관찰자 시점
힝 한 번 웃었다. 나는 어쩐지 그런 아버지가 무섭지
만은 않았다. 그러면 형들이나 나는 노새 새끼고, 어
상황에 어울리지 않는 생각 → '나'의 순수함이 드러남.
머니는 암노새고, 할머니는 어미 노새가 되는 것일까?
나도 아버지를 따라 히히힝 웃었다. 어른들은 이래서
술집에 오는 모양이었다. 나는 안주만 집어 먹었는데
도 술 취한 사람마냥 턱없이 즐거웠다. 노새 가족
—노새 가족은 우리 말고는 이 세상에 또 없을 것이
었다. **＊2 요약: 아버지가 술을 마시며 자신이 노새가 되겠다고 함.**

3 그러나 이러한 생각은 아버지와 내가 집에 당도했
❶ 공간적 배경
을 때 무참히 깨어지고 말았다. 우리를 본 어머니가
불행한 사건이 일어날 것을 암시함.
허둥지둥 달려 나와 매달렸다.

"이걸 어쩌우. 글쎄 경찰서에서 당신을 오래요. 그놈
의 노새가 사람을 다치고 가게 물건들을 박살을 냈
도망친 노새가 문제를 일으킴.
대요. 이걸 어쩌지."

"노새는 찾았대?"

"찾고나 그러면 괜찮게요? 노새는 간데온데없고 사
노새를 찾지 못함.
람들만 다치고 하니까, 누구네 노새가 그랬는지 수
소문 끝에 우리 집으로 순경이 찾아왔지 뭐유."

오늘 낮에 지서에서 나온 사람이 우리 노새가 튀는
바람에 여기저기서 많은 피해를 입었으니 도로 무슨
법이라나 하는 법으로 아버지를 잡아넣어야겠다고 이
노새를 찾지도 못했는데 노새가 일으킨 문제를 책임져야 함. – 엎친 데 덮친 격
르고 갔다는 것이었다. 아버지는 술이 확 깨는 듯 그
자리에 선 채 한동안 눈만 뒤룩뒤룩 굴리고 서 있더니
❸ 아버지의 모습을 노새와 비슷하게 묘사함.
힝 하고 코를 풀었다. 그러고는 아무 말 없이 스적스
❷ 중심 사건: 아버지가 노새가 말썽을 일으켰다는 소식을 듣고 다시 집을 나섬.
적 문밖으로 걸어 나갔다. 나는 "아버지" 하고 뒤를 따

랐으나 아버지는 돌아보지도 않고 어두운 골목길을 나

가고 있었다. **❶ 공간적 배경**

❿㉠나는 그 순간 또 한 마리의 노새가 집을 나가는 것
'나'는 아버지가 노새와 비슷하다고 느낌.
같은 착각을 일으켰다.⓫그러고는 무엇인가가 뒤통수를
변화에 적응하지 못한 존재는 살아가기 힘들다는 것을 깨달음.
때리는 것을 느꼈다.⓬아, 우리 같은 노새는 어차피 이

렇게 비행기가 붕붕거리고, 헬리콥터가 앵앵거리고,
☐ : 노새와 대비되는 운송 수단 - 산업화의 상징
자동차가 빵빵거리고, 자전거가 쌩쌩거리는 대처에서
도시
는 발붙이기 어려운 것인가 하는 생각이 들었다.⓭언젠

가 남편이 택시 운전사인 칠수 어머니가 하던 말, "최

소한도 자동차는 굴려야지 지금이 어느 땐데 노새를
아버지가 시대의 변화를 따라가지 못함을 지적하는 말
부려." 했다는 말이 생각났다.⓮그러나 그것은 잠깐 동

안이고 나는 금방 아버지를 쫓았다.⓯또 한 마리의 노
아버지 - 시대의 변화에 적응하지 못하는 존재
새를 찾아 캄캄한 골목길을 마구 뛰었다.

　＊③ 요약: '나'는 집을 나서는 아버지가 노새와 비슷하다고 느낌.

★ **소설 독해 공식**

❶ **중심인물**: 아버지, '나'
　공간적 배경: 집, 대폿집, 골목길
　시대적 배경: 1970년대 산업화 시기
❷ **중심 사건**: 아버지가 노새를 찾으러 다니지만 찾지 못하고 괴로워함.
　노새가 말썽을 일으켰다는 소식을 들은 아버지가 다시 집을 나섬.
❸ **서술상 특징**
　• 서술자: 1인칭 서술자('나'), 시점: 1인칭 관찰자 시점
　　→ 어린아이인 '나'의 시선에서 아버지의 모습을 관찰하고, 아버지의
　　　심정을 추측하여 전달하고 있음.
　• 아버지의 모습을 노새와 비슷하게 묘사함으로써 노새와 아버지의 공
　　통된 속성을 강조하고 있음.

■ **내용**: 이 작품은 노새를 생계 수단으로 살아가는 '나'의 가족과 아버지의
모습을 통해 시대의 변화에 적응하지 못하는 사람들의 힘겨운 삶을 그
린 현대 소설이다.
　① : '나'는 잃어버린 노새를 찾지 못하고 집으로 돌아온 아버지를 보며
　　노새를 생계 수단으로 삼고 있는 가족의 처지를 떠올린다.
　② : 다음 날에도 노새를 찾지 못한 아버지와 '나'는 대폿집으로 향한다.
　　아버지는 술을 마시며 노새를 찾지 못한 괴로움을 드러내고, '나'는
　　우리 가족이 노새 가족이라고 생각한다.
　③ : 집으로 돌아온 아버지와 '나'는 노새가 말썽을 일으켰다는 소식을
　　전해 듣고, 이에 아버지는 말없이 골목길을 나선다. 그러한 아버지
　　의 모습이 '나'의 눈에는 또 한 마리의 노새로 보인다.
■ **주제**: 시대의 변화에 적응하지 못하는 가난한 사람들의 힘겨운 삶

■ **이것이 핵심!: 노새와 아버지의 공통점**

노새	아버지
비행기, 헬리콥터, 자동차, 자전거 등 발전하는 운송 수단에 설 자리를 잃음.	삼륜차에 일감을 빼앗기면서도 노새를 생계 수단으로 삼고 있음.

↘ **시대의 변화에 적응하지 못하는 존재** ↙

---

01 【정답】 **(1) 아버지, '나' (2) 대폿집**

＞왜 정답 ?

(1) [중략 부분의 줄거리]에서 '나'는 아버지와 함께 노새를 찾으러 돌
　아다녔다고 했다. 따라서 정답은 '아버지', '나'이다.

(2) 아버지는 '나'와 함께 동물원에 들른 후 대폿집으로 가서 술을 마
　셨다. 따라서 정답은 '대폿집'이다.

02 【정답】 **②**

윗글에 대한 설명으로 가장 알맞지 않은 것은?

＞왜 정답 ?

② ~~한 장소~~에서 벌어지는 이야기를 다루고 있다.
사건이 진행되는 장소가 '대폿집', '집', '골목길' 등으로 나타남.
　★ **근거**: ①～③
　이야기가 진행되는 장소가 ①에서는 '집'이었다가 ②에서는 '대폿집',
　③에서는 다시 '집'과 '골목길'로 바뀌고 있다.

＞왜 오답 ?

① **시간의 흐름에 따라 이야기가 진행되고 있다.**
'다음 날', '집에 당도했을 때' 등에서 시간의 흐름이 드러남.
　★ **근거**: ①～③
　①에는 아버지가 노새를 찾지 못하고 돌아온 이야기, ②에는 다음
　날 '나'와 아버지가 노새를 찾으러 돌아다녔지만 찾지 못하고 대폿집
　에 들른 이야기, ③에는 '나'와 아버지가 집으로 돌아온 후의 이야기
　가 시간의 흐름에 따라 제시되고 있다.

③ **'나'와 아버지 외에도 다른 인물이 등장하고 있다.**
작은형, 할머니, 어머니
　★ **근거**: ①-❹, ❻, ③-❷
　①의 '작은형도 일이 일인지라', '할머니만이 말을 걸었다.'를 통해 작
　은형과 할머니가 등장함을 알 수 있다. 또한 ③에서는 어머니가 순경
　이 집으로 찾아왔던 일을 아버지에게 전해 주고 있다. 따라서 윗글에
　는 '나'와 아버지 외에도 작은형, 할머니, 어머니가 등장하고 있다.

④ **'노새'를 잃어버린 아버지의 이야기를 주로 다루고 있다.**
노새를 찾는 아버지의 이야기를 주로 다루고 있음.
　★ **근거**: ①～③
　①에서는 아버지가 노새를 찾지 못하고 돌아온 이야기, ②에서는 아
　버지가 노새를 잃어버린 속상함에 대폿집에서 연거푸 술을 마시는
　이야기, ③에서는 아버지가 문제를 일으킨 노새의 소식을 듣고 골목
　길을 나서는 이야기가 전개되고 있다. 즉, 윗글에서는 아버지가 잃어
　버린 노새를 찾아 밤늦도록 돌아다니고, 노새를 찾지 못해 속상해하
　는 이야기를 주로 다루고 있다.

⑤ '삼륜차'가 다니기 시작한 산업화 시기를 배경으로 하고 있다.
삼륜차는 1970년대 산업화 시기에 주로 만들어짐.

★ 근거: ①-⑯
'삼륜차'는 바퀴가 세 개 달린 차로, 산업화를 통해 기술이 발전하던 1970년대에 많이 만들어졌다. 이를 통해 윗글의 배경이 산업화가 진행되던 1970년대임을 알 수 있다.

03 정답 ④

'나'가 ㉠과 같이 생각한 이유로 가장 알맞은 것은?

• ㉠: ㉠은 '나는 그 순간 또 한 마리의 노새가 집을 나가는 것 같은 착각을 일으켰다.'로, '나'가 골목길을 나서는 아버지를 보고 떠올린 생각입니다.

즉 '나'의 눈에 아버지가 노새처럼 보인 이유를 고르는 문제입니다.

> 왜 정답?

④ 힘들고 지친 아버지가 '노새'와 같다고 느껴져서
'나'는 아버지가 변화에 적응하지 못한 노새처럼 힘겹게 살아간다고 생각함.

★ 근거: ③-⑫
'나'는 노새를 비행기와 자동차가 다니는 발전된 시대 속에서 뒤처지는 존재로 생각하고 있다. '나'가 아버지를 보며 노새를 떠올린 것은 어렵고 힘들게 살아가는 아버지가 발전된 도시에 적응하지 못하는 노새와 닮았다고 생각했기 때문이다.

> 왜 오답?

① '노새'처럼 ~~뛰어다니는~~ 아버지가 ~~진나 보여서~~
나타나지 않음.   '나'는 아버지가 힘겨운 처지라고 생각함.

★ 근거: ③-❽, ⑫
아버지는 '스적스적 문밖으로 걸어 나갔'다고 했으므로 노새처럼 뛰어다니고 있지 않다. 또한 '나'는 아버지가 노새처럼 발전된 도시에 발붙이기 어려운 처지라고 생각하고 있으므로, 아버지가 신나 보인다는 것은 알맞지 않다.

② '노새'를 찾지 못한 아버지가 ~~무능력해 보여서~~
'나'는 아버지를 안타까워함.

★ 근거: ③-❿~⑫
'나'는 노새를 찾지 못한 아버지가 도시에 적응하지 못하는 노새와 같다고 생각하며 안타까움을 느끼고 있다. 따라서 '나'가 아버지를 무능력하다고 생각한다는 것은 알맞지 않다.

③ ~~경찰서로 끌려가는~~ 아버지가 안타까워 보여서
나타나지 않음.
아버지가 경찰서로 끌려가는 장면은 윗글에 나타나지 않는다. 따라서 '나'가 이를 안타까워한다는 것은 알맞지 않다.

⑤ 생계를 책임지는 아버지가 ~~대단하다고 느껴져서~~
나타나지 않음.
'나'가 생계를 책임지는 아버지가 대단하다고 느끼는 모습은 윗글에 나타나지 않는다.

DAY 10 메밀꽃 필 무렵 _이효석

❶ 중심인물, 배경　　❷ 중심 사건, 갈등　　❸ 서술상 특징

❶ 허 생원 일행의 목적지
① 대화까지는 칠십 리의 밤길, 고개를 둘이나 넘고 개
❶ 시간적 배경
울을 하나 건너고 벌판과 산길을 걸어야 된다. ❷길은 지금 긴 산허리에 걸려 있다. ❸「밤중을 지난 무렵인지
❶ 공간적 배경　　「 」: ❸ 아름답고 낭만적인 달밤을 감각적으로 묘사함.
죽은 듯이 고요한 속에서 짐승 같은 달의 숨소리가 손
고요한 달밤의 분위기
에 잡힐 듯이 들리며, 콩 포기와 옥수수 잎새가 한층 달에 푸르게 젖었다. ❹산허리는 온통 메밀밭이어서 피
달빛이 비춰 푸르게 보임.
기 시작한 꽃이 소금을 뿌린 듯이 흐붓한 달빛에 숨이
메밀밭을 비추는 밝은 달빛
막힐 지경이다. ❺붉은 대궁이 향기같이 애잔하고 나귀
메밀꽃의 줄기
들의 걸음도 시원하다.」❻길이 좁은 까닭에 세 사람은 나귀를 타고 외줄로 늘어섰다. ❼방울 소리가 시원스럽
❷ 중심 사건: 허 생원, 조 선달, 동이가 함께 밤길을 걷고 있음.　　❶ 중심인물
게 딸랑딸랑 메밀밭께로 흘러간다. ❽앞장선 허 생원의
❶ 중심인물
이야기 소리는 꽁무니에 선 동이에게는 확적히는 안
'허 생원 – 조 선달 – 동이'의 순서로 걷고 있음.

들렸으나, 그는 그대로 개운한 제멋에 적적하지는 않
❸ 서술자: 3인칭 서술자, 시점: 전지적 작가 시점
았다.
＊① 요약: 세 사람이 달밤에 길을 걸음.
❶
달이 밝은 밤 – 낭만적인 분위기
② "장 선 꼭 이런 날 밤이었네. 객줏집 토방이란 무더
❷ 중심 사건: 허 생원이 성 서방네 처녀와 만났던 과거의 일을 이야기함.
워서 잠이 들어야지. 밤중은 돼서 혼자 일어나 개울 가에 목욕하러 나갔지. 봉평은 지금이나 그제나 마찬가지지. 보이는 곳마다 메밀밭이어서 개울가가 어디 없이 하얀 꽃이야. 「돌밭에 벗어도 좋을 것을, 달
「 」: 사건의 우연성 – 허 생원이 우연히 들어간 물방앗간에서 성 서방네 처녀를 만남.
이 너무도 밝은 까닭에 옷을 벗으러 물방앗간으로 들어가지 않았나. 이상한 일도 많지. 거기서 난데없는 성 서방네 처녀와 마주쳤단 말이네.」봉평서야 제 일가는 일색이었지."
미인
❷ "팔자에 있었나 부지."
허 생원의 이야기에 대꾸하며 장단을 맞추는 조 선달
❸ 아무렴 하고 응답하면서 말머리를 아끼는 듯이 한참

이나 담배를 빨 뿐이었다. ❹구수한 자줏빛 연기가 밤기운 속에 흘러서는 녹았다.

❺“날 기다린 것은 아니었으나 그렇다고 달리 기다리는 놈팽이가 있는 것두 아니었네. 처녀는 울고 있단 말야. 짐작은 대고 있었으나 성 서방네는 한창 어려
남자
워서 들고날 판인 때였지. 한집안 일이니 딸에겐들
처녀가 울고 있었던 이유 – 집안 형편이 어려워짐.
걱정이 없을 리 있겠나. 좋은 데만 있으면 시집도 보내련만 시집은 죽어도 싫다지…… . 그러나 처녀란
울 때같이 정을 끄는 때가 있을까. 처음에는 놀라기
허 생원은 울고 있는 성 서방네 처녀에게 마음이 감.
도 한 눈치였으나 걱정 있을 때는 누그러지기도 쉬운 듯해서 이럭저럭 이야기가 되었네…… . 생각하면 무섭고도 기막힌 밤이었어.”
우연히 만난 허 생원과 성 서방네 처녀가 인연을 맺음.
❻“제천인지로 줄행랑을 놓은 건 그 다음 날이었나?”
성 서방네 처녀가 제천으로 떠남.
❼“다음 장도막에는 벌써 온 집안이 사라진 뒤였네. 장
성 서방네가 봉평을 떠남.
판은 소문에 발끈 뒤집혀 오죽해야 술집에 팔려 가
당연히 술집에 팔려 갔을 것이라고
기가 상수*라고 처녀의 뒷공론이 자자들 하단 말이야. 제천 장판을 몇 번이나 뒤졌겠나. 하나 처녀의
꼴은 꿩 궈 먹은 자리*야. 첫날밤이 마지막 밤이었
허 생원은 끝내 성 서방네 처녀를 찾지 못함.
지. 그때부터 봉평이 마음에 든 것이 반평생을 두고
허 생원은 성 서방네 처녀와의 인연 이후로 봉평을 잊지 못함.
다니게 되었네. 평생인들 잊을 수 있겠나.”

  *❷ 요약: 허 생원이 성 서방네 처녀와 만났던 과거를 떠올림.

[중략 부분의 줄거리] 동이는 아버지 없이 자신을 낳아 집에서 쫓겨난 어머니의 이야기와, 지금까지 아버지를 본 적이 없으며 아버지가 어디 사는지도 모르고 지내 온 자신의 이야기를 한다.

❶ 공간적 배경
③고개 너머는 바로 개울이었다. 장마에 흘러 버린 널
❸공간의 이동에 따라 사건이 전개됨.
다리가 아직도 걸리지 않은 채로 있는 까닭에 벗고 건
너야 되었다. ❸고의를 벗어 띠로 등에 얽어매고 반 벌
거숭이의 우스꽝스런 꼴로 물속에 뛰어들었다. ❹금방
땀을 흘린 뒤였으나 밤 물은 뼈를 찔렀다.
개울의 물이 뼈가 시릴 정도로 차가움.
❺“그래, 대체 기르긴 누가 기르구?”
「」: ❷ 중심 사건 – 허 생원과 동이가 이야기를 나눔.
❻“어머니는 하는 수 없이 의부를 얻어 가서 술장수를

시작했죠. 술이 고주래서 의부라고 전망나니*예요.
의부는 술을 많이 마시고 돈이라면 사족을 못 쓰는 사람이었음.
철들어서부터 맞기 시작한 것이 하룬들 편한 날 있
동이와 동이 어머니의 고단한 삶
었을까. 어머니는 말리다가 채이고 맞고 칼부림을
당하곤 하니 집 꼴이 무어겠소. 열여덟 살 때 집을
뛰어나서부터 이 짓이죠.”
장돌뱅이(여러 장을 돌아다니면서 물건을 파는 일)
❼“총각 낫세론 섬이* 무던하다고 생각했더니 듣고 보
총각 나이로는 삶이
니 딱한 신세로군.”

❽물은 깊어 허리까지 채었다. ❾속 물살도 어지간히 센데다가 발에 채이는 돌멩이도 미끄러워 금시에 훌칠
듯하였다. ❿나귀와 조 선달은 재빨리 거의 건넜으나 동
이는 허 생원을 붙드느라고 두 사람은 훨씬 떨어졌다.
허 생원과 동이의 거리가 가까워짐.
⓫“모친의 친정은 원래부터 제천이었던가?”

⓬“웬걸요. 시원스리 말은 안 해주나 봉평이라는
동이가 허 생원의 아들이라는 것을 암시함.
것만은 들었죠.”

⓭“봉평? 그래 그 아비 성은 무엇이구?”
동이가 자신의 아들일지도 모른다는 생각에 묻는 말
[A] ⓮“알 수 있나요. 도무지 듣지를 못했으니까.”

⓯그 그렇겠지 하고 중얼거리며 흐려지는 눈을 까
❷ 중심 사건: 허 생원은 동이가 자신의 아들일지도 모른다는 생각에 당황함.
물까물하다가 허 생원은 경망하게도 발을 빗디뎠
다. ⓰앞으로 고꾸라지기가 바쁘게 몸째 풍덩 빠져
버렸다.

  *❸ 요약: 동이의 이야기를 듣고 놀란 허 생원이 개울에 빠짐.

* 상수: 자연으로 정하여진 운명
* 꿩 궈 먹은 자리: 어떠한 일의 흔적이 전혀 없음.
* 전망나니: 돈이라면 사족을 못 쓰고 못된 짓을 하는 사람을 이르는 말
* 총각 낫세론 섬이: 총각 나이로는 삶이

★ 소설 독해 공식

❶ **중심인물**: 허 생원, 동이
  시간적 배경: 밤, **공간적 배경**: 산허리, 개울
❷ **중심 사건**: 허 생원이 성 서방네 처녀와 만났던 과거의 일을 이야기함.
  동이는 자신이 살아온 이야기를 하고, 이를 들은 허 생원은 동이가 자신
  의 아들일지도 모른다는 생각에 당황함.
❸ **서술상 특징**
  • 서술자: 3인칭 서술자, **시점**: 전지적 작가 시점
  • 달밤을 감각적으로 묘사하여 낭만적인 분위기를 만들어 내고 있음.
  • 공간의 이동에 따라 사건이 전개되고 있음.

■ **내용**: 이 작품은 강원도 일대를 떠돌며 살아가는 장돌뱅이 허 생원과 동
이를 통해 삶의 슬픔과 기쁨, 애틋한 운명을 그린 현대 소설이다.
  ①: 허 생원과 조 선달, 동이는 대화에 있는 장터로 가기 위해 달이 밝은
    밤중에 산길을 걷는다.
  ②: 허 생원은 과거 봉평에서 성 서방네 처녀와 인연을 맺었던 일을 떠
    올린다.
  ③: 개울을 건너며 동이가 자신이 살아온 일을 이야기하고, 이를 듣고
    놀란 허 생원은 발을 헛디뎌 개울에 빠진다.

■ **주제**: 길 위에서 살아가는 장돌뱅이 삶의 슬픔과 기쁨, 인연

■ **이것이 핵심!**: 배경의 역할

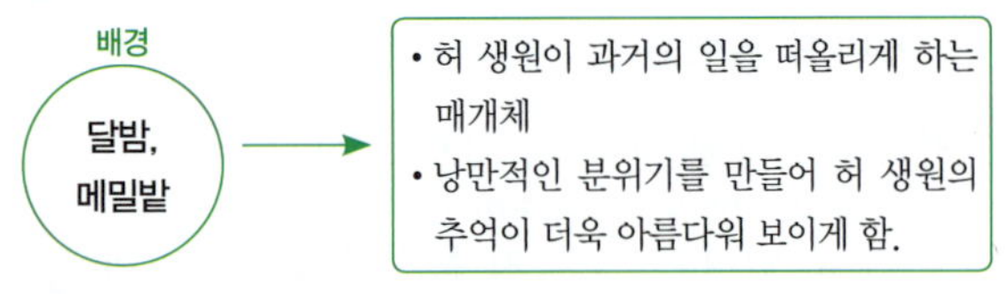

04 [정답] (1) 허 생원 (2) 달

> **왜** 정답?

(1) ②에서 허 생원은 봉평에서 성 서방네 처녀를 만났던 과거의 일
을 이야기하고 있다. 따라서 정답은 '허 생원'이다.

(2) 윗글에서 허 생원과 조 선달, 동이는 대화로 가기 위해 밤길을 걷
는데, 이때 '흐뭇한 달빛'이 밤길을 비추고 있다. 따라서 정답은
'달'이다.

05 [정답] ②

윗글의 내용으로 가장 알맞지 <u>않은</u> 것은?

> **왜** 정답?

② '산허리'에서 동이는 허 생원의 이야기를 ~~조금도 놓치지 않
고 들었다.~~
  동이에게는 허 생원의 이야기가 '확적히는 안 들렸'음.

★ **근거**: ①-❽

①에서 '앞장선 허 생원의 이야기 소리는 꽁무니에 선 동이에게는 확
적히는 안 들렸'다고 했다. '확적히'는 '정확하게 맞아 조금도 틀리지
않게'라는 뜻이다. 따라서 동이는 허 생원의 이야기를 정확하게는 잘
듣지 못했음을 알 수 있다.

> **왜** 오답?

① '산허리'에서 세 사람은 한 줄로 늘어서 있었다.
  '세 사람은 나귀를 타고 외줄로 늘어섰다.'

★ **근거**: ①-❷, ❻

①에서 허 생원과 조 선달, 동이는 대화로 향하는 밤길을 걷는 중이
고, '길은 지금 긴 산허리에 걸려 있다.'라고 했다. 이는 세 사람이 산
허리를 지나고 있다는 의미이다. 또한 '길이 좁은 까닭에 세 사람은
나귀를 타고 외줄로 늘어섰다.'라고 했으므로, '산허리'에서 세 사람은
한 줄로 늘어서 있었음이 드러난다.

③ '봉평'에서 허 생원은 성 서방네 처녀를 처음 만났다.
  '봉평은 지금이나 그제나 ~ 성 서방네 처녀와 마주쳤단 말이네.'

★ **근거**: ②-❶

허 생원은 '봉평은 지금이나 그제나 마찬가지지.'라면서 물방앗간에
서 '성 서방네 처녀와 마주쳤'던 이야기를 하고 있다. 이를 통해 허 생
원이 봉평에서 성 서방네 처녀를 처음 만났다는 것을 알 수 있다.

④ '개울'에서 동이는 힘들게 살아온 어머니의 이야기를 했다.
  '어머니는 하는 수 없이 ~ 집 꼴이 무어겠소.'

★ **근거**: ③-❻

개울을 건너면서 동이는 허 생원에게 어머니와 자신이 살아온 이야
기를 하고 있다. 어머니는 아버지 없이 동이를 낳고 의부를 얻어 술
장수를 했는데, '술이 고주'에 '전망나니'였던 의부에게 '채이고 맞고
칼부림을 당하곤' 하는 등 힘든 삶을 살았다.

⑤ '산허리'에서와 달리 '개울'에서는 허 생원과 동이의 거리가
가까워졌다.
  산허리에서는 떨어져 있던 두 사람의 거리가 개울을 건너며 가까워짐.

★ **근거**: ①-❽, ③-❿

산허리에서 세 사람은 한 줄로 늘어서 있었는데, '앞장선 허 생원의
이야기 소리는 꽁무니에 선 동이에게는 확적히는 안 들렸'다고 했다.
즉, 산허리에서 허 생원과 동이는 조 선달을 가운데에 두고 떨어져
있었다. 그런데 개울에서는 동이가 '허 생원을 붙'들었다고 했다. 즉,
개울에서 허 생원과 동이의 거리는 몸이 맞닿을 정도로 가까워진 것
이다.

06 [정답] ⑤

[A]에 드러나 있는 허 생원의 심리로 가장 알맞은 것은?

• **[A]**: 허 생원이 동이 어머니의 친정이 봉평이라는 말을 듣고 발을
  헛디뎌 개울에 빠지는 모습입니다.

즉 동이의 이야기를 들은 허 생원의 심리로 알맞은 것을 고르는 문제
입니다.

> **왜** 정답?

⑤ 허 생원은 동이가 자신의 아들일지도 모른다는 생각에 놀
라고 있다.
  동이 어머니의 친정이 성 서방네 처녀와 같은 봉평이라는 말을 듣고
  놀란 것이므로 적절함.

★ **근거**: ③-⓫~⓯

어머니의 친정이 '원래부터 제천이었'냐는 허 생원의 물음에 동이는
'봉평'이라고 답한다. 또한 동이는 아버지의 성을 듣지 못했다고 했
다. 이를 들은 허 생원은 '그 그렇겠지 하고 중얼거리'다가 발을 헛디
뎌 개울에 빠진다. 허 생원이 봉평에서 인연을 맺었던 성 서방네 처
녀 역시 봉평에서 살다가 제천으로 떠났기 때문이다. 즉, 허 생원은
동이의 어머니가 성 서방네 처녀이고, 동이가 자신의 아들일지도 모
른다는 생각에 놀라서 발을 헛디딘 것이다.

① 허 생원은 개울의 물이 깊어 **무서워하고 있다.**
나타나지 않음.

　[A]에서 허 생원이 발을 헛디뎌 개울에 빠지고 있기는 하지만, 허 생원이 개울의 물이 깊어서 무서워하는 모습은 나타나지 않는다.

② 허 생원은 **고향이 같은 사람을 만나** 반가워하고 있다.
나타나지 않음.

　[A]에 허 생원이 고향이 같은 사람을 만나는 모습은 나타나지 않는다. 허 생원이 동이 어머니의 친정이 어디인지 묻고 있을 뿐이다.

③ 허 생원은 고된 여정으로 인해 **피곤함을 느끼고 있다.**
나타나지 않음.

　[A]에는 허 생원과 동이의 대화, 허 생원이 개울에 빠지는 모습만 제시되고 있을 뿐, 허 생원이 고된 여정으로 인해 피곤함을 느끼는 모습은 나타나지 않는다.

④ 허 생원은 동이가 자신을 제대로 붙들지 않아 **서운해하고 있다.**
나타나지 않음.

　[A] 바로 앞부분에서 동이가 '허 생원을 붙'들고 있다고는 했지만, 이에 대해 허 생원이 동이가 자신을 제대로 붙들지 않아 서운함을 느끼는 모습은 나타나지 않는다. 허 생원이 개울에 빠진 것은 동이의 말에 놀라 발을 헛디뎠기 때문이다.

07 [정답] 메밀밭

윗글에서 〈보기〉의 빈칸에 들어가기에 가장 알맞은 말을 찾아 3글자로 쓰시오.

───〈보기〉───

　❶〈메밀꽃 필 무렵〉에서 허 생원은 달밤에 산허리 길을 걸으며 성 서방네 처녀와의 추억을 이야기하고 있다. ❷이 때 산허리를 온통 뒤덮고 있는 (　　　　　)에는 꽃이 흐드러지게 피어 있고 달빛이 쏟아진다. 이러한 낭만적인 배경은 허 생원의 추억을 더욱 아름다워 보이게 한다.

>왜 정답?

★ 근거: ①-❹

허 생원은 대화로 가는 산허리 길에서 성 서방네 처녀와 인연을 맺었던 과거의 일을 떠올린다. 이때 '산허리는 온통 메밀밭이어서 피기 시작한 꽃이 소금을 뿌린 듯이 흐붓한 달빛에 숨이 막힐 지경이다.'라고 했다. 즉, 꽃이 흐드러지게 피고 달빛이 쏟아지는 메밀밭이 배경으로 제시되고 있다. 이러한 낭만적인 배경은 허 생원이 이야기하는 추억을 더욱 아름답게 느껴지도록 만든다.

전국을 누비는 장돌뱅이

　〈메밀꽃 필 무렵〉의 주인공인 허 생원과 동이의 직업은 장돌뱅이다. 장돌뱅이란 시장이 열리는 곳을 돌아다니면서 물건을 파는 장수를 가리키는 말이다. 오늘날에는 인터넷 상거래 등의 발달로 상인과 소비자가 직접 만나지 않아도 물건을 사고팔 수 있지만, 옛날에는 물건을 사고파는 일이 대부분 시장에서 이루어졌다. 그래서 지역 곳곳마다 시장이 열렸고, 여러 시장을 돌아다니면서 물건을 파는 장돌뱅이가 생겨났다.

　장돌뱅이는 물건을 싣고 전국 어디나 시장이 열리는 곳을 찾아 돌아다녔다. 그래서 장돌뱅이 덕분에 한 지역에서 나는 상품들이 다른 지역에서도 거래될 수 있었다. 즉, 장돌뱅이는 전국의 생산자와 소비자를 이어 주어 시장을 활성화하는 데에 큰 역할을 한 것이다.

　한편, 장돌뱅이는 여러 지역을 다니다 보니 이동 중에 맹수나 산적 등을 만나는 위험한 상황에 처하기도 했다. 그래서 위험을 최소화하기 위해 여러 명의 장돌뱅이가 모여 함께 다니는 경우가 많았다. 상업이 크게 발달한 조선 중기 이후에는 장돌뱅이들이 자신들의 이익을 지키기 위한 조합을 만들거나, 나라에 노동력을 제공하는 대신 나라로부터 상업 활동을 공식적으로 허가받기도 했다.

▲ 장돌뱅이의 모습을 확인할 수 있는 김홍도의 〈행상〉
(사진 출처: e뮤지엄)

심청전 ① _작자 미상

DAY 11

❶ 중심인물, 배경 ❷ 중심 사건, 갈등 ❸ 서술상 특징

1 이때에 심 봉사는 홀로 앉아 심청을 기다리는데, 배
❶ 중심인물 ❶ 공간적 배경: 집, 시간(계절)적 배경: 겨울
가 고파 등에 붙고 방은 추워 턱이 떨어질 지경이다.
심 봉사의 가난한 처지
❷ 새는 자려고 둥지를 찾아 날아들고 먼 절에서 종소리가

들리니 심 봉사가 날이 저문 줄 알고 혼자 하는 말이,
❸ 서술자: 3인칭 서술자, 시점: 전지적 작가 시점
❸ 「내 딸 심청이는 무슨 일에 빠져서 날이 저문 줄 모
「 」: 심 봉사가 돌아오지 않는 심청을 걱정함.
르는고. 주인에게 잡히어 못 오는가, 저물게 오는 길

에 동무에게 붙잡혀 있는가?」
❶ 시간(계절)적 배경: 겨울
❹ 눈바람에 길 가는 사람 보고 짖는 개소리에,
「 」: 심청을 애타게 기다리는 심 봉사
❺ "심청이 오느냐?"

❻ 하면서 반기기도 하고, 괜히 눈보라가 떨어진 창가에
❶ 시간(계절)적 배경: 겨울
부딪치기만 해도 행여 심청이 오는 소리인가 하여 반
혹시
겨 나서면서,

❼ "심청이 너 오느냐?"

❽ 하고 나가 봐도 적막한 빈 뜰에 인적이 없으니 괜히 속

앗구나.」   *1 요약: 심 봉사가 돌아오지 않는 심청을 애타게 기다림.

2 지팡이를 찾아 짚고 사립 밖에 나가다가 한 길 넘은
❶ 공간적 배경
개천에 밀친 듯이 떨어지니, 얼굴에 흙빛이요 의복에
❷ 중심 사건: 심 봉사가 개천에 빠짐.
얼음이라. ❷뒤뚱거리다 도로 더 빠지며 나오자니 미끄

러져 어쩔 수 없이 죽게 되어, 「아무리 소리쳐도 해는
「 」: ❸ 편집자적 논평 - 3인칭 서술자(작가)가 이야기에 끼어들어 자신의 생각을 직접 드러냄.
저물고 지나가는 사람은 없으니 누가 건져 주리.

❸ 그래도 죽을 사람 구해 주는 부처님은 곳곳마다 있

는 법이다.」마침 이때 몽운사 화주승이 절을 새로 지
❶ 중심인물
으려고 시주 보따리를 둘러메고 내려왔다가, 청산은

어둑어둑하고 눈 덮인 들판에 달이 돋아 올 때, 돌밭
❶ 시간적 배경: 저녁
비탈길로 절을 찾아가는데 바람결에 애처로운 소리가

들렸다.

❺ "사람 살려!"

❻ 화주승은 가엾게 여기는 마음에 소리 나는 곳을 찾

아가니, 어떤 사람이 개천에 빠져서 거의 죽게 되었다.
심 봉사
❼ 급한 마음에 「지팡이와 바랑*을 바위 위에 휙 던져두
「 」: ❸ 사물을 나열하여 화주승이 황급히 옷을 벗는 모습을 표현함.
고, 갓과 웃옷을 서둘러 벗어 놓고, 미투리*와 행전*,

대님*, 버선도 훨훨 벗어 놓고, 누비 바지 저고리를 거

듬거듬 추켜올려,」급히 뛰어들어 심 봉사 고추상투를

덥벅 잡아 들어 올려 건져 놓으니, 전에 보던 심 봉사
❷ 중심 사건: 화주승이 심 봉사를 개천에서 건져 줌.
였다. ❽심 봉사가 정신을 차려 묻기를,

❾ "게 뉘시오?"

❿ 화주승이 대답하기를,

⓫ "몽운사 화주승이오."

⓬ "그렇지, 사람을 살리는 부처로군요. 죽을 사람을 살
「 」: 심 봉사가 자신을 구해 준 화주승에게 고마워함.
려 주시니 은혜 백골난망이오." *2 요약: 화주승이 개천에
남에게 큰 도움을 입었을 때 고마움의 뜻으로 이르는 말   빠진 심 봉사를 구해 줌.
❶
3 화주승이 심 봉사를 업어다 방 안에 앉히고 개천에
❶ 공간적 배경
빠진 까닭을 물었다. ❷심 봉사는 신세를 한탄하다가 앞

뒤 사정을 말하니, 화주승이 봉사더러 하는 말이,
눈이 보이지 않아서 개천에 빠졌고 나올 수도 없었음.
❸ "딱하시군요. 우리 절 부처님은 영험이 많으셔서 빌

어서 아니 되는 일이 없고 구하면 응답을 주신답니다.
눈을 뜨기 위해 필요한 것
공양미 삼백 석을 부처님께 올리고 지극한 정성으로
❷ 중심 사건: 화주승이 심 봉사에게 눈을 뜨는 방법을 알려 줌.
불공을 드리면 반드시 눈을 떠서 천지 만물을 보게

될 것입니다."

❹ 심 봉사가 집안 형편은 생각지 않고 눈 뜬단 말에 혹

하여,

❺ "그러면 삼백 석을 적어 가시오."
❷ 중심 사건: 심 봉사가 부처님께 공양미 삼백 석을 올리기로 약속함.
❻ 화주승이 허허 웃고,

❼ "이보시오, 댁의 집안 형편을 살펴보니 삼백 석을 무

슨 수로 장만하겠소."

❽ 심 봉사가 홧김에 하는 말이,

❾ "여보시오, 어느 미련한 놈이 부처님께 적어 놓고 빈
「 」: 심 봉사가 눈을 뜬다는 말에 혹해 자신의 형편을 생각하지 않음.
말하겠소? 눈 뜨려다가 앉은뱅이 되게요. 사람을 업
헛된 말, 거짓말

신여겨 그런 걱정일랑 말고 적으시오."」

⑩화주승이 바랑을 펼쳐 놓고 제일 윗줄 붉은 칸에,

⑪'심학규 쌀 삼백 석.'

⑫이라 적어 가지고 인사하고 갔다.⑬그런 뒤에 심 봉사는

화주승을 보내고 다시금 생각하니 공양미 삼백 석을

장만할 길이 없어 복을 빌려다가 도리어 죄를 얻게 되

니 이 일을 어이하리.⑭이 설움 저 설움, 묵은 설움 햇설
　　　　　　　　　❷ 중심 사건: 심 봉사가 공양미 삼백 석을 마련할 방법이 없어 서러워함.
움이 한꺼번에 일어나니 견디지 못하여 울음을 운다.
　　　　　＊③ 요약: 심 봉사가 공양미 삼백 석을 부처께 바치겠다고 약속함.

＊ 바랑: 승려가 등에 지고 다니는 자루 모양의 큰 주머니

＊ 미투리: 삼이나 노 따위로 짚신처럼 삼은 신

＊ 행전: 바지를 입을 때 정강이에 감아 무릎 아래 매는 물건

＊ 대님: 남자들이 한복 바지를 입은 뒤에 양쪽 다리의 끝부분
　을 접어서 발목을 졸라매는 끈

★ 소설 독해 공식

❶ 중심인물: 심 봉사, 화주승
　공간적 배경: 집, 개천, 방 안
　시간적 배경: 겨울 저녁
❷ 중심 사건: 개천에 빠진 심 봉사를 화주승이 구해 줌. 눈을 뜰 수 있다는
　말에 심 봉사가 공양미 삼백 석을 부처께 바치기로 화주승과 약속함.
❸ 서술상 특징
　• 서술자: 3인칭 서술자, 시점: 전지적 작가 시점
　• 3인칭 서술자(작가)가 이야기에 끼어들어 자신의 생각을 직접 드러내
　　는 편집자적 논평이 나타나고 있음.
　• 사물을 나열하여 인물의 행동을 실감 나게 표현하고 있음.

■ **내용**: 이 작품은 아버지 심 봉사가 눈을 뜨기 위해 필요한 공양미 삼백
석을 마련하려고 인당수의 제물이 되는 심청의 지극한 효심을 다룬 고
전 소설이다. 지문으로 제시된 부분에서는 심 봉사가 공양미 삼백 석을
부처께 바치기로 한 과정을 다루고 있다.
　⓵: 심 봉사는 집에서 돌아오지 않는 심청을 애타게 기다린다.
　⓶: 심청을 찾아 밖으로 나선 심 봉사가 개천에 빠지고, 화주승이 심 봉
　　사를 구해 준다.
　⓷: 공양미 삼백 석을 부처님께 올리면 눈을 뜰 수 있다는 화주승의 말
　　에, 심 봉사가 공양미 삼백 석을 바치겠다고 약속한다.
■ **주제**: 위기에 처한 심 봉사(제시된 부분)
　　　　심청의 지극한 효성(작품 전체)

■ **이것이 핵심**: **심 봉사가 겪는 위기**

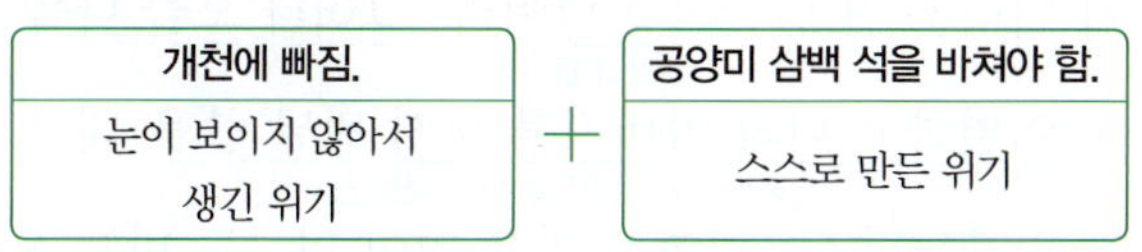

개천에 빠짐.		공양미 삼백 석을 바쳐야 함.
눈이 보이지 않아서 생긴 위기	＋	스스로 만든 위기

01　[정답]　(1) 심 봉사, 화주승　(2) 개천

＞왜 정답?

(1) 윗글에서는 개천에 빠진 심 봉사를 화주승이 도와주고, 심 봉사
　가 공양미 삼백 석을 부처께 올린다고 화주승과 약속하는 이야기
　가 전개되고 있다. 즉, 윗글에 등장하는 인물은 심 봉사와 화주승
　이므로 정답은 '심 봉사', '화주승'이다.

(2) 화주승은 개천에 빠진 심 봉사를 구해 주고 있다. 따라서 정답은
　'개천'이다.

02　[정답]　③

윗글의 '심 봉사'에 대한 설명으로 가장 알맞지 않은 것은?

• **윗글의 '심 봉사'**: 심 봉사는 심청을 찾으러 나갔다가 개천에 빠지
　고, 지나가던 화주승의 도움으로 위기에서 벗어나고 있습니다.

좀 심 봉사의 위기와, 위기에서 벗어나는 과정에서 나타난 심 봉사의
　정서와 태도를 잘못 설명한 것을 고르는 문제입니다.

＞왜 정답?

③ 화주승의 제안에 대해 ~~진중하게 고민하고~~ 있다.
　★ 근거: ③-❹, ❺　　심 봉사는 화주승의 말에 혹하여 집안 형편을
　　　　　　　　　　　생각하지 않고 제안을 받아들임.
　심 봉사는 눈을 뜰 수 있다는 말에 혹하여 공양미 삼백 석을 부처께
　올리겠다고 화주승과 약속하고 있다. 즉, 심 봉사는 화주승의 제안을
　신중하게 고민하지 않고 받아들이고 있다.

＞왜 오답?

① 화주승에게 자신의 신세를 한탄하고 있다.
　　　　　　　'심 봉사는 신세를 한탄하다가'
　★ 근거: ③-❷
　심 봉사는 개천에 빠진 이유를 묻는 화주승에게 자신의 신세를 한탄
　하고 앞뒤 사정을 이야기하고 있다.

② 자신을 구해 준 화주승에게 고마워하고 있다.
　　　　　　　　　'은혜 백골난망이오.'
　★ 근거: ②-⑫
　심 봉사는 자신을 살려 준 화주승에게 '백골난망'이라며 고마움을 표
　현하고 있다. 백골난망이란 남에게 큰 도움을 입었을 때 고마움의 뜻
　으로 이르는 말이다.

④ 아직 돌아오지 않은 심청을 애타게 기다리고 있다.
　　　　　　　'행여 심청이 오는 소리인가 하여'
　★ 근거: ⓵-❹~❽
　심 봉사는 개가 짖는 소리나 눈보라가 창가에 부딪치는 소리만 나도
　심청이 오는 소리라고 생각하여 반기고 있다. 이처럼 작은 기척에도
　반응하는 심 봉사의 모습을 통해 심 봉사가 심청을 애타게 기다리고
　있음을 알 수 있다.

⑤ 공양미 삼백 석을 장만할 수 없어 서러워하고 있다.
　　　　　'공양미 삼백 석을 장만할 길이 없어 ~ 울음을 운다.'
　★ 근거: ③-⑬, ⑭
　심 봉사는 화주승이 돌아간 후 공양미 삼백 석을 장만할 길이 없다는
　것을 깨닫는다. 그리고 이에 대한 걱정으로 '이 설움 저 설움, 묵은 설
　움 햇설움이 한꺼번에 일어나' 울고 있다.

03 [정답] ⑤

윗글에 대한 설명으로 가장 알맞은 것은?

> **왜 정답?**

⑤ 이야기가 진행됨에 따라 공간이 바뀌고 있다.
집→개천→방 안

★ **근거:** ①-❶, ②-❶, ③-❶
집에서 심청을 기다리던 심 봉사는 밖으로 나갔다가 개천에 떨어진다. 그리고 화주승이 개천에 떨어진 심 봉사를 구해 다시 방 안에 데려다 주었다. 즉, 이야기가 진행되면서 공간이 '집'에서 '개천', '개천'에서 '방 안'으로 바뀌고 있다.

> **왜 오답?**

① 화주승이 과거의 일을 회상하고 있다.
나타나지 않음.
윗글에서는 개천에 빠진 심 봉사를 화주승이 도와주고, 심 봉사가 공양미 삼백 석을 부처께 올리겠다고 화주승과 약속하는 이야기가 시

간의 흐름에 따라 전개되고 있다. 화주승이 과거의 일을 떠올리는 내용은 나타나 있지 않다.

② 시간의 흐름에 따라 계절이 바뀌고 있다.
바뀌지 않음.

★ **근거:** ①-❶, ❹, ❻, ②-❹
'방은 추워 턱이 떨어질 지경', '눈바람', '눈보라', '눈 덮인 들판'을 통해 윗글의 계절적 배경이 겨울임을 알 수 있다. 또한 윗글의 사건은 모두 하루에 일어나는 일이므로, 계절이 바뀌고 있지 않다.

③ 심 봉사가 화주승의 이야기를 전하고 있다.
이야기를 전하지 않음.
심 봉사는 윗글의 등장인물일 뿐, 화주승의 이야기를 전하고 있지 않다.

④ 심 봉사와 화주승의 이야기가 대조되고 있다.
대조되지 않음.
대조된다는 것은 서로 반대된다는 의미이다. 심 봉사는 화주승의 도움으로 위기에서 벗어나고 있을 뿐, 두 사람의 이야기가 대조되고 있지는 않다.

DAY 11 심청전 ② _작자 미상

❶ 중심인물, 배경　❷ 중심 사건, 갈등　❸ 서술상 특징

[앞부분의 줄거리] 가난한 집에서 태어난 심청은 아버지 심 봉사의 눈을 뜨게 하려고 공양미 삼백 석에 제물이 되어 인당수에 빠져 죽게 된다. 그러나 심청은 옥황상제의 도움으로 수궁으로 가고, 광한전의 옥진 부인(심청의 어머니)이 수정궁에 머물던 심청을 찾아와 만나게 된다.

① **"내 딸 심청아!"** 「」: ❷ 중심 사건 - 심청이 어머니와 다시 만남.
❶ 중심인물

❷하고 부르는 소리에 어머니인 줄 알고 왈칵 뛰어 나서며,
❸ 서술자: 3인칭 서술자, 시점: 전지적 작가 시점

❸**"어머니 어머니, 나를 낳고 칠일 안에 돌아가시어 지금까지 십오 년을 얼굴도 모르오니 천지간 끝없이 깊은 한이 갤 날이 없었습니다.** 오늘날 이곳에 와서
어머니 없이 살아온 심청의 한
어머니와 만날 줄을 알았더라면, 오던 날 아버지 앞에서 이 말씀을 여쭈었더라면 날 보내고 설운 마음 조금이나마 위로했을 것을……. **우리 모녀는 서로 만나 보니 좋지마는 외로우신 아버님은 누구를 보고 반기시리까? 아버지 생각이 새롭습니다."**
아버지를 생각하는 심청의 마음

❹옥진 부인이 울며 말하기를,
❶ 중심인물 - 심청의 어머니

❺**"나는 죽어 귀히 되어 인간일 때 생각이 아득하다.**
❸ 비현실적 요소 - 죽은 사람이 신적인 존재가 되어 이별한 사람과 다시 만남.
너의 아버지 너를 키워 서로 의지하였다가 너조차 이별하니 너 오던 날 그 모습이 오죽하랴. **내가 너를 보니 반가운 마음이야 너의 아버지 너를 잃은 설움에다 비길쏘냐.** 문노라, **너의 아버지 가난에 절어 그 모습이 어떠하냐.** 아마도 많이 늙었겠구나. 그간 수
자신이 딸을 만난 반가움보다 심 봉사가 딸을 잃은 슬픔이 더 클 것이라는 의미
심 봉사의 안부를 물음.
십 년에 홀아비나 면했으며, 뒷마을 귀덕 어미 네게 정성을 다하지 않더냐?"

❻얼굴도 대어 보고 손발도 만져 보며,

❼**"귀와 목이 희니 너의 아버지 같기도 하다. 손과 발이**
아버지를 닮은 부분
고운 것은 어찌 아니 내 딸이랴. 내 끼던 옥가락지도
자신(어머니)을 닮은 부분
네가 지금 가졌으며, '수복강녕*', '태평안락*'을 양
□: 옥진 부인이 쓰던 물건 → 심청이 딸임을 증명함.
편에 새긴 붉은 돈주머니도 애고 네가 찼구나. 아버지를 이별하고 어미를 다시 보니 두 가지 다 온전하기 어려운 건 인간의 고락이라. 그러나 오늘 나를 다
괴로움과 즐거움
시 이별하고 너의 아버지를 다시 만날 줄을 네가 어
심청이 다시 아버지를 만날 것을 암시함.
찌 알겠느냐? ㉠광한전 맡은 일이 너무도 바빠 오래
옥진 부인이 지내는 곳

비워 두기 어렵기로 다시금 이별하니 애통하고 딱하

다만 내 맘대로 못 하니 한탄한들 어이 할쏘냐? 후

에라도 다시 만나 즐길 날이 있으리라."

❽하고 떨치고 일어서니 <u>소저 만류하지 못하고 따를 길</u> 심청

<u>이 없어 울며 하직하고 ㉡수정궁에 머물더라.</u>

❸ 서술자: 3인칭 서술자, 시점: 전지적 작가 시점

❶ 공간적 배경 – 심청이 수궁에서 지내는 곳

(중략)

＊① 요약: 심청이 옥진 부인(어머니)과 다시 만남.

❶

② 하루는 옥황상제께서 사해용왕에게 말씀을 전하시

기를,

❷"심 소저 혼약할 때가 가까우니, <u>인당수로 돌려보내</u> 심청을 다시 인간 세상으로 돌려보내려 함.

<u>어 좋은 때를 잃지 말게 하라."</u>

❸분부가 지엄하시니 사해용왕이 명을 듣고 심 소저를

보내실 때, 「큰 꽃송이에 넣고 두 시녀를 곁에서 모시 「」: ❸ 비현실적 요소

게 하여 아침저녁 먹을 것과 비단 보물을 많이 넣고 옥

화분에 고이 담아 ㉢인당수로 보내더라.」❹이때 사해용

왕이 친히 나와 예를 갖추어 떠나보내고 각 궁의 시녀

와 여덟 선녀가 여쭙기를,

❺<u>"소저는 인간 세상에 나아가서 부귀와 영광으로 만</u> 인간 세상으로 돌아가는 심청을 축복함.

<u>만세를 즐기소서."</u>

❻소저 대답하기를,

❼"여러 왕의 덕을 입어 죽을 몸이 다시 살아 세상에

나가오니 은혜를 잊을 수가 없습니다. 모든 시녀들

과도 정이 깊어 떠나기 섭섭하오나 이승과 저승의

길이 다르기에 이별하고 가기는 하지마는 수궁의 귀

하신 몸 내내 평안하옵소서."

❶ 공간적 배경 – 심청이 다시 돌아가는 인간 세상

❽하고 하직하고 돌아서니, 「순식간에 꿈같이 인당수에 「」: ❸ 비현실적 요소

번듯 떠서 뚜렷이 수면을 영롱케 하니 천신의 조화요 ❷ 중심 사건: 심청이 인간 세상으로 돌아옴.

용왕의 신령이더라.」 ＊② 요약: 심청이 다시 인간 세상으로 돌아옴.

＊수복강녕: 오래 살고 복을 누리며 건강하고 평안함.

＊태평안락: 마음에 아무 근심 걱정이 없고, 몸과 마음이 편안

하고 즐거움.

<hr>

★ 소설 독해 공식

❶ 중심인물: 심청, 옥진 부인(심청의 어머니)

　 공간적 배경: 수정궁, 인당수

❷ 중심 사건: 심청이 옥진 부인(어머니)과 다시 만남. 심청이 인간 세상으로 돌아옴.

❸ 서술상 특징

　• 서술자: 3인칭 서술자, 시점: 전지적 작가 시점

　• 현실에서는 일어날 수 없는 비현실적 요소가 나타나고 있음.

■ 내용: 이 작품은 아버지 심 봉사의 눈을 뜨게 하려고 인당수의 제물이 된 심청의 지극한 효심을 다룬 고전 소설이다. 지문으로 제시된 부분에서는 인당수에 빠진 심청이 수궁에 머물다가 다시 인간 세상으로 돌아가는 이야기를 다루고 있다.

① : 심청은 수정궁에서 어릴 적 돌아가신 어머니(옥진 부인)를 다시 만난다.

② : 심청은 큰 꽃송이에 담겨 인당수에 떠올라 인간 세상으로 돌아온다.

■ 주제: 어머니와 다시 만나고 인간 세상으로 돌아온 심청(제시된 부분) 심청의 지극한 효성(작품 전체)

■ 이것이 핵심! 공간의 의미

광한전	수정궁 (수궁)		인당수 (인간 세상)
옥진 부인 (심청의 어머니)이 지내는 곳	• 심청이 지내는 곳 • 심청이 어머니와 재회하는 곳	심청의 이동 (비현실적) →	• 심청이 제물로 바쳐진 곳 • 심청이 다시 살아나는 곳

<hr>

04 정답 (1) 심청, 옥진 부인 (2) 인당수

＞왜 정답?

(1) 윗글에서 주로 대화를 나누고 있는 두 인물은 심청과 옥진 부인이다. 두 인물의 대화를 통해 수궁에 온 심청이 어릴 적 돌아가신 어머니(옥진 부인)를 다시 만나는 이야기가 진행되고 있다. 따라서 정답은 '심청', '옥진 부인'이다.

(2) [앞부분의 줄거리]에 따르면 심청은 인당수에 제물로 바쳐졌고, 이후 옥황상제의 도움으로 수궁에 머물게 된다. 그리고 다시 인당수로 가게 된다. 따라서 정답은 '인당수'이다.

05 정답 ②

윗글의 내용으로 가장 알맞지 <u>않은</u> 것은?

＞왜 정답?

② <u>옥진 부인</u>은 심청에게 옥 화분을 주었다. 옥 화분은 사해용왕이 심청을 인당수로 보낼 때 준비한 것임.

★ 근거: ②-❸

사해용왕은 심청을 인당수로 보낼 때 심청을 큰 꽃송이에 넣고 두 시녀, 아침저녁 먹을 것, 비단, 보물 등과 함께 '옥 화분에 고이 담'았다고 했다. 즉, 옥 화분은 사해용왕이 심청을 인당수로 보내기 위해 준비한 것이다. 따라서 옥진 부인이 심청에게 옥 화분을 주었다는 내용은 알맞지 않다.

① 심청은 옥진 부인과 금방 다시 <u>헤어졌다.</u>
'다시금 이별하니'

★ 근거: ①-❼, ❽
심청은 수궁에서 옥진 부인이 된 어머니를 다시 만난다. 하지만 옥진 부인은 '광한전 맡은 일이 너무도 바빠 오래 비워 두기 어렵기로 다시금 이별'해야 한다며 돌아갔다. 즉, 심청과 옥진 부인은 다시 만난 지 얼마 되지 않아서 다시 헤어지고 있다.

③ 옥진 부인은 심청에게 심 봉사의 안부를 물었다.
'너의 아버지 ~ 그 모습이 어떠하냐.'

★ 근거: [앞부분의 줄거리], ①-❺
[앞부분의 줄거리]에 따르면 심 봉사는 심청의 아버지이다. 옥진 부인은 심청에게 '너의 아버지 가난에 절어 그 모습이 어떠하냐.'라면서 심 봉사의 안부를 묻고 있다.

④ 옥황상제는 심청을 인당수로 돌려보내라고 명령했다.
'인당수로 돌려보내어 좋은 때를 잃지 말게 하라.'

★ 근거: ②-❶, ❷
옥황상제는 사해용왕에게 심청이 '혼약할 때가 가까우니, 인당수로 돌려보내어 좋은 때를 잃지 말게 하라.'라고 명령하고 있다.

⑤ 사해용왕은 떠나는 심청에게 많은 물건을 챙겨 주었다.
'아침저녁 먹을 것과 비단 보물을 많이 넣고'

★ 근거: ②-❸
사해용왕은 심청을 인당수로 보낼 때 '아침저녁 먹을 것과 비단 보물을 많이 넣'어 보내고 있다.

06 [정답] ③

㉠~㉢에 대한 설명으로 가장 알맞지 <u>않은</u> 것은?

• ㉠~㉢: ㉠은 '광한전'을 가리키며 옥진 부인이 머무는 곳이고, ㉡은 '수정궁'을 가리키며 심청이 머무는 곳입니다. ㉢은 '인당수'를 가리키며 사해용왕이 심청을 보내는 곳입니다.

[즉] 윗글의 공간적 배경인 광한전, 수정궁, 인당수에 대한 설명으로 틀린 것을 고르는 문제입니다.

><u>오H</u> 정답 ?

③ ㉢은 <u>심청과 옥진 부인이 다시 만나는 곳이다.</u>
인당수가 아닌 수정궁임.

★ 근거: [앞부분의 줄거리]
[앞부분의 줄거리]에서 옥진 부인이 '수정궁에 머물던 심청을 찾아와 만나게 된다.'라고 했다. 즉, 심청과 옥진 부인이 다시 만난 곳은 인당수(㉢)가 아니라 수정궁(㉡)이다.

><u>오H</u> 오답 ?

① ㉠은 옥진 부인이 지내는 곳이다.
'광한전 맡은 일이 ~ 오래 비워 두기 어렵기로'

★ 근거: [앞부분의 줄거리], ①-❼
옥진 부인은 심청을 다시 만나 반가워하지만, 곧 '광한전 맡은 일이 너무도 바빠 오래 비워 두기 어렵다며 돌아가고 있다. 또한 [앞부분의 줄거리]에서도 '광한전의 옥진 부인'이라고 제시하고 있다. 이를 통해 옥진 부인이 광한전(㉠)에서 지내고 있음을 알 수 있다.

② ㉡은 심청이 수궁으로 와서 머무는 곳이다.
'수정궁에 머물더라'

★ 근거: [앞부분의 줄거리], ①-❽
[앞부분의 줄거리]에서 옥진 부인이 '수정궁에 머물던 심청을 찾아'왔다고 했다. 또한 심청은 옥진 부인이 돌아가고 나서도 '수정궁에 머물'렀다. 이를 통해 심청이 인당수에 몸을 던져 수궁으로 온 후에 머무는 곳이 수정궁(㉡)임을 알 수 있다.

④ ㉠과 ㉡은 인간 세상에 속하지 않는다.
광한전은 옥진 부인이 죽은 후에 머무는 곳이고, 수정궁은 수궁임.

★ 근거: [앞부분의 줄거리], ①-❺
옥진 부인은 자신이 '죽어 귀히 되'었다고 했고, 광한전(㉠)은 그러한 옥진 부인이 머무는 곳이므로 인간 세상에 속하지 않는다. [앞부분의 줄거리]에서 심청은 인당수에 빠져 죽게 되었으나 '옥황상제의 도움으로 수궁으로 가'게 되었다고 했다. 따라서 이후에 심청이 머물게 된 수정궁(㉡)은 수궁으로, 인간 세상에 속하지 않는다.

⑤ ㉡에 머물던 심청은 ㉢으로 가게 된다.
심청은 옥황상제의 명령으로 수정궁에서 인당수로 돌아감.

★ 근거: ②-❷, ❼, ❽
옥황상제가 심청을 '인당수로 돌려보내'라고 하자, 사해용왕은 심청을 큰 꽃송이에 넣어 인당수로 보냈다. 즉, 수정궁(㉡)에 머물던 심청이 인당수(㉢)로 가게 된 것이다.

07 [정답] 옥가락지, ('수복강녕', '태평안락'을 양편에 새긴 붉은) 돈주머니

윗글에서 〈보기〉의 밑줄 친 부분과 가장 관련이 있는 소재 2가지를 찾아 쓰시오.

─────〈보기〉─────
옥진 부인은 심청의 모습을 살펴보고, 자신이 사용하던 물건을 심청이 가지고 있는 것을 보며 심청이 자신의 딸임을 확신한다.
'옥가락지도 네가 지금 가졌으며 ~ 돈주머니도 애고 네가 찼구나.'

><u>오H</u> 정답 ?

★ 근거: ①-❼
심청의 어머니인 옥진 부인은 심청과 다시 만난 후 '얼굴도 대어 보고 손발도 만져 보며' 심청이 자신의 딸임을 확인한다. 또한 '내 끼던 옥가락지도 네가 지금 가졌으며, '수복강녕', '태평안락'을 양편에 새긴 붉은 돈주머니도 네가 찼구나.'라면서 자신이 사용하던 물건을 심청이 가지고 있는 것을 보고 자신의 딸임을 확신한다.

12 기억 속의 들꽃 _윤흥길

❶ 중심인물, 배경   ❷ 중심 사건, 갈등   ❸ 서술상 특징

❶ 중심인물: '나', 소녀(명선)
① 내가 소녀를 맨 처음 발견한 것은 한나절로 끝나 버
❸ 서술자: '나', 시점: 1인칭 관찰자 시점
린 그 우스꽝스런 피란길에서 돌아온 바로 그 이튿날
❶ 시대적 배경을 알 수 있는 표현 – 6 · 25 전쟁 중
이었다. 「」: ❶ 시간적 배경 – 피란길에서 돌아온 이튿날 아침
❷아침이었다.」❸마을엔 벌써 낯선 깃발이 펄럭이고 있
인민군이 마을을 장악함.
었다. ❹마을 사람들이 재 너머 **학교**를 향해 몰려가고
있었다. ❺나는 삽짝을 젖히고 **골목길**을 나섰다.
사립짝   ❶ 공간적 배경
❻"얘."

❼생판 모르는 녀석이 간드러진 소리로 나를 부르고
있었다. ❽주제꼴은 꾀죄죄해도 곱살스러운 얼굴에 꼭
'나'는 처음에 명선이 여자아이라는 것을 몰랐음.
계집애처럼 생긴 녀석이었다. ❾우선 생김새에서 풍기
「 」: 명선이 서울에서 온 피란민 아이라는 것이 드러남.
는, 어딘지 모르게 도시 아이다운 냄새가 나를 당황하
도록 만들었다. ❿더구나 사람을 부르는 방식부터가 우
리하고는 딴판이었다. ⓫그처럼 교과서에서나 보던 서울
말씨로 나를 부르는 아이는 아직껏 마을에 한 명도 없
었던 것이다.」 *① 요약: 서울 말씨를 쓰는 녀석(명선)이 '나'를 부름.
② "왜 놀라니? 내가 무서워 보이니?"

❷조금도 무섭지 않았다. ❸다만 약간 얼떨떨한 기분일
토박이인 '나'를 두려워하는 낌새가 전혀 없어서
뿐이었다. ❹피란민이 줄을 잇는 동안 갖가지 귀에 선
❶ 시대적 배경을 알 수 있는 표현 – 6 · 25 전쟁 중
말씨들을 들어 왔으나 녀석처럼 그렇게 착 감기는 목
소리에 겁 없는 눈짓을 던지는 아이는 처음이었다. ❺녀
명선의 당돌한 성격이 드러남.
석은 토박이 아이들이 피란민 아이들한테 부리는 텃세
가 조금도 두렵지 않은 모양이었다.

❻"너희 엄마 집에 계시지?"

❼내가 잠시 어물거리는 사이에 녀석은 계속해서 계집
애같이 앵앵거리면서 앞으로 다가왔다. ❽나는 얼김에
명선의 적극적인 행동에 당황해하는 '나'의 모습
고개를 끄덕였다.

❾"엊저녁부터 굶었더니 배고파 죽겠다. 엄마한테 가
❷ 중심 사건: 녀석이 '나'의 집에 가자고 함.
서 밥 좀 달래자."

❿오히려 녀석이 앞장을 서고 내가 그 뒤를 따랐다. ⓫나
는 녀석의 바지 주머니가 불룩한 것을 보았다. ⓬걸음을
여러 개의 금반지가 들어 있음.
옮길 적마다 불룩한 주머니가 연방 덜렁거리고 있었다.

⓭틀림없이 **간밤**에 누구네 밭에서 서리를 한 설익은 참
어린아이인 '나'의 순수한 생각
외 아니면 감자가 그 속에 들어 있을 것이었다.
*② 요약: 녀석(명선)이 '나'의 집에 가자고 함.
❶ 공간적 배경
[중략 부분의 줄거리] 녀석을 집에 데려가자 어머니는 '나'를 나
무라고 녀석을 쫓아내려 한다. 그러자 녀석은 어머니를 불러 세
워 노란 빛깔의 반짝이는 것을 내민다.

③ "아아니, 너, 고거 금가락지 아니냐!"
❷ 중심 사건: 명선이 '나'의 어머니에게 금반지를 건넴.
❷말이 채 끝나기도 전에 금반지는 어느새 어머니의
❶ 중심인물
손에 건너가 있었다. ❸솔개가 병아리를 채듯이 서울 아
이의 손에서 금반지를 낚아채어 어머니는 한참을 칩떠
보고 내립떠보는가 하면, 혓바닥으로 침을 묻혀 무명
「 」: ❸ 진짜 금인지 확인하는 어머니의 모습을 구체적이고 사실적으로 묘사함.
저고리 앞섶에 싹싹 문질러 보다가 나중에는 이빨로
깨물어 보기까지 했다. ❹마침내 어머니의 얼굴에 만족
스런 미소가 떠올랐다.
진짜 금으로 만든 반지임을 확인함.
❺「"아가, 너 요런 것 어디서 났냐?"
「 」: 명선을 대하는 어머니의 태도가 달라짐.
❻옷고름의 실밥을 뜯어 그 속에 얼른 금반지를 넣고
옹숭깊은 저 밑바닥까지 확실히 닿도록 두어 번 흔들
고 나서 어머니는 서울 아이한테 물었다. ❼놀랍게도 어
머니의 목소리는 서울 아이의 그것보다 훨씬 더 간드
목소리
러지게 들렸다.

❽"땅바닥에서 주웠어요. 숙부네가 떠난 담에 그 자리
사실은 부모님이 주신 것임. → 금반지를 더 가지고 있다고 하면 전부 빼앗길까 봐
에 가 봤더니 글쎄 요게 떨어져 있잖아요." 거짓말을 함.

❾녀석이 이젠 아주 의기양양한 태도로 당당하게 대답
했다. ❿그 말을 어머니는 별로 귀담아듣는 기색이 아니
었다. ⓫어머니는 연신 싱글벙글 웃어 가며 녀석의 잔등
금반지를 얻어서 기뻐하는 어머니의 모습
을 요란스레 토닥거리고 쓰다듬어 주는 것이었다.

⓬"아가, 요 담번에 또 요런 것 생기거들랑 다른 누구

말고 꼬옥 이 아줌니한테 가져와야 된다. 알았냐?”

⑬“네, 꼭 그렇게 하겠어요.” / (중략)

⑭“어서어서 방 안으로 들어가자. 에린것이 천리 타관
금반지를 받고 나서야 명선이를 챙기는 어머니의 계산적인 모습
서 부모 잃고 식구 놓치고 얼매나 배고푸고 속이 짜

겄냐.”

⑮이런 곡절 끝에 명선이는 우리 집에서 살게 되었다.
❷ 중심 사건: 명선이 '나'의 집에 살게 됨.

⑯마지막으로 마을에 남게 된 유일한 피란민이었다.
*③ 요약: 녀석(명선)이 어머니에게 금반지를 건네고 '나'의 집에서 살게 됨.

★ 소설 독해 공식

❶ 중심인물: '나', 명선(녀석), 어머니
　공간적 배경: 골목길, 집
　시간적 배경: 피란길에서 돌아온 이튿날 아침
　시대적 배경: 6 · 25 전쟁 중
❷ 중심 사건: 피란민 아이인 명선이 '나'의 집에 가자고 함. 명선이 '나'의
　어머니에게 금반지를 건네고 '나'의 집에서 함께 살게 됨.
❸ 서술상 특징
　• 서술자: '나', 시점: 1인칭 관찰자 시점
　　→ 서술자인 '나'가 명선과 관련된 일을 관찰하여 전달하고 있음.
　• 어머니의 행동을 구체적이고 사실적으로 묘사하여 어머니의 탐욕스러
　　움을 강조하고 있음.

■ 내용: 이 작품은 6 · 25 전쟁을 배경으로, 피란민인 명선이 살아남기 위
　해 홀로 애쓰는 모습을 통해 전쟁의 비극성을 보여 주는 현대 소설이다.
　①: '나'는 피란길에서 돌아온 이튿날에 도시에서 온 듯한 생김새에 서
　　울 말씨를 쓰는 명선을 만난다.
　②: 명선은 토박이인 '나'를 두려워하지 않고 '나'의 집으로 가자고 한다.
　③: 명선은 자신을 쫓아내려는 어머니에게 금반지를 내밀고, 이 일을 계
　　기로 명선은 '나'의 집에서 살게 된다.
■ 주제: 전쟁으로 인한 명선의 비극적 삶, 인간성을 파괴하는 전쟁의 폭력성

■ 이것이 핵심! 금반지의 의미

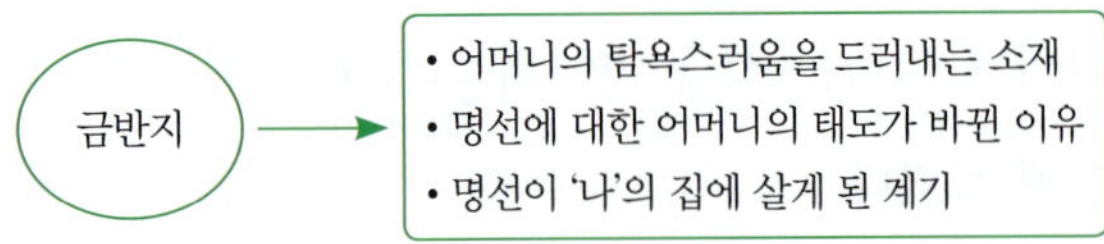

금반지 → • 어머니의 탐욕스러움을 드러내는 소재
　　　　　• 명선에 대한 어머니의 태도가 바뀐 이유
　　　　　• 명선이 '나'의 집에 살게 된 계기

---

01 [정답] (1) 명선(녀석) (2) 피란민

> **왜** 정답?

(1) 윗글에서 '나'는 '어딘지 모르게 도시 아이다운 냄새'가 나고 '서
　울 말씨'를 쓰는 명선(녀석)에 대해 이야기하고 있다. 따라서 정답
　은 '명선(녀석)'이다.
(2) '피란민'은 전쟁을 피해 떠나는 사람을 의미한다. 이를 통해 윗글
　의 배경이 전쟁 중이던 시대임을 알 수 있다. 따라서 정답은 '피
　란민'이다.

---

02 [정답] ③

윗글에 대한 설명으로 가장 알맞은 것은?

> **왜** 정답?

③ '골목길'에서 '나'의 집으로 공간이 바뀌고 있다.
　'나'는 골목길에서 명선을 만나 함께 집으로 감.
　★ 근거: ①-❺, [중략 부분의 줄거리]
　'나'는 골목길에서 명선을 처음 만났으며, '엄마한테 가서 밥 좀 달래
　자'는 명선과 함께 집으로 간다. 즉, 윗글의 공간적 배경은 골목길에
　서 '나'의 집으로 바뀌고 있다.

> **왜** 오답?

① '아침'에서 '간밤'으로 시간이 바뀌고 있다.
　'간밤'은 실제로 사건이 진행되는 시간이 아님.
　★ 근거: ①-❶, ❷, ②-⑬
　'나'는 '피란길에서 돌아온 바로 그 이튿날'의 '아침'에 명선을 처음 만
　난다. 그리고 이후에는 시간이 바뀌었는지 드러나지 않는다. '나'는
　명선의 불룩한 바지 주머니를 보고 '간밤에 누구네 밭에서 서리'를 했
　을 것이라고 추측하고 있으므로, '간밤'은 실제로 사건이 진행되는 시
　간이 아니다.

② '학교'를 통해 명선의 처지가 드러나고 있다.
　'학교'는 명선과 관련이 없음.
　★ 근거: ①-❹
　'마을 사람들이 재 너머 학교를 향해 몰려가고 있었다'라는 것으로 보
　아 '학교'는 마을 사람들의 상황과 관련된 것일 뿐, 명선의 처지와는
　관련이 없다.

④ '나'가 피란을 가던 중의 이야기를 다루고 있다.
　'나'는 피란길에서 돌아왔다고 했음.
　★ 근거: ①-❶
　'나'는 '피란길에서 돌아온 바로 그 이튿날'에 명선을 만난다. 즉, 윗글
　은 '나'가 피란을 가려다 돌아온 후의 이야기를 다루고 있다.

⑤ '엊저녁'을 통해 어머니의 심리가 드러나고 있다.
　'엊저녁'은 어머니와 관련이 없음.
　★ 근거: ②-❾
　명선은 '나'에게 '엊저녁부터 굶었'다며 '엄마한테 가서 밥 좀 달래자.'
　라고 했다. 따라서 '엊저녁'은 어머니의 심리와 관련이 없다.

---

03 [정답] ④

윗글의 내용으로 가장 알맞지 <u>않은</u> 것은?

> **왜** 정답?

④ 어머니는 '나'가 명선을 집에 데려온 것을 칭찬했다.
　어머니는 명선을 데려온 '나'를 나무람.
　★ 근거: [중략 부분의 줄거리]
　어머니는 '나'가 명선을 집에 데려가자 '나'를 나무랐다. 이후에 어머
　니가 명선이 건네는 금반지를 받고 기뻐하기는 하지만, 윗글에 어머
　니가 '나'를 칭찬하는 모습은 나타나지 않는다.

> **왜** 오답?

① '나'는 명선의 생김새와 말투에 당황했다.
　'도시 아이다운 냄새가 나를 당황하도록 만들었다.'
　★ 근거: ①-❾~⑪
　'나'는 명선의 생김새에서 '어딘지 모르게 도시 아이다운 냄새'가 나
　는 것과 명선이 '교과서에서나 보던 서울 말씨'로 자신을 부르는 것에
　당황해하고 있다.

② 어머니는 명선이 건넨 금반지를 받고 기뻐했다.
'어머니의 얼굴에 ~ 미소가 떠올랐다.', '어머니는 연신 싱글벙글 웃어 가며'
★ 근거: ③-❶~❹, ⓫
어머니는 명선이 내민 금반지가 진짜임을 확인한 후 '만족스러운 미소'를 짓는다. 또한 연신 싱글벙글 웃어 가며 명선에게 친절하게 대하고 있다.

③ 명선은 마을의 토박이인 '나'를 두려워하지 않았다.
'녀석은 토박이 아이들이 ~ 부리는 텃세가 조금도 두렵지 않은 모양이었다.'
★ 근거: ②-❹, ❺
'나'는 명선을 보며 '토박이 아이들이 피란민 아이들한테 부리는 텃세가 조금도 두렵지 않은 모양이었다.'라고 생각하고 있다. 그 이유는 명선이 '겁 없는 눈짓'으로 '나'에게 당돌하게 말을 걸었기 때문이다.

⑤ '나'는 명선이 남의 밭에서 서리를 했을 것이라고 추측했다.
'틀림없이 간밤에 누구네 밭에서 서리를 ~ 들어 있을 것이었다.'
★ 근거: ②-⓭
'나'는 명선의 바지 주머니가 불룩한 것을 보고 '틀림없이 간밤에 누구네 밭에서 서리를 한 설익은 참외 아니면 감자가 그 속에 들어 있을 것'이라고 추측하고 있다.

04 [정답] 금반지

윗글에서 〈보기〉의 빈칸에 들어가기에 가장 알맞은 소재를 찾아 쓰시오.

> ─〈보기〉─
> 명선은 어머니의 마음을 얻기 위해 (   )을/를 내밀었고, 이후로 명선을 대하는 어머니의 태도가 바뀐다.

명선은 자신을 쫓아내려는 어머니에게 금반지를 건넴.
어머니는 금반지를 받은 후 명선을 친절히 대함.

> **왜 정답?**

★ 근거: [중략 부분의 줄거리], ③-⓫, ⓮
명선은 어머니가 자신을 쫓아내려 하자 '노란 빛깔의 반짝이는 것', 즉 금반지를 내민다. 이는 명선이 어머니의 마음을 얻기 위해 금반지를 이용한 것이다. 또한 금반지를 받은 어머니는 명선의 '잔등을 요란스레 토닥거리고 쓰다듬어 주'고 '어서어서 방 안으로 들어가자'며 명선에게 친절한 태도를 보인다. 이는 금반지를 받고 나서 명선을 대하는 어머니의 태도가 바뀐 것이다.

DAY 12 돌다리 _ 이태준

❶ 중심인물, 배경 ❷ 중심 사건, 갈등 ❸ 서술상 특징

❸ 서술자: 3인칭 서술자, 시점: 전지적 작가 시점

1 아들은, 의사인 아들은, 마치 환자에게 치료 방법을
❶ 중심인물
이르듯이, 냉정히 차근차근히 이야기를 시작하였다.
❷ 중심 사건: 아들이 아버지에게 땅을 팔자고 제안함.

❷「외아들인 자기가 부모님을 진작 모시지 못한 것이 잘
「」: ❸ 땅을 팔아야 하는 이유를 '~ 것'의 형식으로 열거함.
못인 것, 한집에 모이려면 자기가 병원을 버리기보다
는 부모님이 농토를 버리시고 서울로 오시는 것이 순
함께 살려면 부모님이 서울로 오는 것이 낫다는 의미
리인 것, 병원은 나날이 환자가 늘어 가나 입원실이
부족되어 오는 환자의 삼분지 일밖에 수용 못 하는 것,
아들이 병원을 옮겨 넓히려는 이유
지금 시국에 큰 건물을 새로 짓기란 거의 불가능의 일
인 것, 마침 교통 편한 자리에 삼 층 양옥이 하나 난
아들이 병원을 옮기려는 건물
것, 인쇄소였던 집인데 전체가 콘크리트여서 방화 방
튼튼한 건물임.
공*으로 가치가 충분한 것, 삼 층은 살림집과 직공들
의 합숙실로 꾸미었던 것이라 입원실로 변장하기에 용
이한 것, 각층에 수도·가스가 다 들어온 것, 그러면
서도 가격은 염한 것, 염하기는 하나 삼만 이천 원이
싼 것
라, 지금의 병원을 팔면 일만 오천 원쯤은 받겠지만

그것은 새 집을 고치는 데와, 수술실의 기계를 완비하
병원을 새로 옮기는 건물
는 데 다 들어갈 것이니 집값 삼만 이천 원은 따로 있
땅을 팔아 마련해야 하는 돈
어야 할 것, 시골에 땅을 둔대야 일 년에 고작 삼천 원
땅을 경제적 가치로만 생각함.
의 실리가 떨어질지 말지 하지만 땅을 팔아다 병원만
확장해 놓으면, 적어도 일 년에 만 원 하나씩은 이익
을 뽑을 자신이 있는 것, 돈만 있으면 땅은 이담에라
도, 서울 가까이라도 얼마든지 좋은 것으로 살 수 있
는 것…….」

❸ 아버지는 아들의 의견을 끝까지 잠잠히 들었다.❹ 그
❶ 중심인물
리고,

❺ "점심이나 먹어라. 나두 좀 생각해 봐야 대답허겠다."

❻ 하고는 다시 개울로 나갔고, 떨어졌던 다릿돌을 올려
❶ 공간적 배경: 집
놓고야 들어와 그도 점심상을 받았다.
*1 요약: 아들이 아버지에게 땅을 팔아야 하는 이유를 설명함.

2 점심을 자시면서였다.
❸ 인물 간의 대화를 중심으로 사건이 전개됨.

❷ "원, 요즘 사람들은 힘두 줄었나 봐! 그 다리 첨 놓
돌다리, 아버지가 고집하는 전통적 삶의 방식을 상징함.
제 내가 어려서 봤는데 불과 여남은이서 거들던 돌
열이 조금 넘는 사람들

인데 장정 수십 명이 한나잘을 씨름을 허다니!"

❸"나무다리가 있는데 건 왜 고치시나요?"
돌다리와 대비되는 소재. 근대적 삶의 방식을 상징함.
❹"너두 그런 소릴 허는구나. 나무가 돌만 허다든?

「년 그 다리서 고기 잡던 생각두 안 나니? 서울루 공
「 」: 아버지는 돌다리에 가족의 추억이 담겨 있다고 생각함.
부 갈 때 그 다리 건너서 떠나던 생각 안 나니? 시쳇
요즘 사람들
사람들은 모두 인정이란 게 사람헌테만 쓰는 건 줄
알드라! 내 할아버님 산소에 상돌을 그 다리로 건네
무덤 앞에 제물을 차려 놓기 위하여 두는 넓적한 돌
다 모셨구, 내가 천잘 끼구 그 다리루 글 읽으러 댕
천자문을
겼다. 네 어미두 그 다리루 가말 타구 내 집에 왔어.」
나 죽건 그 다리루 건네다 묻어라……. 난 서울 갈
❷ 중심 사건: 아버지가 땅을 팔고 서울로 가자는 아들의 제안을 거절함.
갈등: 아들과 아버지의 외적 갈등
생각 없다."

❺"네?"

❻"천금이 쏟아진대두 난 땅은 못 팔겠다.「내 아버님께
「 」: 아버지에게 땅은 가족의 역사가 담긴 삶의 터전임.
서 손수 이룩허시는 걸 내 눈으루 본 밭이구, 내 할
아버님께서 손수 피땀을 흘려 모신 돈으루 장만허신
논들이야.」돈 있다고 어디가 느르지논* 같은 게 있
농부가 직접 갈고닦은 좋은 논밭은 돈 주고도 못 산다는 의미
구, 독시장밭* 같은 걸 사? 느르지 논둑에 선 느티
나문 할아버님께서 심으신 거구, 저 사랑 마당의 은
행나무는 아버님께서 심으신 거다. 그 나무 밑에를
설 때마다 난 그 어룬들 동상이나 다름없이 경건한
마음이 솟아 우러러보군 헌다. 땅이란 걸 어떻게 일
시 이해를 따져 사구팔구 허느냐? 땅 없어 봐라, 집
아버지는 땅을 경제적 가치로만 생각하지 않음.
이 어딨으며 나라가 어딨는 줄 아니? 땅이란 천지만
물의 근거야. 돈 있다구 땅이 뭔지두 모르구 욕심만
내 문서 쪽으로 사 모기만 하는 사람들, 돈놀이처럼
변리만 생각허구 제 조상들과 그 땅과 어떤 인연이
란 건 도시 생각지 않구 헌신짝 버리듯 하는 사람들,
땅과의 인연을 소중히 여기지 않는 사람들
다 내 눈엔 괴이한 사람들루밖엔 뵈지 않드라."
*❷ 요약: 아버지는 땅을 팔지 않겠다고 함.
(중략)

❸창섭은 입이 얼어 버리었다. 손만 부비었다. 자기의
아들은 땅에 대한 아버지의 진심을 느낌.

생각은 너무나 자기 본위였던 것을 대뜸 깨달았다. 땅
❷ 중심 사건: 아들은 아버지가 땅을 절대 팔지 않을 것임을 깨달음.
에는 이해를 초월한 일종 종교적 신념을 가진 아버지
에게 아들의 이단적인 계획이 용납될 리 만무였다.
땅을 판 돈으로 병원을 넓히는 것   없었다
*❸ 요약: 아들이 땅에 대한 아버지의 진심을 깨달음.

* 방화 방공: 불이 나는 것을 미리 막고, 적의 항공기나 미사일
의 공격을 막음.
* 느르지논, 독시장밭: 농부가 열심히 갈고닦은 좋은 논과 밭

★ 소설 독해 공식

❶ 중심인물: 아들(창섭), 아버지
　공간적 배경: 집
❷ 중심 사건: 아들이 아버지에게 땅을 팔아 그 돈으로 병원을 넓히자고 제
안하지만, 아버지는 이를 거절함.
　갈등: 땅을 팔자고 하는 아들과 이에 반대하는 아버지의 외적 갈등
❸ 서술상 특징
　• 서술자: 3인칭 서술자, 시점: 전지적 작가 시점
　• 땅을 팔아야 하는 이유를 '~ 것'의 형식으로 열거하고 있음.
　• 인물 간의 대화를 중심으로 사건이 전개되고 있음.

■ 내용: 이 작품은 땅을 사고파는 문제를 둘러싼 아버지와 아들의 갈등을
다룬 소설로, 물질적 가치를 중요시하는 근대적 사고방식에 대한 비판적
인 시선을 드러내고 있다.
①: 아들은 땅을 팔아서 병원을 넓히면 더 많은 이익을 얻을 수 있다며
아버지를 설득한다.
②: 아버지는 가족들의 역사가 담긴 땅의 가치를 이야기하며 땅을 팔지
않겠다고 한다.
③: 아들은 땅을 팔자는 자신의 제안이 아버지에게 절대로 받아들여질
리 없다는 것을 깨닫는다.
■ 주제: 땅의 진정한 의미와 물질 만능주의에 대한 비판

■ 이것이 핵심!: **인물의 대조되는 가치관**

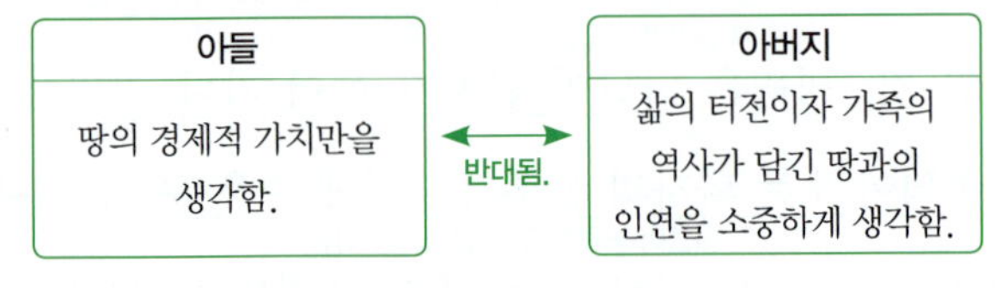

05 정답 (1) 아버지 (2) 땅

> **오왜 정답?**

(1) 윗글에서는 아버지에게 땅을 팔자고 제안하는 아들(창섭)과, 이를
거절하는 아버지의 이야기가 전개되고 있다. 따라서 윗글의 중심
인물은 아들(창섭)과 아버지이므로 정답은 '아버지'이다.

(2) 아들은 땅을 팔아서 병원을 넓히고 싶어 하지만, 아버지는 땅을
팔지 않겠다고 하고 있다. 따라서 정답은 '땅'이다.

06 [정답] ③

윗글을 읽고 한 생각으로 가장 알맞지 <u>않은</u> 것은?

>**왜** 정답 ?

③ 선우: 아버지는 아들의 말을 ~~들어 보지도 않고~~ 있어.
끝까지 들음.

★ 근거: ①-❸

아버지는 땅을 팔아서 병원을 넓혀야 한다고 설명하는 아들의 말을 끝까지 잠잠히 듣고 있다. 따라서 아버지가 아들의 말을 들어 보지도 않고 있다는 것은 알맞지 않다.

>**왜** 오답 ?

① 나라: 아버지는 땅을 소중하게 여기고 있어.
땅을 천지만물의 근거라고 생각함.

★ 근거: ②-❻

아버지는 '천금이 쏟아진대두 난 땅은 못 팔겠다.'라면서 땅에 담긴 가족의 역사를 이야기하고 있다. 또한 '땅이란 천지만물의 근거'라고도 했다. 이를 통해 아버지가 땅을 소중히 여기고 있음을 알 수 있다.

② 세은: 아들은 땅을 팔자며 아버지를 설득하고 있어.
땅을 팔아야 하는 이유를 설명함.

★ 근거: ①-❷

아들은 땅을 판 돈으로 병원을 넓히면 더 많은 이익을 얻을 수 있다며 여러 가지 이유를 들어 아버지를 설득하고 있다.

④ 하온: 아들은 아버지가 땅을 팔지 않을 것임을 깨닫고 있어.
'자기의 생각은 너무나 자기 본위였던 ~ 용납될 리 만무였다.'

★ 근거: ③-❸, ❹

아들은 '자기의 생각은 너무나 자기 본위였던 것을 대뜸 깨'닫고 있다. 이는 아들이 '땅에는 이해를 초월한 일종 종교적 신념을 가진 아버지'가 땅을 절대로 팔지 않을 것임을 깨닫고 있는 것이다.

⑤ 승민: 아들은 병원을 확장하면 이익을 낼 수 있다고 자신하고 있어.
'적어도 일 년에 만 원 하나씩은 이익을 뽑을 자신이 있는 것'

★ 근거: ①-❷

아들은 아버지에게 땅을 팔아야 하는 이유를 설명하며 '땅을 팔아다 병원만 확장해 놓으면, 적어도 일 년에 만 원 하나씩은 이익을 뽑을 자신이 있'다고 이야기하고 있다. 즉, 아들은 병원을 확장하면 이익을 낼 수 있다고 자신하고 있다.

07 [정답] ⑤

윗글의 '아들'에 대한 설명으로 가장 알맞은 것은?

• **윗글의 '아들':** 아들은 땅을 팔아서 병원을 넓혀야 하는 이유를 아버지에게 설명하고 있습니다.

즘 아들의 태도를 알맞게 설명한 것을 고르는 문제입니다.

>**왜** 정답 ?

⑤ 이익을 중요하게 여기는 사고방식을 보이고 있다.
아들은 땅을 판 돈으로 병원을 넓혀 더 많은 이익을 얻고자 함.

★ 근거: ①-❷

아들은 '시골에 땅을 둔대야 일 년에 고작 삼천 원의 실리가 떨어'진다고 하며 '땅을 팔아다 병원만 확장해 놓으면, 적어도 일 년에 만 원 하나씩은 이익을 뽑을' 수 있다고 했다. 즉, 아들은 땅을 경제적 수단으로 여기고 있으며, 이익을 중요하게 생각하고 있다.

>**왜** 오답 ?

① ~~할아버지와의 추억을 잊으려 하고~~ 있다.
나타나지 않음.

★ 근거: ②-❹, ❻

아버지가 돌다리에 얽힌 가족의 추억과 땅에 담긴 가족의 역사를 이야기하며 자신의 아버지, 할아버지에 대해 언급하고 있다. 하지만 아들이 자신의 할아버지와의 추억을 떠올리거나 그것을 잊으려 하는 모습이 나타나지는 않는다.

② 자신과 생각이 ~~다른 사람을 무시하고~~ 있다.
나타나지 않음.

아들은 땅을 경제적 수단으로 생각하는 반면, 아버지는 땅을 돈으로 사고팔 수 없는 것으로 생각하고 있다. 즉, 윗글에서 아들과 생각이 다른 사람으로 아버지가 등장하고는 있지만, 아들이 아버지를 무시하고 있지는 않다.

③ ~~사랑을 우선시하는 사고방식을 보이고~~ 있다.
나타나지 않음.

윗글에서는 땅을 파는 일에 대한 아들과 아버지의 갈등이 그려지고 있을 뿐, 사랑을 우선시하는 아들의 사고방식이 나타나지는 않는다.

④ ~~다양한 직업을 존중하는 태도를 보이고~~ 있다.
나타나지 않음.

윗글에서는 땅을 파는 일에 대한 아들과 아버지의 갈등이 그려지고 있을 뿐, 다양한 직업을 존중하는 아들의 태도가 나타나지는 않는다.

08 [정답] 나무다리

윗글에서 〈보기〉의 빈칸에 들어가기에 가장 알맞은 소재를 찾아 쓰시오.

> ─────〈보기〉─────
> 윗글의 '돌다리'는 아버지가 고집하는 전통적인 삶의
> 아버지는 돌다리를 가치 있게 여김.
> 방식을, (　　　　　)은/는 그와 반대되는 근대적인 삶의
> 방식을 상징한다.

>**왜** 정답 ?

★ 근거: ②-❸, ❹

아버지는 '나무다리가 있는데' 돌다리를 왜 고치냐는 아들의 질문에 '나무가 돌만 허다든?'이라며 돌다리와 관련된 가족의 추억을 이야기하고 있다. 즉, 가족의 추억이 담긴 돌다리는 아버지가 고집하는 전통적인 삶의 방식을 상징한다. 반면 나무다리는 돌다리가 생긴 이후에 만들어진 것으로, 근대적인 삶의 방식을 상징한다.

# 소음 공해 _오정희

❶ 중심인물, 배경　**❷** 중심 사건, 갈등　**❸** 서술상 특징

[앞부분의 줄거리] '나'는 고등학생 두 아들과 남편을 둔 중년 여성으로, 장애인 시설에서 꾸준히 자원봉사자로 일하고 있다. 한 달째 계속되는 위층의 소음을 참지 못한 '나'는 인터폰으로 경비실에 전화를 걸어 간접적으로 위층에 항의한다.

❶ ❶ 공간적 배경: '나'의 집
① 위층의 소리는 멈추지 않았다. ❷ 드르륵거리는 소리
'나'와 위층 여자가 갈등하게 된 원인
에 머리털이 진저리를 치며 곤두서는 것 같았다. ❸ 철없
계속되는 소음으로 '나'의 신경이 날카로워짐.
고 상식 없는 요즘 젊은 엄마들이 아이들에게 집 안에

서 자전거나 스케이트보드 따위를 타게도 한다는데,

아무래도 그런 것 같았다. ❹ 인터폰의 수화기를 들자.
❷ 중심 사건: '나'가 경비원을 통해 위층의 소음에 항의함.
경비원의 응답이 들렸다. ❺ 내 목소리를 알아채자마자
❶ 중심인물: '나'
길게 말꼬리를 늘이며 지레 짚었다. ❻ 귀찮고 성가셔하
❸ 서술자: '나', 시점: 1인칭 주인공 시점
는 표정이 눈앞에 역력히 떠올랐다.

❼ "위층이 또 시끄럽습니까? 조용히 해 달라고 말씀드
'나'가 위층의 소음에 자주 항의했음이 드러남.
릴까요?"　＊① 요약: '나'가 경비원을 통해 위층의 소음에 항의함.

❶
② 잠시 후 인터폰이 울렸다.

❷ 충분히 주의하고 있으니 염려 마시랍니다."
'나'의 항의에 대한 위층의 답변
❸ 경비원의 전갈이었다. ❹ 염려 마시라고? ❺ 다분히 도전

적인 저의가 느껴지는 전언이었다. ❻ 게다가 드르륵드르

륵 소리는 여전하지 않은가? ❼ 이젠 한판 싸워 보자는
'나'는 미안해하지 않는 위층 여자의 태도에 화가 남.
얘긴가? ❽ 나는 ㉠인터폰을 들어 다짜고짜 909호를 바
❷ 중심 사건: 화가 난 '나'가 위층에 직접 항의함.
꿔 달라고 말했다. ❾ 신호음이 서너 차례 울린 후에야

신경질적인 젊은 여자의 응답이 들렸다.
❶ 중심인물: 위층 여자
❿ "아래층인데요. 댁이 그런 식으로 말할 건 없잖아요?
「 」: ❷ 갈등 – 소음으로 인한 '나'와 위층 여자의 외적 갈등
나도 참을 만큼 참았다고요. 공동 주택에는 지켜야

할 규칙들이 있잖아요? 난 그 소리 때문에 병이 날

지경이에요."

⓫ "여보세요. 난 날아다니는 나비나 파리가 아니에요.
소리를 내지 않을 수 없다는 뜻
내 집에서 맘대로 움직이지도 못하나요? 해도 너무

하시네요. 이틀거리로 전화를 해 대시니 저도 피가
위층 여자도 '나'의 항의 때문에 힘들다고 이야기함.

마르는 것 같아요. 저더러 어쩌라는 거예요?" / ⓬ "하여

튼 아래층 사람 고통도 생각하시고 주의해 주세요."」

⓭ 나는 거칠게 수화기를 내려놓았다. ⓮ "뻔뻔스럽긴. 이

젠 순 배짱이잖아?"⓯ 소리 내어 욕설을 퍼부어도 화가
'나'는 위층 여자의 뻔뻔한 태도에 화가 남.
가라앉지 않았다. ⓰ 그렇다고 언제까지 경비원을 사이에

두고 '하랍신다', '하신다더라' 하며 신경전을 펼 수도

없는 일이었다. ⓱ 화가 날수록 침착하고 부드럽게 처신

해야 한다는 것은 나이가 가르친 지혜였다. ⓲ 지난겨울

선물로 받은, 아직 쓰지 않은 실내용 ㉡슬리퍼에 생각
'나'는 소음 문제를 해결할 다른 방법을 떠올림.
이 미친 것은 스스로도 신통했다. ⓳ 선물도 무기가 되는

법. ⓴ 발소리를 죽이는 푹신한 슬리퍼를 선물함으로써
❷ 중심 사건: '나'는 위층 여자에게 슬리퍼를 선물하기로 함.
소리를 죽이라는 메시지와 함께 소리 때문에 고통받는
슬리퍼를 선물하려는 목적
내 심정을 간접적으로 나타낼 수 있으리라. ㉑ 사려 깊고

양식 있는 이웃으로서 공동생활의 규범에 대해 조곤조

곤 타이르리라.
＊② 요약: '나'가 위층 여자에게 슬리퍼를 선물하여 문제를 해결하려 함.
③ 위층으로 올라가 벨을 눌렀다. ❷ 안쪽에서 "누구세
❶ 공간적 배경
요?" 묻는 소리가 들리고도 십 분 가까이 지나 문이 열
위층 여자의 몸이 불편함을 암시함.
렸다. ❸ '이웃사촌이라는데 아직 인사도 없이……' 등등

준비했던 인사말과 함께 포장한 슬리퍼를 내밀려던 나

는 첫마디를 뗄 겨를도 없이 우두망찰했다. ❹ 좁은 현관
「 」: ❸ 극적 반전 – 이야기의 흐름이 바뀜.
을 꽉 채우며 ㉢휠체어에 앉은 젊은 여자가 달갑잖은
❷ 중심 사건: '나'가 위층에서 나는 소음의 원인이 휠체어였음을 알게 됨.
표정으로 나를 올려다보았다.

❺ "안 그래도 바퀴를 갈아 볼 작정이었어요. 소리가 좀
위층 여자는 소음을 줄이기 위해 나름의 노력을 하려 했음.
덜 나는 것으로요. 어쨌든 죄송해요. 도와주는 아줌

마가 지금 안 계셔서 차 대접할 형편도 안 되네요."

❻ 여자의 텅 빈, 허전한 하반신을 덮은 화사한 빛깔의

담요와 휠체어에서 황급히 시선을 떼며 나는 할 말을
❷ 중심 사건: '나'가 이웃에 무관심했던 스스로에게 부끄러움을 느낌.
잃은 채 부끄러움으로 얼굴만 붉히며 슬리퍼 든 손을
＊③ 요약: '나'가 몸이 불편한 위층 여자의
등 뒤로 감추었다.」　처지를 알고 당황함.

★ 소설 독해 공식

❶ 중심인물: '나', 위층 여자, 공간적 배경: '나'의 집, 위층
❷ 중심 사건: '나'가 위층의 소음에 대해 항의하다가 소음의 원인이 휠체어였다는 것을 알고 스스로에게 부끄러움을 느낌.
  갈등: 소음 문제로 인한 '나'와 위층 여자의 외적 갈등
❸ 서술상 특징
  • 서술자: 1인칭 서술자('나'), 시점: 1인칭 주인공 시점
  • 이야기의 흐름이 바뀌는 극적 반전을 통해 주제를 강조하고 있음.

■ 내용: 이 작품은 도시의 아파트를 배경으로, 위층에서 들려오는 소음에 시달리던 '나'가 위층 여자와 갈등하는 이야기를 다룬 현대 소설이다.
  ①: '나'는 경비원을 통해 드르륵거리는 위층의 소음에 대해 항의한다.
  ②: 항의를 받은 위층 여자는 도리어 '나'에게 신경질을 낸다. 이에 '나'는 슬리퍼를 선물함으로써 문제를 해결하고자 한다.
  ③: 위층으로 올라간 '나'는 소음의 정체가 휠체어였다는 것을 알게 되고, 위층 여자에게 선물하려 했던 슬리퍼를 등 뒤로 감춘다.

■ 주제: 이웃에 무관심한 현대인의 삶에 대한 반성

■ 이것이 핵심!: 소재의 의미

	①, ②	③
슬리퍼	고통받는 '나'의 심정을 전하는 수단	이웃에 무관심했던 '나'를 부끄럽게 만드는 것
휠체어	소음의 원인이자 갈등의 원인	갈등을 해소시키는 것

01 정답 (1) 위층 여자 (2) 소리

>왜 정답?

(1) 윗글에서 '나'와 소음 문제로 다투는 인물은 위층 여자이다. 따라서 정답은 '위층 여자'이다.
(2) '나'는 위층에서 '드르륵거리는 소리'가 멈추지 않자 위층에 항의하고 있다. 따라서 정답은 '소리'이다.

02 정답 ④

윗글의 내용으로 가장 알맞지 않은 것은?

>왜 정답?

④ 위층 여자는 인터폰을 통해 '나'에게 사과했다.
  '나'가 위층에 올라갔을 때 사과함.
  ★ 근거: ②-⑪, ③-⑤
  위층 여자는 '나'와 인터폰으로 이야기할 때는 '저더러 어쩌라는 거예요?'라며 신경질적으로 대답하고 있다. 위층 여자가 '나'에게 사과한 것은 '나'가 위층에 찾아갔을 때이다.

>왜 오답?

① '나'는 위층의 소음에 대해 여러 번 항의했다.
  '위층이 또 시끄럽습니까?'
  ★ 근거: ①-❼
  '나'가 위층의 소음 때문에 경비원에게 인터폰으로 연락했을 때, 경비원이 '위층이 또 시끄럽습니까?'라고 한 것을 통해 '나'가 위층의 소음에 대해 여러 번 항의했음을 알 수 있다.

② '나'는 위층에서 나는 소리에 신경이 날카로워졌다.
  '드르륵거리는 소리에 머리털이 진저리를 치며 곤두서는 것 같았다.'
  ★ 근거: ①-❶, ❷
  '나'는 위층에서 나는 드르륵거리는 소리가 멈추지 않아 '머리털이 진저리를 치며 곤두서는 것 같았다.'라고 했다. 이를 통해 '나'가 위층의 소음으로 인해 신경이 날카로워졌음을 알 수 있다.

③ '나'는 소음 문제를 해결할 새로운 방법을 떠올렸다.
  '나'는 위층 여자에게 슬리퍼를 선물하기로 함.
  ★ 근거: ②-⑱~⑳
  '나'는 위층 여자에게 슬리퍼를 선물함으로써 소음을 해결해 달라는 메시지와 자신의 고통받는 심정을 전해야겠다고 생각하고 있다. 즉, '나'는 경비원과 인터폰을 통해 소음에 항의하는 대신, 슬리퍼를 선물하여 문제를 해결하는 방법을 떠올리고 있다.

⑤ 위층 여자는 소음을 줄이기 위해 나름의 노력을 하려 했다.
  소리가 덜 나는 바퀴로 바꾸려 함.
  ★ 근거: ③-❺
  위층 여자는 휠체어의 바퀴를 '소리가 좀 덜 나는 것으로' 갈아 볼 작정이었다고 했다. 즉, 위층 여자는 소음을 줄이기 위해 나름대로 노력을 하려 했다.

03 정답 ⑤

㉠~㉢에 대한 설명으로 가장 알맞지 않은 것은?

• ㉠~㉢: ㉠은 '나'와 위층 여자가 대화를 나누는 수단인 '인터폰', ㉡은 '나'가 위층 여자에게 선물하려는 '슬리퍼', ㉢은 위층 여자의 '휠체어'입니다.

즉 ㉠~㉢의 소재와 관련하여 윗글의 내용을 잘못 이해한 것을 고르는 문제입니다.

>왜 정답?

⑤ '나'는 ㉠과 ㉡을 통해 위층 여자와의 갈등을 해결한다.
  갈등을 해결해 주지 못함.
  ★ 근거: ②-⑬~⑮, ③-❻
  '나'는 인터폰(㉠)으로 위층 여자와 직접 통화한 후에도 화를 가라앉히지 못하고 있다. 또한 '나'는 위층 여자가 휠체어를 탄 것을 보고 준비한 슬리퍼(㉡)를 전하지 못하고 있다. 즉, 인터폰(㉠)과 슬리퍼(㉡)는 '나'와 위층 여자의 갈등을 해결해 주지 못하고 있다. '나'와 위층 여자의 갈등을 해소시키는 소재는 휠체어(㉢)이다.

>왜 오답?

① ㉠은 '나'가 위층에 항의하기 위해 이용한 수단이다.
  인터폰을 통해 위층의 소음에 대해 항의함.
  ★ 근거: ①-❹, ②-❽
  '나'는 위층의 소음이 계속되자 인터폰(㉠)을 통해 위층에 여러 차례 항의하고 있다.

② ㉡은 '나'의 고통스러움을 전하기 위한 수단이다.
  '고통받는 내 심정을 간접적으로 나타낼 수 있으리라.'
  ★ 근거: ②-⑳
  '나'는 위층 여자에게 발소리가 덜 나게 하는 슬리퍼(㉡)를 선물함으로써 소리를 줄이라는 메시지와 함께 소음으로 고통받는 자신의 심정을 간접적으로 전하려 하고 있다.

③ ⓒ은 위층에서 나던 시끄러운 소리의 원인이다.
'안 그래도 바퀴를 ~ 소리가 좀 덜 나는 것으로요.'

★ 근거: ③-❺
위층 여자는 '소리가 좀 덜 나는 것'으로 휠체어(ⓒ)의 바퀴를 갈아 볼 작정이었다고 했다. 이를 통해 위층에서 나던 소리가 휠체어(ⓒ)의 바퀴에서 나는 소리였음이 드러나고 있다.

④ '나'는 ⓒ을 보고 위층 여자의 처지를 알게 된다.
위층 여자의 몸이 불편하다는 것을 알게 됨.

★ 근거: ③-❻
'나'는 위층 여자가 휠체어(ⓒ)에 앉아 있는 것을 보고 위층 여자의 다리가 불편하다는 것을 알게 된다.

DAY 13 아우를 위하여 _황석영

❶ 중심인물, 배경 ❷ 중심 사건, 갈등 ❸ 서술상 특징

❶ 시대적 배경
[앞부분의 줄거리] 6·25 전쟁 직후 '나'는 서울로 전학을 오게 되는데 담임 선생님인 '메뚜기'는 부업에만 정신이 팔려 있다. 그러던 중 미군 '하우스보이'* 영래가 전학을 와 아이들의 마음을 사고 반 의장이 된다. ❶ 시대적 배경을 알 수 있는 말 – 6·25 전쟁 직후

1 메뚜기가 영래를 불러내어
담임 선생님 ❶ 중심인물
❷ "반장과 함께 조용히 자습을 시킨 뒤에, 자치 회의를

    해라."

❸ 이르고 훌쩍 나가 버렸다. ❹ 선생님이 나간 뒤에, 머쓱하게 서 있던 영래가 교탁 앞에 비스듬히 걸터앉았고
❶ 공간적 배경: 교실
애들은 다음 행위에 잔뜩 기대를 가지면서 그 애를 올
자습을 안 할지도 모른다는 기대감
려다보았다. ❺ 영래가 말했다.

❻ "전부들 책을 집어넣어. 오늘 오전에는 씨름 대회를
❷ 중심 사건: 영래가 자습 대신 씨름 대회를 한다고 함.
연다."

❼ 애들이 손뼉을 치며 와글와글 책보를 쌌고 영래는
아이들이 씨름 대회를 하는 것을 반김.
교탁에 발을 올려놓고 의자를 흔들며 말 타는 시늉을

했다.

❽ ㉠ "헌병대장 사령부, 짜가닥 짜가닥 팡팡, 이 새끼
아이들을 위협적으로 대하는 영래의 태도
들 조용해."
❶ ★ 1 요약: 영래가 자습을 하는 대신 씨름 대회를 연다고 함.
2 영래가 은수에게 몽둥이를 주워 오라고 명령하니
영래의 부하 노릇을 하는 인물 ①
그놈은 잽싸게 뛰어나가 각목 하나를 주워 왔다.

❷ "종하, 일루 나와."
❸ 영래의 부하 노릇을 하는 인물 ②
비실비실 웃으며 앞으로 나온 종하에게 영래가 말

했다.

❹ "웃지 마 임마, 이걸 갖구 수틀리게 놀면 무조건 조
폭력으로 교실을 휘어잡으려 함.
기는 거야. 알았지?"

❺ 종하는 가마니를 깔지 않은 흙바닥 통로를 각목을

들고 어슬렁어슬렁 돌아다녔다.

❻ "오늘부터 너는 기율 부장이다."
❷ 중심 사건: 영래가 자기 마음대로 학급 간부를 정함.
❼ "뭐야, 그게……. 반장하군 다른가?"

❽ "임마, 중학교 교문 앞에두 못 가봤어? 완장 차구 서

서 잘못한 애들 벌주는 거 말야."

❾ 은수가 항의했다.

❿ ㉡ "그럼 나는 뭐야, 넌 뭐구……."
은수도 권력을 가지고 싶어 함.
⓫ "이 새끼 나는 의장이잖아. 종하는 기율 부장, 너는

    말이지, 총무다."

⓬ "반장보다 높은 거냐?"

⓭ 아이들이 킥킥.

⓮ 종하는 내 앞을 지나며 공연히 똑바로 앉으라면서
위협적인 분위기를 만드는 모습
허리께를 각목으로 꾹 찔렀다. ⓯ 나는 등에 힘을 주고
❶ 중심인물
빳빳이 긴장해서 앉아 있었다. ⓰ 그때 석환이가 안으로
❸ 서술자: '나', 시점: 1인칭 주인공 시점   ❶ 중심인물
폭삭 기어들어 간 목소리로 중얼거렸다.
❷ 중심 사건: 석환이 씨름 대회에 반대함. 갈등: 영래와 석환의 외적 갈등
⓱ ㉢ "나는 말야……. 씨름 대회는 반대한다."
★ 2 요약: 영래가 학급 간부를 마음대로 정하고, 석환이 씨름 대회에 반대함.
(중략)

❶
3 석환이는 가까스로 말할 기운이 났는지 아까보다

더욱 또렷하게,

❷ "선생님이 자습을 한 다음에 자치회를 하라구 그랬
❷ 중심 사건: 석환이 영래의 결정에 반대함. 갈등: 영래와 석환의 외적 갈등

어. 또 혼자서 마음대로 학급 간부를 지명해서도 안 된다구 생각해."

❸바보 같은 놈들이 설쳐 대는 꼴을 보니 나도 뭐라고
'나'도 영래 패거리의 행동을 좋게 생각하지 않음.
말하고 싶었지만 영래만 한 통솔력도 없는 터에 모두
들 나더러 공부 좀 한다구 으스댄다고 할 거였다.❹그전
학교에서처럼 발언권을 얻어 동의와 재청을 받고 의견
교실의 현재 상황과 반대되는 모습
이 받아들여지고 하는 재미있던 판국과는 전혀 딴판이
어서, ㉢까짓거 입 다물고 구경이나 하겠다는 마음이
'나'의 소극적인 태도
생겼다.❺몇몇 줄반장 애들은 불만이 있어 보였으나 교
실 뒤에 버티고 선 종하 쪽을 연방 돌아보기만 하는 거
였다.❻영래가 씨익 웃었다.

❼"응 좋아, 애들한테 물어보자, 얘들아, 씨름 대회를
뒤로 미루고 자습할까?"

❽반 아이들이 웅성대며 항의하거나, 재삼 석환이를
아이들은 자습보다는 씨름 대회를 하고 싶어 함.
욕하기 시작했다.

❾"대신에 자치회를 먼저 하자. 너희들 석환이가 반장
노릇하는 걸 찬성하는 사람 손들어."

❿한 사람의 손도 올라가지 않았고 뒤늦게 들었던 애
들도 대부분 아이들의 드높은 불만의 분위기에 위축되
어 슬금슬금 내려 버렸다.

⓫"다음은 내가 하는 걸 좋아하는 사람."

⓬㉣절반 이상이 손을 들었고 두 번 다 손을 안 든 애
영래를 지지하지 않는 아이들도 있음.
들도 많았다.

⓭"봤지? 자치회는 이걸루 끝났다."

⓮"그래, 이영래가 오늘부터 우리 반 급장이다."
= 반장
❷ 중심 사건: 영래가 급장이 됨.
⓯"반대하는 놈들은 우리 반이 아니야."

⓰영래는 만족에 가득 차서 고개를 끄덕였다.
*③ 요약: 영래가 아이들의 지지를 얻어 급장이 됨.

* 하우스보이 : 미군 부대에서 허드렛일을 하는 남자아이

★ **소설 독해 공식**

❶ **중심인물**: '나', 영래, 석환
  공간적 배경: 교실, **시대적 배경**: 6 · 25 전쟁 직후
❷ **중심 사건**: 영래가 자습을 하는 대신 씨름 대회를 연다고 하고, 자기 마음대로 학급 간부를 정함. 아이들의 지지를 얻은 영래가 급장이 됨.
  갈등: 자기 마음대로 학급을 이끌어 가는 영래와, 이에 반대하는 석환의 외적 갈등
❸ **서술상 특징**
  • **서술자**: '나', **시점**: 1인칭 주인공 시점
  • 인물 간의 대립이 두드러지게 드러나고 있음.

■ **내용**: 이 작품은 힘으로 교실을 장악한 영래의 횡포에 침묵하던 '나'가 불의에 저항하게 되는 과정을 다룬 현대 소설이다. 작가는 1960~70년대 군사 독재 시절의 모습을 6 · 25 전쟁 직후 교실에서의 이야기에 빗대어 표현하였다.
  ①: 영래는 자습을 하라는 선생님의 말을 듣지 않고 씨름 대회를 열겠다고 한다.
  ②: 영래는 종하에게 각목을 주며 기율 부장으로 임명하고, 은수는 총무로 임명한다. 이때 석환이 씨름 대회에 반대한다는 의견을 낸다.
  ③: 이에 영래는 아이들에게 씨름 대회에 대한 생각을 묻고, 아이들은 석환을 욕한다. 그리고 영래는 절반 이상의 아이들의 지지를 얻어 급장이 된다.

■ **주제**: 힘으로 얻은 불합리한 권력에 대한 비판

■ **이것이 핵심!: 인물의 대립**

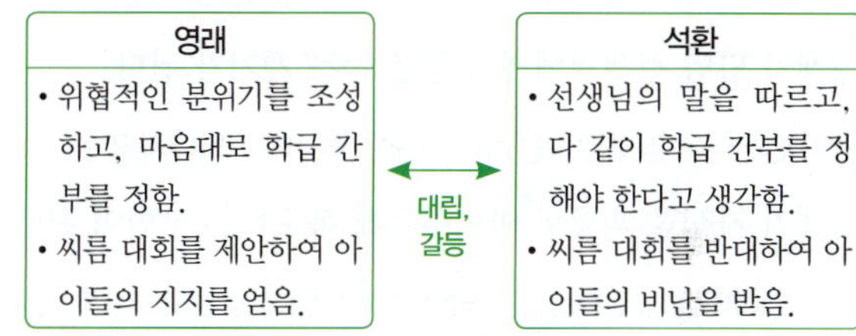

04 [정답] (1) 석환 (2) 씨름 대회

>**왜** 정답?

(1) 영래는 자습을 시키라는 선생님의 말을 따르는 대신 씨름 대회를 열겠다고 하고, 자기 마음대로 학급 간부를 정하고 있다. 그리고 석환은 이러한 영래의 결정에 반대하며 대립하고 있다. 따라서 정답은 '석환'이다.

(2) 석환은 자습을 하는 대신 씨름 대회를 열겠다는 영래의 제안에 반대하고 있다. 따라서 정답은 '씨름 대회'이다.

05 [정답] ④

윗글의 '씨름 대회'에 대한 설명으로 가장 알맞은 것은?

> **왜 정답 ?**

④ 영래가 아이들의 지지를 얻어 급장이 되는 계기가 된다.
절반 이상의 아이들이 씨름 대회를 열자고 한 영래가 급장이 되는 것에 찬성함.
★ 근거: ①-⑥, ⑦, ③-⑧, ⑪, ⑫
아이들은 자습하는 대신 씨름 대회를 열자는 영래의 말에 '손뼉을 치며' 좋아하고, 씨름 대회를 반대하는 석환이를 욕한다. 그리고 누가 반장 노릇을 하는 것이 좋냐는 영래의 물음에 절반 이상의 아이들이 영래를 지지하고 있다. 이를 통해 영래가 씨름 대회를 계기로 아이들의 지지를 얻어 급장(반장)이 되었음을 알 수 있다.

> **왜 오답 ?**

① 영래가 '나'와 갈등을 겪는 원인이 된다.
영래가 '나'와 갈등하지는 않음.
★ 근거: ③-③, ④
'나'는 영래의 패거리가 하는 행동이 마음에 안 들면서도 '입 다물고 구경이나 하겠다는 마음'을 갖고 있다. 즉, '나'가 속으로 영래 패거리에게 불만을 갖고 있을 뿐, 영래가 '나'와 갈등하지는 않는다.

② 영래가 자습을 싫어하게 되는 원인이 된다.
관련 없음.
★ 근거: ①-⑥
영래는 자습을 시키라는 선생님의 말을 따르지 않고 씨름 대회를 열겠다고 한다. 이를 통해 영래가 자습을 싫어한다고 볼 수는 있지만, 씨름 대회로 인해 영래가 자습을 싫어하게 되지는 않는다.

③ 영래가 담임 선생님에게 꾸중을 듣는 계기가 된다.
나타나지 않음.
담임 선생님이 영래를 꾸중하는 내용은 윗글에 나타나지 않는다.

⑤ 영래가 자신을 괴롭힌 아이들에게 복수하는 방법이 된다.
나타나지 않음.
영래가 아이들에게 괴롭힘을 당했다거나, 영래가 아이들에게 복수한다는 내용은 윗글에 나타나지 않는다. 오히려 영래는 폭력적인 분위기를 만들어 아이들을 휘어잡으려 하고, 씨름 대회를 열겠다고 함으로써 아이들의 지지를 얻고 있다.

06 [정답] ④

㉠~㉢에 대한 반응으로 가장 알맞지 <u>않은</u> 것은?

- ㉠~㉢: ㉠은 아이들을 조용히 시키는 영래의 말, ㉡은 영래에게 항의하는 은수의 말, ㉢은 씨름 대회에 반대하는 석환의 말, ㉣은 교실의 상황에 대한 '나'의 생각, ㉤은 영래가 반장 노릇을 하는 것에 대한 아이들의 반응입니다.

[즉] 인물의 심리와 태도를 잘못 이해한 것을 고르는 문제입니다.

> **왜 정답 ?**

④ ㉣: '나'는 영래의 협박으로 인해 나서지 않고 있군.
영래가 '나'를 협박하지는 않음.
★ 근거: ③-③, ④
'나'는 교실의 상황에 대해 '입 다물고 구경이나 하겠다는 마음'을 가지고 있다. 그 이유는 아이들이 '영래만 한 통솔력도 없'으면서 '공부

좀 한다구 으스댄다고 할' 것 같았고, 이전 학교에서처럼 절차에 따라 회의하는 것과는 분위기가 전혀 딴판이었기 때문이다. 영래가 '나'에게 나서지 말라고 협박하는 모습은 윗글에 나타나지 않는다.

> **왜 오답 ?**

① ㉠: 영래는 아이들을 위협적으로 대하고 있군.
'이 새끼들 조용해.'
★ 근거: ①-⑦, ⑧
아이들은 자습하는 대신 씨름 대회를 연다는 영래의 말에 '손뼉을 치며 와글와글 책보를' 싸고 있다. 이때 영래가 '헌병대장 사령부'의 흉내를 내며 '이 새끼들 조용해.'라고 말하는 모습에서 영래가 아이들을 위협적으로 대하고 있음이 드러난다.

② ㉡: 은수는 종하처럼 권력을 갖고 싶어 하는군.
'그럼 나는 뭐야'
★ 근거: ②-⑥, ⑨, ⑩
영래는 종하에게 각목을 주고 말 안 듣는 아이들을 때리라고 하며 종하를 '기율 부장'으로 임명한다. 그러자 은수가 '그럼 나는 뭐야, 넌 뭐구'라며 영래에게 항의하고 있다. 이는 은수가 자신도 기율 부장을 맡은 종하처럼 권력을 갖고 싶다는 마음을 드러낸 것이다.

③ ㉢: 석환은 자신의 의견을 솔직하게 드러내고 있군.
'씨름 대회는 반대한다.'
★ 근거: ②-⑰
자습하는 대신 씨름 대회를 연다는 영래의 말에 아이들이 '손뼉을 치며' 좋아하는 상황에서, 석환은 '씨름 대회는 반대한다.'라면서 자신의 의견을 솔직하게 드러내고 있다.

⑤ ㉤: 영래가 반장이 되는 것을 바라지 않는 아이들도 있군.
'두 번 다 손을 안 든 애들도 많았다.'
★ 근거: ③-⑪, ⑫
영래가 석환과 자신 중에 누가 반장 노릇을 하는 것이 좋은지 물었을 때 '두 번 다 손을 안 든 애들도 많았다'고 했다. 이는 영래가 반장이 되는 것을 바라지 않는 아이들도 있다는 것을 의미한다.

07 [정답] 종하, 은수

윗글에서 〈보기〉의 빈칸에 들어가기에 가장 알맞은 인물 2명을 찾아 쓰시오.

> ───── 〈보기〉 ─────
>
> 〈아우를 위하여〉는 민주주의가 억압되던 군사 독재 시절의 모습을 전쟁 직후 교실에서의 이야기로 풀어낸 작품이다. 교실에서 가장 큰 힘을 가진 '영래'는 당시의 권력층에, '(　　　　　　)'은/는 당시 권력층의 부하 노릇을 하던 사람들에 해당한다.
>
> 교실의 모습이 상징하는 것
> 영래의 말을 따르는 인물

> **왜 정답 ?**

★ 근거: ②-①~⑤
영래가 은수에게 '몽둥이를 주워 오라고 명령하'자 은수는 '잽싸게 뛰어나가 각목 하나를 주워' 오고 있다. 또한 영래는 종하에게 각목을 건네며 '이걸 갖구 수틀리게 놀면 무조건 조기는 거야.'라고 했고, 이에 종하는 '각목을 들고 어슬렁어슬렁 돌아'다니고 있다. 즉, 영래의 말을 무조건적으로 따르고 있는 은수와 종하는 군사 독재 시절 권력층의 부하 노릇을 하던 사람들을 상징한다.

홍길동전 _ 허균

❶ 중심인물, 배경　❷ 중심 사건, 갈등　❸ 서술상 특징

[앞부분의 줄거리] 길동은 전국을 돌아다니며 탐관오리를 벌하고 가난한 백성을 돕는다. 조정에서는 길동을 잡아들이라 명하고, 조선 각지에서 여덟 명의 길동을 잡아 올린다. 임금은 홍 판서(길동의 아버지)에게 진짜 길동을 찾아내라 명하지만 홍 판서는 길동을 구별해 내지 못한다.

❶❷ 갈등: 길동을 잡으려는 임금과 잡히지 않는 길동의 외적 갈등

① 길동 등이 임금에게 아뢰었다.
❶ 중심인물　❶ 중심인물

❷ "신의 아비가 나라의 은혜를 많이 입었사온데, 신이 어찌 감히 나쁜 짓을 하오리까마는, 신은 본래 천한 종의 몸에서 났는지라, 그 아비를 아비라 못 하옵고
길동이 도적의 무리에 들어간 이유
그 형을 형이라 못 하와, 평생 한이 맺혔기에 집을 버리고 도적의 무리에 들었사옵니다. 그러나 백성은 조금도 범하지 않고 각 읍 수령이 백성들을 들볶아
길동은 백성을 괴롭히는 관리들의 재물만 빼앗음.
착취한 재물만 빼앗았을 뿐입니다. 이제 십 년이 지나면 조선을 떠나 갈 곳이 있사오니, 엎드려 빌건대 성상께서는 근심하지 마시고 신을 잡으라는 명을 거
임금　　　　　길동이 임금에게 자신을 잡지 말라고 요청함.
두어 주십시오."

❸ 하고, 말을 마치며 여덟 명이 한꺼번에 넘어지므로, 자세히 보니 다 풀로 만든 허수아비였다. ❹ 임금이 더욱 놀
❸ 전기적 요소 – 현실에서는 일어날 수 없는 비현실적인 일
라며 진짜 길동을 잡으라는 명을 다시 전국에 내렸다.
임금은 길동을 잡으라는 명령을 거두지 않음.
❺ 길동이 허수아비를 없애고 두루 다니다가 사대문에 글을 써 붙였는데, 그 글에다,

❻ "소신 길동은 아무리 하여도 잡지 못할 것이오니, 병조판서 벼슬을 내리시면 잡히겠습니다."
❷ 중심 사건: 길동이 임금에게 벼슬을 주면 잡히겠다고 제안함.
❼ 고 하였다. ❽ 임금이 그 글을 보고 신하들을 모아 의논하니, 여러 신하들이 말했다.

❾ "이제 그 도적을 잡으려 하다가 잡지 못하고 도리어 병조판서 벼슬을 내리심은 이웃 나라에도 창피스러
신하들이 길동에게 벼슬을 내리는 것을 반대함.
운 일입니다."

❿ 임금이 옳다고 여기고 다만 경상 감사에게 길동 잡
❸ 서술자: 3인칭 서술자, 시점: 전지적 작가 시점　　길동의 형

기를 재촉하니, 경상 감사가 왕명을 받고는 황공하고 죄송하여 어쩔 줄을 몰랐다.
　　*① 요약: 길동이 임금에게 벼슬을 내려 주면 잡히겠다고 제안함.

[중략 부분의 줄거리] 길동은 경상 감사(길동의 형)를 찾아가 자신이 진짜 길동임을 밝히고 자신을 잡아 서울로 보내라고 말한다. 이에 감사는 눈물을 흘리며 길동을 결박해 서울로 보낸다.

❶ 공간적 배경
② 여러 날 만에 서울에 다다랐으나, 대궐 문에 이르
「」: ❷ 중심 사건 – 길동이 뛰어난 능력으로 위기에서 벗어남.
러 길동이 한 번 몸을 움직이자, 쇠사슬이 끊어지고
❸ 전기적 요소 – 현실에서는 일어날 수 없는 비현실적인 일
수레가 깨어져, 마치 매미가 허물 벗듯 공중으로 올 [A]
라가며, 나는 듯이 구름과 안개에 묻혀 가 버렸다.」
❷ 장교와 모든 군사가 어이없어 다만 공중만 바라보며 넋을 잃을 따름이었다. ❸ 어쩔 수 없이 이 사실을 보고하니, 임금이 듣고,

❹ "천고에 이런 일이 어디 있으랴?"

❺ 하며, 크게 근심을 했다. ❻ 이에 여러 신하 중 한 사람이
길동의 뛰어난 능력 때문
아뢰기를,

❼ 「"길동의 소원이 병조판서를 한번 지내면 조선을 떠
「」: 길동에게 벼슬을 내리고 그 틈을 타 길동을 잡으려는 계략
나겠다는 것이라 하오니, 한번 제 소원을 풀면 제 스스로 은혜에 감사하오리니, 그때를 타 잡는 것이 좋을까 하옵니다."」

❽ 고 했다. ❾ 임금이 옳다 여겨 즉시 길동에게 병조판서
❸ 서술자: 3인칭 서술자, 시점: 전지적 작가 시점
벼슬을 내리고 사대문에 글을 써 붙였다.
　　*② 요약: 길동의 능력을 본 임금과 신하들이 길동을 잡기 위해 계략을 세움.
③ 그때 길동이 이 말을 듣고 즉시 높은 관리의 복장을 하고 덩그런 수레에 의젓하게 높이 앉아 큰 길로 당당
병조판서 벼슬을 받은 길동의 모습
히 들어오면서 말하기를,

❷ "이제 홍 판서 사은하러 온다."
은혜를 감사히 여겨 사례하러
❸ 고 했다. ❹ 병조의 하급 관리들이 맞이해 궐내에 들어간 뒤, 여러 관원들이 의논하기를,

❺ "길동이 오늘 사은하고 나올 것이니 도끼와 칼을 쓰

는 군사를 매복시켰다가 나오거든 일시에 쳐 죽이도
길동을 죽이려는 계획
록 하자."

❻하고 약속을 하였다. ❼길동이 궐내에 들어가 엄숙히 절

하고 아뢰기를,

❽"소신의 죄가 더할 수 없이 무겁사온데, 도리어 은혜

를 입사와 평생의 한을 풀고 돌아가면서 전하와 영
벼슬을 얻음으로써 신분으로 인한 한을 풂.
원히 작별하오니, 부디 만수무강하소서."

❾하고, 말을 마치며 몸을 공중에 솟구쳐 구름에 싸여
❸ 전기적 요소 – 현실에서는 일어날 수 없는 비현실적인 일
가니, 그 가는 곳을 알 수가 없었다.
❸ 요약: 길동이 감사 인사를 하고 사라짐.

★ **소설 독해 공식**

❶ **중심인물**: 길동, 임금
　공간적 배경: 대궐
❷ **중심 사건**: 임금이 길동을 잡으려 하지만, 길동이 뛰어난 능력으로 그 위
　기에서 벗어남.
　갈등: 길동을 잡으려는 임금과 잡히지 않는 길동의 외적 갈등
❸ **서술상 특징**
　• **서술자**: 3인칭 서술자, **시점**: 전지적 작가 시점
　• 전기적 요소를 활용하여 길동의 뛰어난 능력을 드러내고 있음.

■ **내용**: 이 작품은 서자로 태어난 길동이 뛰어난 능력으로 신분의 한계를
극복하는 이야기를 다룸으로써 신분에 따른 차별과 탐관오리의 횡포를
비판하는 고전 소설이다.
　①: 길동은 자신을 잡으려는 임금에게 벼슬을 내려 주면 잡히겠다고 제
　안하지만, 임금은 이를 받아들이지 않는다.
　②: 스스로 잡혀 온 길동이 재주를 부려 사라지자, 임금과 신하들은 길
　동에게 벼슬을 내리고 그 틈을 타 길동을 잡으려는 계략을 세운다.
　③: 벼슬을 받은 길동이 임금에게 감사의 인사를 하고 구름에 싸여 어딘
　가로 사라진다.
■ **주제**: 뛰어난 능력으로 신분의 한계를 극복하는 길동(제시된 부분)
　　　　　신분으로 사람을 차별하는 것에 대한 비판(작품 전체)

■ **이것이 핵심!**: 전기적 요소

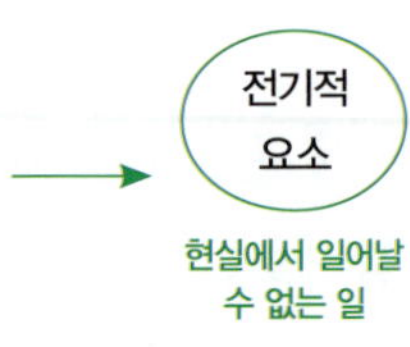

---

01 [정답] (1) 임금　(2) 벼슬

왜 정답?

(1) 윗글에서 임금은 길동을 잡으라고 전국에 명령을 내리고, 경상
　감사에게도 길동을 잡으라고 재촉하고 있다. 따라서 정답은 '임
　금'이다.
(2) 길동은 임금에게 '병조판서 벼슬을 내리시면 잡히겠습니다.'라고
　제안하고 있다. 따라서 정답은 '벼슬'이다.

02 [정답] ②

윗글의 내용으로 가장 알맞지 <u>않은</u> 것은?

왜 정답?

② 길동은 자신을 잡을 수 없을 것이라며 ~~임금을 놀렸다.~~
　정중하게 제안함.
　★ **근거**: ①-❻
　길동은 임금에게 '아무리 하여도' 자신을 '잡지 못할 것'이라며 '병조
　판서 벼슬을 내리시면 잡히겠습니다.'라고 정중하게 제안하고 있다.
　길동이 임금을 놀리고 있지는 않다.

왜 오답?

① 길동은 벼슬을 받은 후 어딘가로 사라졌다.
　'그 가는 곳을 알 수 없었다.'
　★ **근거**: ③-❽, ❾
　길동은 벼슬을 받은 후 '은혜를 입사와 평생의 한을 풀'었다는 말을
　남기고 구름에 싸여 어딘가로 사라지고 있다.

③ 임금은 길동을 잡으라는 명령을 거두지 않았다.
　'길동을 잡으라는 명을 다시 전국에 내렸다.', '경상 감사에게 길동 잡기를 재촉하니'
　★ **근거**: ①-❹, ❿
　길동은 임금에게 자신을 잡으라는 명령을 거두어 달라고 요청하지
　만, 임금은 '진짜 길동을 잡으라는 명을 다시 전국에 내'리고 경상 감
　사에게도 '길동 잡기를 재촉'하고 있다.

④ 임금은 경상 감사에게 길동을 잡아 오라고 재촉했다.
　'경상 감사에게 길동 잡기를 재촉하니'
　★ **근거**: ①-❿
　임금은 길동에게 벼슬을 내리지 않기로 결정한 후 경상 감사에게 길
　동을 잡아 오라고 재촉하고 있다.

⑤ 한 신하는 길동을 잡으려고 꾀를 생각해 냈다.
　'길동의 소원이 병조판서를 ~ 잡는 것이 좋을까 하옵니다.'
　★ **근거**: ②-❼
　한 신하는 길동에게 병조판서 벼슬을 내리고 길동이 감사 인사를 할
　때를 틈타 길동을 집자는 꾀를 생각해 내고 있다.

03 정답 ③

[A]에 대한 설명으로 가장 알맞은 것은?

- **[A]:** 결박을 당한 채 대궐에 도착한 길동이 쇠사슬을 끊고 수레를 깨뜨려 사라지는 장면입니다.

즉 길동이 뛰어난 능력을 펼치는 장면인 [A]에 대해 알맞게 설명한 것을 고르는 문제입니다.

>왜 정답?

③ **[A]에서 길동은 뛰어난 능력으로 위기를 벗어나고 있다.**

★ 근거: ②-**①** 쇠사슬과 수레를 부수고 구름과 안개에 묻혀 사라짐.

[A]에서 길동은 쇠사슬을 끊고 수레를 깨뜨린 후 구름과 안개에 묻혀 사라지고 있다. 즉, 길동은 뛰어난 능력으로 대궐에 잡혀 들어갈 위기에서 벗어나고 있다.

>왜 오답?

① **[A]로 인해 모든 군사들은 길동을 따르게 된다.**
길동을 따르지 않음.

★ 근거: ②-**②**

군사들은 길동이 사라지는 것을 보고 어이없어하며 넋을 잃었을 뿐, 군사들이 길동의 능력을 보고 길동을 따르는 모습은 윗글에 나타나지 않는다.

② **[A]로 인해 임금은 길동의 능력을 무시하게 된다.**
길동의 능력이 뛰어남을 인정함.

★ 근거: ②-**③~⑤**

임금은 [A]에서 길동이 쇠사슬을 끊고 사라졌다는 소식을 듣고 '천고에 이런 일이 어디 있으랴?'라면서 크게 근심하고 있다. 이는 임금이 길동의 능력이 뛰어남을 인정하는 모습이다.

④ **[A]에서 길동은 누군가의 계략으로 위기에 처하고 있다.**
스스로 잡힌 후에 위기를 벗어나고 있음.

★ 근거: [중략 부분의 줄거리]

[중략 부분의 줄거리]에 따르면 길동은 스스로 잡혀 왔다. 또한 [A]에서는 뛰어난 능력으로 위기를 벗어나고 있다.

⑤ **[A]로 인해 임금과 신하들은 길동을 잡는 일을 포기하게 된다.**
길동을 잡기 위해 계략을 세움.

★ 근거: ②-**⑥~⑨**

[A]와 같은 길동의 뛰어난 능력을 확인한 임금과 신하들은 길동에게 벼슬을 내리고 그 틈을 타 길동을 잡으려는 계략을 세우고 있다. 즉, 임금과 신하들은 [A] 이후에도 길동을 잡는 일을 포기하지 않는다.

DAY 14 춘향전 _작자 미상

❶ 중심인물, 배경 ❷ 중심 사건, 갈등 ❸ 서술상 특징

1 ❶어디선가 북이 쿵쿵쿵, 세 번을 울었다. ❷뒤이어 요란한 발소리가 우르르 들리더니 어사또를 보필하는 나졸들이 잔치 마당으로 뛰어들었다.
❶ 중심인물: 어사또 = 이 도령
❶ 공간적 배경: 관아

❸"암행어사 출또요!"
❷ 중심 사건: 이 도령이 어사또가 되어 출두함.

❹누군가 우렁우렁 외치는 소리에 강산이 무너지고 천지가 들끓는 듯, 하늘에 떠 있는 해도 잠깐 발을 머무르고, 공중에 나는 새도 잠깐 날지 못하여 푸득푸득 떨어졌다.
『J: ❸ 과장된 표현으로 어사또의 위세를 드러냄.

❺남문에서 "출또요.", 북문에서 "출또요.", 출또 소리 천지에 진동하고, 좌수*, 별감* 넋을 잃고, 각 읍 수령* 도망칠 때 그 거동이 장관이었다.
❸ 편집자적 논평 → 서술자: 3인칭 서술자, 시점: 전지적 작가 시점

❻임실 현감*은 하도 급해서 갓을 거꾸로 뒤집어쓰고는,
『J: ❸ 당황한 관리들의 모습을 풍자적으로 표현함.

❼"여보아라, 어느 놈이 갓 구멍을 막았구나."
갓을 거꾸로 써놓고 누가 갓 구멍을 막았다고 함.

❽소리치자 누군가,

❾"갓을 뒤집어썼소."

❿"아따, 언제 바로 쓸 새 있더냐. 좀 눌러 다오."
어사또를 피해 도망가야 하기 때문에

⓫하여 그대로 꽉 누르니 갓이 벌컥 뒤집혔다. ⓬겨우 갓을 쓰고 나서 오줌을 눈다는 것이 그만 칼집을 쥐고 누니, 오줌 맞은 하인들이

⓭"허, 요새는 하늘이 비를 따뜻하게 덥혀서 내리는 모양일세."
오줌을 따뜻한 비라고 생각함. – 하인들의 모습을 우스꽝스럽게 나타냄.

⓮하며 갈팡질팡하였다.

⓯구례 현감은 말을 거꾸로 타고 채찍질을 하니 말이 뒤로 달아났다.

⓰"허, 이 말이 웬일이냐? 본래 목이 없느냐?"
말을 거꾸로 타 놓고 말의 목이 없다고 함.

⓱"거꾸로 타셨소. 내려서 바로 타시오."

⓲"어느 겨를에 바로 타겠느냐! 목을 빼어다가 말 똥구멍에 박아라."
어사또를 피해 도망가야 하기 때문에

*1 요약: 어사또가 출두하자 관리들이 허둥대며 도망감.

②변 사또는 정신이 아득하여 바지에 똥을 싸서
❶중심인물
엉겁결에 내실로 뛰어들며 소리쳤다.
❶공간적 배경: 관아

②"어, 춥다. 문 들어온다. 바람 닫아라. 물 마르
❸'바람'과 '문', '목'과 '물'의 순서가 바뀜. → 도치를 이용한 언어유희
다, 목 들여라."

[A]

❸이때에 나졸들이 벌 떼같이 달려들어 이리 치고
저리 치고, 함부로 둘러치니 부서지는 것은 거문
고요, 깨지는 것은 북이었다. ❹교자상도 부러지고
찻상도 넘어지고 이런 야단법석이 없었다.

❺어사또는 동헌 마루에 높이 앉아 분부하였다.
❶공간적 배경: 관아

❻"남원부 변 사또는 악행이 높으니 당장 포박하여 옥
❷중심 사건: 어사또가 변 사또를 잡아들임.
에 가둬라!" *②요약: 어사또가 악행이 높은 변 사또를 잡아들임.

[중략 부분의 줄거리] 어사또는 옥중에 갇힌 죄인의 사연을 다
들은 후 죄 없는 사람은 즉시 풀어 주었다. 마지막으로 어사또는
춘향을 불러 절개를 시험하고자 한다.

❶"분부 들어라. 너는 기생으로서 관의 명령을 어기고
발악하였으니 살기를 바랄쏘냐? 죽어 마땅하나 내
수청을 든다면 목숨은 살려 주마."
❷갈등: 어사또가 춘향의 마음을 시험함. → 춘향은 이를 거절함.

❷기가 막힌 춘향이 고개를 번쩍 들고,
풀색과 녹색은 같다. ❶중심인물

❸"초록은 동색이요, 가재는 게 편이라더니 내려오는
❸서로 비슷한 사람끼리 어울린다는 의미의 속담을 활용함.
벼슬아치마다 하는 꼴이 가관이구나."
어사또 역시 변 사또와 다르지 않음을 비판함.

❹한탄하며 말을 이었다.
○: 춘향의 지조, 절개

❺"어사또는 들으시오. 절벽 위에 우뚝 솟은 높은 바위
△: 시련, 고난   「」: 이 도령에 대한 사랑이 변하지 않을 것이라는 의미
바람 분들 무너지며, 사시사철 푸른 소나무 순이 온
들 비가 온들 변하리까? 틀린 소리 마옵시고 어서
바삐 죽여 주소."

❻어사또는 더 이상 묻지 않고 빙긋 웃더니 옥반지를
어사또가 이 도령임을 알려 주는 소재
꺼내 사령에게 주었다.

❼"이것을 춘향에게 주어라."

❽춘향이 제 앞에 놓인 옥반지를 보니, 이별할 때 자기
춘향이 어사또가 이 도령임을 알게 됨.
가 이 도령에게 준 바로 그것이었다.

❾"춘향은 고개를 들라."

❿그제야 춘향은 번쩍 고개를 들었다. ⓫동헌 마루에 높
이 앉은 어사또는 어제저녁 옥문 밖에 왔던 낭군이 분
❷중심 사건: 춘향과 이 도령이 다시 만남.
명하였다. ⓬꿈인가 생시인가.
❸서술자: 3인칭 서술자, 시점: 전지적 작가 시점
*③요약: 춘향과 이 도령(어사또)이 다시 만남.

*좌수, 별감, 수령, 현감: 조선 시대에 각 고을을 맡아 다스리
던 관리의 다양한 직위를 이르는 말

★ 소설 독해 공식

❶중심인물: 어사또(이 도령), 춘향, 변 사또
공간적 배경: 관아(잔치 마당, 내실, 동헌 마루)
❷중심 사건: 어사또가 출두하여 변 사또를 잡아들임. 춘향과 이 도령(어사
또)이 다시 만남.
갈등: 춘향에게 수청을 들라고 하는 어사또와, 이를 거절하는 춘향의 외
적 갈등
❸서술상 특징
• 서술자: 3인칭 서술자, 시점: 전지적 작가 시점
→ 3인칭 서술자인 작가가 이야기에 끼어들어 자신의 생각을 직접 밝
히는 편집자적 논평이 나타나고 있음.
• 언어유희, 속담 등 다양한 표현 방식을 활용하고 있음.
• 도망가는 관리들의 모습을 풍자적으로 표현하고 있음.

■내용: 이 작품은 암행어사가 된 몽룡이 탐관오리인 변 사또를 벌하고 기
생의 딸인 춘향과 사랑을 이룬다는 내용의 고전 소설이다.
①: 암행어사가 출두했다는 소리를 들은 고을의 관리들이 허둥지둥하며
도망친다.
②: 어사또가 변 사또를 붙잡아 옥에 가둔다.
③: 어사또가 춘향의 마음을 시험하고, 춘향은 자신의 마음이 변함없을
것이라고 이야기한다. 이에 어사또는 춘향에게 옥반지를 건네며 자
신이 이 도령임을 밝힌다.
■주제: 신분을 뛰어넘은 사랑과 탐관오리에 대한 응징
■이것이 핵심!: 풍자적 표현(대상을 우스꽝스럽게 나타내 비판하는 것)

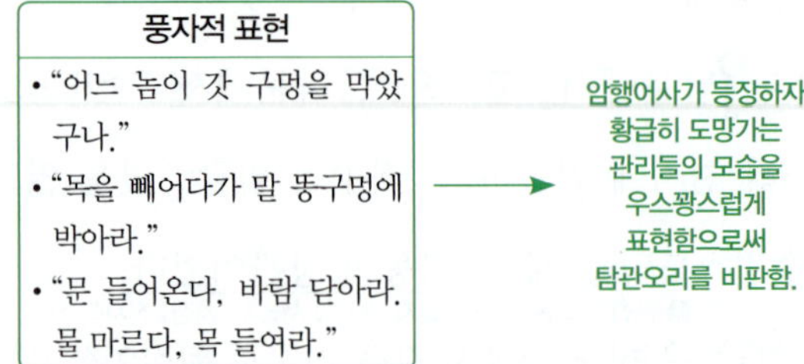

04 [정답] (1) 춘향 (2) 암행어사

(1) 춘향은 수청을 들라는 어사또의 명령을 거부하며 '절벽 위에 우뚝 솟은 높은 바위 ~ 비가 온들 변하리까?'라고 했다. 이는 춘향이 이 도령에 대한 자신의 변함없는 사랑을 강조한 것이다. 따라서 정답은 '춘향'이다.

(2) 어사또는 '남원부 변 사또는 악행이 높으니 당장 포박하여 옥에 가둬라!'라면서 변 사또를 잡아들이고 있다. 이때 어사또는 암행어사가 된 이 도령이다. 따라서 정답은 '암행어사'이다.

05 [정답] ⑤

윗글의 내용으로 가장 알맞지 <u>않은</u> 것은?

⑤ 임실 현감과 구례 현감은 **양반의 품위를 지키려고 노력**했다.
　　　　　　　　　　　　　　우스꽝스러운 모습을 보임.

★ 근거: ①-⑥~⑱
임실 현감과 구례 현감은 '암행어사 출또요!'라는 소리를 듣고 허둥지둥하며 도망치고 있다. 이때 임실 현감은 갓을 거꾸로 뒤집어쓰고는 '여보아라, 어느 놈이 갓 구멍을 막았구나.'라고 했고, 구례 현감은 말을 거꾸로 타고는 '이 말이 웬일이냐? 본래 목이 없느냐?'라며 우스꽝스러운 모습을 보이고 있다. 즉, 임실 현감과 구례 현감은 양반의 품위를 지키지 못하고 있다.

① 춘향은 어사또의 수청을 거부했다.
　　　　　'틀린 소리 마옵시고 어서 바삐 죽여 주소.'

★ 근거: ③-⑤
춘향은 수청을 들라는 어사또의 명령에 '틀린 소리 마옵시고 어서 바삐 죽여 주소.'라면서 어사또의 수청을 거부하고 있다.

② 춘향은 어사또의 정체를 곧바로 알아채지 못했다.
　　　　　처음에는 어사또가 이 도령임을 알아채지 못함.

★ 근거: ③-①~⑤
춘향은 수청을 들라는 어사또의 말에 기막혀 하면서 어사또의 수청을 거절하고 있다. 이를 통해 춘향이 처음에는 어사또가 이 도령이라는 것을 알아채지 못했음을 알 수 있다.

③ 어사또는 춘향의 마음을 시험했다.
　　　　　일부러 수청을 들라는 명령을 내림.

★ 근거: ③-①, [중략 부분의 줄거리]
어사또는 춘향에게 '내 수청을 든다면 목숨은 살려 주마.'라면서 춘향의 마음이 변하지 않는지 시험하고 있다.

④ 어사또는 죄가 없는 사람들을 옥중에서 풀어 주었다.
　　　　　'어사또는 옥중에 갇힌 ~ 죄 없는 사람은 즉시 풀어 주었다.'

★ 근거: [중략 부분의 줄거리]
[중략 부분의 줄거리]에서 '어사또는 옥중에 갇힌 죄인의 사연을 다 들은 후 죄 없는 사람은 즉시 풀어 주었다.'라고 했다.

06 [정답] ③

[A]를 설명하는 한자 성어로 가장 알맞은 것은?

• [A]: 내실로 뛰어든 변 사또를 잡기 위해 나졸들이 마구 달려들어 내실의 물건들이 부서지고 깨지는 장면입니다.

즘 변 사또를 잡느라 내실이 엉망이 된 [A]의 상황을 나타내는 한자 성어를 고르는 문제입니다.

③ 아수라장(阿修羅場)
싸움이나 그 밖의 다른 일로 큰 혼란에 빠진 상태
★ 근거: ②-①~④
[A]에서는 암행어사가 출두했다는 소리에 변 사또가 엉겁결에 내실로 뛰어들고, 이러한 변 사또를 잡기 위해 나졸들이 달려들어 내실의 각종 물건들이 부서지고 깨지는 모습이 그려지고 있다. '아수라장'은 싸움이나 그 밖의 다른 일로 큰 혼란에 빠진 상태를 뜻하므로 [A]를 설명하기에 알맞다.

① 동문서답(東問西答) 물음과는 전혀 상관없는 엉뚱한 대답
'동문서답'은 물음과는 전혀 상관없는 엉뚱한 대답을 뜻하므로 [A]를 설명하기에 알맞지 않다.

② 승승장구(乘勝長驅) 싸움에 이긴 형세를 타고 계속 몰아침.
'승승장구'는 싸움에 이긴 형세를 타고 계속 몰아침을 뜻하므로 [A]를 설명하기에 알맞지 않다.

④ 일석이조(一石二鳥) 동시에 두 가지 이득을 봄.
'일석이조'는 돌 한 개를 던져 새 두 마리를 잡는다는 뜻으로, 동시에 두 가지 이득을 봄을 이르는 말이므로 [A]를 설명하기에 알맞지 않다.

⑤ 작심삼일(作心三日) 결심이 굳지 못함.
'작심삼일'은 단단히 먹은 마음이 사흘을 가지 못한다는 뜻으로, 결심이 굳지 못함을 이르는 말이므로 [A]를 설명하기에 알맞지 않다.

07 [정답] 옥반지

윗글에서 〈보기〉의 설명과 가장 관련이 있는 소재를 찾아 쓰시오.

〈보기〉
• 어사또가 이 도령임을 증명하는 것
춘향은 옥반지를 보고 어사또의 정체를 알게 됨.
• 어사또와 춘향 사이의 갈등을 없애 주는 것
어사또가 춘향에게 수청을 들라고 하고, 춘향이 이를 거절함으로써 생긴 갈등

★ 근거: ③-⑥~⑪
어사또는 춘향의 마음이 변하지 않았음을 확인한 후 춘향에게 옥반지를 건네고 있다. 그리고 춘향은 그 옥반지가 자신이 이 도령에게 준 것임을 확인하고 어사또가 이 도령임을 알게 된다. 즉, 옥반지를 통해 어사또가 이 도령임이 밝혀지고, 이로써 수청으로 인해 생겼던 어사또와 춘향의 갈등도 해결되고 있다.

들판에서 _이강백

❶ 중심인물, 배경 ❷ 중심 사건, 갈등 ❸ 서술상 특징

[앞부분의 줄거리] 우애 좋은 형제가 사는 들판에 측량 기사와 두 조수가 나타난다. 측량 기사는 실습을 한다며 말뚝과 밧줄로 형제 사이를 가른다. 형제는 밧줄로 놀이를 하다가 다투게 되고, 측량 기사의 꾐에 넘어가 땅을 대가로 벽과 전망대를 설치한다. 땅도 거의 다 잃고, <u>총까지 발사하며 대립하던 형제는 번개와 천둥이 치며 내리는 빗속에서 슬픔을 느낀다.</u>
: ❷ 갈등 – 형과 아우의 다툼(외적 갈등)
❸ 슬픔을 느끼며 반성하는 형제 → 날씨의 변화가 이야기의 전개와 관련됨.

1 ❶형: 저 요란한 천둥소리! 부모님께서 날 꾸짖는 거야!
❶ 중심인물   아우와의 우애를 저버린 것에 대한 죄책감

❷아우: 빗물이 눈물처럼 느껴져!
❶ 중심인물   「 」: ❷ 중심 사건 – 형과 아우가 서로 다퉜던 지난날을 후회함.

❸형과 아우, 탄식하면서 나누어진 들판을 바라본다.
❶ 공간적 배경

❹형: 아아, 이 들판의 풍경은 내 마음속의 풍경이야. 옹
나누어진 들판의 풍경
졸한 내 마음이 벽을 만들었고, 의심 많은 내 마음이
❸ 상징적 소재 – 갈등과 대립을 의미함.
전망대를 만들었어.
❸ 상징적 소재 – 갈등과 대립, 서로에 대한 의심을 의미함.

(중략)

❺아우: 이젠 늦었어. 너무 늦은 거야! 벽이 생겼던 바로
그때, 내가 형님께 잘못했다고 말해야 했어. 하지만,
인제 형님은 내 말이라면 믿지 않을 테고, 나 역시
서로를 믿지 못하게 된 형제
형님 말을 믿지 못해. (고개를 숙이고 흐느껴 운다.)
이래서는 안 돼, 안 되는데 하면서도……. 어쩔 수가
없어.
❸ 상징적 소재 – 갈등과 대립을 의미함.

❻형: 들판에는 아직도 민들레꽃이 피어 있군! (총을 내
❸ 상징적 소재 – 화해와 평화, 형제의 우애를 의미함.
려놓고 허리를 숙여 발밑의 민들레꽃을 바라본다.) 우
리가 언제나 다정히 지내기로 맹세했던 이 꽃…….
민들레꽃 – 형제의 우애를 상징함.

❼아우: 형님과 내가 믿을 수 있는 건 무엇일까? 그것이
단 하나라도 남아 있다면 좋을 텐데……. 그렇구나,
아우는 형과 화해하기를 바람.
민들레꽃이 남아 있어! (총을 내던지고, 민들레꽃을
꺾어 든다.) 이 꽃을 보니까 그 시절이 그립다. 형님
과 함께 행복하게 지냈던 시절이 그리워…….

❽형: 벽 너머 저쪽에도 민들레꽃은 피어 있겠지…….
형도 아우와 화해하기를 바람.

❾아우: 형님이 보고 싶어!

❿형: 동생 얼굴이 보고 싶구나!

*1 요약: 형과 아우가 지난날을 후회하고, 민들레꽃을 보며 서로를 그리워함.

2 ❶형과 아우, 그들 사이를 가로막은 벽을 안타까운 표정
❸ 상징적 소재 – 화해와 평화를 의미함.
으로 바라본다. ❷비가 그치면서 구름 사이로 한 줄기 햇빛
❸ 형제의 화해를 암시함. → 날씨의 변화가 이야기의 전개와 관련됨.
이 비친다.

❸형: 하지만, 내 마음을 어떻게 저 벽 너머로 전하지?
❸ 상징적 소재 – 화해와 평화를 의미함.

❹아우: 비가 그치고 산들바람이 부는군.
❸ 형제의 화해를 암시함. → 날씨의 변화가 이야기의 전개와 관련됨.

❺형: 저 벽을 자유롭게 넘어갈 수만 있다면……. 가만
있어 봐. 민들레꽃은 씨를 맺으면 어떻게 되지? 바
람을 타고 멀리 날아가잖아?

❻아우: 햇빛이 비치니까 샛노란 민들레꽃이 더 예쁘게
보여.

❼형: 이 꽃을 꺾어서 벽 너머로 던져 주어야지. 동생이
아우와 화해하고 싶은 마음을 전하기 위함.
이 민들레꽃을 보면, 진짜 내 마음을 알아줄 거야.

❽아우: 형님에게 이 꽃을 드리겠어. 벽 너머의 형님이
형과 화해하고 싶은 마음을 전하기 위함.
이 꽃을 받으면, 동생인 나를 생각하겠지.

❾형과 아우, 민들레꽃을 여러 송이 꺾는다.❿그리고 벽으로
다가가서 민들레꽃을 벽 너머로 서로 던져 준다.⓫형은 아우
❷ 중심 사건: 형과 아우가 민들레꽃을 통해 화해의 마음을 전함. → 갈등의 해소
가 던져 준 꽃들을 주워 들고 반색하고, 아우는 형이 던진
형과 아우는 서로의 마음을 알고 기뻐함.
꽃들을 주워 들고 기뻐한다.⓬서로 벽을 두드리며 외친다.

⓭아우: 형님, 내 말 들려요?

⓮형: 들린다, 들려! 너도 내 말 들리냐?

⓯아우: 들려요! / ⓰형: 우리, 벽을 허물기로 하자!

⓱아우: 네, 그래요. 우리 함께 빨리 허물어요!

⓲무대 조명, 서서히 꺼진다.⓳다만, 무대 뒤쪽의 들판 풍
벽이 허물어진 들판의 풍경 → 형제의 화해를 의미함.
경을 그린 걸개그림*만이 환하게 밝다.⓴막이 내린다.
희곡의 장면 단위
*2 요약: 민들레꽃을 통해 화해한 형제가 벽을 허물기로 함.

* 걸개그림 : 건물의 벽 따위에 걸 수 있도록 그린 그림

★ **극 문학 독해 공식**
❶ **중심인물**: 형, 아우, **공간적 배경**: 들판
❷ **중심 사건**: 형과 아우가 서로 다퉜던 지난날을 후회하고, 민들레꽃을 통해 화해함.
  갈등: 형과 아우의 다툼(외적 갈등) → 화해(갈등의 해소)
❸ **서술상 특징**
  • 서로 대비되는 상징적 소재를 사용하고 있음.
  • 날씨의 변화가 이야기의 전개와 관련이 있음.

■ **내용**: 이 작품은 분단된 우리나라의 현실을 형제간의 갈등에 빗대어 그려 낸 희곡이다.
  ①: 형과 아우는 벽을 세우고 전망대를 만들며 다퉜던 과거를 반성하고 서로를 그리워한다.
  ②: 형과 아우는 민들레꽃을 통해 화해하고 벽을 허물기로 한다.
■ **주제**: 서로를 믿지 못했던 형제의 화해(남북 통일에 대한 희망)
■ **이것이 핵심!**: 상징적 소재의 대비

갈등, 대립		화해, 평화
벽, 전망대, 총	← 반대됨. →	민들레꽃, 햇빛, 산들바람

01 [정답] (1) 형, 아우 (2) 전망대

> **왜 정답?**

(1) 형과 아우는 벽을 세우고 서로에게 총을 쏘며 다퉜던 과거의 행동을 반성하고 있다. 따라서 정답은 '형', '아우'이다.
(2) 형과 아우가 다툰 이후에 설치한 것은 벽과 전망대이다. 형이 '의심 많은 내 마음이 전망대를 만들었어.'라고 한 것을 통해 전망대가 서로에 대한 의심을 나타내는 소재임을 알 수 있다. 따라서 정답은 '전망대'이다.

02 [정답] ②

윗글의 '형과 아우'에 대한 설명으로 가장 알맞지 않은 것은?

• **'형과 아우'**: 형과 아우는 서로를 믿지 못하고 다퉜던 과거를 반성하고, 민들레꽃을 통해 화해하고 있습니다.
즉 '형과 아우'의 말과 행동을 통해 드러나는 심리와 태도를 잘못 설명한 것을 고르는 문제입니다.

> **왜 정답?**

② **형은 부모님께 효도하지 못해 괴로워하고 있다.**
  아우와의 우애를 지키지 못해 괴로워하는 것임.
  ★ **근거**: ①-❶, ❹
  형은 천둥소리를 들으며 '부모님께서 날 꾸짖는'다고 생각하고 있다. 이는 형이 아우와의 우애를 저버린 것에 대해 죄책감을 느끼는 것이다. 즉, 형은 부모님께 효도를 하지 못해서가 아니라 아우와의 우애를 지키지 못해서 괴로워하고 있다.

> **왜 오답?**

① **형은 아우와 화해하기를 바라고 있다.**
  '벽 너머 저쪽에도 민들레꽃은 피어 있겠지……'
  ★ **근거**: ①-❻, ❽
  형은 민들레꽃을 보며 '우리가 언제나 다정히 지내기로 맹세했던 이 꽃'이라고 했다. 이를 통해 민들레꽃이 형제의 우애를 상징하고 있음이 드러난다. 형은 아우가 있는 '벽 너머 저쪽에도 민들레꽃이 피어 있'을 것이라며 아우와 화해하고 싶은 마음을 드러내고 있다.

③ **아우는 형에게 사과하지 못했던 일을 후회하고 있다.**
  '내가 형님께 잘못했다고 말해야 했어.'
  ★ **근거**: ①-❺
  아우는 '벽이 생겼던 바로 그때, 내가 형님께 잘못했다고 말해야 했어.'라면서 형에게 사과하지 못했던 일을 후회하고 있다.

④ **아우는 형과 행복하게 지냈던 시절을 그리워하고 있다.**
  '형님과 함께 행복하게 지냈던 시절이 그리워……'
  ★ **근거**: ①-❼
  아우는 민들레꽃을 보며 '형님과 함께 행복하게 지냈던 시절이 그리워…….'라고 했다.

⑤ **형과 아우는 꽃을 통해 서로에 대한 마음을 전하고 있다.**
  '민들레꽃을 벽 너머로 서로 던져 준다.'
  ★ **근거**: ②-❼~❿
  형은 '동생이 이 민들레꽃을 보면, 진짜 내 마음을 알아줄 거야.'라고 생각하고, 아우는 '형님이 이 꽃을 받으면, 동생인 나를 생각하겠지.'라고 생각하면서 민들레꽃을 통해 화해의 마음을 전하겠다고 다짐한다. 그리고 두 사람은 '민들레꽃을 벽 너머로 서로 던'지며 서로에 대한 마음을 전하고 있다.

03 [정답] ④

〈보기〉를 바탕으로 윗글을 이해한 내용으로 가장 알맞지 않은 것은?

• **〈보기〉를 바탕**: 〈들판에서〉는 분단된 우리나라의 현실을 형과 아우의 갈등에 빗대어 표현한 작품입니다.
• **윗글**: 윗글은 들판을 배경으로 벽, 총, 산들바람 등의 소재를 통해 형제간의 갈등과 화해를 그리고 있습니다.
즉 분단된 우리나라의 현실을 바탕으로 윗글의 배경과 소재를 잘못 이해한 것을 고르는 문제입니다.

〈보기〉
❶ 〈들판에서〉는 남과 북으로 분단된 우리나라의 현실을 형과 아우의 갈등에 빗대어 표현한 희곡이다. ❷ 형제가 서로에게 꽃을 던지며 벽을 허무는 모습은 분단된 현실을 극복할 수 있을 것이라는 희망을 드러내고 있다.
  남과 북을 상징함
  남과 북의 화해를 상징함

> **왜 정답?**

④ **'산들바람'은 남과 북의 화해를 막는 것이다.**
  형제의 화해를 암시하는 소재이므로 적절하지 않음.
  ★ **근거**: ②-❹, 〈보기〉 ❷문장
  산들바람은 비가 그치고 불어오는 것으로, 형제의 갈등이 끝나고 두 사람이 화해하게 될 것을 암시한다. 따라서 산들바람은 〈보기〉의 '분단된 현실을 극복할 수 있을 것이라는 희망'을 나타내는 소재로 볼 수 있다. 산들바람이 남과 북의 화해를 막는 것이라고 보는 것은 알맞지 않다.

① '들판'은 남과 북의 땅을 의미한다.
　형과 아우가 지내는 곳이므로 적절함.
　★ **근거:** ①-❸, 〈보기〉 ❶문장
들판은 형과 아우가 지내는 곳이다. 〈보기〉에서 윗글은 '남과 북으로 분단된 우리나라의 현실을 형과 아우의 갈등에 빗대'었다고 했으므로, 들판은 남과 북이 자리한 땅을 의미한다고 볼 수 있다.

② '벽'은 분단된 우리나라의 현실을 나타낸다.
　들판을 형과 아우의 공간으로 나누는 것이므로 적절함.
　★ **근거:** ①-❹, 〈보기〉 ❶문장
벽은 들판을 형과 아우의 공간으로 나누는 것이다. 〈보기〉에서 윗글은 '남과 북으로 분단된 우리나라의 현실을 형과 아우의 갈등에 빗대'었다고 했으므로, 벽은 우리나라가 남과 북으로 나누어져 있는 현실을 나타낸다고 볼 수 있다.

③ '총'은 남과 북의 갈등을 심하게 만드는 것이다.
　형과 아우의 갈등을 더 심해지게 만드는 것이므로 적절함.
　★ **근거:** [앞부분의 줄거리]
[앞부분의 줄거리]에서 형과 아우는 '벽과 전망대를 설치'하고, 서로에게 '총까지 발사하며 대립'한다고 했다. 즉, 총은 형과 아우의 갈등을 더욱 심하게 만드는 것이다. 〈보기〉에서 윗글은 '남과 북으로 분단된 우리나라의 현실을 형과 아우의 갈등에 빗대'었다고 했으므로, 총은 남과 북의 갈등을 더욱 심하게 만드는 것으로 볼 수 있다.

⑤ 벽이 허물어진 '들판 풍경'은 분단된 현실을 극복한 우리나라의 모습이다.
　형과 아우의 갈등이 해소된 모습이므로 적절함.
　★ **근거:** ②-⑯∼⑲, 〈보기〉 ❷문장
서로에 대한 진심을 확인한 형과 아우는 벽을 허물기로 한다. 이때 무대 뒤쪽에 걸려 있는 들판 풍경은 벽이 허물어진 뒤의 모습으로, 형과 아우의 갈등이 해소되었음을 나타낸다. 〈보기〉에서 형제가 '벽을 허무는 모습은 분단된 현실을 극복할 수 있을 것이라는 가능성을 드러내고 있다.'라고 했으므로, 벽이 허물어진 들판 풍경은 우리나라가 남과 북으로 나누어진 현실을 극복한 모습으로 볼 수 있다.

04 [정답] 민들레꽃

윗글에서 〈보기〉의 빈칸에 들어가기에 가장 알맞은 소재를 찾아 쓰시오.

> 〈보기〉
> （　　　　）은/는 형과 아우가 화해하기 위해 사용한 것
> 　형과 아우가 자신의 마음을 전하기 위해 벽 너머로 던진 것
> 으로, 형과 아우의 우애를 상징한다.
> 　형과 아우가 언제나 다정히 지내기로 맹세했던 것

> **왜 정답?**
　★ **근거:** ①-❻, ②-⑩
형과 아우는 화해하고 싶은 마음을 전하기 위해 벽 너머로 서로에게 민들레꽃을 던지고 있다. 또한 형은 민들레꽃을 보며 '우리가 언제나 다정히 지내기로 맹세했던 이 꽃'이라고 했다. 이를 통해 민들레꽃이 형제의 우애를 상징하고 있음이 드러난다.

DAY 15 자전거 도둑 _ 박완서

❶ 중심인물, 배경　❷ 중심 사건, 갈등　❸ 서술상 특징

[앞부분의 줄거리] 전기용품 가게에서 일하는 수남이는 배달을 나가는데, 어떤 신사가 수남이의 자전거가 바람에 쓰러지면서 자신의 차를 들이받았다며 차 수리비 오천 원을 요구한다. 수남이는 울며 용서를 빌지만 신사는 수남이의 자전거에 자물쇠를 채우며 수리비를 가져오면 열쇠를 주겠다고 한다. 주변의 구경꾼들이 수남이에게 도망치라고 부추기자 수남이는 쾌감까지 느끼며 자전거를 들고 도망친다.

① ❶"인마, 말을 해, 무슨 일이야? 네놈 꼴이 영락없이 도둑놈 꼴이다 인마."
　　　　　　　　　　❶ 중심인물
❷도둑놈 꼴이란 소리가 수남이의 가슴에 가시처럼 걸린다. ❸수남이는 겨우 숨을 가라앉히고 자초지종을 주
　서술자: 3인칭 서술자, 시점: 전지적 작가 시점　　수남은 자신의 행동에
　죄책감을 느끼고 있음.

인 영감님께 고해 바친다. ❹다 듣고 난 주인 영감님은
　❷ 중심 사건: 수남이 주인 영감에게 자전거를 들고 도망친 일을 말함.
무엇이 그리 좋은지 무릎을 치면서 통쾌해한다.

❺"잘했다. 잘했어. 맨날 촌놈인 줄만 알았더니 제법인
　❷ 중심 사건: 주인 영감이 수남을 칭찬함. → 부도덕한 주인 영감의 모습
데 제법야."

❻그러고는 가게에서 쓰는 드라이버니 펜치를 가지고
　　　　　　❶ 공간적 배경
자전거에 채운 자물쇠를 분해하기 시작한다. ❼엎드려서 그 짓을 하고 있는 「주인 영감님이 수남이의 눈에 흡사
　　　　　　　　　「 」: 수남이 부도덕한 주인 영감의 모습에 거부감을 느낌.
도둑놈 두목 같아 보여 속으로 정이 떨어진다.」 ❽주인 영감님 얼굴이 누런 똥빛인 것조차 지금 깨달은 것 같아 속이 메스껍다.」
　　　　　★ ① 요약: 주인 영감이 자전거를 들고
　　　　　　　도망친 수남을 칭찬함.

❷마침내 자물쇠를 깨뜨렸나 보다. ❷영감님 얼굴에 회심의 미소가 떠오르더니 자유롭게 된 자전거 바퀴를 시험이라도 하려는 듯이 자전거로 골목을 한 바퀴 빙그르르 돌아 들어와서는,

❸"네놈 오늘 운 텄다."

❹그러고는 수남이의 머리를 쓰다듬고 볼과 턱을 두둑
주인 영감이 수남을 기특하게 여김.
한 손으로 귀여운 듯이 감싼다. ❺영감님이 기분이 좋을 때면 수남이에 대한 애정의 표시로 으레 그렇게 했었고 수남이도 그걸 좋아했었다.

❻그런데 오늘은 그게 싫다. ❼영감님의 손이 싫다. ❽운
❷ 중심 사건: 수남이 주인 영감에게 거부감을 느낌.
트기는커녕 재수 옴 붙었다는 생각이 여전하고, 수남이
수남이 자전거를 들고 도망친 일에 찜찜함을 느낌.
는 그날 온종일 우울했다. ❾그러나 자기가 왜 그렇게 우
❶ 시간적 배경: 자전거를 들고 도망친 날
울한지 그걸 차분히 생각할 새도 없는 바쁜 하루였다.
＊❷ 요약: 수남이 자신을 기특해하는 주인 영감에게 거부감을 느낌.
❸가게 문을 닫고 주인댁에서 날라 온 저녁밥을 먹고
❶ 시간적 배경: 저녁
나면 비로소 수남이 혼자만의 시간이다. ❷꿀 같은 시간이었다. ❸책을 펴 놓고 영어 단어를 찾고, 수학 문제를 풀어 보고, 턱을 괴고 소년다운 감미로운 공상에 잠길 수 있는 그런 시간이었다.

❹그러나 오늘 수남이는 그게 되지를 않았다. ❺책을 집
자전거를 들고 도망친 일이 마음에 걸려서
어 던졌다.

❷ 갈등: 자신의 행동이 옳은지에 대한 수남의 내적 갈등
❻낮에 내가 한 짓은 옳은 짓이었을까? ❼옳을 것도
「 」: 수남이 자신의 행동을 정당화함.
없지만 나쁠 것은 또 뭔가. ❽자가용까지 있는 주제에 나 같은 아이에게 오천 원을 우려내려고 그렇게 간악하게 굴던 신사를 그 정도 골려 준 것이 뭐가 나쁜가? ❾그런데도 왜 무섭고 떨렸던가. ❿그때의
[A] 내 꼴이 어땠으면 주인 영감님까지 "네놈 꼴이 꼭 도둑놈 꼴이다."고 하였을까.
수남의 내적 갈등을 심화시키는 말
⓫그럼 내가 한 짓은 도둑질이었단 말인가. ⓬그럼 나는 도둑질을 하면서 그렇게 기쁨을 느꼈더란 말인가.

＊❸ 요약: 수남이 자전거를 들고 도망친 일을 생각하며 혼란스러워함.

❹수남이는 몸을 부르르 떨면서 낮에 자전거를 갖고 달리면서 맛본 공포와 함께 그 까닭 모를 쾌감을 회상한다. ❷마치 참았던 오줌을 내깔길 때처럼 무거운 억압
자전거를 들고 도망치며 수남이 느꼈던 쾌감
이 갑자기 풀리면서 전신이 날아갈 듯이 가벼워지는 그 상쾌한 해방감 — 한번 맛보면 도저히 잊혀질 것 같지 않은 그 짙은 쾌감, 아아 도둑질하면서도 나는 죄책감보다는 쾌감을 더 짙게 느꼈던 것이다.
수남이 괴로워하는 이유
❸혹시 내 핏속에 도둑놈의 피가 흐르고 있기 때문이 아닐까. ❹순간 수남이는 방바닥에서 송곳이라도 치솟은
❶ 공간적 배경
듯이 후닥닥 일어서서 안절부절을 못하고 좁은 방 안
자신에게 도둑놈의 피가 흐르는지도 모른다는 생각 때문에
을 헤맸다.
＊❹ 요약: 수남이 도둑질을 하며 쾌감을 느꼈다는 것에 불안해함.

DAY 15

★ 소설 독해 공식

❶ 중심인물: 수남
공간적 배경: 가게, 방 안
시간적 배경: 그날(자전거를 들고 도망친 날), 저녁
❷ 중심 사건: 주인 영감이 자전거를 들고 도망친 수남의 행동을 칭찬하고, 수남은 그러한 주인 영감에게 거부감을 느낌.
갈등: 자전거를 들고 도망친 자신의 행동이 도둑질이었는지 고민하는 수남의 내적 갈등
❸ 서술상 특징
• 서술자: 3인칭 서술자, 시점: 전지적 작가 시점
→ 3인칭 서술자가 갈등을 겪는 수남의 심리를 세세하게 전달하고 있음.

■ 내용: 이 작품은 얼떨결에 자전거를 들고 도망친 수남이 겪는 내적 갈등을 통해 1970년대 사회에 퍼졌던 물질적 이익만을 추구하는 사고방식을 비판하는 현대 소설이다.
①: 수남이 주인 영감에게 자전거를 들고 도망친 일을 이야기하자, 주인 영감은 수남의 행동을 칭찬한다.
②: 수남은 평소에 좋아했던 주인 영감에게 거부감을 느낀다.
③: 수남은 자신이 낮에 한 짓이 도둑질이었는지 고민한다.
④: 수남은 자전거를 갖고 달리면서 느꼈던 쾌감을 떠올리며, 자신이 죄책감보다 쾌감을 더 크게 느꼈다는 사실에 불안감을 느낀다.
■ 주제: 현대 도시인들의 도덕적이지 않은 모습에 대한 비판

■ 이것이 핵심!: 수남의 내적 갈등

부도덕성		도덕성
• 간악하게 굴던 신사를 그 정도 골려 준 것이 뭐가 나쁜가? • 도둑질하면서도 나는 죄책감보다는 쾌감을 더 짙게 느꼈던 것이다.	부딪침.	• 내가 한 짓은 도둑질이었단 말인가. • 나는 도둑질을 하면서 그렇게 기쁨을 느꼈더란 말인가.

05 [정답] (1) 수남 (2) 자전거

> **왜 정답 ?**

(1) 수남은 자전거를 들고 도망친 일을 생각하며 내적 갈등을 겪고 있다. 따라서 정답은 '수남'이다.
(2) 수남은 자전거를 들고 도망치며 죄책감보다 쾌감을 더 크게 느꼈다는 것에 불안해하고 있다. 따라서 정답은 '자전거'이다.

06 [정답] ④

윗글의 내용으로 가장 알맞지 <u>않은</u> 것은?

> **왜 정답 ?**

④ 수남은 주인 영감의 손길에 ~~편안함~~을 느꼈다.
　　'영감님의 손이 싫다.'
　★ 근거: ②-❼
주인 영감은 '수남이의 머리를 쓰다듬고 볼과 턱을 두둑한 손으로 귀여운 듯이 감'싸며 수남을 기특해하고 있다. 수남은 원래 이러한 주인 영감의 애정의 표시를 좋아했지만, 오늘은 '영감님의 손이 싫다.'라고 생각하고 있다. 그 이유는 수남이 자전거를 들고 도망친 자신을 칭찬하는 주인 영감에게 거부감을 느끼고 있기 때문이다.

> **왜 오답 ?**

① 주인 영감은 수남의 행동을 칭찬했다.
　　　　　　　　　　'잘 했다. 잘 했어.'
　★ 근거: ①-❹, ❺
주인 영감은 자전거를 들고 도망친 수남의 이야기를 듣고서는 '무릎을 치면서 통쾌해'하며 '잘했다. 잘했어.'라고 수남을 칭찬하고 있다.

② 주인 영감은 수남의 자전거에 채워진 자물쇠를 분해했다.
　　　　　　　　　　'마침내 자물쇠를 깨뜨렸나 보다.'
　★ 근거: ①-❻, ②-❶
주인 영감은 가게에서 쓰는 도구들을 가지고 수남의 '자전거에 채운 자물쇠를 분해하기 시작'했고, 이내 '자물쇠를 깨뜨'리고 있다.

③ 수남은 주인 영감이 한 말을 다시 떠올렸다.
　　'내 꼴이 어땠으면 ~ "네놈 꼴이 꼭 도둑놈 꼴이다."고 하였을까.'
　★ 근거: ③-❿
수남은 저녁밥을 먹은 뒤 낮에 있었던 일을 생각하며 '네놈 꼴이 꼭 도둑놈 꼴이다.'라고 했던 주인 영감의 말을 다시 떠올리고 있다.

⑤ 수남은 자전거를 들고 도망친 일을 주인 영감에게 말했다.
　　　　　　　　'자초지종을 주인 영감님께 고해 바친다.'
　★ 근거: ①-❸
수남은 자전거를 들고 급히 도망쳐 와서는 '자초지종을 주인 영감님께 고해 바'치고 있다. 즉, 수남은 자전거를 들고 도망친 일을 주인 영감에게 이야기하고 있다.

07 [정답] ⑤

[A]에 드러나는 수남의 심리로 가장 알맞은 것은?

• [A]: 수남은 낮에 자전거를 들고 도망친 일이 옳은 짓이었는지, 도둑질이었는지 고민하고 있습니다.

즉 자전거를 들고 도망친 일을 떠올리는 수남의 심리를 알맞게 설명한 것을 고르는 문제입니다.

> **왜 정답 ?**

⑤ 자신의 행동이 도둑질이었는지 고민하며 혼란스러워하고
　　　　　자신의 행동을 정당화하면서도 그것이 도둑질이었는지 고민함.
있다.
　★ 근거: ③-❻～⓬
수남은 낮에 자전거를 들고 도망친 일에 대해 '간악하게 굴던 신사를 그 정도 골려 준 것이 뭐가 나쁜가?'라면서 자신의 행동을 정당화하고 있다. 하지만 이내 '내가 한 짓은 도둑질이었단 말인가.'라면서 자신의 행동이 도둑질이었는지 고민하며 혼란스러워하고 있다.

> **왜 오답 ?**

① ~~자전거가 망가진 것을 슬퍼하고 있다.~~
　　나타나지 않음.
윗글에서 수남의 자전거가 망가졌다는 내용은 나타나지 않는다.

② ~~가게에서 일하는 것을 지루해하고 있다.~~
　　　나타나지 않음.
수남이 가게에서 일하고 있기는 하지만, 가게에서 일하는 것을 지루해한다는 내용은 나타나지 않는다.

③ ~~주인 영감에게 나쁜 말을 한 것을 뉘우치고 있다.~~
　　　　　　　　나타나지 않음.
수남이 자신의 행동을 칭찬하고, 자물쇠를 분해하는 주인 영감을 보며 거부감을 느끼고 있기는 하지만, 주인 영감에게 나쁜 말을 하고 있지는 않다.

④ ~~신사에게 오천 원을 준 일을 자랑스러워하고 있다.~~
　　오천 원을 주지 않고 자전거를 들고 도망침.
　★ 근거: [앞부분의 줄거리]
[앞부분의 줄거리]에 따르면, 신사는 수남에게 차 수리비 오천 원을 요구하며 자전거에 자물쇠를 채웠다. 하지만 수남은 자전거를 들고 도망친다. 즉, 수남은 신사에게 오천 원을 주지 않았다.

08 [정답] 도둑놈

윗글에서 〈보기〉의 빈칸에 들어가기에 가장 알맞은 말을 찾아 3글자로 쓰시오.

> ───〈보기〉───
>
> '(　　　)'(이)라는 말은 주인 영감이 자전거를 들고 급
> 　　　　　　'네놈 꼴이 영락없이 도둑놈 꼴이다 인마.'
> 히 도망쳐 온 수남에게 한 말로, 자신의 행동이 옳은 일
> 이었는지에 대한 수남의 내적 갈등을 심화시키고 있다.
> 　'그때의 내 꼴이 어땠으면 ~ "네놈 꼴이 꼭 도둑놈 꼴이다."고 하였을까.'

> **왜 정답 ?**

★ 근거: ①-❶, ③-❿
①에서 주인 영감은 자전거를 들고 급히 도망쳐 온 수남에게 '네놈 꼴이 영락없이 도둑놈 꼴이다'라고 했다. 그리고 ③에서 수남은 자전거를 들고 도망친 행동이 옳은 일이었는지에 대해 내적 갈등을 겪고 있다. 이때 수남은 '그때의 내 꼴이 어땠으면 주인 영감님까지 "네놈 꼴이 꼭 도둑놈 꼴이다."고 하였을까.'라면서 더욱 혼란스러워하고 있다. 즉, 주인 영감이 자전거를 들고 도망쳐 온 수남에게 '도둑놈'이라고 한 말이 수남의 내적 갈등을 심화시키고 있다.

동백꽃 _김유정

❶ 중심인물, 배경 ❷ 중심 사건, 갈등 ❸ 서술상 특징

[1] 고놈의 계집애가 요새로 들어서서 왜 나를 못 먹겠
❶ 중심인물: 점순   ❶ 중심인물
다고 고렇게 아르렁거리는지 모른다.
❸ 서술자: '나', 시점: 1인칭 주인공 시점
❷「나흘 전 감자 쪼간*만 하더라도 나는 저에게 조금도
❶ 시간적 배경 「 」: ❸ 역순행적 구성 – 현재에서 과거의 일을 떠올림.
잘못한 것은 없다.

❸계집애가 나물을 캐러 가면 갔지 남 울타리 엮는 데
쌩이질*을 하는 것은 다 뭐냐. ❹그것도 발소리를 죽여
가지고 등 뒤로 살며시 와서
❺㉠"얘! 너 혼자만 일하니?"
'나'에 대한 점순이의 관심
❻하고 긴치 않은 수작을 하는 것이다.
❸ 어수룩한 서술자 – '나'는 점순이의 마음을 전혀 눈치채지 못함.
❼어제까지도 저와 나는 이야기도 잘 않고 서로 만나
도 본척만척하고 이렇게 점잖게 지내던 터이련만 오늘
로 갑작스레 대견해졌음은 웬일인가. ❽항차 망아지만
한 계집애가 남 일하는 놈 보고…….
❾㉡"그럼 혼자 하지 떼루 하디?"
'나'는 점순이의 마음을 전혀 모르고 있음.
❿내가 이렇게 내뱉은 소리를 하니까
⓫"너 일하기 좋니?"
⓬또는
⓭"한여름이나 되거던 하지 벌써 울타리를 하니?"
⓮잔소리를 두루 늘어놓다가 남이 들을까 봐 손으로
❸ 어수룩한 서술자 – '나'는 점순이의 마음을 전혀 눈치채지 못함.
입을 틀어막고는 그 속에서 깔깔댄다. ⓯별로 우스울 것
'나'와 함께 있어 들뜬 점순이의 모습
도 없는데 날씨가 풀리더니 이놈의 계집애가 미쳤나
'나'는 점순이가 웃는 이유를 알지 못함.
하고 의심하였다. ⓰게다가 조금 뒤에는 즈 집께를 할금
점순이가 감자를 몰래 가져왔음을 알 수 있음.
할금 돌아다보더니 행주치마의 속으로 꼈던 바른손을
뽑아서 나의 턱 밑으로 불쑥 내미는 것이다. ⓱언제 구
웠는지 아직도 더운 김이 홱 끼치는 ㉢굵은 감자 세
❷ 중심 사건: 점순이가 '나'에게 감자를 건넴.
→ '나'에 대한 점순이의 애정이 드러남.
개가 손에 뿌듯이 쥐었다.
*① 요약: 나흘 전 점순이가 '나'에게 감자를 건넴.

[2] "느 집엔 이거 없지?"
감자를 건네기가 쑥스러워서 한 말
❷하고 생색 있는 큰소리를 하고는 제가 준 것을 남이 알
❸ 어수룩한 서술자

면은 큰일 날 테니 여기서 얼른 먹어 버리란다. ❸그리
고 또 하는 소리가
❹"너 봄 감자가 맛있단다."
❶ 계절적 배경
❺"난 감자 안 먹는다, 니나 먹어라."
❻나는 고개도 돌리지 않고 일하던 손으로 ㉣그 감자
를 도로 어깨 너머로 쑥 밀어 버렸다.
❷ 중심 사건: '나'가 점순이가 준 감자를 거절함.
❼그랬더니 그래도 가는 기색이 없고, 뿐만 아니
라 쌔근쌔근하고 심상치 않게 숨소리가 점점 거칠
❷ 갈등: '나'가 점순이가 준 감자를 거절하여 점순이가 화가 남.(외적 갈등)
어진다. ❽이건 또 뭐야 싶어서 그때에야 비로소 돌
아다보니 나는 참으로 놀랐다. ❾우리가 이 동리에
❶ 공간적 배경
들어온 것은 근 삼 년째 되어 오지만 여지껏 가무
[A] 잡잡한 점순이의 얼굴이 이렇게까지 홍당무처럼
'나'에게 거절당해 부끄럽고 화가 난 점순이
새빨개진 법이 없었다. ❿게다 눈에 독을 올리고 한
참 나를 요렇게 쏘아보더니 나중에는 눈물까지 어
리는 것이 아니냐. ⓫그리고 바구니를 다시 집어 들
더니 이를 꼭 악물고는 엎더질 듯 자빠질 듯 논둑
으로 횡허케 달아나는 것이다.」
*② 요약: '나'가 감자를 거절하자 점순이가 화가 남.
(중략)

[3] 그런데 고약한 그 꼴을 하고 가더니 그 뒤로는 나를
보면 잡아먹으려고 기를 복복 쓰는 것이다.
'나'가 감자를 거절하여 마음이 상했기 때문에
❷설혹 주는 감자를 안 받아먹은 것이 실례라 하면, 주
면 그냥 주었지 ㉤"느 집엔 이거 없지?"는 다 뭐냐. ❸그
'나'는 점순이의 말에 기분이 상함. → 감자를 거절한 이유
렇잖아도 즈이는 마름*이고 우리는 그 손에서 배재*
❶ 시대적 배경을 나타내는 말 – 1930년대
를 얻어 땅을 부치므로 일상 굽실거린다. ❹우리가 이
'나'의 가족은 점순이네에게 땅을 빌려 농사를 짓고 있음.
마을에 처음 들어와 집이 없어서 곤란으로 지낼 제 집
터를 빌리고 그 위에 집을 또 짓도록 마련해 준 것도
'나'의 가족은 점순이네 덕분에 마을에 자리를 잡을 수 있게 됨.
점순네의 호의이었다. ❺그리고 우리 어머니 아버지도
농사 때 양식이 달리면 점순네한테 가서 부지런히 꾸
어다 먹으면서 인품 그런 집은 다시없으리라고 칭이

마르도록 칭찬하고 하는 것이다.❻ 그러면서도 열일곱씩
이나 된 것들이 수군수군하고 붙어 다니면 동리의 소
문이 사납다고 주의를 시켜 준 것도 또 어머니였다.
❼ 왜냐하면 내가 점순이하고 일을 저질렀다가는 점순네
<u>'나'가 점순이를 멀리하는 이유</u>
가 노할 것이고, 그러면 우리는 땅도 떨어지고 집도
내쫓기고 하지 않으면 안 되는 까닭이었다.
*③ 요약: '나'가 감자를 거절한 이유와 점순이를 함부로
대할 수 없는 '나'의 입장

*쪼간 : 어떤 사건이나 일
*쌩이질 : 한창 바쁠 때에 쓸데없는 일로 남을 귀찮게 구는 짓
*마름 : 땅 주인을 대신하여 농사짓는 땅을 관리하는 사람
*배재 : 땅을 빌려 농사짓는 사람과 마름이 주고받는 소작권
위임 문서

★ 소설 독해 공식

❶ **중심인물**: '나', 점순
  공간적 배경: 동리(마을), **시간적 배경**: 현재, 나흘 전
  시대적·계절적 배경: 1930년대 봄
❷ **중심 사건**: 점순이가 '나'에게 감자를 건네고, '나'가 이를 거절함.
  갈등: 점순이가 준 감자를 거절한 '나'와, 이에 화가 난 점순이의 외적 갈등
❸ **서술상 특징**
  • 서술자: 1인칭 서술자('나'), 시점: 1인칭 주인공 시점
   → 어수룩한 서술자인 '나'를 통해 웃음을 유발하고 있음.
  • 현재에서 과거의 일을 떠올리는 역순행적 구성임.

■ **내용**: 이 작품은 시골 마을의 향토적이고 서정적인 분위기 속에서 이루어
지는 사춘기 소년, 소녀의 순박하고 풋풋한 사랑을 그린 현대 소설이다.
 ①: 나흘 전에 점순이는 '나'에게 괜히 말을 걸더니 감자 세 개를 건넨다.
 ②: '느 집엔 이거 없지?'라는 점순이의 말에 마음이 상한 '나'는 감자를
  거절하고, 이에 점순이는 얼굴이 새빨개져서 달아난다.
 ③: 그 뒤로 점순이는 '나'를 괴롭히기 시작하고, '나'는 그런 점순이의
  행동을 이해하지 못한다.
■ **주제**: 농촌 마을 소년, 소녀의 순박한 사랑

■ **이것이 핵심!**: 소재의 의미

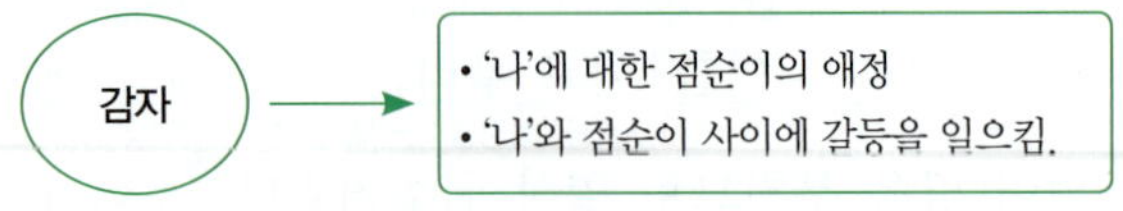

---

01 정답 (1) '나' (2) 나흘 전

> **왜 정답?**
(1) 윗글에서는 '나'가 점순이와 있었던 일을 전달하고 있다. 따라서
  정답은 '나'이다.
(2) '나'는 나흘 전에 점순이가 '나'에게 감자를 주었던 일을 이야기하
  고 있다. 따라서 정답은 '나흘 전'이다.

02 정답 ④

㉠~㉤에 대한 설명으로 가장 알맞지 <u>않은</u> 것은?

• ㉠~㉤: ㉠은 '나'에게 점순이가 던진 질문, ㉡은 '나'의 대답, ㉢은
  점순이가 '나'에게 감자를 건네는 모습, ㉣은 '나'가 감자를 거절하는
  모습, ㉤은 점순이의 말에 대한 '나'의 생각입니다.

🔴 ㉠~㉤에 드러나 있는 '나'와 점순이의 심리를 잘못 이해한 것을
  고르는 문제입니다.

> **왜 정답?**
④ ㉣: '나'는 점순이의 관심에 **부끄러워**하고 있다.
   점순이의 말에 마음이 상해 감자를 거절한 것임.
  ★ **근거**: ②-❻, ③-❷
  '나'가 감자를 거절한 이유는 '느 집엔 이거 없지?'라는 점순이의 말
  에 마음이 상했기 때문이다. 또한 '나'는 점순이가 자신에게 관심이
  있다는 것을 전혀 모르고 있다. 따라서 '나'가 점순이의 관심에 부끄
  러워하고 있다는 설명은 알맞지 않다.

> **왜 오답?**
① ㉠: 점순이는 '나'에 대한 관심을 표현하고 있다.
   점순이는 일하는 '나'에게 괜히 말을 걺.
  ★ **근거**: ①-❺
  점순이는 혼자 일하고 있는 '나'에게 괜히 말을 걸고 있다. 이는 점순
  이가 '나'에 대한 관심을 표현하는 것이다.

② ㉡: '나'는 점순이의 마음을 전혀 눈치채지 못하고 있다.
   '나'는 점순이가 괜히 시비를 건다고 생각함.
  ★ **근거**: ①-❻, ❾
  점순이는 '나'를 좋아해서 말을 거는 것인데, '나'는 점순이가 괜히 시
  비를 거는 것이라고 생각해 퉁명스럽게 대답하고 있다. 이를 통해
  '나'가 점순이의 마음을 전혀 모르고 있다는 것이 드러난다.

③ ㉢: '나'에 대한 점순이의 애정이 드러나고 있다.
   점순이는 '나'를 좋아해서 감자를 준 것임.
  ★ **근거**: ①-⓱
  점순이가 '나'에게 감자를 준 이유는 '나'를 좋아하기 때문이다. 즉, 감
  자는 '나'에 대한 점순이의 애정을 드러내는 소재이다.

⑤ ㉤: 점순이의 말에 마음이 상한 '나'의 심정이 드러나고 있다.
   '나'는 점순이가 생색을 내는 것이라고 생각하여 마음이 상함.
  ★ **근거**: ③-❷, ❸
  '나'의 가족은 점순이네게 땅을 빌려 농사를 짓고 있는 처지여서 점
  순이네에 '일상 굽실거린다'고 했다. 그래서 '나'는 점순이가 '느 집엔
  이거 없지?'라고 한 것이 생색을 내는 것이라고 생각하여 마음이 상
  한 것이다.

03 정답 ③

[A]에 대한 설명으로 가장 알맞은 것은?

• [A]: '나'가 감자를 거절하자 점순이가 부끄럽고 화가 나 달아나는
  모습입니다.

🔴 [A]의 서술상 특징과, 이를 통해 드러나는 내용으로 알맞은 것을
  고르는 문제입니다.

> 왜 정답?

③ 화가 난 점순이의 모습을 생동감 있게 드러내고 있다.
'쌔근쌔근하고 ~ 점점 거칠어진다.', '점순이의 얼굴이 ~ 횡허케 달아나는 것이다.'
★ 근거: ②-❼~⓫
[A]에서는 점순이가 '쌔근쌔근하고 심상치 않게 숨소리가 거칠어'지고, 얼굴이 '홍당무처럼 새빨개'지더니 '눈물까지 어'려서는 '엎더질 듯 자빠질 듯 논둑으로 횡허케 달아'났다며 화가 난 점순이의 모습을 생동감 있게 드러내고 있다.

> 왜 오답?

① 점순이가 화가 난 이유를 요약하고 있다.
나타나지 않음.
[A]에서 점순이가 화가 난 모습이 나타나고 있기는 하지만, 점순이가 화가 난 이유를 요약하고 있지는 않다.

② 사건이 일어나는 공간이 계속 바뀌고 있다.
공간이 바뀌지는 않음.
[A]에서 공간이 바뀌고 있지는 않다.

④ 점순이에 대한 '나'의 무관심한 태도를 강조하고 있다.
나타나지 않음.
[A]에는 화가 난 점순이의 모습과 이를 보고 놀란 '나'의 심경이 나타나 있다. 점순이에 대한 '나'의 무관심한 태도가 나타나지는 않는다.

⑤ '가무잡잡'과 '홍당무'를 통해 계절감을 드러내고 있다.
드러나지 않음.
계절감이란 계절의 변화에 따라 일어나는 느낌을 의미한다. '가무잡잡'과 '홍당무'는 점순이의 얼굴을 묘사하기 위해 사용된 표현일 뿐, 이를 통해 계절감이 드러나지는 않는다.

DAY 16 모래톱 이야기 _김정한

❶ 중심인물, 배경 ❷ 중심 사건, 갈등 ❸ 서술상 특징

❷ 중심 사건: '나'가 조마이섬에 관한 이야기를 글로 씀.

1 20년이 넘도록 내처 붓을 꺾어 오던 내가 새삼 이
❶ 시간적 배경: 현재   줄곧 글을 쓰지 않던   ❶ 중심인물
런 글을 끼적거리게 된 건 별안간 무슨 기발한 생각이 떠올라서가 아니다.❷오랫동안 교원 노릇을 해 오던 탓으로 우연히 알게 된 한 소년과, 그의 젊은 홀어머니,
건우
할아버지, 그리고 그들이 살아오던 낙동강 하류의 어
조마이섬
떤 외진 모래톱 — 이들에 관한 그 기막힌 사연들조차, 마치 지나가는 남의 땅 이야기나, 아득한 옛날이야기처럼 세상에서 버려져 있는 데 대해서까지는 차마
'나'는 조마이섬의 이야기를 세상에 알리기 위해 글을 씀.
묵묵할 도리가 없었기 때문이다.
*1 요약: '나'가 조마이섬의 이야기를 글로 씀.(현재)

❸ 액자식 구성('나'의 이야기 → 건우와 조마이섬의 이야기)

2 건우란 소년은 내가 직접 담임했던 제자다.❷당시 나
❶ 중심인물 ❸ 서술자: '나', 시점: 1인칭 관찰자 시점 ❶ 시간적 배경: 과거(20년 전)
는 K라는 소위 일류 중학에서 교편을 잡고 있었다.
❶ 공간적 배경: 학교
❸비가 억수로 내리던 날 첫 시간의 일이었다.❹지각생이 많았다.❺지각생이 많으면 교사는 짜증이 나게 마련이다.❻그럴 때 유독 닦이는 놈은 으레 그런 일이 잦은 놈
혼나는
들이다.
❼"넌 또 지각이로군? 도대체 어찌 된 일이냐?"
❽건우의 차례였다.❾다른 애와 달리 그는 옷이 비에 흠
비가 오는 날에 배를 타고 학교에 왔기 때문
뻑 젖어 있었다.❿아래윗도리 옷깃에서 물이 사뭇 교실

바닥에 뚝뚝 떨어지고 있지 않은가!
⓫"나릿배 통학생임더."- 건우가 지각한 이유
❸ 사투리 → 사실감을 더함.
⓬낮고 가는 목소리가 그의 가냘픈 입술 사이에서 새어 나오듯 했다.⓭그리고 이내 울상이 된 얼굴을 아래로 떨구었다.⓮차라리 무엇인가를 하소하는* 듯이 느껴졌다. /⓯"나릿배 통학생?"
⓰이쪽으로선 처음 듣는 술어였다.
말
⓱"맹지면에서 나릿배로 댕기는 아입니더."
⓲지각생 아닌 다른 애가 대신 대답했다.⓳명지면이라
: ❸ 구체적 지명 → 사실감을 더함.
면 김해 땅이다.⓴낙동강 하류 강을 건너야만 부산으로 나올 수 있는 곳이다.
㉑"나릿배 통학생이라……."
❷ 중심 사건: '나'가 건우의 사정을 알게 됨.
㉒나는 건우의 비에 젖은 옷을 바라보면서 자리에 들어가라고 했다. *2 요약: '나'가 지각한 건우의 사정을 알게 됨.(과거)

3 이런 일이 있고부터 나는 건우란 소년에게 은근히
건우가 낙동강 하류의 섬에 산다는 것을 알게 된 후
동정이 가게 되었다.❷더더구나 아버지가 없다는 걸 알고부터는.❸동무들끼리 어울려 놀 때 그를 곧잘 '거무(거미)'라고 놀려 대던 이상한 별명의 유래도 곧 알게 되었다.❹그의 고향 친구들의 말에 의하면 거미란 짐승
건우의 할아버지가 건우에게 '거무'라는 아명을 지어준 이유
은 물에 날쌘 놈이라 해서 즈 할아버지가 지어 준 아

명*이었다는 거다.❺ 거미!❻ 강가에 사는 사람들의 자식
물가에 사는 자식이 물에 날쌘 거미처럼 잘 살기를 바라는 마음
아끼는 심정을 가히 짐작할 수가 있었다.❼ 호적에 올릴
때는 부득이 건우로 했으리라.❽ 그것도 아마 누구의 지
혜를 빌려서.
*③ 요약: 건우의 사정을 알게 된 '나'가 건우를
신경 쓰기 시작함.(과거)

④ 두 번째로 내가 건우란 소년에게 대해서 관심을 더
욱 가지게 된 것은 학기 초 가정방문을 나가기 전에 그
가 써낸 작문을 읽고부터였다(나는 가정방문을 나가기
❷ 중심 사건: '나'가 건우가 쓴 글을 읽음. → 조마이섬의 내력을 알게 됨.
전 가끔 학생들에게 자기 자신에 관한 글을 써 오라고
하였다.).
❷ '섬 얘기'란 제목의 그의 글은 결코 미문은 아니었다.
건우가 쓴 글의 제목
❸ 그러나 내용은 끔찍한 것이라 생각했다.❹ 자기가 사는
고장 — 복숭아꽃도, 살구꽃도, 아기 진달래도 피지
않는 조마이섬은 몇백 년, 아니 몇천 년 갖은 풍상과
건우가 사는 곳, '섬 얘기'의 소재　　　　조마이섬이 만들어진 과정
홍수를 겪어 오는 동안에 모래가 밀려서 된 나라 땅인
데,「일제 때는 억울하게도 일본 사람의 소유가 되어
「 」: ❷ 중심 사건 – 유력자들이 조마이섬의 소유권을 차지해 옴.
있다가 해방 후부터는 어떤 국회의원의 명의로 둔갑이
되었는가 하면, 그 뒤는 또 그 조마이섬 앞 강의 매립
허가를 얻은 어떤 다른 유력자의 앞으로 넘어가 있다
든가 하는 — 말하자면 선조 때부터 거기에 발을 붙이
대대로 섬을 일구어 살아온 사람들
고 살아오던 사람들과는 무관하게 소유자가 도깨비처
럼 뒤바뀌고 있다는,」섬의 내력을 적은 글이었다.❺ 그
저 그런 정도의 얘기를 솔직히 적었을 따름인데, 어딘
지 모르게 무엇인가를 저주하는 듯한, 소년의 날카롭
건우는 조마이섬의 상황이 부조리하다고 생각하고 있음.
고 냉랭한 심사가 글 밑바닥에 깔려 있었다.❻ 나는 나
자신이 갑자기 무슨 고발이라도 당한 심정으로 그 글
건우의 글을 통해 '나' 또한 조마이섬의 상황이 부조리함을 느낌.
발을 따로 제쳐서 책상 서랍 속에 넣어 두었다.
*④ 요약: '나'가 건우의 글을 읽고 조마이섬의 내력을 알게 됨.(과거)

* 하소하다 : 억울한 일이나 잘못된 일, 딱한 사정 따위를 말하다.
  (=하소연하다)
* 아명 : 아이 때의 이름

★ 소설 독해 공식

❶ 중심인물: '나', 건우
공간적 배경: 학교
시간적 배경: 현재, 과거(20년 전)
❷ 중심 사건
• 현재: '나'가 조마이섬에 관한 이야기를 글로 씀.
• 과거: '나'가 건우의 글을 통해 조마이섬의 내력을 알게 됨. 조마이섬은
  주민들이 일궈 온 곳이지만, 그와 상관없이 유력자들이 소유권을 차지
  해 옴.
❸ 서술상 특징
• 서술자: 1인칭 서술자('나'), 시점: 1인칭 관찰자 시점
• 바깥 이야기(현재의 시점에서 과거의 일을 전하는 '나'의 이야기) 안에
  속 이야기(건우와 조마이섬의 이야기)가 포함된 액자식 구성임.
• 사투리와 구체적인 지명을 통해 사실감을 더하고 있음.

■ 내용: 이 작품은 낙동강 하류의 조마이섬에 사는 사람들이 섬을 빼앗으
려는 유력자들에게 저항하는 내용의 현대 소설로, 권력층의 욕심으로 인
해 민중들의 삶이 위협받는 부조리한 현실을 보여 준다.
① '나'는 과거에 알게 된 건우와 그들의 가족이 살아오던 낙동강 하류
  의 조마이섬에 관한 사연을 글로 쓴다.
② 비가 많이 내린 날에 옷이 흠뻑 젖은 채 지각을 한 건우는 자신이 나
  룻배를 타고 통학을 한다고 말한다.
③ 그 뒤로 '나'는 건우에게 은근한 동정을 느낀다.
④ '나'는 건우가 쓴 글을 읽고 섬의 주민들과 상관없이 유력자들에 의
  해 소유자가 뒤바뀌어 온 섬의 내력을 알게 된다.
■ 주제: 부당한 권력자에 의해 고통받는 사람들의 삶, 부조리한 현실에 대
한 고발

■ 이것이 핵심!: 액자식 구성

> **바깥 이야기**
> 과거의 일을 전하는 '나'의 이야기
>
> **속 이야기**
> 조마이섬의 이야기(부조리한 현실)

---

04 [정답] (1) '나' (2) 1인칭 관찰자

> **왜 정답?**

(1) '내가 새삼 이런 글을 끼적거리게 된 건 별안간 무슨 기발한 생각
  이 떠올라서가 아니다.' 등에서 이야기를 전달하는 인물이 '나'임
  이 드러나고 있다. 따라서 정답은 '나'이다.
(2) 윗글의 서술자는 '나'이고, '나'는 과거에 알게 된 건우와 조마이
  섬의 이야기를 전달하고 있다. 따라서 윗글은 1인칭 서술자가 자
  신이 보고 들은 이야기를 관찰자의 입장에서 전달하는 1인칭 관
  찰자 시점이다. 따라서 정답은 '1인칭 관찰자'이다.

05 [정답] ④

윗글을 읽고 한 생각으로 가장 알맞지 <u>않은</u> 것은?

＞왜 정답 ?

④ 여빈: '섬 얘기'는 ~~건우의 할아버지~~가 쓴 글이구나.
　　　　　　　　건우 쓴 글임.

★ 근거: 4-❶, ❷

'섬 얘기'는 '학기 초 가정방문을 나가기 전에' 건우가 직접 써낸 작문이다.

＞왜 오답 ?

① 도은: 조마이섬은 낙동강 하류에 있구나.
　　　'낙동강 하류의 어떤 외진 모래톱', '자기가 사는 고장 ~ 조마이섬'

★ 근거: 1-❷, 4-❹

1에서 '나'는 건우와 그의 가족들이 살아오던 곳을 '낙동강 하류의 어떤 외진 모래톱'이라고 했다. 또한 4에서 '섬 얘기'는 건우가 '자기가 사는 고장'인 조마이섬에 대해 적은 글이라고 했다. 이를 통해 조마이섬이 '낙동강 하류'에 있는 모래톱임을 알 수 있다.

② 민호: '나'는 건우의 담임 선생님이었구나.
　　　　'건우란 소년은 내가 직접 담임했던 제자다.'

★ 근거: 2-❶

'나'는 '내가 직접 담임했던 제자'인 건우에 대해 이야기하고 있다. 즉, '나'는 건우의 담임 선생님이었다.

③ 소원: 건우는 나룻배를 타고 학교를 다녔구나.
　　　'나룻배 통학생임더.', '맹지면에서 나룻배로 댕기는 아입니더.'

★ 근거: 2-⓫, ⓱

건우는 지각한 이유를 묻는 '나'에게 '나룻배 통학생임더.'라고 했고, 이에 대해 또 다른 학생은 '맹지면에서 나룻배로 댕기는 아입니더.'라고 설명했다. '통학생'이란 집에서 학교까지 다니는 학생을 뜻한다. 즉, 건우는 집에서 학교까지 나룻배를 타고 다녔다.

⑤ 영재: '섬 얘기'에는 조마이섬의 내력이 적혀 있구나.
　　　　　　'섬의 내력을 적은 글이었다.'

★ 근거: 4-❷~❹

'나'는 '섬 얘기'가 '선조 때부터 거기에 발을 붙이고 살아오던 사람들과는 무관하게 소유자가 도깨비처럼 뒤바뀌고 있다는, 섬의 내력을 적은 글'이라고 했다.

06 [정답] ②

건우의 별명인 '거무'에 대한 설명으로 가장 알맞은 것은?

- **건우의 별명 '거무':** '거무'란 '거미'를 의미하며, 거미가 물에 날쌔다고 하여 건우의 할아버지가 지어 준 아명입니다.

즉 건우의 별명이자 아명인 '거무'에 대한 설명으로 알맞은 것을 고르는 문제입니다.

＞왜 정답 ?

② 손자를 아끼는 건우의 할아버지의 마음이 담겨 있다.
　　물가에 사는 손자가 물에 날쌘 거미처럼 잘 살기를 바라는 마음

★ 근거: 3-❹~❻

거무는 '거미란 짐승은 물에 날쌘 놈이라 해서 즈 할아버지가 지어 준 아명'이라고 했다. 그리고 '나'는 이를 통해 '강가에 사는 사람들의 자식 아끼는 심정을 가히 짐작할 수가 있었다.'라고 했다. 건우의 할

아버지는 물가에 사는 건우가 물에 날쌘 거미처럼 잘 살기를 바라는 마음에서 '거무'라는 아명을 지어 준 것이다. 즉, '거무'에는 손자를 아끼는 건우의 할아버지의 마음이 담겨 있다.

＞왜 오답 ?

① ~~어린 시절을 그리워하는 건우의 마음~~이 담겨 있다.
　　　　　　나타나지 않음.

윗글에서 건우가 어린 시절을 그리워하는 모습은 나타나지 않는다.

③ 중학생이 된 건우를 ~~응원하는 '나'의 마음~~이 담겨 있다.
　　　　　　　　'거무'와 관련 없음.

★ 근거: 3-❶, ❹~❻

'나'는 건우가 나룻배를 타고 통학한다는 사실을 알게 된 후 건우에게 '은근히 동정이 가게 되었다'고 했지만, 이를 '나'가 건우를 응원하는 것으로 보기는 어렵다. 또한 '거무'는 물가에 사는 손자가 물에 날쌘 거미처럼 잘 살길 바라는 마음으로 건우의 할아버지가 지어 준 아명이므로, 건우에 대한 '나'의 마음과 '거무'는 관련이 없다.

④ ~~건우와 친해지고 싶어 하는 친구들의 마음~~이 담겨 있다.
　　　'거무'는 같이 어울려 놀던 친구들이 부르던 별명임.

★ 근거: 3-❸

'거무'는 '동무들끼리 어울려 놀 때' 친구들이 건우를 '놀려 대던' 별명이라고 했다. 친구들이 건우와 친해지고 싶어서 건우를 '거무'라고 부르지는 않았다.

⑤ ~~강가에 사는 건우를 위로하는 친구들의 마음~~이 담겨 있다.
　　　'거무'는 친구들이 건우를 놀리던 별명임.

★ 근거: 3-❸

'거무'는 건우의 친구들이 건우를 '놀려 대'던 별명이라고 했다. 친구들이 강가에 사는 건우를 위로하기 위해 건우를 '거무'라고 부르지는 않았다.

07 [정답] 조마이섬

윗글에서 〈보기〉의 빈칸에 들어가기에 가장 알맞은 말을 찾아 쓰시오.

> **─〈보기〉─**
>
> 　액자식 구성이란 하나의 이야기 속에 또 다른 이야기가 포함된 구성을 말한다. 〈모래톱 이야기〉는 교사인 '나'가 과거의 일을 전하는 이야기 속에 유력자들에 의해 소유자가 계속 뒤바뀌고 있는 (　　　　　　)의 이야기가 포함된 액자식 구성의 소설이다.
>
> 　　　　　　외부 이야기　　　　　　내부 이야기

＞왜 정답 ?

★ 근거: 4-❷~❹

윗글은 '나'가 과거에 알게 된 건우와, 건우의 가족들이 살던 조마이섬에 관한 이야기를 전하는 액자식 구성의 소설이다. 건우가 쓴 글인 '섬 얘기'에 의하면, 조마이섬은 대대로 그곳에 살아온 사람들과는 상관없이 유력자들에 의해 소유주가 계속 뒤바뀌어 온 곳이다.

대장금 _ 김영현

❶ 중심인물, 배경　❷ 중심 사건, 갈등　❸ 서술상 특징

[앞부분의 줄거리] 수라간 한 상궁은 제자 장금에게 좋은 재료와 비법만 찾으려 한다며 꾸짖고 보모상궁이 요양 중인 곳에 수발을 들러 갈 것을 명한다. 위독한 보모상궁은 어릴 적 돌아가신 오라버니가 주었던 고소하고 쫀득거리는 생쌀(올게쌀)을 죽기 전에 다시 맛보고 싶다고 이야기하고 장금은 이를 구하기 위해 애쓴다.

S#79. 처사 집(낮)
❶ 공간적 · 시간적 배경

❶찐 나락*을 처사가 볕에 정성껏 널고 있다. ❷이때 장금
　　　　　　　　　❶ 중심인물　　　　　　　　　❶ 중심인물
이 뛰어와서는 처사가 널고 있는 쌀을 씹어 먹어 본다.

❸「장금 : 이 쌀을 제게 조금만 주세요.
　「」: ❷ 갈등 – 쌀을 가져가려는 장금과, 이를 말리는 처사의 외적 갈등
❹처사 : 이건 안 돼유.
　❸ 사투리를 사용함. → 현장감과 친숙함이 느껴짐.
❺장금 : 왜요? 언제 돌아가실지 알 수 없어요. 가시기 전

에 한 번이라도 이 맛을 보여 드려야 해요.

❻처사 : 사정은 알겠는디 아직은 맛이 안 되는디…….
　　　　　　　　　처사가 쌀을 주지 않으려는 이유
❼장금 : 처사님…….

❽처사 : 이건 바짝 말려서 방아 쪄서 먹는 것인디유.

❾장금 : 제가 빠른 방법으로 말리겠습니다!
　　　　　장금은 쌀을 말리기만 하면 된다고 생각함.
❿처사 : 볕이 좋아도 나흘 이상은 말려야 맛이 나는 건디유.
　　　　올게쌀을 만들기 위해서는 시간과 정성이 필요함.
⓫장금 : (이미 포대에 주워 담고 있고)」
　　　　　장금은 처사의 말을 듣지 않음.
　　　*S#79 요약: 장금이 처사의 말을 듣지 않고 쌀을 가져감.

S#80. 처사 부엌(낮)
❶ 공간적 · 시간적 배경

❶장금은 연신 아궁이에 부채질을 하고 있는데…….❷솥
　　　　　　쌀을 빨리 말리기 위해
뚜껑을 뒤집어 놓은 위에 올버를 올려 말리고 있다.

❸장금 : 사흘이나 볕에 말릴 시간이 없어요. 장작 좀 더

갖다 주세요.

❹덕구 : 이렇게 말리면 금방인걸. 그 처사놈은 죙일 널고
　　　　　처사는 맛을 내기 위해 쌀을 정성스럽게 말리고 있음.
거두고 널고 거두고…….
　　　　　　　*S#80 요약: 장금이 쌀을 빠르게 말림.

[중략 부분의 줄거리] 보모상궁은 장금이 만든 올게쌀을 맛보지만 자신이 원하던 맛이 아니라고 하고, 보모상궁의 반응에 모두 실망한다.

S#84. 보모상궁의 방(밤)
❶ 공간적 · 시간적 배경

❶장금이 보모상궁을 안아 탕약을 먹이고 있는데…….

❷정말 임종할 때가 된 듯 힘이 없다.❸보는 정윤수와 덕구,

정호.

❹처사 : ㉠(E.*) 저 혹시 들어가도 돼유?
　　　　　❸ 효과음 – 처사의 대사를 소리로만 넣는다는 의미
❺정호 : 들어오세요.

❻처사 : 저기……. 올게쌀이 다 돼서…….

❼하고는 올게쌀 한 줌을 보모상궁에게 올린다.
　　　　처사가 정성껏 만든 올게쌀을 보모상궁에게 올림.
❽처사 : 딱딱하니 꼭꼭 씹으셔유.

❾「보모상궁이 받아서는 입에 넣고 힘들게 힘들게 씹는
　「」: ❷ 중심 사건 – 보모상궁이 처사의 올게쌀을 먹고 감동함.
데……. ❿천천히 아주 천천히 웃음이 번지는 듯하더니 희

미한 웃음 속에 어느새 주르르 눈물이 흐르고…….
　　　　　어릴 적에 먹었던 올게쌀의 맛이 났기 때문

⓫보모상궁 : 이겁니다. 바로 이거예요. 이제 저는 이승을
　　　　　　보모상궁이 처사의 올게쌀을 통해 한을 풂.
떠도 되겠습니다. 제가 갈 때 이 쌀을 제 관에 꼭 넣

어 주십시오. 오라버니에게 드려야 합니다.」

⓬보는 모두들.⓭장금은 뭔가 깨달은 듯 멍한데…….⓮보모
　　　　　음식을 빨리 만드는 것이 다가 아님을 깨달음.
상궁은 회한의 눈물을 펑펑 쏟으며 쌀을 씹고 또 씹고.
　　　　　*S#84 요약: 보모상궁이 처사의 올게쌀을 먹고 감동함.

S#85. 사찰 부엌(밤)
❶ 공간적 · 시간적 배경

❶장금이 들어온다.❷그리고는 처사의 올게쌀을 먹어 본다.

❸맛을 본 장금의 표정이 굳어지는데…….

❹장금 : 비법이 따로 있는 게 아니었어요. 그 맛있던 나

물도. 마마님의 한을 풀어 드린 그 쌀도. <u>그냥 좋은</u>
<u>볕에 말리고, 거두고, 말리고, 거두고…… 그 정성</u>
❷ 중심 사건: 장금이 음식을 만들 때 정성이 가장 중요하다는 것을 깨달음.
<u>과 시각…….</u>

❺처사: 그렇다니께유. 우리 엄니가 그랬슈. 어차피 음식
으로 배부르게는 못 먹으니께……. 정성이라도 많이
먹어야 배가 부르다구유……. 그러니 아무리 급해도
덜된 거 대충 얼버무려서 남 먹이지 말라구유…….
*S#85 요약: 장금이 깨달음을 얻음.

* 나락: '벼'를 이르는 말
* E.: 효과음(Effect). 장면을 실감 나게 표현하기 위해 화면에
넣는 소리

★ 극 문학 독해 공식

❶ **중심인물**: 장금, 처사
   공간적 배경: 처사 집, 처사 부엌, 보모상궁의 방, 사찰 부엌
   시간적 배경: 낮, 밤
❷ **중심 사건**: 보모상궁이 처사가 만든 올게쌀을 먹고 감동함. 이를 통해 장금이 음식을 만들 때 정성이 가장 중요하다는 것을 깨달음.
   갈등: 덜 마른 쌀을 가져가려는 장금과, 이를 말리는 처사의 외적 갈등
❸ **서술상 특징**
   • 사투리를 사용하여 현장감과 친숙함이 느껴지게 함.
   • 효과음(E.)을 활용하고 있음.

■ **내용**: 이 작품은 수라간에 궁녀로 들어간 장금이 음식을 만드는 사람의 도리를 배우고, 나중에는 의녀가 되어 활약하는 이야기를 다룬 드라마 '대장금'의 대본이다.
   S#79: 장금은 위독한 보모상궁이 먹고 싶어 하는 올게쌀을 빨리 만들기 위해 처사가 말리는데도 다 마르지 않은 쌀을 가져간다.
   S#80: 장금은 아궁이에 불을 피워 쌀을 빠르게 말린다.
   S#84: 장금이 만든 올게쌀로는 한을 풀지 못했던 보모상궁이 처사가 만든 올게쌀을 먹고 감동한다.
   S#85: 장금은 처사의 올게쌀을 먹어 보고는 정성이 음식의 비법임을 깨닫는다.
■ **주제**: 음식을 만드는 것에 대한 장금의 깨달음(제시된 부분)
   수라간 궁녀와 의녀로 활약하는 장금의 삶(작품 전체)

■ **이것이 핵심!: 인물의 대조되는 행동**

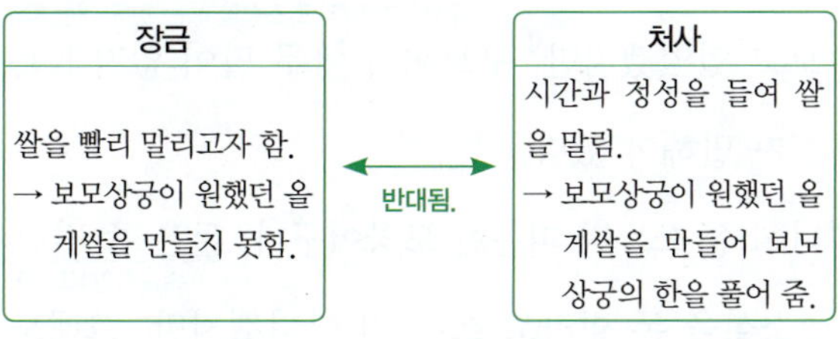

장금		처사
쌀을 빨리 말리고자 함. → 보모상궁이 원했던 올게쌀을 만들지 못함.	반대됨.	시간과 정성을 들여 쌀을 말림. → 보모상궁이 원했던 올게쌀을 만들어 보모상궁의 한을 풀어 줌.

---

01 [정답] (1) S# (2) 사투리

> **왜** 정답?

(1) 윗글은 드라마 대본으로, 장면 번호를 나타내는 'S#'에 따라 장면이 구분되고 있다. 따라서 정답은 'S#'이다.
(2) '안 돼유', '알겠는디'는 지방에서 쓰는 말인 사투리이다. 따라서 정답은 '사투리'이다.

02 [정답] ①

윗글의 내용으로 가장 알맞지 <u>않은</u> 것은?

> **왜** 정답?

① 처사는 올게쌀을 대충 만든 장금을 <u>나무랐다.</u>
   나무라지 않음.
   처사가 덜 말린 쌀을 가져가려는 장금의 행동을 말리고 있기는 하지만, 올게쌀을 급하게 말린 장금을 나무라지는 않는다.

> **왜** 오답?

② 처사는 정성을 들여 말린 올게쌀을 보모상궁에게 올렸다.
   나흘 이상 말린 올게쌀을 올림.
   ★ 근거: S#79 - ❿, S#84 - ❻, ❼
   처사는 쌀을 '나흘 이상은 말려야' 맛이 난다고 했다. 그리고 그렇게 만든 올게쌀을 보모상궁에게 올리고 있다. 즉, 처사는 나흘 이상 정성을 들여 말린 올게쌀을 보모상궁에게 올린 것이다.

③ 보모상궁은 처사의 올게쌀을 맛보고 감동했다.
   눈물을 흘림.
   ★ 근거: S#84 - ❾, ❿
   보모상궁은 어릴 적 오라버니가 주었던 올게쌀을 죽기 전에 다시 맛보고 싶어 했다. 그리고 처사가 만든 올게쌀에서 어릴 적에 먹었던 올게쌀과 같은 맛이 남을 느끼고 감동하여 눈물을 흘리고 있다.

④ 장금은 음식을 만들 때 정성이 중요하다는 것을 깨달았다.
   비법이 따로 있는 게 아님을 깨달음.
   ★ 근거: S#85 - ❹
   장금은 처사의 올게쌀을 먹어 보고는 '볕에 말리고, 거두고, 말리고, 거두고' 하는 것처럼 시간을 들여 음식을 정성스럽게 만드는 것이 중요하다는 것을 깨닫고 있다.

⑤ 장금은 쌀을 오래 말려야 한다는 처사의 말을 듣지 않았다.
   아궁이를 이용해 빠르게 말림.
   ★ 근거: S#79 - ❿, ⓫, S#80 - ❶~❸
   처사는 올게쌀을 '나흘 이상은 말려야 맛이' 난다고 했다. 하지만 장금은 이 말을 듣지 않고 아궁이에 불을 피워 쌀을 빠르게 말리고 있다.

03 정답 ③

㉠을 연출하는 방법으로 가장 알맞은 것은?

• ㉠: ㉠은 S#84에서 효과음(E.)으로 들어가는 처사의 대사입니다.

즉 효과음(E.)으로 들어가는 대사를 알맞게 연출한 것을 고르는 문제입니다.

> 왜 정답?

③ 처사의 모습을 보이지 않고 대사만 들리도록 한다.
처사가 방 밖에 있는 상황에서 효과음으로 소리만 들려야 함.

★ 근거: S#84 - ❹
'E.'는 효과음으로, '장면을 실감 나게 표현하기 위해 화면에 넣는 소리'를 의미한다. '저 혹시 들어가도 돼유?'(㉠)는 보모상궁의 방 안에 사람들이 모여 있는 장면에서 방 밖에 있는 처사가 하는 말이다. 이 말을 'E.'(효과음)로 넣으려면 화면에 처사의 모습을 보이지 않고 대사만 들리게 연출해야 한다.

> 왜 오답?

① 처사의 조심스러워하는 표정을 강조한다.
'E.'는 소리와 관련된 용어임.
'E.'는 효과음으로, 소리와 관련된 용어이다. 따라서 처사의 표정을 강조하는 연출과는 관련이 없다.

② 처사의 대사와 어울리는 배경 음악을 더한다.
배경 음악을 더하라는 내용은 없음.
㉠에 배경 음악을 더하라는 내용은 나타나지 않는다. 따라서 처사의 대사와 어울리는 배경 음악을 더하는 연출은 알맞지 않다.

④ 처사의 등장과 함께 화면이 서서히 밝아지도록 한다.
'E.'는 소리와 관련된 용어임.
'E.'는 효과음으로, 소리와 관련된 용어이다. 따라서 화면이 서서히 밝아지는 연출과는 관련이 없다.

⑤ 처사의 대사와 정호의 대사가 겹쳐서 들리도록 한다.
처사의 대사가 들린 후 정호의 대사가 들려야 함.
㉠은 처사의 대사를 소리만 들리게 효과음으로 넣는다는 의미이고, 정호의 '들어오세요.'라는 대사는 처사의 대사가 들린 후에 들려야 한다. 따라서 처사의 대사와 정호의 대사를 겹치게 들리도록 하는 연출은 알맞지 않다.

DAY 17 사잇길로 접어든 역사 – 소설가 구보씨의 하루 2 _ 주인석

❶ 중심인물, 배경   ❷ 중심 사건, 갈등   ❸ 서술상 특징

❶ ❶ 중심인물   ❸ ■ ↔ ■ : 가치관이 대비되는 인물들
[1] 구보씨는 친구 H의 결혼식에 가면서 문득, 이례적
■ : 정신적 가치를 추구하는 인물   ❶ 공간적 배경: H의 결혼식에 가는 길
으로, 부조금을 가져갈 것인가 말 것인가를 고민하다
가, 별안간, 그러면 대체 소설이 무얼까, 소설가란 무
❷ 중심 사건: 구보씨가 소설과 소설가에 대해 생각함.
얼까, 하는 물음에 직면하게 되었다. ❷구보씨는 참 우
스운 사람이다. ❸물론, 그 순간, 골목길에 멈춰 선 구보
❸ 서술자가 구보씨에 대한 평가를 드러냄.
씨도 스스로가 우습다는 생각을 했다.
❸ 서술자: 3인칭 서술자, 시점: 전지적 작가 시점
❹「㉠소설가는 세상에서 실패한 사람이니까, 하고 구보
소설가인 자신의 삶에 대한 구보씨의 생각
씨는 스스로에게 대답해 보았다. ❺밑도 끝도 없이. ❻정말
「 」: ❷ 갈등 – 구보씨의 고민(내적 갈등, 인간과 사회의 외적 갈등)
그런 걸까. ❼구보씨도 세상에서 실패한 사람인가. ❽그래
서 친구 결혼식에 부조금도 못 낸단, 아니 안 낸단 말
인가. ❾그러면 성공하면 낸다는 말인가. ❿성공한다는 게
구보씨가 스스로에게 던지는 질문이자 작가가 독자에게 던지는 질문
뭔가. ⓫소설가도 성공할 수 있는 건가. ⓬구보씨 스스로
소설가란 세상에서 실패한 사람이라고 하지 않았던가.
소설가는 성공의 기준인 돈을 추구하지 않기 때문
⓭그러니 성공하면 이미 소설가가 아니지 않는가. ⓮그 '성
공'이라는 말이 '소설에 관한 한 성공'이라면 모르되 말
이다. ⓯소설에 관한 한 성공은 곧 세상에서의 더 큰 실
세상은 정신적 가치를 추구한 삶을 성공으로 보지 않음.

돈을 많이 버는 것
패가 아닐까. ⓰세상에서 성공하면 소설가로선 실패하는
소설가는 정신적 가치를 추구하는 존재이기 때문
것이다.」   ★① 요약: 구보씨가 친구 H의 결혼식에 가던 길에 소설과
소설가에 대해 생각함.
(중략)

❶ 공간적 배경: H의 결혼식장
[2] ❶"어이, 구보 아냐. 오래간만인데."

❷K였다. ❸대학 동기다. ❹구보씨는 멍청한 표정으로 그
■ : 물질적 가치를 추구하는 인물
와 악수했다.

❺"소설 쓴다며? 너밖에 없구나. 난 학교 때도 그놈의
문학은 영 모르겠더라구. 학과 선택에 실패했나 봐,
난. 그래서 취직했지."
K는 문학이 아닌 물질을 추구하는 삶을 선택함.
❻K는 웬일인지 호들갑스러웠다. ❼구보씨는 말을 잊은
듯 K의 얼굴만 멀뚱멀뚱 바라볼 뿐이었다. ❽㉡K가 너
K가 대학 시절의 모습과 너무 달라 보였기 때문
무 이질적으로 보였다. ❾하긴 K도 구보씨를 이질적으
구보씨가 아직도 소설을 쓰는 것에 대한 K의 느낌
로 보고 있었겠지만. ❿구보씨가 아무 말이 없자 K는 계
속 혼자 말해야 했다.

⓫"너 소설 쓰느라 피곤한 모양이구나. 돈은 좀 벌리냐?
속물적인 K의 모습
㉢소설을 돈 벌라고 쓰는 건 아니겠지만. 그래도 먹
K는 소설을 쓰는 것보다 먹고사는 일을 더 중요하게 생각함.
구는 살아야지."

⑫"조금. 5 · 16 이후에 어디 조선 땅에서 굶어 죽은 사
람이 있었니."
　　　　물질 중심적으로 변한 세상에 대한 비판

⑬구보씨가 대답했다.⑭그의 첫마디였다.

⑮"그래. 어쨌든 한국 자본주의가 많이 컸어."
　　　　K는 세상을 비판하는 구보씨의 의도를 파악하지 못함.

⑯K는 구보씨가 비꼬아서 말한 줄을 모르고 그렇게 말
했다.⑰그러나 K가 무슨 죄가 있으랴.⑱비꼬는 구보씨가
　　　　　　　　　　　　　　❸ 서술자가 구보씨에 대한 평가를 드러냄.
나쁘지.　＊② 요약: H의 결혼식장에 간 구보씨가 대학 동기 K를 만남.

③❶「㉣그런데, H 이 자식, 돈 좀 벌었나 보더라."
　　「」: ❷ 중심 사건 - 구보씨가 돈을 많이 벌었다는 H의 소식을 들음.
❷"돈?"

❸K의 말인즉슨, H의 출판사에서 낸 책이 요즘 장안
의 지가를 올리고 있다는 거였다.❹돈 벌려면 이렇게
살아라, 라던가 이렇게 살면 돈 번다, 라던가 아무튼
　　　물질적 가치를 이야기하는 책
그런 책인데, 성공한 자본가들의 체험담을 모아 놓은
　　　　소설가와 대비되는 직업
책이라고 했다.❺「그러고 보니 구보씨도 그런 책이 있다
　　「」: ❸ 의식의 흐름 기법 - 인물의 생각을 의식의 흐름대로 서술함.
는 소릴 들은 것도 같았다.❻그 책이 잘 팔린단다.❼돈
버는 방법을 가르쳐 주는 책으로 돈을 벌다니.❽돈 번
사람들의 이야기로 돈을 벌다니.❾책이라는 게 뭔가.
❿글을 쓴다는 건 또 뭔가.⓫요즘 사람들은 대재벌 총수
들이 쓴 책을 즐겨 사 본다.⓬이 시대의 진정한 문필가
　　　이 시대에 진정한 문필가가 없다는 생각을 반어적으로 표현함.
는 성공한 대자본가인 것 같다.⓭소설가나 시인이 쓴
글은 거들떠보지도 않는다.⓮밤낮 뭐가 잘 안 되는 이
　정신적 가치가 무시되는 현실을 비판함.　　　　　＝ 소설
야기나 써놓은 책을 볼 까닭이 없다고 생각하나 보다.
⓯사람들은 성공한 이야기를 듣고 싶어 하고, 그 성공의
　　　물질적 가치만을 추구하는 사회의 현실
척도는 돈이다.⓰모두 돈을 벌고 싶으니까 돈 번 사람
의 이야기를 듣는다.⓱㉤그 사람이 돈을 벌기 위해 노
동자를 얼마나 착취했건, 독재 정권과 얼마나 추악한
　　　돈을 위해 도덕이나 정의가 무시되는 현실
거래를 했건, 부동산 투기를 얼마나 했건, 그런 것은
아무 상관이 없다.⓲도덕이니 정의니 가치니 이런 말들
은 듣고 싶지도 않은 모양이다.」
　　　＊③ 요약: 구보씨가 돈을 많이 벌었다는 H의 소식을 들음.

★ 소설 독해 공식

❶ 중심인물: 구보씨
　공간적 배경: H의 결혼식에 가는 길, H의 결혼식장
❷ 중심 사건: H의 결혼식에 간 구보씨가 K에게 H가 돈을 많이 벌었다는
　소식을 들음.
　갈등: 정신적 가치를 추구하는 구보씨가 물질적 가치만이 중요하게 여
　겨지는 현실로 인해 고민함.(내적 갈등, 인간과 사회의 외적 갈등)
❸ 서술상 특징
　• 서술자: 3인칭 서술자, 시점: 전지적 작가 시점
　　→ 3인칭 서술자가 인물의 생각을 의식의 흐름대로 서술함.(의식의 흐
　　　름 기법)
　• 서술자가 인물에 대한 평가를 드러내고 있음.
　• 인물들의 대비되는 가치관이 두드러지게 나타나고 있음.

■ 내용: 이 작품은 1980년대의 역사를 겪은 여러 인물의 모습을 그린 현대
소설로, 소설가인 구보씨의 고민을 통해 물질 중심적인 사회에서 어떻게
살아가야 하는지에 대한 질문을 던진다.
① 구보씨는 친구 H의 결혼식에 가면서 부조금을 가져갈지 고민하다가
　소설과 소설가에 대해 생각한다.
② 구보씨는 H의 결혼식장에서 대학 동기 K를 만나고, 취직을 했다는
　K에게 이질감을 느낀다.
③ 구보씨는 H가 자본가들의 체험담을 모아 놓은 책으로 돈을 많이 벌
　었다는 소식을 듣고, 사람들이 물질적 가치만을 추구하는 현실에 대
　해 생각한다.
■ 주제: '어떻게 살고 어떻게 글을 써야 하는가'에 대한 소설가의 고민, 물
질적 가치가 중요하게 여겨지는 사회에 대한 비판

■ 이것이 핵심!: 인물 간의 대비되는 가치관

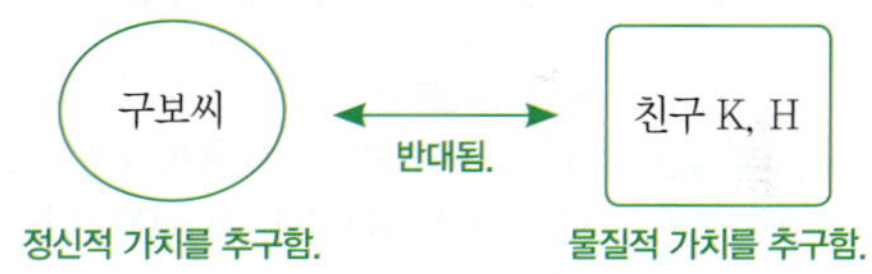

04　정답　(1) 3인칭 서술자　(2) 대비

> 왜 정답 ?

(1) 윗글에서는 소설 속에 등장하지 않는 서술자가 주인공 구보씨에
　대한 이야기를 전달하고 있다. 따라서 정답은 '3인칭 서술자'
　이다.
(2) 소설가인 구보씨는 정신적 가치를 추구하며 돈을 잘 벌지 못하는
　삶을 살고 있다. 반면, 출판사를 운영하는 H는 물질적 가치를 추
　구하며 돈을 많이 버는 삶을 살고 있다. 즉, 구보씨와 H의 삶은
　서로 반대되고 있다. '대비'란 서로 차이점이 뚜렷한 두 가지 대상
　을 맞대어 비교하는 것이므로 정답은 '대비'이다.

05 [정답] ⑤

윗글에 대한 설명으로 가장 알맞은 것은?

>오배 정답?

⑤ 서술자가 <u>인물의 생각을 의식의 흐름대로 서술</u>하고 있다.
　　　구보씨가 떠올리는 생각을 그대로 전함.

★ 근거: ③-⑤~⑱

윗글의 서술자는 '그러고 보니 구보씨도 그런 책이 있다는 소릴 들은 것도 같았다.', '책이라는 게 뭔가. 글을 쓴다는 건 또 뭔가.' 등 구보씨가 떠올리는 생각을 그대로 전하고 있다. 이처럼 인물의 생각을 의식의 흐름대로 서술하는 방식을 '의식의 흐름 기법'이라고 한다.

>오배 오답?

① 두 개의 이야기가 동시에 진행되고 있다.
　　나타나지 않음.

윗글에서는 구보씨가 친구 H의 결혼식장에서 K를 만나 H의 소식을 듣는 이야기가 전개되고 있을 뿐, 다른 이야기는 나타나지 않는다.

② 사건의 중심이 되는 인물이 빈번하게 바뀌고 있다.
　　　　　　　　　　　　　바뀌지 않음.

윗글에서는 구보씨가 겪는 일과 구보씨가 떠올리는 생각을 주로 다루고 있다. 즉, 윗글에서 중심이 되는 인물은 구보씨뿐으로, 중심이 되는 인물이 바뀌고 있지는 않다.

③ 하나의 이야기 속에 또 다른 이야기가 포함되어 있다.
　　　　　　　　　　나타나지 않음.

윗글에서는 구보씨가 친구 H의 결혼식장에서 대학 동기 K를 만나 H의 소식을 듣는 이야기가 전개되고 있을 뿐, 그 속에 또 다른 이야기가 포함되어 있지는 않다.

④ 서술자가 다른 사람에게 들은 이야기를 전달하고 있다.
　　　　　　　　　전지적 작가 시점임.

윗글의 서술자는 소설 속에 등장하지 않으면서도, '구보씨도 스스로가 우습다는 생각을 했다.' 등 구보씨의 속마음까지 전하고 있다. 따라서 윗글의 시점은 전지적 작가 시점이다. 서술자가 다른 사람에게 들은 이야기를 전달하고 있지는 않다.

06 [정답] ④

㉠~㉤에 대한 설명으로 가장 알맞지 <u>않은</u> 것은?

• ㉠~㉤: ㉠은 소설가인 자신의 삶에 대한 구보씨의 생각, ㉡은 K에 대한 구보씨의 생각, ㉢은 여전히 소설을 쓰는 구보씨에게 건네는 K의 말, ㉣은 H에 대해 이야기하는 K의 말, ㉤은 사람들이 돈 번 사람의 이야기를 듣고 싶어 하는 현실에 대한 구보씨의 생각입니다.

[즉] ㉠~㉤에 드러나 있는 구보씨와 K의 생각으로 틀린 것을 고르는 문제입니다.

>오배 정답?

④ ㉣: K는 돈을 많이 번 H와 <del>더 이상 가까워질 수 없다고</del> 생각하고 있다.
　　　　　　　　　구보씨에게 H의 소식을 전하는 것뿐임.

★ 근거: ③-❶

K는 구보씨에게 'H 이 자식, 돈 좀 벌었나 보더라.'(㉣)라고 했다. 이는 K가 구보씨에게 H의 소식을 전하는 것이다. K가 돈을 많이 번 H와 더 이상 가까워질 수 없다고 생각하지는 않는다.

>오배 오답?

① ㉠: 구보씨는 소설가인 자신의 삶이 실패했다고 생각하고
　　　　　　'소설가는 세상에서 실패한 사람이니까'
있다.

★ 근거: ①-❹

구보씨의 직업은 소설가이다. 따라서 구보씨가 '소설가는 세상에서 실패한 사람이니까'(㉠)라고 생각하는 것은 소설가인 자신의 삶이 실패했다고 생각하는 것이다.

② ㉡: 구보씨는 오랜만에 만난 K가 예전과 달라졌다고 생각
　　　　　　　　　　　　　　'K가 너무 이질적으로 보였다.'
하고 있다.

★ 근거: ②-❺~❽

구보씨는 '소설 쓴다며?', '그래서 취직했지.' 등 호들갑스럽게 말하는 K의 모습이 '너무 이질적으로 보였다'(㉡)고 했다. 즉, 구보씨는 오랜만에 만난 K가 대학을 같이 다니던 시절의 모습과 달라졌다고 생각하고 있다.

③ ㉢: K는 소설을 쓰는 것보다 먹고사는 일을 더 중요하게
　　　　　　　　　　　　　　　'그래도 먹구는 살아야지.'
생각하고 있다.

★ 근거: ②-⓫

K는 구보씨에게 '소설을 돈 벌라고 쓰는 건 아니겠지만. 그래도 먹구는 살아야지.'(㉢)라고 했다. 즉, K는 소설을 쓰는 것보다 돈을 벌어서 먹고사는 일을 더 중요하게 생각하고 있다.

⑤ ㉤: 구보씨는 도덕이나 정의가 무시되는 상황을 비판적으
　　　　　'노동자를 얼마나 착취했건, ~ 그런 것은 아무 상관이 없다.'
로 생각하고 있다.

★ 근거: ③-⓱

구보씨는 사람들이 돈 번 사람의 이야기를 듣고 싶어 하는 현실을 떠올리며, '그 사람이 돈을 벌기 위해 노동자를 얼마나 착취했건, 독재 정권과 얼마나 추악한 거래를 했건, 부동산 투기를 얼마나 했건, 그런 것은 아무 상관이 없다.'(㉤)라고 생각하고 있다. 이는 구보씨가 돈을 벌기 위해 도덕이나 정의가 무시되는 현실을 비판하고 있는 것이다.

07 [정답] 소설가

윗글에서 〈보기〉의 ⓐ에 해당하는 말을 찾아 쓰시오.

―〈보기〉―

ⓐ<u>자본가와 대비되는 직업을 가진</u> 구보씨는 '이 시대의 진정한 문필가는 성공한 대자본가'라고 생각하며 돈
사람들이 돈 번 사람의 이야기를 듣고 싶어 하기 때문
과 같은 물질적 가치가 중요하게 여겨지는 현실을 부정적으로 바라보고 있다.

>오배 정답?

★ 근거: ③-⓫~⓭

구보씨는 '요즘 사람들은 대재벌 총수들의 쓴 책을 즐겨 사 본다.'라면서 '이 시대의 진정한 문필가는 성공한 대자본가인 것 같다.'라고 생각하고 있다. 또한 이와 반대로 사람들이 '소설가나 시인이 쓴 글은 거들떠보지도 않는다.'라고 생각하고 있다. 이를 통해 자본가와 대비되는 직업은 소설가와 시인임을 알 수 있고, 이 중에서 구보씨의 직업은 소설가이다. 따라서 ⓐ에 해당하는 말은 '소설가'이다.

박씨전 _작자 미상

❶ 중심인물, 배경　❷ 중심 사건, 갈등　❸ 서술상 특징

[앞부분의 줄거리] 이 상공의 아들 이시백은 어려서부터 총명하여 보는 사람마다 칭찬을 아끼지 않았다. 어느 날, 박 처사가 이 상공을 찾아와 이시백과 자신의 딸을 혼인시키자고 청한다. 박 처사의 뛰어난 재주를 높이 평가하던 이 상공은 흔쾌히 혼인을 허락한다.

1 ❶이럭저럭 박 처사와 약속한 날이 다가왔으므로 이
　❶ 시간적 배경: 시백과 소저의 혼롓날
상공은 시백을 데리고 금강산에 이르러 박 처사 집을
　❶ 중심인물　❶ 중심인물　　　　　　❶ 공간적 배경
찾아 아들의 혼례를 올리고, ㉠박 처사와 함께 술잔을
　　　　　　　　　　　❶ 중심인물
나누며 즐거워하는데 신랑 시백이 신방*에서 뛰어나
　　　　　　　　　❷ 중심 사건: 시백이 혼례 후 신방에서 뛰쳐나옴.
왔다.

2 "아니 너는 왜 신방에서 뛰어나왔느냐? 그런 경거망
　　　　　　　　　　　　　　　　생각 없이 함부로 하는 행동
동으로 나를 욕되게 하려느냐?"

3 "소자가 들어갔을 때는 신부가 없더니, 나중에 들어
왔는데 마치 무섭고 끔찍한 괴물 같은 여자라 경악
　　　　　　　시백이 신방을 뛰쳐나온 이유
하였습니다."

4 이 상공은 깜짝 놀랐으나 아들의 경솔하고 무례함을
　　　　　　　　　　❸ 서술자: 3인칭 서술자, 시점: 전지적 작가 시점
꾸짖었다. 5 시백은 부친의 명이 엄격한지라 다시 신방
으로 들어갔다. 6 그러나 신부를 다시 보기가 싫어서 닭
　　　　　　　　　　= 소저
울기가 무섭게 외당으로 달려 나와서 우울하게 날을
　아침이 되자마자
보내었다. *1 요약: 시백이 신부(소저)가 보기 싫어서 신방을 뛰쳐나옴.

(중략)

2 ❶과연 15일에 이르러 달빛 맑고 바람 맑은데, ㉡홀
　❶ 시간적 배경: 박 처사가 이 상공의 집에 온 날
연 허공으로부터 학의 소리 나며, 박 처사가 구름을
　　❸ 전기적 요소 – 현실에서 일어날 수 없는 비현실적인 일
타고 내려오거늘, 이 상공이 황급히 뜰에 내려 처사를
맞아 방에 들어와 예를 마치고 앉으매, 시백 또한 옷
차림을 갖추고 처사를 향하여 절을 하고 인사를 드리
니 시백의 뛰어난 풍채 일대의 영웅호걸이라. ❷박 처사
는 황홀하고 귀중히 여겨 시백의 손을 잡고 이 상공을
향하여 말했다.

3 "상공의 아들이 거룩한 재주로 높은 벼슬에 올라 장
　　　　시백이 장원 급제하여 관리가 됨.
원 급제하여 옥당*에 참여하니 이런 경사가 또 없음
을 아오나, 이 시골 사람의 천성이 옹졸하고 서툴러
공께 치하를 드리지 못하였습니다. 금년은 딸의 액
　　　　　　　　　　　　　　　　　　　　소저
운이 다하여 지금 저의 흉한 용모와 누추한 바탕을
벗을 때가 되었으므로, 상공의 댁에서 사위의 경사
　　　　　　　　　❶ 공간적 배경: 이 상공의 집
를 축하하고, 아울러 딸을 보고자 왔나이다."
　　박 처사가 이 상공의 집에 온 이유

4 이 상공이 박 처사의 말에 무슨 뜻인가 들어 있음을
짐작하고 기쁨을 이기지 못하여, ㉢주인과 손님이 술
을 나누며 밤이 깊음을 깨닫지 못하였다. 5 문득 닭의
　　　　이 상공과 박 처사가 밤새 술을 마심.
소리 요란하여 박 처사가 비로소 소저의 침소에 들어
가니, 소저가 급히 마루에서 내려 부친을 맞아 절을
　　❶ 중심인물
올리고 인사하였다. 6 박 처사는 기쁘게 딸의 손을 잡고
마루로 올라 남쪽으로 향하여 소저를 앉히고 웃으며
말했다.

7 "금년으로 너의 액운이 다하였도다."
　　　　소저는 액운 때문에 흉한 얼굴을 갖게 됐음.
8 하고, 『㉣주문을 외며 소매를 들어 소저의 얼굴을 가리
키니, 그 흉하던 얼굴의 허물이 일시에 벗어지고 옥같
　　❷ 중심 사건: 소저의 얼굴에 있던 허물이 벗겨짐.
이 고운 얼굴이 드러나거늘,』처사는 쾌히 웃고 말했다.
　　　　　　『 』: ❸ 전기적 요소 – 현실에서 일어날 수 없는 비현실적인 일
9 "내 이 허물을 가져가고자 하나, 남의 의혹을 없앨
　　　　　　　　　　허물이 없으면 소저가 자신을 증명할 수 없기 때문
길이 없으리니 궤를 얻어다 이를 넣어 시부모에게
보여 의심을 풀게 하라. 오늘 이별하면 이후 70년이
지나야 부녀가 다시 만나리라."

10 하고 밖으로 나가 이 상공에게 이별을 고하며 당부했다.
　　　　　　　　　　　　　　　　소저
11 "이후 혹 어려운 일이 있거든 며느리에게 물으소서."
　　　　　　　❸ 전기적 요소 – 현실에서 일어날 수 없는 비현실적인 일
12 하고 뜰에 내려 두어 걸음 걷더니, 간 곳이 없었다.
　　　　　　*2 요약: 소저의 얼굴에 있던 흉한 허물이 벗겨짐.
3 ❶이튿날 계화가 이 상공 앞으로 와서 소저의 신기한
　❶ 시간적 배경　　　　　　　　　소저의 얼굴에 있던 허물이 벗겨진 것
소식을 전했다.

❷"어제 박 처사께서 다녀가신 후로 우리 소저께서 얼

굴의 허물을 벗고 절색의 부인이 되었기에 이런 신기한 술법에 놀라서 대감께 아뢰옵니다."

❸ⓜ이 상공이 기뻐하면서 후원의 초당으로 달려가 보니 그처럼 흉하던 며느리가 세상에 견줄 데가 없을 정도로 아름답게 변하여 있었다.

❹"제가 전생의 죄가 크므로 얼굴에 흉한 허물을 쓰고
<u>소저가 얼굴에 허물을 쓰고 있던 이유</u>
세상에 태어나서 수십 년의 액운을 채웠기로 하늘이 아버지께 명하여 본래 모습을 회복하여 주셨으니 의
<u>박 처사</u>
심치 마십시오."

❺시부모는 반신반의하며 벗은 허물을 본 다음 확신하
<u>시부모가 허물을 보고 소저가 며느리임을 확신함.</u>
며 신기하게 여겼다. *❸ 요약: 시부모가 허물을 보고 의심을 거둠.

* 신방: 신랑, 신부가 첫날밤을 치르도록 새로 차린 방
* 옥당: 조선 시대에 궁중의 문서를 관리하고, 임금이 일을 효율적으로 하기 위해 질문을 하면 그에 답하는 일을 하던 곳

★ 소설 독해 공식

❶ 중심인물: 이 상공, 박 처사, 시백, 소저
  공간적 배경: 박 처사의 집, 이 상공의 집
  시간적 배경: 시백과 소저의 혼롓날, '15일'(박 처사가 이 상공의 집에 온 날), '이튿날'
❷ 중심 사건: 혼례를 올린 시백이 소저의 흉한 얼굴이 보기 싫어서 신방을 뛰쳐나옴. 소저의 액운이 다해 얼굴에 있던 허물이 벗겨짐.
❸ 서술상 특징
  • 서술자: 3인칭 서술자, 시점: 전지적 작가 시점
  • 전기적(비현실적) 요소가 나타나고 있음.

■ 내용: 이 작품은 흉한 얼굴을 가졌던 박씨(소저)가 미인으로 변신하고, 뛰어난 능력을 발휘하여 조선을 침략한 청나라 군대를 물리치는 이야기를 다룬 고전 소설이다.
  ①: 이 상공의 아들인 시백은 혼례를 올린 날 신방에서 신부(소저)의 흉한 얼굴을 보고 뛰쳐나온다.
  ②: 박 처사가 이 상공의 집으로 와서 시백의 장원 급제를 축하하고, 주문을 외워 소저의 얼굴에 있던 허물을 벗겨 낸다.
  ③: 시부모는 허물을 보고 아름답게 변한 소저가 며느리임을 확신한다.
■ 주제: 액운을 극복한 소저(제시된 부분)
  청나라를 물리친 박씨의 뛰어난 활약(작품 전체)

■ 이것이 핵심!: 전기적 요소

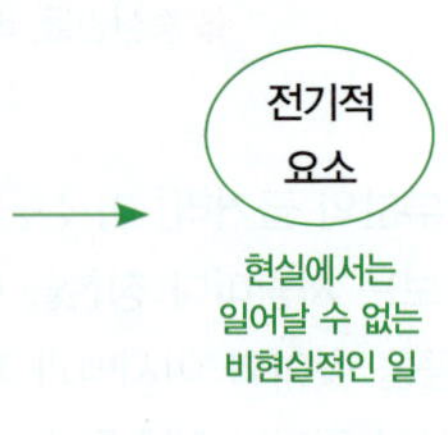

• 박 처사가 허공에서 구름을 타고 내려옴.
• 박 처사가 주문을 외자 소저의 얼굴에 있던 허물이 벗겨짐.
• 박 처사가 두어 걸음을 걷더니 사라짐.

→ 전기적 요소
현실에서는 일어날 수 없는 비현실적인 일

---

01 정답 (1) 3인칭 (2) 전지적 작가 시점

> 왜 정답?

(1) 윗글에서는 소설 속에 등장하지 않는 사람이 이야기를 전달하고 있다. 따라서 정답은 '3인칭'이다.
(2) 윗글에서는 작품 밖의 서술자가 '이 상공은 깜짝 놀랐으나 아들의 경솔하고 무례함을 꾸짖었다.', '신부를 다시 보기가 싫어서 닭 울기가 무섭게 외당으로 달려 나와서 우울하게 날을 보내었다.' 처럼 인물의 속마음까지 전달하고 있다. 따라서 윗글의 시점은 전지적 작가 시점이며, 정답은 '전지적 작가 시점'이다.

02 정답 ③

윗글에 대한 설명으로 가장 알맞지 <u>않은</u> 것은?

> 왜 정답?

③ 시백은 부모님에게 소저의 허물을 보여 주었다.
  소저가 시부모에게 허물을 보여 줌.
★ 근거: ❸-❹, ❺
소저는 시부모에게 허물을 벗고 '본래 모습으로 회복'하게 된 일을 이야기하고 있다. 이에 시부모는 반신반의했지만 '벗은 허물을 본 다음 확신하며 신기하게 여겼다'고 했다. 이를 통해 시백의 부모님이자 소저의 시부모에게 허물을 보여 준 사람은 시백이 아니라 소저임을 알 수 있다.

> 왜 오답?

① 박 처사는 시백의 장원 급제를 축하했다.
  '사위의 경사를 축하하고, 아울러 딸을 보고자 왔나이다.'
★ 근거: ❷-❸
박 처사는 시백이 '장원 급제하여 옥당에 참여하니 이런 경사가 또 없다'며 '사위의 경사를 축하하'기 위해 이 상공의 집에 왔다고 이야기하고 있다.

② 이 상공은 신방을 뛰쳐나온 시백을 꾸짖었다.
  '아들의 경솔하고 무례함을 꾸짖었다.'
★ 근거: ①-❹
이 상공이 시백에게 신방을 뛰어나온 이유를 묻자 시백은 '마치 무섭고 끔찍한 괴물 같은 여자라 경악하였습니다.'라고 했다. 이에 이 상공은 '깜짝 놀랐으나 아들의 경솔하고 무례함을 꾸짖'고 있다.

④ 소저는 이 상공에게 허물을 쓰게 된 이유를 설명했다.
'전생의 죄가 크므로'

★ 근거: ③-④
소저의 얼굴이 아름다워졌다는 소식을 듣고 후원으로 달려온 이 상공에게 소저는 '제가 전생의 죄가 크므로 얼굴에 흉한 허물을 쓰고 세상에 태어'났다며 허물을 쓰게 된 이유를 설명하고 있다.

⑤ 계화는 이 상공에게 소저의 얼굴이 아름다워졌다는 소식을 전했다.
'우리 소저께서 얼굴의 허물을 벗고 ~ 대감께 아뢰옵니다.'

★ 근거: ③-①, ②
계화는 이 상공에게 '어제 박 처사께서 다녀가신 후로 우리 소저께서 얼굴의 허물을 벗고 절색의 부인이 되었'다며 소저의 얼굴이 아름다워졌다는 소식을 전하고 있다.

03 [정답] ③(ⓒ, ⓔ)

ⓐ~ⓔ 중 〈보기〉의 내용과 관련이 있는 것을 모두 고른 것은?

• ⓐ~ⓔ: ⓐ은 시백이 신방에서 뛰어나오는 모습, ⓑ은 박 처사가 구름을 타고 내려오는 모습, ⓒ은 이 상공과 박 처사가 밤새 술을 마시는 모습, ⓔ은 소저의 얼굴에 있던 허물이 벗겨지는 모습, ⓕ은 이 상공이 후원으로 달려가는 모습입니다.

• 〈보기〉: 〈박씨전〉에서는 현실 세계에서 나타날 수 없는 기이한 내용의 '전기적 요소'를 활용하고 있습니다.

[즉] ⓐ~ⓔ 중 전기적 요소에 해당하는 것을 모두 고르는 문제입니다.

〈보기〉

'전기적 요소'란 현실 세계에서 나타날 수 없는 기이한 내용을 담은 것을 말한다. 〈박씨전〉에서는 전기적 요소를 활용하여 독자의 호기심과 흥미를 이끌어 내고 있다.
전기적 요소의 뜻 / 전기적 요소를 활용하는 이유

>왜 정답?

ⓑ (홀연 허공으로부터 학의 소리 나며, 박 처사가 구름을 타고 내려오거늘)
비현실적인 일 → 전기적 요소

★ 근거: ②-①
ⓑ은 박 처사가 '구름을 타고' 이 상공의 집으로 내려오는 모습이다. 사람이 구름을 타는 것은 현실 세계에서 나타날 수 없는 기이한 일이므로 ⓑ은 전기적 요소에 해당한다.

ⓔ (주문을 외며 소매를 들어 소저의 얼굴을 가리키니, 그 흉하던 얼굴의 허물이 일시에 벗어지고)
비현실적인 일 → 전기적 요소

★ 근거: ②-⑧
ⓔ은 박 처사가 '주문을 외며 소매를 들어 소저의 얼굴을 가리키'자 소저의 얼굴에 있던 '허물이 일시에 벗'겨지는 모습이다. 주문을 외워 얼굴의 허물을 벗겨 냈다는 것은 현실 세계에서 일어나기 어려운 기이한 일이므로 ⓔ은 전기적 요소에 해당한다.

>왜 오답?

ⓐ (박 처사와 함께 술잔을 나누며 즐거워하는데 신랑 시백이 신방에서 뛰어나왔다.)
현실에서 일어날 수 있는 일

★ 근거: ①-①
ⓐ은 박 처사와 이 상공이 함께 술을 마시며 즐거워하는데 시백이 신방에서 뛰어나오는 모습이다. 이는 현실에서 일어날 수 있는 일이므로 ⓐ은 전기적 요소에 해당하지 않는다.

ⓒ (주인과 손님이 술을 나누며 밤이 깊음을 깨닫지 못하였다.)
현실에서 일어날 수 있는 일

★ 근거: ②-④
ⓒ의 '주인과 손님'은 이 상공과 박 처사를 가리킨다. ⓒ은 두 사람이 술을 마시며 밤이 깊어 가는 것을 깨닫지 못하는 모습으로, 현실에서 일어날 수 있는 일이다. 따라서 ⓒ은 전기적 요소에 해당하지 않는다.

ⓕ (이 상공이 기뻐하면서 후원의 초당으로 달려가 보니)
현실에서 일어날 수 있는 일

★ 근거: ③-③
ⓕ은 이 상공이 소저의 소식을 듣고 기뻐하면서 후원의 초당으로 달려가는 모습이다. 이는 현실에서 일어날 수 있는 일이므로 ⓕ은 전기적 요소에 해당하지 않는다.

04 [정답] 허물

윗글에서 〈보기〉의 설명에 해당하는 소재를 찾아 쓰시오.

〈보기〉

• 전생의 죄로 인해 소저에게 내려진 액운으로, 소저와 시백이 멀어지는 계기가 되는 것
시백은 소저의 흉한 얼굴(허물) 때문에 소저를 보기 싫어함.
• 소저에 대한 시부모의 의심을 없애 주는 것
시부모는 소저가 보여 준 허물을 보고 의심을 거둠.

>왜 정답?

★ 근거: ①, ③-④, ⑤
시백은 혼례를 올린 날 신부가 '마치 무섭고 끔찍한 괴물 같'아서 신방을 뛰쳐나왔고, 이후로도 '신부를 다시 보기가 싫어' '외당으로 달려 나와서 우울하게 날을 보내었다.'라고 했다. 이렇게 소저의 얼굴이 흉했던 이유는 소저가 '전생의 죄가 크므로 얼굴에 흉한 허물을 쓰'게 되었기 때문이다. 또한 소저는 허물을 벗은 후에는 액운을 다 채워 본래 모습을 회복하게 되었다고 시부모에게 설명하고 있고, 이에 시부모는 반신반의하지만 '허물을 본 다음' 소저가 며느리임을 확신하고 있다. 즉, 허물은 (중략) 이전에는 소저에게 내려진 액운이자 시백과 멀어지는 계기가 되는 것이고, (중략) 이후 허물을 벗은 후에는 시부모의 의심을 없애 주는 것이다.

❶ 중심인물, 배경 ❷ 중심 사건, 갈등 ❸ 서술상 특징

[앞부분의 줄거리] 강원도 정선 고을에 성품이 어질고 글 읽기를 좋아하는 양반이 있었다. 몹시 가난한 양반은 빌린 곡식을 갚을 방법이 없어 곤경에 처하는데, 이 소식을 들은 고을의 부자가 양반의 곡식을 대신 갚아 주고 양반 신분을 사기로 한다.

❶ 군수는 양반이 환곡*을 모두 갚은 것을 놀랍게 생
❶ 중심인물 ❶ 중심인물
각했다. ❷ 군수가 몸소 찾아가서 양반을 위로하고, 또
❸ 서술자: 3인칭 서술자, 시점: 전지적 작가 시점
환곡을 갚게 된 사정을 물어보려고 했다. ❸ 그런데 「뜻밖
에 양반이 벙거지를 쓰고 짧은 잠방이를 입고 길에 엎드
「 」: 바뀐 신분에 따라 행동하는 양반 ❶ 공간적 배경
려 '소인'이라고 스스로를 칭하며 감히 쳐다보지도 못하
스스로를 낮춰 부르는 말 ❹
고 있지 않은가? 군수가 깜짝 놀라 내려가서 부축하고,

❺ "귀하는 어찌 이다지 스스로 낮추어 욕되게 하시오?"
듣는 사람을 높여 부르는 말
❻ 하고 말했다. ❼ 양반은 더욱 황공해서 머리를 땅에 조아
리고 엎드려 아뢰었다.

❽ "소인이 감히 욕됨을 자청하는 것이 아니오라, 이미
❶ 중심인물
제 양반을 팔아서 환곡을 갚았습지요. 동리의 부자
❷ 중심 사건: 양반이 부자에게 신분을 팔아 환곡을 갚음.
사람이 양반이올습니다. 소인이 이제 다시 어떻게
전의 양반을 거짓으로 꾸며 내 양반 행세를 하겠습
니까?" / 군수는 감탄해서 말했다.

❿ "군자로구나 부자여! 양반이로구나 부자여! 부자이
「 」: 군수는 양반의 환곡을 대신 갚은 부자의 행동을 칭찬함.
면서도 인색하지 않으니 의로운 일이요, 남의 어려
움을 도와주니 어진 일이요, 비천한 것을 싫어하고
존귀한 것을 따르니 지혜로운 일이다. 이야말로 진
부자의 속물 근성을 풍자하는 것으로도 볼 수 있음.
짜 양반이로구나. 「그러나 사사로이 팔고 사고서 증
「 」: 당시에 신분을 사고파는 일이 흔하게 일어났음을 짐작하게 함.
서를 해 두지 않으면 송사의 꼬투리가 될 수 있다.
내가 너와 약속을 해서 고을 사람들로 증인을 삼고
증서를 만들어 믿을 만하게 만들되 내가 마땅히 거
기에 서명할 것이다."

⓫ 군수는 관청으로 돌아가서 고을의 양반과 농사꾼,
❶ 공간적 배경
장인, 장사꾼들을 모두 불러 모았다. ⓬ 그리고 부자를
증서의 증인으로 삼기 위함.

높은 자리에, 양반을 낮은 자리에 세워 두고 증서를
❷ 중심 사건: 군수가 부자가 양반이 된 것을 증명하기 위해 증서를 만듦.
만들었다.
* ① 요약: 군수가 부자가 양반이 된 것을
증명하는 증서를 만듦.

❶ : 시간적 배경
② 건륭 10년(1745년, 영조 21년) 9월에 이 증서
❸ 체면과 지나치게 중시하는 양반의 허례허식을 풍자함.
를 만드노라. 이 문서는 양반을 팔아서 천 석의
환곡을 갚은 것을 증명한다.

❸ 양반은 여러 가지로 일컬어지나니, 「글을 읽으
면 사(士)라 하고, 정치에 나아가면 대부(大夫)가
「 」: 양반은 역할에 따라 다양하게 불림.
되고, 덕이 있으면 군자(君子)이다. 무관은 서쪽
에 늘어서고 문관은 동쪽에 늘어서는데, 이것이
양반이니 너 좋을 대로 부를 것이다.

❺ 양반은 야비한 일을 딱 끊고 옛 사람을 본받고
「 」: 양반이 지켜야 할 의무 – 허례허식
뜻을 고상하게 할 것이며, 늘 새벽에 일어나 등잔
을 켜고 눈은 가만히 코끝을 보고 발꿈치를 궁둥
이에 모으고 앉아 《동래박의》*를 얼음 위에 박
밀듯 외워야 한다. (중략)

❻ 손에 돈을 쥐지 말고, 쌀값을 묻지 말고, 더워
돈과 관련된 것을 천하게 여김.
도 버선을 벗지 말고, 상투를 틀지 않은 채로 밥
「 」: 양반이 지켜야 할 규범 – 체면을 중시하는 양반의 모습
상에 앉지 말고, 국을 먼저 훌쩍훌쩍 떠먹지 말
고, 무엇을 후루루 마시지 말고, 젓가락으로 방아
를 찧지 말고, 생파를 먹지 말고, 막걸리를 들이
켠 다음 수염을 쭈욱 빨지 말고, 담배를 피울 때
볼이 움푹 파이게 하지 말고, 화난다고 처를 때리
지 말고, 성내서 그릇을 내던지지 말고, 아이들에
게 주먹질을 말고, 종들을 야단쳐 죽이지 말고,
말과 소를 꾸짖되 그 판 주인까지 욕하지 말고,
아파도 무당을 부르지 말고, 제사 지낼 때 중을
부르지 말고, 추워도 화로에 불을 쬐지 말고, 말

할 때 이 사이로 침을 흘리지 말고, 소 잡는 일을 말고, 돈을 가지고 노름을 말 것이다.」

❼ 이와 같은 모든 성품과 행동이 양반에 어긋남이 있으면, 이 증서를 가지고 관청에 나와 옳고 그름을 따질 것이다. / ❽ 정선 군수가 서명하고 좌수와 별감이 증인으로서 서명함. **＊② 요약: 양반의 의무를 강조하는 첫 번째 증서**

(중략)

❶ ③ 부자는 호장*이 증서를 읽는 것을 쭉 듣고 한참 머엉하니 있다가 말했다.

❷ "양반이라는 게 이것뿐입니까? 저는 양반이 신선 같다고 들었는데 정말 이렇다면 너무 재미가 없는걸요. **양반이 지켜야 할 것들만 많은 증서의 내용에 실망함.** 원하옵건대 제게 이익이 있도록 문서를 바꾸어 주옵소서." **❷ 중심 사건: 부자가 증서를 바꾸어 달라고 요구함.** / ❸ 그래서 증서를 다시 작성했다. **＊③ 요약: 부자가 증서를 다시 써 달라고 함.**

❶ 신분 제도가 하늘의 뜻임을 의미함.
④ 하늘이 백성을 낳을 때 넷으로 구분했다. ❷ 네 **❸ 사치스럽고 횡포를 부리는 양반의 모습을 풍자함.** 가지 백성 가운데 가장 높은 것이 사(士)이니 이것이 곧 양반이다. ❸ 양반의 이익은 막대하니 농사도 안 짓고 장사도 않고 글만 대충 읽어도 크게는 **양반의 특권 – 일하지 않고 놀고먹음.** 문과 급제요, 작게는 진사가 되는 것이다.

(중략)「❹ 종들이 늘 양산을 받쳐 주므로 귀밑이 희 **「」: 양반의 사치스러운 모습** 어지고, 방울을 흔들어 종들을 부르므로 배가 커지며, 방에는 기생이 귀고리로 치장하고, 뜰에는 곡식으로 학을 기른다.」 ❺ 가난한 양반이 시골에 묻 **「」: 신분을 이용한 양반의 횡포** 혀 있어도 모든 일을 제멋대로 할 수 있다. ❻ 강제로 이웃의 소를 끌어다 먼저 자기 땅을 갈고 마을의 일꾼을 잡아다 자기 논의 김을 맨들 누가 감히 양반에게 대들겠느냐? ❼ 너희들 코에 잿물을 들이

붓고 머리끄덩이를 희희 돌리고 수염을 낚아채더라도 누구도 감히 원망하지 못할 것이다.」 **＊④ 요약: 양반의 특권을 강조하는 두 번째 증서**

❶ ⑤ 부자는 증서 만드는 것을 멈추게 하고 혀를 내두르며 ❷ "그만두시오, 그만두어. 참으로 맹랑하구먼. 나를 도둑놈으로 만들 작정인가?" **❸ 풍자적 표현 – 능력은 없으면서 횡포를 부리는 양반을 비판함.** ❸ 하고 머리를 흔들고 가 버렸다. ❹ 부자는 평생 다시 양반 **❷ 중심 사건: 부자가 양반 되기를 포기함.** 이 되고 싶다는 말을 입에 올리지 않았다. **양반이 허례허식과 횡포를 일삼는 존재임을 깨달았기 때문** **＊⑤ 요약: 부자가 양반이 되기를 포기함.**

＊환곡: 조선 시대에, 곡식을 창고에 저장하였다가 백성들에게 봄에 꾸어 주고 가을에 이자를 붙여 거두던 일
＊《동래박의》: 유학 경서를 해설한 책에 대하여 옳고 그름을 따지고 내용을 풀이해 놓은 책. 과거 시험에 사용되었다.
＊호장: 벼슬아치 밑에서 일을 보던 사람 중 우두머리

DAY 18

★ 소설 독해 공식

❶ 중심인물: 군수, 양반, 부자
공간적 배경: 길, 관청, **시간적 배경:** 건륭 10년(1745년, 영조 21년) 9월
❷ 중심 사건: 양반이 부자에게 신분을 팔아 환곡을 갚음. 군수가 이를 증명하기 위해 증서를 만들었으나, 부자가 자신에게 이득이 되도록 증서를 바꾸어 달라고 함. 고쳐 쓴 증서의 내용을 들은 부자는 양반이 되기를 포기함.
❸ 서술상 특징
• 서술자: 3인칭 서술자, 시점: 전지적 작가 시점
• 풍자적 표현으로 양반들의 허례허식과 횡포를 비판하고 있음.

■ **내용:** 이 작품은 양반의 신분을 산 부자의 이야기를 통해 양반의 허례허식과 횡포를 풍자하는 고전 소설이다.
①: 부자가 양반의 환곡을 대신 갚아 양반이 되었다는 소식을 들은 군수가 이 일을 증명하기 위해 증서를 만든다.
②, ③: 부자가 양반의 의무와 규범을 강조하는 증서 내용에 불만을 가져 증서를 바꿔 달라고 요구한다.
④, ⑤: 양반의 사치와 횡포를 강조하는 두 번째 증서 내용을 들은 부자가 양반을 도둑놈이라 칭하며 양반이 되기를 포기한다.
■ **주제:** 양반의 무능과 허례허식, 횡포에 대한 비판
맹목적으로 신분을 높이려는 것에 대한 비판
■ **이것이 핵심!: 양반 증서의 내용과 기능**

	1차 증서	2차 증서
내용	양반의 의무와 규범	양반의 특권, 횡포
기능	체면과 형식을 지나치게 중시하는 양반의 허례허식을 풍자함.	신분을 이용해 일하지 않고 사치하며 횡포를 부리는 양반의 모습을 풍자함.

05 [정답] (1) 전지적 작가 시점 (2) 증서

> **왜 정답?**

(1) 윗글의 서술자는 소설 속에 등장하지 않는 3인칭 서술자며, '군수가 몸소 ~ 물어보려고 했다.' 등과 같이 인물의 심리까지 전하고 있다. 따라서 윗글의 시점은 '전지적 작가 시점'이다.

(2) 첫 번째 증서는 양반의 허례허식을, 두 번째 증서는 양반의 횡포를 드러내고 있다. 따라서 정답은 '증서'이다.

06 [정답] ⑤

윗글의 내용으로 가장 알맞지 **않은** 것은?

> **왜 정답?**

⑤ 군수는 첫 번째 증서에 **부자가 되려면** 지켜야 할 의무를 적었다.
　　　　　　　　　　　양반이 되면 지켜야 할 의무를 적음.
　★ 근거: ②-❺, ❻
군수는 첫 번째 증서에 양반이 되면 지켜야 할 의무를 적었다.

> **왜 오답?**

① 양반은 신분을 판 후 스스로 자신을 낮추었다.
　　　　　　　　　　　'길에 엎드려 '소인'이라고 스스로를
　★ 근거: ①-❸~❽　칭하며 ~ 있지 않은가.'
군수가 양반을 찾아가자 양반은 "소인'이라고 스스로를 칭하며 감히 쳐다보지도 못하고 있'다. 이는 양반이 부자에게 신분을 판 후에 스스로 자신을 낮추는 모습이다.

② 부자는 두 번째 증서를 본 후 양반이 되기를 포기했다.
　　　　　　　　　'평생 다시 양반이 되고 싶다는 말을 입에 올리지 않았다.'
　★ 근거: ⑤-❷~❹
부자는 두 번째 증서의 내용을 듣고는 증서를 만드는 것을 그만두고, '평생 다시 양반이 되고 싶다는 말을 입에 올리지 않았다.'라고 했다.

③ 군수는 양반의 곡식을 대신 갚은 부자의 행동을 칭찬했다.
　　　　　　　　　　'군자로구나 부자여! 양반이로구나 부자여!'
　★ 근거: ①-❿
군수는 '군자로구나 부자여! 양반이로구나 부자여!'라면서 양반의 곡식을 대신 갚은 부자의 행동을 칭찬하고 있다.

④ 군수는 고을 사람들을 관청으로 불러 증서의 증인으로 삼았다.
　'고을의 양반과 농사꾼, 장인, 장사꾼들을 모두 불러 모았다.'
　★ 근거: ①-⓫
군수는 '고을의 양반과 농사꾼, 장인, 장사꾼들을 모두 불러 모'은 후에 증서를 만들고 있다. 이는 군수가 고을의 다양한 사람들을 증서의 증인으로 삼기 위한 것이다.

07 [정답] ③

윗글에 드러나 있는 시대적 상황에 대한 설명으로 가장 알맞지 **않은** 것은?

> **왜 정답?**

③ 양반보다 부자를 **높은 신분**으로 여겼다.
　　　　　　　　양반을 더 높은 신분으로 여김.
　★ 근거: ①-⓬, ④-❶, ❷

윗글에서 군수는 증서를 쓸 때에 양반이 된 부자를 높은 자리에, 양반 신분을 판 양반을 낮은 자리에 세워 두고 있다. 또한 두 번째 증서에서는 양반이 '네 가지 백성 가운데 가장 높'다고 했다. 이를 통해 당시에는 부자보다 양반이 더 높은 신분으로 여겨졌음을 알 수 있다.

> **왜 오답?**

① 부를 쌓은 평민이 등장했다.
　부자는 양반의 신분을 돈으로 살 만큼 부를 쌓은 평민임.
　★ 근거: ①-❽
윗글의 부자는 양반 신분을 돈으로 살 수 있을 만큼 부를 쌓은 평민이다. 이러한 부자의 모습을 통해 당시에 양반이 아니지만 부를 쌓은 평민이 등장했음을 알 수 있다.

② 돈으로 신분을 사고팔 수 있었다.
　　　　　　군수가 신분을 사고판 일에 대한 증서를 만듦.
　★ 근거: ①-❿, ⓬
윗글에서 부자는 양반의 신분을 사고, 이에 군수는 이 일을 막지 않고 오히려 증서를 만들어 주고 있다. 이를 통해 당시에는 돈으로 신분을 사고파는 일이 가능했음을 알 수 있다.

④ 신분 제도가 흔들리는 모습이 나타났다.
　양반이 가난하여 신분을 팔고, 부자가 양반 신분을 삼.
　★ 근거: ①-❽
윗글에서 양반은 가난하여 환곡을 갚기 위해 양반 신분을 팔고, 부자는 양반 신분을 돈으로 사고 있다. 이는 당시의 신분 제도가 흔들리는 모습을 나타내는 것이다.

⑤ 경제적으로 어려운 처지의 양반이 생겨났다.
　양반이 가난하여 신분을 팔아 빌린 곡식을 갚음.
　★ 근거: [앞부분의 줄거리], ①-❽
윗글에서 양반은 '빌린 곡식을 갚을 방법이 없어 곤경에 처하'고, 결국 부자에게 신분을 팔아 빌린 곡식을 갚는다. 이를 통해 당시에 경제적으로 어려운 처지의 양반이 생겨났음을 알 수 있다.

08 [정답] 도둑놈

윗글에서 〈보기〉의 빈칸에 공통으로 들어가기에 가장 알맞은 말을 찾아 쓰시오.

〈보기〉

　풍자란 현실의 부정적인 인물이나 현상을 어떠한 것에
　　　　　　　　　　　　　　　　풍자의 의미
빗대어 비웃으면서 넌지시 비판하는 것을 의미한다.
〈양반전〉에서 부자는 자신에게 이익이 되도록 고친 증서
　　　　　　　　　　　　　　　두 번째 증서
를 보고 자신을 '(　　　　)'(으)로 만들 것이냐고 말한다.
이때 (　　　　)은/는 능력은 없으면서 횡포를 부리는
양반을 풍자하는 말이다.

> **왜 정답?**　★ 근거: ④, ⑤-❷

두 번째 증서에서는 양반이 일을 하지 않으면서도 사치를 부리고, 신분을 이용하여 횡포를 부리는 모습을 나타내고 있다. 이 내용을 들은 부자는 '나를 도둑놈으로 만들 작정인가?'라면서 양반이 되는 것을 그만두고 있다. 이때 '도둑놈'은 능력은 없으면서 횡포를 부리는 양반을 풍자하는 말이다.

한 그루 나무처럼 _윤대녕

❶ 중심 대상 ❷ 글쓴이의 생각, 태도 ❸ 서술상 특징

1 ❶어느 날 약수터 옆에 서 있는 참나무 한 그루가 내
❸ : 시간의 흐름 / ❶ 중심 대상
눈에 들어왔다.❷인연이란 참으로 묘하디묘한 것이어서
하필이면 나무에 박혀 있는 녹슨 대못이 먼저 눈에 보
글쓴이의 눈에 들어온 것
였다.❸오래전에 누군가 바가지를 걸어놓기 위해 박아
놓은 것 같았다.❹손으로는 빼낼 재간이 없어 그대로
참나무에 박힌 대못을 빼 주지 못해서
내려왔는데 두고두고 그 대못이 가슴에 남았다.
＊1 요약: 대못이 박힌 참나무 한 그루를 봄.
2 그다음 주말에 나는 배낭에 장도리를 챙겨 넣고 약
참나무에 박힌 대못을 빼기 위해
수터로 올라갔다.❷녹슨 못을 빼내고 나니 마음이 그렇
게 후련할 수가 없었다.❸그 나무와의 인연은 그렇게
참나무에 박힌 못을 빼낸 글쓴이의 심정
시작됐다.❹바야흐로 4월이 되면서 참나무는 연둣빛의
아름다운 잎을 가지마다 무성하게 토해내고 있었다.
❺그 후로 나는 그 참나무를 보기 위해, 아니 보고 싶어
글쓴이에게 참나무가 특별한 존재가 됨.
산에 오르는 기분이 들었다.❻「괜히 마음이 심산스러울
「」: 글쓴이가 참나무를 찾는 때
때, 남에게 무심코 아픈 말을 내뱉고 후회할 때, 또한
이유 없는 공허함에 사로잡힐 때면」나는 그 나무를 보
러 올라가곤 했다.❼나무는 언제나 그 자리에 서 있었
고 내게 시원한 그늘을 내주며 때로는 미소를 짓거나
글쓴이는 참나무에게서 위안을 얻음.
무어라 말을 건네오는 것 같았다. / (중략)
＊2 요약: 참나무에 박힌 못을 빼 준 후 참나무를 보러 산에 올라감.
3 지난 주말에도 나는 산에 다녀왔다.❷눈이 내린 날이
었다.❸불과 일주일 만에 약수터의「참나무는 제 스스로
「」: 찬바람과 상처(시련, 고통)에도 묵묵히 서 있는 참나무
모든 잎을 떨군 채 찬바람 속에 무연히 서 있었다.❹그
리고 침묵의 시간으로 돌아간 듯 더 이상 말이 없었다.
❺나는 내가 못을 빼냈던 자리를 찾아보았다.❻상처는 아
직도 완전히 아물지 않은 상태였다.
❼그 헐벗은 나무를 보며 나는 생각했다.❽「그동안 나는
시련(찬바람, 상처)을 겪어도 묵묵히 서 있음.
사소한 일에도 얼마나 자주 마음이 흔들렸던가.❾또 어
「」: ❷ 태도 – 성찰적(참나무를 보며 자신의 삶을 돌아봄.)
쩌다 상처를 받게 되면 얼마나 많은 원망의 시간을 보
냈던가.❿그리고 나는 길을 잃은 사람이 다시 찾아올 수

있도록 변함없이 그 자리에 서 있었던 적이 있었던가.
⓫그렇게 말없이 기다림을 실천한 적이 있었던가.」
⓬㉠이제부터는 한 그루 나무로 살고 싶다.⓭자기 자리
❸ 일상생활에서의 경험을 통해 삶의 의미를 발견함.
에 굳건히 뿌리를 내리고 세월이 가져다주는 변화를
❷ 생각: 참나무처럼 쉽게 흔들리지 않는 사람이 되고자 함.
조용히 받아들이며 가끔은 누군가 찾아와 기대고 쉴
❷ 생각: 참나무처럼 다른 사람이 기댈 수 있는 사람이 되고자 함.
수 있는 사람이 되었으면 싶다.⓮겉모습은 어쩔 수 없이
변하더라도 속마음은 변하지 않는 사람이 되고 싶다.
❷ 생각: 참나무처럼 속마음이 변하지 않는 사람이 되고자 함.
⓯한 그루 나무처럼 말이다.
＊3 요약: 참나무와 같은 사람이 되고자 함.

> ★ **수필 독해 공식**
>
> ❶ **중심 대상**: 참나무 한 그루
> ❷ **글쓴이의 생각**: 참나무처럼 쉽게 흔들리지 않는 사람, 다른 사람이 기댈 수 있는 사람, 속마음이 변하지 않는 사람이 되고자 함.
>   **태도**: 성찰적(참나무를 통해 자신의 삶을 돌아봄.)
> ❸ **서술상 특징**
> • 글쓴이가 자신의 체험을 시간의 흐름에 따라 서술하고 있음.
> • 일상생활에서의 경험을 통해 삶의 의미를 발견하고 있음.

■ **내용**: 이 작품은 글쓴이가 참나무와 교감하며 자신을 성찰한 경험을 담은 현대 수필이다.
1: '나'는 약수터에서 녹슨 대못이 박힌 참나무 한 그루를 발견한다.
2: 그다음 주말에 '나'는 나무에 박힌 못을 빼 주고, 그 후로는 참나무가 보고 싶어서 산에 오르는 기분을 느낀다.
3: 눈이 내린 날 '나'는 헐벗은 참나무를 보며 사소한 일에도 마음이 흔들렸던 지난날을 돌아보고, 한 그루 나무처럼 살고 싶다고 생각한다.

■ **주제**: 약수터에서 만난 참나무 한 그루를 통한 자기 성찰

■ **이것이 핵심!**: 시간의 흐름에 따른 글쓴이의 체험

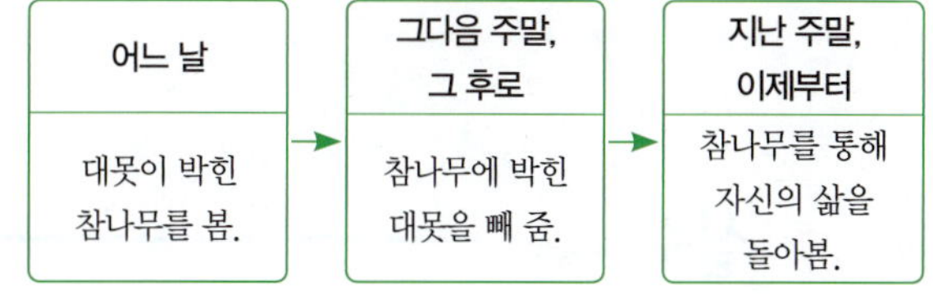

어느 날	그다음 주말, 그 후로	지난 주말, 이제부터
대못이 박힌 참나무를 봄.	참나무에 박힌 대못을 빼 줌.	참나무를 통해 자신의 삶을 돌아봄.

01 정답 (1) 참나무 (2) 그늘

>왜 정답 ?

(1) 글쓴이는 헐벗은 참나무를 보며 사소한 일에도 쉽게 흔들렸던 자신의 삶을 성찰하고 있다. 따라서 정답은 '참나무'이다.

(2) 참나무를 보러 산에 올라간 글쓴이는 참나무가 언제나 그 자리에서 시원한 그늘을 내주고, 때로는 자신에게 말을 건네는 것 같다고 생각하고 있다. 따라서 정답은 '그늘'이다.

02 [정답] ⑤

윗글의 글쓴이에 대한 설명으로 가장 알맞지 <u>않은</u> 것은?

>왜 정답?

⑤ 글쓴이는 참나무에 못을 박은 사람에게 심한 말을 내뱉은
   ~~나타나지 않음.~~
   것을 후회했다.

★ 근거: ②-❻

글쓴이는 '남에게 무심코 아픈 말을 내뱉고 후회할 때' 참나무를 보러
올라간다고 했을 뿐, 글쓴이가 참나무에 못을 박은 사람에게 심한 말
을 하지는 않았다.

>왜 오답?

① 글쓴이는 참나무에 박힌 못을 빼고 후련함을 느꼈다.
   '마음이 그렇게 후련할 수가 없었다.'

★ 근거: ②-❷

글쓴이는 참나무에 박힌 '녹슨 못을 빼내고 나니 마음이 그렇게 후련
할 수가 없었다.'라고 했다.

② 글쓴이는 참나무에 박힌 못을 빼지 못한 일이 마음에 걸렸다.
   '그 대못이 가슴에 남았다.'

★ 근거: ①-❹

글쓴이는 참나무에 박힌 못을 손으로는 뺄 수 없어서 그대로 두고 내
려온 것이 '가슴에 남았다'고 했다.

③ 글쓴이는 참나무가 보고 싶어서 산에 오르는 듯한 기분을
   '나는 그 참나무를 ~ 보고 싶어 산에 오르는 기분이 들었다.'
   느꼈다.

★ 근거: ②-❺

글쓴이는 참나무가 '보고 싶어 산에 오르는 기분이 들었다.'라고 했다.

④ 글쓴이는 참나무를 보며 사소한 일에도 괴로워했던 자신
   '나는 사소한 일에도 얼마나 자주 마음이 흔들렸던가.'
   을 돌아보았다.

★ 근거: ③-❼, ❽

글쓴이는 잎이 다 떨어진 참나무를 보며 그동안 '사소한 일'에도 '자
주 마음이 흔들렸던' 자신의 모습을 돌아보고 있다.

03 [정답] ⑤

㉠에 담긴 의미로 가장 알맞은 것은?

• ㉠: ㉠은 '이제부터는 한 그루 나무로 살고 싶다.'입니다.

[즉] '한 그루 나무로 살고 싶다.'라는 글쓴이의 생각에 담긴 의미를 고
르는 문제입니다.

>왜 정답?

⑤ 세월의 변화를 받아들이는 참나무처럼 속마음이 변하지
   '세월이 가져다주는 ~ 받아들이며'   '속마음은 변하지 않는 사람이 되고 싶다.'
   않는 사람이 되고 싶다.

★ 근거: ③-❸, ❹

글쓴이는 참나무처럼 '세월이 가져다주는 변화를 조용히 받아들이며',
겉모습이 변하더라도 '속마음은 변하지 않는 사람이 되고 싶다'고 했다.

>왜 오답?

① 굳건히 뿌리를 내린 참나무처럼 한곳에 오래 살고 싶다.
   관련 없음.

★ 근거: ③-❸

글쓴이는 '자기 자리에 굳건히 뿌리를 내리고' 있는 참나무처럼 세월
의 변화를 받아들이며 누군가 자신에게 기댈 수 있는 사람이 되고 싶
어 할 뿐, 한곳에 오래 살고 싶어 하지는 않는다.

② 아름다운 잎을 가진 참나무가 많이 있는 곳에 살고 싶다.
   관련 없음.

★ 근거: ②-❹

글쓴이는 참나무가 '연둣빛의 아름다운 잎'을 가지고 있다고 했을 뿐,
참나무가 많이 있는 곳에서 살고 싶어 하지는 않는다.

③ 언제나 침묵하는 참나무처럼 말이 없는 사람이 되고 싶다.
   관련 없음.

★ 근거: ③-❹, ❸

글쓴이는 '침묵의 시간으로 돌아간 듯' 말이 없는 참나무처럼 '세월이
가져다주는 변화를 조용히 받아들이'는 사람이 되고 싶어 할 뿐, 말이
없는 사람이 되고 싶어 하지는 않는다.

④ 계절마다 색이 달라지는 참나무처럼 변화를 즐기는 사람
   글쓴이는 속마음이 변하지 않는 사람이 되고 싶어 함.
   이 되고 싶다.

★ 근거: ③-❹

글쓴이는 '겉모습은 어쩔 수 없이 변하더라도 속마음은 변하지 않는
사람이 되고 싶다.'라고 했다.

DAY **19** **실수** _나희덕

❶ 중심 대상 ❷ 글쓴이의 생각, 태도 ❸ 서술상 특징

[1]❶언젠가 비구니*들이 사는 암자에서 하룻밤을 묵은
┗ ❸ 글쓴이가 겪은 일화를 제시함.
적이 있다. ❷다음 날 아침 부스스해진 머리를 정돈하려
고 하는데, 빗이 마땅히 눈에 띄지 않았다. ❸원래 여행
할 때 빗이나 화장품을 찬찬히 챙겨 가지고 다니는 성
   꼼꼼하지 못한 글쓴이의 성격

격이 아닌 데다 그날은 아예 가방조차 가지고 있지 않
았다. ❹그러던 중에 마침 노스님 한 분이 나오시기에
나는 아무 생각도 없이 이렇게 여쭈었다.

❺"스님, 빗 좀 빌릴 수 있을까요?"

❻스님은 갑자기 당황한 얼굴로 나를 바라보셨다.❼그
   머리를 깎은 자신에게 빗을 빌려 달라고 하자 당황한 스님

제야 파르라니 깎은 스님의 머리가 유난히 빛을 내며

내 눈에 들어왔다.^{글쓴이가 자신의 실수를 깨달음.} 나는 거기가 비구니들만 사는 곳이

라는 사실을 깜빡 잊고 엉뚱한 주문을 한 것이었다.

본의 아니게 노스님을 놀린 것처럼 되어 버려서 어쩔

줄 모르고 서 있는 나에게, 스님은 웃으시면서 저쪽
^{실수를 하여 당황한 글쓴이}

구석에 가방이 하나 있을 텐데 그 속에 빗이 있을지 모

른다고 하셨다.

* ① 요약: 스님에게 빗을 빌려 달라고 하는 실수를 했던 일

(중략)

② 이처럼 악의가 섞이지 않은 실수는 봐줄 만한 구석
^{① 중심 대상}

이 있다. 그래서인지 내가 번번이 저지르는 실수는 나

를 곤경에 빠뜨리거나 어떤 관계를 불화로 이끌기보다

는 의외의 수확이나 즐거움을 가져다줄 때가 많았다.
^{② 생각: 실수는 의외의 수확이나 즐거움을 가져다주기도 함. 태도: 긍정적}

겉으로는 비교적 차분하고 꼼꼼해 보이는 인상이어서

나에게 긴장을 하던 상대방도 이내 나의 모자란 구석

을 발견하고는 긴장을 푸는 때가 많았다. 또 실수로
^{실수의 긍정적 효과 ①}

인해 웃음을 터뜨리다 보면 어색한 분위기가 가시고

초면에 쉽게 마음을 트게 되기도 했다. 그렇다고 이런
^{실수의 긍정적 효과 ②}

효과 때문에 상습적으로 실수를 반복하는 것은 아니지

만, 한번 어디에 정신을 집중하면 나머지 일에 대해서

거의 백지상태가 되는 버릇은 쉽사리 고쳐지지 않는다.
^{글쓴이가 실수를 하는 이유}

특히 풀리지 않는 글을 붙잡고 있거나 어떤 생각거리

에 매달려 있는 동안 내가 생활에서 저지르는 사소한

실수들은 내 스스로도 어처구니가 없을 지경이다.

* ② 요약: 의외의 수확과 즐거움을 가져다주는 실수

③ 그러면 실수의 '어처구니없음'은 어디서 오는 것일까.

「원래 어처구니란 엄청나게 큰 사람이나 큰 물건을 가
^{「 」: ❸ '어처구니없음'이 어디서 시작된 말인지 그 어원을 밝힘.}

리키는 뜻에서 비롯되었는데, 그것이 부정어와 함께

굳어지면서 어이없다는 뜻으로 쓰게 되었다.」 크다는

뜻 자체는 약화되고 그것이 크든 작든 우리가 가지고

있는 상상이나 상식을 벗어난 경우를 지칭하게 된 것
^{어처구니없는 상황}

이다. 그러니 상상에 빠지기 좋아하고 상식으로부터
^{어처구니없는 실수를 자주 하는 사람 – 삶과 정신의 여백을 가진 사람}

자유로워지려는 사람에게 어처구니없는 실수가 그림

자처럼 따라다니는 것은 아주 자연스러운 일이다.

⑤ 「결국 ㉠실수는 삶과 정신의 여백에 해당한다. 그 여
^{실수에 대한 새로운 시각}

백마저 없다면 이 각박한 세상에서 어떻게 숨을 돌리
^{「 」: ❷ 생각 – 실수는 삶과 정신에 여유를 가져다줌. 태도: 긍정적}

며 살 수 있겠는가. 그리고 발 빠르게 돌아가는 세상
^{: ❸ 의문형 문장}

에 어떻게 휩쓸려 가지 않고 남아 있을 수 있겠는가.」

어쩌면 사람을 키우는 것은 능력이 아니라 실수의 힘
^{여유를 통해 삶을 돌아보고 너그러운 마음을 가지게 함.}

일지도 모른다.

* ③ 요약: 삶의 여유를 가지게 하는 실수

* 비구니 : 세속의 인연을 버리고 수행 생활에 들어간 여자 승려

★ 수필 독해 공식

❶ **중심 대상**: 실수

❷ **글쓴이의 생각**: 실수는 의외의 수확이나 즐거움을 가져다주고, 삶과 정신에 여유를 줌.

　　태도: 긍정적(실수의 긍정적인 가치를 이야기하고 있음.)

❸ **서술상 특징**

　• 글쓴이가 겪은 일화를 제시하고 있음.

　• '어처구니없음'이라는 말이 생겨난 근원(어원)을 밝히고 있음.

　• 의문형 문장을 통해 실수의 의미를 강조하고 있음.

DAY
19

■ **내용**: 이 작품은 글쓴이가 자신이 실수했던 경험을 이야기하며 인생에서 실수가 가지는 긍정적인 가치를 전하는 현대 수필이다.

① : 암자에서 하룻밤을 묵은 '나'는 노스님께 빗을 빌릴 수 있냐고 묻는 실수를 한다.

② : 실수는 긴장을 풀거나 마음을 여는 계기가 되는 등 의외의 수확이나 즐거움을 가져다줄 때가 많다.

③ : 실수는 삶과 정신의 여백으로, 우리는 그 여백이 있기에 각박한 세상에서 숨을 돌리고 살아갈 수 있다.

■ **주제**: 삶과 정신에 여유를 가져다주는 실수의 가치

■ **이것이 핵심!: 실수에 대한 새로운 시각**

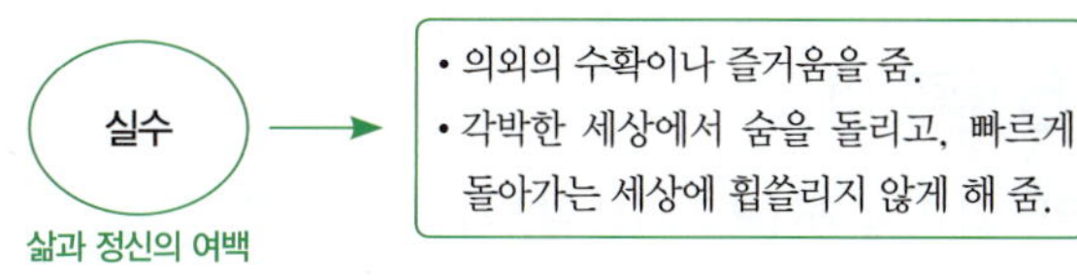

04 정답 (1) 실수 (2) 빗

> **왜 정답?**

(1) 글쓴이는 스님에게 빗을 빌려 달라고 하는 실수를 했던 일을 이야기하고 있다. 따라서 정답은 '실수'이다.

(2) 글쓴이는 암자에서 하룻밤을 묵은 다음 날에 머리를 정돈하기 위해 스님에게 빗을 빌리려 했다. 따라서 정답은 '빗'이다.

05 [정답] ④

'실수'에 대한 글쓴이의 생각으로 가장 알맞지 <u>않은</u> 것은?

> **왜** 정답 ?

④ 실수를 하면 항상 곤경에 빠지거나 불화가 생긴다.
  '실수는 나를 곤경에 빠뜨리거나 ~ 불화로 이끌기보다는'

★ 근거: ②-❷

글쓴이는 자신이 저지르는 실수가 '나를 곤경에 빠뜨리거나 어떤 관계를 불화로 이끌기보다는 의외의 수확이나 즐거움을 가져다줄 때가 많았다.'라고 했다. 즉, 글쓴이는 실수를 해도 항상 곤경에 빠지거나 불화가 생기지는 않는다고 생각하고 있다.

> **왜** 오답 ?

① 실수는 사람을 성장하게 하는 힘이 있다.
  '사람을 키우는 것은 ~ 실수의 힘일지도 모른다.'

★ 근거: ③-❽

글쓴이는 '사람을 키우는 것은 능력이 아니라 실수의 힘일지도 모른다.'라고 했다. 즉, 글쓴이는 실수가 사람을 성장하게 하는 힘이 있다고 생각하고 있다.

② 실수는 뜻밖의 즐거움을 가져다주기도 한다.
  '의외의 수확이나 즐거움을 가져다줄 때가 많았다.'

★ 근거: ②-❷

글쓴이는 자신이 저지른 실수가 '의외의 수확이나 즐거움을 가져다줄 때가 많았다.'라고 했다. 즉, 글쓴이는 실수가 뜻밖의 즐거움을 가져다준다고 생각하고 있다.

③ 실수로 인해 어색한 분위기가 사라지기도 한다.
  '실수로 인해 웃음을 터뜨리다 보면 어색한 분위기가 가시고'

★ 근거: ②-❹

글쓴이는 '실수로 인해 웃음을 터뜨리다 보면 어색한 분위기가 가'신다고 했다. 즉, 글쓴이는 실수로 인해 어색한 분위기가 사라지기도 한다고 생각하고 있다.

⑤ 실수의 '어처구니없음'은 상상이나 상식을 벗어나는 경우
  어처구니없음은 '우리가 가지고 있는 상상이나 상식을 벗어난 경우'를 가리킴.
  에 생긴다.

★ 근거: ③-❸

글쓴이는 '어처구니없음'이 '우리가 가지고 있는 상상이나 상식을 벗어난 경우'를 가리킨다고 했다. 즉, 글쓴이는 실수의 '어처구니없음'은 상상이나 상식을 벗어나는 실수를 했을 때 생긴다고 생각하고 있다.

06 [정답] ④

윗글을 읽고 한 생각으로 가장 알맞지 <u>않은</u> 것은?

> **왜** 정답 ?

④ 정우: 글쓴이는 '실수'가 어디서 시작된 말인지 설명하고
  '어처구니없음'이 어디서 시작된 말인지 설명함.
  있군.

★ 근거: ③-❷

글쓴이는 '어처구니없음'의 '어처구니'가 '엄청나게 큰 사람이나 큰 물건을 가리키는 뜻에서 비롯되었'으며, 이 말이 '부정어와 함께 굳어지면서 어이없다는 뜻으로 쓰게 되었다'고 했다. 즉, 글쓴이는 '실수'가 아닌 '어처구니없음'이라는 말이 어디서 시작됐는지 설명하고 있다.

> **왜** 오답 ?

① 보윤: 글쓴이가 스님에게 한 실수는 실제 경험이겠군.
  글쓴이가 암자에서 묵었을 때 경험했던 실제 이야기임.

★ 근거: ①

윗글은 글쓴이가 자신의 경험을 솔직하게 적은 수필이다. 또한 글쓴이는 '비구니들이 사는 암자에서 하룻밤을 묵은 적이 있다.'라면서 스님에게 빗을 빌려 달라고 했던 실수를 이야기하고 있다. 이는 글쓴이의 실제 경험에 해당한다.

② 수현: 글쓴이는 실수의 긍정적인 효과를 설명하고 있군.
  의외의 수확과 즐거움을 가져다줌.

★ 근거: ②-❷~❹

글쓴이는 실수가 '의외의 수확과 즐거움을 가져다'준다면서 실수를 통해 상대방이 '긴장을 푸는 때가 많'고, '어색한 분위기가 가시고 초면에 쉽게 마음을 트게 되기도' 한다고 했다. 즉, 글쓴이는 자신이 경험한 실수의 긍정적인 효과를 설명하고 있다.

③ 이준: 글쓴이는 삶에서 실수가 가지는 의미를 강조하고 있군.
  '실수는 삶과 정신의 여백에 해당한다.'

★ 근거: ③-❺~❼

글쓴이는 '실수는 삶과 정신의 여백에 해당한다.'라면서 실수를 통해 각박한 세상에서 숨을 돌릴 수 있고, 발 빠르게 돌아가는 세상에 휩쓸리지 않을 수 있다고 했다. 즉, 글쓴이는 삶에서 실수가 '여백'의 의미를 가진다는 것을 강조하고 있다.

⑤ 태리: 글쓴이는 실수를 했던 일을 통해 얻은 깨달음을 전
  '내가 번번이 저지르는 실수는 ~ 의외의 수확이나 즐거움을 가져다줄 때가 많았다.'
  하고 있군.

★ 근거: ②-❷~❹, ③-❺~❽

글쓴이는 자신이 저지른 실수가 '의외의 수확이나 즐거움을 가져다줄 때가 많았다.'라면서 실수를 했던 경험을 통해 깨달은 실수의 긍정적인 효과를 이야기하고 있다. 또한 '실수는 삶과 정신의 여백에 해당한다.'라면서 자신이 깨달은 실수의 의미를 전하고 있다.

07 [정답] 의외의 수확이나 즐거움

다음은 ㉠에 담긴 의미를 정리한 것이다. 윗글에서 빈칸에 들어가기에 가장 알맞은 말을 찾아 3어절로 쓰시오.

〈보기〉

실수는 (   )을/를 가져다주어 각박하고 바쁘게 돌아가는 세상을 살아가는 우리에게 마음의 여유를 느끼게 한다.
  실수가 삶과 정신의 여백인 이유

> **왜** 정답 ?

★ 근거: ②-❷

㉠은 '실수는 삶과 정신의 여백에 해당한다.'로, 실수가 우리의 삶에 여유를 가져다준다는 의미이다. 이는 실수를 긍정적으로 바라보는 글쓴이의 관점을 드러내는 것이다. ②에서 글쓴이는 실수가 '의외의 수확이나 즐거움을 가져다'준다며 실수의 긍정적인 가치를 이야기하고 있으므로, 우리의 마음에 여유를 느끼게 하는 실수가 가져다주는 것은 '의외의 수확이나 즐거움'이다.

방망이 깎던 노인 _윤오영

❶ 중심 대상   ❷ 글쓴이의 생각, 태도   ❸ 서술상 특징

① ❶동대문 맞은편 길가에 앉아서 방망이를 깎아 파는
❸ 글쓴이가 자신이 경험한 일을 제시함.   ❶ 중심 대상: 방망이 깎던 노인
노인이 있었다. ❷방망이를 한 벌 사 가지고 가려고 깎
아 달라고 부탁을 했다. ❸값을 굉장히 비싸게 부르는
것 같았다. ❹좀 싸게 해 줄 수 없느냐고 했더니,

❺"방망이 하나 가지고 에누리하겠소? 비싸거든 다른
무뚝뚝한 노인의 성격, 자신이 만든 방망이에 대한 노인의 자부심이 드러남.
데 가 사우."

❻대단히 무뚝뚝한 노인이었다. ❼더 깎지도 못하고 잘
깎아나 달라고만 부탁했다. ❽그는 잠자코 열심히 깎고
있었다. ❾처음에는 빨리 깎는 것 같더니, 저물도록 이
노인이 방망이를 깎는 속도가 점점 느려짐.
리 돌려 보고 저리 돌려 보고 굼뜨기 시작하더니, 이
내 마냥 늑장이다. ❿내가 보기에는 그만하면 다 됐는데
노인이 계속해서 방망이를 깎는 이유를 이해하지 못함.
자꾸만 더 깎고 있다.
＊ ① 요약: 노인이 늑장을 부리며 방망이를 깎음.
② ❶인제 다 됐으니 그냥 달라고 해도 못 들은 척이다.
❷차 시간이 바쁘니 빨리 달라고 해도 통 못 들은 척 대
꾸가 없다. ❸사실 차 시간이 빠듯해 왔다. ❹갑갑하고 지
글쓴이가 노인을 재촉한 이유
루하고 인제는 초조할 지경이다.

❺"더 깎지 않아도 좋으니 그만 주십시오."

❻라고 했더니, 화를 버럭 내며 / ❼"끓을 만큼 끓어야 밥
이 되지, 생쌀이 재촉한다고 밥 되나."
무언가를 제대로 만들기 위해서는 시간이 걸린다는 의미
❽나도 기가 막혀서

❾"살 사람이 좋다는데 무얼 더 깎는다는 말이오. 노인
장 외고집이시구먼. 차 시간이 없다니까."
융통성 없이 고집을 부리는 사람
❿노인은 통명스럽게

⓫"다른 데 가 사우. 난 안 팔겠소."
완성되지 않은 물건은 팔지 않겠다는 노인의 의지가 드러남.
⓬하고 내뱉는다. ⓭지금까지 기다리고 있다가 그냥 갈 수
도 없고, 차 시간은 어차피 틀린 것 같고 해서, 될 대
로 되라고 체념할 수밖에 없었다.

⓮"그럼, 마음대로 깎아 보시오."
노인이 방망이를 줄 때까지 기다리기로 함.

⓯"글쎄, 재촉을 하면 점점 거칠고 늦어진다니까. 물건
이란 제대로 만들어야지, 깎다가 놓치면 되나."
자신의 일에 최선을 다하는 자세(장인 정신)
⓰좀 누그러진 말씨다. ⓱이번에는 깎던 것을 숫제 무릎
에다 놓고 태연스럽게 곰방대에 담배를 담아 피우고
방망이가 잘 만들어졌는지 깊이 생각해 보는 행동
있지 않는가. ⓲나도 고만 지쳐 버려 구경꾼이 되고 말
았다. ⓳얼마 후에 노인은 또 깎기 시작한다. ⓴「저러다가
는 방망이가 다 깎아 없어져 버릴 것만 같았다. ㉑또 얼
마 후에 방망이를 들고 이리저리 돌려 보더니 다 됐다
고 내준다. ㉒사실 다 되기는 아까부터 다 돼 있던 방망
「 」: 글쓴이는 노인의 태도를 이해하지 못함.
이다.」

㉓차를 놓치고 다음 차로 와야 하는 나는 불유쾌하기
짝이 없었다. / (중략)
＊ ② 요약: 노인으로 인해 차를 놓쳐 불쾌함을 느낌.
③ ❶집에 와서 방망이를 내놨더니 아내는 이쁘게 깎았
아내가 방망이를 마음에 들어 함.
다고 야단이다. ❷집에 있는 것보다 참 좋다는 것이다.

❸그러나 나는 전의 것이나 별로 다른 것 같지가 않았다.
글쓴이는 노인의 방망이가 왜 좋은지 모름.
❹그런데 아내의 설명을 들어 보면「배가 너무 부르면 힘
「 」: 노인이 깎은 방망이에 대한 아내의 설명
들어 다듬다가 옷감을 치기를 잘하고, 같은 무게라도
힘이 들며, 배가 너무 안 부르면 다듬잇살*이 펴지지
않고 손에 헤먹기*가 쉽다. ❺요렇게 꼭 알맞은 것은 좀
체로 만나기 어렵다는 것이다.」❻나는 비로소 마음이 확
❷ 생각: 방망이를 잘 만들려 했던 노인의 의도를 깨달음.
풀렸다. ❼그리고 그 노인에 대한 내 태도를 뉘우쳤다.
❷ 태도: 반성적(자신의 행동을 반성함.) → 자신의 일에 최선을 다하는
❽참으로 미안했다.   삶의 자세가 중요함을 깨달음.
＊ ③ 요약: 노인이 방망이를 오래 깎은 이유를 깨달음.

＊ 다듬잇살: 다듬이질이 알맞게 되었을 때 옷감에 생기는 풀기
　　나 윤기
＊ 헤먹다: 꼭 맞지 않고 헐겁다.

★ **수필 독해 공식**

❶ 중심 대상: 방망이 깎던 노인
❷ 글쓴이의 생각: 자신의 일에 최선을 다하는 삶의 자세가 중요함을 깨달음.
　 태도: 반성적(자신의 성급했던 행동을 뉘우침.)
❸ 서술상 특징: 글쓴이가 일상생활에서 경험한 일을 제시하고 있음.

- **내용**: 이 작품은 글쓴이가 방망이를 깎던 노인을 통해 자신의 일에 노력과 정성을 다하는 장인 정신에 대한 깨달음을 얻은 내용의 현대 수필이다.
  - ①: '나'는 방망이를 깎아 파는 노인에게 방망이 한 벌을 깎아 달라고 하는데, 노인이 늑장을 부리며 방망이를 깎는다.
  - ②: 차 시간이 빠듯해 오자 '나'는 방망이를 그만 깎고 달라고 하지만, 노인은 화를 내며 방망이를 팔지 않겠다고 한다. 이로 인해 차를 놓친 '나'는 불쾌함을 느낀다.
  - ③: 아내는 노인이 깎은 방망이를 마음에 들어 하고, 이를 통해 '나'는 자신의 태도를 반성하고 노인에게 미안함을 느낀다.
- **주제**: 자신의 일에 최선을 다하는 삶의 자세(장인 정신)에 대한 예찬
- **이것이 핵심!**: 글쓴이의 심리 변화

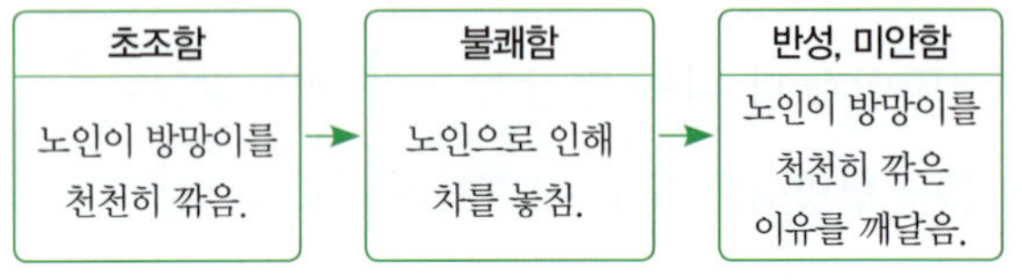

---

01 [정답] (1) 방망이 (2) 노인

> **왜 정답?**

(1) 글쓴이는 방망이를 깎던 노인을 통해 자신의 일에 최선을 다하는 삶의 자세가 중요함을 깨닫고 있다. 따라서 정답은 '방망이'이다.
(2) 글쓴이는 방망이를 좋아하는 아내의 반응을 통해 노인이 방망이를 제대로 만들기 위해 시간을 들였다는 것을 깨닫고, 노인을 재촉했던 자신의 행동을 반성하고 있다. 따라서 정답은 '노인'이다.

02 [정답] ④

윗글의 '나'에 대한 설명으로 가장 알맞은 것은?

> **왜 정답?**

④ **'나'는 오랫동안 방망이를 깎았던 노인의 의도를 깨닫고 있다.**
  방망이를 제대로 만들기 위해서였음을 깨달음.
  ★ 근거: ③-⑤~⑧
  '나'는 방망이를 좋아하는 아내의 반응을 보며 노인에게 화가 났던 마음이 풀리고 자신의 태도를 뉘우치고 있다. 그 이유는 '나'가 노인이 방망이를 제대로 만들기 위해서 오랫동안 방망이를 깎았던 것임을 깨달았기 때문이다.

> **왜 오답?**

① **'나'는 끝까지 고집을 꺾지 않는 노인을 존경하고 있다.**
  '나'는 노인의 고집스러운 모습을 보고 체념함.
  ★ 근거: ②-⑤~⑬
  방망이를 그만 깎고 달라는 '나'의 말에 노인은 방망이를 안 팔겠다고 했다. 이러한 노인의 고집스러운 태도에 '나'는 '마음대로 깎아 보시오.'라면서 체념하고 있을 뿐, 노인을 존경하고 있지 않다.

② **'나'는 구경꾼을 만들고 싶었던 노인의 진심을 이해하고 있다.**
  나타나지 않음.
  ★ 근거: ②-⑰
  '나'는 기다림에 지쳐 구경꾼처럼 노인이 방망이를 깎는 모습을 지켜보고 있을 뿐, 노인이 구경꾼을 만들고 싶어 한다는 내용은 윗글에 나타나지 않는다.

③ **'나'는 퉁명스러웠던 노인의 태도를 본받겠다고 다짐하고 있다.**
  나타나지 않음.
  ★ 근거: ②-⑨~⑪
  '나'가 노인을 재촉하자 노인이 퉁명스러운 반응을 보이고는 있다. 하지만 '나'가 이러한 노인의 태도를 본받겠다고 다짐하고 있지는 않다.

⑤ **'나'는 방망이를 팔아 부자가 되는 노인의 미래를 상상하고 있다.**
  나타나지 않음.
  '나'가 방망이를 팔아 부자가 되는 노인의 미래를 상상한다는 내용은 윗글에 나타나지 않는다.

03 [정답] ⑤

'방망이'에 대한 설명으로 가장 알맞은 것은?

- **'방망이'**: 방망이는 글쓴이가 노인에게 산 물건입니다. 노인은 오랜 시간을 들여 방망이를 깎았고, 글쓴이는 그런 노인을 못마땅하게 생각했습니다.

즉 '방망이'를 통해 드러나는 인물의 삶의 태도로 알맞은 것을 고르는 문제입니다.

> **왜 정답?**

⑤ **노력과 정성을 중요하게 생각하는 노인의 삶의 태도를 드러내고 있다.**
  오랜 시간을 들여서 방망이를 깎음.
  ★ 근거: ②-⑮
  노인은 글쓴이의 재촉에도 '물건이란 제대로 만들어야지.'라면서 오랜 시간을 들여 방망이를 깎고 있다. 즉, 방망이는 노인이 노력과 정성을 들여 만든 것으로, 노력과 정성을 중요하게 생각하는 노인의 삶의 태도를 드러내고 있다.

> **왜 오답?**

① **가진 것을 이웃과 나누려든 글쓴이의 삶의 태도를 드러내고 있다.**
  나타나지 않음.
  ★ 근거: ③-❶
  글쓴이는 아내에게 주기 위해 방망이를 샀을 뿐, 윗글에 글쓴이가 자신이 가진 것을 이웃과 나누려는 모습은 나타나지 않는다.

② **사라져 가는 옛것을 지키려든 노인의 삶의 태도를 드러내고 있다.**
  관련 없음.
  노인이 방망이를 오랫동안 깎은 것은 자신의 일에 최선을 다하는 모습이다. 이러한 노인의 모습과 사라져 가는 옛것을 지키려는 태도는 관련이 없다.

③ **집안일을 완벽하게 해내려든 글쓴이의 삶의 태도를 드러내고 있다.**
  나타나지 않음.
  윗글에 글쓴이가 집안일을 완벽하게 해내려는 모습은 나타나지 않는다.

④ **다른 사람에게 관심을 두지 않든 노인의 삶의 태도를 드러내고 있다.**
  나타나지 않음.
  ★ 근거: ②-⑨~⑪
  노인이 방망이를 빨리 달라며 재촉하는 글쓴이에게 퉁명스럽게 대하고는 있지만, 이는 자신의 일에 최선을 다하려는 것일 뿐 다른 사람에게 관심을 두지 않아서가 아니다.

❶ 중심 대상 ❷ 글쓴이의 생각, 태도 ❸ 서술상 특징

1 나에게 자그마한 항아리 하나가 있으니, 쇠를 두들
❶ 중심 대상: 질항아리
기거나 녹여서 만든 것이 아니요, 흙을 빚어 불에 구
흙으로 만든 질항아리
워 만든 것이다. ❷목은 잘록하고 배는 불룩하며 주둥이
「 」: ❸ 항아리의 생김새를 묘사함.
는 나팔처럼 생겼으며, 양쪽 손잡이가 달려 있지 않
고, 아가리는 넓은 편이다. ❸닦아서 윤을 내지 않아도
마치 옻칠한 것처럼 까맣게 반짝거리니⌋⊙어찌 금 그
릇만 보물이라 하겠는가? ❹비록 질그릇이라 할지라도
❸ 의문형 문장 – 글쓴이는 항아리를 보물이라고 생각함.
봐 줄 만하다. ❺무게도 맞춤하여 한 손에 들기 알맞으
항아리의 장점
며, 값도 매우 싸서 구하기 쉬우니 깨질까 봐 걱정할
일 없다. *1 요약: '나'가 가진 항아리의 모양과 장점

2 이 항아리에 술을 부으면 채 한 말*이 못 들어간다.
항아리의 용량
❷항아리는 술을 가득 채웠다가는 곧 비워 버리고, 텅
비면 또다시 술을 받아들인다. ❸진흙을 잘 구워서 빈틈
없이 만든 것이라 스며들지도 새지도 않으며, 주둥이
항아리에 술을 담기 좋은 이유
가 널찍하니 진한 술을 부었다 따라 냈다 하기에 좋다.
❹술을 쉽게 따라 낼 수 있으니 기울어지거나 뒤엎는 일
이 없고, 술을 부어 두기 좋으니 계속하여 술을 담아
둘 수 있다. ❺항아리가 한평생 동안 담은 술을 따져 본
다면 몇 섬*이나 되는지 셀 수도 없으리라. ❻그러니 항
항아리는 가득 차면 속을 비우고, 텅 비면 다시 술을 채울 수 있기 때문
아리의 넓은 속은 마치 군자의 겸허한 마음과 같아,
❷ 태도: 예찬적(속이 넓고 간사스럽지 않은 항아리를 예찬함.)
항상 변함없고 간사스럽지 않은 것이다.
*2 요약: 군자의 마음과 같은 항아리의 속
3 슬프다.「재물만 쫓아다니는 저 소인들은, 자기들의
「 」: ❷ 태도 – 비판적(욕심이 끝없는 사람들을 부정적으로 여김.)
그릇이 작은 건 알지 못하고 좁디좁은 도량으로 끝도
없는 욕심을 따라 치달린다. ❸쌓아 두기만 하고 남에게
흩어 줄 줄은 모르며, 아직도 부족하다고만 한다. ❹작
가득 채우면 곧 비워 버리는 항아리와 다른 점
은 그릇은 금세 채워지고 또 그만큼 금방 뒤엎어지는
법이다.」
❺나는 이 항아리를 늘 곁에 두고 가득 차면 넘치게 된
글쓴이에게 깨달음을 주는 것

다는 것을 잊지 않으며 스스로 노력하겠다. ❻그렇게 타
❷ 생각: 욕심을 부리지 않고 분수에 맞는 삶을 살겠다고 다짐함.
고난 분수 따라 한평생을 보내면 몸도 온전하고 복도
분수에 맞는 삶을 살려는 이유
제대로 받을 것이다.
*3 요약: 항아리처럼 분수에 맞는 삶을 살겠다는 다짐

* 말: 곡식, 액체, 가루 따위의 부피를 잴 때 쓰는 단위. 한 말
  은 약 18리터에 해당한다.
* 섬: 곡식, 액체, 가루 따위의 부피를 잴 때 쓰는 단위. 한 섬
  은 약 180리터에 해당한다.

★ 수필 독해 공식

❶ 중심 대상: 항아리(질항아리)
❷ 글쓴이의 생각: 항아리처럼 분수에 맞는 삶을 살겠다고 다짐함.
  태도: 예찬적(속이 넓고 간사스럽지 않은 항아리를 예찬함.), 비판적(욕
  심이 끝없는 사람들을 부정적으로 여김.)
❸ 서술상 특징
  • 항아리의 생김새를 묘사하고 있음.
  • 의문형 문장을 통해 질항아리의 가치를 강조하고 있음.
  • 항아리의 긍정적인 면과 끝없이 욕심을 부리는 사람들을 대조하고 있음.

■ 내용: 이 작품은 글쓴이가 질항아리를 보며 분수에 맞는 삶을 살겠다고
다짐하는 내용의 고전 수필이다.
  1 : '나'가 가진 항아리는 윤을 내지 않아도 반짝거리며, 한 손에 들기에
    도 알맞고 값도 싸서 깨질까 봐 걱정하지 않아도 된다.
  2 : 평생 셀 수 없이 많은 술을 담은 항아리의 넓은 속은 군자의 마음처
    럼 변함없고 간사스럽지 않다.
  3 : '나'는 이 항아리를 곁에 두고 가득 차면 넘치게 된다는 것을 잊지
    않겠다고 다짐한다.
■ 주제: 항아리에 대한 예찬, 분수에 맞는 삶에 대한 다짐

■ 이것이 핵심!: 소재의 대비

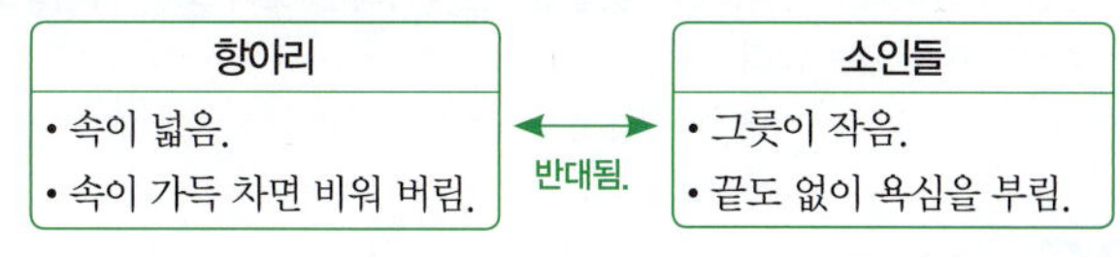

항아리		소인들
• 속이 넓음.	반대됨.	• 그릇이 작음.
• 속이 가득 차면 비워 버림.		• 끝도 없이 욕심을 부림.

04 정답 (1) 항아리 (2) 소인

왜 정답 ?

(1) 글쓴이는 항아리를 늘 곁에 두고 가득 차면 넘치게 된다는 것을
  잊지 않으려 하고 있다. 이는 분수에 맞는 삶을 살겠다는 글쓴이
  의 다짐이다. 따라서 정답은 '항아리'이다.
(2) 글쓴이는 재물만 쫓아다니는 소인들이 자신의 그릇이 작은 건 알
  지 못하고 끝없는 욕심만 부린다고 했다. 이는 소인들에 대한 글
  쓴이의 부정적 인식을 드러내는 것이다. 따라서 정답은 '소인'이다.

05 정답 ③

㉠에 담긴 의미로 가장 알맞은 것은?

• ㉠: ㉠은 '어찌 금 그릇만 보물이라 하겠는가?'로, 윤을 내지 않아도 옻칠을 한 것처럼 반짝거리는 항아리를 보며 글쓴이가 한 말입니다.

즉 글쓴이가 반짝거리는 항아리를 보며 한 말의 의미를 고르는 문제입니다.

＞왜 정답 ?

③ 항아리가 금 그릇 같은 보물처럼 느껴진다.
  글쓴이는 항아리를 예찬하고 있음.
  ★ 근거: 1 - ❸
  글쓴이는 항아리가 '닦아서 윤을 내지 않아도 마치 옻칠한 것처럼 까맣게 반짝거'린다며 항아리를 예찬하고 있다. 따라서 '어찌 금 그릇만 보물이라 하겠는가?'(㉠)는 금 그릇만 보물이 아니라, 항아리도 금 그릇과 같은 보물이라고 느껴진다는 의미이다.

＞왜 오답 ?

① 금 그릇만이 진정한 보물이다.
  나타나지 않음.
  글쓴이는 항아리가 금 그릇과 같은 보물이라고 생각하고 있으므로, 금 그릇만이 진정한 보물이라고 여기지 않는다.

② 금 그릇보다 항아리가 비싸다.
  항아리의 값이 싸다고 했음.
  ★ 근거: 1 - ❺
  글쓴이는 금 그릇과 항아리의 가격을 비교하고 있지 않다. 또한 항아리는 '값도 매우 싸'다고 했으므로 금 그릇보다 항아리가 비싸다는 것은 알맞지 않다.

④ 아무 물건이나 보물이라고 해서는 안 된다.
  글쓴이는 항아리도 보물이라고 생각하고 있음.
  글쓴이는 일상생활에서 쓰이는 항아리도 금 그릇과 같은 보물이라고 생각하고 있다. 따라서 글쓴이가 아무 물건이나 보물이라고 해서는 안 된다고 생각하지는 않을 것이다.

⑤ 까만색이어도 반짝거리면 금이라고 할 수 있다.
  항아리가 윤을 내지 않아도 반짝거려 보물이라고 생각하는 것임.
  글쓴이는 윤을 내지 않아도 까맣게 반짝거리는 항아리가 금 그릇과 같은 보물이라고 생각하고 있을 뿐, 반짝거리는 것이 모두 금이라고 생각하고 있지는 않다.

06 정답 ②

글쓴이가 생각하는 바람직한 삶의 자세로 가장 알맞은 것은?

＞왜 정답 ?

② 지나치게 욕심을 부리지 말아야 한다.
  '가득 차면 넘치게 된다는 것을 잊지 않으며 스스로 노력하겠다.'
  ★ 근거: 3 - ❷, ❺
  글쓴이는 '재물만 쫓아다니'며 '끝없는 욕심'을 부리는 소인들을 비판하고 있다. 또한 글쓴이는 항아리를 늘 곁에 두고 '가득 차면 넘치게 된다는 것을 잊지 않으며 스스로 노력하겠다.'라고 했다. 이를 통해 글쓴이가 지나친 욕심을 부리지 않는 삶의 자세를 바람직하게 여기고 있음을 알 수 있다.

＞왜 오답 ?

① 술과 재물을 즐기며 살아야 한다.
  글쓴이가 추구하는 삶의 자세와 맞지 않음.
  ★ 근거: 3 - ❺, ❻
  글쓴이는 지나친 욕심을 부리지 않고 분수에 맞는 삶을 살겠다고 다짐하고 있다. 술과 재물을 즐기며 사는 것은 글쓴이가 추구하는 이러한 삶의 자세와 맞지 않는다.

③ 욕심이 많은 사람을 만나면 피해야 한다.
  나타나지 않음.
  ★ 근거: 3 - ❷
  글쓴이가 욕심이 많은 사람들을 부정적으로 바라보고 있기는 하지만, 그러한 사람들을 만나면 피해야 한다고 생각하고 있지는 않다.

④ 재물을 모으면 쓰지 말고 쌓아 두어야 한다.
  재물을 쌓아 두기만 하는 사람들을 부정적으로 바라봄.
  ★ 근거: 3 - ❸
  글쓴이는 재물을 '쌓아 두기만 하고 남에게 흩어 줄 줄은 모르'는 소인들을 부정적으로 바라보고 있다. 따라서 재물을 쌓아 두어야 한다는 것은 글쓴이가 바람직하게 생각하는 삶의 자세에 해당하지 않는다.

⑤ 가지고 있는 물건을 보물처럼 관리해야 한다.
  나타나지 않음.
  ★ 근거: 1 - ❸
  글쓴이는 항아리를 금 그릇과 같은 보물이라고 생각하고 있을 뿐, 가지고 있는 물건을 보물처럼 관리해야 한다고 생각하고 있지는 않다.

07 정답 군자

윗글에서 〈보기〉의 빈칸에 들어가기에 가장 알맞은 말을 찾아 쓰시오.

> ――――〈보기〉――――
>
> 글쓴이는 한평생 동안 많은 양의 술을 담아 둘 수 있는
> 속을 비우면 계속해서 술을 채울 수 있음.
> 항아리의 속이 (   )의 마음과 같다고 하며 항아리를 예찬하고 있다.
> 무엇이 훌륭하거나 좋거나 아름답다고 찬양하고

＞왜 정답 ?

★ 근거: 2 - ❺, ❻
글쓴이는 '항아리가 한평생 동안 담은 술을 따져 본다면 몇 섬이나 되는지 셀 수도 없'을 정도로 항아리의 속이 넓다고 했다. 그리고 이러한 항아리의 넓은 속이 '마치 군자의 겸허한 마음과 같아, 항상 변함없고 간사스럽지 않'다고 했다. 즉, 글쓴이는 항아리의 넓은 속이 '군자'의 마음과 같다며 항아리를 예찬하고 있다.

차마설 _이곡

❶ 중심 대상　❷ 글쓴이의 생각, 태도　❸ 서술상 특징

❶ ①나는 집이 가난해서 말이 없기 때문에 간혹 남의 말
글쓴이가 말을 빌려 탄 이유
을 빌려서 탔다.❷그런데 늙어서 재빠르지 못하고 야윈
❶ 중심 대상: 말을 빌려서 탄 경험
말을 얻었을 경우에는 일이 아무리 급해도 감히 채찍
을 대지 못한 채 금방이라도 쓰러지고 넘어질 것처럼
❸ 대조적인 경험을 제시함.
전전긍긍하기 일쑤요, 개천이나 도랑이라도 만나면 또
말에서 내리곤 한다.❸그래서 후회하는 일이 거의 없다.
말을 조심스럽게 타기 때문에 문제가 생길 일이 없음.
❹반면에 발굽이 높고 귀가 쫑긋하며 잘 달리는 준마를
얻었을 경우에는 의기양양하여 방자하게 채찍을 갈기
기도 하고 고삐를 놓기도 하면서 언덕과 골짜기를 모두
평지로 여긴 채 매우 유쾌하게 달리곤 한다.❺그러나 간
혹 위험하게 말에서 떨어지는 환란을 피하지 못한다.

❻아, 사람의 감정이라는 것이 어쩌면 이렇게까지 달라
❼
지고 뒤바뀔 수가 있단 말인가.「남의 물건을 빌려서 잠
어떤 말을 빌리는지에 따라 마음가짐이 달라짐.
깐 동안 쓸 때에도 오히려 이와 같은데, 하물며 진짜로
「 」: ❸ 글쓴이가 자신의 경험에서 소유의 의미를 유추함.　　　　: ❸ 의문형 문장
자기가 가지고 있는 경우야 더 말해 무엇 하겠는가.」
　　　　　　　　　　　*① 요약: 말을 빌려 탔던 경험
②그렇긴 하지만 사람이 가지고 있는 것 가운데 남에
❶ 중심 대상: 소유　　　　　　　　　　　❷
게 빌리지 않은 것이 또 뭐가 있다고 하겠는가.」임금
❷ 생각: 소유의 진정한 의미를 깨달음. – 사람이 가진 것은 모두 빌린 것임.
은 백성으로부터 힘을 빌려서 존귀하고 부유하게 되는
「 」: ❸ 예시를 통해 소유의 의미에 대한 이해를 도움.
것이요, 신하는 임금으로부터 권세를 빌려서 총애를
받고 귀한 신분이 되는 것이다.❸그리고 자식은 어버이
에게서, 아내는 남편에게서, 좋은 주인에게서 각각 빌
리는 것이 또한 심하고도 많은데,ᅵ대부분 자기가 본래
가지고 있는 것처럼 여기기만 할 뿐 끝내 돌이켜 보려
대부분의 사람들은 빌린 것을 원래 자기가 가진 것으로 생각함.
고 하지 않는다.❹이 어찌 미혹된 일이 아니겠는가.
❷ 태도: 비판적(소유에 대한 잘못된 인식을 가진 사람들을 부정적으로 바라봄.)
❺그러다가 혹 잠깐 사이에 그동안 빌렸던 것을 돌려
주는 일이 생기게 되면, 만방의 임금도 독부*가 되고
훌륭하던 임금이 권력을 빼앗기면 포악해짐을 의미함.
백승의 대부*도 고신*이 되는 법인데, 더군다나 미천
높은 관리도 권력을 잃으면 임금의 믿음을 잃고 외로워짐을 의미함.
한 자의 경우야 더 말해 무엇 하겠는가.
임금과 높은 관리보다 신분이 낮은 백성들

❻「맹자가 말하기를 "오래도록 빌려서 쓰고서 반환하지
「 」: ❸ 맹자의 말을 인용하여 글쓴이의 생각을 뒷받침함.
않았으니, 그들이 자기의 소유가 아니라는 것을 어떻
게 알았겠는가."라고 하였다.❼내가 이 말을 접하고서
〈차마설〉을 쓴 이유
느껴지는 바가 있기에, 〈차마설〉을 지어서 그 뜻을 부
❷ 태도: 교훈적(자신이 깨달은 소유의 진정한 의미를 전함.)
연해 보노라.
*② 요약: 사람이 가진 것은 모두 빌린 것이라는 소유의 진정한 의미

* 독부: 포악한 정치를 하여 국민에게 외면을 당한 군주를 이
르던 말
* 백승의 대부: 백 대의 수레를 가진 높은 벼슬의 관리
* 고신: 임금의 믿음이나 사랑을 받지 못하는 신

★ 수필 독해 공식

❶ 중심 대상: 말을 빌려서 탄 경험, 소유
❷ 글쓴이의 생각: 사람이 가진 모든 것은 남에게 빌린 것이라고 생각함.
　 태도: 교훈적(소유의 진정한 의미를 전함.), 비판적(소유에 대한 잘못된
　 인식을 가진 사람들을 부정적으로 바라봄.)
❸ 서술상 특징
　• 대조적인 경험을 제시하고 있음.
　• 글쓴이의 경험에서 소유의 의미를 유추하고 있음.
　• 예시와 인용을 통해 소유에 대한 글쓴이의 생각을 드러내고 있음.
　• 의문형 문장을 통해 소유에 대한 잘못된 태도를 비판하고 있음.

■ 내용: 이 작품은 말을 빌려 탔던 경험을 통해 소유에 대한 깨달음을 얻
은 글쓴이가 소유의 진정한 의미를 전하는 고전 수필이다.
　① : '나'는 야윈 말을 빌렸을 때와 잘 달리는 말을 빌렸을 때의 마음가짐
　　　이 달라졌던 경험을 통해 소유에 대한 깨달음을 얻는다.
　② : 사람이 가지고 있는 것 중에는 남에게 빌리지 않은 것이 없다.
■ 주제: 소유의 진정한 의미에 대한 깨달음

■ 이것이 핵심!: 글의 구조

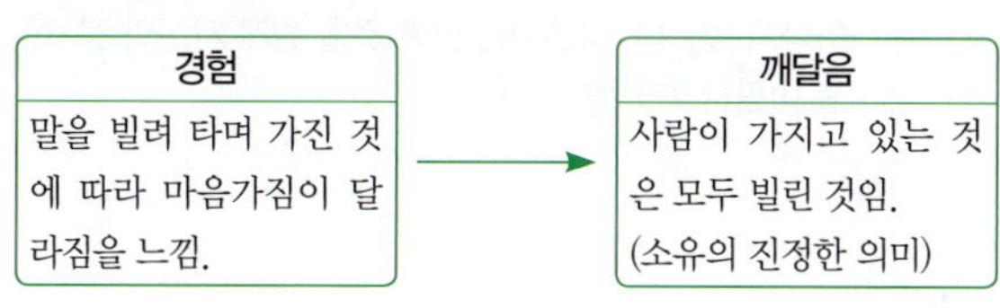

경험		깨달음
말을 빌려 타며 가진 것에 따라 마음가짐이 달라짐을 느낌.	→	사람이 가지고 있는 것은 모두 빌린 것임. (소유의 진정한 의미)

01 [정답] (1) 말 (2) 대조

> 왜 정답?

(1) 글쓴이는 말을 빌려 탔던 경험을 통해 깨달은 소유의 의미를 설
명하고 있다. 따라서 정답은 '말'이다.
(2) 글쓴이는 야윈 말을 빌렸을 때 조심스럽게 말을 탔던 모습과, 잘
달리는 말을 빌렸을 때 의기양양하게 말을 탔던 모습을 대조하고
있다. 따라서 정답은 '대조'이다.

02 정답 ②

‘소유’에 대한 글쓴이의 생각으로 가장 알맞은 것은?

• ‘소유’: ‘소유’는 윗글의 중심 대상으로, 글쓴이는 말을 빌렸던 경험을 바탕으로 무엇인가를 소유한다는 것의 의미를 설명하고 있습니다.

즉 글쓴이가 ‘소유’에 대해 어떻게 생각하고 있는지 바르게 파악한 것을 고르는 문제입니다.

〉왜 정답 ?

② 가지고 있는 것은 모두 남에게 빌린 것이다.
　　　‘남에게 빌리지 않은 것이 또 뭐가 있다고 하겠는가.’
　★ 근거: ②-❶
글쓴이는 ‘사람이 가지고 있는 것 가운데 남에게 빌리지 않은 것’이 없다면서 소유의 진정한 의미에 대해 이야기하고 있다.

〉왜 오답 ?

① 좋은 것을 가져야 좋은 사람이 될 수 있다.
　　　　　나타나지 않음.
　★ 근거: ②-❸, ❹
좋은 것을 가져야 좋은 사람이 될 수 있다는 내용은 윗글에 나타나지 않는다. 오히려 글쓴이는 빌린 것을 ‘자기가 본래 가지고 있는 것처럼 여기기만’ 하는 것을 ‘미혹된 일’이라고 했다. 이는 가지고 있는 것에 대한 집착을 버려야 한다는 의미이다.

③ 빌린 것을 오래 가지고 있으면 소유한 것과 같다.
　　　　　오래도록 빌려서 썼더라도 자신의 소유가 아니라고 함.
　★ 근거: ②-❻
글쓴이는 ‘오래도록 빌려서 쓰고서 반환하지 않았으니, 그들이 자기의 소유가 아니라는 것을 어떻게 알았겠는가.’라는 맹자의 말을 인용함으로써 무엇인가를 오래도록 빌려서 썼더라도 그것이 자신의 소유가 아니라는 것을 이야기하고 있다.

④ 가지고 있는 것을 다른 사람들과 나누면서 살아야 한다.
　　　　　나타나지 않음.
가지고 있는 것을 다른 사람과 나누면서 살아야 한다는 내용은 윗글에 나타나지 않는다.

⑤ 빌린 것보다 원래 가지고 있는 것을 더 소중하게 여겨야 한다.
　　　　　나타나지 않음.
빌린 것보다 원래 가지고 있는 것을 소중하게 여겨야 한다는 내용은 윗글에 나타나지 않는다. 글쓴이는 빌린 것을 원래 자신의 것처럼 여기는 태도를 비판하고 있을 뿐이다.

03 정답 ④

윗글을 읽고 한 생각으로 가장 알맞지 <u>않은</u> 것은?

〉왜 정답 ?

④ 시후: ‘나’가 말을 빌릴 수밖에 없었던 여러 가지 이유를 늘어놓고 있어.
　　　　　　　한 가지의 이유만 제시함.
　★ 근거: ①-❶
글쓴이는 ‘나는 집이 가난해서 말이 없기 때문에 간혹 남의 말을 빌려서 탔다.’라면서 가난했기 때문에 말을 빌릴 수밖에 없었음을 이야기하고 있다. 이 밖의 다른 이유를 늘어놓고 있지는 않다.

〉왜 오답 ?

① 지안: 말을 빌려 탄 경험에서 소유의 의미를 유추하고 있어.
　　　　　‘하물며 진짜로 자기가 가지고 있는 경우야’
　★ 근거: ①-❼
글쓴이는 야윈 말과 잘 달리는 말을 빌려 탔을 때 각각의 경우에 자신의 마음가짐이 달라졌던 경험을 바탕으로 무엇인가를 소유한다는 것의 의미를 이끌어 내고 있다. 이처럼 성질이 비슷한 것을 통해 어떤 대상을 미루어 추측하는 방법을 ‘유추’라고 한다.

② 해리: 맹자의 말을 인용하여 자신의 의견을 뒷받침하고 있어.
　　　　　‘맹자가 말하기를 ~ 라고 하였다.’
　★ 근거: ②-❻
인용이란 남의 말이나 글을 끌어다 쓰는 것을 의미한다. 글쓴이는 ‘오래도록 빌려서 쓰고서 ~ 자기의 소유가 아니라는 것을 어떻게 알았겠는가.’라는 맹자의 말을 끌어다 씀으로써 사람이 가지고 있는 것은 모두 빌린 것이라는 자신의 의견을 뒷받침하고 있다.

③ 다인: ‘임금’, ‘신하’ 등을 예로 들어 소유에 대한 이해를 돕고 있어.
　　　　　‘임금은 백성으로부터 힘을 빌려서 ~ 귀한 신분이 되는 것이다.’
　★ 근거: ②-❷
윗글에서는 ‘임금’과 ‘신하’ 등을 예로 들어 사람이 가지고 있는 것은 모두 남에게 빌린 것임을 구체적으로 설명하고 있다.

⑤ 소빈: 의문형 문장을 통해 빌린 것을 본래 가지고 있는 것으로 여기는 사람들을 비판하고 있어.
　　　　　‘자기가 본래 가지고 있는 것처럼 ~ 미혹된 일이 아니겠는가.’
　★ 근거: ②-❸, ❹
윗글에서는 ‘어찌 미혹된 일이 아니겠는가.’라는 의문형 문장을 통해 빌린 것을 ‘본래 가지고 있는 것처럼 여기’는 사람들을 비판하고 있다.

DAY 21 　사막을 같이 가는 벗 _양귀자

❶ 중심 대상　❷ 글쓴이의 생각, 태도　❸ 서술상 특징

①❶ 학창 시절에는 유별나게도 학년이 바뀌고 반이 바뀌어 친구들과 뿔뿔이 흩어져야 하는 신학기가 싫었다.
　　학창 시절을 회상함.

❷ 마음으로 간절히 원했던 친구는 거의 언제나 다른 반
　　신학기가 싫었던 이유
으로 가 버렸고, 한 반이 되지 않기를 빌고 빌었던 친구는 어김없이 한 반으로 편성되곤 하는 불행 아닌 불행 앞에서 얼마나 많이 속상해했는지 모른다.

❸ 그래서 학년이 바뀌면 처음 얼마 동안은 늘 마음을
　　친구들과 헤어져 외로움을 느꼈기 때문

잡지 못했다.❹아침에 눈을 떠 학교에 갈 일을 생각하면 가슴 한쪽이 싸늘해지곤 하던 그 느낌을 지금도 나는 선연히 떠올릴 수가 있다.
　　　　　　*① 요약: 학창 시절에 느꼈던 외로움
(중략)

② ❶이제는 반이 나뉘고 새로운 급우들한테서 낯섦을 실컷 맛봐야 하는 신학기 따위는 영영 내 곁에서 사라
　　　　　　　　　　　　글쓴이는 어른이 됨.
졌다.❷그 대신 사랑하고 믿어 주는 것보다 시기하고
　　　글쓴이가 학창 시절 이후에 경험한 세상살이의 어려움
미워하며, 또는 빼앗고 속이는 일이 더 많은 황폐한 세상살이에 낯가림하며 사는 나날 속으로 내던져지고 말았다.

❸「㉠망망대해를 헤매는 것처럼 힘든 인생의 항해는 신
　　❸ 직유법 – 인생을 망망대해를 헤매는 것에 빗댐.
학기 잠시의 외로움을 극복하는 일 따위와는 비교도
「 」: ❸ 학창 시절의 외로움과 그 이후의 삶의 어려움을 비교함.
할 수 없을 만큼 두려움 가득한 일이다.」❹삶은 고난투
성이고 끝없는 인내를 요구하기만 하는데, 홀로 헤치
　　　　　　　　　　홀로 이겨 내야 하는 인생의 어려움
는 파도는 높고 거칠기만 한 것이다.
❺바로 이때에 영혼을 함께 나눌 친구가 절실히 필요
　　　　　　　　　　　　❶ 중심 대상
　　❷ 생각: 인생을 살아갈 때 진정한 친구가 필요하다고 생각함.
해진다.❻㉡인생이란 험난한 항해를 같이 겪고 있다는
　　　　　❸ 은유법 – 인생을 '험난한 항해'에 비유함.
동지애를 느낄 수 있는 친구, 혹은 내 삶의 따뜻한 동반자라는 느낌이 전해져 오는 친구와 같이 있는 시간에는 이 세상도 한번 살아 볼 만하다는 용기가 솟는다.
　　　　　　진정한 친구가 필요한 이유
❼㉢그런 친구와 돈독한 우정을 서로 교환하고 있는 이들이라면, 적어도 실패한 삶은 아니라고 단정할 수 있
　　　　돈독한 우정을 나누는 것의 중요성
는 것이다.
　　　　　　*② 요약: 진정한 친구의 필요성

③ ❶살아가면서 그런 우정을 가꾸는 이들을 종종 만난다.
　　　　　　돈독한 우정을 나누는 모습
❷비록 나의 친구는 아니지만 그 모습을 보는 일은 참 아
름답다.❸「언젠가 친구가 사업에 실패해서 낙향하여 쓸
　　　❷ 태도: 긍정적(돈독한 우정을 나누는 일을 긍정적으로 인식함.)
「 」: 돈독한 우정을 나누는 사람들의 사례
쓸히 살아가는 것을 안쓰러워하다 못해 ㉣자기도 다니던 직장을 정리하고 가족과 함께 시골로 내려가 친구 옆에서 땅을 일구는 사람을 만난 적이 있었다.
❹이미 결혼하여 각각의 식솔을 이끌고 있는 두 사람

한테는 참으로 어려운 결정이었겠지만, 양쪽 집의 가족들 모두는, 한결같이 이렇게 말하였다.❺냉혹한 이세상에 대항하기 위해 두 집이 힘을 합쳤으니 얼마나
　　　　　　친구와 함께하는 삶의 든든함
든든하냐고.」

❻「㉤누군가는 말했다.❼친구 없이 사는 일만큼 무서운
「 」: ❸ 도치법 → 친구의 필요성을 강조함.
사막은 없다고.❽또 누군가는 말했다.❾친구 없이 사는
친구 없이 살아가는 각박하고 냉혹한 세상
것은 증인 없이 사라지는 일이라고.」
친구는 '나'의 인생을 증명해 주는 존재이기도 함.
　　　　　　*③ 요약: 돈독한 우정을 나누는 삶의 아름다움

★ 수필 독해 공식

❶ 중심 대상: 친구
❷ 글쓴이의 생각: 힘든 인생을 함께 살아가는 진정한 친구가 필요하다고
　생각함. 태도: 긍정적(돈독한 우정을 나누는 모습을 긍정적으로 인식함.)
❸ 서술상 특징
　• 직유법과 은유법을 통해 인생의 어려움을 표현하고 있음.
　• 학창 시절과 그 이후의 삶을 비교하고 있음.
　• 우정을 나누며 살아가는 사람들의 사례를 제시하고 있음.
　• 도치법을 통해 친구의 필요성을 강조하고 있음.

■ 내용: 이 작품은 글쓴이가 살아오면서 느낀 친구의 필요성과 우정을 나
누는 일의 아름다움을 전하는 현대 수필이다.
　①: 학창 시절 '나'는 친구들과 뿔뿔이 흩어지는 신학기에 외로움을 느
　　꼈다.
　②: 인생을 살아간다는 것은 신학기의 외로움과는 비교할 수 없을 만큼
　　두려운 일이다. 이때 영혼을 함께 나누는 친구가 있으면 이 세상도
　　살아 볼 만하다는 용기가 생긴다.
　③: 돈독한 우정을 가꾸며 살아가는 것은 아름다운 일이다.

■ 주제: 진정한 친구의 의미와 필요성

■ 이것이 핵심!: 진정한 친구의 의미

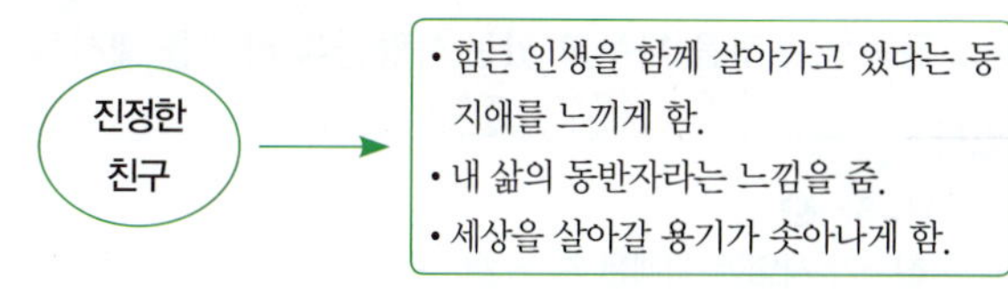

04 　정답 　(1) 학창 시절 (2) 친구

> 왜 정답?

(1) 글쓴이는 학창 시절에 신학기가 되면 친구들과 뿔뿔이 흩어져야
　　했던 어려움을 떠올리고 있다. 따라서 정답은 '학창 시절'이다.
(2) 글쓴이는 힘든 인생을 살아갈 때 '내 삶의 따뜻한 동반자라는 느
　　낌이 전해져 오는 친구'와 함께하면 '이 세상도 한번 살아 볼 만
　　하다는 용기가 솟는다'면서 삶의 동반자인 친구의 중요성을 강조
　　하고 있다. 따라서 정답은 '친구'이다.

㉠~㉤에 대한 설명으로 가장 알맞지 않은 것은?

• ㉠~㉤: ㉠과 ㉡은 '인생'에 대한 글쓴이의 인식, ㉢은 돈독한 우정을 나누는 것에 대한 글쓴이의 생각, ㉣은 친구를 따라 시골로 내려간 사람의 이야기, ㉤은 친구 없이 사는 일에 대한 누군가의 말입니다.

즉 ㉠~㉤에 드러나 있는 서술상 특징을 잘못 이해한 것을 고르는 문제입니다.

> 왜 정답 ?

③ ㉢: 학창 시절과 그 이후의 삶을 ~~비교~~하고 있다.
비교하지 않음.

★ 근거: ②-❼

㉢에서 글쓴이는 친구와 돈독한 우정을 나누는 이들이라면 그들의 삶은 적어도 실패한 삶을 아니라고 이야기하고 있다. 글쓴이가 학창 시절과 그 이후의 삶을 비교하는 부분은 ㉢이 아니라 '힘든 인생의 항해는 신학기 잠시의 외로움을 극복하는 일 따위와는 비교도 할 수 없을 만큼 두려움 가득한 일이다.'이다.

> 왜 오답 ?

① ㉠: 직유법을 활용하여 인생을 살아가는 것이 어려운 일임을 드러내고 있다.
'처럼'을 통해 인생을 살아가는 일을 '망망대해를 헤매는 것'에 직접 빗댐.

★ 근거: ②-❸

직유법은 비슷한 성질이나 모양을 가진 두 사물을 '같이', '처럼' 등의 말로 연결하여 직접 비유하는 방법이다. '망망대해를 헤매는 것처럼 힘든 인생'(㉠)은 '처럼'을 통해 인생을 살아가는 일을 '망망대해를 헤매는 것'에 직접 빗댐으로써 인생을 살아가는 것이 힘든 일임을 드러내고 있다.

② ㉡: 은유법을 활용하여 '인생'을 '험난한 항해'라고 표현하고 있다.
'A는 B이다'의 형식으로 '인생'을 '험난한 항해'에 빗댐.

★ 근거: ②-❻

은유법은 'A는 B이다'의 형식으로 비슷한 두 대상을 은근히 비유하는 방법이다. '인생이란 험난한 항해'(㉡)는 'A는 B이다'의 형식으로 '인생'을 '험난한 항해'라고 표현하고 있다.

④ ㉣: 돈독한 우정을 나누고 있는 사람들의 사례를 제시하고 있다.
'친구 옆에서 땅을 일구는 사람'

★ 근거: ③-❸

㉣은 친구가 사업에 실패한 후 낙향하여 쓸쓸히 살아가는 것을 안쓰러워하다가 '자기도 다니던 직장을 정리하고 가족과 함께 시골로 내려가 친구 옆에서 땅을 일구는 사람'의 이야기이다. 이는 돈독한 우정을 나누고 있는 사람들의 사례에 해당한다.

⑤ ㉤: 앞 문장과 뒷 문장의 순서를 바꾸어 표현하고 있다.
'말했다.'와 '친구 없이 ~ 사막은 없다고.'의 순서를 바꿈.

★ 근거: ③-❻, ❼

㉤은 원래 '누군가는 친구 없이 사는 일만큼 무서운 사막은 없다고 말했다.'라는 문장에서 '친구 없이 사는 일만큼 무서운 사막은 없다고'를 맨 뒤로 빼서 순서를 바꿔 놓은 것이다. 이처럼 말의 순서를 바꾸어 표현하는 것을 '도치'라고 한다.

윗글에 드러나 있는 글쓴이의 생각으로 가장 알맞은 것은?

> 왜 정답 ?

⑤ 글쓴이는 돈독한 친구가 있으면 인생을 살아갈 용기가 생긴다고 생각하고 있다.
'이 세상도 한번 살아 볼 만하다는 용기가 솟는다.'

★ 근거: ②-❻

'인생이란 험난한 항해를 같이 겪고 있다는 동지애를 느낄 수 있는 친구, 혹은 내 삶의 따뜻한 동반자라는 느낌이 전해져 오는 친구'는 돈독한 우정을 나누는 진정한 친구를 의미한다. 글쓴이는 이러한 돈독한 친구와 함께하면 '이 세상도 한번 살아 볼 만하다는 용기가 솟는다.'라고 했다.

> 왜 오답 ?

① 글쓴이는 친구보다 ~~가족이 더 중요하다~~고 생각하고 있다.
알 수 없음.

글쓴이가 친구보다 가족이 더 중요하다고 생각하는지는 윗글을 통해 알 수 없다.

② 글쓴이는 어른이 된 후보다 ~~학창 시절이 더 힘들었다~~고 생각하고 있다.
어른이 된 후의 삶이 더 어렵다고 했음.

★ 근거: ②-❸

글쓴이는 '인생의 항해는 신학기 잠시의 외로움을 극복하는 일 따위와는 비교도 할 수 없을 만큼 두려움 가득한 일'이라고 했다. 즉, 글쓴이는 어른이 된 후의 삶이 학창 시절보다 더 힘들다고 생각하고 있다.

③ 글쓴이는 친구를 사귀려면 ~~적극적으로 행동해야 한다~~고 생각하고 있다.
나타나지 않음.

윗글에서 글쓴이가 친구를 사귀려면 적극적으로 행동해야 한다고 생각하는 부분은 나타나지 않는다.

④ 글쓴이는 ~~친구를 골라 사귀는 것이 인생에 도움이 된다~~고 생각하고 있다.
나타나지 않음.

윗글에서 글쓴이가 친구를 골라 사귀는 것이 인생에 도움이 된다고 생각하는 부분은 나타나지 않는다.

윗글에서 〈보기〉의 설명과 가장 관련이 있는 소재를 찾아 2글자로 쓰시오.

> 〈보기〉
>
> 친구 없이 살아가는 각박하고 냉혹한 세상을 의미하는 것
> 부정적 의미를 지님.

> 왜 정답 ?

★ 근거: ③-❼

글쓴이는 '친구 없이 사는 일만큼 무서운 사막은 없다'는 누군가의 말을 전하고 있다. 이때 '사막'은 친구 없이 살아가는 각박하고 냉혹한 세상을 의미한다.

현직 '국어 선생님'들이
중, 고등학생들을 위해 집필한 문법 기본서!!!

패턴국어 문법 시리즈!

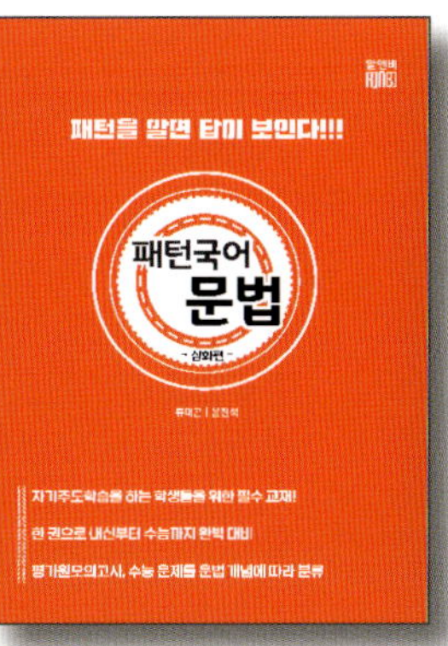

패턴을 알면 답이 보인다!!!

패턴국어 중학문법 (중1 ~ 중3 대상)
2015 교육과정 중학교 전학년 국어 문법 성취기준 총망라
중학교 내신과 고등학교 문법 기초의 두 마리 토끼를 잡다
자기주도학습을 꼼꼼하게 돕는 단계별 문제(서술형 포함) 구성

패턴국어 중학문법 심화편 (중3 ~ 예비 고1 대상)
고등학교 핵심 문법 개념을 중학교 수준으로 학습할 수 있는 단 하나의 교재
고등학교 내신부터 수능까지 동시에 대비할 수 있는 문법 교재
자기주도학습을 꼼꼼하게 돕는 단계별 문제(서술형 포함) 구성

패턴국어 고등문법 기본편 (예비 고1 ~ 고2 대상)
고등학교 국어 문법의 기본서
2015-2021년 1, 2학년 전국연합합력평가 모든 문제 총망라
중세 국어 문법도 핵심만 알기 쉽게 정리

패턴국어 문법 심화편 (고2 ~ 고3 대상)
자기주도학습을 하는 학생들을 위한 필수 교재!
한 권으로 내신부터 수능까지 완벽 대비
평가원모의고사, 수능 문제를 문법 개념에 따라 분류

알앤비 | 이메일 : rnbbooks@daum.net / 주소 : 서울시 서초구 반포대로 300, 6층

'국어 선생님'들이
중, 고등학생들을 위해 집필한 문학 기본서!!!

패턴국어 문학 시리즈!

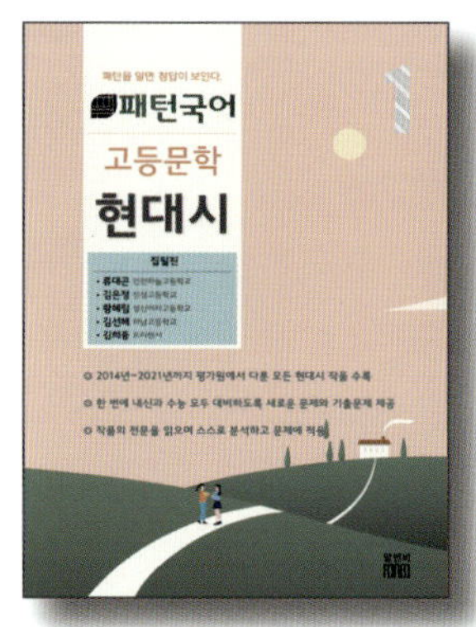

패턴을 알면 답이 보인다!!!

패턴국어 중학문학 현대시 (중1 ~ 중3 대상)
다양한 현대시를 접해 고등학교 문학 수업에 대비
문학사적 가치가 높은 작가들의 작품을 중심으로 선별
다양한 문제 유형을 통해 작품에 대한 핵심 내용 익히기

패턴국어 중학문학 현대소설 (근간)

패턴국어 고등문학 현대시 1 (고1~고3)
2014년~2021년까지 평가원에서 다룬 모든 현대시 작품 수록
한 번에 내신과 수능 모두 대비하도록 새로운 문제와 기출문제 제공
작품의 전문을 읽으며 스스로 분석하고 문제에 적용

패턴국어 고등문학 현대시 2~3 (근간)

패턴국어 고등문학 고전시가 (근간)

알앤비 | 이메일 : rnbbooks@daum.net / 주소 : 서울시 서초구 반포대로 300, 6층

판매량 **1**위, 만족도 **1**위, 추천도서 **1**위!!

쉬운 개념 이해와 정확한 연산력을 키운다!!

★ 수력충전이 꼭 필요한 학생들

- 계산력이 약해서 시험에서 실수가 잦은 학생
- 개념 이해가 어려워 자신감이 없는 학생
- 부족한 단원을 빠르게 보충하려는 학생
- 스스로 원리를 터득하기 원하는 학생
- 수학의 전체적인 흐름을 잡기 원하는 학생
- 선행 학습을 하고 싶은 학생

1 쉬운 개념 이해와 다양한 문제의 풀이를 따라가면서 수학의 연산 원리를 이해하는 교재!!

2 매일매일 반복하는 연산학습으로 기본 개념을 자연스럽고 완벽하게 이해하는 교재!!

3 단원별, 유형별 다양한 문제 접근 방법으로 부족한 부분의 문제를 집중 학습할 수 있는 교재!!

★ 수력충전 시리즈

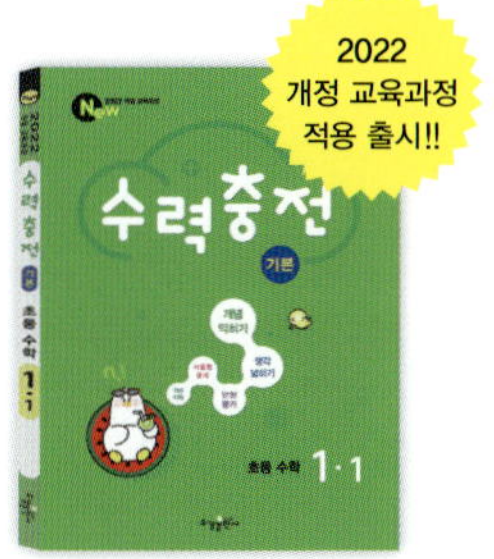

초등 수력충전 [기본]

초등 수학 1–1, 2 / 초등 수학 2–1, 2
초등 수학 3–1, 2 / 초등 수학 4–1, 2
초등 수학 5–1, 2 / 초등 수학 6–1, 2

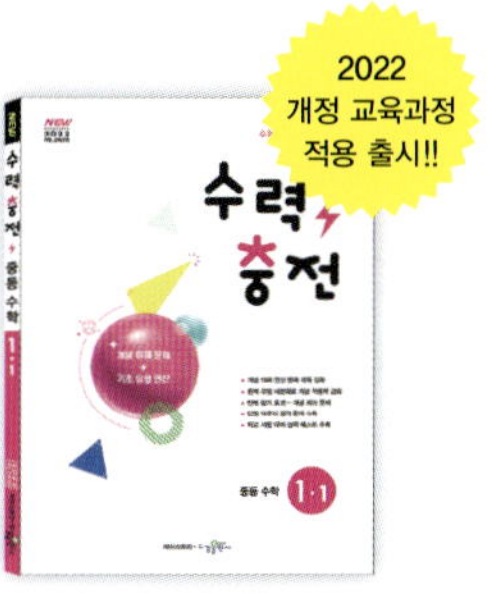

중등 수력충전

중등 수학 1–1, 2
중등 수학 2–1, 2
중등 수학 3–1, 2

고등 수력충전

공통수학 1, 공통수학 2
대수 / 미적분 I / 확률과 통계

꼼꼼한 지문 분석, 명쾌한 문제 풀이로 국어가 쉬워진다!

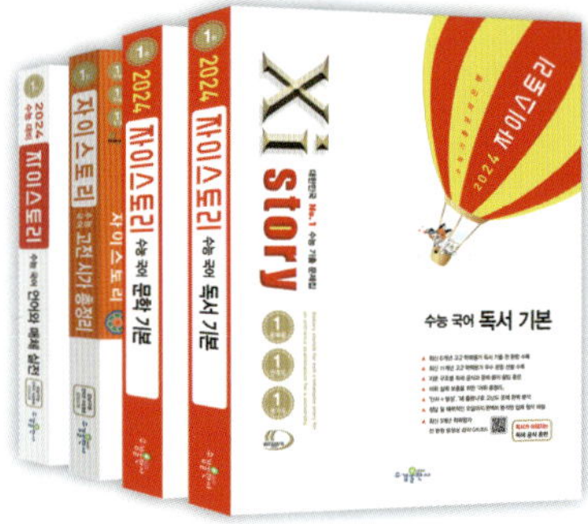

대한민국 No.1 수능 기출 문제집

자이스토리 국어 시리즈

고 국어
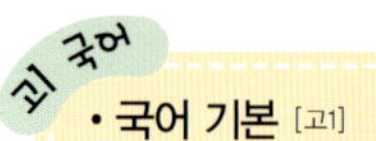
- 국어 기본 [고1]

– 처음부터 차근차근 고등 국어 기초 쌓기
- 고등 국어를 처음부터 체계적으로 공부할 수 있도록 꼭 맞는 학습법을 알려 드립니다.
- 독서, 문학, 문법(언어), 화법과 작문까지 고등 국어를 쉽고 재미있게 공부할 수 있습니다.

독서
- 독서 실전 [고3]
- 독서 완성 [고2]
- 독서 기본 [고1] NEW

– 독해 공식과 문제 유형별 꿀팁으로 쉽고 빠르게 독서 마스터
- 수능 독서 시험의 최신 경향에 꼭 맞는 학습법을 알려 드립니다.
- 지문 유형별 독해 공식과 지문 분석·문제 풀이 특강으로 지문 분석·문제 풀이 훈련을 합니다.

문학
- 문학 실전 [고3]
- 문학 완성 [고2]
- 문학 기본 [고1] NEW

– 갈래별 독해 공식으로 어떤 문학 작품이라도 쉽고 빠르게 분석
- 작품 갈래별로 반드시 파악해야 할 요소를 독해 공식으로 알려 드립니다.
- 작품 갈래별 독해 공식과 지문 분석·문제 풀이 특강으로 정답을 한눈에 파악할 수 있습니다.

- 고등 국어 문법 총정리 [고1, 2, 3] NEW

– 2022 개정 교육과정을 반영, 고등 국어 문법 개념 총정리
- 고등 국어 교과서의 문법 개념을 총정리한 책으로, 내신과 수능을 동시에 대비할 수 있습니다.

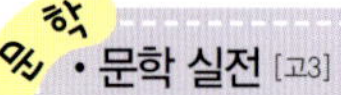
- 화법과 작문 실전 [2015 교육과정]
- 언어와 매체 실전 [2015 교육과정]
- 언어(문법) 기본 [2022 교육과정]

– 세분화된 선택 과목 집중 훈련
- 고등 국어 문법·화법과 작문 개념을 쉽게 이해할 수 있도록 도식화·시각화했습니다.
- 여러 유형의 다양한 문제를 통해 내신과 수능을 대비할 수 있습니다.

- 전국연합 고1 국어
- 전국연합 고2 국어
- 연도별 고3 모의고사

– 실전 훈련으로 국어 1등급 완성 (최신 유형·최다 수록)
- 전국연합 모의고사 고1, 고2 국어: 최신 3개년 학력평가 12회
- 연도별 고3 모의고사: 최신 실전 모의고사 30회

- 고전 시가 총정리 [고1, 2, 3]

– 단계별 기출문제로 어려운 고전 시가 총정리
- 작품 갈래에 따라 반드시 파악해야 할 요소를 독해 공식으로 알려 드립니다.

- 수능 국어 개념어 총정리
- 국어 독해력을 키우는 실전 어휘

– 독해력을 키우는 바탕! 어휘력 키우기
- 독서, 문학, 수능 주요 어휘 등 수능 국어 모든 영역의 어휘를 한 번에 학습할 수 있습니다.
- 지문과 문제를 통해 어휘력이 쌓였는지 확인하면서, 독해력도 높입니다.

자이스토리 국어 시리즈